常德市民主党派和工商联志

（1988—2012）

常德市地方志编纂委员会
中共常德市委统战部 编

方志出版社
Publishing House of Local Records

图书在版编目(CIP)数据

常德市民主党派和工商联志:1988—2012/常德市地方志编纂委员会,中共常德市委统战部编.——北京:方志出版社,2019.1

ISBN 978-7-5144-3486-6

Ⅰ.①常… Ⅱ.①常… ②中… Ⅲ.①民主党派—概况—常德—1988—2012②中国工商业联合会—概况—常德—1988—2012 Ⅳ.①D665

中国版本图书馆CIP数据核字(2019)第102931号

常德市民主党派和工商联志(1988—2012)

编　　者:常德市地方志编纂委员会　中共常德市委统战部

责任编辑:罗滔　朱姝

出 版 者:方志出版社

地址　北京市朝阳区潘家园东里9号(国家方志馆4层)

邮编　100021

网址　http://www.fzph.org

发　　行:方志出版社图书经销中心

电话　(010)67110500

经　　销:各地新华书店

印　　刷:常德市宏嘉印务有限公司

开　　本:787×1092　1/16

印　　张:44

字　　数:847千字

版　　次:2019年1月第1版　2019年1月第1次印刷

印　　数:0001～1000册

ISBN 978-7-5144-3486-6　定价:285.00元

《常德市民主党派和工商联志》编辑部

主　　任：沈　跃

副 主 任：李学明　鲁晓凤　杨　帆

总　　纂：杨善志　翦　甜

编　　辑：（以姓氏笔画为序）

王克明　向寅军　杨　鑫　肖超银　陈　芳

陈　薇　陈勇任　钟　黎　郭宜中　袁　婕

彭　宏

采编人员（以姓氏笔画为序）

王　华　龙　艳　刘　伟　杨　荔　李昌雄

何英国　陈　猷　周振波　胡　军　贾天洋

韩隆福　彭梅华　覃建平　谢　锋

《常德市民主党派和工商联志》审查验收人员

（以姓氏笔画为序）

王夏一　邢　祁　向满华　刘李波　刘丽艳

刘寅初　杜　鹏　杨　芳　张益源　陈　钰

周　波　赵晓波　胡碧波　湛　钢　曾　盈

2012年2月15日，中共湖南省委常委、统战部部长李微微走访各民主党派常德市委、市工商联机关

2014年5月14日，中共常德市委副书记、市长周德睿（左二）调研走访民主党派、工商联

2016年2月16日，常德市政协主席李爱国(右)在中共常德市委统战部副部长鲁晓凤（右）、李学明(左)等陪同下调研走访各民主党派市委、市工商联机关

2013年9月12日，中共常德市委常委、市委统战部部长华学健（前中）走访民主党派市委、市工商联机关

2016年2月15日，中共常德市委常委、市委统战部部长雷绍业（左二）走访各民主党派、市工商联机关

2012年5月17-18日，全国人大常委会原副委员长、民建中央原主席成思危（中）接见常德会员并留影

2005年5月13日，全国人大副委员长、九三学社中央主席韩启德（前排左二）到常德考察农业生产情况

2011年3月14日，民建湖南省委主委赖明勇（右二）走访民建市委机关，并与部分骨干会员进行座谈

2012年12月20日，农工党中央主席陈竺（右一）到常开展血吸虫病防治调研

1988年11月12日，全国政协副主席、民盟中央主席、著名社会学家费孝通（前排右四）在常德市芷园宾馆看望常德骨干盟员及民盟常德市委机关干部

2012年12月30日，各民主党派市委、市工商联和无党派人士2012年度参政议政专题调研成果汇报，大会在芷园会堂召开

2006年8月，民革常德市委在民主党派机关大楼四楼会议室举办新党员暨骨干培训班

2004年11月24日，民建中央副主席王少阶，民建湖南省主委龙国键等专程来常德就民建基层组织建设工作进行调研

2008年4月17日，民盟常德市委到常德市劳动和社会保障局局调研《劳动合同法》实施情况

重要会议

2012年11月30日，农工党常德市委在津市市召开六届四次（扩大）会议，专题组织学习贯彻中共十八大精神

2012年7月3日，民盟常德市委举办“同心同行常德发展盟员谈”盟员议政建言论坛，来自全市民盟基层组织的20位盟员毛遂自荐走上讲台发言

2012年8月10日，致公党常德市委在桃源召开“同心同行、喜迎中共十八大”论坛

2011年11月16日，九三学社常德市委在德华宾馆会议中心举行《身边的榜样——树立和践行社会主义核心价值体系先进人物事迹报告会》

2010年10月10日，中国致公党常德市委员会成立大会在共和酒店召开

2011年3月17日，全市加强和改进工商联工作会议在芷园会堂召开

1988年11月22-24日，民建常德市委在芷园宾馆召开第一次全体代表大会

2005年12月，市工商联与市委组织部在市委党校联合举办首届优秀民营企业厂长经理培训班

2011年8月31日，湖南民进工作研讨会在常德召开，与会人员合影

2005年9月8日，九三学社常德市委在桃林宾馆召开全体社员大会，纪念九三学社建社60周年

2009年9月25日，市工商联举办庆祝建国60周年歌咏大赛

2011年5月20日，民盟常德市委在诗墙公园激情广场举行“纪念中国共产党建党90周年、中国民主同盟成立70周年”红歌会

2008年12月18日，第二届“常德市优秀中国特色社会主义事业建设者”颁奖典礼在常德电视台演播大厅举行

2015年12月5日，全国政协常委、民革中央副主席郑建邦到常德出席郑洞国教育基金颁奖仪式

2010年8月12日在常德公墓举办纪念抗战胜利65周年活动，民革湖南省委主委刘晓（前排左五），台湾新党原主席谢启大（前排左六），中共常德市委书记卿建伟（前排左七）出席活动

2010年12月，民革常德市委主委陈位明（左四）率骨干党员一行10余人赴台开展交流考察活动，与台北市国民党部达成相关约定，取得圆满成果。台湾新同盟会会长许历农（左五）热情接待

2007年5月16日，参加民进湖南省第六次代表大会的常德代表与民进中央主席许嘉璐（右二）、民进中央副主席潘贵玉（右一）合影

2008年12月5日，民进常德市委在临澧县新安镇开展文化下乡活动，社会反响热烈

2011年1月13日，致公党常德市委在肖伍铺村开展弘扬传统文化社会服务活动

2011年6月，致公党常德市委主办常德市红色经典诗歌朗诵大赛

2011年3月29日，民革常德市委在柳叶湖度假区白鹤山乡肖伍铺村开展送医送药活动，深受当地老百姓欢迎

2001年9月，农工党常德市委主委龚建明（中）组织市委召开《过好民族传统节日》调研座谈,经层层提交，2008年国家法定假日方案采纳此次调研建议

2007年4月11日，农工党常德市委在智力帮扶定点单位——武陵区城西街道办事处长胜桥社区开展医疗咨询服务

2011年1月12日，九三学社常德市委在肖伍铺村小学开展科技下乡活动

2010年5月1日，在市工商联组织举办的“守望玉树、祈福中国”抗震救灾募捐活动中，会员们踊跃捐款

凡　例

一、本志以历史唯物主义和辩证唯物主义为指导，坚持实事求是和详近略远原则，客观记述中国国民党革命委员会常德市委员会、中国民主同盟会常德市委员会、中国民主建国会常德市委员会、中国民主促进会常德市委员会、中国农工民主党常德市委员会、中国致公党常德市委员会、九三学社常德市委员会和常德市工商业联合会建立、发展历程及其服务社会、履行职能的主要活动。因为台湾民主自治同盟在常德市尚未建立组织，故不在本志记述范围之内。

二、本志记述上限为1988年，下限为2012年。为保持史实的完整性和事物发展的连续性，对部分章节内容作适当上溯下延。

三、本志采用述、记、志、传、图、表、录等体裁，以志为主。志首列概述和大事记，正文以境内建有组织的7个民主党派和工商联分设8篇，篇序参照全国政协组成单位中民主党派和工商联排列顺序。遵从“生不立传”原则，设“人物传略”集中记述重要逝世人物事迹；重要的在世人物以“人物简介”入志。志尾设附录、编后记。

四、根据中共中央政策方针编写本志，有关历史问题，按照《关于建国以来若干历史问题的决议》精神进行处理。

五、本志体例和行文，均按照《地方志书质量规定》《湖南省志(1978～2002)编写行文通则》和《常德市志书编纂工作细则》执行。

六、组织机构名称和入志人物职务，一律采用当时使用的称谓。

七、1988年4月，撤销常德地区，成立省辖常德市。原常德市改为武陵区，原常德县改为鼎城区。志书中所涉1988年11月前各民主党派常德市委员会、常德市工商联正式成立前的常德市组织为县级组织。

八、为记述方便，同一名称在志中多次使用时，首次用全称、其后用简称。本志常用的民主党派和工商业联合会名称，中国国民党革命委员会常德市委员会简称“民革常德市委”、中国民主同盟会常德市委员会简称“民盟常德市委”、中国民主建国会常德市委员会简称“民建常德市委”、中国民主促进会常德市委员会简称“民进常德市委”、中国农工民主党常德市委员会简称“农工党常德市委”、中国致公党常德市委员会简称“致公党常德市委”、九三学社常德市委员会简称“九三学社常德市委”、常德市工商业联合会简称“常德市工商联”。

九、标点符号执行2016年6月1日开始实行的国际《标点符号用法》;汉字数字和阿拉伯数字用法执行2012年11月1日国家质量监督检验检疫总局和国家标准化委员会颁布的《中华人民共和国国家标准出版物上数字用法》。

十、本志资料来源于中共常德市委统战部、各民主党派常德市委和市工商联档案室的档案资料、常德市档案馆、常德市图书馆等。资料出处在书中不一一列举。

目　录

第一篇　中国国民党革命委员会常德市委员会

第二篇　中国民主同盟常德市委员会

第四篇　中国民主促进会常德市委员会

第五篇　中国农工民主党常德市委员会

第六篇　中国致公党常德市委员会

第七篇 九三学社常德市委员会

第八篇　常德市工商业联合会

Contents

Article 1 Changde City Committee of the Chinese Kuomintang Revolutionary Committee

Article 2 China Democratic League Changde Municipal Committee

Article 3 Changde Municipal Committee of the China Democratic National Construction Association

Article 4 Changde Municipal Committee of China Democracy Promotion Association

Article 5 Changde Municipal Committee of China Agricultural and Labour Democratic Party

Artical 6 Changde Municipal Committee of Zhi Gong Party

Article 7 Changde City Committee of Jiusan Society

Article 8 Changde City Federation of Industry and Commerce

概　　述

（一）

中国共产党领导的多党合作和政治协商制度，是中国一项基本政治制度。各民主党派是中国共产党领导的爱国统一战线的重要组成部分，它们与中国共产党有着长期合作的光荣历史，无论在民主革命时期还是在社会主义革命和社会主义建设时期，都作出了重要贡献。工商联是中国共产党领导的以非公有制企业和非公有制经济人士为主体的，具有统战性、经济性、民间性有机统一基本特征的人民团体和商会组织。

20 世纪 40 年代，常德开始有民主党派活动，1949 年 3 月，民盟湖南省支部执委会在常德发展张孝仁入盟，6 月成立民盟常德小组。1952 年，民建常德小组组建，燕春舫任组长。常德工商联源于 20 世纪初的商会组织。1949 年 7 月常德城解放，常德工商业者在常德军管会和政府临时办事处的领导下，建立“常德商会临时办事处”。1951 年 8 月，常德市工商业联合会正式成立。

1957 年，由于“左”的思想的影响，很多民主党派成员受到了不公正的待遇，被错划成右派。“文化大革命”中，常德民盟、民建组织和市工商联遭受严重冲击，大部分民主党派成员、市工商联负责人等被下放农村劳动，组织活动基本停止。

1979 年，民盟常德市委、民建常德市筹委会、市工商联等因“文化大革命”停止的组织逐步恢复活动。

1980 年 3 月，民建常德市委成立。1980 年 10 月，农工民主党常德市直属小组成立。1982 年 8 月，民革湖南省委直属常德小组成立。1987 年 5 月，民进常德市支部委员会成立。8 月，九三学社湖南省委直属常德小组成立。

1988 年 4 月，国务院批准撤销常德地区成立省辖地级市，中共常德市委专题研究民主党派和工商联事宜。5 月，中共常德市委批复统战部呈报的《关于建立常德市民革等五个民主党派筹委会的报告》，批准成立常德市工商业联合会筹委会。

1988年6月4日，在中共常德市委的鼎力支持下，各民主党派常德市委筹备委员会成立大会在芷园宾馆召开。

1988年11月20——24日，农工党、民革、民盟、民建、民进、九三学社等民主党派常德市第一次代表大会召开，选举产生常德市第一届委员会。同时，常德市工商联第一次会员代表大会召开，常德市工商联正式成立，选举产生常德市工商联第一届执行委员会。

2004年1月4日，致公党湖南省委直属常德党小组成立；2010年10月10日，中国致公党常德市委会成立。至此，共有7个民主党派在常德成立市级委员会，开展组织活动。

2012年底，常德市内的民主党派市级组织有7个：中国国民党革命委员会常德市委员会（简称“民革常德市委”）；中国民主同盟常德市委员会（简称“民盟常德市委”）；中国民主建国会常德市委员会（简称“民建常德市委”）；中国民主促进会常德市委员会（简称“民进常德市委”）；中国农工民主党常德市委员会（简称“农工党常德市委”）；九三学社常德市委员会（简称“九三学社常德市委”）；致公党常德市委员会（简称“致公党常德市委”）。七个民主党派组织共设有基层委员会6个，总支10个，支部92个，成员2409名。

1991年，中共中央批转了中央统战部《关于工商联若干问题的请示》，明确规定了“工商联的主要工作对象应是私营企业、个体工商户、‘三胞’投资企业和部分乡镇企业。”按照中央指示精神，常德市工商联实现工作转轨，以私营企业和个体工商户为主体发展会员。

随着改革开放的深入，许多国营企业改制为民营企业，以非公有制经济为主的新经济组织迅猛发展，工商联会员队伍不断壮大。截至2012年底，常德市工商联已形成横到行业竖到乡镇（街道）的组织网络体系。全市有9个区县（市）工商联组织，149个乡镇（街道）工商联分会，86个行业商（协）会，14个市场商会和开发区商会发展会员9716人（其中个人会员5266人，企业会员4299人，团体会员139个）。

（二）

中共中央粉粹“四人帮”以后，拨乱反正，根据中央精神，中共湖南省委对民主党派、工商联健全组织、恢复活动作了部署。1978年中共十一届三中全会后，中国进入以经济建设为中心的新的历史时期，中国共产党领导的多党合作也进入了一个新的历史阶段。中共常德地委及各县、市委统战部门根据中央和省委有关指示精神，通过会议、报刊、广播、电视等各种形式，在党内和社会上广泛宣传民主党派的性质、地位和作用，清除极“左”思潮给民主党派造成的误解，对民主党派、工商联发展的各个方面给予积极支持和具体帮助。

特别是中共十二大提出与民主党派、无党派人士“长期共存、互相监督、肝胆相照、荣辱与共”的方针，中共常德各级党组织坚决秉承中央大政方针，为民主党派和工商联组织发展、参政议政扫除思想阻力，帮助和指导其建立组织、发展成员、调配干部、鼓励参政议政等。

加强思想引领。1989 年底和 2005 年 2 月，中共中央发表《关于坚持和完善中国共产党领导的多党合作和政治协商制度的意见》和《关于进一步加强中国共产党领导的多党合作和政治协商制度建设的意见》，中共常德随即出台相关实施办法，联合各民主党派常德市委、市工商联不断学习中共中央的文件、各项大政方针。从 1998 年起，中共常德市委统战部邀请各民主党派主委和专职副主委参加统战系统中心组学习，每年学习 12 天，每季度请市委讲师团讲师给民主党派负责人上一次辅导课，并做到学习有记录，听课有笔记，并形成了制度。各民主党派和工商联共同学习建设有中国特色的社会主义基本理论、台湾问题与祖国统一、社会主义市场经济建设理论、社会主义核心价值体系等。中共常德市委还协助各民主党派和市工商联做好政治交接工作，不断巩固统一战线共同的思想政治基础，引导民主党派和工商联成员不断增强对基本政治制度的理解把握，共同推动中国共产党领导的多党合作事业向前发展。

协助领导班子建设。撤区建市后，中共常德市委着力加强民主党派领导班子建设，在研究民主党派换届事宜时强调注重改善年龄结构和知识结构，推动形成老中青合作交替的格局。至 1996 年常德市各民主党派第三次换届后，领导班子平均年龄 45.1 岁，大专以上学历占班子成员总数的 80%，更加年轻化、知识化，综合素质和职能作用大大提高。从 1998 年起，中共常德市委统战部邀请各民主党派市委主委和专职副主委参加统战系统中心组学习，并形成制度。每年安排一定数量的民主党派、工商联负责人和骨干成员到中央、省、市社会主义学院学习。2008 年 4 月，首次选派各民主党派常德市委专职副主委到中央社会主义学院进修。至 2012 年底，常德市近 200 批(次)、选派 1800 余名(次)民主党派骨干和党外干部到省、市社会主义学院学习。

培养使用非中共干部。中共常德市委关心民主党派和工商联工作，关心队伍的建设，培养选拔一批优秀的党外干部到各级领导岗位上，为民主党派和工商联的工作提供良好平台。2005 年，在区县(市)政府部门有 3 名党外干部担任正职，在市直行政单位有 1 名党外人士担任单位正职。至 2009 年底，在全市非中共干部中，有 87 人被安排处级以上领导职务，其中市级领导 7 名；有 23 名非中共干部在市直政府职能部门任职，其中市检察院、市法院、市司法局各有 1 名；在人民团体、高等院校、科研院所、重点企业任职的非中共干部有 9 名；各区、县(市)的人大、政府、政协有处级非中共干部 45 名。有 318 名非中共干部被安排在正副科级(行政正职 41 名)实职岗位上，其中检察院、法院、司法局有 16 名，政府职能部门有 120 名，正副乡镇长(含街道办事处)113 名，人民团体负责人 69 名。2009 年，担任实职的非中共干部为 1989 年的 3.28 倍。截至 2012 年底，全市各民主党派和工商联成员中获得副高职称的有 701 人，先后有 157 人担任副处级以上职务，其中市级领导职务 7 人，373 人任科级职务，先后有 2077 人当选为各级人大代表、政协委员。

提升参政议政能力。中共常德市委通过各种方式和形式畅通与各民主党派、工商联、无党派人士的沟通渠道，为各民主党派常德市委和市工商联提供更好的参政议政环境。加强民主党派和无党派人士参政议政培训，提高民主党派成员和无党派人士综合素质。中共常德市委交任务交课题，组织各民主党派、工商联、无党派人士研究思考，把中共常德市委的工作部署转化为各民主党派、工商联、无党派参政议政的实际行动，积极履职尽责、建言献策，为常德经济社会持续健康发展贡献更多的智慧和力量。自 1988 年以来，民主党派和工商联市人大代表提交建议案年平均为 150 多件；各区县（市）非中共人大代表的建议，总计年平均 1000 多件；民主党派和工商联市政协委员呈交的提案，年平均 200 多件；各区县（市）非中共政协委员的提案，年平均 2000 多件。这些建议案和提案都是民主党派和工商联成员和政协委员通过深入调研考察，针对常德市经济社会发展中的主要问题和群众生活中的热点问题提出来的，大部分被党外、政府采纳，充分体现了在中共常德市委的指导下，民主党派、工商联发挥参政议政的重要作用。1989—2012 年，各民主党派和工商联先后有 3660 人当选为全国、省、市、县、乡各级人大代表、政协委员。其中 18 人当选为市政协副主席，1 人当选为市人大常委会副主任；3 名非中共人士当选全国人大代表；192 名当选省人大代表，40 名担任省政协委员；245 名当选市人大代表，2476 名担任市政协委员。

提供民主监督平台。1993 年 7 月，中共常德市委统战部向常德市人民政府建议并协助市政府聘请 61 名非中共人士担任市政府的“特约监察员”，30 名非中共人士担任“特约审计员”，6 名非中共人士担任“特约检查员”，26 名非中共人士担任“特约教育督导员”。这些特约人员对政府有关部门的工作有咨询权和检查员，对政府工作人员有监督权。1994 年，常德市人民政府聘请 50 名党外人士，分明担任警风警纪、行风行纪和廉政建设监督员，参与全市相关部门的清理整顿和检查活动。聘请民主党派成员、无党派人士担任特约人员工作成为中共常德市委和常德市任命政府的优良传统。政府部门和司法机关聘请、民主党派成员和无党派人士担任的特约监察员、检察员、审计员、教育督导员。多年来，这些特约人员通过阅读文件、参加会议、参与聘任单位的有关检查、巡视、调研等活动，对聘任单位进行民主监督、提出意见和建议，很好地发挥了监督、咨询、检查、联络作用。

改善办公环境。1988 年，各民主党派常德市委初建时，工作、生活条件差，既无宿舍院落，也无工作用车，尤其办公用房及其狭窄，几个党派市委机关与市工商联挤在一层不足 200 平方米的楼房里办公。1989 年，市财政拨款 80 万元为民主党派和工商联购置了一所院落，占地面积 0.19 公顷。同时，对 2500 平方米的办公及生活用房进行维修改造。

帮助民主党派和工商联维修办公楼、更新办公设施。2004年，市财政为民主党派和工商联拨款50万元，帮助民主党派和工商联维修办公楼、更新办公设施。2005年11月，市人民政府现场办公会议定为民主党派调整安排独立院落，同意市工商联采取市场运作的方式修建常德商会大楼。2006年，常德市人民政府将原市劳动局的办公楼(光荣路88号)调整作为民主党派常德市委、市工商联办公楼房。该院落共有办公楼3栋，建筑面积达4600平方米。2008年，市财政投入资金500万元，对民主党派常德市委、市工商联机关新院落进行环境整治和装修改造。

(三)

常德各民主党派、工商联组织荟集了众多学者、专家，民建会员中还有一批有丰富经验的企业经营管理人才，在改革开放的新形势下，各民主党派常德市委发挥各自优势，根据社会发展和经济建设的需要，在做好本职工作的同时，面向社会，开展各种服务活动。

各民主党派地方组织和市工商联根据常德经济和社会发展的需要，积极开展社会办学活动，举办各种学科、各种形式的业余学校和专业培训班，为社会培训急需的专业人才。这些学校和培训班艰苦创业，勤俭办学，形式灵活多样，学制有长有短，内容广泛，办学人员有较丰富的经验，保证了较高的教学质量，深受社会欢迎。特别是为响应1986年《中共湖南省委、省人民政府关于进一步加强贫困地区工作的决定》，全市各民主党派地方组织和工商联先后组织成员深入石门、慈利等边穷地区和少数民族聚居地区，开展扶贫、帮困活动。

中共十一届三中全会以后，国家进入以现代化建设为中心的新的历史时期，各民主党派常德市委和市工商联的工作也进入新的发展阶段。在中共常德市委领导下，各民主党派和工商联充分发挥智力密集、联系广泛的优势，团结各方人士、集聚各方智慧，把工作重点转移到为社会主义现代化建设服务上。

民革常德市委发挥与“三胞”(台胞、侨胞、港澳同胞)及其眷属和海外人士联系紧密的优势，组织方成立就主动承担常德与台湾、港澳、海外方面的交流，为祖国和平统一事业奔走，推动港澳台地区与常德的多方交流，多次引进外资与合作项目。特别是2009年10月25日第三届台湾新同盟会会长许历农率领的大陆参访团到达常德，民革常德市委接待，双方达成友好合作。2011年12月26日——2012年1月1日，应许历农邀请，常德市政协副主席、民革常德市委主委陈位明带领常德访问团赴台交流考察，走出常德与台湾地区党派组织互访的重要一步。自20世纪90年代中期始，民革常德市委每年都举办常德抗日会战相关纪念活动，并组织开展关爱抗战老兵慰问活动。

民盟是最早在常德地区发展党员建立组织的民主党派，其成员主要是从事文化教育及科技工作的高、中级知识分子，民盟及其成员自20世纪80年代初开始办学，先后主办了朗州电大、光明中职、常德工艺美术学校、淮阳中学等多所学校，开办各类学习班一百多个，培训人才十余万。

民建会员多为经济界人士，在改革开放中敢为人先建立工商企业，为区域经济发展带来强劲动力。而后发挥经济优势，为湖南省少数民族地区和常德市地方工业提供技术、物资援助。同时，民建常德市委致力于培育优秀人才，先后创办常德市育才会计学校、新蕾幼儿园。

民进首先在常德教育文化界发展成员，因此，文化下乡活动逐渐成为民进常德市委社会服务的品牌。借助文化下乡这一载体，一些医疗卫生单位也主动要求相伴而行，服务范围由单纯的送戏下乡扩展到送医送药下乡，关注农村发展，关注农村文化。

农工党常德市委发挥医卫界资源优势，长期开展医疗咨询服务，多次到工厂、社区、乡镇义诊，多次派医疗专家到湘西智力支边。特别是在1998年特大洪涝灾害发生时，多位农工党医卫工作者主动到抗洪救灾前线自带药品，志愿服务、巡回医疗。2003年“非典”期间，农工党党员响应市委号召奋战在一线，为抗击“非典”的胜利做出了较大贡献。

九三学社常德市委多年来坚持送科技文化下乡，充分发挥智力优势，在边远乡村送技术扶贫扶弱，开展农业、医疗、教育、机电等方面咨询服务，帮助农民增产增收取得实效。关注城市发展，于2006年10月主办“中部崛起——常德工业强市发展战略高峰论坛”，为常德发展助力。

致公党常德市地方组织根据自身特点，充分发挥与海外联系广泛地优势，多渠道、多层次、多形式开展海外联谊工作。2003——2011年共接待归国华侨200多人次。致公党党员利用侨眷身份发挥“侨、海”优势，引资引智，引进花山别墅群、上海大众斯柯达、“拉菲酒类公司”等多个项目落户常德。2011年1月25日，常德市归侨侨眷代表座谈会在芷园宾馆举行。致公党常德市委以副主委潘道波为代表，向归侨侨眷人员赠送春节慰问物资，让归侨侨眷代表倍感温馨。

常德市工商联自1988年成立之日起，即发挥着中共常德市委、市政府联系非公有制经济人士桥梁的作用。在发展基层工商组织、吸收会员的同时，市工商联着力招商引资，推动经贸交流，多次主办、参与常德与外省市、其他国家和地区的联谊会、展销会、交易会、交流会，扩大常德商界的影响。在市工商联的引导和支持下，常德商会成立，并在深圳、上海等地成立异地常德商会，德商文化名扬四海。常德市工商联致力于服务非公有制企业，先后成立维权中心和法律援助中心，培育优秀民营企业家，促进银企洽谈合作。光彩事业是工商联的一面旗帜，在扶贫帮困、援助偏远边区、新农村建设等各方面发挥着积极的作用。在市工商联的带动下，非公人士成为中国特色社会主义建设队伍中的重要代表。

在中共常德市委的领导下，常德市各民主党派和市工商联紧密结合工作实际和岗位职责，思想上不断有新解放，工作上不断有新思路，实践上不断有新创造，共同推动常德经济社会的协调发展。

大 事 记

1988 年

4 月 5 日　民革常德市筹委会接待台北常德同乡会理事刘云家一行 37 人。常德民革对台工作走出了实质性的第一步。

5 月 20 日　中共常德地委文件《关于建立常德市工商联筹委的批复》(常字通〔1988〕9 号),同意成立常德市工商业联合会筹委会。谢海泉任主任。

6 月 4 日　民革、民盟、民建、民进、农工党等民主党派常德市委员会筹备委员会成立大会在芷园宾馆召开。此后,各民主党派市委筹委会先后召开会议,选举产生领导班子,筹备党派常德市委成立相关事宜。

6 月 20—24 日　市政协一届一次全会在芷园宾馆举行。市工商联主席、民建常德市委主委谢海泉、民革常德市委主委罗崇煜、民盟常德市委主委陈锡祥、农工党常德市委主委熊俊华等当选为市政协副主席。

7 月 2 日　民进常德市第一个支部——民进常德师范学校支部委员会成立。梁颂成当选支部主任。

9 月　九三学社常德支社筹备组(1988.9—11)由九三学社省委社湘字 73 号文件批准成立。11 月 22 日,九三学社湖南省委常德支社成立,利广才任主任委员。

11 月 12 日　全国政协副主席、民盟中央主席、著名社会科学家费孝通到常德市考察盟务工作。

20 日　农工党常德市第一次代表大会在芷园宾馆召开,选举产生农工党常德市第一届委员会。熊俊华当选为主任委员。

11 月 22—23 日　常德市工商联第一次会员代表大会召开,常德市工商联正式成立。选举产生常德市工商联第一届执行委员会,张前河当选为主任委员。

11 月 22 日—24 日　民革常德市第一次代表大会召开,选举产生民革常德市第一届委员会。罗崇煜当选为主任委员。

同期 民盟常德市第一次盟员代表大会在芷园宾馆召开,选举产生民盟常德市第一届委员会。丁时祺当选为主任委员。

同期 民建常德市第一次代表大会在芷园宾馆召开，选举产生民建常德市第一届委员会。聂庆钧当选为主任委员。

同期 民进常德市第一次代表大会在芷园宾馆召开,选举产生民进常德市第一届委员会。李文健当选为主任委员。

12月1日 民进常德市委内部刊物《常德民进》第一期首发。

1989年

1月 民建常德市委开始编印《工作通讯》内部资料,每月一期。1991年更名为《常德民建》,每月一期。

4月15日 常德民革第一个直属经济实体—常德市台湘棉织厂开业。

4月27日 盟员盲人作家聂建长创作的电影《死里逃生》在常德电影公司举行首映式,市党政军领导出席并和聂建长进行了交谈。民盟常德市委组织全市盟员观看并收集了观后感。

5月3日—4日 津市市召开盟员大会,选举产生民盟津市市第一届委员会,郑祖瑜当选为主任委员。

6月3日 民盟常德市委第一个厂矿支部——民盟常德棉纺厂支部成立。

6月6日—26日 各民主党派市委、市工商联先后召开会议,传达并学习中共中央关于政治风波事件的有关精神。

6月28日 中共常德市委文件(常发干〔1989〕38号),决定成立常德市工商联党组,李世成任党组书记。

7月3日 《常德农工》创刊。

7月29日 农工党湖南省委将津市支部划归常德市委领导。

是月 市工商联组织21家街道企业负责人参加武汉经济协作区工商联联谊会举办的技术市场交易会,促使10家会员企业与武汉大专院校等科研单位直接挂钩建立协作关系。

9月1日 《常德民盟》铅印第一期(1989年第3期)出版。

9月13日 民革李达道、谢铜樵、吴伟生出席常德市台胞联谊会,李达道被推选为名誉理事长。

9 月 27 日 各民主党派常德市委在桃林宾馆联合召开庆祝建国 40 周年茶话会。

是月 农工党常德市委主委熊俊华等 3 人前往津市支部，与支部全体党员见面，并传达中共中央有关文件精神，听取意见。考虑到津市支部业务经费困难，经市委讨论决定补助津市支部 500 元活动经费。

是月 市工商联召开由 120 多家企业法人代表参加的庆祝中华人民共和国成立四十周年迎国庆茶话会。

10 月 6 日 民革湖南省委副主委郑怡庭，秘书长黄自荣到常德考察，肯定常德民革工作，并视察民革常德市委下属企业“台湘”“华通”两个公司。

10 月 16 日—23 日 长沙、常德市工商联、民建市委联合主持召开“昆明、贵阳、成都、重庆、南宁、长沙、常德五省七市”两会工作协作年会。

11 月 25 日 由民盟益阳市委秘书长卢柏良带领的民盟益阳市六中支部一行 12 人，到常德市六中开展联谊活动。双方讨论同意建立长期横向联系，定期交流盟务工作。

12 月 《中共中央关于坚持和完善中国共产党领导的多党合作和政治协商制度的意见》(14 号文件)正式颁布。中共常德市委统战部和市工商联迅速召集区县(市)工商联负责人会议，层层传达贯彻，组织广大会员认真学习这一我国多党合作的纲领性文件精神。

是年 九三常德市支社成立三个直属小组：城内小组由陈家树任组长，师专小组由李高霖任组长，浦沅小组由何季愚任组长。

1990 年

1 月 23 日 民革常德市委接待台北常德同乡会探亲旅游团。

2 月 12 日 民盟常德市委全体机关干部在中共常德市委统战部学习、讨论《中共中央关于坚持和完善中国共产党领导的多党合作和政治协商制度的意见》；并召开各专委会负责人会议，组织学习《中共中央关于坚持和完善中国共产党领导的多党合作和政治协商制度的意见》。

2 月 28 日 民进常德市委召开委员会议，集中学习《中共中央关于坚持和完善中国共产党领导的多党合作和政治协商制度的意见》。

3 月 17 日 农工党津市市支部收归省委管理。

是月 中共常德市委统战部、市工商联在临澧县召开有统战部长、工商联主委、各企业负责人参加的全市工商经济统战工作会议。

4 月 农工党常德市委出台《关于学习贯彻＜中共中央关于坚持和完善中国共产党领导的多党合作和政治协商制度的意见＞的意见》。

5 月 4—5 日 民进常德市委宣传委员刘振国参加省会务理论研讨会，所撰写的论文《多党合作必须坚持共产党的领导》被评选为优秀论文，并送广州中南五省统战理论研讨会作书面发言。

5 月 15 日 民盟常德市委召开主委会议，审议关于贯彻《中共中央关于坚持和完善中国共产党领导的多党合作和政治协商制度的意见》的实施方案，研究支农计划与措施，讨论自身建设工作事项。

是月 市工商联组织 57 家企业会员参加武汉、上海、南宁、福州等地的展销会、交易会和技术市场交易会，签订购销合同 50 多份，成交额上千万元。

6 月 2 日 民盟湖南省委领导杨国勋到常德，向中共常德市委统战部和民盟常德市委了解学习贯彻《中共中央关于坚持和完善中国共产党领导的多党合作和政治协商制度的意见》的情况及领导班子情况。

6 月 15 日 民革常德市委为每个支部发放《建设有中国特色的社会主义政党制度》《统一战线仍然是一大法宝》等书籍和民革各级地方组织规程、省政府吸引台资的有关政策规定等学习资料。

7 月 7 日 农工党召开市委会议，通过《贯彻＜中共中央关于坚持和完善中国共产党领导的多党合作和政治协商制度的意见＞的实施办法》。

7 月 11 日—16 日 中共常德市委组织部、统战部主办第一期常德市民主党派基层支部负责人学习班。各民主党派均有基层组织负责人参加培训。

8 月 9 日 农工党常德市委在常德宾馆召开庆祝中国农工民主党成立六十周年报告会。会议邀请中共常德市委、市人大、市政协、市委统战部及武陵、鼎城、桃源政协和统战部领导参加，全体党员参加会议，市委主委熊俊华致辞。

8 月 28 日 民革湖南省委副主委黄伟民等四人到常德检查工作，分别召开中青年、老同志座谈会，参观民革的经济实体。

9 月 23 日 民盟常德市委组织民盟常德市鼎城支部、医卫支部盟员到鼎城区长茅岭乡朱家冲村少数民族村开展义诊活动。

10 月 25 日 成立九三学社常德市委筹备工作组。

10 月 29 日 民盟常德市委组织盟员学习盟史《盟章》，并进行盟史《盟章》知识竞赛。12 月 25 日，民盟常德市委对学习盟史《盟章》竞赛活动优胜基层组织进行表彰奖励。

11 月 7 日 农工党常德市委主委熊俊华带队赴石门县杉板乡社教点开展医疗咨询服务活动。

11 月 20 日—22 日 民进常德师范学校支部主委梁颂成参加民进省委召开的合作共事经验交流会，并作了题为《依靠党委领导，做维护安定团结的重要力量》的大会发言。

12 月 29 日　民进常德市委举行庆祝中国民主促进会成立四十五周年大会。

是年　市工商联先后成立“经济咨询部”和“技术服务社”，按照有偿服务和无偿服务相结合、硬件服务和软件服务相结合、经济咨询和技术咨询相结合的原则，对会员开展多种服务。

1991 年

1 月 26 日　中共常德市委统战部部长李明安主持召开民建常德市委和市工商联负责人会议，解决两会若干历史问题。从此，两会彻底分开工作。原两会共同创办的经济实体、学校和幼儿园划分，其中四个企业（工商贸易公司、爱建农副产品经营部、百花商场、兴中打印服务部）属工商联所有并由其主管，育才会计学校和新蕾幼儿园属民建所有并由其主管。

3 月 8 日　中共常德市委统战部发出《关于市政府有关部门同市级民主党派、工商联建立对口联系的建议》。

5 月 11 日　民盟常德市委在常德轮船客运站 2 楼大厅举行中国民主同盟成立 50 周年纪念大会。同时举办盟史展览。

7 月　中共中央批转中央统战部《关于工商联若干问题的请示》（即中央 15 号文件）下发，为贯彻落实中央 15 号文件和省委有关文件精神，中共常德市委集体听取市委统战部和市工商联的汇报。

是月　各民主党派市委机关陆续从高山街搬迁至建设东路 200 号。

9 月 20 日　民革常德市委在常德市博物馆举办纪念辛亥革命 80 周年大型展览会。

是年　九三常德市委筹积极筹备师专、综合、建筑、浦沅支社的成立，组织纪念中国共产党成立 70 周年的活动，召开“九三纪念日”座谈会，开展社史、社章基本知识考试竞赛等活动。

是年　市工商联参加中共常德市委、市政府安排的支工支农工作，抽出一名党组书记、副主委参加市委驻桃源纺织厂社会主义教育工作队，会同中共市委统战部在汉寿县办支农点，农忙季节抽派干部参加农业生产，为农民送化肥等农资物质。

1992 年

1 月 4—5 日　农工党常德市第二次代表大会在芷园宾馆举行，选举组成农工党常德市第二届委员会。郭罗当选为主任委员。

1月6—7日 民进常德市第二次代表大会在芷园宾馆举行，选举组成民进常德市第二届委员会。李文健当选主任委员。

1月11日 民盟常德市第二次代表大会在芷园宾馆召开，选举组成民盟常德市第二届委员会。丁时祺当选为主任委员。

1月16—17日 民建常德市第二次代表大会在芷园宾馆召开，选举组成民建常德市第二届委员会。汤音宏当选为主任委员。

3月13日 民革常德市第二次代表大会在芷园宾馆召开，选举组成民革常德市第二届委员会。罗崇煜当选为主任委员。

4月23日 民革常德市委组织民革党员学习中共中央二号文件，警惕“右”，更要防止“左”。

6月26—27日 市工商联召开常德市非公有制经济代表人士座谈会，向广大私营企业主、个体工商户代表宣传中央15号文件精神，介绍党的有关发展非公有制经济的方针政策。

8月27日 中共常德市委统战部出台常通字〔1992〕9号《关于常德市民主党派工商联机关行政事务管理委员会的通知》，郑朝兵任委员。

10月31日 民革常德市委部署支部组织民革党员学习中共中央十四大文件。

12月25日 由于市委筹备工作组工作不顺，根据常德九三组织实际情况，九三学社省委决定改组九三学社常德市委等，更换主要负责人，成立九三学社新市委筹（1992.12—1993.3），梁金顺任主委。

12月26日—1993年1月1日 市政协二届一次全会召开，民盟常德市委主委丁时祺、民建常德市委副主委徐国清（女）、民进常德市委主委万成贞（女）、农工党常德市委主委郭罗、市工商联主席张前河当选为市政协副主席。

12月28日—1993年1月3日 市人大二届一次全会召开，民革常德市委主委邹克忠当选为市人大常委会副主任。

1993年

3月6—9日 民盟湖南省委宣传部副部长李光前到常德考察盟务工作，重点调研民盟常德市委主办的光明职业中专、民盟常德工艺美术学校办学经验。

3月8日 九三学社常德市第一次代表大会召开，选举产生九三学社常德市第一届委员会。梁金顺当选为主任委员。

4月1日 九三学社常德市委批复同意师专支社筹办“九三高级中学”，由柳书伦、韩隆福、赵玉泉具体负责。是年9月3日举行开学典礼。1995年10月，该校因生源、管理等问题停办。

5月6—8日 常德市工商联第二次会员代表大会召开，选举产生常德市工商联第二届执行委员会，张前河当选为主任委员。同时，市工商联加挂总商会牌子。

5月8日 中共常德市委、市政府召开“常德市十佳非公有制经济大户”表彰大会。

5月18日 民革常德市委主办抗日战争常德会战50周年纪念大会。

是月 由名誉主委陈锡祥、副主委郭敦文牵头成立的民盟常德市四达电子技术研究开发中心面向社会服务。

8月28—29日 农工党常德市委主委郭罗带领10名党员赴汉寿县聂家桥乡开展为期2天的救灾义诊活动，送医送药，上门服务。看病治病达300余人次，免费提供2000余元的药品。

9月4日 民革常德市委组织《台湾问题与中国的统一》白皮书座谈会。

9月8日 民盟盟员彭治权创办的常德淮阳中学举行开学典礼。

10月16日—18日 民盟常德市鼎城区支部武令如代表民盟常德市委出席在湖北省襄樊市召开的民盟中南六省区第四次经验交流会，并就增强基层组织凝聚力作经验交流。

11月28日 农工党常德市委向各基层组织送达常农宣字〔1993〕1号《关于转发省委“关于学习＜邓小平文选＞第三卷、＜中共中央关于建立社会主义市场经济体制问题的决定＞和全国统战工作会议精神的通知”的通知》。

1994年

3月18日 民盟常德市委举行办学习《邓小平文选》(第三卷)报告会。

4月10日 农工党常德市委主委郭罗带领5名党员配合市政协，赴汉寿县东岳庙乡开展医疗咨询服务活动，接诊150余人次。

5月6日 民革常德市委在武陵区汉寿街开展统一战线宣传一条街活动。

9月5日 省政协副主席、中共湖南省委统战部部长龙禹贤到常德考察统战工作，各民主党派中的部分市人大代表、市政协委员和在市政府部门任职人员分别参加座谈会。

10月27日—31日 1994年五省(区)七市(成都、昆明、南宁、贵阳、重庆、长沙、常德)工商联协作会议在常德召开。

12月28日 农工党常德市委创办的常德前进电力交通培训学校成立，向松柏为专职校长。

是月底 市工商联与中共常德市委统战部联合举办常德市非公有制经济人士思想

政治工作研讨会。

是年　市工商联重点筹建乡镇、街道工商联分会，先后在津市、鼎城、石门、桃源建立乡镇工商联分会。

1995 年

1 月 20—21 日　九三学社湖南省委副主委利光裕、人事处副处长陈烽一行到常德视察工作。

2 月 13 日、23 日　市政协和中共常德市委分别召开学习中共中央总书记江泽民关于台湾问题的讲话座谈会，各民主党派市委负责人与会并发言。

3 月 6 日—7 日　民盟湖南省委副主委张作功、秘书长赵习文一行到常德考察盟务工作。民盟常德市委主委丁时祺，副主委郭敦文、李平之，专职副主委徐珂分别作有关情况汇报。

4 月 5 日　民革常德市委组织常德各届人士举办“公祭常德抗日会战阵亡将士”纪念活动。

4 月 5 日　民盟常德市委组织盟员参与在中日常德会战阵亡将士公墓举行的凭吊抗日英烈公祭活动，纪念世界反法西斯战争和中国抗日战争胜利 50 周年。

4 月 17—30 日　中共常德市委统战部举办民主党派中青年干部培训班。

4 月中旬　农工党常德市委主委郭罗带领 5 名党员自带部分药品到鼎城区许家桥民族乡跑马村开展医疗咨询服务活动，接诊 150 余人次。

6 月 9 日　市工商联、总商会直属会员委员会成立。鄢家敏任会长。

6 月 16—19 日　九三学社中央副主席陈明绍到常德市视察工作。九三学社常德市委主委梁金顺汇报常德九三的组织和发展情况。

8 月　九三学社常德市委开展九三学社建社 50 周年系列纪念活动；30 日在市民主党派机关四楼会议室召开九三学社建社 50 周年纪念大会；出版了《九三学社建社 50 周年纪念专辑》；韩隆福主讲了《常德保卫战》讲座；举办了九三学社 50 周年大型纪念画册图片展。

10 月 16 日　为纪念反法西斯胜利 50 周年，农工党安乡县支部党员刘学敬带领一百多名学生到“厂窑惨案”纪念碑前，向死难同胞敬献花蓝、花圈，给在场的青年学生上了一堂生动的爱国主义教育课，被县电视台报道。

12 月 28 日　民进常德市委召开“庆祝中国民主促进会成立 50 周年暨表彰大会”。

1996 年

4 月 13 日　民革湖南省委副主委黄伟民一行五人到常德考察民革市委工作。

6 月　市工商联开始与市人事局共同组织非公有制企业专业技术职称评定工作。

6 月—7 月　市工商联组织各县市工商联会员出访东南亚泰国、马来西亚、新加坡等国，与当地商会组织进行广泛接触和联系。

11 月 21—22 日　民建常德市第三次代表大会在常德市民主党派大楼四楼会议室召开，选举产生民建常德市第三届委员会。徐国清当选为主任委员。

11 月 27 日—29 日　民革常德市委召开第三次代表大会，选举产生民革常德市第三届委员会。邹克忠当选为主任委员。

12 月 3 日　农工党常德市第三次代表大会召开，选举产生农工党常德市第三届委员会。郭罗当选为主任委员。

12 月 11 日—12 日　民盟常德市第三次代表大会召开，选举产生民盟常德市第三届委员会。丁时祺当选为主任委员。

1997 年

1 月 16 日　中共常德市委在芷园宾馆召开各民主党派市委、市工商联负责人情况通报会。

1 月 27 日　中共常德市委统战部在民主党派市委机关会议室召开常德市各界党外代表人士迎春茶话会。

2 月 27 日—28 日　民进常德市第三次代表大会召开，选举组成民进常德市第三届委员会。万成贞当选为主任委员。

3 月　省工商联在鼎城区召开全省工商联组织工作现场会，总结推广常德市工商联和鼎城区工商联的组织工作经验。

4 月 29 日　民盟常德市委青年工作委员会举办"迎接香港回归祖国有奖知识竞赛"活动，近 30 位青年盟员参加了活动。

5 月 6 日—7 日　常德市工商联（总商会）第三届会员代表大会在市君蓓宾馆召开，选举产生第三届执委会，张前河当选为会长。

6 月 3 日　市工商联下发《关于在我市非公有制企业专业技术人员中开展专业技术资格（职称）评审工作的通知》（常联发[1997]5 号）。

6 月 20 日　民建常德市委举办'97 迎香港回归"民营杯"知识竞赛，130 多名会员参加。

6 月 28 日—29 日 为迎接香港回归，农工党常德市委联合三株口服液公司组织了一次大型义诊活动，免费为病人赠送了价值 3000 余元的药品。

7 月 15 日 民盟湖南省委主委谢佑卿率省政协考察组到常德考察工业企业及外经工作。民盟常德市委主委丁时祺、专职副主委徐珂与副主委李平之、傅绍平参与接待，丁时祺汇报民盟常德市委换届以来工作情况。

是月 为庆祝香港回归祖国，中共常德市委统战部和市工商联进行报告会 9 场，座谈会 70 多场，庆祝活动 30 多次，参加活动的会员达 5300 多人次。

8 月 12 日 中共常德市委办公室下发《关于转发市委统战部、市工商联党组〈关于设立常德市光彩事业推动委员会的请示〉的通知》（常办通字[1997]57 号），同意成立常德市光彩事业推动委员会。

9 月 10 日 九三学社召开常德市第二次代表大会，选出产生九三学社常德市第二届委员会委员，邓正春当选为主任委员。

是月 市工商联与市协平法律事务所联合成立法律办公室，对会员开展经常性的法律知识培训，并对企业提供法律援助。

12 月 28 日—1998 年 1 月 2 日 市政协三届一次全会召开，民盟常德市委主委丁时祺、民建常德市委副主委徐国清（女）、民进常德市委主委万成贞（女）、农工党常德市委主委郭罗、市工商联主委张前河当选为市政协副主席。

12 月 28 日—1998 年 1 月 4 日 市人大三届一次全会召开，民革常德市委主委邹克忠当选为市人大常委会副主任。

1998 年

2 月 23 日 民盟常德市委专职副主委徐珂带领机关干部前往鼎城区大龙站镇国峰水库考察水产养殖情况，对盟员岳锡厚所进行的人工养殖银鱼等项目认真考察。

3 月 25 日 民革常德经促会终止运行。

4 月 10 日 民盟湖南省委专职副主委陈幼平、组织部部长罗湘湘到常德调研盟务工作。

4 月 18 日 农工党常德市委依托市四医院支部在鼎城区蒿子港乡第一血防站建立了“中国农工党民主党蒿子港医疗咨询点”，每个双休日定期派 2 名专家教授坐堂应诊。

5 月 6 日 市委统战部、市工商联开始在全市非公有制经济人士中开展“十佳民营企业家”“十佳光彩事业明星”“十佳工商联会员”评选活动。经广泛宣传、推送考核、评选出陈长新等十佳民营企业家，杨绍军等十佳光彩事业明星，满意等十佳工商联会员。

5月26日起 市工商联举行了为期半月的“常德市民营企业宣传一条街”活动，共有常德市杰新纺织印染厂、市君臣实业有限公司、市利成工贸公司等27家企业制作30多幅宣传牌参加此次活动。

6月 市工商联在鼎城区召开全市工商联组织工作现场会，介绍推广鼎城区工商联的组织工作经验。并参观鼎城区武陵镇分会和会办企业。

8月15—16日 农工党常德市委主委郭罗、副主委廖克军率医疗队赴安乡县重灾区安造垸开展医疗咨询服务活动。共接诊400多人次，发放了价值10000余元的药品。

是月 农工党常德市委被中央评为“1998年抗洪抢险救灾工作”先进集体，并授予锦旗。8月19日《人民日报》给予了报道。11月21日，农工党中央授予农工党常德市委“支援抗洪抢险救灾工作先进集体”称号，并授锦旗。

7至8月 市工商联发动组织工商联会员开展抗洪支灾募捐活动，7000多名会员捐款捐物折款共220多万元。

10月26日 民盟常德市委召开庆祝重阳节暨湖南民盟建盟50周年座谈会。

1999年

1月11日 民革湖南省委副主委黄伟民一行到常德考察。

1月29日 民盟常德市委召开纪念湖南建盟50周年暨民盟常德市委总结表彰大会。

2月3日 民革常德市委主委邹克忠带领医生党员黄振东、吕志全赴津市白衣镇荷花村扶贫点慰问义诊，赠送药品价值300余元。

2月5日 中共常德市委、市人大、市政府、市政协领导到民主党派市委、市工商联机关看望机关干部并座谈。

3月13—14日 九三学社湖南省委专职副主委利光裕及组织处副处长倪仲武到常德指导工作。

3月18日 中共常德市委统战部召开各民主党派机关、市工商联负责人座谈会。

4月8日 民革常德市委主委邹克忠接待台湾常德同乡会会长曾德辉先生一行。

4月14日 市工商联召开非公有制经济人士座谈会，市长程海波、市人大副主任肖有志、副市长龚建民、市政协副主席蒯定勋、罗富国等领导与30多名会员面对面恳谈。

7月29日 民进常德市委主委万成贞、副主委曹卫平等和机关干部到石门县所街乡合溪村看望民进市委长期资助的四名贫困学生，并用从会员中募集的3000多元捐款为他们缴交了学费。

5月4日 民盟津市市委举行成立10周年纪念大会。民盟湖南省委专职副主委陈幼平、组织部部长罗湘湘，民盟常德市委主委丁时祺出席。

5月5日 陈幼平等视察民盟常德市委机关，并与中共常德市委统战部就常德民盟自身建设等问题交换意见。

5月9日 中共常德市委召开严厉谴责美国为首的北约集团侵犯中国主权、袭击中国驻南使馆暴行通报会。各民主党派常德市委和市工商联负责人参加。

5月10日 中共常德市委统战部召开各民主党派、工商联、宗教界人士关于声讨北约罪行的座谈会。

是日 民革常德市委组织市委委员，各总支、支部主委，人大代表、政协委员声讨北约轰炸我南斯拉夫大使馆的罪行，常德电视台作了采访报道。

5月11日 民盟常德市委在民主党派市委机关召开全委（扩大）会议，传达中共中央和省、市委文件精神，声讨美国轰炸中国驻南斯拉夫大使馆的罪行。

7月6日 中共湖南省委统战部在常德召开党外人士座谈会，常德市民主党派相关人士参加。

7月3—5日 农工党常德市委在城东举行“迎国庆暨澳门回归大型义诊”活动。参加义诊的专家教授达30余人，治疗患者500余人次，发放价值15000元的药品。

7月22日 民政部发出《关于取缔法轮大法研究会的决定》，宣布取缔“法轮功”邪教组织。各民主党派、工商联纷纷表示坚决拥护党和政府取缔“法轮功”。

7月23日 市工商联组织100多名会员参加建国50周年“迎中秋、庆国庆”大型联谊会。会上中共常德市委常委、组织部部长曹儒国，副市长龚建民，市政协副主席、中共市委统战部部长罗富国带头向津市市白衣镇荷花村小学捐款5000多元。

7月26日 “常德市各民主党派、工商联国庆文艺晚会”在市工人文化宫举行。

7月29日 市政府下发《关于加强非公有制企业技术监督工作的通知》，成立市非公有制企业技术监督工作协调领导小组。

10月22日 民建湖南省委主委熊长松、处长李世熊等到常德民建参观社会办学。

11月1—3日 市工商联举办全市非公有制经济代表人士培训班。市直和各区县市非公有制经济代表人士100多人参加培训。

11月2—3日 中共常德市委召开各民主党派市委、市工商联负责人工作研讨会。

11月21日 民革湖南省委副主委黄伟民、组织处处长程百炼、副处长戴明星到常考察。

11月23日 中共常德市委统战部召开全市统一战线统战知识竞赛及统战理论调研

表彰大会暨迎澳门回归“芙蓉杯”演讲比赛。

11 月 29 日 省政协副主席、九三学社湖南省委主委卢光琇、副主委利光裕到常德视察。

12 月 9 日 民革党员、常德市青年美术家坎勒的作品《森林的报告》获第九届全国美术作品展览银奖，这是新中国成立以来常德市在美术方面获得的最高奖。

2000 年

1 月 13 日 民革湖南省委副主委黄伟民到常德检查工作，并登门看望民革常德市委荣誉主委罗崇煜，荣誉副主委李达道。

2 月 28 日 九三学社常德市委主委邓正春率汤小明、黎昌祥前往鼎城牛鼻滩谈家河村进行蔬菜咨询服务，给农民讲授了发展蔬菜的技术和效益，印发资料 400 多份。

3 月 15 日 市工商联与市质量技术监督局联合开展“3.15”大型宣传活动，广泛宣传质量标准、维护消费者权益等方面的政策法规，并举办 80 多人参加的技术质量方面法律法规培训班。同时在非公有制企业中开展了“质量信得过单位”的评选活动，推荐 15 家私营企业为全省“质量信得过单位”（全省仅 100 家）。

4 月 5 日 九三学社常德市委与市政协农业组、武陵区农广校联合举办送科技下乡活动，在丹洲乡阳湖村由邓正春、熊伟、黎昌祥进行高产蔬菜栽培技术讲座，听课农民 100 余人，发放资料 100 套、1100 份。

4 月 13 日 市工商联召开银行与企业联谊会，副市长龚建民、市政协副主席李明安等领导出席。人民银行、工商银行、建设银行、中国银行常德市负责人和民营企业家面对面恳谈，促成 20 家会员企业与银行建立正常业务联系。

5 月 1 日 全国政协常委、民建中央副主席朱元成，全国政协常委、湖南省政协副主席、民建湖南省主委阳忠恕等一行到常考察指导民建常德市委工作。

6 月 25 日 九三学社常德市委召开市委扩大会议。《常德九三》出刊。

7 月 2 日 中共常德市委统战部、市工商联下发《关于在非公有制经济人士中深入开展“致富思源、富而思进”教育活动的通知》（常统通〔2008〕号），在全市非公经济人士中掀起教育学习高潮。

8 月 5 日 农工党常德市委举行庆祝农工党建党 70 周年纪念大会，并举办了图片展览，市委主委郭罗在大会上发表讲话。

8 月 30 日 民进常德市委联合市审计局、农工党市委到桃源县凌津滩乡三印村开展送药服务咨询活动。

9月30日 九三学社常德市委向贫困地区捐冬衣230件，捐款2180元，捐价值2000余元的药品一件，所有物质皆运至保靖县野竹坪镇腊洞村交付。

9月21—26日 西南五省六市（昆明、成都、贵阳、南宁、长沙、常德）工商联在常德市举办协作年会。

11月15—16日 市工商联在津市市召开常德市工商联基层组织建设现场经验交流会。

2001年

1月17日 民革常德市委召开三届十六次扩大会议，传达学习中共十五届五中全会精神、全国统战工作会议精神。学习民革全国先进集体和先进个人表彰大会精神；听取和审议民革市委工作报告。

3月15日 民进常德市委在桃源召开基层支部工作经验交流会，共评选出七中支部、工农小学支部、常师支部、一中支部等4个先进支部，先进支部在会上作经验交流。

3月23日 民盟常德市委在常德师范学院召开中国民主同盟成立60周年纪念大会。

3月30日 市工商联联合中国人民银行常德市中心支行共同举办高新技术企业发展和支持民营经济发展的银企座谈会，签订近3亿元融资协议和意向。

5月 民革常德市第四次代表大会召开。选举组成民革常德市第四届委员会。邹克忠当选主任委员。

6月24日 九三学社常德市第三次代表大会在民主党派市委机关召开，并召开社市委三届一次会议，邓正春当选为主任委员。

6月28日 市工商联开展大型“致富思源、富而思进”教育图片展览，用300多幅图片展现46位非公有制经济人士典型。后参加全省民营企业成果展出。

7月3日 农工党常德市第四次代表大会在民主党派市委机关召开。选举产生农工党常德市第四届委员会，龚建明当选为主任委员。

7月4日 民建常德市第四次代表大会在民主党派市委机关召开。选举产生民建常德市第四届委员会，徐国清当选为主任委员。

7月13日 民进常德市第四次代表大会在民主党派市委机关召开。选举产生民进常德市第四届委员会，万成贞当选为主任委员。

7月14日 民盟常德市第四次代表大会在民主党派市委机关举行。选举产生民盟常德市第四届委员会。丁时祺当选为主任委员。

8月22日 履新的中共常德市委统战部部长文承保走访民主党派市委机关。

9 月 15 日 农工党常德市委主委龚建明带领 12 名专家赴桃源县剪市镇九龙殿村开展医疗咨询服务活动,接诊 250 余人次,发放价值 4000 多元的药品。

10 月 11 日 中共常德市委统战部召开座谈会,学习中共十五届六中全会通过的《关于加强和改进党的作风建设的决定》的文件精神,各民主党派市委领导参加。

10 月 16 日 民盟生态农业专家工作委员会和鼎城区蔬菜办举办"鼎城区蔬菜种植和市场营销培训班"。主委丁时祺应邀出席开学典礼。

10 月 31 日 民盟常德市委主委丁时祺出席在桃源县青林回维乡茨树垭村举行的"中国民主同盟常德市委员会生态农业茨树垭村示范基地"授牌仪式。

11 月 15 日 农工党常德市委向各基层组织送达常农字〔2001〕10 号《关于转发农工党中央＜关于认真学习贯彻中共中央十五届六中全会精神＞的通知》。

11 月 20 日 民进常德市委联合民革市委、农工党市委等单位到统战系统扶贫点汉寿县太子庙镇开展送医送药服务咨询活动。

12 月 26 日 市工商联联合中共常德市委统战举办"民营之声"——2002 年非公有制经济人士元旦文艺晚会。

2002 年

1 月 24 日 民进常德市委主委万成贞和机关干部到澧县道河乡廖坪村看望对口资助的贫困学生,并赠会员捐款 1000 余元。

3 月 11—15 日 常德市统战工作会议"以会带训"在市委党校举行,各民主党派相关人员参加培训。

3 月 16—18 日 市工商联(总商会)第四次会员代表大会召开,选举产生执行委员会,李明三当选为会长。

3 月 18 日 九三学社邓正春、吴平安、蹇斯炎等到桃源县青林乡封火溶村为 600 多农民作技术讲座。

3 月 19 日 市工商联与市优化办联合召开工商界行风监督员座谈会,中共常德市委书记程海波、市长陈君文认真听取大家的情况和意见。

3 月 23 日 应农工党常德市委邀请,由参加农工党全国宣传工作会议的 40 余名宣传专干组成的"农工党来湘考察团"到达常德。农工党常德市委主委、市政府副市长龚建明和中共常德市委统战部副部长郑维改陪同考察。考察团成员撰写的桃花源风景旅游区、石门县夹山寺的考察情况,在农工党中央党刊《前进论坛》2002 年第 6 期报道。

3 月 26 日 九三学社邓正春、覃事玉、吴平安在汉寿县围堤湖乡席家咀村进行咨询服务，为480多名农民讲授技术。

3月29日 九三学社邓正春、肖勋伟、贺学红、覃事玉、贺云、龙艳等协同市农业局、市政协在汉寿县太子庙五里冲开展咨询服务，邓正春、覃事玉、贺学红为农民群众作了技术讲座，印发资料500份，发放带花蕾辣椒10万株，《常德日报》作相关报道。

5月13日 市工商联正式成立民营经济法律服务办公室，为全市民营企业提供法律咨询服务。

是月 中共常德市委副书记戴军勇率市农业局、市能源办、市沼气办、市文化局等相关职能部门领导视察民盟常德市委在桃源青林回维乡茨树垭村办的生态农业示范基地。

8月3日 民革湖南省委主委刘晓，副主委肖芝泉，组织处长程百炼，副处长戴明星到常调研，邹克忠主委代表民革常德市委作汇报。

8月28—30日 由农工党湖南省委和市委联合组成经济专家考察团，对常德市中小企业融资问题进行了专题考察，形成《关于缓解常德市中小企业融资困难与对策研究》的调研报告。

9月14日 农工党常德市委联合中国初级卫生保健基金会，在澧县张公庙镇开展大型义诊活动，共派出专家28名，接待患者600余人次，免费发放药品价值6000多元。

9月中旬 市工商联召开诚信教育动员大会，20名民营企业家在大会上向全市非公有制企业发出诚信建设倡议，到会的150多名会员当场进行诚信建设签字仪式。

10月22日 市工商联接待日本亲善经济视察团一行，并举办中国常德市、日本八日市市商会交流座谈会。

11月3日 农工党常德市委主委龚建明，副主委肖燕芳率领10名内、外、妇、儿科以及五官科、骨科、检验科等专家教授组成的义诊医疗队带着价值5000余元的药品，自带B超机等设备赴石门县蒙泉镇将军山村开展医疗咨询服务活动，接诊群众500余人次，60多名群众接受了B超检查，发放价值5000元的药品。

11月26日 市工商联与民主实业公司联合举办“常德市‘民主实业杯’非公有制企业诚信建设理论研讨会”。

12月28日—2003年1月1日 市政协四届一次全会召开，民盟常德市委主委丁时祺、民建常德市委主委徐国清（女）、民进常德市委主委万成贞（女）、九三学社常德市委主委邓正春、市工商联会长李明三当选为市政协副主席。

12月28日—2003年1月3日 市人大四届一次全会召开，民革常德市委主委邹克忠当选为人大常委会副主任。农工党常德市委主委龚建明当选为市人民政府副市长。

2003 年

3 月 3—4 日 为纪念老一辈无产阶级革命家为雷锋题词 40 周年，农工党常德市委组织 7 名党员赴安乡县安凝乡张九台村开展了为期 2 天的“学雷锋”医疗咨询服务活动。接诊 600 多人次，做眼障瘘肉等手术 31 例，开出处方 500 多张，并培训了当地眼科医生。

3 月 5 日 农工党常德市委与市检察院联合到扶贫点——桃源县枫树乡袁家巷村开展医疗咨询服务活动，共接诊 300 余人次，免费发放价值 3000 余元的药品。

3 月 11 日 九三学社常德市委在张公庙镇开展综合性送科技下乡活动，邓正春、肖宏琛、覃事玉、贺学红、吴平安分别讲授大棚及无公害蔬菜生产技术、棉花制种及生产栽培，水果新品种及栽培技术，听课农民 500 多人，发放资料 1000 多份。《常德日报》、常德电视台分别作了新闻报道。

3 月 21 日 九三学社常德市委协同市政协、市文化局等单位在西洞庭管理区开展送科技文化下乡活动，九三学社邓正春、吴平安、覃事玉、黎昌祥分别为农民讲授了蔬菜、水果等方面的栽培技术。

3 月 30—31 日 农工党省委主委姚守拙率党内专家组对常德市的经济建设进行考察。专家组先后考察常德卷烟厂、金健工业城、信诚液压有限责任公司，听取常德市有关部门负责人的汇报，并对常德如何招商引资、招才引智、应对入世、提高常德市本地产品的竞争力、发挥常德优势等提出了很多建设性的意见和建议。

4 月 9 日 九三学社中央副主席洪绂曾、社省委副主委吴金明来社市委考察，与市委成员亲切座谈。

4 月 28 日 农工党常德市委主委龚建明代表市委发出《致战斗在我市抗击“非典”岗位上的农工党员的慰问信》。

5 月 16 日 市工商联在《常德日报》头版发出了“全市非公有制企业积极参与再就业工程倡议书”。

是月 市工商联率先在全省工商联系统创办常德商务信息门户网站，后更名“德商网”。

6 月 23 日 市工商联召开市委、市政府《关于加快民营经济发展的若干意见》征求意见座谈会。

是日 农工党常德市委向各基层组织发出开展“三增强”、“四热爱”教育活动的通知。同日，市委向各基层组织送达常农办发〔2003〕6 号《关于转发我党中央及省委＜关于学习“三个代表”重要思想学习纲要，进一步兴起学习实践“三个代表”重要思想新高潮＞等几个文件的通知》。

7月4日 市工商联组织召开全市“政企恳谈会”，市长陈君文带领工商、外经、国土、规划、银行等职能部门领导与13家民营企业对话并现场办公。

7月6日 澧水流域发生了特大洪灾，民进常德主委万成贞带领部分市委委员到澧县道河乡廖坪村看望贫困学生，并将会员捐赠的2500元现金和100件衣物送到乡救灾办。

7月16日 民革常德市委向民革各总支、支部委员会下发常民革〔2003〕3号文，《关于转发开展“三增强”“四热爱”教育活动的实施意见的通知》。增强对中国共产党“三个代表”重要思想的认识、增强对社会主义制度优越性的认识、增强中华民族凝聚力；热爱中国共产党、热爱祖国、热爱社会主义、热爱人民。

9月14日 农工党常德市委与中国初级保健基金会及美国视博恩公司联合，在澧县张公庙乡开展了大型义诊活动，组织了28名医疗专家坐诊，累计接诊600余人次，捐赠药品价值6000余元。

9月16—18日 全省工商联宣传教育工作现场会议在常德召开，市委书记程海波、市长陈君文、市委副书记周用金、市委常委、宣传部长覃清香出席了会议，常德市工商联、澧县工商联大会上作了经验介绍。

10月27日 民盟常德市第一中学支部主委汤登仲在其创建的教师个人网站“高中语文网”上，开通湖南省第一个民盟支部主页——民盟常德市第一中学支部网。

12月5日 致公党湖南省委批准李宝瑞、黄洪福、孙圣杰、岳新年、谢凌峰等加入中国致公党。这是常德市首批致公党员。

2004年

1月4日 常德市成立致公党湖南省委直属党小组。李宝瑞任组长。

1月16日 农工党常德市委与中国初级保健基金会及美国视博恩公司联合，在市棉纺织厂开展医疗咨询服务活动。

3月6日 致公党常德党小组组长李宝瑞带领党员配合致公党湖南省委前往汉寿县太子庙镇开展“三下乡”活动。

3月9日 市政协主席刘春林和市政协副主席、中共市委统战部部长文承保走访民主党派市委、市工商联机关。

3月21日 九三学社邓正春带农业支社专家在汉寿县沧港镇讲授棉花制种、蔬菜栽培，听课者600余人。

4月26日 民革常德市委组织部分民革党员到汉寿聂家桥乡皇城村开展送温暖、献爱心活动。义务看病诊治，赠送药品。

是月 市工商联挂牌成立信息中心，后又相继与凌星律师事务所合作成立民营经济维权中心；与纪委联动，受其委托成立民营经济投诉中心；与税务局合作，成立常德税务咨询中心。

6月15日 全国政协副主席、致公党中央主席罗豪才，全国人大常委、全国人大财经委副主任、致公党中央常委副主席杜宜谨，全国政协委员、中国科学院可持续发展战略研究组组长、首席科学家牛文元等一行在副省长、致公党省委主委甘霖、省政协副主席阳宝华陪同下，到常德进行专题考察研究。中共常德市委书记程海波就加快中部地区发展的若干宏观政策性问题发表意见。陈文浩、刘春林、刘明等分别作汇报。

7月28日 九三学社常德市委组成科技服务队，由朱传宏带队，到安乡县官垱镇新乐村开展棉花制种讲座，听课农民300多人。

7月29日 民建常德市委召开基层支部主任和各专门委员会主任培训会。民建湖南省委参政议政处龙冬林作学习实践“三个代表”重要思想辅导讲课，民建湖南省委秘书长周沅江作“与时俱进，不断加强基层组织建设”讲课，支部主任座谈交流支部工作经验。

8月2日晚 由民盟常德市委与澳门长虹音乐会联合主办，民盟盟员彭程万里创办的大雅艺术学校具体承办的“澳门——常德之夏音乐会”在常德电视台大厅举行。

8月26日—28日 农工党湖南省委参政议政工作会议在石门召开。省政协副主席、农工党省委主委姚守拙院士作重要讲话。会议中的议题是总结从政经验，研究部署新形势、新阶段湖南农工党的参政工作。

9月3日—4日 农工党党员陈章金在北京参加了全国再就业工作表彰大会，被评为“全国再就业优秀个人”，并受到国务院总理温家宝和副总理黄菊等党和国家领导人的亲切接见。

9月24日 为庆祝建国55周年，市工商联在常德电视台演播大厅举办“民营之光”国庆文艺晚会，市直企业和区县市工商联代表队500多人现场观看。

10月14日—17日 常德、温州两地开展了为期三天的经济文化交流活动。温州乐清市副市长林培根率招商局、文化局一行65人的经济文化考察团到常交流考察，常德市工商联受政府委托，全面组织协调乐清市考察团在常期间的参观考察交流活动。

10月15日 民进桃源支部主委刘亚兰前往北京参加“民进全国基层组织建设工作暨先进基层组织表彰大会”，桃源县支部被评为全国先进基层组织。

10月26日—27日 民盟湖南省委专职副主委陈幼平、办公室主任项新华、组织处处长李建民到常德考察盟务工作。

10月30日 民盟常德市委组织近百名盟员文艺积极分子赴汉寿县沧港乡软纳桥村

开展送文艺下乡活动。

11月23日　民革常德市委组织部分民革党员到常德洞庭湖孤儿院开展献爱心活动，赠送图书1000册，义务安装一台磁卡电话，并赠送电话磁卡四十张，帮助建立了一个医疗室。

11月24日　民建中央副主席王少阶，民建湖南省主委龙国键等专程到常德就民建基层组织建设工作进行调研。

11月30日　民进常德市委幼儿园教育基地"博爱幼儿园"正式挂牌成立，桃源支部副主委段文任园长。

11月　市工商联组织会员积极参与"十万招工扶贫光彩大行动"。

12月30日　致公党常德支部成立。徐晓明任支部主委。

2005年

1月10日　致公党湖南省委主委、副省长甘霖到常德与新成立的支部党员座谈。

4月1日　市政协召开学习《中共中央关于进一步加强中国共产党领导的多党合作和政治协商制度建设的意见》座谈会，各民主党派负责人参加。

4月14日　中共常德市委统战部组织召开学习《中共中央关于进一步加强中共领导的多党合作和政治协商制度建设的意见》座谈会。

5月9日—10日　农工党常德市委在武陵区护城乡卫生院开展为贫困居民和下岗职工义诊活动，接诊病人约700余人次。

5月12—13日　九三学社中央主席韩启德率农业、水利、交通、财政、中央统战各部和国家发改委及九三学社中央常务副主席陈抗甫、副主席洪绂曾、九三学社湖南省委主委卢光琇一行到常德考察农业生产情况。

5月14日—15日　市工商联与相关单位联合举办"中国职业经理人(CCMC)研修班"，正式启动了"中国职业经理人(CCMC)"在常德的培训认证工作。

6月23日—26日　民盟常德市委举办各基层组织主委和组织委员参加的基层组织发展培训班。民盟省委湖南组织处处长李建民、副处长徐智，市政协副主席、中共常德市委统战部部长文承保在培训班上作学习辅导。

7月8日　民革常德市委邹克忠接待"海基会"代表、民革中央郑建邦部长等一行。

7月15日—25日　邓正春、龚德贵代表九三学社常德市委参加常德市"细菌诉讼案"赴日声援团，在东京开展一系列活动。邓正春任常德市赴日声援团副团长。

7月20日　中共常德市委宣传部、台湾工作办公室、民革常德市委联合在常德市博物馆举办“中国，我们共同的家园——台湾问题图片展”。

8月15日 民盟常德市委在诗墙公园举办纪念抗日战争胜利60周年互动歌会，各基层组织积极参与。

8月17日—19日 市工商联联合中共常德市委宣传部组织“民企风采”战役报道，《常德日报》、常德电视台、广播电台、《常德晚报》、市政府网站、市农经网等媒体全程参与，对市县两级非公有制企业的现代管理、技术改造、产品升级、企业党建、企业文化进行系列深度报道。

8月25日 致公党常德支部主委徐晓明带领党员前往武陵区东江乡白龙村开展助学活动。

8月 农工党常德市委主委龚建明带领党内医疗专家赴安乡开展医疗咨询服务活动，免费发放价值3000元的药品。

9月16日 中共常德市委统战部、市工商联联合在诗墙公园激情广场主办纪念“九·一八”事变74周年演唱会。

9月28日 中共常德市委组织部、市人事局、市工商联联合举办2005年常德市首届民营企业人才交流会。

11月11日 农工党常德市委组织武陵总支医疗专家，赴城北街道北正街社区开展“构建和谐社会，促进经济发展，维护世界和平”为主题的医疗法律服务活动。

11月18日 九三学社湖南省委专职副主委吴金明在市委党校作《如何发展区域经济》专题报告。

11月23日 民革常德市委到汉寿县聂家桥乡皇城村开展送广播器材、送文化下乡活动。

11月7日—12月7日 中共常德市委组织部、统战部联合在市委党校举办为期一月的党外中青年骨干培训班，各民主党派市委、市工商联选派中青年骨干参加。

12月5日—9日 市工商联与中共常德市委组织部、经委联合开办全市优秀民营厂长经理培训班。

12月24日 民进常德市委召开“庆祝中国民主促进会成立六十周年暨先进表彰大会”。

2006年

1月 农工党常德市委筹资50多万元为医疗帮扶点鼎城区镇德桥镇卫生院添置救护车1辆、B超机、X光机、万能手术床、高频电刀、无影灯、半自动特殊化分析仪等设备，并进行了病房维修。

2月 九三学社常德市委联合《常德日报》社到紫桥社区为老人义诊，免费检查身体，送医送药。

3月10日 中共常德市委、市政府在工人文化宫召开全市2005年度总结表彰暨第一届“常德市优秀中国特色社会主义事业建设者”评选表彰大会，26位非公有制经济代表人士被授予常德市首届“优秀中国特色社会主义事业建设者”荣誉称号。

3月15日 市工商联、市企业家协会联合在《常德日报》头版向全市企业家发出“为建设社会主义新农村贡献力量”的倡议。并下发《关于组织会员企业投身社会主义新农村建设的通知》。

3月29日 常德市新民税务师事务所所长、民盟常德市委社会服务部部长邓新民向石门县白云乡捐赠30万元兴建新民幼儿园。

是月 “常德民革互联网”开通。

4月6日 民盟常德市委在武陵区召开全市民盟基层组织建设经验交流会。

4月26日 民建湖南省委专职副主委黄周秀到常德考察市委班子成员，并参观民建常德市委机关办公室。

4月28日 九三学社常德市委组织医疗、农业专家到桃源县陬市镇土地坡村进行“四送”下乡活动。捐书100多本，为农民义诊，专家主办果园讲座和瓜果树苗嫁接传授。

是月 在民革常德市委和中共石门县委、县政府的共同努力下，将原国民党高级将领、原民革中央副主席郑洞国将军的骨灰，从北京八宝山迁移至石门老家，实现郑洞国将军的遗愿。

是月 九三学社常德市委组织学习中共中央2005年2月18日中发5号文件和中共常德市委2005年12月8日常发11号文件，关于贯彻落实《中共中央关于进一步加强中共领导的多党合作和政治协商制度建设的意见》的实施意见及其它有关文件。

5月14日—15日 全国人大副委员长、民革中央主席何鲁丽，全国政协副主席、民革中央常务副主席周铁农，全国政协副秘书长、民革中央副主席齐续春等率多位专家组成农村综合改革调研组到常德考察调研，先后深入桃源县刘炎村、临澧县太平村实地调研。湖南省人大常委会副主任王四连，省政协副主席、民革省委主委刘晓等省领导和武吉海、陈君文、莫道宏、刘春林、刘明、邹克忠陪同考察。

6月初 市工商联完成4家自办企业改制及职工身份置换工作，实际安置职工31人。

6月9日 民盟常德市第五次代表大会在桃林宾馆举行。选举产生民盟常德市第五届委员会。傅绍平当选为主任委员。

6 月 12 日 民建常德市第五次代表大会在紫东大酒店召开，选举产生民建常德市第五届委员会。杨新辉当选为主任委员。

6 月 13 日 民革常德市第五次党员代表大会在桃林宾馆召开。选举产生民革常德市第五届委员会。陈位明当选为主任委员。

6 月 14 日 民进常德市第五次代表大会在桃林宾馆召开。选举产生民进常德市第五届委员会。万成贞当选为主任委员。

6 月 15 日 农工党常德市第五次代表大会在桃林宾馆召开。选举产生农工党常德市第五届委员会。肖燕芳当选为主任委员。

6 月 23 日 九三学社常德市第四次代表大会在紫东大酒店召开。选举产生九三学社常德市第四届委员会。朱传宏当选为主任委员。

是日 民建湖南省委参政议政处处长杨继烈一行 3 人，带着中共省委安排的新农村建设课题，到武陵区进行调研。

8 月 10 日 市工商联在新天地大酒店召开全市工商联组织工作现场经验交流会

是日 民盟常德市委召开“重温长征历史，纪念长征胜利 70 周年”座谈会。

8 月 13 日—14 日 致公党常德支部启动首届“跃龙门、登天门，爱心助学湘西行”公益活动。60 名家庭贫困、品学兼优的学子参加“爱心助学晚会”，游览张家界天门山等景区，20 名爱心人士与他们结成资助对子同行。活动共收到 18500 元捐款用于助学。

是月 民盟常德市委召开纪念李公朴、闻一多烈士殉难 60 周年座谈会。

9 月 市工商联与市外侨办联合举办“湖南省第二届海外华商潇湘行——常德之旅”活动，邀请了美国、加拿大、荷兰、印尼、阿根廷、南非等八个国家以及港澳台地区 150 名华商代表参加。

10 月 1 日 民革常德市委组织部分党员到汉寿县皇城村和桃源县土地坡村送图书、送物质活动。

10 月 22 日 农工党常德市第一人民医院（以下简称市一医院）总支党员黄绍华在临岗公路救助交通事故伤员导致自己严重受伤，事迹得到中央、省、市各级领导和广大群众赞扬，12 月，农工党常德市委向各基层组织发出《向黄绍华同志学习的通知》。30 日，市一医院总支召开“向黄绍华同志学习的通知”专题研讨会。

10 月 25 日 九三学社常德市委主办、中共常德市委统战部协办、常德市新思维企划有限公司承办的“中部崛起——常德工业强市发展战略高峰论坛”召开。

10 月 26 日 民盟常德市委开展援建鼎城区尧天坪镇尧天坪村村级图书室活动，为该村捐赠有关农业科技、教育、法律、文学等方面书籍 2800 余册。

11 月 9 日—10 日 民盟常德主委傅绍平受中共市纪委委托，担任“医疗行风建设”监察组组长，带领部分市纪委特约监察员深入市城区9家医院进行暗访调查。

11月20日 民进常德市委联合市文化局在澧县道河乡举办了“践行荣辱观，建设新农村”的文艺演出。

2007年

1月9日 民盟湖南省委副主委杨维刚视察民盟常德市委机关。

1月12日 中共常德市委书记武吉海走访民主党派市委、市工商联机关。

是月 农工党市一医院总支党员黄绍华被评为2006年度常德市“十大新闻人物”之首。

2月10日 市工商联、《常德晚报》在共和大酒店联合举办常德市首届慈善年夜饭活动，市直会员捐款10万元，请205名孤寡老人和贫困学生吃一餐年饭，发一个200元的红包，游一次城区景观。

3月6日 “两会”期间，中共中央总书记、国家主席、中央军委主席胡锦涛参加湖南团审议时，亲切接见十届全国人大代表、常德市工商联常委、阳光孤儿院院长杨绍军，并对他的事迹给予高度评价。

3月30日 民盟常德市委主委傅绍平率民盟常德市联合支部盟员考察鼎城区长岭岗乡安家岗村新农村建设情况。

是月 农工党常德市委向各基层组织开展“讲多党合作传统，谈政治交接主题”学习教育活动。

4月8—9日 常德市工商业联合会(总商会)第五次会员代表大会在芷园宾馆召开。陈伟俊当选为会长。

是月 农工党常德市委经与市卫生局多次协调，为市委“医疗技术扶贫点”——鼎城区镇德桥镇卫生院，争取12万元的“以奖代投”资金。通过与中国初级卫生保健基金会联系协调，为该院争取到救护车1台，生化设备2台。

5月8日 湖南民进政治交接座谈会常德分会召开，民进湖南省委专职副主委汤泽培出席会议并讲话。

5月21日 九三学社常德市委主委朱传宏陪同全国人大常委、九三学社中央副主席贺铿、洪绂曾等考察常德市新农村建设资源与环保情况，形成调研报告。

5月28日 民盟湖南省委专职副主委汤浊、组织处处长李建民走访民盟常德市委机关，看望民盟常德市委原主委丁时祺。

是月中旬 市工商联与《常德日报》合作，在会员中开展“德商文化现象大讨论”，开辟

“德商文化现象大讨论”专栏。

是月 市工商联与市劳动局、市总工会联合举办“民企招聘周”活动。

6月10日 民盟常德市委组织开展为鼎城区长岭岗乡安家岗村村民送医送药和义诊活动。

6月16日 九三学社常德市委联合市农业局组织10多名专家到安乡县安康乡开展“建设社会主义新农村大型送科技下乡活动”，发放相关资料1000多份，开办农业专家现场咨询会。

是月下旬 农工党常德市委在全市党员中启动以坚持走中国特色政治发展道路为主题的政治交接学习教育活动。

7月26日 中共湖南省委统战部常务副部长彭军良走访民主党派市委、市工商联机关。

8月1日 民革常德市委举行“庆祝民革60周年征文比赛”活动。

8月10日 中共常德市委统战部就政治交接传达有关精神，各民主党派市委主委、市工商联主席参会。

8月20日 九三学社常德市委主委会议专题研究“政治交接学习教育活动”，统一认识，要求社市委、基层委员会、支社领导班子增强参政党的素质和责任意识及政治交接教育实践活动必要性、重要性的共识，决定成立中心学习组。

9月14日 民盟常德市委召开五届四次全委(扩大)会议暨政治交接学习教育活动动员大会，民盟市委委员及各基层组织负责人共40余人参加。

9月27日 民进常德市委政治交接学习教育活动动员大会在桃林宾馆座调会议室召开，全市在职会员参加了大会。

9月28日—30日 民革常德市委举办庆祝民革60周年演讲赛、书画赛。

10月22日 九三学社常德市委在凯悦大酒店召开全市九三学社社员“政治交接学习教育活动动员大会”。

11月9日 中共常德市委统战部、市工商联联合组织在西洞庭管理区主办常德市“万企联村、共同发展”活动现场经验交流会。

10日 农工党常德市委在武陵区长胜桥社区举办以“科学发展，共建和谐”为主题的第十九届“国际科学与和平周”大型医疗服务活动。

12月3日 省政协副主席、民革湖南省委主委刘晓等一行到达常德，就民革有关工作与中共常德市委书记武吉海等领导协商。举行纪念民革60周年大型表彰大会。

12月7日 民进常德市委召开“民进常德市基层组织建设经验交流会”。

12月15日 “农工党常德市委医疗技术扶贫点”在鼎城区镇德桥卫生院挂牌成立。

12月18日 民盟湖南省委杨维刚、专职副主委汤浊走访民盟常德市委机关，随后，汤浊前往民盟津市市委指导盟务工作。

12月22日 农工党常德市委作为承办方参与组织全市统战系统宣讲中共十七大精神系列活动，组织7名党员，筹集了7000余元的药品，赴西湖管理区开展医疗咨询服务活动。

12月27日—2008年1月1日 市政协五届一次全会召开，民革常德市委主委陈位明、民盟常德市委主委傅绍平（女）、民建常德市委主委杨新辉、九三学社常德市委主委朱传宏、市工商联主席陈伟俊当选市政协副主席。

12月28日—2008年1月3日 市人大五届一次全会召开，农工党常德市委主委肖燕芳（女）当选为市人大常委会副主任。民进常德市委主委万成贞（女）当选为市人民政府副市长。

2008年

1月29日 中共常德市委统战部组织召开民主党派工作恳谈会，邀请各民主党派主委同各民主党派基层组织所属单位党组负责人交流恳谈，加强沟通，促进合作共事。

2月13日 中共常德市委书记武吉海在副书记曹儒国、秘书长刘明、统战部部长吴友云等陪同下，赴民主党派市委、市工商联机关走访慰问。

2月19日 中共常德市委副书记曹儒国召集市委统战部、市政府办、市公安局、市财政局，民革、民盟、民建、民进、农工党、九三学社常德市委主要负责人，就民主党派机关办公楼搬迁有关问题召开现场办公会议。

3月4日 民革常德市委组织部分党员到德山镇、鼎城区周家店镇慰问特困中学生。

3月5日 民建常德市委组织会员在步行街开展“学雷锋咨询义诊活动”，设立服务点，会内专家进行健康义诊，财会、幼教、商务、保健、法律咨询等，免费发放资料1000余份，接受免费义诊和咨询的群众上百人。

是日 九三学社市委召开2008年第一季度市委会暨政治交接谈心会，市委委员、支社主委、骨干成员参会，竞相发言。

3月6日—8日 全省“万企联村，共同发展”现场经验交流会在常德召开。中共省委统战部副部长、省工商联党组书记郭树人主持会议。中共常德市委书记武吉海，市委常委、统战部部长吴友云，市政协副主席、市工商联会长陈伟俊分别陪同参观、座谈。

3月10日 民革常德市委在鼎城区开展“烛光行动”，帮助偏远山区培养师资。

3月28日 民盟常德市委召开五届六次全委（扩大）会议暨政治交接学习教育活动经验交流座谈会，听取基层组织汇报政治交接学习教育活动情况。

4月23日 农工党常德市委组织召开"践行'五一'号召推进政治交接,加强党的领导发展多党合作——纪念'五一口号'60周年"报告会。

4月29日 中共常德市委统战部召开纪念中共中央"五一口号"发布60周年座谈会。

是月 市工商联开展"走中国特色社会主义道路,做优秀中国特色社会主义事业建设者"主题教育活动。

5月12日 四川汶川特大地震,九三学社常德市委号召全体社员献爱心,并下发《汶川地震救灾倡议书》。社员黄明第一时间个人捐款5000元。

5月14日 "5·12"汶川特大地震发生后,民进常德市委发出倡议组织募捐活动,共募集捐款6.82万元。

5月16日 民革常德市委全体党员向四川汶川灾区捐款捐物。

5月19日 市工商联(总商会)举办全市非公经济人士为四川地震灾区赈灾募捐大会,现场募集善款1379730元。

5月22日 市工商联组织会员参加"沅澧有爱"赈灾义演晚会,晚会募集善款20多万元。到6月底,全市工商联会员向四川地震灾区捐款捐物折合人民币1200多万元。

5月27日 民盟常德市委将盟员为汶川地震灾区捐献的善款共计2.5万元送到市红十字会。

6月16日 农工党常德市委召开"深入解放思想,深化政治交接"主题会议,下发常农字〔2008〕3号《关于继续加强履职能力建设的实施意见》。

6月24日 农工党常德市委召开贯彻中共十七大精神学习交流会议。

6月26日 九三学社常德市委响应社省委的号召,组织社员交纳特殊社费向汶川地震捐款,仅半个月社市委就收到特殊社费2万余元,社员通过其他渠道捐款至6月底共计10多万元。

7月22日 市长卿渐伟到民主党派市委机关调研,并视察民主党派市委、市工商联新院落维修改造工地。

8月6日—9日 省政协副主席、农工党湖南省委主委龚建明先后赴农工党张家界、常德、津市市委开展调研并指导工作。

8月11—14日 中共常德市委统战部举办民主党派参政议政培训班对全市130余名民主党派骨干成员培训,协助各民主党派深入开展整治交接学习教育活动。

8月12日 在中共湖南省委统战部主持下,中共常德市委统战部、中共津市市委、津市市委统战部参加,邀请在津市有组织的民盟、民建、农工党3个党派的省委、常德市委及津市市委,就调整津市3个党派市委的隶属关系问题在常德召开座谈会。会议同意民盟津市市委、民建津市市委、农工党津市市委从2008年9月1日起，由各民主党派省委直接管理变更为由各自民主党派常德市委管理。

8月19日 九三学社湖南省委专职副主委王仁祥、秘书长陆登科、组织处处长丁亚玛等专程到常德视察。

9月8日 农工党常德市委下发《关于开展“坚持科学发展、加快富民强省”解放思想大讨论活动的实施方案》。

9月8日 九三学社常德市委召开“坚持科学发展、加快富民强省”解放思想大讨论动员大会。

9月11日 常德市召开“三胞”暨“三胞”亲友中秋茶话会。

9月20日 中共市委统战部主办，九三学社常德市委组织、邀请九三学社中央副主席、全国人大常委和人大财经委副主任贺铿在芷园会堂进行《当前国际经济形势》的专题报告。

9月26日 民盟常德市委召开纪念常德撤区建市20周年暨解放思想大讨论老盟员座谈会。

10月3日 致公党常德支部组织医卫专家教授为安乡县官垱乡农民义诊。

10月27日 民革常德市委派代表在石门县参加“郑洞国基金会”成立暨首届奖学金颁发仪式大会。

11月9日—16日 九三学社常德市委开展“国际科学与和平周”系列活动。

11月21日 中共常德市委常委、市委统战部部长吴友云走访民盟常德市委机关。

12月5日 民进常德市委联合市歌舞团在临澧县新安镇举办文艺汇演，丰富了广大农民的业余文化生活。

12月26日 为纪念中日“常德会战”65周年，民革常德市委慰问抗战老兵。

2009年

1月9日 农工党常德市委成立20周年暨2009年迎春团拜会在常德国际大酒店3楼多功能厅召开。省政协副主席、农工党湖南省委主委龚建明出席。

1月24日 民革常德市委举办成立20周年暨春节团拜会。

2月12日 民盟常德市委机关从武陵区建设东路200号搬迁至武陵区光荣路88号新址。在此前后，各民主党派和市工商联机关分别搬迁至该处。

3月10日 农工党常德市委下发《农工党常德市委深化坚持走中国特色社会主义道路学习教育活动及深入学习实践科学发展观活动总体实施方案》。

3月27日 省政协副主席、农工党湖南省委主委龚建明到常视察市委机关，看望慰问市委领导班子和部分党员。

是月 九三学社常德市委成立以朱传宏为组长的学习实践科学发展观活动中心学习小组，并召开全体社员学习实践科学发展观动员大会。

3月 广东云浮市工商联一行30多人到常德考察，并与市工商联结成了友好商会关系。

4月8日 省政协副主席、民革湖南省委主委刘晓一行到常德考察。市政协副主席、民革市委主委陈位明陪同走访。

4月11日 中共常德市委召开民主党派参政议政成果汇报会。

4月29日 民盟常德市委在民主党派市委机关举行“纪念新中国成立60周年、多党合作制度确立60周年、五四运动90周年”诗歌朗诵会。

5月27日 常德民革网开通。

是日 民盟常德市委主委傅绍平率民盟常德市直属支部盟员赴桃源县八中资助3名贫困学子。

是月 市工商联副主席高毅带队，组织20多名会员赴四川慰问灾区群众。

6月2日 农工党常德市委在金丹实验学校开展义诊。

6月12日 常德市工商举办联银企合作融资洽谈会，会上有18家企业与银行签订2.5亿元贷款协议。

6月26日 民进常德市委举办“爱我中华，爱我政协”演讲比赛。

8月13日—15日 民进中央妇女儿童委员会副主任陈慧来率调研组到常德市围绕“充分发挥人口和计划生育公共服务网络在构建农村基本公共服务体系中的重要作用”进行专题调研。民进常德市委主委万成贞、专职副主委杨芳全程参与。

9月23日 中共常德市委统战部举办“常德市统一战线纪念多党合作制度确立60周年庆典”。

9月25日 市工商联组织开展庆祝建国60周年“工行杯·祖国在我心中”歌咏大赛，1000多名会员及企业员工参加活动。

10月10日 民盟湖南省委主委杨维刚走访民盟常德市委机关并视察盟员彭治权创办的淮阳中学、盟员文会军投资的恒弛机械厂。

10月10日 致公党常德市筹委成立。副省长、致公党湖南省委主委甘霖出席筹委大会，杨成英当选为筹委会主委。

10月18日 民革常德市委接待第三届台湾新同盟会中南部会员大陆参访团。

10月23日 民革常德市委与武陵总支举办“金秋十月促就业”大型现场劳务招

聘会。

是月 全国工商联主席黄孟复到常德调研，对市工商联围绕发展大局谋划工商联工作给予肯定。

11 月 6 日 民革常德市委在石门县一中参与组织举办“郑洞国基金会第二届颁奖仪式”。

11 月 13 日 中共湖南省委统战部副厅级纪检员曹普华走访民主党派常德市委机关，并与各民主党派市委主委开展贯彻落实《中共中央关于进一步加强中国共产党领导的多党合作和政治协商制度建设的意见》调研座谈。

11 月 26 日 民盟常德市委举办新盟员暨骨干盟员培训班。邀请民盟湖南省委专职副主委汤浊、宣传处负责人罗小沙到会宣讲。

是月 九三学社常德市委与临澧县二医院建立对口合作关系，以九三学社在医疗上的人才优势，促进了该院的专科建设。

12 月 6 日 民盟常德市委主委傅绍平出席常德市鼎城区蔡家岗敬老院开院仪式暨慈善募捐大会，民盟盟员胡国锋为敬老院捐资。

12 月 12 日 农工党常德市委主委肖燕芳带领医疗专家 16 人，赴常德市临澧县杉板乡，开展第 21 届“国际科学与和平周”医疗服务活动。中共市委统战部副部长李学明参加活动。

12 月 22 日 中共常德市委统战部召开常德市各民主党派、市工商联和无党派人士参政议政报告会。

12 月 23 日 民盟常德市委主委傅绍平、专职副主委刘丽艳参加民盟津市市委成立 20 周年庆祝活动。

12 月 24 日 中共常德市委召开 2009 年度市各民主党派工商联无党派人士参政议政调研成果汇报会。

2010 年

1 月 5 日 市长陈文浩主持的《政府工作报告》征求意见会，各民主党派代表人士就常德经济社会发展提出建议。

2 月 2 日 中共常德市委常委、统战部部长李爱国走访慰问民主党派市委机关干部。

2 月 7 日 致公党常德市筹委主委杨成英带着党员的特殊党费 1.6 万元和 3 万元的春节物资慰问走访西湖管理区鼎港办事处鼎福村困难群众。

2 月 22 日 《德商网》正式开通运行。

3月4日 为庆祝“三八”国际妇女节100周年，市工商联组织全市70多名女企业家代表在芷园宾馆召开创业发展座谈会。中共常德市委书记卿渐伟，市委常委、统战部部长李爱国到场并讲话。

3月10日 中共常德市委常委、统战部部长李爱国主持召开民主党派负责人座谈会。

3月30日 农工党常德市委下发常农字〔2010〕2号《关于举办庆祝建党80周年征集书画、摄影作品和征文活动的通知》。决定开展以“学党章、明职责，讲传统、作贡献”为主题的征集书画，摄影作品和征文活动。

4月5日 民革常德市委委员和各支部主委在中日常德会战阵亡将士公墓缅怀英烈，慰问幸存抗日老兵。

4月22日 省政协副主席石玉珍率省督查组到常督导中共中央5号文件精神贯彻落实情况。

4月30日 中共常德市委统战部、市工商联等单位联合举办了“2010年全民创业、非公有制经济暨工业企业银企洽谈会”，现场签约项目166个，签约融资总额105亿元。

5月1日 市工商联（总商会）、市红十字会在美居建材广场联合举办“守望玉树 祈福中国”大型抗震救灾募捐活动。

5月12日 农工党常德市委主委肖燕芳带领市一中医院支部的医疗专家赴鼎城区港二口乡中心卫生院开展知识讲座。

5月16日—23日 民进常德市委主动承办民进湖南省委第五期西部地区教师培训班。

5月20日 民革常德市委召开五届十一次（扩大）会议，安排部署“树立和践行社会主义核心价值体系活动”。

5月25日 九三学社常德市委下发《关于树立和践行社会主义核心价值体系、推进学习型组织建设的实施方案》。

5月24日—28日 中共常德市委统战部举办全市统一战线“树立和践行社会主义核心价值体系专题研讨班”。

6月1日 民进常德市委召开树立和践行社会主义核心价值体系学习教育活动动员大会。

6月23日 全市致公党党员赴张家界参加社会主义核心价值体系学习交流活动。

6月27日—28日 省政协副主席、农工党省委主委龚建明带领农工党常德市委在市七医院、康复医院等地，调研新能源的开发与利用情况，市委承担太阳能子利用课题。

6月30日 民革常德市委携手市环保志愿者协会在市步行街金钻广场开展“低碳减

排、绿色生活”环保公益演出活动。

8月13日　九三学社常德市委携带3000元药品到常德市社会福利院，为孤寡老人义诊送药。

8月23日　中共常德市委书记卿渐伟等市领导在市政协召开征求民主党派人士意见座谈会。

8月24日　中共常德市委统战部和市政府办联合召开市民主党派工商联和政府部门对口联系工作会议。

8月25日—28日　中共常德市委统战部举办市各民主党派和无党派人士参政议政培训班。

9月1日　民盟湖南省委副主委、中南林业科技大学副校长陈洪走访民盟常德市委机关。

9月3日　民革常德市委承办“纪念抗日战争胜利65周年暨公祭常德会战英烈典礼”活动。各民主党派成员参加。

9月13日　民盟常德市委主委傅绍平等到桃源县沙坪镇明察暗访非法采金情况。

9月16日　湖南民建会员“爱岗敬业 乐于奉献”优秀事迹巡回宣讲报告会在常德举行。

9月28日—30日　第四届湘商大会在常德市召开。市工商联被评为湘商大会会务工作先进单位。

10月10日　致公党常德市委成立。致公党中央副主席严以新出席会议。杨成英当选为主委。

11月6日　致公党常德市委组织医卫支部的专家教授为澧县道河乡农民义诊。

11月17日　中共常德市委书记卿渐伟视察民主党派市委、市工商联机关。

12月22日　中共常德市委统战部召开2010年度全市各民主党派工商联无党派人士参政议政调研成果汇报会。

12月24日　农工党常德市委庆祝建党80周年暨2011年迎春团拜会在市烟草局3楼会议厅举行。

12月24日　中共常德市委、市政府在市电视台演播大厅举办第三届“常德市优秀中国特色社会主义事业建设者”颁奖晚会。

2011年

2月9日　中共常德市委常委、统战部部长李爱国走访民主党派市委、市工商联机关并召开各民主党派市委、市工商联负责人座谈会。

2月18日—19日 中共常德市委书记卿建伟走访民主党派湖南省委机关与各民主党派省委联合召开常德市经济社会发展暨多党合作汇报会议。

3月14日 民建湖南省委主委赖明勇走访民建常德市委机关，并与部分骨干会员进行座谈。

3月30日 省政协副主席、民盟湖南省委主委杨维刚到常德视察工作。

4月8日 中共常德市委统战部召开全市各民主党派工商联无党派人士“与党同心、与‘十二五’同行”工作座谈会。

4月22日 九三学社常德市第五次代表大会在国际大酒店召开。会议选举产生九三学社常德市第五届委员会。朱传宏当选为主任委员。

4月25日 民革常德市第六次代表大会在华天大酒店召开。选举产生民革常德市第六届委员会。陈位明当选为主任委员。

4月26日 民建常德市第六次代表大会在华天大酒店召开。选举产生民建常德市第五届委员会。杨新辉当选为主任委员。

4月27日 农工党常德市第六次代表大会在德华宾馆召开。选举产生农工党常德市第五届委员会。肖燕芳当选为主任委员。

是日 中共常德市委以“常委〔2011〕11号”文件发出《关于市委常委、党员副市长与党外代表人士和非公有制经济代表人士交朋友的通知》。

4月28日 民进常德市第六次代表大会在华天大酒店举行。选举产生民进常德市第五届委员会。张力当选为主任委员。

4月29日 民盟常德市第六次盟员代表大会在华天大酒店召开。选举产生民盟常德市第五届委员会。傅绍平当选为主任委员。

5月17日—20日 省政协副主席、农工党湖南省委主委龚建明赴津市、澧县、安乡调研医改情况，并看望津市市委、安乡支部党员。

5月20日 民盟常德市委在诗墙公园激情广场举行“纪念中国共产党建党90周年、中国民主同盟成立70周年”红歌会。

5月20日 九三学社常德市委举行“同心同德”主题教育与实践座谈会。

5月23日—25日 中共常德市委统战部举办全市统一战线系统服务建设“现代常德、幸福家园”专题研究班和座谈会。

6月1日 民革中央办公厅副主任边旭光率领调研组一行在民革湖南省委领导的陪同下到常德调研机关建设。

6月22日 民进常德市委举办“同心颂党旗”诗歌朗诵大赛。

6月29日 全市统一战线举办庆祝中国共产党建党90周年座谈会。

6月29日 中共常德市委在华天酒店举行“凝心聚力同心同行座谈会”。各民主党派工商联无党派人士代表参加。

7月1日 民革常德市委与对口联系结对单位市审计局联合举行“庆七一颂党恩”歌咏会。

是月 致公党常德市委主办常德市“同心同向 喜庆七一”红色经典诗歌朗诵大赛。

8月29日—31日 湖南民进工作研讨会在常德市举行，由民进常德市委承办。

9月1日 民革中央《团结报》副总编辑汪业芬到民革常德市委指导工作。

9月29日 中共常德市委常委、组织部部长、统战部部长石谋军走访民主党派市委、市工商联机关。

10月5日 致公党中央副主席严以新到常德调研指导教育工作。

10月25日 中共常德市委统战部与民革常德市委在华天大酒店四楼会议厅举办纪念辛亥革命100周年报告会。

11月4日 市人大常委会主任曹儒国走访民主党派市委、工商联机关并座谈。

11月16日 九三学社常德市委在德华宾馆会议中心举行《身边的榜样——树立和践行社会主义核心价值体系先进人物事迹报告会》。

11月18日 民盟湖南省委副主委李利君走访民盟常德市委机关。

11月21日 中共常德市委统战部组织举办常德市首届优秀新社会阶层代表人士培训班。

12月22日 中共常德市委召开各民主党派工商联、无党派人士参政议政调研成果汇报会。

12月26日 应台湾海峡两岸文化经贸促进会邀请，民革常德市委组织参访团赴台湾交流。

2012年

1月31日—2月1日 全国政协常委、民建中央常务副主席马培华一行到常调研民建基层组织建设和社会服务工作并召开座谈会。

2月15日 中共湖南省委常委统战部部长李微微走访常德市民主党派机关并看望机关干部。

3月16日 民盟常德市委召开六届四次全委(扩大)会议，组织市委委员、基层组织负责人学习《中共中央关于加强新形势下党外代表人士队伍建设的意见》。

3 月 26 日　民革常德市委专题学习中发[2012]4 号文件《关于加强新形势下党外代表人士队伍建设的意见》。

3 月 27 日　中共湖南省委统战部副部长唐建到常德召开贯彻落实中共中央 2012 年 4 号文件及省委实施意见征求意见会。

3 月 27 日　致公党常德市委主办"德行天下孝为先"主题讲座。

4 月 18 日　农工党郴州市委机关全体干部来到常德，就学习贯彻《关于加强新形势下党外代表人士队伍建设的意见》精神以及机关建设等议题与农工党常德市委进行交流。

4 月 22 日　农工党常德市委新农村建设试点在桃源县漳江镇菉罗坪村菉罗生态农庄有限责任公司正式挂牌。为常德市首个民主党派市委服务新农村建设试点，是农工党市委在医疗卫生服务主战场以外创新社会服务的有效形式。

5 月 3 日—5 日　中共常德市委统战部举办常德市民主党派骨干成员培训班。

5 月 17 日—18 日　全国人大常委会原副委员长、民建中央原主席成思危到常德市考察工作。

5 月 28 日　致公党常德市委成立"致公爱心"基金。

6 月 6 日　民革中央秘书长兼办公厅主任李惠东率调研组到常德调研。

6 月 10 日　宋教仁常德研究会成立大会在芷园宾馆召开。省政协副主席、民革湖南省委主委刘晓出席并讲话。

7 月 4 日—5 日　民进中央委员、省政协委员谢坚强率调研组到常，就"建设和使用好乡镇综合文化站，切实保障农民基本文化权益"开展调研。

8 月 13 日　农工党常德市委组织全体市委委员和基层组织负责人，赴重庆中国民主党派历史陈列馆开展了"忆共事、启新章"的红色主题教育活动。

8 月 16 日　致公党湖南省委主委胡旭晟、专职副主委应若平到常德调研。

9 月 3 日　九三学社常德市委举行九三学社建社 67 周年纪念活动。同日，九三学社常德市委网站正式运行，社市委组织骨干成员到抗日英雄纪念碑前鲜花祭奠革命先烈。

9 月 21 日　民革常德市委就钓鱼岛问题召开座谈会。

10 月 19 日　九三学社常德市委举办"同心向党 歌声飞扬"的歌唱比赛。

10 月 24 日—26 日　中共常德市委统战部举办全市统一战线践行"同心"思想研究班。

11 月 2 日　致公党常德市委组织党员前往鼎城区黑山嘴中学开展救助留守贫困学生活动。

11 月 5 日　常德市统一战线举办庆祝中共十八大召开的歌咏比赛。

11 月 18 日　常德会战研究所成立大会暨研讨会举行。会议由市政协副主席、民革常德市委主委、常德会战研究会名誉会长陈位明主持。

12月12日 中共常德市委统战部召开2012年度市各民主党派工商联无党派人士参政议政调研成果汇报会。

12月18日 民进常德市委举办“同心铸伟业，喜庆十八大”——双岗建功先进事迹报告会。

12月24日—28日 市政协六届一次全会召开。民革常德市委主委陈位明、九三学社常德市委主委朱传宏、民盟常德市委主委傅绍平（女）、民建常德市委主委杨新辉、市工商联主席陈伟俊当选为市政协副主席。

12月26日—2013年1月1日 市人大六届一次全会召开，农工党常德市委主委肖燕芳当选为市人大常委会副主任。民进常德市委主委万成贞（女）当选为人民政府副市长。

第一篇

中国国民党革命委员会常德市委员会

第一章　组织机构

第一节　民革常德市委

中国国民党革命委员会（简称民革）由原中国国民党民主派和其他爱国人士所创建，是具有政治联盟特点的致力于建设中国特色社会主义事业的参政党。

1982年民革湖南省委委托时任常德市政协副主席、省参事室参事胡祥麟，在常德市吸收成员，发展民革组织。当年8月，民革省委直属常德市小组成立，有胡祥麟、熊新民、夏珍成3名民革党员。同年12月组成民革常德市临时领导小组，常德市政协副主席胡祥麟任组长。

1983年3月25日，民革湖南省委在1983年工作要点中明确要求：常德、益阳两市，通过调查摸底，认真做好发展成员、建立基层组织的准备工作。1983年11月15日中国各民主党派在北京就组织发展问题召开座谈会，确定中国各民主党派组织发展的分工。民革当年组织发展的重点是原国民党和与国民党有历史联系的人士。民革要贯彻执行“长期共存，互相监督，肝胆相照，荣辱与共”这个方针，进一步加强思想建设，作出新的成绩。当前重要工作是协助共产党落实政策。

民革常德市小组认真贯彻民革省委的方针，并且以此为契机，在落实政策的过程中发展党员。1983年开始，民革常德市小组在常德市协助各级中共党委、政府，落实台属、起义人员等统战政策，为57名起义、投诚人员解决96个问题，为101名台属解决135个问题。平反冤假错案3起，复查历史老案2起，落实民革成员住房产权28.6平方米，纠正7人档案中的不实之词，落实知识分子政策4起，接待台胞35人，吸收民革新党员25名。

1985年5月14日—19日，熊新民代表民革常德小组列席民革省委七届二次全会。

1985年12月22日，皇甫舜在民革省委举行的“为四化服务先进集体和先进个人代表表彰会”上受到表彰。成为常德民革党员获奖第一人。

1986 年 10 月止，民革常德市临时领导小组已经有成员 32 名，相当于支部的学习小组有两个，平均年龄由 76.3 岁下降到 64.7 岁。同年 11 月 1 日由胡祥麟起草，向民革省委提出建立民革常德市筹委会的报告。12 月 29 日民革省委以湘民革组字(1986)第 94 号文批复，同意 1987 年 1 月成立民革常德市筹备委员会(以下简称筹委会)。

1987 年 1 月 21 日，在常德市招待所召开民革常德市筹委会第一次会议，25 位民革党员出席会议。胡祥麟作《发扬民革光荣传统、努力完成时代赋予我们的使命》工作报告。选举产生民革常德市筹委会领导班子，胡祥麟任主任委员，李达道任副主任委员，谢铜樵、杨子瞻、周孝仁任委员。筹委会下设 4 个学习小组：①市直机关学习小组；②以常德市电机总厂为主的德山片学习小组；③城东城北三岔路片学习小组；④城南城西片学习小组。

1987 年 5 月民革常德市筹委会搬进高山街原常德市卫生局挂牌办公，开始有了正式的办公场所。1987 年 5 月 8 日主任委员胡祥麟逝世，5 月 11 日民革常德市筹委会会议决议，不增选主任委员，由副主任委员李达道负责全盘工作。

1988 年，常德撤区建市，实行市领导县的体制。中共常德市委统战部根据国务院、中共湖南省委的文件精神，执行中共常德市委指示，和常德市五个民主党派积极着手筹建民主党派省辖常德市委的工作。经民革湖南省委、原民革常德市筹委会反复协商，对建立省辖民革常德市筹委会及筹委会人选达成共识。1988 年 5 月，中共常德市委批准中共常德市委统战部呈报的《关于建立常德市民革等五个民主党派筹委会的报告》，民革原常德市(县级)筹委会于 5 月撤销。6 月，民革常德市筹委会升格为地级市直属民革组织。由李达道、陈伯钧、杨子瞻、周孝仁、谢铜樵 5 人任筹备委员会委员，李达道任筹备委员会副主任委员。民革常德市筹备委员会办公地点迁往建设路 200 号原常德市商业局办公大楼，办公环境得到进一步改善。

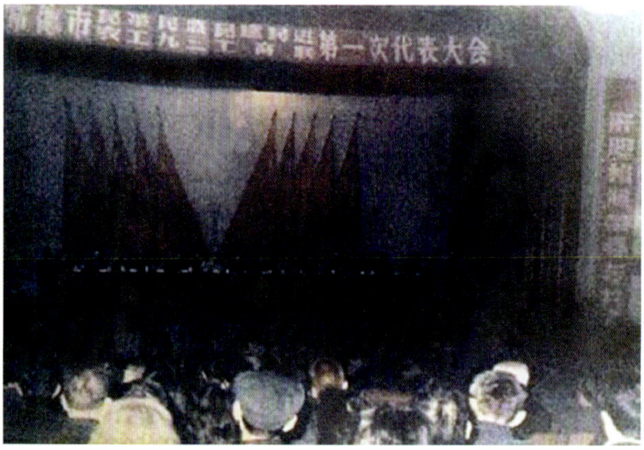

1988 年 11 月 22 日——24 日，常德市民革、民盟、民建、农工、九三、工商联第一次代表大会

1988 年 11 月 22 日民革常德市筹备委员会在常德市芷园宾馆召开民革常德市第一次党员大会。大会历时 3 天，共有 51 名民革党员参加。民革常德市筹委会副主任委员李达道作《中国国民党革命委员会常德市筹委会工作报告》。大会采取无记名投票方式，等额选出中国国民党革命委员会常德市委员会第一届委员：刘建民、李达道、邹克忠、

陈伯钧、杨子瞻、周孝仁、罗崇煜、谢铜樵。罗崇煜任主任委员，李达道任副主任委员。1988年11月24日中国国民党革命委员会常德市委员会第一任主任委员罗崇煜致大会闭幕词，中国国民党革命委员会常德市委员会成立。到2012年民革常德市委已经召开六届委员会。

1988年11月参加民革常德市第一届委员会的部分党员在原常德市招待所会议室留影

2006年，常德市人民政府将(光荣路88号)原市劳动局的办公楼调整作为民主党派、市工商联办公楼房。2009年民革常德市委机关搬迁到民主党派机关大院，硬件设施实现质的飞跃，办公条件大为改善，机关电子办公系统进一步完善，各类数据库建设相继完成，民革常德市委建立民革常德网站。

至2012年12月，民革常德市委下设3个总支，17个支部。党员249人，平均年龄47岁，其中“三胞”亲属73人，副高以上职称25人，副处级以上职务的7人，科级干部20多人。常德民革有各级人大代表、政协委员35人，其中市政协副主席1人，市人大常委1人，市政协常委3人。民革党员中先后有5人任省政协委员，59人任市政协委员，12人任市直行政事业单位领导职务。

民革常德市委机关在编人数3人，设专职副主委1名，办公室主任兼秘书长1名，副主任科员1名，平均年龄42岁，均具有大学本科及以上学历。

表 1-1-1-1 民革常德市委历届领导人任职情况

组织发展阶段	姓 名	职 务	任职时间	备注
民革常德市委筹	胡祥麟	主任委员	1987.1—1988.5	1988.5 去世后未增选，由副主委李达道负责全盘工作
第一届市委	罗崇煜	主任委员	1988.11—1992.4	
	李达道	副主任委员		
第二届市委	罗崇煜	主任委员	1992.4—1996.11	
	李达道	副主任委员		
	邹克忠	专职副主任委员、秘书长		
第三届市委	邹克忠	主任委员	1996.11—2001.5	
	聂绍仪	副主任委员		
	刘善德	副主任委员		
第四届市委	邹克忠	主任委员	2001.5—2006.6	
	陈位明	副主任委员		
	李日春	副主任委员		
第五届市委	陈位明	主任委员	2006.6—2011.4	
	李日春	副主任委员		
	陈立平	专职副主任委员		
	邹吉茂	副主任委员		
第六届市委	陈位明	主任委员	2011.4—2016.5	
	陈立平	专职副主任委员	2011. 4—2012. 11	2012. 11 调离
	杜 鹏	专职副主任委员	2012. 11—2016.5	
	邹吉茂	副主任委员	2011.4—2016.5	
	张华欣	副主任委员	2011.4—2016.5	

第二节　基层组织

民革在常德的基层组织，最早以学习小组为基础，按民革党员工作生活的行政区域划分。民革常德市筹委会时期，已经有了四个学习小组。1988 年 11 月民革常德市委成立，根据民革《党章》“基层组织”第三十六条的规定：凡基层单位有党员五人以上者，经上一级地方组织批准后，可以成立支部。民革设立常德市委第一批支部，分别为武陵区第一支部、武陵区第二支部、武陵区第三支部、武陵区第四支部、鼎城支部、德山支部。支部设主任委员、副主任委员，通过支部大会民主选举产生支部领导班子，每 5 年换一届。

2012 年民革常德市委下属 3 个总支部委员会，17 个基层支部。3 个总支部委员会分别是民革武陵区总支部委员会（以下简称民革武陵总支）、民革鼎城区总支部委员会（以下简称民革鼎城总支）、德山开发区总支部委员会（以下简称德山总支）。

17 个基层支部为：汽车机电支部、行政支部、工交商支部、机关直联支部、医卫支部、财经支部、文教支部、德山综合支部、德山工业支部、武陵工业支部、武陵事业支部、武陵行政支部、鼎城行政支部、鼎城综合支部、鼎城教育支部、桃源支部、文理学院支部。

一、民革武陵总支

1988 年在民革常德市委召开的第一届第一次工作会议上，决定组建的六个基层支部中，有武陵区第一支部、武陵区第二支部、武陵区第三支部、武陵区第四支部共四个支部。武陵一支主委熊桂云、武陵二支主委聂绍仪、武陵三支主委郑治明、武陵四支主委熊文华。

1995 年，民革常德市委组织了基层换届选举，调整基层支部，武陵区保留了三个支部。民革武陵第一支部，主委陈文珍；民革武陵第二支部，主委周兴山；民革武陵第三支部，主委熊桂云。1996 年 7 月 5 日民革武陵区总支部委员会成立，9 月 22 日民革常德市委在中共武陵区委统战部为武陵总支举行挂牌仪式。2011 年民革常德市委规范下辖各支部称谓，同时调整各个支部的主委。民革武陵总支，主委张华欣。民革武陵行政事业支部，主委胡以梅；民革武陵工业支部，主委蔡德明；民革武陵商业支部，主委李刚。

2012 年 1 月民革常德市委再次调整基层组织，民革武陵总支有民革党员 46 人，主委张华欣。其中，民革武陵行政支部有党员 18 人，主委胡以梅；民革武陵工业支部有党员 13 人，主委唐淼；民革武陵商业支部有党员 15 人，主委李发明。

二、民革鼎城总支

1988年民革常德市委设立常德市民革第一批6个支部时，鼎城支部为其中的一个支部，支部主委李放。1994年，民革鼎城支部发展到29人，原有的支部架子已不适应发展需要，根据民革《党章》第三十六条“…根据工作需要，同一个单位、行业、地区设有两个以上支部的可以设总支部”之规定，11月8日，民革常德市委批准建立常德民革第一个总支部，民革鼎城区总支部。1995年1月，在召开民革常德市1994年度表彰大会时，为民革鼎城总支、鼎南支部、鼎北支部、六0一矿支部举行了授章、授牌仪式。民革鼎城总支，主委陈伯钧，委员曾学琼、杨乙福、李爱平、皮子贵、孙旗、严海清、王永忠、彭重成。下设民革鼎北支部，主委曾学琼；民革鼎南支部，主委皮子贵；民革六0一矿支部，主委王永忠。

1998年3月19日，民革常德市委决定调整基层组织，撤销民革六0一矿支部，支部党员并入民革鼎南支部。2011年民革常德市委规范下辖各支部称谓，调整基层组织。民革鼎城总支，主委孙旗。民革鼎南支部，主委唐松山；民革鼎北支部，主委杨艺福；民革鼎城教育支部，主委石春美。2012年1月，民革常德市委再次调整基层组织，民革鼎城总支有党员45人，主委唐松山。民革鼎城行政支部20人，主委康凯；民革鼎城综合支部12人，主委胡力华；下辖民革鼎城教育支部13人，主委梁先明。

三、民革德山总支

1988年12月24日，民革常德市委设立常德市民革第一批支部时，民革德山支部成立，德山支部主委聂振声。2004年3月18日，鉴于民革德山支部人数不断增加，民革德山总支成立。下设民革德山综合支部与民革德山工业支部。民革德山总支主委周志高，民革德山综合支部主委史彩平，民革德山工业支部主委施国刚。是年民革德山总支被评为民革全国先进基层单位。周志高评为民革全省优秀党务工作者；邹吉茂、梁红评为民革全省优秀党员。

2007年8月1日，民革常德市委批准任命黄舍予担任民革德山总支委员兼民革德山工业支部主委。2011年民革常德市委规范下辖各支部称谓，调整基层组织及负责人，周志高任民革德山总支主委，民革德山总支有党员26人。其中，民革德山综合支部有党员14人，主委史彩平；民革德山工业支部有党员12人，主委黄舍予。2012年民革常德市委再次调整基层组织时，民革德山总支及支部均保持了原来状况，没有变动。

四、民革常德市汽车机电学校支部

1995年，常德市轻化职业中等专业学校的民革党员发展较多，民革常德市委在这所学校成立了民革常德市第一个行业支部，民革常德市轻化职业中等专业学校支部，罗敏任主委。2011年12月8日，民革常德市轻化职业中等专业学校支部被评为民革全国先进党支部。是年常德市轻化职业中等专业学校改名为常德市汽车机电学校，民革常德市轻化职业中等专业学校支部相应改名为民革常德市汽车机电学校支部，主委张春兰。2012年，民革汽车机电学校支部主委调整为孙宏美，支部有党员12人。

五、民革常德市行政支部

1995年，常德市民革党员发展到100人，民革支部增加到11个，民革行政支部应工作需求成立。支部主委李维平。2012年1月调整基层组织，民革行政支部主委刘松林。

六、民革常德市工交商支部

1995年，民革工交商支部成立，主委郑治明。2011年，民革常德市委调整支部的主委，民革工交商支部由尤仕平担任主委，同年民革工交商支部被评为民革湖南省委先进支部。

七、民革常德市机关直联支部

2011年，民革常德市委规范下辖各支部称谓，调整基层组织时，成立民革机关直联支部，主委李晓明，支部有16人。

八、民革常德市医卫支部

1995年，民革文教卫支部成立，主委李锡正。1998年3月19日，民革常德市委决定撤销文教卫支部，调整为医卫支部，民革医卫支部主委孙松昌。到2012年，民革医卫支部有13人，全部都在常德市各个医疗卫生岗位。

九、民革常德市财经支部

1995年成立民革财税支部,支部主委彭继文。1998年3月19日,民革常德市委决定调整基层组织,将财税支部更名为财经支部,民革财经支部主委彭继文。2012年1月,民革常德市委再次调整基层组织,徐联玉担任民革财经支部主委。

十、民革常德市文教支部

1 998年3月19日,民革常德市委讨论决定调整基层组织,撤销文教卫支部,按党员工作性质,党员分别并入行政、医卫支部。2011年,文教系统党员人员增加,共有16人,新设立文教支部,支部主委邓元俊。

十一 、民革桃源县支部

2009年5月22日,在国民党创史人之一宋教仁的故乡桃源县成立了民革桃源县支部,省政协副主席、民革省委主委刘晓出席成立大会。2012年年底,民革桃源县支部有13人,支部主委王汉忠。

十二、民革湖南文理学院支部

2009年9月21日,在常德市唯一的一所本科高校成立了民革湖南文理学院支部。湖南省政协副主席、民革湖南省委主委刘晓,民革省委秘书长黄自荣等出席大会。2012年底,湖南文理学院支部有7人,主委毛自平。

第二章 组织建设

第一节 党员发展

常德民革的前期组织发展，严格坚持“三个为主”的原则（以原国民党人员为主；以与原国民党有联系的人员为主；以与港澳台胞有联系的人员为主），坚持巩固与发展相结合的方针，把发展成员素质放在第一位。

民革在常德市发展组织是有社会基础的，据中共常德市委统战部统计，全市解放前去台湾的上中层人士有 148 人，有三胞关系的有 3957 户。民革党员的发展从民革小组到民革常德市筹委至民革常德市委成立前，其程序为民革组织物色、考察，报中共常德市委统战部批准，然后上报民革省委备案。

1985 年 1 月 9 日，民革省委第七次常委会审查批准夏致中、李放、戴可远加入民革。

1985 年 10 月 31 日，民革省委批准商羡之（女，日籍华人）加入民革。12 月 27 日，发展李跃一、刘后祥为民革党员。

1988 年 11 月，民革常德市委成立后，发展民革党员严格按民革党章规定程序办理，逐级上报，省委备案。1990 年，民革八届省委主委会议第十七次会议，批准李旭、许骧、周声翰（女）、刘柏良加入民革。5 月 15 日，民革常德市委会议，确定要加快组织发展，年底要达到 70 名成员。

1993 年，组织发展开始把引进中高层次的新人做为重点，发展新党员 4 人，孙旗、杨艺福、罗敏、剪万刚全部大专及以上文化，中级以上职称。

1994 年 7 月 8 日，民革省委十六次主委会议批准周文生、程善、余翔（女）、戴晓琴（女）、胡方雷、伍惠平（女）、刘善德、廖小波、周兴山、李爱平（女）、成曼君（女）加入民革。

1994 年 9 月 28 日，民革省委九届十一次常委会，批准罗建新、龙秋华、（女）、刘文俊、唐松山,易炳炎、陈患勇、彭涛加入民革。

1995 年,民革湖南省委九届委员会主委会第十八次会议批准刘训其、陈文珍(女)、陈立平(女)、张喜平、彭德安、黄志国、杨松加入民革。1995 年民革省委九届第十九次主委会议批准吕志全、丰小平(女)、王向明(女)、陈长发、孙兴中加入民革。

1996 年,民革省委九届十五次常委会会议批准李世平、彭涛(女)、郭芬、甘进军、郑敏、曾国华、朱大伟加入民革。

1997 年,民革省委九届二十三次主委会会议批准张春兰(女)、赵毅(女)、李金林、傅亚辉、,胡彩玲(女)、张厚义、蔡德明加入民革。

1997 年 7 月 3 日,民革省委主委会议十届一次会议批准陈位明、伍作君加入民革。

1998 年,随着时代的发展,为后继有人,组织发展注重坚持质量的原则,坚持组织发展与后备干部队伍建设相结合的原则,在组织发展中,严格遵循按章操作,严把程序关,坚持“谈话制度”“考察制度”,做好吐故纳新。特别注意发展在学术上有发展前途,业务上做出一定成绩,品行好、思想作风正派的、比较年轻的同志加入民革,从根本上解决民主党派年龄结构老化问题。

民革省委常委会十届六次会议批准曾继红(女)、郭梁、蒋明之、坎勒、周志高、曾文杰(女)、陈晓霞(女)加入民革。

1999 年,发展 10 名新党员,平均年龄 38 岁,其中本科、大专生 9 人,有中高级职称的 5 人。有与国民党渊源极深的宋教仁先生的孙女宋奇璋,有湖南医科大学研究生、硕士熊界军,有财政、金融、企业界有成就的代表人士彭继文、杜鹏;有文体活动的活跃分子高虹、蒋鸥;常德中山青少年艺术教育中心校长邓元俊;德山医院院长梁红。

1999 年 5 月 22 日,付先政因为业务工作紧张,不能参加组织活动,提交退党申请。7 月 21 日,根据《党章》第五条的规定:“ 党员有退党的自由。党员要求退党,须向所在支部提出本人的书面退党报告,支部呈报省辖市级组织注销其党籍,呈报省级组织和中央组织部备查,并书面通知本人及所在工作单位。”民革市委主委会研究同意所在支部对其退党审批并报省委组织处备案。

2000 年 3 月 29 日,民革常德财经支部向民革常德市委报告,根据民革《党章》第 6 条规定:“党员无正当理由连续六个月不参加组织生活或不交纳党费,不履行党员义务,教育无效者,经支部大会通过,所属地方组织审核,报省辖市级织批准,注销其党籍,层报省级组织和中央组织部备查,并书面通知本人及所在工作单位。”支部大会通过,决定注销刘训其党籍。8 月,民革常德市委主委会研究,同意所在支部报告,履行注销党籍的手续。并报民革省委组织处备案。

2004 年发展 7 名党员,全是大专以上学历,其中有 2 名是研究生,平均年龄 31.2 岁,都有较强的社会活动能力和参政议政能力。他们是武陵源管业公司副总经理唐丁杰、七七七运输服务公司总经理于露、鼎城区房产局韩亚琦、文理学院教师黄建春、常德卷烟厂尤仕平、常德师范学校教师陈晓霞、四中教师邓亮舟。

2005年民革常德市委不断分析新情况，总结经验，提出了新形势下组织工作的新思路，着重推行新党员"半年教育期"制度，把好"入口关"，把重点放在发展高素质的骨干上来。全年发展5名新党员，平均年龄32.9岁，大学本科文化的3位，专科文化的2位。分别为柳叶湖管委会会计朱立国、市移动公司营销中心丁丽华、市七中教师黄明、石公桥中学教师姚伟胜、常德网络信息学校彭力。

2006年吸收入民革的人员有青年企业家常德恒力调压器有限公司总经理黄舍予、鼎城区法院政工干部徐冰、常德市武陵区农税局税收征管员高琳、常德市武陵区劳动局就业处科员李明、常德市卫生局医政科科长刘钦、常德市鼎城区房地产管理局康 凯。

2007年吸收常德市财政局社保科科长徐联玉、鼎城区财政局票据股股长铁红旗加入民革。

2008年6月2日，收湘民革组备[2008]第叁号文，2008年3月20日民革湖南省委第十二届七次正副主委会议批准备查，刘长青、汪胜辉、杨金爱（女）、程本群（女）、王轶杰为民革党员。

2009年发展文理学院教师曲孝海、桃源县人民法院书记员王译萱（女）、桃源县国资局会计钟桂平（女）为民革党员。

2010年鼎城区武陵镇学校教师王桃芝（女）、常德市天合宾馆总经理杜轩、市国土资源交易中心杨圣杰加入民革。

2011年常德科佳商业管理有限公司总经理郭爱龙、常德市城市建设投资集团有限公司杨凡、鼎城区财政局刘文俊、常德市迪格机械制造有限公司周彦彤（女）等中青年加入民革。又审定批准陈尧禹为民革党员。

第二节　基层组织建设

民革在常德的基层组织，最早以学习小组为基础，按民革党员工作生活的行政区域划分。民革常德市筹委会时期，已经有了市直机关学习小组；以常德市电机总厂为主的德山片学习小组；城东城北三岔路片学习小组；城南城西片学习小组等四个学习小组。

1985年12月27日，民革湖南省委组织处给李达道同志发便函，明确指出：常德民革过去组织生活不健全，请恢复组织生活，每个月至少要求过一次组织生活，《党章》《纪要》都可组织大家学习。1985年——1988年民革常德市小组以学习、宣传政策，协助共产党和各级政府落实政策，发展民革党员为主要工作。期间为57名起义、投诚人员解决了96个问题，为101名台属解决了135个问题。向各种媒体投稿429篇，被采用的有265篇。

1988年11月民革常德市委成立时，设立常德市民革第一批支部。支部设主任委员、副主任委员，通过支部大会民主选举产生，每5年换一届。民革常德市委设立的常德市民革第一批支部有6个，支部主任委员、副主任委员以原学习小组的召集人为依据，经各支部选举同意确定。

1990年民革常德市委加强机关建设克服“三少”“三新”的困难，即经费少、干部少、经验少；新班子、新内容、新工作，创造条件推动工作，抓岗建制，使各项事务有条不紊的发展。被中共常德市委统战部誉为两个人干了七个人事的先进机关。

1990年民革常德市委建立三项制度，建立与基层组织的联系制度；建立与民革基层组织和民革党员单位中共党组织的联系制度；推动民革基层组织规范组织制度。

在基层组织建设中，努力探索合作共事的有效途径。通过采取积极主动与市、县级中共统战部、基层企业统战部门和基层单位党组织、基层单位主管部门及对口联系单位等基层党政部门的密切联系与交流，推动民革基层支部工作的开展。

1996年民革常德市委强化组织建设。加强机关硬件建设。配齐办公用品，挂国旗和孙中山先生肖像及各种图表，营造一个参政党办公场所的肃穆环境。添置电脑设备，为党派工作和参政议政提供优质服务。

形成资料公开制度。自1996年始，民革市委形成固定制度，将工作情况写成季度、半年、全年工作总结，以文字资料上报下发。上报范围是民革省委和市委统战部，下发范围是全市民革党员。该举措让有关领导和工作联系单位及时了解民革常德市委的工作情况，全体党员也能更加详细、全面感受党组织的发展。调动基层组织、党员工作和活动的积极性，增强党派凝聚力，完成参政党的各项任务。

建立联系制度。依照《党章》有关条款和民革工作条例，在1990年度的基层上，完善与基层支部、与民革党员的联系制度。

1998年3月，中共常德市委统战部召集各民主党派负责人研究机关工作，形成《常德市民主党派机关负责人座谈纪要》，对制定党派机关工作制度，提出相应的要求，制定政治学习、财务管理、印章管理、文件阅处、来信来访接待和岗位目标管理等一系列的规章制度。机关工作形成制度化、规范化。

表 1－2－2－1　1998 年民革常德市委制定 6 项支部年度考核量化指标

考核项目	评分	量　化　指　标
调查研究	20 分	全年每个支部至少组织 1 汉课题裯研活动，撰写调幼报舌记 20 分，每写 1 篇加 5 分。（2 个支部联合一起调研也可）。
参政议政	20 分	全年每个支部的人大代表、政协委员人平提提案、意见、建议 2 条以上的记 20 分，少一条扣 2 分，被评为优秀提案的每件加 3 分。
年度计划	10 分	各支部年初有工作计划，开展活动有记载，年终有工作总结记 10 分，缺一项扣 2 分。
政治学习	10 分	每季度组织党员进行 1 次政治学习，并有学习记录记 10 分，没有记录扣 2 分，缺一次扣 1 分。
信息工作	20 分	年各支部或支部党员在《常德统战》、《湖南统战信息》、《民革综合信息》等刊物上稿 1 篇记 20 分。多一篇记 5 分。
组织工作	20 分	全年各支部收齐党费 20 分。缺 1 人扣 2 分。搭建了基层组织工作规范管理的架构。

2005 年确定建设“团结、文明、学习、创新、廉洁、高效”机关的创建目标，机关建设取得明显成效。强调机关干部正确树立公务员意识、服务意识、创新意识，为纳税人节约用钱的意识，力争工作职业化，工作规范化，办公无纸化，财务管理公开化。

2005 年民革常德市委于年初修改《基层支部目标管理量化考核指标》，推出“十个一”的创新活动（即读一本好书、提一条合理化建议、推荐一位入党积极分子、交一位党外朋友、为社会做一件好事、参与一项有益的社会活动、帮助一位有困难的群众、为本地经济发展办一件实事、联系一位海外人士、联系一位台湾同胞）。基层干部的凝聚力进一步增强，基层组织活动的形式多种多样。

2006 年认真贯彻中共常德市委统战部《2006 各民主党派机关量化目标考核细则》，全面执行民革湖南省委关于办公室工作、参政议政工作、组织工作、社会服务工作、祖统联谊工作的考核标准，各项工作上了一个新的台阶。2 月民革常德市委被评为常德市党派机关目标管理第一名。杜鹏荣立三等功。

2006 年民革常德市委修订并颁布全会会议制度、主委会议制度、党费管理办法、党员捐赠款物管理办法、联系基层制度、参政议政工作制度。制度进一步完善，各项工作进一步走向规范。2006 年常德民革组织工作、参政议政工作和办公室工作三项获得民革省委授予的先进集体光荣称号。陈立平、曾继红被评为民革省委妇女工作先进个人。

2006 年 8 月，常德民革德山总支制定总支工作条例和管理办法，内容包括总支概况、组织机构图、成员分工、党员名单、党员联系电话、会议学习制度、财务收支制度、走访慰问标准、将其装订成册，发放给每位党员。2008 年民革常德市委制定民革常德市委委员下基层支部的制度，要求每一位民革市委委员每年联系1—2个支部，传达民革中央、民革省委、民革市委的有关精神，与基层民革党员交流情感。

2008年7月民革中央办公厅副巡视员兼人事处处长李宁一行3人来湘就机关建设情况进行专题调研，高度评价湖南民革各级机关建设所取得的成绩和经验，充分肯定常德："扎实推进思想作风建设，做到有组织、有计划、有总结；健全和完善各项工作制度，保证工作有序运转；推进干部人事制度改革，增强竞争约束机制；合理安排调度，加强工作的计划性和预见性。做好机关工作，切实加强思想理论学习、业务知识学习和应急能力培训，全面提升综合素质。处理好大局和小局，主动和被动，党务和事务，'过'和'不及'，团队和个体的关系。"

2009年民革常德市委召开基层组织建设经验交流会。开展主委陈位明提出的"以学习强素质，以制度促规范，以活动促活力"为导向的基层组织建设年活动，一些好的经验得到推广，推动了基层支部建设的健康快速发展。

2009年民革德山总支制定一系列结合总支实际情况的规章制度，学习活动制度，年初对全年活动作出布置，使民革党员对全年活动做到心中有数，没有特殊情况，都能参加学习和活动。学习有安排，会议有记录、活动有场地。走访慰问制度：民革党员生病住院送鲜花一束，慰问金100元。民革党员及直系亲属死亡，以组织名义送花圈一个，慰问费100元。每年对总支男同志年满60岁、女同志年满55岁的都进行走访慰问。资金管理制度：所有收入除慰问开支外，其余部份只能用于民革党员集体活动。从没有在党费里开支过任何电话费、车辆使用费、补贴费和餐费等，而用于服务社会的资金累计达到20余万元。

2010年，建设和谐机关，民革常德市委组织委员下基层支部，帮助基层支部建立健全各项制度。民革机关的档案、财务、信息管理制度和联络慰问等制度进一步完善。在决策制度和民主生活制度的推动下，有利于一把手的决策作用，不驻会副主委的参谋作用的发挥。

2011年，民革常德市委机关的组织、协调、综合、服务等各项功能得到全面强化。机关先后两次被评为全市民主党派机关工作红旗单位，三次被评为全市量化目标管理先进单位。

2012年6月，民革中央秘书长李惠东率调研组到常德调研，对民革常德市委机关建设工作给予充分肯定，调研组认为：常德的机关建设工作思路清晰，主题突出，措施有力，效果明显，创造了许多好经验、好作法，树立了民革机关新形象，值得在民革各级组织交流和推广。

第三节　干部培训

一、培训学习

干部队伍建设是参政党自身建设的重要组成部分，关系到民革各级组织能否坚持和完善中国共产党领导的多党合作和政治协商制度的根本大计。1987 年 12 月 29 日，民革常德市筹委会召开五次扩大会议，组织学习民革中央常务委员会《关于省级组织换届中几个问题的通知》，使大家认识到加强各级领导机构的建设，进一步实现新老合作和交替，是民革当前面临的一项十分迫切而重要的任务。民革中央和民革省级组织的换届，在时间上应当理顺，并与同级人大，政协换届相协调，以便在人事方面得以统筹兼顾，全面安排。新的一届民革省级委员会的规模，适当精减，不设荣誉机构。

1988 年 9 月 8 日——13 日，谢铜樵(代表)、杨子瞻(特邀代表)参加民革湖南省第七次代表大会。

1989 年 2 月 28 日，杨小水代表民革常德市委赴省会参加民革省委召开的妇女工作会议，并当选为民革湖南省委妇女工作委员会委员。

1990 年 7 月，聂振声、聂绍仪、杨小水、郑治民 4 同志参加中共常德市委组织部、统战部主办的第一期常德市民主党派基层支部负责人学习班。杨定安出席民革湖南省先代会。

1992 年 12 月 8 日，聂绍仪去北京出席中国国民党革命委员会第八次全国代表大会。1993 年 7 月 12 日，副主委邹克忠去长沙市参加党外县级干部学习班。1995 年 11 月 8 日熊桂云出席民革全省妇女工作会议。2000 年 5 月 21 日——27 日，严海清在江西参加民革全国思想政治工作研讨会。6 月 4 日——9 日，陈立平在广西参加中南六省民革第九次经济交流会。

2002 年 3 月 11 日——15 日，常德市统战工作会议“以会带训”在市委党校举行，陈立平参加培训。4 月 1 日——5 日，中共常德市委统战部组织统战系统干部到常德电脑专修大学学习电脑应用与操作。民革机关工作人员参加学习。5 月 9 日，陈立平参加 2002 年全市党外中青年干部为期二个月的培训班学习。12 月 7 日——28 日，李达道在长沙参加民革骨干培训班。

2003 年 9 月 22 日——25 日，陈立平参加民革全省机关干部学习“三个代表”重要思想培训班。2005 年 9 月 25 日，民革常德市委全体机关干部参加全市普法考试。

2005 年 6 月 3 日——4 日，民革常德市委对民革新党员进行为期两天的培训，培训的主要内容为民革的地位、作用和历史沿革，参政议政常识和民革章程等。全体民革常德市委委员及机关干部旁听了培训。

2006 年 8 月 29 日，民革常德市委组织民革新党员暨骨干培训班，对 2004、2005、2006 年发展的党员集中培训。民革常德市委编印了《民革常识学习问答》教材。

2008 年 3 月 10 日——14 日，民革常德市委主委陈位明在省社会主义学院参加学习贯彻中国共产党的十七大精神集中轮训研讨班。8 月 11 日——14 日，邹吉茂、杜鹏、黄舍予、杨金爱、铁红旗等 17 名党员参加中共常德市委统战部举办的民主党派参政议政培训班。

2008 年 3 月，常德市民革各级主委、副主委分别参加民革省委、民革常德市委，中共常德市委统战部等各级组织的学习中共“十七大”精神研讨班。各总支、支部也相应召开支部会议，传达和学习中共“十七大”精神。在民革常德市委五届七次扩大会会议上，市讲师团陈文斌教授和陈位明主委分别领学中共中央“十七大”及民革中央“十一大”精神，教育引导党员深刻认识我国政党制度的特点和优势，坚定正确的政治方向。陈位明还作了政治交接转段工作动员报告，就如何深入推进政治交接教育活动对各总支、支部提出三点要求：一是思想上高度重视，二是措施上精心组织，三是行动上确保落实。

2009 年德山总支有 5 人先后多次参加省社会主义学院的学习和培训，他们带回学习资料，再组织全体民革党员进行学习。从中国共产党《章程》到国家《宪法》，从共产党几代领导人对统战工作的重要讲话到中央文件，确定了中国共产党和党外人士合作共事的保障和肯定等，向民革党员做了细致的阐述。将《中国国民党革命委员会章程》问答知识，打印分发到每个民革党员手中，使他们更加明确民革党员的权力和义务，为今后工作定位打下良好基础。其次还对全体民革党员系统介绍各民主党派的发展史及现状，使民革党员进一步提高信念，摆正位置，对党派的工作有更清醒的认识。

2009 年 8 月 14 日，民革常德市委举办 2009 年后备干部及新党员培训班，民革省委专职副主委刘清君专程到常德市，在培训班上主讲《参政党自身建设》。

2010 年，民革常德市委近 20 名党员骨干参加中共常德市委统战部举办的民主党派骨干成员参政议政培训班。张华欣作为民革市委的骨干代表参加全省民主党派骨干成员培训班，并获得优秀学员称号。民革常德市委加大培养力度，积极为骨干党员搭舞台、压担子，让更多政治过硬、品德高尚、业务精干的新一代民革党员脱颖而出。2012 年唐植勇被任命为石门县政协副主席，县科技局副局长，高配为正处级干部。

二、后备干部培养

民革常德市委一届至三届实行缺额增补市委委员的方法，至第四届，民革常德市委开始实行“一职三备”的方法，从建立的后备干部人才库中培养选拔。1998 年储备 12 人，1999 年储备 28 人，2004 年建立了近 50 人的后备干部及基层骨干的人才库，并实行了动态管理，近 20 名民革党员被推荐到各级政府担任实职。

2005 年建立“一职三备”的后备干部人才库，加强对后备干部人才库的管理。通过阶段性考察和跟踪了解，收集最新信息，做到及时发现人才，及时更新信息，及时报送材料，以便对后备干部队伍进行动态管理和滚动建设，使之充满生机和活力。

在后备干部的培养和推荐工作中，选送他们到省社会主义学院、市社会主义学院、中共市委统战部办的各类培训班学习。对各方面表现比较突出的后备干部，除及时在民革常德市委内做各种适当安排外，还抓住各级人大、政协、政府部门换届、调整等时机，积极、主动、适时地向外推荐，力争使更多优秀人才脱颖而出。

2006 年储备 58 人。人员的产生，由基层组织推荐和民革常德市委与基层组织协商相结合的方式，对推荐的人选征求民革党员所在单位中共党组织及中共市委统战部的意见，民革基层支部上报的后备干部名单，在全面考察的基础上由民革常德市委会议研究确定。

2007 年建立后备干部分类、动态管理制度。把人才库分为两大部分，适合政治安排的，适合实职安排的。适合政治安排的，分为人大代表、政协委员两块。整个后备干部分为可以立即推得出，用得上的和暂时还需一段时期培养的两种。对于成熟的，积极争取机会向外推荐，对于尚需培养的，有针对性开展培训，采取缺什么补什么的原则，使之尽快成熟。把超龄的和出现重大失误的同志及不宜作为后备干部人选的同志及时调整出“人才库”，又从新民革党员中补充一定数量的后备干部进“人才库”，严防人才青黄不接。这些举措带来丰收成果。4 月，在市工商联第五次会员代表大会上，民革常德市委秘书长杜鹏当选为市工商联专职副会长。5 月，民革武陵总支委员胡以枚被推荐担任武陵区工业经济发展局副局长。5 月 20 日，在民革省委第十三次代表大会上，主委陈位明，副主委陈立平、邹吉茂当选为民革省委委员。陈位明当选为民革省委常委及出席民革全国第十一次代表大会的代表。

第三章　思想建设与宣传工作

第一节　理论学习

民革常德地方组织通过发扬民革“自我学习、自我教育、自我提高”的传统，注重理论联系实际，把学习和自身工作与调查研究、与参政议政结合起来，使早期民革党员从长期受“左”的压抑和羁绊中解脱出来，由过去的“心有余悸，自卑自馁”转变成“心情舒畅，自尊自强”。由过去关门改造转到面向社会，开门服务。

1986 年 1 月 6 日，在中共常德市委统战部会议室，召开首次民革党员大会，中共常德市委统战部部长刘伯强到会讲话。

1986 年 4 月 14 日，全体常德民革党员第二次座谈会，民革省委孙处长到会，宣传坚持和完善中国共产党领导的多党合作统一战线，发展民革党员。

1986 年 4 月 29 日，全体民革党员学习讨论《民革中央关于学习贯彻六届全国人大四次会议、六届全国政协四次会议的决议》。10 月 4 日，常德民革组织民革党员学习中共中央宣传部《纪念孙中山辰一百二十周年宣传提纲》。

从 1987 年开始，通过采取集中学习，听录音辅导报告，编印学习资料，选送骨干参加培训，组织集体活动等方式，使民革党员增强作为民主党派成员的光荣感，自豪感和国家主人公的责任感。

1987 年 10 月 7 日，为迎接民革中央第七次党代会召开，做好修好《党章》的准备工作，民革常德市筹委会组织民革党员座谈会，讨论民革章程。

1988 年 12 月 16 日，民革常德市委召开第一次扩大会议，民革省委主委潘基质参会并传达了民革中央七大精神。

1989 年 1 月 30 日，民革常德市委召开民革党员大会，民革常德市委主委罗崇煜上党课。

1989年6月26日，组织党员学习民革省委常委扩大会议政治决议，把思想统一到邓小平同志重要讲话的精神上来，旗帜鲜明地反对资产阶级自由化。

1989年9月20日，组织民革新党员座谈会，学习《民革党章》，理解民革的性质、任务、地位和作用，理解“民革坚持共产党领导的多党合作制度和政治协商制度”的含义。

1992年4月，民革常德市委组织民革党员学习中共中央二号文件，警惕“右”，更要防止“左”。

1994年，民革鼎城支部在陈伯钧主委的主持下，多次举办民革知识讲习班，讲解民革党章和民革的光辉历程。

1994年，在国务院《对台湾问题白皮书》发表以后，民革常德市委召开扩大会座谈讨论，常德市电视台报道了座谈会实况，大家对和平统一祖国的认识更加系统、更加深刻。

1999年9月21日，民革常德市委召开各支部主委会，组织支部主委做了统战知识竞赛题。

2005年，常德民革推进思想建设创新，全面加强自身建设。2月，中发〔2005〕5号文件颁布以后，民革常德市委迅速掀起了学习、宣传的高潮。除参加中共常德市委统战部组织的学习外，民革常德市委专门召开民革市委(扩大)会学习和领会5号文件精神，编辑5号文件学习解读小册子，分发到各支部的民革党员手中。通过学习，民革党员一致认为，5号文件在认真总结过去15年经验的基础上，着眼于推进社会主义政治文明建设，着眼于进一步推进多党合作和政治协商的制度化、规范化、程序化建设，提出许多新的理论观点和政策措施，成为新世纪指导多党合作事业发展的纲领性文件。

2005年，民革常德市委提出创新活动，培养两支队伍。新党员谈话制度，就是民革常德市委在实际工作中总结出的一个行之有效的思想政治工作的新方法。培养宣传专干队伍，不断探索总结新形势下开展民革政治思想工作的方法和经验。

2007年，民革常德市委积极探索新时期思想建设工作。年初在各基层组织开展统战理论研究的征文活动。组织机关干部下基层，宣讲中共中央5号文件精神，通过理论研讨和宣传交流，提高民革党员的理论水平，增强民革党员的党派意识和参与意识。根据部分支部组织状况，对7个支部进行了调整。通过领导班子建设和基层组织建设，促进思想工作的开展，同时坚持以人为本，帮助解决实际困难，真正让民革党员感到组织的温暖，从而增强组织的向心力和凝聚力。

2010年，为提高广大民革党员政治把握能力，民革常德市委高度重视和加强政治理论学习，结合国际国内形势和工作实际，采取举办主委会、扩大会、报告会、多种形式加强学习。组织民革党员开展树立和践行社会主义核心价值体系、《科学发展观重要论述摘编》、胡锦涛总书记关于两岸关系的重要讲话、民革章程党史、协商式民主以及多党合作理

民革常德市委专职副主委陈立平(左三)参加民革中央学习践行社会主义核心价值体系先进组织和先进个人表彰大会

论6个专题理论学习，通过学习和研讨，撰写心得体会。广大民革党员深刻理解了社会主义核心价值体系的科学内涵、精神实质和根本要求，增强了对中国政党制度的特点和优势的认识。民革党员铁红旗在全市民主党派参政议政培训班上作“浅谈民主党派践行社会主义核心价值体系的实践途径”的发言；民革武陵总支张华欣撰写的《弘扬爱国主义精神，认真做好对台工作》被《湖南民革报》采用并全文刊登。

2011年3月20日，民革鼎城总支在民革党员活动室学习民革省委、民革常德市委关于换届工作的文件，以及中共常德市委统战部副部长李学明的讲话，提高对换届工作的认识。

2011年7月，民革常德市委组织民革委员、基层支部主委、民革党员骨干学习胡锦涛“七一”讲话。大家认识到要接受中国共产党领导的自觉性和坚定性，积极履行参政党职能，不断推动多党合作事业向前发展。广大民革党员增强对我国政党制度的特点和优势的认识。

2011年10月25日，民革常德市委举办了“两岸关系若干问题”专题报告会。全国政协委员、民革中央副主席郑建邦分析国内政治形势，明确指出今后一段时期开展对台工作的指导思想与要求。报告会增强了民革党员为早日实现祖国和平统一多做贡献的使命感和责任感。

2012年4月7日，民革常德市委组织全体民革党员学习中共中央《关于加强新形势下党外代表人士队伍建设的意见》文件。

10月24日，周志高代表民革常德市委参加常德市社会主义学院的全市统一战线践行《同心》思想专题研究班。学习胡绵涛总书记在2011年11月30日迎春茶话会上提出的“思想上同心同德，目标上同心同向，行动上同心同行”讲话。民革常德市委提出开展“五个一”活动。即：召开一次主题生活会，推荐一篇学习心得，反映一条社情民意(或统战信息)，提出一条工作建议，关爱社会、关爱他人做一件实事。

第二节　宣传教育

1987 年 1 月，民革常德市筹委会建立后，中青年加入组织人数增多，他们思想活跃，敢想敢说。针对人员结构变化的情况，采取“一放二诱”的方法，加强思想建设。“放”就是不束缚他们的思想，使其畅所欲言。“诱”就是组织订阅《团结报》《湖南民革》等刊物，诱导他们学习，进一步提高青年同志对新时期民革的认识，同时请民革老同志把自己的亲身经历讲给青年人听，从纵横两个方面比较，相互探讨。与中共常德市委统战部联合举办学习班，在重大的时间节点，组织民革党员参加多种形式的纪念活动，如纪念孙中山诞生 120 周年座谈会，民革建党四十周年图片展览，提升民革党员对新形势下民革的性质、地位、作用、任务的认识。

1990 年 1 月 15 日，通过组织全体民革党员参加党派知识测验试卷的形式，宣传民革的历史。通过学习，好几位同志精神面貌有显著变化，一改过去沉默寡言，转为谈笑风生，同志间增进感情，激发大家的政治热情。

1994 年，民革常德市委把机关干部和全体民革党员的思想建设当作头等大事来抓。开展“立党为公，参政为民”教育，树立正确的“群众观、参政观、权力观”教育，印发民革章程学习资料 180 份，编印民革大事记 2 期。为坚持和完善中国共产党领导的多党合作和政治协商制度奠定坚实的思想基础。

1994 年《常德民革》内部刊物不定期出版。

1995 年《湖南民革》整版刊载了民革常德市委的工作总结材料，《抓住机遇、壮大常德民革组织》的文章。《湖南民革》第九期报道了常德市轻化职业中等专业学校支部成立的消息。民革常德市委为《常德统战年鉴》撰文介绍常德民革，参加“统一战线宣传一条街”活动，向市民展示民革常德地方组织。

1999 年，民革常德市委组织各支部举行迎国庆文艺汇演。有 3 个节目参加演出，在庆祝建国 50 周年之际，三位民革党员的美术书画作品，在报刊展出。

2000 年，民革常德市委为每一个支部负责人订阅《同力》《湘声报》《内参选编》《统一战线》《团结报》等报刊，还把民革中央发行的《团结报》和民革省委发行的《湖南民革》报及时送给每一位民革党员。

2000 年，民革党员毛自赋在世界语文学领域里默默耕耘，在国内外有影响的刊物中发表各类作品 200 篇。

2005年，民革常德市委利用《团结报》；利用《湖南民革报》；利用中共常德市委统战部公共信息平台，宣传民革常德市委和民革党员围绕中心、服务大局的先进事迹。并培养一支统战信息员队伍。

开展宣传教育活动。以纪念抗战胜利60周年和支部换届为契机，深入开展民革优良传统教育和爱国主义教育。结合学习5号文件精神，强化民革章程的学习教育，提高民革党员对参政党性质地位作用的认识，增强作为参政党党员的政治使命感与历史责任感。2006年9月23日，民革常德市委互联网开通。常德民革在《湖南民革报》及湖南民革网站上稿56篇，在《团结报》及《团结网站》上稿20篇，在中央、省、市统战网站刊物、专报上稿20篇，中共常德市委统战部局域网采用信息67条，省级以上统战部门采用信息20条。

2007年，民革常德市委举办了《纪念民革成立60周年》的演讲会征文比赛、书画作品比赛、羽毛球赛等活动。在《团结报》上稿1篇，《常德日报》上稿3篇，《省民革报》上稿12篇，《省民革网》上稿8篇，《常德电视台》上稿4篇。10月中共"十七大"召开后，组织部分"三胞"亲属党员进行了座谈，他们说，胡总书记对台湾问题的讲话，既坚持了"一国两制"的根本原则，又对推动两岸直接"三通"，加强和扩大两岸民间交往展现了很大的灵活性，充分体现了中国共产党和政府解决台湾问题，完成祖国统一大业的信心和决心。胡锦涛总书记的讲话也将是民革下阶段开展祖国统一工作的指南。

2008年，民革常德市委开展纪念响应"五一口号"60周年活动，组织党员撰写稿件对外进行宣传。民革常德市委在《民革报》上稿24篇，《常德日报》上稿6篇，《常德电视台》上稿6篇，局域、政府、民革等网站上稿62篇。组织支部信息员队伍，确定15名党员担任"民情联络员"。这一年，民革常德市委组织征文比赛，开展"民革——我的精神家园"演讲比赛。

2009年，民革常德市委组织民革党员开展庆祝新中国成立60周年和纪念人民政协成立暨多党合作制度确立60周年的活动。组织部分民革党员前往武陵区南坪乡敬老院慰问演出，在石门县一中举行了"郑洞国基金会"第二届颁奖仪式，在民革党员中开展《科学发展观》知识抢答赛。是年，民革常德市委在《民革报》上稿29篇，《民革网》上稿54篇，政府网站上稿10篇，市统战部局域网上稿52篇，《常德晚报》《常德日报》4篇，民革省委简讯等上稿3篇，常德电视台上稿29篇。

2010年，民革常德市委组织全体党员开展树立和践行社会主义核心价值体系的学习宣传活动，在公墓缅怀英烈进行爱国主义教育，承办"纪念抗日战争胜利65周年暨公祭常德会战英烈典礼"活动，是年，在《团结报》上稿9篇、《湖南日报》1篇、《常德日报》《常德晚报》7篇，《湖南民革报》上稿30多篇，湖南民革网上稿50篇，在中共湖南省委统战部及常德市委统战部网站上稿75篇，市电视台和政府网站上稿15篇。

第三节　活动开展

一、市委活动

对日索赔

1993 年 2 月 16 日，民革常德市委讨论决定，在常德市范围内发起向日本侵华战争造成民间损失索赔签名活动。

1994 年，组织抗日战争常德会战五十周年纪念活动，并组织对日索赔工作。2002 年 7 月 30 日，主委邹克忠参加由中共常德市委统战部召开的“对日本细菌战败诉情况的座谈会”。

2003 年 5 月 16 日——25 日，常德市细菌战诉讼案第二次赴日声援团一行 36 人，出使东京参加“侵华日军 731 部队细菌战受害国家赔偿诉讼案”高等法院一审的开庭受理调查。主委邹克忠任声援团副团长，民革党员陈位明、贺夏知、施国刚、唐森被邀请参加这次声援活动。

公墓祭奠

1993 年 5 月 18 日，民革常德市委在常德公墓主办抗日战争常德会战 50 周年纪念大会。6 月 10 日，民革常德市委讨论募捐修复常德抗战公墓。

1994 年清明节，由民革常德市委率先提出建议，修葺“常德会战纪念碑”，实事求是地宣传常德会战。民革常德市委组织社会各界人士在抗日战争胜利 50 周年之际公祭抗日将士，这些活动，对在台军政人员和常德籍台胞影响很大。自此成为民革常德市委每年都开展的一个传统活动。

2005 年 8 月 20 日，民革湖南省委、常德社会各界纪念抗日战争胜利六十周年暨公祭常德会战抗日阵亡将士纪念活动在常德抗战烈士公墓举行

2005 年 4 月 5 日，民革常德市委组织常德各届人士“公祭常德抗日会战阵亡将士”纪

念活动。8月20日，举行抗日战争胜利60周年活动。

2010年，民革常德市委组织"台海局势、民革简史"专题讲座，纪念抗日战争胜利65周年暨常德会战67周年。9月，民革常德市委在常德会战阵亡将士纪念塔前举行大型公祭活动，来自海峡两岸的各界人士和当年浴血奋战的老战士代表隆重集会，省政协副主席、民革省委主委刘晓担任主祭人，台湾新党前主席谢启大女士作了题为《铭记英烈，振兴中华》的讲话。

关爱老兵

2009年4月4日，民革常德市委组织部分民革党员和台胞在公墓缅怀英烈，慰问抗日幸存老兵刘志青等三位老人，赠送价值2000余元物资及慰问金等。

2011年1月27日，市政协副主席、民革常德市委主委陈位明率民革市委和市政协港澳台侨外事委机关干部和部分民革党员一行，走访慰问柳叶湖旅游度假区白鹤山乡吴家口村吴荣凯、德山乾明寺释明禅(吴淞)等2名抗日老战士。

2011年中秋，民革常德市委与市政协联合举办台胞台属中秋联会。9月15日，组织看望原国民党部队投诚军官活动。住在石公龙子岗村10组的刘天喜老人，是原国民党军队团级军官，过去为北平的和平解放做出了贡献，解放后一直在石公桥过着农耕生活。他的老伴为天津人，原是国家教师，后因历史原因也一直陪伴刘天喜务农在家。刘天喜的情况有一定的代表性。民革常德市委向他表示了慰问和崇敬之情，并为他送去1000元慰问金及防寒被褥等物资。

2012年2月2日，民革常德市委主委陈位明等10余爱心市民代表常德人民，护送常德会战九旬幸存老兵吴荣凯，赴浙江台州市博爱医院看望战友叶万火，全国十几家媒体报道了这次活动。常德民革党员为老兵叶万火捐款5000元。

其它活动

从1989年开始，民革常德市委一直坚持每年召开民革党员新年团拜会。

1991年9月20日，民革常德市委在常德市博物馆举办纪念辛亥革命80周年大型展览会。

1994年5月6日，民革常德市委在武陵区汉寿街开展统一战线宣传一条街活动。

1999年2月3日，组织民革医生党员黄振东、吕志全赴津市白衣镇荷花村，开展送温暖、献爱心，扶贫慰问义诊。

2003年7月16日，民革常德市委向民革各总支、支部委员会下发常民革〔2003〕3号文，《关于转发《开展"三增强""四热爱"教育活动的实施意见》的通知》。组织常德民革党员增强对中国共产党"三个代表"重要思想的认识、增强对社会主义制度优越性的认识、增强中华民族凝聚力；热爱中国共产党、热爱祖国、热爱社会主义、热爱人民活动。

2004 年 4 月 26 日，民革常德市委组织常德市华南光电仪器厂职工医院赵敏、常德市妇幼保健医院腾平、常德市康复医院高虹、丁家珍、常德市第一中医院彭涛、常德市六中盛丽环、常德市四中邓亮舟等民革党员，到汉寿聂家桥乡皇城村开展送温暖、献爱心活动。义务看病诊治，赠送药品。

2005 年 7 月 20 日，中共常德市委宣传部、台湾工作办公室、民革常德市委联合在常德市博物馆举办“中国，我们共同的家园——台湾问题图片展”。

2006 年 9 月 23 日，民革常德市委组织民革党员开展羽毛球比赛活动。

2007 年 4 月 16 日，组织“民革——我的精神家园”演讲比赛活动。8 月 1 日举行“庆祝民革 60 周年征文比赛”活动。28 日举办庆祝民革 60 周年演讲赛。30 日组织民革 60 周年书画比赛。

2009 年 7 月 6 日，举办“民革专家进社区”活动。10 位市中医院、市妇幼医院、市老年病医院医生，律师事务所律师组成的民革讲师团，走进城南、城北社区为居民举办各种医疗、保健、法律等专题讲座。

2010 年 6 月 30 日，民革常德市委携手民革党员与市环保志愿者协会在市步行街金钻广场开展“低碳减排、绿色生活”环保公益演出活动。7 月 6 日民革常德市委组织医卫支部部分党员，冒着酷暑，到常德市康复医院脑瘫儿童中心开展“奉献民革爱心，帮助脑瘫儿童”活动。

2011 年 7 月 1 日，民革常德市委与对口联系结对单位常德市市审计局联合举行“庆七一颂党恩”歌咏会。9 月 30 日，民革常德市委举行活动庆祝重阳节，邀请老党员、老前辈们齐聚一堂，品茗抒怀，射箭娱乐，庆祝重阳节。

2011 年 10 月 25 日，民革常德市委举办“两岸关系若干问题”专题报告会，全国政协常委、民革中央联络部部长郑建邦分析了当前岛内的政治形势，指出今后一段时期开展对台工作的指导思想与要求。

二、支部活动

1987 年民革常德市临时领导小组规定，基层组织每月都要组织一次活动，重大活动都要邀请中共市委统战部派人参加给予指导。1988 年成立基层支部后，要求支部活动做到“三落实”(即落实时间、地点、内容)，民革党员要做遵纪守法的模范，争当本单位的先进。

1990 年 5 月 27 日，常德民革基层支部组织民革党员学习《中共中央关于坚持和完善中国共产党领导的多党合作和政治协商制度的意见》，传达民革省委八届二次全会精神。

2000 年 月 30 日，民革鼎城总支到花岩溪组织、开展活动。市委副主委聂绍仪、秘书长陈立平出席并作指导。

2001 年 7 月 16 日，常德市文教支部主委邓元俊，组织到“ 阳光孤儿院”开展献爱心活动，为孤儿捐献架子鼓、电子琴。秘书长陈立平参加了活动。

2004 年民革基层支部活动仍然以学习座谈的形式为主，但是由民革常德市委组织、民革基层支部承办的“送温暖、献爱心”活动已成为民革活动品牌，开始有了自己的特色。这一年民革财经支部到石门县扶贫；民革行政支部开展三下乡活动。7 月 18 日，武陵总支举办“反台独、促祖国统一”座谈会。民革常德市委副主委陈位明、秘书长陈立平参加座谈会。

2005 年 1 月 30 日，民革武陵区总支熊界军、周兴山、郭光渝，看望常德民革知名老党员李达道、胡武陵、李昆、杨中岳。

2005 年民革德山总支采取“请进来、走出去”的方法有声有色开展党员活动。1 月 17 日，到浏阳市参加民革浏阳市总支部成立大会，听取他们介绍民革党员参政议政、民主监督的情况，受到启发，开阔视野。11 月 10 日，应邀参加民革全国先进支部衡阳市第四支部更名为民革衡南县支部成立大会，学习他们的经验。

2005 年 10 月 18 日，民革常德市委和德山总支部分民革党员到石门一中开展助学活动。

2006 年，常德民革文教支部在步步高大厦 6 楼建立一个固定的活动地点，配置办公及娱乐设施。全年支部组织四次活动，其中在常德同德职业学院组织民革党员参加的民办职业教育联谊活动，发扬文教支部的特点，大家通过观摩、参观，进一步了解现代民办教育形式及状况。

2006 年 5 月，民革鼎城文教支部在常德网络信息学校举行同唱“八荣八耻”歌曲、树立文明新风的活动。

2006 年 6 月 25 日，民革武陵总支组织民革党员学习“八荣八耻”及多党合作知识。

2006 年，民革行政支部组织民革党员会议 4 次，送温暖慰问看望民革贫困老党员 2 次，同时支部党员积极参加民革常德市委组织举办的各项活动，参加“迎国庆”羽毛球友谊赛，男女混合双打取得了前四名的优异成绩。

2006 年重阳节，民革德山总支召开老党员座谈会，给民革老党员赠送春秋被。汤伟立因行动不便，没能参会，总支成员上门送去慰问品和慰问信，他激动的说，我们总支的工作现在真是越做越细，感谢组织对他的关心。

2007 年民革市职业中专支部定期组织民革党员开展理论学习，如中共十七大报告、《教师法》、《教育法》。开展讨论、交流经验，大家素质不断提高，对民革的认识逐渐深化，归属感增强，光荣感、责任感加强，坚定正确的政治方向，支部成员中无一人违法乱纪。

2011 年 3 月，常德民革鼎城总支将总支办公室和民革党员活动室设立在常德网络信息学校院内，配备文件柜和办公桌椅等，为支部开展活动提供便利。

2011 年 4 月 1 日——3 日，民革武陵总支委员开展“观伟人故里，走合作之路”纪念活动。参观黄兴故居，毛主席故居，接受爱国主义教育，进一步领悟多党合作的意义。

2011 年民革常德市委基层支部组织交流活动，在湘潭参观齐白石纪念馆

2011 年 4 月 5 日，民革武陵总支党员在抗日英雄纪念碑前为烈士祭扫陵墓、敬献花圈。缅怀革命英烈并对抗日幸存老兵吴荣凯、释明禅进行了慰问。

2011 年 4 月 17 日，民革鼎城总支组织“重温中国革命历史，坚定走中国特色政治道路的决心”的红色之旅活动。组织全体民革党员参观韶山、花明楼两处伟人的故居，进一步感受新中国的来之不易，老一辈无产阶级革命家的丰功伟绩，更加坚定走中国特色政治道路的信念。

2011 年 7 月 2 日，民革鼎城总支在花船庙小学等单位开展一次青少年思想道德建设图片展活动。

2011 年 8 月 25 日，民革武陵总支组织召开纪念辛亥革命座谈会。总支主委张华欣介绍常德籍辛亥革命先烈蒋翊武、刘复基等英雄生平事迹，大家畅所欲言，对革命先烈充满敬佩和缅怀之情，纷纷表示，新时期，作为民革党员，要充分发扬革命前辈的光荣传统，多为社会和民族做有益的事。

2011 年 9 月 23 日，民革鼎城总支召开“纪念辛亥革命 100 周年座谈会”。大家一起畅谈辛亥革命的丰功伟绩，缅怀辛亥革命先驱为中华民族伟大复兴所做的贡献。纷纷表示，今后要努力工作，为祖国的繁荣昌盛做出贡献。

2011 年 9 月 27 日，民革武陵总支组织 55 岁以上民革党员共计 30 人，到桃源夷望溪开展重阳节活动。夷望溪之旅，进一步增进民革党员之间的情谊，增强党派凝聚力。

2012 年 1 月 10 日，民革德山总支慰问已故党员杨松的家属，送慰问金 500 元，党员施国刚个人送慰问金 500 元。走访慰问总支内男年满 60 周岁，女年满 55 周岁的老年党员。

2012 年 3 月 31 日，民革鼎城总支组织 20 多名民革党员到辛亥革命首义地——湖北省武汉市武昌区彭刘杨路，瞻仰武昌起义军政府旧址和“辛亥革命武昌起义史迹陈列馆”。

增进民革基层党员的历史责任感。

2012年4月7日，民革德山总支召开民革党员大会，学习郑洞国将军基金捐款倡议书，捐得善款13550元。5月19日，民革武陵总支为郑洞国教育基金捐款7200元。8月3日——5日，武陵总支组织民革党员到重庆，武隆，德夯等地学习考察，使民革党员开拓视野，增进了解，激励民革党员的积极性和自觉性，收到了良好效果。

第四章 重要会议

第一节 代表大会

民革常德市委成立于1988年11月，截止到2012年，民革常德市委召开了六次全市党员代表大会选举组成六届委员会。

一、民革常德市第一次代表大会

1988年11月22日，民革常德市筹备委员会在常德市芷园宾馆召开了民革常德市第一次党员大会。大会历时3天，共有51名民革党员参加。筹委会副主任委员李达道作《中国国民党革命委员会常德市筹委会工作报告》。大会采取无记名投票方式，等额选出了中国国民党革命委员会常德市委员会第一届委员：刘建民、李达道、邹克忠、陈伯钧、杨子瞻、周孝仁、罗崇煜、谢铜樵。罗崇煜任主任委员，李达道任副主任委员。1988年11月24日，中国国民党革命委员会常德市委会第一任主任委员罗崇煜致大会闭幕词，中国国民党革命委员会常德市委员会成立。

民革常德市第一届委员会（1988年11月—1992年4月）

主任委员　　罗崇煜　常德市政协副主席　常德县农机局副局长

副主任委员　李达道　武陵区专职政协副主席

秘书长　　　邹克忠　常德市电机总厂供应科科长

1991年4月，根据民革省委指示和实际工作需要增补朱天霞（女）为第一届民革常德市委委员。

二、民革常德市第二次代表大会

1992 年，民革常德市委根据民革湖南省委指示和党章要求：省辖市级、县级组织的代表大会或党员大会，每五年举行一次，必要时，经上一级组织批准，可以提前或延期举行。3 月 13 日，民革常德市第二次党员大会在芷园宾馆召开，并进行了换届选举工作。参会民革党员 63 人，平均年龄 55.1 岁。在常德民革第二次民革党员大会上，全体民革党员采取无记名投票方式选举了第二届民革常德市委委员：罗崇煜、李达道、邹克忠、熊文华、聂绍仪、刘建民、朱天霞（女）、杨子瞻、谢铜樵。罗崇煜任主任委员，李达道、邹克忠任副主任委员。

民革常德市第二届委员会（1992 年 4 月——1996 年 11 月）

主任委员　　罗崇煜　常德市政协副主席、常德县（今鼎城区）农机局副局长

副主任委员　　李达道　常德市政协常委、兼职副秘书长、武陵区专职政协副主席

专职副主委、秘书长　邹克忠（兼）

三、民革常德市第三次代表大会

1996 年 11 月 29 日，民革常德市第三次党员代表大会召开，出席会议民革党员代表 56 名，平均年龄 47.9 岁。选出民革常德市第三届委员会委员：皮子贵、刘善德、吴立军、邹克忠、陈立平（女）、陈长发、易炳炎、聂绍仪、熊文华。三届一次全委会决定，邹克忠为主任委员，聂绍仪、刘善德为副主任委员，推选罗崇煜为名誉主委，李达道为名誉副主委。大会由罗崇煜作《第二届民革市委工作报告》，李达道致《开幕词》。1999 年 3 月 9 日，第三届四次会议增补陈位明为副主任委员。2000 年 1 月，增补严海清为市委委员。

1996 年 11 月参加第三届委员会的党员代表在常德桃林宾馆会议室留影

民革常德市第三届委员会（1996 年 11 月——2001 年 5 月）

主任委员　　邹克忠　常德市人大专职副主任

副主任委员　　聂绍仪　常德市轻化职专主任

　　　　　　　刘善德　常德市第三建筑公司项目经理
秘书长　　　陈立平(女)　常德市民革市委机关(专职)
兼职副秘书长　陈长发　常德市环卫协会秘书长
　　　　　　　施国刚　德山建明电器机械厂厂长

四、民革常德市第四次代表大会

2001年5月,召开民革常德市第四次党员代表大会。采用无计名投票方式选举民革常德市第四届委员会。主任委员邹克忠,副主任委员陈位明、李日春,秘书长陈立平(女),委员皮子贵、孙旗、余翔、曾继红、施国刚、熊界军。

主任委员　邹克忠　常德市人大专职副主任
副主任委员　陈位明　常德市收费局副局长
　　　　　　李日春　常德市武陵区开发区副主任
秘书长　　陈立平(女)　民革常德市委机关(专职)

五、民革常德市第五次代表大会

2006年6月12日——13日,在常德市桃林宾馆召开民革常德市第五次党员代表大会,到会代表70人,其中有选举权的代表52人,特邀代表18人。邹克忠作《民革常德市第四届委员会工作报告》。大会选举出民革常德市第五届委员会委员:于露、孙旗、李日春、陈立平(女)、邹吉茂、张华欣、陈位明、余翔、杜鹏、施国刚、唐淼、曾文杰、熊界军。五届一次会议选举陈位明为主任委员,李日春、陈立平(女)、邹吉茂为副主任委员。大会还聘任李达道为名誉副主委,任命杜鹏为秘书长。陈位明在闭幕式上做了讲话,李日春宣布大会闭幕。

民革常德市第五届委员会(2006年6月一2011年4月)

主任委员　陈位明　常德市审计局副局长
副主任委员　李日春　常德市武陵区外侨办主任
　　　　　　陈立平(女)　民革常德市委机关专职副主委
　　　　　　邹吉茂　常德德山经济开发区德源公司董事长
秘书长　　杜　鹏　常德市工商联专职副会长

六、民革常德市第六次代表大会

2011 年 4 月 24 日——25 日，民革常德市第六次党员代表大会在华天酒店会议室举行，到会代表 80 人，其中有选举权的代表 64 人，特邀代表 16 人。陈位明主委作工作报告。大会选举出第六届委员会委员：于露、王汉忠、刘松林、张华欣、杜鹏、杨金爱（女）、邹吉茂、陈立平（女）、陈位明、施国刚、胡军、胡丽绚（女）、唐丁杰、唐松山、铁红旗、黄舍予、程本群。六届一次会议选举陈位明为主任委员，陈立平为专职副主任委员，邹吉茂、张华欣为副主任委员，任命胡军为秘书长。陈立平致闭幕词。

民革常德市第六届委员会（2011 年 4 月——

主任委员　　陈位明　常德市审计局副局长

副主任委员　陈立平（女）　专职副主委（2011. 4——2012. 11）

杜　鹏（2012. 11——）民革常德市委专职副主委

张华欣　常德市武陵区护城乡副乡长

邹吉茂　常德德山经济开发区德源公司董事长

秘书长　　胡　军　常德市民革市委机关（专职）

第二节　全体委员会议

一、民革常德市第一届委员会

1987 年 1 月 21 日，民革常德市委筹备委委员会在常德市招待所召开第一次会议，共有 25 位党员出席。会议选举了民革常德市委筹委会领导班子。胡祥麟任筹备委员会主任委员，李达道任筹备委员会副主任委员。

1988 年 11 月 22——24 日，召开民革常德市第一届委员会，选举产生领导班子。民革常德市第一届委员会设主任委员 1 人，副主任委员 1 人，秘书长 1 人。12 月 16 日民革常德市委召开一届一次扩大会，讨论组建支部与工作委员会。决定设立德山、鼎城、武陵一支、二支、三支、四支共 6 个支部；设立四化建设、祖国统一、文史研究、妇女工作、宣传教育、政策研究等 6 个工作委员会。自此常德民革走上了制度化、规范化、科学化的发展轨道。

1988 年 12 月 24 日，召开民革常德市委员会第一届第二次会议，民革省委主委潘基质参加会议，传达民革中央七大精神。扩大会决定设立 6 个工作委员会，并确定各个工作委员会的负责人。政策研究工作委员会主任罗崇煜、四化建设工作委员会主任郭光渝、祖国统一工作委员会主任吴伟生、文教卫工作委员会主任聂振声、妇女工作委员会主任刘后祥、文史工作委员会主任周丕元。

1990 年 5 月在武陵区招待所召开民革常德市委一届三次全体会议。给各个支部发放《建设有中国特色的社会主义政党制度》《统一战线仍然是一大法宝》等书籍和民革各级地方组织规程，党费收取使用草案，省政府吸引台资的有关政策规定等学习资料。传达民革中央贾亦斌副主席关于祖国统一的报告。座谈怎样搞好自身建设。

8 月 15 日召开民革常德市委第一届第 15 次扩大会议，传达民革中央副主席贾亦斌关于祖国统一的报告。座谈怎样搞好自身建设。

1991 年 10 月，召开民革常德市委第一届第 24 次扩大会，布置换届工作。会上表决通过支部不换届。12 月 16 日，民革常德市委第一届第 38 次扩大会，通过民革常德市委《关于 1992 年换届工作的决定》。

二、民革 常德市第二届委员会

1992 年 3 月 13 日，民革常德市第二次代表大会，选举产生第二届民革市委。民革省委副主委黄伟民，中共常德市委统战部部长李明安到会并讲话。8 月 15 日，民革常德市委讨论研究筹备 1993 年常德抗日会战 50 周年纪念活动。

1993 年，民革常德市委主委会议讨论募捐修复常德抗战公墓。11 月，民革常德市委二届九次扩大会议，布置学习《邓小平文选》，讨论 1993 年工作总结和 1994 年工作计划。

1994 年 11 月 8 日，民革常德市委举行第二届二次全体会议，批准建立常德民革第一个总支——鼎城总支。

三、民革常德市第三届委员会

1996 年 11 月，民革常德市委召开第三次代表大会。三届一次全委会决定，邹克忠为主任委员，聂绍仪、刘善德为副主任委员，推选罗崇煜为名誉主委，李达道为名誉副主委。大会由罗崇煜作第二届民革市委工作报告，李达道致开幕词。12 月 25 日，民革常德市委工作会，通过各支部主委的任命，讨论 1997 年工作安排。

1997 年 4 月，民革常德市委研究民革界别常德市第三届政协委员去留意见。9 月 25

日，讨论民革成立五十周年，常德市民革成立十周年论文集编写事项，由陈长发、易炳炎、严海清负责编辑。12月19日，中共常德市委统战部副部长宋玉棉在民革常德市委办公室召开民革主委会议，通报熊文华未连任常德市政协委员，砸杯子，闹意见的情况。

1998年2月，民革常德市委研究常德市民革后备干部名单，讨论制定《民革常德市委会工作条例》。4月30日，民革常德市委会议，讨论支部人员调整，支部换届，支部主委李锡正、汤伟立请求辞职的问题。6月，民革常德市委向中共常德市委组织部上报处级干部后备人员名单。8月，民革常德市委扩大会议，传达中共常德市委统战部救灾工作会议精神，号召民革党员捐款救灾。

1999年3月9日，第三届四次会议增补陈位明为副主任委员。7月19日，民革常德市委讨论通过28人的后备干部名单。8月，民革常德市委召开主委扩大会议，学习中共中央关于取缔"法轮功"的文件。

2000年4月，民革常德市委召开三届十五次会议。增补严海清为民革常德市委第三届委员会委员，讨论民革换届工作。

2001年1月，民革常德市委三届十六次扩大会议，传达学习中共十五届五中全会精神、全国统战工作会议精神。学习民革全国先进集体和先进个人表彰大会精神；听取和审议民革市委工作报告。3月，民革常德市委会议，讨论向中共常德市委统战部推荐换届新任委员名单。制定后备干部和民革党员考核材料办法。

四、民革常德市第四届委员会

2002年3月20日，民革常德市委四届三次市委（扩大）会议在民革三楼会议室召开。会议的主要任务是深入学习贯彻全市统战工作会议精神，研究和部署2002年民革市委工作，特别对参政议政调研课题及加强社情民意工作进行了重点讨论和安排。会上还就2002年支部换届工作进行了安排和部署。9月18日，民革常德市委主委会议，传达民革省委常委会议精神，研究第四届民革界别政协委员推荐名单。9月27日，民革常德市委第四届四次（扩大）会议在民主党派四楼会议室召开，市委委员、支部主委参加会议。会议通报民革市委支部换届选举结果，邹克忠主委传达民革省委有关精神，通报中共常德市委统战部关于在民主党派及其成员中评选先进支部和参政议政杰出人士的通知，通报2002年民革调研文章的情况。

2003年8月15日，民革常德市委主委会议学习重新修改的《中国国民党革命委员会章程》。

2005年4月，民革常德市委四届九次（扩大）会议，通过总支、支部目标量化考核办法。

五、民革常德市第五届委员会

2006年6月13日，第五届一次会议举行，选举陈位明为主任委员、李日春、陈立平（女）、邹吉茂为副主任委员。大会还聘任李达道为名誉副主委，任命杜鹏为秘书长。

2010年5月，民革常德市委召开五届十一次（扩大）会议，安排部署，"树立和践行社会主义核心价值体系活动"。6月3日，民革常德市委召开参政议政工作会议，党员中的省、市、区三级人大代表、政协委员集中向民革市委述职。

2011年1月，民革常德主委办公会议综合考评研究决定，对丁家珍等22位同志授予优秀党员荣誉称号，予以表彰。

5月民革常德市第六届主委会议，出台调研、社情民意、信息和宣传作品奖励办法，决定：聘请王轶杰等20名同志为民革常德市委宣传、信息员。

2012年3月，民革常德市委专题学习中发〔2012〕4号文件《关于加强新形势下党外代表人士队伍建设的意见》。

六、民革常德市第六届委员会

2011年4月25日，六届一次会议选举陈位明为主任委员，陈立平（女）为专职副主任委员，邹吉茂、张华欣为副主任委员，任命胡军为秘书长。

第三节　承办重要会议

承办全省民革参政议政工作会议。

1999年4月19——23日，全省民革参政议政机关工作交流会在常德市召开。民革湖南省委主委蔡自兴、副主委黄伟民、肖芝泉及全省民革机关干部近70人参加会议。

会议由民革省委主办，民革常德市委承办。为做好会务相关工作，民革常德市委提前做好筹备工作，在4月初接到民革省委决定后即开始筹划。4月13日，邀请民革省委副主委兼副秘书长肖芝泉、办公室主任陈冬娥到常德，现场商讨会务筹备工作。会议期间，民革常德市委认真做好会场布置，会议安排、人员接待等工作，使整个会议顺利召开，取得较好的效果。

第五章 参政议政

第一节 政治协商与民主监督

1982年——1987年，民革常德地方组织初始阶段，参政议政具体提法为“为社会主义两个文明建设和改革献计献力”。这一时期，常德民革着重要求所有民革党员立足本职，搞好自己的本职工作，要求民革党员服从本单位中共组织的领导，积极为本单位的工作献言献策。自1982年8月民革常德市小组成立至1987年年底，民革党员受到常德市各系统单位给予的立功受奖14人次。1985年民革省委召开为四化服务先进集体和先进个人表彰大会，民革常德市小组有一位党员被评为先进个人，出席大会。

1987年，常德民革党员有市人大代表3人，提交建议62条，被常德市政府及有关部门采纳47条。协助有关部门为民革党员平反冤假案3起，复查民革党员历史老案2起，为民革党员落实住房产权28.6平方米，纠正7位民革党员档案中不实之词，落实民革党员知识份子政策4起。

自1988年始，民革常德市委围绕中共常德市委、市政府工作重点和群众关心的热点、难点问题，选择适合自身特点的调研内容，组织力量开展调查研究，调研成果一般纳入市政协全会协商发言，参政议政成为常德民革的重要工作。1988年常德民革有省市区各级政协委员13人，共提交议案62条，被常德市政府及有关部门采纳47条。

1988年常德市人大一届一次会议上，民革常德市委提出《关于建立德山经济技术开发区的议案》，经过几年酝酿、准备，德山开发区于1992年正式组建，2010年6月被国务院批准升级为国家级开发区。

2006年，民革常德市委提交以民革常德市委牵头的联名提案《狠刹吃喝风、维护党校形象》，针对党校“吃喝风”问题，建议中共常德市纪委、市委组织部作出规定，明确要求参训学员不得接受吃请，党校要对学员加强廉政建设教育，对违规违纪人员要严肃批评教育。中共常德市纪委、市委组织部派员专程到民革市委办公室听取意见，随即联合制定党校学院规章制度，有效遏制相互吃请的不正之风，得到社会的广泛好评。

2006年3月，民革常德市委主委邹克忠反映《建议加强对农业生产资料的质量和市场监管》的社情民意，针对农业生产资料产品质量下降、品种杂乱、虚假广告多、销售市场混乱的现象，建议建立农业生产资料商业广告审查新机制，加强对农业生产资料的质量监管，建立农业生产资料主导品种发布制度，启动“放心农资进村入户”工程，加强农业执法队伍建设。该信息报中共湖南省委书记张春贤、省长周强，得到重视和采纳。

民革界常德市人大常委杜鹏，在五届三次会议上《关于尽快拆除湘航港务客运综合大楼的建议》和六届三次会议上《关于理顺诗墙管理体制、加大对诗墙基础设施的投入、整治诗墙沅江水域环境、打造常德沅江文化旅游风光带的建议》，均得到市政府的采纳，市财政陆续投入近亿元资金对诗墙公园进行改造。

2008年，民革常德市委在政协五届一次全体会议上做《规范社团组织行为、服务经济社会发展》的协商发言，针对部分社团组织职责不明、监管不力、搭车收费等现象，建议民政部门对社团组织进行监管的同时，加强引导和扶持，并尽快建立民政、工商、公安等部门协调机制。该建议得到市长卿渐伟的高度关注和批示，常德市纪委依据发言要求对全市社团进行清理整顿。

2009年2月，民革常德市委在市政协五届二次全体会议上作《关于加强我市乡镇敬老院建设的建议》的协商发言，针对乡镇敬老院建设供养水平偏低、经费严重不足等问题，建议中共常德市委、市政府尽快出台常德市农村敬老院管理办法，进一步理顺管理体制，加大各级财政的支持力度。中共常德市委、市政府指示市民政局专题研究，出台《常德市农村敬老院建设与管理暂行办法》。此《办法》在敬老院的建设与审批、组织与管理、入院与供养、服务与护理、医疗与保健、资金来源、生产经营、法律责任等八个方面进行规范。

2011年1月，民革常德市委在市政协五届四次全体会议上作《让更多的低收入住房困难户“居者有其屋”》的协商发言，建议完善保障制度，加大筹资力度，健全运行机制，加强服务管理。中共常德市委、市政府吸纳建议，制订相关管理办法，加大经济适用房、廉租房建设力度。

胡军委员《关于建立公共自行车惠民系统的建议》提案，引起中共常德市委、市政府高度重视。2011年3月21日，市政府召开45次常务会议，审议通过关于在常德市开展城市公共自行车租赁服务系统项目建设的议题，5月份前完成租赁站点的规划选点和审批工作。2011年6月，在市城区设置30个公共自行车站点，投入1500辆自行车，成为常德市绿色环保的标志。

2011年,尤仕平、黄明《关于整治长庚路南侧城市马路集市》的提案提交后,市城管执法局迅即反映,重拳出击,长庚路南侧马路集市被取缔。民革党员提交的《严格执行城市空间环境管理的建议》《园林喷药应改进操作方式》《切实抓好春耕备耕生产的几点建议》《出售仿真手枪行为应予以严厉打击》都得到市政府的采纳。

2011年,黄明委员代表民革市委做的"关于常德市保障性住房建设的建议"协商发言,转化为集体提案后,被列为8号主席重点督办提案,引起市住房和城乡建设局党组的高度重视,从保障规划和保障、制度的建立、资金的筹集、机构的设立、后期管理等方面专题研究,报市政府审定后,出台《关于进一步加强保障性住房建设管理的指导意见》,明确提出"实行宗地供应预安排,将确定的保障性住房建设任务落实到具体地块"。

第二节　议案、提案与专题调研

一、议案、提案工作

1989年,常德民革有市、区人大代表5名,民革界政协委员9名。在常德市一届二次人大、政协会议期间,9位政协委员提出建议11件。《关于中医院拟上收市卫生局管辖为宜》的议案,在会议期间得到市政府采纳,另外10件建议也被政府各部门采纳。

民革常德市委在常德市人大第一届三次全会上提出《关于尽快制定城市建设规划的意见》,会后,常德市政府制定了《常德市建设中远期发展规划》。

1990年,常德民革有市政协委员19人,市人大代表3人。在市政协会议中,共提交提案7件。在政协会议上提出批评意见115条。

1991年8月29日,民革常德市委扩大会议,学习贯彻《民革中央关于参政议政若干问题的规定》。大家认识到民革是一个政党,不是学术团体,参政议政要从一般化转到积极参与。确定主委会议每个季度至少要研究一次参政议政工作。形成一把手负总责、分管领导亲自抓、专干具体承办的格局,做到有班子、有制度、有经费、有程序、有成果。

1993年在政协会议期间共写提案、意见100条,罗崇煜、李达道在省政协会上提出11份建议书。在常德市政协会上《关于我市工业企业十四项自主权落实情况》、《企业负担过重》、《武陵区工业现状》的提案得到采用。

1994年,常德民革有市人大常委1人、市人大代表1人、区人大代表2人。常德民革有省政协委员2人,市政协委员16人,区政协委员6人,在政协会议中提出各种议案、建议和意见共 51 条。被采纳实施的有《搞好我市国有大中型工业企业的几点意见》《科技兴常是经济工作的主旋律》。

1995 年，民革常德市委为搞好参政议政，一班人经过调查研究，拟定 11 个参政议政题目，组成 6 个课题小组，在经济、科技、环保、民生等方面进行调研，民革常德市委共有 7 篇论文编入《常德市政协新时期工作论文集》。邹克忠代表民革常德市委，在民革省委、省煤炭厅主办的参政议政论文汇报会上，宣读《搞好我市国有大中型工业企业的几点意见》论文。

1997 年 3 月，在常德市第二届人民代表大会上，邹克忠等 17 名代表联名提出《德山街整体搬迁工程应纳入市政府 1997 年度重点工程并由市政府直接管理实施的议案》列为市人大(第 11 号)议案。

1999 年，民革常德市委在人大会议期间，提交 A 类建议 13 篇。民革界的政协委员在政协会议期间，交提案 62 条，8 条被政府采纳。《解决部分停产企业下岗职工养老保险问题》《关于常德市城区生活垃圾无害化研究及对策》《提高人的素质、完善法律法规，挖掘财源是城市第三要求》列为重点提案。

2000 年，常德民革界政协委员在政协会上提出提案 48 件，《当前城市管理亟待解决的几个问题》《发展教育为实现科技创新奠定坚定人才知基础》《强化社区建设促进城市整体文明水平提高》被列为政府重点督办提案。

2002 年 1 月 20 日，常德市政协第三届第五次大会上，民革界政协委员共提交提案 26 件，集体提案 2 件。“在我市建立爱国主义教育基地的提案”获优秀集体提案奖，“采取更果断的得力措施，创造更优良的投资环境”等 5 个提案获个人优秀提案奖，聂绍仪、皮子贵、汤伟立、剪万刚、陈长发、陈立平 6 名民革党员被评为优秀政协委员，占全市优秀政协委员的 1/4。

2004 年，民革常德市委在民革党内开展“一人一建议、一支部一提案”的活动，收到调研报告 4 篇，提案 15 件，合理化建议 5 条、议案 8 件。具有影响的有《关于要求常张高速公路斗姆湖枢纽互通常高速公路建设按国家批复方案同步建设施工的建议》《把好破产审计关、防止国有资产流失》《关于建立常德细菌受害者纪念碑的建议》《关于我市经济适用房住宅用地的调查与建议》荣获民革省委参政议政调研成果二等奖。

2004 年，民革常德市委《关于尽快建立 12345 政府热线的建议》提案被市政府采纳，8 月 25 日常德市 12345 政府热线开始工作。

2005 年，民革常德市委集体调研后，提交《关于我市特殊教育工作调查建议》《农村精神文化生活状况调查和思考》《关于我市农村土地流转情况调查与思考》等提案。个人提交《关于加速 207 国道德山出城段建设》等提案 24 件。

2005年，主委邹克忠在省政协九届三次全体会议上提交的《关于完善政府公共工程决策机制的建议》提案，针对如何完善公共工程决策机制，避免政府投资风险问题，建议政府部门在项目论证中进行“不可行性论证”，引入公众听证程序，建立决策责任制。中共湖南省委书记杨正午阅后批示：“重大项目引入不可行性论证很有必要，请发改委研究采纳”。2005年，民革界还提出《关于完善政府公共工程决策机制的建议》《关于在常德城区命名渔父路等标志性纪念物的建议》《以人为本加强城区特困人口救助工作》等提案。

2006年，民革界别黄明委员《关于常德市保障性住房建设的建议》的提案被列为8号主席重点督办提案，引起市住房和城乡建设局党组的高度重视。从保障规划和保障制度的建立，资金的筹集、机构的设立、后期管理等方向专题研究，市政府审定后，出台《关于进一步加强保障性住房建设管理的指导意见》，明确提出“实行宗地供应预安排，将确定的保障性住房建设任务落实到具体地块”。

2007年，民革常德市委确定了一条主线，就是在关注民生、关注弱势群体上多深入，多调研，为政府建言献策。1月，民革常德市委在市政协四届五次全体会议上作《目前农村公路建设的喜与忧》的协商发言，针对新农村建设“断头路”现象比较普遍，纳入计划的资金难保障，建设工程质量难保证的现象，建议中共常德市委、市政府严格把好工程质量关，加强对建设资金的监管，尽快建立乡村公路的长效管养机制。该建议得到市委、市政府采纳。2007年民革常德市委集体提案4件，民革党员个人提案16件。集体提案有《规范社团行为、服务经济社会发展》《关于一号文件在我市贯彻落实情况调查》《关于加强高级技术工人培养的几点建议》。个人提案有《关于加快推进居家养老社会化服务提案》等，其中《关于建立以云锦集团为龙头的纺织工业园，形成常德产业集群核心区》的提案被列为市政协主席重点督办提案。

2008年，民革常德市委组织集体调研提案2件，分别为《我市乡镇敬老院建设的调查与建议》《关于我市医药产业集群发展的调查与建议》。民革党员个人提案《关于加强农贸市场管理确保惠农政策落实》被列为常德市政协主席重点督办提案。

自第五届市政协开始，民革界别政协委员按党派相对集中成立工作组，安排在市政协港澳侨台外事委后，民革界别政协委员参加专委会组织的各项学习、调研，发挥积极作用，共提交社情民意稿件40多篇。

2009年陈位明主委撰写的《认真履行政协职能促进又好又快发展》，周志高撰写的《坚持科学发展 做好政协工作》在常德市纪念人民政协成立60周年政协理论研讨活动中分别获得一等奖、三等奖。副主委陈立平撰写的《坚持党的领导，履行参政党职责》一稿，在省政协纪念人民政协60周年座谈会上做了发言，稿件被《湖南民革报》、省民革网站采用。

2009年10月，民革党员、市政协委员唐淼提交的《关心基层百姓疾苦、破解饮水难题》的提案,被列为重点提案办理,《人民政协报》予以报道。

2010 年 1 月,民革常德市委在市政协五届三次全体会议上作《我市特殊教育的现状与建议》的协商发言,针对适龄残疾儿童教育中硬件设施落后,师资力量不足等问题,建议中共常德市委、市政府更加关注殊教育事业的发展,建立健全特殊教育保障机制,合理调整特教学校布局,提高特殊教育办学水平。市长陈文浩在发言材料上批示:“请成贞市长高度重视,系统地研究对象,促使特殊教育有序发展。”

2010 年,市政协副主席、民革市委主委陈位明撰写社情民意《当前农村金融存在的六大突出矛盾》,针对制约农村金融机构服务“三农”的矛盾,建议加大金融支农政策扶持,创新金融支农体制,提高金融支农服务质量,优化农村金融生态环境。该社情民意被省政协刊用,并引起省政府领导重视。

市政协委员唐森、尤仕平等通过调研,掌握大量第一手材料后提交的社情民意《务必打好病险水库除险加固攻坚》《要高度重视汛期地质灾害的防治工作》《洞庭湖区血吸虫的蔓延和发展严重胁着湖区人民群众生命财产安全》,被省政协刊用并专报全国政协办公厅信息局。

2010 年,民革常德市委要求每个委员至少反映 1 至 2 条社情民意,撰写 1 至 2 件提案,确定了《关于对我市精神病人生存状况的调查与建议》《我市廉租房的调查研究》《我市图书馆如何提升服务能力的调查与建议》三个课题,分别落实到正副主委挂帅的课题组。政协民革工作组在民革常德市委的领导下,树立和践行社会主义核心价值体系,以科学发展观统领全局,积极建言献策,履行政治协商,民主监督和参政议政职能,各项工作有序开展,取得了一定成效。政协五届三次会议期间 11 名委员共交提案 20 余件,其中集体提案 3 件。市政协采用 9 件,省政协采用 2 件,得到中共常德市委、市政府主要领导签字肯定的7 件。

唐森委员提交的两篇社情民意《务必打好病险水库出险加固攻坚战》《要高度重视汛期地质灾害防治工作》、陈位明副主席提交的《当前农村金融服务存在六大突出矛盾》、尤仕平委员和唐松山员深入洞庭湖区实地调研撰写的《洞庭湖区血吸虫的蔓延和发展已严重威胁着湖区人民群众生命财产安全》均被省政协重点采用并专报全国政协办公厅信息局。黄舍予委员调研后提交的《穿紫河休闲观光小桥亟待修复》得到了市长陈文浩、副市长宋冬春的亲笔批示;孙松昌委员提交的社情民意《加强柳叶湖景区卫生管理》也得到了市长陈文浩的批示并在相关部门重视下得到了妥善处理;还有铁红旗委员提交的《关于解决常德沅水一桥交通拥堵的建议》、黄明委员提交的《增加车辆检测线的建议》、尤仕平委员提交的《天门岗简易公路“肠梗阻”亟待解决》也分别得到了市长陈文浩、副市长徐超文、副市长沈习淼的批示。

2010年，民革常德市委组织民革党员从各方面加强参政议政工作，取得丰盛成果。有集体提案3件，民革党员个人提案20件，社情民意10件，其中：市政协会议采用19件，省政协会议采用4件。

其中，集体提案：《常德市住房保障现状和建议》《如何提升我市公共图书馆服务能力调查的建议》《我市特殊教育现状与建议》，民革党员个人提案《务必打好病险小水库出险加固攻坚战》《要高度重视汛期地质灾害防治工作》《当前农村金融服务存在的六大突出矛盾》《洞庭湖区血吸虫蔓延和发展已严重威胁着湖区人民群众生命财产安全》得到省市级领导的批示。

二、专题调研

为提高参政议政民主监督的质量和水平，民革常德市委根据省、市的要求和中心工作的现实需要制定调研课题，课题分重点课题和一般课题。重点课题，是事关常德市社会经济发展全局性和长远性的问题。重点调研，由民革常德市委机关和中标人共同完成，中标人可获得课题调研经费1000元，重点课题的最终成果将作为常德民革提案，在政协会议上作为发言材料。一般性课题是影响区域性和地域性的选题，中标人将获得600元的调研经费。另还设立调研成果奖，实行以奖代补激励机制，根据调研成果被认可、采纳的情况，分等级给予奖励。“重调研、兴调研”已在常德民革蔚然成风。

2005年，民革常德市委成立以邹克忠为领导，施国刚、彭继文、杜鹏、覃建平参加的调研组，专题调研农村城镇化建设。由邹克忠执笔，于11月写出《大力推进农村城镇化，建设社会主义新农村》的调查报告。提出：中国改革发展的过程，就是实现现代化的过程，没有农村的现代化就没有国家的现代化，没有农村的城镇化就没有农村现代化。推进农村城镇化，必须坚持因地制宜，不搞“一刀切”；推进农村城镇化，必须整合、协调好政府“有形之手”和市场“无形之手”的作用；推进农村城镇化，必须在政策、财政扶植等方面给予更多的优惠。后作为省政协九届四次全会提案，引起省政协副主席王汀明的重视，专程到常德听取意见。2006年5月13日，全国人大副委员长、民革中央主席何鲁丽到常德调研新农村建设，仔细审阅了该提案，并给予高度评价。调查报告获民革省委调研成果二等奖。

2005年，民革常德市委成立以陈位明为领导，唐森、唐丁杰、余露、施国刚、杜鹏、陈立平为成员的调研组，由施国刚执笔，于11月写出《关于加强高级技术工人培养的几点建议》的调查报告，指出常德市取得证书的技工中，中高级技工比例占1.8%、高级技工仅占0.12%。建议对高职院校建设加大资金投入。提高高职院校师资队伍的整体素质。倡议适应市场经济的需要，校企合作办学。

2006 年，唐松山与中共鼎城区委统战部合作，开展调查研究，完成调研论文《加强统战工作，落实科学发展观》。

2007 年，主委陈位明领导的调研组撰写调研论文《规范社团组织行为服务经济社会发展》《关于行业办会建设与统战工作关系的思考》。邹吉茂率领调研组撰写的调研论文《关于对中共中央两个“推进社会主义新农村建设若干意见”的一号文件在我市贯彻落实情况的调查》，均作为政协会议发言材料。

2007 年，民革党员陈长发撰写的常德市城乡环境卫生专业规划报告获得了市政府的高度重视，市政府特批了 100 万调研经费。陈长发陪同市政协副主席张新民、提案委主任丁 一行深入区县调研，积极配合市政协提案委，推动《常德市城环卫一体化》提案的调研工作顺利完成。

2009 年，民革常德市委围绕建设以民生为特色的和谐常德为主题，参照民革省委给出的 13 个方面调研课题深入进行调研。5 月，民革常德市委与市人大农业委联合开展调研活动，双方就围绕贯彻《农村土地承包法》的贯彻落实，及农村土地延包、土地流转工作进行了为时 20 天在全市 9 个区县的调研活动，调研活动采取了问卷调查，座谈等方式进行。经过近一个月的调研，一致认为，做好村土地流转工作是当前农村工作中的一个新课题。

2012 年始，专题调研工作进入成熟期。市政协副主席、民革常德市委主委陈位明任调研组组长开展“乡镇财政建设与管理”专题调研，通过了解乡镇财政的现状，乡镇财政管理目前存在的主要问题及产生这些问题的原因分析，加强乡镇财政建设与管理的意见和建议，撰写出《加强乡镇财政建设，提高乡镇财政管理水平》调研成果汇报材料。

第六章 社会服务

第一节 捐赠扶贫

民革常德市委在不断加强自身建设，提高参政议政能力的同时，积极参与各种社会实践、社会服务活动。每次“扶贫助学、救危济困”公益活动得到民革全体党员的积极相应。通过“送温暖，献爱心”活动，宣扬社会主义荣辱观，弘扬孙中山先生“博爱”精神，为构建和谐社会作出积极贡献。

1990 年 5 月 31 日，邹克忠、刘小兰慰问中山幼儿园小朋友并赠送图书。

1990 年，民革常德市委向石门县、汉寿县、鼎城区的贫困群众捐献资金 1200 元，衣服 171 件，化吧 1 吨，图书 1000 册。

1995 年 7 月 5 日，民革常德市委及机关干部参加中共常德市委统战部召集的救灾动员大会，捐款 1330 元，棉絮、棉衣数件。与市工商联并列第一。

1995 年底，常德市阀门厂 17 位残疾人，因厂里停产而未领到工资，又缺乏其他谋生手段，生活非常困难。民革常德市委副主委邹克忠得知这一情况后，积极响应当时中共常德市委关于向特困企业职工献爱心的号召.主动与民革经促会的一个单位联系，晓知以理，动之以情，争得了该单位的大力支持，当天就拿出 4200 元钱送到这 17 位残疾人手里，解决了这些残疾人的实际困难，使他们感受到了社会的温暖。

1995 年，民革常德市委为春蕾工程、希望工程、抗洪救灾、八运会、防洪工程，捐资 197000 元。

1996 年 8 月 8 日，民革常德市委副主委邹克忠参加市水利秋修防洪工程捐资动员大会，民革党员捐助 187000 元。

1996 年 12 月中旬，临澧县和鼎城区的农民向民革人大代表小组反映，当地农民承包了铁道配套工程，竣工数月还得不到工程款，有些农民承包时还贷款先期垫付了一部分材料费。时近年关，贷款到期还需还本付息，近百名农民承包者人心惶惶，个别承包工程的农民因无力还贷甚至急得喝农药。了解到这一情况后，邹克忠三次到临澧县陈二乡、四新岗乡，鼎城区雷公庙乡找铁 18 局工程处负责人通报情况。找市交通局负责同志，通过市交通局负责同志，向常德市支铁办的负责同志交涉做协调工作，引起了铁道部门重视，积极调集资金，春节前夕支付了 90 %的工程款，稳定了农民的情绪，使承包工程的农民过了一个安心春节。

1999 年 1 月，民革常德市委组织民革党员的医生到津市白衣镇荷花村为村民义诊。

2000 年，民革鼎城总支全体民革党员捐钱捐物帮助鼎城区逆江坪中学三名失学学生。邓元俊“一对一”帮助桃源学生熊胜男。

2004 年 4 月 26 日，民革常德市委组织三个小分队到汉寿县聂家桥乡皇城村开展送温暖献爱心活动。

2004 年 11 月，民革常德市委组织民革党员到常德洞庭湖孤儿院开展慈善活动，赠图书 1000 册，帮助建立一个小阅览室，义务安装一部磁卡电话，捐药建立一个医疗室。

是年，民革党员施国刚、邓元俊带队为 11 名孤寡老人赠送捐款 5500 元。

丁家珍、盛丽环、邓亮舟到皇城村小学为 27 名学生捐赠学习用品。

熊界军、赵敏、腾平为皇城村民义务看病诊治、赠送药品。

2005 年，民革党员唐丁杰助桥南市场重建工程现金 5000 元，捐助灌溪镇派出所丰田吉普车一台，价值 3 万元。民革德山总支全年捐助贫困户和贫困学生 12 人，共计资金 7 万元。

2007 年，民革常德市委把 5000 元现金送到德山邱家窝居委会，资助贫困学生。会同市教委、鼎城区教委开展“烛光行动”，对偏远山区 40 余名初中教师进行培训。到市医院看望民革老党员李汶保，并送慰问金。

鼎城区周家店天门岗村 43 岁的村民赵治德，1993 年在西洞庭砖瓦厂一次排哑炮事故中造成双目失明，妻子离家出走，生活无依无靠，上高三的女儿面临辍学。2008 年 3 月民革常德市委主委陈位明了解这个情况后，带领部分民革党员专程为他送去 2000 元救助金和大米、食油、衣服等生活用品，嘱咐他一定要让女儿完成学业，并要求镇政府给予更多的关怀和帮助。

常德市二中 168 班初二学生熊红美，早年妈妈病故，后随爷爷奶奶生活。爷爷病故后，靠 64 岁的奶奶拾垃圾供养。几年来，民革德山总支给予她长期关怀和帮助。2008 年 3 月陈位明带领民革部分党员到德山镇常德棉纺厂分厂生活区，为她家送来了 2500 元救助金和大米、食油、衣服等生活用品，鼓励她安心学习。民革德山总支负责人表示，将一如继往给予关心、帮助她完成学业。

2008年四川汶川发生强烈地震，民革常德市委高度关注。5月16日上午，在党派会议室，常德市政协副主席、民革常德市委主委陈位明主持了募捐仪式。参加募捐的有民革各界别的市人大代表、政委员、支部主委20余人，共募集资金13900元。6月8日，民革党员又以高度的政治责任感，迅速行动，再次积极响应民革中央“伸出博爱之手——抗震救灾，民革在行动”号召，以交纳“特殊党费”的实际行动支援四川抗震救灾工作，共捐善款11180元。截止到6月10日民革党员共捐款85600元。6月18日收到民革四川省委感谢信，“地震无情，人间有爱”，收到您（们）的捐款，衷心感谢您（们）对四川地震灾区的捐助！

2009年，民革常德市委开展推进办学、扶贫、送温暖、献爱心等公益活动6次。慰问抗日老兵刘志青等3人，送去慰问金2000余元。

2009年5月，民革常德市委到鼎城石公桥镇覃家岗村，为当地村民送去种养植、加工、医疗保健等方面价值3万元的书籍。5月27日，在武陵区南坪乡敬老院慰问演出，向敬老院捐献油、米、猪肉、药品价值600元。9月，到津市聋哑儿童学校赠送学习用品，捐助人民币3000元。10月23日，在城西街举行大型现场招聘会，现场面试人数1559人，有945人达成意向就业协议。11月6日，在石门一中举行“郑洞国基金第二届颁奖仪式”，30名困难学生每人获1000元奖励。

民革常德市委第六届委员会班子成员在民革办公室与常德1加1爱心联盟成员一起讨论布置关爱老兵工作

2010年，民革常德市委慰问抗日老兵、生活困难的民革党员和社区困难职工。元月13日，慰问鼎城区残疾人捐款5000元。7月6日，到康复医院看望58名脑瘫儿童，给15名贫困儿童捐款7000元。

2011年5月27日，在鼎城区扶残助残志愿者联谊会上，民革鼎城总支主委唐松山和总支委员彭力、铁红旗当场为残疾人捐款4000元。

2011年9月，于露为鼎城区中河口乡团洲村捐资修路30000元，向石门一中两名贫困学生捐助钱物共9000元，为常德市二中贫困学生捐助1000元。

关注困难群众民生，围绕打造“现代常德、幸福家园”的宏伟目标，积极为经济建设服务，稳步推进扶贫、“送温暖、献爱心”等奉献爱心的慈善活动。民革党员施国刚救济下岗职工、照顾孤寡老人的资金超过8万多元。于露每年资助石门县一中10位品学兼优的学生，助学金额已6万多元。1988年——2012年以来，民革常德市委和民革党员，在捐资助学、支援灾区等方面捐款总额达150万元。

2012年6月7——8日，10余名民革党员给私车贴“爱心送考”标识，联系考生，施行一对一接送。

第二节　创办学校和企业

1988年，刘建明代表民革常德市委出席湖南省“三胞”代表会议。会议要求积极办学，要大办特办中专。民革党员李琨为解决当地幼儿入学难，在三岔路、武陵镇自费办了两个学前班。

1989年民革常德市委邀请美国朋友杰克先生开办一个英语会话学习班，有21人参加学习。协助市经委开办大专层次专业证书班。

1994年民革鼎城支部举办常德建校和晨光联校，为社会培养800名专业技术人员。

彭力创办常德网络信息学校，学校规模达到500多人，每年向外输送技术人才近200人，这些毕业生在外就业待遇好。该校还安置下岗职工、农村劳动力30多人。

杨艺福创办的常德科技信息学校，每年在校学生一直维持在600人左右，培养有一技之长的劳动人才200人左右，并安置下岗职工和农村剩余劳动力40多人。

胡力华创办常德计算机专修学校，在校学生高峰时达3000余人，开设专业12个以上，其中计算机软件专业被省里评估后明确为省级精品专业，为鼎城创出一块职业教育的品牌。每年为社会安排就业岗位120多个，已经培养有职业技术技能的劳动力4000多人。

唐森2000年担任市武陵源管业有限公司法法人代表兼董事长。2004年创办常德现代工业技术学校。学校位于常德灌溪镇，占地面积12000平方米，设有模具、机加，电脑文秘三个专业。每年上交税金80万元，解决就业200余人。

民革文教支部主委邓元俊创办的“中山音乐学校”累计培养300多名学生，2011年5月6日他带队参加“祖国颂”中国青少年艺术人才展演活动，学生马亚銮、罗诗瑶双获全国少儿组声乐金奖，学生谢雨嫣获得“全国少年A组钢琴金奖”，邓元俊获得“最具成就指导教师奖”。

李发明创办“壹德壹”美食府，安置下岗人员200余名，至2012年已经在省内开办6个连锁店。每年为国家创税收近100万元。他热心公益事业，历年扶贫帮困、捐资助学及支持新农村建设共计捐款15万元。

于露2003年创办七七七运输服务有限公司，2005年创立常德市七七七服务管理有限公司。在原单一的货运服务迅速发展基础上，推出“急开修换锁”、“管道疏通”、“家教”等多项便民服务项目，为市民提供服务日均283趟次，安排就业人员近2700人，每年上缴税费近400万元。协助政府缓解再就业压力。为常德师院的1000多名由学校推介的品学兼优的贫困学生提供半工半读机会，取得了良好的社会效益和口碑。于露连续三年资助贫困学生，累计捐款达七万余元，已经有十名贫困学生考上重点大学。于露创办的常德市七七七服务管理有限公司，2011年获得了“全国家政企业100强”光荣称号。2012年承办常德市十大民心工程之一的(环保)自行车管理。他每年捐助各类爱心款10万元，其中2012年为郑洞国基金捐款1万元，为慈善总会捐款2.8万元，为石门一中学生占俊捐款4千元，为长沙植物人捐款1万元，为鼎城区团州村捐款2万元。

唐丁杰创办本地易购公司，安排大学生就业40多人。本地易购被评为国家商务部电子商务重点扶持和示范性企业，被湖南省政府收录为省“四千工程”扶持企业。2012年他当选为市人大代表、市青商会会长，常德市工商联副主席。

民革党员陈经国、冯金祝、万兴发三人创办常德市电器制管厂，工厂设在桃源县城，每年上缴税收120余万元，解决就业岗位200余个。

施国刚1994年任建民机械电器设备厂长，生产的各种电器控制产品远销西班牙、朝鲜、越南及国内部分省市。企业年产值达300万元，上交税费10万余元，安排下岗、待业人员30人。

黄舍予2001年从国企下岗后创办常德市恒力调压器责任有限公司。该公司成为我国中南、西南、西北地区唯一生产感应调压器和感应稳压器的生产厂家，招收安置下岗就业人员20多名。通过几年发展，2008年公司发展为规模企业和该行业国家标准(JB/T8749.1—2007)起草单位之一，他本人也成为了该行业国家标准的主要起草人。2009年该企业取得自主进出口权，当年出口创汇15万美元。2011年由他主持领导的“智能控制调压器”“适用于特高电压的调压装置”和“强油水冷调压器”被国家知识产权局授予专利权。企业在同行业中具有核心竞争力，先后为中国核动力研究设计院、中国船舶重工集团公司、中国石油物资装备(集团)总公司、提供产品装备。

申小林创办的常德华立机械电器有限公司成立于2002年12月，公司注册资金110万元，固定资产原值1000万元，固定资产评估值为1500万元。公司有设备101台套，有员工40多人。2012年销售产值超过2000万元，税金超过100万元，是湖南中联重科股份有限公司机械加工的重点协作配套企业。

2012年底，民革党员独资或合资创办的较有影响的实体有10多个，每年提供近千个就业岗位，上交税收超过500多万元。

第三节　科研与创作

1985 年——1989 年间，常德民革组织党员撰写文史资料，先后有多篇文章被各级政协文史资料选录。常德市民革成员共撰写文史资料 47 篇，其中胡祥麟撰写《围攻龙陵歼敌纪要》载入湖南文史资料选集第三集。

《国民党桃源县党部和农民协会的筹备组织经过》载入桃源县文史资料第一集。

《桃源各届欢迎贺龙师长北伐》载入湖南文史资料选集第一集。

熊新民著《八一三上海抗战，苦战三个月的抗战纪实》先后由上海市文史办和北京市文史办收录。《我是怎样改造过来的》由全国政协文史办出版。《四平战役回忆》由四平市党史办编入史料。《长沙起义亲历记》被湖南文史办收录。《关于我在起义后叛逃问题的几点更正》载入湖南文史资料选集第十六集。

1986 年，杨子瞻在全省仅有的两个 500 千伏变电站之一的岗市变电站，负责生产技术指导工作，用三个月时间完成全年任务，与葛洲坝联网。当年葛洲坝为湖南共输入 30 万千瓦电力，相当于全省电力的三分之一，解决了湖南电力紧张的局面。

1987 年，傅遐福在北京商业会计杂志上发表了三篇论文，为常德市运输公司、木材公司、文化局的电大会计班义务当辅导老师，被常德市商业局评为先进审计员。

1989 年，民革党员为市政协主编文史资料，个人撰写回忆录共计 7 份。

1990 年，商羡之在民革常德市委帮助下主办日语学习班，有 30 余人达到单科大专水平。

1994 年，民革鼎城支部副主委、区教委教研室高级教师皮子贵具体负责全区中学高三的工作，使鼎城区高考升学率一直名列前茅。他年年被评为先进工作者。

原常德县电影院正副经理曾学琼、李爱平(1988—1992 年期间)在常德市电影娱乐业独树一帜，他们经营管理的电影院收益比全市十几家电影院的收益之和还多，多次受到省电影公司的表彰。

毛自赋在世界语文学领域默默耕耘，奋发进取，在国内外有影响的世界语刊物上发表诗歌、散文、小说、评论、新闻等各种作品 200 多篇，1995 年荣获第八届国际世界语文艺竞赛“新人奖”；1997 年荣获第八十二届国际世界语“格拉波夫斯基美文学奖”；1998 年 5 月 4 日，共青团常德市等有关部门授于他常德市“自强不息优秀青年”的光荣称号，2000 年被评为第五届湖南“十大杰出青年”。

1999年8月4日，湖南省庆祝建国50周年美术作品展览评选揭晓，民革党员坎勒获优秀作品奖，并选送参加第九届全国美术作品展览的评选，《常德日报》第一版予以报道。9月13日，冯全祝庆人民政协五十周年书画作品在《常德日报》上发表。12月9日，第九届全国美展评选揭晓，民革党员常德市青年美术家坎勒的作品《森林的报告》获银奖，这是新中国成立以来常德市在美术方面获得的最高奖。2000年8月15日至18日，民革常德市委与中华全国世界语协会联合承办毛自赋世界语学术研讨会。省政协副主席、民革省委主委蔡自兴，全国政协委员、民革省委副主委黄伟民，市政协副主席、中共统战部部长罗富国，中华全国世界语协会主席谭秀珠女士及来自比利时和广东、湖北、广西、江苏、湖南的世界语协的负责人共100多人参加研讨会，对其在世界语学术方面所取得的成绩给予很高评价。

民革常德市委委员、鼎城区财政局票据科科长铁红旗认真开展调研，撰写的《源头控收、以票管收、杜绝腐败》等5篇文章在《国家经济日报》刊登。

民革常德市委委员、市残联康复科科长程本群负责的“0－6岁抢救性康复项目”，为65名脑瘫儿童，23名孤独症，38名聋儿，42名智力残疾儿童免费进行康复，得到了上级部门和社会各界的充分肯定。

民革党员陈瑛领导下的常德市环保志愿者协会，发展会员500多名，他们中有教师、工人、学生、个体，还有身居要职的政府官员和身家千万的企业家。坚持在市民中提倡绿色消费，宣传低碳生活理念，2005年至2012年成功策划和组织了“文明礼仪伴我行”“保护母亲河”“义务植树”“地球熄灯一小时”“世界无车日”等近百次环保活动。

2006年，邹吉茂引进项目50多个，为常德市新增企业23家，其中15个投资亿元以上的重大项目正在筹建之中。邹吉茂因招商成果显著被德山开发区管委会记功、被评为社会服务民革全国先进个人。陈位明引进“耀弘纳米材料有限公司”二期工程，投资1000万元，被市政府记三等功。

2007年，陈瑛获得常德市首届芙蓉王杯“十大环保卫士”称号。

徐联玉先后任常德市财政局商业科副科长、经建科副科长，多次获取省厅和市局的肯定和表彰，评为模范副科长。2007年10月任社保科科长，在全省粮食财务管理中，实现了两个第一。第一个实施“粮食保护性生产补贴”。第一个建立起粮食实物台账，粮食库存管理到仓，每年为财政节约了大量补贴资金。2010年撰写的关于粮食方面的调研文字，获得省粮食厅的一等奖。

2008年，陈位明撰写的《牢牢把握履职为民的根本宗旨》在市政协理论研讨活动上获得一等奖、省政协理论研讨三等奖。

2008年，陈立平撰写的《发扬优良传统，谱写和谐新篇章》一文在民革省委“五一征文”活动评比中荣获一等奖。

2009 年，杜鹏撰写的《认真履行政协职能促进又好又快发展》获纪念人民政协成立 60 周年政协理论调研成果一等奖。

2010 年，民革省委组织的“母亲节”征文活动中，文教支部的赵竞撰写的《蜂鸟的妈妈》被评为全省唯一一个一等奖。

王汉忠，1990 年任桃源县建筑工程安全监督管理站站长，通过刻苦自学，先后取得国家人事部组织考试的建设行业的国家造价工程师执业资格、国家监理工程师执业资格、国家建造师执业资格和投资管理行业的国家咨询工程师执业资格，跨部门、跨学科的掌握了工程、经济、法律等方面的基本知识和基本技能。2010 年负责城建工程项目管理期间，从项目可行性研究、项目设计、施工管理到工程结算的过程中，保质保量按时竣工，县城南区主下水道工程在原预计的工程总造价 1000 万元的基础上，节约近 400 万元，最后以 650 余万元的工程总造价结算完毕，取得良好的投资效果。

常德民革党员湖南中南院科研究所所长龚坤近几年潜心研究，自主创新研发碳氢油技术，该成果经国家权威专家以及相并获得五项国家专利，其中三项属国家发明专利，两项实用新型专利。2011 年获得湖南省科技博览会金奖，连续几年被评为市科技工作先进个人。

2011 年，在中华全国总工会主办的“当好主力军、建功‘十二五’，”主题劳动竞赛实践活动中，民革党员、常德市第一人民医院副主任护师陈丽娥获得“全国五一巾帼标兵”荣誉称号。刘文俊被评为民革全国优秀基层党务工作者。杜鹏被评为民革系统“全国参政议政先进个人”。

覃建平论文《孙中山建国思想初探》《根据高校民主党派特点，做好高校统战工作》获中共常德市委统战部优秀调研报告和论文二等奖，《不断提高参政能力，建设与时俱进的参政党》获中共常德市委统战部优秀调研报告和论文三等奖。

民革党员余翔业务精湛，工作敬业，2011 年被评为“湖南省优秀工程造价师”。

尤仕平从事常德卷烟厂工程技术改造工作，始终坚持“工程项目利益、企业利益高于一切”的原则，不接受任何业务单位的吃请送礼，以技术规范服人。2008 年 2 月开始，组织实施烟厂芙蓉王生产线电气动力照明的安装及协调工作。在零陵分厂改造工程设计施工过程中，他提出卷包配电房整体利旧方案，共利旧 26 块配电屏，为烟厂节约资金近 130 万元。

第七章　对台工作

第一节　宣传贯彻对台方针政策

湖南去台人员较多，是全国对台工作重点省份之一。促进祖国和平统一是民革的重点工作。按照“联谊重联心，引进重资金，议政重调研，帮忙重实效，广交天下士，工作主次明，纵横多联络，统一贡献新”的基本工作方法，发挥民革优势，抓住机遇，积极开展联谊活动。民革在常德开展工作初期，对台工作是工作的重点，民革成员以个人名义利用写信、寄贺卡等形式和海外联络。民革常德市委成立以后，海外联谊形式多样化。通过各种渠道，与寓居海外的先贤后裔、在台上层人士取得联系。通过“请进来”使他们受到亲情、乡情、友情的感染，融化为祖国统一的爱国情。通过座谈会、茶话会、宴请或者“以文会友”“以诗会友”“以戏会友”“以画会友”等形式，共叙海峡两岸“血浓于水”的民族情，畅谈盼团圆、盼统一、兴湖湘、兴中华的愿望，收到良好的效果。1987 年至 1989 年接待“三胞”及其眷属和海外人士达 70 人次。邀请海外有联系的人士约 100 人次。讨论“一国两制”撰写对外宣传稿 27 篇，开展“三胞”亲友联谊会 5 次，为 17 名三胞亲属海外寻亲，有 300 多人与海外各方面人士建立了联系。

第一届民革常德市委设有祖国统一工作委员会。1992 年民革常德市第二次代表大会后，不再设立祖国统一工作委员会。根据民革中央与民革省委指示精神，祖国统一改称为对台工作。

1989 年 11 月，民革省委在株洲市组织祖国统一联谊工作研讨会，谢铜樵代表民革常德市委提交了《怎样进一步做好祖国统一联谊工作》材料，提出要妥善处理好落实政策中的遗留问题；做好“三胞”接待工作；力求按历史本来面目搞好文史工作等议题。

1990 年，民革常德市委充分发挥自身优势，采取“三利用”开展对台工作。即利用民革党员在海外的亲属关系，或去海外或请亲友回家，向他们宣传新时期党和政府的政策，请他们观看家乡的变化；主动联系台湾的知名人士，利用他们回乡祭祖的机会，热情地请他们来民革市委作客，尽地主之谊；利用改革开放的大好形势和政府的优惠政策，帮助台商来常德投资。

2004 年，召开两次"反台独、促统一"座谈会，坚决维护国家的主权和领土完整，坚决反对任何旨在制造台湾独立和分裂祖国的企图和行为，赞同和推动台湾海峡两岸加强经贸合作和加强各方面的交流，重视以孙中山爱国思想为纽带，团结海内外所有所联系人士，为祖国统一而加倍努力。

2005 年，民革常德市委组织党员学习《反分裂国家法》，4 月 11 日特邀民革省委专职副主委肖芝泉到常德做台情报告，肖副主委以个人在台湾的亲身经历，从三个方面介绍了台湾政治、经济和文化现状，使党员切实感受到两岸人民同根同祖，同文同源的不可分割的血肉关系。大家认为，决不容许任何人把台湾从中国分裂出去，这是民革党员义不容辞的责任。

2006 年，民革常德市委邀请中共常德市委对台办刘涤尘为民革党员的台属做当前台湾形势报告。民革党员赵竞参加了全省涉台知识竞赛。4 月，在民革常德市委和中共石门县委、县政府的共同努力下，将原国民党高级将领、原民革中央副主席郑洞国将军的骨灰，从八宝山迁移至石门老家，实现郑洞国将军的生前遗愿。5 月向民革各支部下发民革中央孙中山研究学会建议参考题。

2008 年 5 月，召开座谈会讨论吴伯雄率中国国民党大陆访团出访祖国大陆的意义。9 月，利用"三胞"中秋茶话会组织民革党员有"三胞"关系的党员进行座谈。

2009 年民革常德市委深入实际了解到湖南爱尔发合金材料有限公司、湖南纺企业有限公司、常德集水复合材料有限公司等台资企业，分别在改扩建项目、土地使用权和新产品推广等方面遇到了困难。民革常德市委积极提交社情民意建议，恳请市政府召开服务台资企业协调会，明确提出要一手抓商引资，一手抓服务水平提高，努力营造"亲商、安商、助商、富商"的投资环境，得到采纳和落实。

2009 年，组织"台海局势"专题讲座，学习胡锦涛总书记在纪念《告台湾同胞书》发表 30 周年座谈会上的讲话。

2010 年 9 月，民革常德市委组织"台海局势、民革简史"专题讲座，主持召开"三胞"中秋茶话会。

第二节 “三胞”接待

1988 年 4 月 5 日清明节，民革常德市筹委会接待台北常德同乡会理事刘云家一行 37 人。常德民革对台工作走出实质性的第一步。12 月 16 日刘建明委员代表民革常德市委出席湖南省“三胞”代表会议。

1989 年 7 月 19 日，接待台胞刘云家先生一行四人。8 月 12 日，民革常德市委接待 11 人的台胞旅游团。9 月 13 日，李达道、谢铜樵、吴伟生出席常德市台胞联谊会，李达道被推选为名誉理事长。

1990 年 1 月 23 日，台北常德同乡会返乡探亲旅游团一行 7 人回常德，民革常德市委热情接待，并与常德同乡会签订意向书，引进资金 20 万元。与美国加州曼哈顿贸易公司签订合资协议，引进资金 70 万元。

1996 年，接待去台人员王大鲲，台湾省督学陈俊才等 11 位台湾各界人士，帮助台胞黄先生追回被远亲强占的房产。

1999 年 4 月，接待台湾常德同乡会会长曾德辉一行 7 人。9 月发函邀请常德同乡会来常观看“亚划赛”，保持经常与台湾国民党中上层人士的联络工作。

2000 年 4 月，接待台胞陈俊才、谢铁樵。

2003 年 2 月 28 日，民革常德市委接待回乡探亲的原国民党中将周孝友夫妇。

2009 年 10 月 18 日，民革常德市委接待“第三届台湾新同盟会许历农上将等中南部会员大陆参访团”。

2010 年 3 月 8 日，民革常德市委接待台商张旭东先生一行。

第三节 对台文化交流

1994 年 9 月，常德市举办亚洲皮划艇锦标赛期间，发函盛情邀请台北常德同乡会成员回乡观摩。台北常德同乡会委托谢铁樵等人到常德，捐款支持亚划赛的活动。期间表示愿在有生之年，团结台北常德同乡会成员，为祖国统一竭尽全力。

1994 年，民革常德市委在人手缺、经费紧的情况下，得知台胞谢铁樵先生有壮游三峡的想法，便积极支持其弟帮助联系。在活动前，联系安排，在活动中，资助资金数百元，并派其弟前往三峡陪护十多天，帮助谢先生竟成这一壮举。

1994 年，党员陈惠勇的外公，台湾著名医师朱训十分关心家乡的文化教育事业，为鼎城区人民捐款 120 万元，修建一所高水准"朱训小学"和图书馆。

台属马铁根经济有一定困难，时任民革常德市主委的罗崇煜千方百计，四处筹措资金，帮助有工程车辆维修技术的他办起了汽车修理店。马铁根的两个儿子就业困难，时任民革常德市主委的邹克忠等又想方设法，介绍他们到深圳工作。不仅在生活上关心在政治上也爱护他，1996 年推荐马铁根担任常德市政协委员。

1998 年，民革党员马铁根的堂兄马英九当选为台北市长后，民革常德市委代拟电报，鼓励去电祝贺。一封封情辞恳切的书，牵动他乡游子的思乡之情。2005 年 4 月马英九的父亲马鹤凌先生以 85 岁的高龄来大陆探亲。

宋奇璋系宋教仁唯一的嫡亲孙女，其父宋乐麓将军虽英年早逝，但与陈立夫先生在抗日战争中结下深厚的情谊，1999 年 4 月 23 日，民革常德市委帮助宋奇璋给陈立夫发出书信，仅隔 5 天时间，陈立夫就亲自回函，并寄来《三湘渔父——宋教仁传》《宋教仁文集选》等资料，还委托中国国民民党中央委员会党史委员会寄来有关宋教仁先生的资料。民革常德市委与有关部门联系，成立宋教仁学术研究基金会，陈立夫先生获悉后，又亲自为基金会题字。8 月，民革常德市委代宋奇璋向陈立夫发贺寿电。

2000 年，台湾教育厅前督学陈俊才先生的父亲 90 大寿，民革常德市委组织寿诞送匾活动。台属民革党员陈俊尤在住宅上遇到困难，民革常德市委又积极想办法妥善解决。

民革常德市委还积极协助副主委黄伟民为符合回大陆定居条件的黄世仁先生做好回乡定居工作，使他晚年安居幸福。2000 年，民革常德市委接待回大陆探亲的台胞 4 人次，牵头筹拍电视剧《宋教仁》。

2009 年 10 月 25 日，民革常德市委接待第三届台湾新同盟会大陆参访团。许历农（左三）、郑建邦（左五）与常德市政协副主席，民革常德市委主委陈位明（左二）合影

2002 年 9 月 24 日，邹克忠主委到常德师院出席"台湾著名画家冉茂芹先生画展"。

2009 年 10 月，民革常德市委份热情接待有民革中央联络部部长郑建邦陪同的台湾新同盟会会长、国民党原任陆军二级上将许历农率领的第三届台湾新同盟会中南部会员、大陆参观访问团一行 39 人。台湾方面赠送民革常德市委“两岸一家亲”的牌匾，民革常德市委回赠“兄弟手足情”的竹匾。

2010 年民革党员彭重成因奔丧到台湾，民革常德市委委托她给台湾常德同乡会各位理事带去常德会战五十周年书籍《孤城血拼》和《对日索赔》等宣传资料及图片，介绍常德抗战阵亡将士公墓修复情况和家乡的变化。台胞们听了介绍，心情都十分激动，纷纷表示一定要回家乡看看常德公墓，悼念抗日先烈，为家乡的经济建设捐资出力。

2010 年 12 月，民革常德市委贯彻中共中央和民革中央对台工作的指示精神，深入开展两岸文化、教育交流，应台湾新同盟会的邀请，由主委陈位明率民革骨干党员一行 10 人赴台开展交流考察活动，并与台北市国民党部陈筑藩副主委（中将）达成了相关约定，取得了较为圆满的成果。

2011 年 9 月 26 日，民革常德市委与湖南蒋翊武研究会、常德市摄影家协会联合主办“百年辛亥、百年常德”摄影展。10 月 20——21 日，常德民革与宋教仁常德研究会联合主办了首届两岸宋教仁学术高层论坛，来自海内外的 80 多位专家、学者就本届主题“宋教仁与辛亥革命”进行了研究和交流。民革中央主席周铁农亲笔题词“宋教仁先生革命精神永存”；国民党第五任主席吴伯雄委托台湾文化艺术联合会理事主席、海峡两岸和谐文化协进会会长陆炳文赠送了“永垂不朽”的墨宝。

第二篇

中国民主同盟常德市委员会

第一章 组织机构

第一节 民盟常德市委

一、历史沿革

1949 年 3 月，民盟湖南省支部执委会派中共地下党员、省支部执委会负责人蒋良栋到湖南省立第四中学（今常德市第一中学）发展张孝仁入盟，至同年 6 月共发展盟员 6 人，成立民盟常德小组，后改建为民盟常德支部，开始从事地下活动。张孝仁被推选为民盟常德小组和民盟常德支部负责人。1949 年 7 月，常德解放后，民盟常德支部便以“湖南省直属支部”的身份，在社会上公开活动。1950 年 2 月经民盟湖南省支部执委会批准，正式成立湖南民盟直属常德区分部。1953 年湖南民盟直属常德区分部撤销，成立民盟常德市分部临时工作委员会，后经民盟湖南省第一届支部委员会批准改称民盟常德市分部筹委会。民盟常德市分部筹委会由 5 人组成。1954 年 12 月，民盟常德市第一届委员会（县级）成立时，共有盟员 18 人。“文革”期间民盟组织停止活动，1978 年中共十一届三中全会拨乱反正后逐渐恢复组织活动。根据《盟章》规定，民盟地方组织每届任期为 5 年。任期届满时原则上要进行换届选举，特殊情况下可以提前或推后选举。1954 年 12 月～1988 年 11 月，民盟常德市委员会（县级）共历七届，历任主委丁国泉、刘文炳、廖鹏飞、陈锡祥。

1988 年 1 月，国务院批准撤销常德地区建立湖南省辖常德市，原常德市改称武陵区。1988 年 6 月 4 日，经民盟湖南省委和中共常德市委研究，同意成立民盟常德市第一届委员会筹备委员会（以下简称“民盟市委筹委会”），以民盟常德市第七届委员会（县级）为基础组建新的湖南省辖常德市民盟组织，名称仍为“民盟常德市委员会”，不再沿用以前委员会届次。1988 年 11 月～2012 年 12 月，民盟常德市委员会共历六届，历任主委丁时祺、傅绍平（女）。

表 2－1－1－1　民盟常德市委历届领导班子任职情况表

组织发展阶段	姓名	职务	任职时间	备注
民盟常德支部	张孝仁	主任委员	1949.06～1949.12	
湖南民盟直属常德区分部	张孝仁	主任委员	1950.2～1950.7	
	曾怡亭	主任委员	1950.7～1951.9	
	丁国泉	主任委员	1951.9～1953.3	
民盟常德市分部筹委会	丁国泉	主任委员	1953.3～1954.12	
第一届民盟市委(县级)	丁国泉	主任委员	1954.12～1957.2	
第二届民盟市委(县级)	刘文炳	主任委员	1957.2～1959.2	
第三届民盟市委(县级)	廖鹏飞	主任委员	1959.2～1960.11	
第四届民盟市委(县级)	廖鹏飞	主任委员	1960.11～1962.1	
第五届民盟市委(县级)	廖鹏飞	主任委员	1962.1～1969.2	
第六届民盟市委(县级)	陈锡祥	主任委员	1980.3～1984.6	第六届民盟市委在文化大革命结束后恢复组织活动
	丁为戊	副主任委员	1980.3～1984.6	
	邓克明	副主任委员	1980.3～1984.6	
第七届民盟市委(县级)	陈锡祥	主任委员	1984.6～1988.11	
	丁为戊	副主任委员		
	伍龙章	副主任委员		
	易孝昭	副主任委员		
第一届民盟市委(地级)	丁时祺	主任委员	1988.11～1992.1	
	易孝昭	专职副主任委员		
	伍龙章	副主任委员		
	郑祖瑜	副主任委员		

续表

组织发展阶段	姓 名	职 务	任职时间	备 注
第二届民盟市委(地级)	丁时祺	主任委员	1992.1～1996.12	
	徐　珂	专职副主任委员		
	郭敦文	副主任委员		
	李平之	副主任委员		
第三届民盟市委(地级)	丁时祺	主任委员	1996.12～2001.7	
	徐　珂	专职副主任委员	1996.12～1999.2	1999.2 退休
	李平之	副主任委员	1996.12～2001.7	
	傅绍平(女)	副主任委员	1996.12～2001.7	
第四届民盟市委(地级)	丁时祺	主任委员	2001.7～2006.6	第四届民盟市委无专职副主任委员
	李平之	副主任委员		
	傅绍平(女)	副主任委员		
	王军杰	副主任委员		
第五届民盟市委(地级)	傅绍平(女)	主任委员	2006.6～2011.4	
	邓　红(女)	专职副主任委员	2006.11～2008.11	
	刘丽艳(女)	专职副主任委员	2009.9～2011.4	
	王军杰	副主任委员	2006.6～2011.4	
	李国富	副主任委员	2006.6～2011.4	
第六届民盟市委(地级)	傅绍平(女)	主任委员	2011.4～	
	刘丽艳(女)	专职副主任委员	2011.4～	
	李国富	副主任委员	2011.4～	
	陈集亮	副主任委员	2011.4～	

二、工作机构

根据《盟章》规定，民盟常德市委（以下简称“民盟市委”）工作机构包括根据工作需要设立的若干专门委员会和民盟市委机关职能部门。各届民盟市委根据实际情况，设立3～8个专门委员会，分别组织开展相关职能活动。民盟市委机关内设办公室和组宣部（科），作为处理日常工作和业务工作的办事机构。

（一）专门委员会

第一届民盟市委设文化教育工作委员会、财经委员会、科技工作委员会、妇女工作委员会、老龄工作委员会。

第二届民盟市委设文化教育工作委员会、妇女老龄工作委员会、科技工作委员会。

第三届民盟市委设经济工作委员会、教育工作委员会、文化工作委员会、妇女工作委员会、青年工作委员会、老龄工作委员会、社会服务部、科技工作委员会。

第四届民盟市委设教育工作委员会、调研工作委员会、文化工作委员会、科技工作委员会、医卫工作委员会、生态农业专家工作委员会、社会服务部。

第五届民盟市委设调研工作委员会、妇女工作委员会、青年工作委员会、老年工作委员会、社会服务部。

第六届民盟市委设参政议政调研工作委员会、教育工作委员会、文化工作委员会、妇女工作委员会、青年工作委员会、老龄工作委员会、社会服务工作委员会。

（二）民盟市委机关

工作部门。1988年，第一届民盟市委在第七届民盟常德市委（县级）基础上组建，故机关工作部门沿袭民盟市委（县级）机关建制，一至三届设办公室和组宣部，四至六届设办公室和组宣科。

人员编制。根据省政协、中共省编委、省财政厅、中共省委统战部四家联合发的湘政协〔1983〕第18号《关于下达一九八三年至一九八五年民主党派机关专职工作人员编制的通知》的文件精神，民盟市委（县级）1985年底，专职干部编制数为5人。此后，1987年增加1人，1988年增加1人，1988年底，民盟市委机关编制为7人，实有专职干部6人。1992年3月，机关编制为7人，实有专职干部7人。1994年9月，机关编制为7人，实有专职干部5人。1997年4月，机关编制为7人，实有专职干部4人。1997年8月，接中共市委统战部通知，民盟市委机关的人员编制减为5人，实有专职干部4人。此后，在常德市历次机构改革中，民盟市委机关编制一直是5人。1998年4月，机关实有专职干部5人。1999年12月，实有专职干部4人。2000年12月，实有专职干部3人。2003年12月，实有专职干部5人。2004年7月，实有专职干部3人。2008年11月，实有专职干部2

人。2009 年 8 月,实有专职干部 3 人。2009 年 9 月,实有专职干部 4 人。2009 年 11 月,实有专职干部 5 人。至 2012 年底,机关实有专职干部 5 人。

办公地址。1988 年 11 月民盟市委成立时,民盟市委机关办公地址设在武陵区高山街,1991 年 5 月迁至武陵区建设东路 200 号,2009 年 1 月迁至武陵区光荣路 88 号。

第二节　民盟常德市委下辖组织

一、民盟津市市委

1964 年 4 月,常德市澧县第一中学(驻津市)教师徐顺之等 3 人加入民盟,成立民盟津市直属小组,参与津市市政协文教组活动。

“文革”期间,民盟津市直属小组活动中断。

1986 年 10 月 5 日,根据各民主党派省委协商会议精神,经民盟省委常委会研究,决定在津市市恢复盟的组织。

1987 年上半年,民盟市委(县级)主委陈锡祥受民盟省委的委托,与民盟市委副主委易孝昭等人多次到津市联系组织发展工作,在中共津市市委、津市市政协等单位的大力支持下,上半年在津市共发展盟员 9 人。经与中共津市市委统战部反复协商,1987 年 4 月,成立民盟津市联络小组,禹范任组长,郑祖瑜任副组长。

1988 年 6 月 4 日,民盟市委筹委会第一次会议,同意组建民盟津市市筹委会,由民盟津市联络小组副组长郑祖瑜负责民盟津市市筹委会工作。1988 年 6 月 24 日,民盟市委筹委会第二次会议研究同意向民盟省委转报民盟津市联络小组“关于组建民盟津市委筹委会的报告”。

1988 年 6 月,民盟津市市委筹备委员会成立。

1989 年 5 月召开第一次盟员大会,差额选举产生第一届委员会委员 9 名,郑祖瑜任主委,下设湖南包装食品机械学校、津市市第一中学、津市市第二中学、文化 4 个支部和直属、津市一职中、津市职业中专、津市市第三中学 4 个小组,盟员 62 人,直属民盟省委管理。

1993 年 9 月召开第二次盟员大会,选举第二届委员会委员 8 名,郑祖瑜任主委,下设省机电职业技术学院、津市市第一中学、津市市第二中学、津市职业中专、津市一职中、文化 6 个支部和津市市第三中学、直属 2 个小组,盟员 61 人,直属民盟省委管理。

1997年5月召开第三次盟员大会，选举产生第三届委员会委员9名，郑祖瑜任主委，下设省机电职业技术学院、津市市第一中学、津市市第二中学、津市职业中专、津市一职中、文化、直属7个支部和津市第三中学小组，盟员80人，直属民盟省委管理。

2001年6月召开第四次盟员大会，选举产生第四届委员会委员9名，刘建平任主委，下设省机电职业技术学院、津市市第一中学、津市市第二中学、津市市第五中学、津市职专、文化、直属7个支部和津市市第三中学小组，盟员107人，直属民盟省委管理。

2006年7月召开第五次盟员大会，选举产生第五届市委会委员9名，刘建平任主委，下辖津市市第一中学、津市市第三中学、津市市第五中学、津市职教集团、津市市第二中学、文化、直属等7个支部，共有盟员117人。

2008年8月12日，调整津市民盟、民建、农工党三个党派市委隶属关系座谈会在常德召开，会议决定民盟津市市委从2008年9月1日起，由民盟省委直接管理变更为民盟市委管理。

2012年7月召开第六次盟员大会，选举产生第六届市委会委员9名，胡湘萍（女）任主委，下设津市市第一中学、津市市第三中学、津市市第五中学、津市职教集团、津市德雅中学、文化、直属等7个支部，共有盟员120人。

至2012年底，民盟津市市委共历六届，历任主委为郑祖瑜、刘建平、胡湘萍（女）；历任专职副主委为李根亮、彭松麟、唐业喜、彭梅华（女）、周欢（女），共有盟员125人。

二、基层委员会

1、民盟武陵区基层委员会

1956年11月，第一届民盟市委（县级）成立民盟常德市小教小组，文际舜任组长；1978年10月"反右"、"文革"政治风波后，民盟常德市小教小组扩建为民盟常德市小教支部，历任主委马汝贻、刘志舜、周子英、冯再力。1989年4月12日，民盟小教支部按工作区域划分为三个小教支部，即小教城西支部、小教城北支部、小教城东支部。2005年6月8日，成立民盟常德市武陵区行政支部，李成任主委。2005年6月13日，在民盟常德市小教城西支部、小教城北支部、小教城东支部、武陵区行政支部的基础上，成立民盟常德市武陵区总支，肖礼彬任主委。2006年8月18日，因工作需要，民盟市委同意民盟常德市武陵区总支更名为民盟常德市武陵区基层委员会。至2012年底，民盟武陵区基层委员会历任主委肖礼彬，共有盟员74人。

2、民盟鼎城区基层委员会

1988年8月19日，在民盟市委筹委会第六次会议上形成决议，决定组建民盟常德市鼎城区支部，成员主要由原联合支部中在鼎城区居住或工作的盟员组成，成立筹备小组进行筹备。1988 年 9 月 2 日，在民盟市委筹委会第八次会议上形成决议，同意成立民盟常德市鼎城区支部，任命章伯先为筹备小组组长，为了归口管理，将所有隶属于鼎城区各单位的盟员都划归为民盟常德市鼎城区支部。1989 年 6 月 20 日，民盟常德市鼎城区支部成立，章伯先任主委；民盟常德市鼎城区支部历任主委章伯先、武令如。1997 年 5 月，民盟常德市鼎城区支部扩建为民盟常德市鼎城区总支，下设 4 个支部，即：民盟常德市鼎城区第一中学支部、民盟常德市鼎城区第九中学支部、民盟常德市鼎城区文化支部、民盟常德市鼎城区机关支部，武令如任主委；民盟常德市鼎城区总支历任主委武令如、唐绍华。2006 年 8 月 29 日，民盟市委同意民盟常德市鼎城区总支更名为民盟常德市鼎城区基层委员会，至 2012 年底，民盟常德市鼎城区基层委员会共历两届，历任主委唐绍华。2007 年 5 月 16 日，民盟常德市鼎城区基层委员会下辖民盟常德市鼎城区第八中学支部成立，曾繁红任主委。2012 年 9 月 25 日，民盟市委同意撤销民盟常德市鼎城区第八中学支部，原民盟常德市鼎城区第八中学支部盟员编入民盟鼎城区基层委员会所属其他支部。2012 年 12 月 12 日，民盟鼎城区基层委员会下辖民盟常德市鼎城区淮阳中学支部成立，彭放任主委。至 2012 年底，民盟常德市鼎城区基层委员会下设 6 个支部，即：民盟常德市鼎城区第一中学支部、民盟常德市鼎城区第九中学支部、民盟常德市鼎城区文化支部、民盟常德市鼎城区机关一支部、民盟常德市鼎城区机关二支部、民盟常德市鼎城区淮阳中学支部，共有盟员 80 人。

3、民盟湖南文理学院委员会

1981 年 5 月 31 日，成立民盟常德师范高等专科学校直属小组，李新民任组长；1983 年 5 月 7 日，民盟常德师专直属小组扩建为民盟常德师范高等专科学校支部，彭石安担任主委；民盟常德师范高等专科学校支部共历五届，历任主委彭石安、段大明。1983 年 4 月 18 日，成立民盟常德基础大学小组，程铭任组长，民盟常德基础大学小组历任主委程铭。1989 年 4 月 1 日，常德基础大学更名为常德高等专科学校后，民盟常德基础大学小组更名为民盟常德高等专科学校小组，并进行换届选举，程铭任组长。1990 年，民盟市委将民盟常德高等专科学校小组更名为民盟常德高等专科学校支部，程铭任主委。民盟常德高等专科学校支部历任主委程铭、李仲超、丁时庠、李国富。2000 年 12 月 15 日，民盟常德师范高等专科学校支部与民盟常德高等专科学校支部合并组建了民盟常德师范学院总支，李国富任主委，根据工作需要，民盟常德师范学院总支下设 3 个支部，即：西院支部、东院支部、离退休支部。2003 年，常德师范学院更名为湖南文理学院后，民盟常德师范学院总支更名为民盟湖南文理学院总支，2004 年 7 月 9 日，民盟湖南文理学院总支换届，李国富任主委。2007 年 10 月 18 日，民盟湖南文理学院总支更名为民盟湖南文理学院委员会。至2012年底，民盟湖南文理学院委员会历任主委李国富、文会军，共有盟员55人。

三、总支

1、民盟常德职业技术学院总支

1982年4月，民盟常德市医卫小组成立，汪正宇任组长；民盟常德市医卫小组历任主委汪正宇、陈桂清；1987年1月12日，民盟常德市医卫小组扩建为民盟常德市医卫支部，陈桂清任主委。民盟常德市医卫支部历任主委陈桂清。1993年5月27日，民盟市委同意将民盟常德市医卫支部更名为民盟常德市卫生学校支部；民盟常德市卫生学校支部历任主委陈桂清、张光明。1983年3月19日，民盟常德市农业学校支部成立，伍龙章任主委。民盟常德市农校支部历任主委伍龙章、何明亮、石友松、周夏禹。2005年1月5日，常德职业技术学院成立后，民盟市委在原有的民盟常德卫生学校支部及常德农业学校支部的基础上，成立了民盟常德职业技术学院总支，陈跃夫任主委，民盟常德职业技术学院总支下设2个支部，即第一支部、第二支部。至2012年底，民盟常德职业技术学院历任主委陈跃夫、傅新民，共有盟员30人。

2、民盟常德市德山总支

1986年，民盟常德棉纺厂小组成立，周文林任组长。1988年9月2日，民盟常德市筹委会第八次会议形成决议，同意组建民盟常德棉纺厂支部，由周文林、张文新、郭振中组成筹备小组，负责筹备工作。1989年3月23日，民盟常德棉纺织厂支部成立，周文林任主委；民盟常德棉纺织厂支部历任主委周文林、郭振忠、贵体健。2002年，民盟常德棉纺厂支部更名为民盟常德市德山莲池支部；民盟常德市德山莲池支部历任主委贵体健。2010年9月25日，民盟常德市德山综合支部成立，肖国庆任主委。2010年9月28日，在原有的民盟常德市德山莲池支部和民盟常德市德山综合支部的基础上，成立了民盟常德市德山总支，贵体健任主委。至2012年底，民盟常德市德山总支历任主委贵体健，共有盟员19人。

四、支部

1、民盟桃源支部

1982年3月31日，常德市桃源县有盟员莫振华、黄选泽和杜沾渥3人，民盟市委(县级)报民盟省委，并经民盟省委常委(扩大)会议研究，决定建立民盟桃源师范学校小组；1983年，民盟桃源师范学校小组成立，莫振华任主委；民盟桃源师范学校小组历任主委莫振华、黄选泽；1990 年 9 月 25 日，民盟桃源师范学校筹备支部成立；1991 年 5 月，民盟桃源师范学校支部成立，唐竹云任主委；民盟桃源师范学校支部历任主委唐竹云、张维国。2007 年 4 月 20 日，民盟桃源师范学校支部更名为民盟桃源支部，并进行了换届选举，向真金任主委；至 2012 年底，民盟常德市桃源支部历任主委向真金，共有盟员 19 人。

2、民盟常德师范学校支部

1956 年 11 月，民盟常德师范学校小组成立，张鸣岐任主委。“文革”期间，民盟常德师范学校小组活动停止；中共十一届三中全会后，民盟常德师范学校小组逐渐恢复，1982 年 6 月，张鸣岐任民盟常德师范学校小组组长。随着民盟常德师范学校小组的不断发展，1983 年 5 月 10 日，在民盟常德师范学校小组基础上扩建的民盟常德师范学校支部正式成立，张鸣岐任主委。至 2012 年底，民盟常德师范学校支部历任主委张鸣岐、李晔、黄选良、黄志伟，共有盟员 23 人。

3、民盟常德市第一中学支部

1956 年 11 月，民盟常德市第一中学小组成立，丁为戊任组长。“文革”期间，民盟常德市第一中学小组活动停止。中共十一届三中全会后，民盟常德市第一中学小组恢复，1982 年 6 月，单小汀任组长。1984 年 11 月 26 日，民盟常德市第一中学小组请求成立民盟常德市一中支部，由刘弟泗、罗静、刘今先和单小汀负责支部筹备工作；1984 年 12 月 22 日，在民盟常德市第一中学小组基础上扩建的民盟常德市第一中学支部正式成立，单小汀任主委；1985 年 1 月 12 日，民盟常德市第一中学支部恢复大会召开。至 2012 年底，民盟常德市第一中学支部历任主委单小汀、刘弟泗、陶铁军、汤登仲、舒友忠、吴玉山、许克明，共有盟员 28 人。

4、民盟常德市第二中学支部

1956 年，成立民盟常德市第二中学小组，廖鹏飞为负责人。“文革”期间，民盟常德市第二中学小组活动停止。十一届三中全会后，民盟常德市第二中学小组逐渐恢复。随着民盟常德市第二中学小组的不断发展，约于 1979 年 10 月之前，在民盟常德市第二中学小组基础上扩建的民盟常德市第二中学支部成立，有历史可以考证的是，1982 年 6 月，陈荣欣任主委。至 2012 年底，民盟常德市第二中学支部历任主委丁健、倪英、聂梅香、皮光义，共有盟员 19 人。

5、民盟常德市第三中学支部

1983 年 3 月，民盟常德市第三中学小组从民盟常德市混合支部分立出来，徐家齐任组长，自此，民盟常德市混合支部撤销。民盟常德市第三中学小组历任组长徐家齐、刘秋珍、李明庭。随着民盟常德市第三中学小组的不断发展，2001 年 4 月 17 日，在民盟常德市第三中学小组基础上扩建的民盟常德市第三中学支部正式成立，张锡明任主委。至

2012 年底，民盟常德市第三中学支部历任主委张锡明、郭辉，共有盟员 17 人。

6、民盟常德市第四中学支部

1982 年 6 月，民盟常德市第四中学小组从民盟常德市混合支部分立出来，何熙载任组长。随着民盟常德市第四中学小组的不断发展，1987 年 6 月 13 日，在民盟常德市第四中学小组基础上扩建的民盟常德市第四中学支部正式成立，时春平任主委。至 2012 年底，民盟常德市第四中学支部历任主委时春平、莫虎、丁时清、陈立安、曹庆华，共有盟员 17 人。

7、民盟常德市第五中学支部

1986 年，民盟常德市第五中学小组成立，陈侃利任组长。随着民盟常德市第五中学小组的不断发展，1989 年 4 月 15 日，在民盟常德市第五中学小组基础上扩建的民盟常德市第五中学支部正式成立，陈侃利任主委。至 2012 年底，民盟常德市第五中学支部历任主委陈侃利、刘汉清、周思新，共有盟员 12 人。

8、民盟常德市第六中学支部

民盟常德市第六中学小组成立的时间不可考证，“文革”期间，民盟常德市第六中学小组活动停止，约于 1979 年 10 月之前，民盟常德市第六中学小组逐渐恢复活动。可以考证的是，1981 年 12 月，胡子球任组长。随着民盟常德市第六中学小组的不断发展，1983 年 3 月 19 日，在民盟常德市第六中学小组基础上扩建的民盟常德市第六中学支部正式成立，胡子球任主委。至 2012 年底，民盟常德市第六中学支部历任主委胡子球、朱振华、陈新宇、丁为健、左立，共有盟员 23 人。

9、民盟常德市第七中学支部

民盟常德市第七中学支部成立的时间不可考证，1979 年 10 月 20 日，经民盟常德市临时领导小组研究决定，由罗诗均任民盟常德市第七中学支部主委。至 2012 年底，民盟常德市第七中学支部历任主委罗诗均、徐国强、吴央、罗瑾、钟继辉，共有盟员 18 人。

10、民盟常德市联合支部

1987 年，民盟常德市联合支部成立，陈一凡任主委。至 2012 年底，民盟常德市联合支部历任主委陈一凡、尹焕楣、李明，共有盟员 40 人。

11、民盟常德市机关支部

1982 年 4 月 4 日，民盟常德市机关支部成立，丁健任主委。至 2012 年底，民盟常德市机关支部历任主委丁健、李光前、姚人褒、赵娟娟、陈开通、王军杰、周德芳，共有盟员 41 人。

12、民盟常德市文艺支部

1986 年，民盟常德市文艺小组成立，彭其芳任组长。随着民盟常德市文艺小组的不断发展，1989 年 3 月 27 日，在民盟常德市文艺小组基础上扩建的民盟常德市文艺支部正式成立，彭其芳任主委，支部盟员基本上从民盟常德市联合支部分离出来。至 2012 年底，民盟常德市文艺支部历任主委彭其芳、李培元、蔡德东、胡诗词，共有盟员 25 人。

13、民盟常德市直属支部

1999 年 3 月 17 日，民盟市委批复民盟常德市直属支部筹备小组，同意成立民盟常德市直属支部，朱银睹任主委。至 2012 年底，民盟常德市直属支部历任主委朱银睹、刘启赋、刘峰、周斌、王柯，共有盟员 29 人。

第二章 组织建设

第一节 盟员发展

1949年3月，常德民盟组织创始时，刚卸任湖南省立第四中学(今常德市第一中学)校长不久的张孝仁，第一个加入了民盟组织。接着，他又发展了另外6名教师入盟，并于1949年6月建立了“民盟常德支部”，张孝仁出任支部主任委员。到1950年11月，民盟常德支部有盟员13人，其职业分为：行政工作2人，教育工作9人，文化工作1人，技术工作1人。到1954年12月第一届民盟市委(县级)立时，共有盟员18人。1955年到1957年，盟员发展较快，三年时间新发展盟员42人。1957年，由于“左”的思想的影响，很多盟员受到了不公正的待遇，被错划成右派。“文化大革命”中，许多盟员被下放劳动，民盟活动基本停止。1979年常德民盟恢复组织活动时，全地区盟员总数从“文化大革命”前的77人减少到53人，平均年龄64.4岁。

中共十一届三中全会后，常德盟员人数有较大增长。到1983年11月，盟员总数为125人。到1986年9月，盟员总数为164人。1988年11月民盟市委成立时，有盟员247名。其中教育界187名，占75.6%；文化艺术界12名，占4.9%；科技界13名，占5.3%；行政机关19名，占7.9%；其他16名，占6.3%。男盟员174人，女盟员73人。有高级职称的117名，占47.4%；有中级职称的69名，占27.9%，平均年龄49.5岁。

1988年11月民盟常德市第一次代表大会召开后，民盟市委根据1988年10月中国民主同盟第六次全国代表大会通过的《中国民主同盟章程》的规定和有关精神，继续贯彻“在工作中发展、发展为了工作”和“巩固与发展相结合”的组织发展原则，制定了“重点发展文化和农林水科技人员，在大专院校保持正常发展，在鼎城区适当发展，在中小学放纵发展”

的组织发展计划，吸收一批政治立场坚定、学有专长、作风正派、在社会主义建设中做出成绩的中青年知识分子入盟。第一届民盟市委（1988 年 11 月～1992 年 1 月）期间，全市共发展新盟员 96 人，全市盟员达到 313 人，其中，高等教育界 57 名，占 18.2%；普通教育界 185 名，占 59.1%；科学技术界 15 名，占 4.8%；医药卫生界 5 名，占 1.6%；文化艺术界 16 名，占 5.1%；新闻出版界 2 名，占 0.6%。所有盟员中，有高级职称的 156 名，占 49.8%；中级职称 106 名，占 33.9%；有大专以上学历的 238 名，占 76%。平均年龄 50.4 岁。

第二届民盟常德市委（1992 年 1 月～1996 年 12 月）期间，全市共发展新盟员 73 人，全市盟员总计 384 人，其中，高等教育界 69 名，占 18%；普通教育界 222 名，占 57.8%；科学技术界 17 名，占 4.4%；医药卫生界 9 名，占 2.3%；文化艺术界 19 名，占 4.9%；新闻出版界 3 名，占0.8%。所有盟员中，有高级职称的 186 名，占 48.4%；中级职称 141 名，占 36.7%；有大专以上学历的 300 名，占 78.1%。平均年龄 51.4 岁。

1992 年 1 月 12 日，在芷园宾馆召开常德市第二次盟员代表大会

1996 年 3 月《关于民主党派组织发展若干问题座谈会纪要》（以下简称 1996 年《纪要》精神）形成后，民盟市委严格按照 1996 年《纪要》精神，重点发展了从事文化教育以及科学技术和其他工作的知识分子入盟。第三届民盟市委（1996 年 12 月～2001 年 7 月）期间，全市共发展新盟员 72 人，全市盟员总计 453 人，其中，高等教育界 82 名，占 18.1%；普通教育界 256 名，占 56.5%；科学技术界 20 名，占 4.4%；医药卫生界 9 名，占 2%；文化艺术界 20 名，占 4.4%；新闻出版界 3 名，占 0.7%。所有盟员中，有高级职称的 213 名，占 47%；中级职称 172 名，占 38%；有大专以上学历的 366 名，占 80.8%。平均年龄 53.8 岁。

2002 年 12 月，中国民主同盟第九次全国代表大会通过的《中国民主同盟章程（修正案）》要求：发展盟员要注重质量，注意吸收政治素质高、有代表性的人士入盟。民盟市委坚持上述方针，严把盟员入口关，在第四届民盟市委（2001 年 7 月～2006 年 6 月）期间，全市共发展新盟员 108 人，全市盟员总计 543 人，其中，高等教育界 106 名，占 19.5%；普通教育界 298 名，占 54.9%；科学技术界 23 名，占 4.2%；医药卫生界 9 名，占 1.7%；文化艺术界 23 名，占 4.2%；新闻出版界 4 名，占 0.7%。所有盟员中，有高级职称的 246 名，占 45.3%；中级职称 217 名，占 40%；有大专以上学历的 457 名，占 84.1%。平均年龄

54.5 岁。

伴随着改革开放的发展，新的社会阶层逐渐成为中国经济和社会发展的重要力量，2006 年 11 月中共中央颁发的《关于巩固和壮大新世纪新阶段统一战线的意见》指出“新的社会阶层人士是统一战线工作新的着力点”，为更好地适应新形势的发展，更好履行参政议政、社会服务职能，民盟市委进一步健全完善《民盟常德市委发展成员考察培养制度》，有意识地发展了一批有代表性的新的社会阶层人士入盟，在第五届民盟常德市委（2006 年 6 月～2011 年 4 月）期间，全市共发展新盟员 137 人，全市盟员总计 639 人，其中，高等教育界 101 名，占 15.8%；普通教育界 354 名，占 55.4%；科学技术界 24 名，占 3.8%；医药卫生界 10 名，占 1.6%；文化艺术界 30 名，占 4.7%；新闻出版界 5 名，占0.8%；新的社会阶层 21 名，占 3.2%。所有盟员中，有高级职称的 254 名，占 39.8%；中级职称 270 名，占42.3%；有大专以上学历的 560 名，占 87.6%。平均年龄 54.4 岁。盟员的年龄结构、知识结构和专业结构进一步改善。

2011 年 4 月民盟常德市第六次代表大会召开后，民盟市委以“人才强盟”为战略指导，实行组织发展与后备干部队伍建设相结合、保持民盟特色与有利于参政议政工作相结合、发展与巩固相结合的组织工作方针，至 2012 年 12 月全市共发展新盟员 74 人，全市盟员总计 709 人。其中，高等教育界 64 名，占 9%；普通教育界 430 名，占 60.6%；科学技术界 24 名，占 3.4%；医药卫生界 9 名，占 1.3%；文化艺术界 33 名，占 4.7%；新闻出版界 8 名，占 1.1%；公有制经济界 25 名，占 3.5%；新的社会阶层 37 名，占 5.2%；机关 71 名，占 10%；其他 8 名，占 1.1%。所有成员中，有高级职称的 203 名，占 28.6%；中级职称 315 名，占 44.4%；有大专以上学历的 624 名，占 88%。平均年龄 53.1 岁。

第二节　基层组织建设

1988 年 6 月～12 月，筹建民盟市委期间至第一届民盟市委初期，民盟常德市委共有基层组织 20 个。分别为：民盟常德师范学校支部、民盟常德市第一中学支部、民盟常德市第二中学支部、民盟常德市第四中学支部、民盟常德市第六中学支部、民盟常德市第七中学支部、民盟常德农业学校支部、民盟常德师范高等专科学校支部、民盟常德市第一职业中学支部、民盟常德市小教支部、民盟常德市医卫支部、民盟常德市联合支部、民盟常德市机关支部、民盟常德市第三中学小组、民盟常德市第五中学小组、民盟常德市基础大学小组、民盟桃源师范学校小组、民盟常德市文艺小组、民盟常德棉纺厂小组、民盟津市市联络小组。

随着基层组织的不断发展壮大,民盟市委根据《盟章》规定,结合实际情况,并与基层组织所在地区统战部或者单位党组织沟通协商,对一些基层组织进行扩建,对一些基层组织进行更名,对一些综合性、人数较多、分布较广的基层组织进行调整,1989 年,民盟津市市联络小组扩建为民盟津市市委,归民盟省委直管,民盟津市市委不再是民盟市委下辖的基层组织;民盟常德市文艺小组扩建为民盟常德市文艺支部,民盟常德棉纺厂小组扩建为民盟常德棉纺织厂支部,民盟常德市第五中小学组扩建为民盟常德市第五中学支部。民盟市委撤销了民盟常德市小教支部,将民盟常德市小教支部按照盟员所在区域调整为民盟常德市小教城西支部、民盟常德市小教城北支部、民盟常德市小教城东支部。根据《盟章》按地区建立基层支部的规定,从民盟常德市联合支部分出在鼎城区居住或工作的盟员,组建民盟常德市鼎城区支部。民盟常德基础大学小组更名为民盟常德高等专科学校小组。1989 年大多数基层组织进行换届,民盟市委对各个基层组织进行调查、摸底,广泛征求基层组织所在地区统战部或者单位党组织和盟员的意见,考察基层组织领导班子,民盟市委组宣部专门召开基层组织负责人会议,布置基层组织换届选举工作,到同年 5 月底基本完成换届。民盟市委把关心基层组织和盟员作为加强基层组织建设的重要方式,帮助解决如民盟常德市农业学校支部的领导班子、民盟常德棉纺织厂支部的办公用房等问题,慰问住院或卧病在家的盟员、老盟员及病逝的盟员家属等,尽力帮助解决一些盟员实际困难,如联系解决户口、调整住房等问题。至此,全市共有 23 个基层组织。

1990 年,民盟常德高等专科学校小组扩建为民盟常德高等专科学校支部。是年 12 月 5～7 日,民盟市委专职副主委易孝昭带队,民盟常德市医卫支部盟员陈桂清、民盟常德市鼎城区支部盟员王亚平作为先进集体代表,民盟常德市鼎城区支部盟员武令如作为优秀个人代表参加民盟省委召开的“做好事、做实事”和盟务工作经验交流会。

1991 年 5 月,民盟桃源师范学校小组扩建为民盟桃源师范学校支部。

1993 年 5 月,民盟常德市医卫支部更名为民盟常德市卫生学校支部。

1995 年 7 月,民盟市第一职业中学支部换届选举。同年,常德市第一职业中学并入常德市第三职业中学。1996 年常德市第三职业中学更名为常德工业学校,民盟常德市第一职业中学支部不复存在,在常德工业学校任教的盟员被民盟市委作为直联盟员。至此,全市共有 22 个基层组织。

1997 年,民盟市委为指导基层组织开展好盟务工作,召开 4 次盟务工作会议,下发学习资料,并要求各基层组织年初上报工作计划,年终上报工作总结。5 月,民盟常德市鼎城区支部扩建为民盟常德市鼎城区总支。民盟市委领导和机关干部下到民盟常德师范学校支部、民盟常德市联合支部、民盟常德市鼎城区总支等基层组织参加活动,与这些支部所在地区或单位的党组织联系，帮助基层组织解决开展活动时遇到的困难。

1998 年，民盟市委在全市基层组织范围内开展支部（小组）创优活动，涌现一批党盟关系好、盟的活动比较正常、盟员之间团结互助的基层组织和一批既在本职工作上有所建树，又热心盟务活动的优秀盟员。民盟常德市联合支部、民盟常德市鼎城区总支被民盟省委评为先进基层组织，23 位盟员分别被民盟省委和民盟市委评为优秀盟员或优秀盟务工作者。

1999 年，为推动基层活动，民盟市委向各基层组织下发“迎接新世纪，为盟添光彩”的创优评先的活动方案，民盟市委领导和机关干部还先后多次到民盟常德师范学校支部、民盟常德高等专科学校支部、民盟常德师范高等专科学校支部、民盟常德农业学校支部、民盟常德卫生学校支部、民盟常德市第七中学支部、民盟常德市小教城西支部、民盟常德市小教城北支部、民盟常德市联合支部、民盟常德市鼎城区总支等基层组织参加活动或协调处理有关问题，同时指导基层组织开展好组织生活，盟的基层活动趋于活跃。1999 年 3 月，建立民盟常德市直属支部。至此，全市共有 23 个基层组织。

2000 年，民盟市委按照《各民主党派中央关于加强自身建设若干问题座谈会纪要》的要求，结合自身情况，从量化基层工作的目标管理入手，在全市范围内开展创建先进基层组织活动，制定民盟支部（小组）量化目标管理考评细则，从组织生活、组织发展、宣传工作、参政议政、社会调查及完成民盟市委交办的工作任务等 8 个方面对各基层组织提出较为规范的要求和极具操作性的考评计分办法。量化目标管理基层组织的方式效果明显，民盟市委在全省基层盟务工作经验交流会上以《量化目标管理，加强指导，推动基层开展特色活动》为题作典型发言。民盟市委制定民盟市委领导分工负责定点联系基层组织制度，民盟市委领导和机关干部多次下到基层组织参加活动，较全面地了解基层组织的情况，并尽可能多地与基层组织所在地区的统战部门或者单位的中共党组织联系，听取意见，协调关系，化解矛盾，理顺情绪，为基层组织营建良好的外部环境。是年，常德师范学院成立，民盟常德师范专科学校支部和民盟常德高等专科学校支部合并组建为民盟常德师范学院总支。民盟市委慎重稳妥地做好 2001 年基层组织换届选举工作，成立换届领导小组，制定《关于基层支部换届工作的意见》，先后到民盟常德市鼎城区总支、民盟常德市联合支部、民盟常德师范学院总支、民盟常德卫生学校支部、民盟常德市直属支部、民盟常德市第三中学小组等基层组织就换届事宜进行指导。至此，全市共有 22 个基层组织。

2001 年 3 月底，在民盟市委的指导下，20 个基层组织完成换届选举，一批热心盟务工作，政治素质好的中青年盟员进入到盟的基层组织领导岗位。4 月，民盟常德市第三中学小组扩建为民盟常德市第三中学支部。

2002 年，民盟市委通过多次与中共鼎城区委统战部沟通衔接，完成民盟常德市鼎城区总支的换届工作；民盟常德棉纺织厂支部更名为民盟德山莲池支部。

2003年，民盟市委为切实推动基层盟务工作，夯实基础，增强活力，制定《民盟常德市基层组织工作手册》，手册包括基层组织盟员情况一览表、年度工作计划、组织活动纪录、盟员动态信息表、基础工作年度报表、年度工作总结等多方面内容，年初由民盟市委统一发放给各基层组织，年底集中收上来，手册使民盟市委较全面地掌握了各基层组织的情况，是年终考评基层工作的有力凭据。民盟市委为有的放矢地指导、调整、推动各基层组织开展工作，决定将机关工作重心下沉，制定《民盟常德市委委员与基层组织对口联系工作制度》，要求各市委委员经常与分管的基层组织联系工作，协助基层组织密切党盟关系，为各基层组织开展活动创造有利条件，既调动市委委员参加盟务管理工作的积极性，又加强民盟市委与各基层组织的联系。常德师范学院更名为湖南文理学院后，民盟市委将民盟常德师范学院总支更名为民盟湖南文理学院总支。

2004年，民盟市委本着精干、务实、高效的原则，坚持团结稳定，新老合作交替的方针，完成基层组织换届工作，一批政治素质好、知识水平高、参政议政能力强而又热心盟务的同志进入基层组织领导班子。

2005年，民盟市委根据实际情况完成基层组织的调整、合并、更名工作，整合民盟参政议政资源，调整民盟基层组织结构。1月，常德农工业学校和常德卫生学校合并成立常德职业技术学院后，鉴于这2个支部继续分散开展组织活动不好解决经费的问题，加之这2个支部的盟员有要求，民盟市委牵头协调，在民盟常德市农校支部和民盟常德市卫生学校支部的基础上成立民盟常德职业技术学院总支。为方便武陵区部分盟员参加组织生活，经民盟市委主委办公会议研究决定，于6月成立民盟武陵区行政支部。为进一步提升民盟在武陵区的影响力，民盟市委在与中共市委统战部、中共武陵区委统战部充分协商后，在民盟常德市武陵区行政支部和民盟常德市小教城东支部、民盟常德市城西支部和民盟常德市城北支部4个支部的基础上组建成立民盟常德市武陵区总支。为进一步提升民盟在桃源县的影响力，更好地服务于桃源县的三个文明建设，切实履行好民盟参政议政职能，民盟市委决定将民盟桃源师范学校支部更名为民盟桃源支部，并开始着手准备民盟桃师支部的更名工作。为贯彻落实《关于进一步做好民主党派组织发展工作座谈纪

2005年6月民盟常德市委举办基层组织发展培训班

要》精神，做好代表人士和德才兼备的年轻后备人才的组织发展工作，提升民盟参政能力和水平，6 月 23 日至 26 日，民盟市委举办民盟基层组织发展培训班，全市各个基层组织的主委和组织委员参加培训，这是湖南省民盟组织发展史上第一次由市级民盟组织举办的基层组织发展培训班，也是常德市各民主党派中的第一次。至此，全市共有 18 个民盟基层组织。

2006 年，为了全面了解基层组织的情况，加强基层组织自身建设，民盟市委领导先后深入桃源、鼎城、武陵等地就民盟基层组织建设工作进行调研，并采取多种形式推动基层组织开展交流活动。同年 4 月 6 日，民盟市委专门召开基层组织建设座谈会，听取各基层组织主委介绍自身建设、参政议政、党盟合作等方面情况，总结交流基层组织建设方面的先进经验和成功做法。民盟市委指导基层组织之间开展横向交流，有效地加强各基层组织间的合作和联系，同年 6 月，在民盟市委的组织协调下，民盟常德市武陵区基层委员会总支领导班子赴鼎城参观谢家铺镇社会主义新农村建设示范点，并与民盟常德市鼎城区基层委员会就盟务工作交流。根据工作需要，民盟市委多次与中共市委统战部、中共武陵区委统战部、中共鼎城区委统战部协商，同年 8 月，民盟常德市武陵区总支部更名为民盟常德市武陵区基层委员会，民盟常德市鼎城区总支部更名为民盟常德市鼎城区基层委员会。

2007 年，民盟市委制定《中国民主同盟常德市委员会关于做好基层组织换届工作的意见》，结合常德市民盟基层组织的实际情况，指导各基层组织严格按照组织程序民主选举，6 月底全部顺利完成换届。4 月，民盟市委将民盟桃源师范学校支部更名为民盟桃源支部。10 月民盟湖南文理学院总支更名为民盟湖南文理学院委员会。

2009 年，民盟市委进一步健全完善《民盟常德市委委员联系基层组织的工作制度》，对民盟市委领导班子对口联系基层组织作许多硬性规定，并在年底对市委领导班子联系基层组织的情况进行考核。

2010 年，民盟市委为扩大民盟在德山经开区的影响，提高参政议政、民主监督的能力，于 9 月建立民盟德山综合支部；民盟德山莲池支部与民盟德山综合支部合并组建为民盟德山总支。

至 2012 年底，民盟市委下辖 1 个地方组织，18 个基层组织。1 个地方组织即民盟津市市委，18 个基层组织即民盟武陵区基层委员会、民盟鼎城区基层委员会、民盟湖南文理学院委员会、民盟常德职业技术学院总支、民盟德山总支、民盟桃源支部、民盟常德师范学校支部、民盟常德市第一中学支部、民盟常德市第二中学支部、民盟常德市第三中学支部、民盟常德市第四中学支部、民盟常德市第五中学支部、民盟常德市第六中学支部、民盟常德市第七中学支部、民盟常德市联合支部、民盟常德市机关支部、民盟常德市文艺支部、民盟常德市直属支部。

第三节　新盟员和干部培训

1988 年 11 月～1992 年 1 月第一届民盟市委期间，主委丁时祺参加中共省委统战部在省社会主义学院举办的培训班，选派副秘书长王军杰参加了民盟省委举办的专职干部培训班，组织 19 名基层组织负责人参加中共市委组织部、统战部和中共市委党校联合举办的市各民主党派基层负责人培训班。

1992 年 1 月～1996 年 12 月第二届民盟市委期间，民盟市委举办新盟员培训班 1 期，组织全体机关干部参加民盟省委举办的干部培训班。

1996 年 12 月～2001 年 7 月第三届民盟市委期间，民盟市委先后选派机关干部邓红，盟员尤先哲、皮光义参加省社会主义学院的培训。

2001 年 7 月～2006 年 6 月第四届民盟市委期间，民盟市委举办新盟员培训班 1 期；基层组织发展培训班 1 期；选派副主委傅绍平参加中共省委统战部在中央社会主义学院举办的首期湖南省党外代表人士培训班；先后选派副主委李国富，盟员尤先哲、李明、邓红、戴云、谭静萍等参加省社会主义学院举办的各类培训班。

2006 年 6 月～2011 年 4 月第五届民盟市委期间，民盟市委举办新盟员暨骨干盟员培训班 1 期，选派新盟员和基层组织骨干参加市社会主义学院培训 2 期，主委傅绍平参加全省各市州民主党派工商联负责人树立和践行社会主义核心价值体系专题研究班，选派专职副主委刘丽艳、盟员李成、曾奇峰、周金满、彭梅华、贺爱华、宗小华等参加省社会主义学院和民盟湖南省委举办的各类培训班。

2011 年 4 月至 2012 年 12 月第六届民盟市委期间，民盟市委举办新盟员暨盟员骨干培训班 2 期，主委傅绍平在井冈山干部学院参加民盟湖南省委常委（扩大）研修班学习培训，选派专职副主委刘丽艳赴中央社会主义学院参加全市统战系统代表人士培训班，选派专职副主委刘丽艳、副主委陈集亮、机关干部周振波参加省社会主义学院举办的各类培训班，组织全体机关干部参加了民盟省委举办的干部培训班，选派盟员周德芳、雷文峰、邓新民、黄志伟、张雨晴赴清华大学参加常德市首届优秀新社会阶层代表人士公共管理研修班。

第四节　制度建设

1989年3月，民盟市委讨论制定《关于组织社会办学、综合服务和经济实体有关财务问题的暂行规定》《民盟市委基层工作暂行条例》《民盟市委组织部岗位责任制》和《民盟市委宣传部岗位责任制》《民盟市委机关干部联系基层的主要任务》《民盟市委工作试行规则》《民盟市委办公室主任工作规则》《民盟市委机关干部分工细则》《民盟市委组织部工作职责和工作范围》《民盟市委宣传部工作职责和工作范围》《民盟市委社会服务部工作职责和工作范围》《民盟市委关于开展基层工作纲要》《民盟市委专门工作委员会组织暂行条例》《民盟市委办学管理暂行条例》《民盟市委专职副主委职责》《民盟市委财务管理制度》等。

1998年，民盟市委先后制定了《档案管理制度》《档案人员岗位责任制》《印章管理制度》《会议制度》《学习制度》，加强民盟市委机关内部管理。

2000年3月，民盟市委修改并汇编《学习制度》《会议制度》《办公(考勤)制度》《印章管理制度》《档案管理制度》《保密制度》《丧病住院看望制度》和《财务管理制度》等，进一步加强民盟市委机关内部管理。

2004年，民盟市委狠抓机关规章制度的健全和落实，进一步完善《民盟常德市委委员与基层组织对口联系工作制度》《印章管理制度》等一系列制度。

2006年7月，民盟市委五届二次全委会议通过《中国民主同盟常德市委员会议事规则《民盟常德市委委员联系基层组织的工作制度》《民盟常德市委发展成员考察培养制度》《机关财务管理和接待制度》《公文处理暂行办法》。

2011年6月2日，民盟市委六届二次全会通过修改的《中国民主同盟常德市委员会议事规则》《民盟常德市委专门委员会工作条例》《机关干部工作制度》《机关财务管理制度》和《民盟常德市委办公室、组宣科工作职责》。

第三章 思想建设与宣传工作

第一节 理论学校与研究

一、统战理论研究

民盟市委把统战理论研究当作提高民盟参政议政能力、推动自身建设的重要手段，建成了一支以民盟市委领导班子成员、专家学者为核心、各基层组织骨干盟员和机关干部为主体的理论研究队伍，积极参与省、市统战理论研讨活动。领导、专家带头撰稿，盟员、机关干部认真撰写理论文章，《常德民盟》的“理论与思考”专栏刊登了多位盟员撰写的理论研究成果，部分成果获得奖项。

表 2－3－1－1 1998—2012 年民盟盟员在统战理论研究文章获奖情况统计表

获奖者	奖励名称及文章标题	获奖时间	评奖单位
蔡 昱	湖南省民盟第四次统战理论研讨会二等奖（《试论民主监督的机制与方略》）	1998 年	民盟省委
易孝昭	湖南省民盟第四次统战理论研讨会三等奖（《开拓进取，进一步提高参政议政水平》）	1998 年	民盟省委
冯再力	湖南省民盟第四次统战理论研讨会三等奖（《对提高新形势下人民政协参政议政质量的思考》）	1998 年	民盟省委
罗云樵	湖南省民盟第四次统战理论研讨会三等奖（《为“二零一零”年实现发展纲要努力作好统战工作》）	1998 年	民盟省委
民盟常德市委	2003 年度全市统战理论研究和调查研究获奖篇目三等奖（《城区重点中学应试教育与创新教育的冲突及对策》）	2004 年 3 月	中共市委统战部
丁时祺 邓 红	湖南省民盟统战理论研究优秀论文三等奖（《关于我市民盟基层工作的问题及对策思考》）	2005 年 4 月	民盟省委

续表

获奖者	奖励名称及文章标题	获奖时间	评奖单位
傅新民	2005 年度全市统战理论研究和调查研究优秀调研报告和论文二等奖(《和谐社会与统战工作视野中的职业教育》)	2006 年 2 月	中共市委统战部
周振波	2005 年度全市统战理论研究和调查研究优秀调研报告和论文三等奖(《中国共产党领导的多党合作和政治协商制度是社会主义民主政治的重要组成部分》)	2006 年 2 月	中共市委统战部
李昌雄	2006 年全市统战理论研究和调查研究三等奖(《统一战线在构建社会主义和谐社会中的作用》)	2007 年 3 月	中共市委统战部
段大明 李国富	2007 年全市统战调查研究优秀成果二等奖(《和谐社会视野下的城市统战工作》)	2008 年 3 月	中共市委统战部
李国富 李　正	2007 年全市统战调查研究优秀成果三等奖(《论新形势下如何开创高校统战工作新局面》)	2008 年 3 月	中共市委统战部
傅绍平	2009 年度全市统战理论研究优秀成果三等奖(《以学习贯彻科学发展观为契机 推动多党合作事业新跨越》)	2010 年 3 月	中共市委统战部
傅绍平	2007—2009 年度湖南民盟统战理论研究成果二等奖(《在人民政协的舞台上发挥好参政党作用》)	2011 年 5 月	民盟省委
李昌雄	2011 年度全省统战理论研究优秀成果二等奖(《秉持"和而不同"的理念谱写多党合作事业新篇章——对民主党派趋同化问题的思考》)	2012 年 1 月	中共省委统战部
李昌雄	2011 年度全市统战调研优秀成果二等奖(《对民主党派趋同化问题的思考》)	2012 年 2 月	中共市委统战部
刘丽艳	2011 年度全市统战调研优秀成果三等奖(《浅议新时期民主党派民主监督工作》)	2012 年 2 月	中共市委统战部
彭梅华	2012 年度全市统战理论优秀成果二等奖(《发挥网络平台优势 拓宽统战宣传领域》)	2013 年 2 月	中共市委统战部
李昌雄	2012 年度全市统战调研优秀成果优秀奖(《关于民主党派坚持"同心"思想 践行社会主义核心价值体系的思考》)	2013 年 2 月	中共市委统战部

二、多党合作理论实践

坚持和自觉接受中国共产党的领导，是民盟履行参政党职能的政治责任。中共市委通过主要领导出席民盟市委重要会议和活动，召开政情通报会、各民主党派各界人士政情通报会，按照"党委出题、党派调研、政府采纳、部门落实"的参政议政模式给各民主党派市委交办调研课题，聘请民主党派成员作为中共市纪委特约监察员、支持民盟市委领导班子建设和干部队伍建设、机关建设等方式，不断加强对民盟市委的政治领导，中共市委统战部切实履行对民盟市委的指导和服务，共同推进多党合作事业的发展。

中共市委高度重视常德民盟地方组织建设，领导民盟市委成立，配齐民盟市委领导班子，出席历次常德市盟员代表大会、指导换届选举，提出工作希望。1988 年，中共市委委员、纪委书记熊奇生在民盟市委筹委会成立大会上发表讲话，他希望民盟市委认真贯彻"长期共存，互相监督"方针，发扬自我教育的优良传统，把民盟建设成与中共亲密合作、积极参政议政的参政党，同中共市委携起手来，为完成当前任务而奋斗。1996 年，中共市委副书记彭孟芝在第三次盟员代表大会上，充分肯定民盟市委坚持中国共产党的领导，围绕中共市委、市政府中心工作，开展政治协商、民主监督、参政议政，促进了常德市的民主政治建设和经济社会发展。2001 年，中共市委副书记莫道宏在第四次盟员代表大会上，寄语新一届民盟市委继续高举爱国主义和社会主义两面旗帜，充分发挥盟内人才智力优势，为完成常德市"十 五"计划作贡献。2006 年，中共市委副书记周用金在第五次盟员代表大会上，高度评价民盟市委在中共市委领导下取得的成绩，希望常德民盟为常德经济社会发展续写新篇章。2011 年，中共市委常委、市委统战部部长李爱国在第六次盟员代表大会上，要求民盟市委在民盟省委和中共市委领导下，带领全市盟员锐意进取，为建设"现代常德、幸福家园"作贡献。民盟市委领导班子成员积极参加中共市委、市政府每年召开的政情通报会、《政府工作报告》征求意见会，为常德经济社会发展积极建言。不同历史时期，民盟市委领导全市盟员，及时传达学习中共中央各项指示精神，确保思想上、行动上与党中央保持高度一致。1989 年，中共中央关于制止动乱决定下发后，民盟市委立即组织集体学习中共中央关于制止动乱、维护安定团结的文件精神，畅谈学习体会，坚决拥护中共中央正确决策。1989 年、2005 年，中共中央出台《中共中央关于坚持和完善中国共产党领导的多党合作和政治协商制度的意见》《中共中央关于进一步加强中国共产党领导的多党合作和政治协商制度建设的意见》后，民盟市委召开全委（扩大）会议，集体学习中央文件精神，坚定坚持和完善中国共产党领导的多党合作和政治协商制度的信心，统一思想，切实履行好参政党职能。2001 年，主委丁时祺在各民主党派市委、市工商联联合举行的庆祝中国共产党建党 60 周年座谈会上发言，用事实阐述没有共产党就没有新中国，也没有中国特色社会主义伟大事业。2005 年，民盟市委召开五届三次全委会议，集体学习中共中央总书记胡锦涛在第 20 次全国统战工作会议上的讲话，要求全体盟员紧密团结在以胡锦涛为总书记的中共中央周围，忠实履行参政党职责，为改革发展稳定献计出力。2009 年，在市政协召开的坚持中国共产党的领导、纪念多党合作与政治协商制度建立 60 周年座谈会上，主委傅绍平发言，坚决拥护中国共产党的领导，维护中国共产党的执政地位，坚决拥护中国共产党领导的多党合作和政治协商制度，建设高素质的参政党地方组织，为中国特色社会主义事业不断努力奋斗。

第二节 思想教育

一、学习

(一)学习盟史《盟章》和多党合作理论

民盟市委采取多种形式定期组织盟员学习《盟章》和多党合作理论,开展盟史和多党合作历史教育,主要形式有:定期和不定期自办培训班,选派盟员参加民盟湖南省委、省市社会主义学院、中共市委统战部举办的各类培训班,结合各种纪念履职活动宣传,民盟市委领导丁时祺、傅绍平亲自授课或聘请民盟省委领导和资深盟员辅导讲座,借助期刊、读本、网站宣传等。1990 年 12 月,民盟市委对学习盟史《盟章》竞赛活动优胜基层组织进行了表彰奖励。1991 年 5 月,民盟市委结合纪念民盟成立 50 周年活动,举办盟史展览,开展盟史教育。2005 年 8 月,民盟市委在常德诗墙公园举行纪念中国人民抗日战争胜利 60 周年互动歌会,讴歌民盟先烈。2009 年,民盟市委首次编印的《常德民盟——入盟教育读本》与盟员见面,成为新盟员学习和开展盟务工作的工具书。在 2009 年民盟市委举办的新盟员暨盟员骨干培训班上,组织观看反映民盟先贤张澜事迹的电视专题片《一世狂澜》和民盟省委制作的"继承光荣传统,再创民盟辉煌"盟史展牌,还邀请民盟省委专职副主委汤浊、宣传处处长罗小沙进行专题讲座。2010 年 4 月,在"全民学习周"活动中,主委傅绍平为全市统战系统干部宣讲了盟史。尹焕楣、黄志伟、贵体健、雷文峰、王柯等盟员先后在各种培训班上畅谈入盟履职感言。

《常德民盟》

(二)学习时事政治

民盟市委狠抓时事政治学习,用中国特色社会主义理论武装头脑。1994年3月,民盟市委举行学习《邓小平文选》报告会,邀请中共市委统战部副部长宋玉棉作学习辅导报告。1995年～2001年间,民盟市委多次召开全委(扩大)会议,集中学习中共中央总书记江泽民关于台湾问题、"三个代表"和"七一"讲话精神。1997年6月,民盟市委举办迎接香港回归祖国报告会,邀请中共市委讲师团陈文斌教授作关于"一国两制"和香港回归专题讲座。1999年5月,民盟市委召开全委(扩大)会学习中共中央总书记胡锦涛重要电视讲话,声讨以美国为首的北约轰炸中国驻南斯拉夫大使馆的恶行。1999年7月,民盟市委召开全委(扩大)会议,学习中共中央关于处理"法轮功"问题和"610"领导小组成员会议精神,统一思想、拥护中共中央决定。

二、教育

(一)政治交接学习教育活动

2007年9月始,民盟市委持续开展"以坚持走中国特色政治发展道路"为主题的政治交接学习教育活动。2007年9月,召开全委(扩大)会议,审议通过《民盟常德市委关于开展政治交接学习教育活动的实施方案》;2008年3月,召开全委(扩大)会议,开展政治交接学习经验交流,民盟常德市鼎城区基层委员会、常德市第一中学支部等6个基层组织负责人交流了学习教育情况;2008年7月,召开全委(扩大)会议,集中学习民盟中央主席蒋树声《巩固民盟政治交接成果,加强省级领导班子建设,为充分履行参政党职能提供坚强组织保证》的重要讲话精神等,就如何推进政治交接学习教育活动进行交流和探讨,主委傅绍平作政治交接学习教育活动专题辅导,要求全市盟员进一步认识开展政治交接学习教育活动的重要意义,增强坚持走中国特色社会主义政治发展道路、坚持中国共产党领导的多党合作和政治协商制度的自觉性和坚定性,把政治交接学习教育活动作为民盟一项长期的战略任务,常抓不懈。

(二)社会主义核心价值体系学习与教育

2010年始,民盟市委结合思想教育和培训,开展不同形式的社会主义核心价值体系学习与教育活动。2010年3月,主委傅绍平参加了全省各市州民主党派工商联负责人树立和践行社会主义核心价值体系研究班。2010年5月,民盟市委全体班子成员及部分骨干盟员参加了全市统一战线"树立和践行社会主义核心价值体系专题研讨班"。2010年7月,民盟市委召开全委(扩大)会议,系统学习了关于社会主义核心价值体系理论。

(三)"同心工程"思想教育

2011年始,民盟市委结合各项履职活动,开展同心思想教育。2011年4月,主委傅绍平、专职副主委刘丽艳及办公室副主任周振波参加全市各民主党派工商联无党派人士"与党同心、与'十二·五'同行"工作座谈会,学习领会同心思想,傅绍平代表民盟市委作了表态发言。2011年6月,常德统战系统合唱队在中共省委统战部组织的"同心颂党旗"合唱比赛中荣获一等奖,郭湘玲、李成、刘琼华、唐圣君、邵建勇、郭强等6名盟员参与排练演出。2012年7月,民盟市委以同心同行为主题,开展"常德发展盟员谈"活动。

第三节　宣传工作

民盟市委以加强思想建设为目标,注重对内宣传,开展系列主题教育活动,增强盟的凝聚力;加大对外宣传力度,通过编印机关刊物,建立常德民盟网站等形式,凝心聚力,传递正能量,发挥示范引路作用,推介优秀盟员典型;建立创先争优奖励机制,调动盟员积极性。

民盟市委建立了新闻线索上报和宣传报道奖励制度,组建了常德民盟QQ群,广泛收集新闻线索,指导宣传工作;邀请中共市委统战部新闻专干讲授统战新闻知识,加强宣传员队伍建设。

为宣传中共统一战线理论和方针政策,交流盟务工作经验,指导基层组织开展活动,民盟市委1987年3月复刊《常德盟讯》,每年编印3期,共编印9期。这是一本宣传爱国统一战线政策和理论、报道盟务活动、交流盟务工作经验、介绍盟内新人新事,为改革开放服务的刊物。为了提高刊物质量,1989年第3期起,民盟市委改《常德盟讯》为《常德民盟》,改油印为铅印,当年9月1日出刊,编印4期后,因故于1992年停刊。

2010年6月18日,民盟市委重新启动机关内部刊物《常德民盟》复刊工作,并请全国人大常委会副委员长、民盟中央主席蒋树声亲笔题写刊名,复刊后的《常德民盟》为彩印版,开设自身建设、议政建言、盟务简讯、基层撷英、社会服务、合作共事、盟史钩沉、盟员风采、盟员心声、文苑漫步、学习园地等栏目,知识性、可读性强,信息量大。截至2012年底,复刊后的《常德民盟》已编印4期,每期印刷700余本。

《常德民盟》的复刊,拓宽了民盟的宣传阵地,提高了盟员的参与意识,增强了盟组织的凝聚力,扩大了常德民盟的社会影响,成为盟员学习交流的园地,参政议政的平台,展示盟员风采的窗口。

2009年～2012年,民盟市委在中央统战网、《人民政协报》《中央盟讯》、民盟中央网、民盟省委网及《湖南民盟》、三湘统战网、《潇湘晨报》《三湘都市报》《湘声报》、红网、省政协委员网、《常德日报》《常德晚报》《常德民生报》、常德新闻网、常德电视台等各级媒体发表、刊播反映常德民盟的新闻稿件达500多篇次，宣传推介老盟员、非公经济界别盟员、青年盟员、女盟员40余人，产生了广泛影响。其中，以民盟常德市桃源支部主委、桃源县商务局局长向真金为主人公的通讯《敢立潮头唱大风》被《中央盟讯》和中央统战网“树立和践行社会主义核心价值体系”专栏刊登；以建言献策落实情况为主题的《采纳党派建议 力推公交优先 常德拟投20亿元建设快速公交》的新闻稿被《人民政协报》刊发；以全国人大代表、知名作家刘绍英为主人公的通讯《履职为民生 妙手写华章》，以介绍地方盟务工作亮点的消息《常德民盟直属支部连续五年参与爱心送考》、《常德民盟创新新盟员培训方式》，以及以总结常德民盟特色工作的经验文章，《常德民盟以“五抓”助推活力支部创建》等20余篇稿件被民盟中央网采用编发。2012年，民盟市委被民盟中央评为宣传思想工作先进单位。

第四节　活动开展

一、建盟纪念活动

(一)50周年纪念活动

1991年5月11日，民盟市委召开纪念中国民主同盟成立50周年大会，举办盟史展览，开展文艺联欢活动。第一届民盟市委(县级)主委丁国泉专程从长沙赶来常德参加庆祝活动。

中国民主同盟成立50周年纪念大会

纪念大会由民盟市委名誉主委陈锡祥主持，主委丁时祺作重要讲话。大会表彰了1987年～1991年获得省(部)级以上奖励或荣誉称号的盟员和“做实事、做好事”的先进基层组织。

中共常德市委副书记吴定宪、市

人大常委会副主任徐霞林、市政协副主席杨功裕、中共市委统战部部长李明安、武陵区人大主任黄泽贤、中共鼎城区委常委邓炳华及各民主党派市委、市工商联负责人到会祝贺。

盟史展览展出了民盟中央文史委员会编辑的200余张珍贵历史图片，宣传民盟光荣历史和革命传统；展出了民盟市委恢复组织活动以来在参政议政、支边扶贫、智力服务、自身建设等方面的主要活动；展出了常德盟员在各自岗位上为四化作贡献的部分成果；展出了盟内外同志为纪念中国民主同盟成立50周年而作的书法、美术作品。民盟常德工艺美术学校大力协助筹办了展览。

当日下午，民盟市委在市海员工会俱乐部举行庆祝建盟五十周年联欢活动，新老盟员表演了20多个文艺节目。

(二)60周年纪念活动

2001年3月23日下午，民盟市委在常德师范学院举行中国民主同盟成立60周年纪念大会。中共市委副书记莫道宏代表中共市委、市人大、市政府、市政协到会祝贺并致辞，民革市委主委邹克忠代表各民主党派市委、市工商联致贺词。民盟省委宣传部长李光前，中共市委统战部部长罗富国、副部长张春仙，各民主党派市委代表，常德民盟各基层组织的代表及民盟常德师范学院总支的全体盟员共100余人出席庆祝活动。

庆祝活动得到了常德师范学院的支持，中共常德师范学院党委书记杨万柱、副书记石子球、统战部部长袁顺祥全程参加活动，杨万柱代表常德师范学院致辞。

民盟省委宣传处处长李光前代表民盟省委对为常德获得民盟省委表彰的先进基层组织和个人颁发了奖牌、荣誉证书，并作题为《努力培养新世纪高素质参政党成员》的报告。

(三)70周年纪念活动

2011年5月20日，民盟市委联合青年工作委员会在常德诗墙公园激情广场举办“庆祝中国共产党建党90周年、中国民主同盟成立70周年”红歌会。中共市委统战部常务副部长沈跃，副部长李学明、蒋颖群应邀出席。来自民盟11个基层组织的近200名盟员用歌曲和舞蹈讴歌老一代革命志士为民族解放和新中国成立建立的丰功伟绩，表达对民盟组织的深情厚意。近2000名群众观看表演。

二、春节团拜慰问活动

自1989年始，每逢新春佳节，民盟市委都会采取走访慰问、新春联欢、总结表彰等形式进行庆祝。1989年1～2月，民盟市委走访慰问了50多位老盟员及盟员遗属；1990年12月25日，160余名盟员出席民盟市委在市工人文化宫举办的迎新联欢会；1991年2月23日～26日，民盟市委负责人和机关干部一道看望常德师范专科学校、常德高等专科学校、常德师范学校、常德市卫生学校、常德市第一中学、常德市第四中学、常德市第六中学、常德市第一职业中学、常德棉纺厂、常德市第二中学、常德市小教城西、常德市小教城北、常德市小教城东等13个支部的部分盟员；在1999年1月29日的新年团拜会上，民盟市委还召开了纪念湖南民盟建盟50周年暨总结表彰大会；2007年～2012年间的每年春节前夕，民盟市委都举行新春文艺联欢和总结表彰大会，并邀请中共市委统战部和对口联系单位的领导出席，2012年的迎春团拜会，与会盟员人数达到300余人。

三、教师节纪念活动

自1989年始，每年的教师节民盟市委都要采取各种形式进行庆祝。如：举办座谈会，就教育改革、素质教育、新课改等进行座谈，征求对民盟市委参政议政工作意见；参观工艺美术学校。2008年～2012年间，每年向全市教师盟员寄发教师节慰问信。

四、青年节纪念活动

1989年～2012年，民盟市委和民盟市委青年工作委员会经常在“五四”青年节期间组织青年盟员开展有意义的活动，如：参观民盟常德工艺美术学校；举行“我与祖国同行”诗歌朗诵会；在常德诗墙公园激情广场举办庆祝“建党90周年、民盟成立70周年”红歌会；在太阳山开展登山健康环保行活动，拾捡白色垃圾，宣传低碳环保健康理念。

五、妇女节纪念活动

1989年～2012年，每年“三八”妇女节期间，民盟市委和民盟常德市委妇女工作委员(妇女老龄工作委员会)会每年都会组织女盟员开展学习、咨询、座谈、踏青等有意义的活动。主要内容有：组织女盟员赴德山孤峰塔、桃花源踏青；学习《常德市妇女发展规划》；举办妇女保健知识讲座、魅力女性感恩活动讲座，开展女性修养及家庭生活交流；开展健康骑行活动，赴渔樵村种树；参观常德市经济技术开发区及道教场所；开展瑜伽体验、登星德山活动。

六、重阳节纪念活动

1989年～2012年，每年重阳节期间，民盟市委和民盟市委老龄(年)工作委员会每年都会组织开展慰问老盟员、召开座谈会、组织诗书画影作品展等活动，积极为老盟员创造老有所学、老有所乐、老有所为的环境。主要活动有：组织老盟员到滨湖公园游园、赴淮阳中学开展吟诗作画茶话会、赴华南光学仪器厂歌舞厅开展联谊活动、举行湖南民盟成立50周年座谈会、参观常德市博物馆、开展政治交接学习活动、登门慰问90岁以上的老盟员谭国梁和陈荣欣、组织离退休处级老盟员参加市老干局举办的游园活动、开展纪念建国60周年座谈会、赴渔樵村品擂茶畅谈美好夕阳人生、在“想唱就唱”歌友会所举行联欢、为各基层组织老盟员赠送重阳节慰问品、定期组织机关退休老干部进行健康检查。

第四章　重要会议

第一节　筹委会

1988 年 1 月，国务院批准撤销常德地区建立湖南省辖常德市，在民盟省委和中共市委的领导下，开始有计划有步骤地进行第一届民盟市委筹建工作。是年 5 月，经协商讨论初步拟定民盟市委筹委会组成人员名单。之后，多次召开筹委会会议，具体研究、制定和落实各项筹备工作任务。

1988 年 6 月 4 日，在芷园宾馆召开筹委会第一次会议。民盟省委专职副主委曹曾祝、民盟省委代秘书长杨国勋、中共市纪委书记熊奇生应邀出席会议。曹曾祝代表民盟省委宣布民盟市委筹委会成立，任命陈锡祥为筹委会主任，丁时祺、伍龙章为副主任，章伯先、彭石安、孙定国、易孝昭、张子敬、郑祖瑜为委员。会议就筹备事项提出计划要点，并就筹委会成员的工作作了分工。

1988 年 6 月 24 日，在芷园宾馆召开民盟市委筹委会第二次会议。会议决定建立筹委会主任和副主任值班、碰头、办公会议制度；同意民盟津市市联络小组《关于组建民盟津市市筹委会的报告》并转报民盟省委；会议研究下阶段工作，批准 7 人为新盟员。

1988 年 7 月 15 日，在民主党派市委机关召开民盟市委筹委会第三次会议。会议集中学习中共市委统战部在桃源县召开的经济统战会议精神，审议通过拟提交民盟常德市第一次代表大会的文件。

1988 年 7 月 29 日，在民主党派市委机关召开民盟市委筹委会第四次会议。会议集中学习民盟中央、民盟省委有关换届选举的文件精神，审议通过成立民盟常德市第一次代表大会筹备工作班子。

1988 年 9 月 15 日，在民主党派市委机关会议室召开民盟市委筹委会第十次会议，筹委会委员陈锡祥、丁时祺、伍龙章、易孝昭、章伯先、孙定国、张子敬出席。彭石安、郑祖瑜请假。会议确定：1、第一次盟员代表大会于 11 月份召开；2、民盟市委筹委会主办的民盟朗州电大班和武汉工业函大常德分院实行校长负责制，校长对民盟市委负责，重大事项由民盟市委筹委会决定。3、审批通过了宋杰、张莉、郑春霞、唐竹云等 4 名新盟员。

1988 年 9 月 23 日，在民主党派市委机关会议室召开民盟市委筹委会第十一次(扩大)会议，筹委会委员陈锡祥、丁时祺、伍龙章、孙定国、易孝昭、张子敬出席，章伯先、彭石安、郑祖瑜请假。参加会议的还有各基层组织的负责人或代表 10 余人。会议由主任陈锡祥主持，会议传达了筹委会第 10 次会议决议，座谈讨论了新《盟章》修改稿。

1988 年 9 月 30 日，在民主党派市委机关会议室召开民盟市委筹委会第十二次会议，筹委会委员陈锡祥、伍龙章、章伯先、易孝昭、张子敬出席，丁时祺、彭石安、孙定国、郑祖瑜请假。会议由主任陈锡祥主持，会议学习了中共市委支援灾区的明传电报，决定由刘东山办理抗灾捐助的具体事宜，研究确定了朗州电大班开学典礼的有关事宜，决定了由民盟市委筹委会接管民盟常德工艺美术学校，具体工作由张子敬负责办理，审批通过了罗晓德加入盟组织。

第二节　代表大会

常德市盟员代表大会原则上每 5 年举行一次。必要时，经上一级组织批准，可提前或延期举行。常德市盟员代表大会由上一届民盟市委(第一届为筹委会)召集，选举主席团主持会议。代表大会的代表名额和产生办法，由民盟市委决定，并报盟省委批准。代表大会的职权是：贯彻执行民盟中央和民盟省委的决议，听取和审议民盟市委工作报告，讨论并决定民盟市委的重要事项，选举民盟市委委员组成民盟常德市委员会。1988 年 11 月～2012 年 12 月，常德市共召开盟员代表大会 6 次。

1988 年 11 月 23 日，在芷园宾馆召开民盟常德市第一次代表大会

一、民盟常德市第一次代表大会

1988年11月22日～24日在芷园宾馆举行。会议由民盟市委筹委会召集。到会代表79名。民盟市委筹委会主任陈锡祥，副主任丁时祺、伍龙章和筹委会委员出席。民盟省委专职副主委曹曾祝、秘书长杨国勋、中共市委及各民主党派市委、市工商联主要负责人及市直有关部门负责人应邀出席大会开幕式。

会议听取和审议了民盟市委筹委会副主任丁时祺所作的《民盟常德市第一届委员会筹备工作报告》。报告指出，筹建民盟市委是落实国务院1988年1月23日第18号函件精神，使民盟从组织上适应市领导县新体制的一个重要举措，对于扩大和巩固常德市的爱国统一战线，加强两个文明建设，具有重要意义。报告强调，一届民盟市委的筹建工作自始至终是在民盟省委和中共市委的领导下，有计划有步骤进行的。报告还就一届民盟市委的产生办法作了说明。

会议选举产生15名委员组成民盟常德市第一届委员会。

会议期间召开一届一次全委会议，选举丁时祺为主委，伍龙章、易孝昭（专职）、郑祖瑜为副主委，推举陈锡祥为名誉主委。

会议审议通过《民盟常德市第一次代表大会决议》。以下简称"《决议》"。《决议》指出，今后一段时期的主要任务是在总结常德市（县级）民盟工作实践经验的基础上，在民盟省委和中共市委的领导下，认真贯彻执行中共"十三大"精神，以经济建设为中心，把工作重点转移到为经济建设服务上来，牢固树立大力发展生产力的观念、商品经济的观念和改革的观念，将民盟工作与经济工作紧密结合、同步进行。《决议》号召全体盟员保持和发扬民主革命时期在艰苦曲折的斗争中民盟与中国共产党并肩战斗的光荣传统，在改革开放的关键时期，充分理解和支持中共中央的重大决策，积极参加社会主义物质文明和精神文明建设，在努力做好本职工作的同时，继续开展以智力服务为中心的各项社会活动，为进一步实现社会风气好转，繁荣科学文化，培养社会主义一代新人而奋斗。

二、民盟常德市第二次代表大会

1992年1月11日～12日在芷园宾馆举行。到会代表75名。民盟省委、中共市委及各民主党派市委、市工商联主要负责人及市直有关部门负责人应邀出席大会开幕式。

会议听取并审议丁时祺主委作的《为振兴常德，兴工强农富市献策献力》工作报告。报告回顾一届民盟市委成立以来在中共市委的领导下，认真贯彻"一个中心、两个基本点"的基本路线，在加强自身建设的同时，积极参政议政，面向社会，服务"四化"，为开创民盟务工作新局面，促进常德两个文明建设所做的工作，着重肯定加强领导班子建设和思想组织制度建设以及发挥参政议政和民主监督作用等方面取得的成绩。报告指出，根据《中共中央关于坚持和完善中国共产党领导的多党合作和政治协商制度的意见》，民盟组织正面临发挥参政党作用与加强自身建设的双重任务。在当前国内外形势下，要更加注重学习，紧紧围绕中心、服务大局开展工作，努力为振兴常德献策出力。

会议选举产生14名委员组成民盟常德市第二届委员会。

会议期间召开二届一次全委会议，选举丁时祺为主委，郭敦文、李平之、徐珂（专职）为副主委，推举陈锡祥为名誉主委，徐珂兼秘书长。

会议通过《民盟常德市第二次代表大会决议》（以下简称“《决议》”）。《决议》指出，加强民盟的自身建设，特别是加强民盟的思想建设，进一步提高盟员的政治素质，是当前盟务工作的首要任务。《决议》要求，全市盟员要认真学习《中共中央关于坚持和完善中国共产党领导的多党合作和政治协商制度的意见》和中共中央总书记江泽民“七·一”讲话精神，在思想和行动上与党中央保持高度一致，在当前纷纭复杂的国际形势中，增强抵制国内外敌对势力“和平演变”的能力。《决议》号召，全市盟员紧密团结在以江泽民为核心的中共中央周围，继承和发扬民盟的优良传统和作风，奋发图强，为开创民盟工作新局面、促进常德安定团结而奋斗。

三、民盟常德市第三次代表大会

1996年12月11日～12日在民主党派市委机关举行。到会代表70名。民盟省委副主委乐寿长、中共市委副书记彭孟芝出席并讲话。民盟省委组织处处长罗湘湘、副处长孙匡国，市人大常委会副主任鲁之芙，市政协副主席李明安，市政协副主席、中共市委统战部部长罗富国，各民主党派市委、市工商联主要负责人及市直有关部门负责人应邀出席大会开幕式。乐寿长代表民盟省委讲话，彭孟芝代表中共市委、市人大、市政府、市政协向大会表示热烈祝贺。

会议集中学习了中共中央总书记江泽民关于“讲政治”的讲话精神和中共中央十四届六中全会《决议》，听取和审议第二届民盟市委主委丁时祺所作的《民盟常德市第二届委员会工作报告》。报告总结过去5年的工作，认为“民盟市委在加强自身建设、提高盟员素质、进一步完善参政党机制方面，在积极参政议政、认真履行政治协商、民主监督职责方面，在发挥自身优势、‘为两个文明建设出主意、想办法、做好事、做实事’方面取得了新成绩”。报告向即将产生的新一届委员会建议：一是继续发扬自我教育的优良传统，加强学习，进一步增强坚持基本理论、基本路线、基本政治制度的自觉性，坚定接受中国共产党领导、建设有中国特色社会主义的信念，开展讲团结、讲纪律的教育，做到政治立场坚定、政治方向正确、政治态度鲜明、政治纪律严明，围绕经济建设中心，联系工作实际，把民盟的思想建设推向新高度；二是认真抓好组织建设，逐步健全参政党机制，保证民盟各项工作沿着中国共产党领导的多党合作道路前进；三是认真贯彻“一个中心、两个基本点”的基本路线，紧紧围绕常德两个文明建设中的突出问题，深入调查研究，积极建言献策；四是推动盟员立足本职，勤奋工作，发挥优势，服务社会。

会议选举产生 15 名委员组成民盟常德市第三届委员会。

会议期间召开三届一次全委会议，选举丁时祺为主委，徐珂（专职）、李平之、傅绍平（女）为副主委，任命王军杰为秘书长。

四、民盟常德市第四次代表大会

2001 年 7 月 14 日在民主党派市委机关举行。到会代表 59 名。民盟省委专职副主委陈幼平、中共市委副书记莫道宏出席会议并讲话；民盟省委组织处处长罗湘湘、人事处副处长刘建光，市人大常委会副主任余习忠，市人大常委会副主任、民革市委主委邹克忠，市政府助理巡视员叶培明，市政协副主席李明安，市政协副主席、中共市委统战部部长罗富国，各民主党派市委、市工商联主要负责人及市直有关部门负责人应邀出席大会开幕式。陈幼平在讲话中高度评价第三届民盟市委的工作，希望通过换届，建设一个维护党的领导、坚持民盟传统、适应时代要求的新的民盟市委。莫道宏代表中共市委、市人大、市政府、市政协，向大会的顺利召开表示热烈祝贺。

会议听取了丁时祺主委所作的《民盟常德市第三届委员会工作报告》。报告指出，过去的五年，是我国和世界历史进程中不平凡的五年，是常德改革开放大发展的五年，也是民盟市委思想建设不断加强、政治素质不断提高的五年。五年间，民盟市委组织盟员参政议政成果显著，科技扶贫、送医疗下乡、推动社会办学等社会服务活动以及基层基础工作取得了新的进步。报告强调，今后五年民盟市委的工作，要以学习邓小平理论和江泽民总书记在中共建党八十周年大会上的讲话精神为指导，以贯彻全国、全省和全市统战工作会议精神为契机，围绕实施常德“十・五”计划，“出主意、想办法、办实事、做好事”。要加强思想组织建设和机关建设，把民盟市委机关建设成为高效、文明、团结、务实的工作机构。

会议选举产生 13 名委员组成民盟常德市第四届委员会。

会议期间召开四届一次全委会议，选举丁时祺为主委，李平之、傅绍平、王军杰为副主委，任命王军杰兼秘书长。

大会通过《民盟常德市第四次代表大会决议》。以下简称“《决议》”。《决议》充分肯定了民盟市委过去五年的工作，要求新一届民盟市委为实现常德“十·五”计划和2010年远景目标，带领全市盟员更好地发挥参政党作用，号召全市盟员扎实做好本职工作和盟务工作，为常德的改革开放和经济社会发展作出新的贡献。

五、民盟常德市第五次代表大会

2006年6月9日在桃林宾馆举行。到会代表75名。民盟省委副主委张作功、中共市委副书记周用金出席会议并讲话。民盟省委组织处处长李建民、副处长徐智，市人大常委会副主任、民革市委主委邹克忠，市政府副市长张元英，市政协副主席、中共市委统战部部长文承保，各民主党派市委、市工商联主要负责人及市直有关部门负责人应邀出席大会开幕式。张作功在讲话中要求新一届民盟市委和广大盟员统一思想，坚定信念，为进一步坚持和完善中国共产党领导的多党合作和政治协商制度，为全面贯彻落实科学发展观，构建社会主义和谐社会贡献力量，为把“十·一五”规划的宏伟蓝图变为美好现实，谱写社会主义现代化事业新篇章作出新贡献。周用金代表中共市委、市人大、市政府、市政协，向大会表示热烈祝贺。

会议听取和审议了丁时祺主委作的《开拓进取 与时俱进 为全面建设小康社会争做贡献》的民盟常德市第四届委员会的工作报告。报告回顾过去五年民盟市委在履行参政党职能方面取得的新成效，在发挥盟员优势、开展社会服务工作方面作出的新贡献，在加强民盟组织自身建设方面收获的新进步。报告就今后五年民盟市委的工作提出要求：一要高举邓小平理论伟大旗帜，认真学习贯彻中共十六大精神；二要发挥民盟的特点和优势，积极推进参政议政、民主监督工作；三要大力开展社会服务活动，不断提高为现代化建设服务的水平；四要适应新世纪新阶段的要求，进一步加强自身建设。

会议选举产生15名委员组成民盟常德市第五届委员会。

会议期间召开五届一次全委会议，选举傅绍平（女）为主委，邓红（女，专职）、王军杰、李国富为副主委，任命邓红兼秘书长。

大会通过《民盟常德市第五次代表大会决议》。以下简称“决议》”。《决议》高度评价选举产生的新一届民盟市委，是一个政治坚定、团结民主、结构合理的领导集体，民盟市委在实现新老交替和政治交接进程中迈出了新的一步。《决议》要求全市盟员认真学习，统一思想，增进共识，更加积极主动地发挥好参政党作用；新一届民盟市委要紧跟形势，明确任务，围绕常德改革开放和经济建设中心，为实现常德“十一·五”规划目标献计出力。《决议》号召全市盟员在市委领导下，进一步解放思想，更新观念，扎扎实实做好本职工作和盟务工作，为全面建设小康社会而奋斗。

新当选的第五届民盟市委主委傅绍平在闭幕会上致词。她号召全市各级民盟组织和广大盟员在民盟省委和中共市委的正确领导下，坚持中国共产党领导的多党合作和政治协商制度，继承发扬民盟光荣传统，进一步加强自身建设，切实履行参政党职能，坚定信念，把握重点，围绕中心，服务大局，为完成常德市“十一·五”规划的各项任务，把常德市建设成为繁荣、开放、文明、秀美、和谐的现代化城市献计出力。

六、民盟常德市第六次代表大会

2011年4月29日在华天大酒店举行。到会代表122名。省政协副主席、民盟省委主委杨维刚，民盟省委专职副主委汤浊，中共市委常委、市委统战部部长李爱国出席并讲话。民盟省委组织处处长项新华、副处长徐智，市人大常委会副主任王孝山，各民主党派市委、市工商联主要负责人及市直有关部门负责人应邀出席大会开幕式。杨维刚在讲话中肯定民盟市委继承发扬“爱国、民主、团结、进步”的优良传统，自觉维护中国共产党的领导，以“立盟为公、参政为民”为宗旨，扎实工作，开拓创新，民盟的凝聚力、向心力不断增强，社会影响不断扩大，各项工作呈现出蓬勃发展、健康向上的新气象。李爱国代表中共市委、市人大、市政府、市政协向大会表示热烈祝贺。

会议听取和审议第五届民盟市委主委傅绍平所作的《同心聚力，团结奋进，为建设“现代常德、幸福家园”贡献力量》的民盟常德市第五届委员会工作报告。报告认为，过去五年，民盟市委团结带领全市盟员以树立和践行社会主义核心价值观为主线，思想政治建设上了新台阶；以建设“工业强市、文化名城、和谐常德”为目标，参政议政取得新成效；以为党委政府分忧和为群众解难为己任，服务社会有新贡献；以大力实施“人才强盟”战略为抓手，自身建设有新突破。报告在总结多年积累的经验的基础上，提出了今后工作建议：着力提升政治把握能力，切实打牢多党合作基础；着力提升参政议政能力，切实服务经济社会发展；着力提升社会服务能力，切实扩大民盟组织影响；着力提升组织引导能力，切实提高自身建设水平。

会议选举产生17名委员组成民民盟常德市第六届委员会。

会议期间召开六届一次全委会议，选举傅绍平（女）为主委，刘丽艳（女，专职）、李国富、陈集亮为副主委，任命刘丽艳兼秘书长。

大会通过《民盟常德市第六次代表大会决议》。以下简称“《决议》”。《决议》认为，新组成的民盟常德市第六届委员会，是一个政治坚定、德才兼备、结构合理的领导集体，民盟市委在实现新老交替和政治交接进程中又迈出新的一步。《决议》希望新一届民盟市委领导集体团结带领全市广大盟员，深入贯彻落实科学发展观，树立和践行社会主义核心价值体系，切实加强自身建设，进一步开创常德市民盟工作新局面。《决议》号召广大盟员认真学习贯彻本次大会精神，为“十二·五”规划的顺利实施，为建设“现代常德、幸福家园”而努力作为。

汤浊在闭幕会上寄语常德盟员：坚定信念，忠诚履职，通过扎实有效的工作进一步发展和完善好多党合作制度，在本职岗位和行业岗位上建功立业，在湖南民盟事业发展中有更加精彩出色的表现。

第三节　全体委员会议

民盟市委任期为每届5年。民盟市委全委会议至少每年举行一次。代表大会提前或延期举行，委员会任期相应改变。民盟市委全委会议在代表大会闭会期间，领导本组织的工作。主委、副主委、秘书长组成主委会议，领导本组织的日常工作。召开民盟市委全委（含扩大）会议65次：一届8次、二届8次、三届13次、四届12次、五届16次、六届6次。

一、一届民盟市委全委会议

一届一次会议　1988年11月23日在芷园宾馆举行。出席会议的民盟市委委员15名。民盟省委专职副主委曹曾祝、秘书长杨国勋应邀出席。会议选举丁时祺为第一届盟市委主委，选举伍龙章、易孝昭（专职）、郑祖瑜为副主委。会议决定设立名誉主委职务，由陈锡祥担任名誉主委；决定聘请丁为戊等7人为顾问。

一届二次会议　1988年12月15日在民主党派市委机关举行。出席会议的民盟市委委员15名。会议审议通过民盟市委工作机构设置及相关人事安排事项。

一届三次（扩大）会议　1989年8月2日在武陵区招待所举行。出席会议的有民盟市委委员、顾问及基层组织负责人共17名。会议集中学习中共十三届四中全会公报、邓小平讲话和民盟中央费孝通主席讲话，总结民盟市委上半年工作，通过《民盟常德市委员会第三次全体委员（扩大）会议政治决议》。

一届四次（扩大）会议　1990年1月10日在武陵区招待所举行。出席会议的民盟市委委员、顾问、专委会主任、基层组织负责人共25名。会议集中学习中共十三届五中全会精神，学习民盟中央主席费孝通讲话和民盟省委八届三次全会精神，审议通过《民盟常德市委1989年工作总结》和《民盟常德市委1990年工作计划》。

一届五次(扩大)会议　1990年2月17日在桃林宾馆举行。出席会议的民盟市委委员、顾问、专委会主任、基层组织负责人共25名。会议集中学习《中共中央关于坚持和完善中国共产党领导的多党合作和政治协商制度的意见》,通报表彰1989年"五好"基层组织及优秀盟员。

一届六次(扩大)会议　1990年9月12日在民主党派市委机关举行。出席会议的民盟市委委员、顾问共18名。会议集中学习民盟省委盟务工作会议精神,总结民盟市委1990年上半年工作,研究讨论民盟市委1990年下半年工作。

一届七次会议　1991年3月18日在民主党派市委机关举行。出席会议的民盟市委委员13名。会议集中学习民盟中央和民盟省委有关会议精神;研究讨论筹备民盟成立50周年纪念活动事项;审议通过《民盟常德市委1990年工作总结》和《民盟常德市委1991年工作计划》;决定成立民盟市委社会服务部,通过相关人事任命事项。

一届八次(扩大)会议　1991年9月6日在民主党派市委机关举行。出席会议的民盟市委委员、顾问、专委会主任、基层组织负责人共25名。会议集中学习民盟省委八届十三次常委扩大会议精神,审议通过《民盟常德市委关于换届工作的实施意见》。

二、二届民盟市委全委会议

二届一次会议　1992年1月12日在芷园宾馆举行。出席会议的民盟市委委员14名。民盟省委负责人应邀出席。会议选举丁时祺为第二届民盟市委主委,郭敦文、李平之、徐珂(专职)为副主委,任命徐珂为秘书长(兼);决定设名誉主委职务,推举陈锡祥为名誉主委;聘请丁为戊等8人为顾问。

二届二次会议　(无记录)

二届三次会议　(无记录)

二届四次会议　1993年3月10日在民主党派市委机关举行。出席会议的民盟市委委员14名。会议研究有关人事安排和下阶段主要工作。

二届五次会议　1993年4月2日在民主党派市委机关举行。出席会议的民盟市委委员11名。民盟市委名誉主委、顾问列席。会议集中学习民盟第七次全国代表大会、民盟湖南省第九次代表大会和湖南省政协七届一次会议精神;审议通过《民盟常德市委1992年工作报告》和《民盟常德市委1993年工作要点》。

二届六次会议　1993年5月17日在民主党派市委机关举行。出席会议的民盟市委委员10名。会议讨论机关工作并决定有关人事安排。

二届七次会议　1994年4月4日在民主党派市委机关举行。出席会议的民盟市委委员12名。会议集中学习湖南省盟务工作会议精神和湖南省政协全会精神;审议通过《民盟常德市委1993年工作报告》和《民盟常德市委1994年工作要点》。

二届八次(扩大)会议　1995年1月4日在民主党派市委机关举行。出席会议的民盟市委委员、名誉主委、顾问、专委会主任及基层组织负责人共43名。会议审议通过《民盟常德市委1994年工作报告》和《民盟常德市委1995年工作要点》。

三、三届民盟市委全委会议

三届一次会议　1996年12月12日在民主党派市委机关举行。出席会议的民盟市委委员15名。民盟省委组织处处长罗湘湘应邀出席。会议选举丁时祺为第三届盟市委主委,徐珂(专职)、李平之、傅绍平(女)为副主委,任命王军杰为秘书长(兼)。

三届二次(扩大)会议　1997年1月22日在民主党派市委机关举行。出席会议的民盟市委委员和基层组织负责人共27名。会议审议通过民盟市委二层机构和相关人事安排;审议通过《民盟常德市委1997年工作要点》;讨论并宣布民盟市委主要成员工作分工。

三届三次(扩大)会议　1997年6月19日在民主党派市委机关举行。出席会议的民盟市委委员、专委会正副主任、基层组织负责人共30名。会议集中学习民盟湖南省第十次代表大会精神,邀请中共市委讲师团教授陈文斌作《一国两制的构想及香港问题的解决》专题讲座。

三届四次(扩大)会议　1998年3月14日在民主党派市委机关举行。出席会议的民盟市委委员、专委会主任、基层组织负责人共30名。会议审议通过《民盟常德市委1997年工作报告》、《民盟常德市委1998年工作要点》;通报表彰1997年先进支部和优秀盟员。

三届五次(扩大)会议　1999年3月16日在民主党派市委机关举行。出席会议的民盟市委委员、专委会主任、基层组织负责人共30名。会议审议通过《民盟常德市委1998年工作报告》、《民盟常德市委1999年工作要点》;座谈讨论民盟市委今后工作,听取意见建议。

全委(扩大)会议　1999年5月11日在民主党派市委机关举行。会议传达中共中央和省、市委文件精神,学习中共中央政治局常委胡锦涛的重要讲话,声讨以美国为首的北约轰炸中国驻南斯拉夫大使馆的罪恶行径。主委丁时祺在会上讲话,号召全体盟员紧密团结在中共中央周围,致力建设强盛国家。

三届六次会议　1999年6月25日在民主党派市委机关举行。出席会议的民盟市委委员9名。中共市委统战部副部长张春仙应邀出席。会议传达学习民盟全国教育工作委员会会议主要精神，通报民盟市委上半年工作，同意徐珂因年龄原因辞去民盟市委专职副主委职务。

全委（扩大）会议　1999 年 7 月 23 日在民主党派市委机关举行。会议传达中共中央关于处理“法轮功”问题有关精神，参会人员表示坚决拥护中共中央决定。

三届七次会议　2000 年 1 月 10 日在民主党派市委机关举行。出席会议的民盟市委委员 9 名。会议审议通过《民盟市委 1999 年工作总结》，审议通过《民盟市委关于表彰 1999 年度先进支部、优秀盟员、优秀调研工作者的决定》；讨论关于召开民盟市委 1999 年度总结表彰大会有关事项。

三届八次（扩大）会议　2000 年 3 月 15 日在民主党派市委机关举行。出席会议的民盟市委委员和基层组织负责人共 26 名。会议传达学习中共市委经济工作会议精神，审议通过《民盟常德市委 2000 年工作要点》。

三届九次（扩大）会议　2000 年 9 月 28 日在民主党派市委机关举行。出席会议的民盟市委委员、专委会主任、基层组织负责人共 27 名。会议学习中共中央总书记江泽民关于“三个代表”的重要讲话精神，通报民盟市委主要工作，听取各基层组织负责人前段工作情况汇报。

三届十次会议　2001 年 2 月 23 日在民主党派市委机关举行。出席会议的民盟市委委员 10 名。会议审议通过《民盟市委 2000 年工作总结和 2001 年工作要点》，审议通过《民盟常德市委换届筹备工作方案》。

三届十一次会议　2001 年 7 月 10 日在民盟市委机关举行。出席会议的民盟市委委员 9 名。会议研究决定民盟常德市第四次代表大会有关事项。

三届十二次（扩大）会议　2001 年 7 月 13 日在民主党派市委机关举行。出席会议的民盟市委委员、专委会正副主任和基层组织负责人、民盟常德市第四次代表大会代表共 47 名。会议集中学习中共中央总书记江泽民在庆祝中国共产党成立 80 周年大会上的讲话精神，并就民盟常德市第四次代表大会的相关事宜进行协商。

四、四届民盟市委全委会议

四届一次会议　2001 年 7 月 14 日在民盟市委机关举行。出席会议的民盟市委委员 13 名。民盟省委专职副主委陈幼平应邀出席。会议选举丁时祺为第四届民盟市委主委，李平之、傅绍平（女）、王军杰为副主委，任命王军杰为秘书长（兼）。

四届二次（扩大）会议　2001 年 9 月 24 日在民主党派市委机关举行。出席会议的民盟市委委员和基层组织负责人共 25 名。会议集中学习中共中央总书记江泽民关于“三个代表”的重要思想，审议通过民盟市委二层机构设置及人事安排，讨论研究民盟市委下阶段主要工作。

四届三次（扩大）会议 2002年1月11日在民盟市委机关举行。出席会议的民盟市委委员、专委会主任、基层组织负责人共27名。会议集中学习中共市委经济工作会议精神，审议通过民盟市委2001年度先进集体和先进个人名单、《民盟常德市委2001年度工作总结》及《民盟常德市委2002年工作要点》。

四届四次（扩大）会议 2002年5月16日在民盟市委机关举行。出席会议的民盟市委委员、专委会主任、基层组织负责人共25名。会议集中学习民盟省委盟务工作会议精神，向与会人员征求修改《盟章》的意见和建议，安排部署民盟市委2002年主要工作，对民盟市委机关工作人员职责分工作出调整。

四届五次（扩大）会议 2002年11月21日在民盟市委机关举行。出席会议的民盟市委委员、专委会主任、基层组织负责人共25名。会议集中学习中共十六大精神。

四届六次（扩大）会议 2003年4月18日在常德职业技术学院举行。出席会议的民盟市委委员、专委会主任、基层组织负责人共27名。中共市委统战部常务副部长郑维改、常德职业技术学院党委副书记田时洪应邀出席。会议审议通过《民盟市委关于表彰先进的决定》、《民盟市委2002年度工作总结》和《民盟市委2003年工作要点》，表决通过增补唐绍华、邓红为民盟常德市第四届委员会委员。

四届七次（扩大）会议 2003年12月25日在常德师范学校举行。出席会议的民盟市委委员、专委会主任、基层组织负责人共27名。会议的主要任务是，总结民盟市委2003年度主要工作。

四届八次（扩大）会议 2004年4月8日在市第二中学举行。出席会议的民盟市委委员、专委会主任、基层组织负责人共27名。会议审议通过《民盟常德市委2004年工作要点》，并就全年的调研工作作出部署。

四届九次（扩大）会议 2005年1月20日在民主党派市委机关举行。出席会议的民盟市委委员、专委会主任、基层组织负责人共27名。会议的主要任务是，总结民盟市委2004年度主要工作。

四届十次（扩大）会议 2005年4月1日在民主党派市委机关举行。出席会议的民盟市委委员、专委会主任、基层组织负责人共27名。会议集中学习中共中央《关于进一步加强中国共产党领导的多党合作和政治协商制度建设的意见》（即中发〔2005〕5号文件），审议通过《民盟常德市委2005年工作要点》，通报表彰2004年度先进基层组织和参政议政积极分子。会议还对民盟市委2005年宣传信息工作作出部署。

四届十一次（扩大）会议 2006年1月5日在民主党派市委机关举行。出席会议的民盟市委委员、专委会主任、基层组织负责人共40名。中共市委统战部常务副部长郑维改应邀出席。会议审议通过《民盟常德市委2005年度工作总结》，听取各基层组织负责人分别作2005年度工作总结汇报，民主推选2005年度先进基层组织。

四届十二次（扩大）会议　2006年3月15日在民主党派市委机关举行。出席会议的民盟市委委员、专委会主任、基层组织负责人共30名。民盟省委组织处处长李建民、副处长徐智和中共市委统战部常务副部长郑维改应邀出席。会议表彰民盟常德市2005年度盟务工作先进集体（7个）和优秀盟员（57名），对民盟市委2006年换届工作进行动员和部署。审议通过《民盟常德市委2006年工作要点》和《民盟常德市委2006年换届工作方案》。市政协副主席、民盟市委主委丁时祺在会上作换届工作动员报告。

五、五届民盟市委全委会议

五届一次会议　2006年6月9日在桃林宾馆举行。出席会议的民盟市委委员15名，民盟省委组织处处长李建民、中共市委统战部副部长杨庆武应邀出席。会议选举傅绍平（女）为第五届民盟市委主委，邓红（女，专职）、王军杰、李国富为副主委，任命邓红为秘书长（兼）。

五届二次会议　2006年7月27日在民主党派市委机关举行。出席会议的民盟市委委员15名。会议审议通过民盟市委二层机构设置及相关人事安排，研究制定民盟市委有关规章制度，讨论规划民盟市委后段主要工作任务。

五届三次（扩大）会议　2007年3月29日在常德师范学校举行。出席会议的民盟市委委员、专委会主任、基层组织负责人共28名。会议审议通过《民盟常德市委2007年工作要点》。

五届四次（扩大）会议　2007年9月14日在民主党派市委机关举行。出席会议的民盟市委委员、民盟员中的市人大代表和市政协委员、专委会正副主任、基层组织负责人共60余名。中共市委统战部常务副部长郑维改应邀出席。会议集中学习民盟湖南省第十二次代表大会主要精神；对民盟市委2007年上半年工作进行总结；就民盟市委开展政治交接学习教育活动进行动员，审议通过《民盟常德市委关于开展政治交接学习教育活动的实施方案》。

五届五次（扩大）会议　2008年1月26日在民主党派市委机关举行。出席会议的民盟市委委员、盟员中的市人大代表和市政协委员、专委会正副主任、基层组织负责人共60余名。2007年度新发展的盟员列席。中共市委统战部副部长龙泽巨应邀出席。会议审议通过《民盟常德市委2007年工作报告》，通报表彰2007年度先进盟组织和优秀盟员。

五届六次(扩大)会议　2008年3月28日在民主党派市委机关举行。出席会议的民盟市委委员、专委会主任、基层组织负责人共20名。会议集中学习民盟十大精神，学习中共中央总书记胡锦涛2007年12月14日上午在中南海同各民主党派中央、全国工商联新老领导人座谈会上发表的重要讲话精神，传达学习湖南省盟务工作会议精神；审议通过《民盟常德市委2008年工作要点》和《民盟常德市先进基层组织评选考核细则》；听取民盟常德市鼎城区基层委员会、民盟常德市第一中学支部等6个基层组织就前一阶段的政治交接学习教育活动情况作典型发言。

五届七次(扩大)会议　2008年7月10日在常德市武陵区政协机关举行。出席会议的民盟市委委员、专委会主任、基层组织负责人共26名。会议集中学习民盟中央主席蒋树声《巩固民盟政治交接成果，加强省级领导班子建设，为充分履行参政党职能提供坚强组织保证》的重要讲话精神及民盟省委十二届四次常委(扩大)会议精神；就如何推进政治交接学习教育活动进行交流和探讨；对民盟市委2008年上半年工作进行总结和下半年工作进行部署。

五届八次(扩大)会议　2008年11月14日在慈利万福大酒店举行。出席会议的民盟市委委员、盟员中的市人大代表和市政协委员、基层组织负责人共30名。中共市委统战部常务副部长郑维改应邀出席。会议集中学习中共十七届三中全会精神；安排部署民盟市委下阶段的工作，着重就提案议案工作进行研究并提出要求。

五届九次(扩大)会议　2009年4月8日在民主党派市委机关举行。出席会议的民盟市委委员、专委会主任、基层组织负责人共30名。会议集中学习《民盟中央关于学习“两会”精神的决定》和民盟省委十二届三次全会精神，审议通过《民盟常德市委2009年工作要点》。会议号召在全市盟员中开展学习实践科学发展观活动。

五届十次(扩大)会议　2009年8月14日在民主党派市委机关举行。出席会议的民盟市委委员、专委会主任、基层组织负责人共30名。中共市委统战部工会主席魏宗德应邀出席。会议集中学习《民盟中央关于进一步做好组织发展工作有关问题的意见》、《关于深化坚持走中国特色社会主义道路学习教育活动加强思想建设和宣传工作的通知》和民盟省委十二届七次常委(扩大)会议精神；审议通过《民盟常德市2009年度先进基层组织评选考核细则》和《民盟常德市委2009年度宣传信息工作奖励暂行办法》；总结民盟市委2009年上半年的工作，并对下半年工作进行部署；通报表彰常德市荣获“湖南民盟先进基层组织和先进个人”及“湖南民盟抗震救灾先进个人”称号的先进集体和先进个人。

五届十一次会议　2009年9月13日在民主党派市委机关举行。出席会议的民盟市委委员11名。民盟省委组织处处长项新华、副处长徐智，中共市委统战部副部长李学明、工会主席魏宗德、副调研员邹昭新应邀出席。会议集中学习中共中央统战部长杜青林、中共湖南省委书记张春贤关于统战工作的讲话精神。会议同意邓红同志因工作异动辞去专职副主委职务。选举刘丽艳(女)为民盟常德市第五届委员会委员、专职副主委。

五届十二次(扩大)会议　2010年3月22日在民主党派市委机关举行。出席会议的民盟市委委员、盟员中的市级以上人大代表和市级以上政协委员、专委会主任、基层组织负责人共56名。中共市委统战部副部长李学明应邀出席。会议集中传达2010年全国"两会"10大亮点及民盟省委十二届四次全会精神;通报表彰"中国民主同盟盟务工作先进集体"、"我为富民强省作贡献"活动先进个人;审议通过《民盟常德市委2009年工作报告》、《民盟常德市委2010年工作要点》、《民盟常德市委关于2010年基层组织换届工作的指导意见》;对民盟市委2010年基层组织换届工作和"争创活力支部"作出安排。

五届十三次会议　2010年7月14日在民主党派市委机关举行。出席会议的民盟市委委员14名。会议集中学习社会主义核心价值体系理论,讨论推荐民盟市委市级领导班子后备干部,总结民盟市委2010年上半年工作、部署下半年工作。

五届十四次(扩大)会议　2010年12月13日在民主党派市委机关举行。出席会议的民盟市委委员、盟员中的市级以上人大代表和市级以上政协委员、专委会主任、基层组织负责人共70名。会议听取民盟市委主委傅绍平、专职副主委刘丽艳、副主委王军杰和副主委李国富的述职报告;对第五届民盟市委领导班子进行民主测评,民主推荐第六届民盟市委领导班子人选。

五届十五次(扩大)会议　2011年3月10日在民主党派市委机关举行。出席会议的民盟市委委员、专委会主任、基层组织负责人及民盟津市市委负责人共30名。中共市委统战部副部长李学明应邀出席。会议审议通过《民盟常德市委2010年工作报告》、《民盟常德市委2011年工作要点》。

五届十六次会议　2011年4月9日在美丽乡村度假村举行。出席会议的民盟市委委员15名。会议审议通过民盟常德市第六次代表大会相关事项。

六、六届民盟市委全委会议

六届一次会议　2011年4月29日在华天大酒店举行。出席会议的民盟市委委员17名。民盟省委专职副主委汤浊,组织处处长项新华、副处长徐智和中共市委统战部常务副部长沈跃应邀出席。会议选举傅绍平(女)为第六届民盟市委主委,刘丽艳(女)为专职副主委,李国富、陈集亮为副主委,任命刘丽艳(女)为秘书长(兼)。

六届二次会议　2011年6月2日在民主党派市委机关举行。出席会议的民盟市委委员16名。会议讨论决定民盟市委二层机构设置及相关人事安排;审议通过《民盟常德市委议事规则》《民盟常德市委专门工作委员会工作条例》等有关制度；安排部署民盟市委主要工作；讨论确定民盟市委领导班子成员工作分工。

六届三次（扩大）会议　2011年12月8日在民主党派市委机关举行。出席会议的民盟市委委员、盟员中的市级以上人大代表和市级以上政协委员、专委会主任、基层组织负责人及部分骨干盟员共65名。会议集中学习中共十七届六中全会、民盟湖南省十二届六次（扩大）会议精神和中共常德市第六次代表大会精神；审议通过《民盟常德市委2011年工作报告》；听取专委会、基层组织及民盟津市市委关于2011年工作情况和2012年工作设想的汇报。

六届四次（扩大）会议　2012年3月16日在桃源县茶庵铺老兵俱乐部举行。出席会议的民盟市委委员、专委会主任、基层组织负责人共30名。会议集中学习《中共中央关于加强新形势下党外代表人士队伍建设的意见》（即中发〔2012〕4号文件），审议通过《民盟常德市委2012年工作要点》。

六届五次（扩大）会议　2012年7月3日在民主党派市委机关举行。出席会议的民盟市委委员、盟员中的市级以上人大代表和市级以上政协委员、基层组织负责人及盟员骨干共50名。会议就开展“同心”活动、践行“同心”思想进行动员部署，20名盟员代表围绕常德市经济社会发展提出建议。中共市委统战部副部长李学明应邀出席并讲话。

六届六次（扩大）会议　2012年11月29日在民主党派市委机关举行。出席会议的民盟市委委员、盟员中的市级以上人大代表和市级以上政协委员、基层组织负责人共39名。会议传达学习中共十八大精神，通报民盟市委2012年主要工作及2013年工作设想，部署市“两会”议案建议提案撰写工作等。会议还就民盟市委2012年关于“加强定点医疗机构管理”和“文化人才队伍建设”2个课题调研报告进行讨论；民盟津市市委、民盟常德市第四中学支部和民盟常德市联合支部作盟务工作交流发言。

第五章　参政议政

第一节　政治协商与民主监督

一、参与政治协商

《中共中央关于坚持和完善中国共产党领导的多党合作和政治协商制度的意见》(中发〔1989〕14 号)和《中共中央关于进一步坚持和完善中国共产党领导的多党合作和政治协商制度建设的意见》(中发〔2005〕5 号)明确指出,要把政治协商纳入决策程序,以促进决策科学化、民主化,避免或减少失误。1989 年以来,民盟市委主要领导积极参与湖南省政协、中共湖南省委统战部、中共市委、市政府、市政协等组织的座谈会、民主协商会以及各种视察活动等,在协商中,就政府工作报告、经济社会发展计划、重要的人事事项、地方重大建设项目、重要规范性文件等提出意见和建议。

2001 年、2002 年市政协全会、省政协全会期间,民盟市委主委丁时祺分别向市政府、省政府提出建议,建议政府工作报告中写进为民办实事的内容,先后得到了副市长刘春林、省长张云川的肯定,并被市、省政府相继采纳。之后,市、省政府每年工作报告都列入了为民办实事的量化指标。

2010 年底,民盟市委主委傅绍平在市政府征求《政府工作报告》意见会上,建议政府建立和完善社情民意办理反馈机制,得到市长陈文浩赞许。2011 年 5 月,市政府办就处理《社情民意》领导批示件流程作出了 8 条具体规定,促进了政协委员社情民意信息办理反馈工作制度化和规范化。

二、开展民主监督

民盟市委通过会议、调研、提案、反映社情民意等方式对党政机关及其工作人员提出批评，同时运用选派监督员参加党风、政风与行风评议活动等形式开展民主监督。1988年～2012年，历届民盟市委共推荐盟员120人次担任行风评议员、特约监察员，对近20个市直部门和单位的领导成员和工作人员的思想、工作、作风情况作调查了解，进行点评，督查整改，发挥民主监督作用。

1988年～1992年，一届民盟市委选派盟员程铭、陈自明担任市监察局特约监察员，选派盟员刘全香担任市审计局特约审计员。他们经常参加聘任单位的活动，并发表意见建议。

1992年～1996年，二届民盟市委选派7名盟员到市公安局、市电业局、市人事局、市环保局、市交通局、市建设银行等单位进行为期两年多的行风评议；选派11名盟员分别担任警纪警风监督员、教育督导员、司法监督员、邮政监督员；有的盟员还受聘担任仲裁、预算外资金清理、审计等社会工作。民盟市委主委丁时祺参加中共湖南省纪委在常德召开的反腐倡廉工作座谈会，听取中共常德市委关于反腐败的情况通报，参加中共市委组织的反腐败检查。1993年12月13日～19日，民盟市委副主委徐珂参加中共市委反腐败检查组赴澧县、津市检查反腐败工作；1994年，民盟市委副主委徐珂、伍龙章和盟员刘弟泗受中共市委委托，参加公安系统的行风评议与纪律作风检查。

1997年～1998年，民盟市委副主委徐珂受聘担任市监察局特邀监察员，民盟市委秘书长王军杰受聘担任市巡警支队形象监督员和市交通局行风评议员，盟员赵娟娟、刘东山受聘担任市邮电局监督员，民盟市委秘书长王军杰、盟员朱银睹参加中共市委统战部、市政府统一组织开展的行风评议活动，对物价局、水利水电局等单位的政风行风情况进行评。

盟员尹焕楣在二、三、四届市政协委员和市政协常委任期内，先后担任30多个单位行风评议员和特约监督员。1998年4月，他在中共市委政法委征求意见座谈会上，就政法系统干部队伍整顿问题提出了一些合理化建议，受到了好评并得到采纳。1999年1月在市政协三届二次全会上，他对有关行政执法单位干部作风问题提出批评，呼吁为个体私营经济创造宽松的发展环境，建议有关部门完善政策、明确职责、清理规费，依法保护私营企业的利益，为个体私营经济创造宽松发展环境。中共市委书记吴定宪听取他反映的情况后，当即作出批示："感谢政协委员作这样深入的调查，欢迎委员们对乱收费、乱摊派、乱罚款进行举报"。

1999年～2001年，赵娟娟、刘东山、罗云樵等盟员受聘分别担任市公用事业管理局、市邮政局、市公安局、市检察院、市监察局、市林业局、市物价局、市交通局、市水电局等单位的特约监督员，参加中共市纪委和市直机关工委统一组织的行风评议活动，赵娟娟、刘东山、罗云樵被评为行风评议工作先进个人。

2001 年～2006 年，民盟市委先后推荐了 60 余人次担任市直有关部门的行风评议员、特约监察员。他们认真参与行风评议和民主监督活动，积极反映社情民意，助推常德市党风廉政建设和民主法制建设。

2005 年～2009 年，盟员贵体健、彭梅华被任命为人民陪审员，参与审理 64 起案件，彭梅华 2008 年被省高级人民法院评为全省优秀人民陪审员。

2006 年～2007 年，民盟市委主委傅绍平受中共市纪委委托，任医疗行风建设监察组组长，率监察组成员到市城区 9 家医院进行明查暗访，分别对各医疗单位行风情况开展评议。

2008 年～2009 年，盟员邓红、胡国锋受聘任市国土局特约监察员，盟员肖礼彬、文会军先后受聘任市国税局特约监察员。

2009 年，民盟市委专职副主委刘丽艳，副主委李国富和盟员胡国锋等 8 人受聘担任市直机关学习实践科学发展观党员干部群众咨询评议团成员，他们在各自监督工作领域认真履行职能，积极建言献策，提出批评意见。

2010 年～2012 年，盟员张清源被任命为人民陪审员，参与审理案件 37 起。

2010 年～2012 年，市政协常委、民盟市委专职副主委刘丽艳和津市盟员毕家寿受聘担任常德市建设满意政府监督员和行风政风监督员，参与对多家单位的行风评议和民主监督活动，提出许多中肯的建议。

2011 年，民盟市委副主委李国富参加市人大常委会组织的“司法公正常德行”评案活动。

2011 年，民盟市委专职副主委刘丽艳、副主委陈集亮和盟员唐绍华、高峰、李昌雄、傅新民、李明、李成、涂旭、易凭、肖礼彬、胡国锋、文会军、万伟华、彭治权等 15 人被市检察院、市公安局、市教育局、市人力资源和社会保障局、市卫生局、市环保局、市物价局、市公用事业局、市安监局、市工商局、市地税局、市国税局、市质量技术监督局、市食品药品监督管理局等 15 家单位聘为特约监督员。

2011 年～2012 年，专职副主委刘丽艳被中共市纪委纠正行业不正之风办公室、市基层站所(窗口)政风行风民主评议领导小组聘任为市政风行风监督员，被市公安局巡警特警支队聘任为特邀警风警纪形象监督员。

2012 年，民盟市委专职副主委刘丽艳，副主委李国富和盟员邓新民、雷文峰、毕家寿等被聘任为建设廉洁常德特邀监督员。他们以饱满的热情参与廉洁常德建设，认真调查社会各界对廉政工作的意见和建议，实事求是、客观公正地反映情况，为廉洁常德建设尽一份力。盟员、省人大代表刘绍英被选任为省检察院人民监督员，成为省人民监督员选任制度改革后首批当选的 114 位人民监督员之一，也是常德市 5 名人民监督员中唯一的民主党派成员。

第二节　调研、提案

一、市政协全会协商发言

1988年～2012年间，民盟市委及盟员市政协委员在市政协全会上，以民盟市委或委员个人名义作大会协商发言，就改革发展稳定和民生方面的重要问题同中共市委、市政府领导和市直部门展开面对面协商，坦诚建言献策。

1989年7月，在市政协一届二次全会上，盟员市政协委员彭石安代表民盟市委就高校思想政治工作作大会协商发言。

1990年3月24日，在市政协一届三次全会上，民盟市委名誉主委、市政协副主席陈锡祥代表民革、民盟、民建、民进、农工党市委，九三学社常德支社和市工商联就坚持完善多党合作和政治协商制度作大会协商发言，建议加强对基本政治制度和民主党派地位作用的宣传教育，逐步安排和举荐民主党派成员、无党派人士担任各级政府及司法机关的领导职务，帮助和支持民主党派加强自身建设。民盟市委副主委、市政协常委伍龙章作《关于常德市农业科技推广体系建设的建议》的大会协商发言，建议健全农技推广网，为农业、教育和科研单位增加投入并建立试验基地。

1994年3月，在市政协二届二次全会上，盟员市政协委员尹焕楣作《加强协调管理 发挥市场效益》的大会协商发言。针对集贸市场存在的问题，建议加大宏观调控力度，加强市场建设的规范化；调整市场结构，合理布局完善配套设施；理顺关系，加强管理；强化部门服务意识；整顿好马路市场和五小摊担。

1995年3月27日，在市政协二届三次全会上，盟员市政协委员尹焕楣代表民盟市委和市政协财贸工作组作《菜篮子价格居高不下的原因和对策》的大会协商发言，提出扩大蔬菜基地、搞活蔬菜流通、增加蔬菜投入、加强市场管理等建议，以保持蔬菜生产与菜价稳定。市长张昌平听取建议后，立即组织市直相关部门研究实施“菜篮子工程”。

1997年3月27日，在市政协二届五次全会上，市政协副主席、民盟市委主委丁时祺作《依靠科技进步，振兴常德工业》的大会协商发言，省政协机关报《湘声报》予以刊发。民盟市委副主委、市政协常委徐珂代表民盟市委和市政协文化教育工作组作《关于我市文化工作的几个问题及建议》的大会协商发言。盟员市政协委员尹焕楣代表市政协财贸工作组作《严格依法治税，制止税收流失》的大会协商发言，均纳入中共市委、市政府决策考量并付诸实施。

1999年1月18日，在市政协三届二次全会上，中共市委党史办主任、市政协委员邢祁代表学习工作组、文史工作组和民盟市委作《开发常德人文资源 建设历史文化名城》的大会协商发言，建议从硬件和软件两个方面着手恢复建设常德历史文化名城：从硬件上来说，一是恢复常德城区的三座城门，二是在五个出城口中心花园塑造一批常德历史名人雕像，三是筹办常德历史纪念馆，四是恢复建设一批有价值的历史遗迹；从软件上来说，一是以常德已故名人的姓名命名一批街道和小区，二是编印一批反映常德历史人文环境的丛书，三是整理三至五套旧府志，四是编辑一套常德古今名人录。民盟市委专职副主委、市政协常委徐珂作《要重视解决我市文艺人才断层问题》的大会协商发言，针对造成常德文艺人才断层现象的原因，建议增加文化投入，逐步落实文化政策；建立激励机制，促进人才成长；推进文艺体制改革，摸索新的用人机制。盟员市政协常委尹焕榻作《努力为我市个体私营经济创造宽松的发展环境》的大会协商发言，针对影响个体私营经济发展的主要原因，建议解放思想、更新观念；全面规划、加强领导；完善政策、依法保护；清理规范、优化环境；加强管理、强化服务；理顺关系、明确职责。会后，中共市委、市政府采取改进优化办工作，设立“宁静日”，限制行政部门随意进企业检查等一系列保护民营企业合法权益的举措。

2001年2月9日，在市政协三届四次全会上，盟员市政协常委尹焕榻代表民盟市委作《改善城市生态环境 发展游憩观光农业》的大会协商发言，建议在城市规划建设中发展以休憩观光生态农业为重点的庭园经济，成为呼唤常德观光农业最早的声音之一。由于选题准、思路新、调研材料扎实，建议具有较强操作性，《常德日报》予以刊发。该发言对城郊休闲农庄的建设和城市绿化规划工作起到推进作用。

2002年1月，在市政协三届五次全会上，盟员市政协常委尹焕榻作《关于发展我市食品工业的调查与建议》的大会协商发言，针对食品工业发展现状，全面分析食品工业的潜力和优势，提出统一认识，营造良好氛围；培养食品龙头企业和知名品牌、建立优质原料基地；健全机制、鼓励技术创新；加大投入、缓解资金压力；建立健全食品工业区、构筑宽松环境；建立粮油机械产业，促进食品工业发展的建议。这些建议对做大做强常德食品工业起到了一定作用。

2004年1月5日，在市政协四届二次全会上，民盟市委副主委、市政协常委傅绍平就农村特困人口问题作大会协商发言，盟员市政协委员尹焕榻代表民盟市委以“打造诗词之市”为题作大会协商发言，均得到肯定。常德市经过努力，后被国家文化部门确定为诗词之市。

2005年1月，在市政协四届三次全会上，盟员市政协委员邓红代表民盟市委作《保护

诗墙公园 维护常德形象》大会协商发言，建议取缔诗墙外滩沅江江边餐饮船，诗墙环境整治引起重视。

2006 年 1 月 8 日，在市政协四届四次全会上，盟员市政协委员李国富代表民盟市委作《关于进一步加强企业养老保险工作的建议》的大会协商发言，提出不断完善基金征缴机制，多渠道筹措资金；加大调整财政预算支出结构力度，完善基本养老保险的补助纳入各级财政预算；做实个人账户，逐步实现统筹基金与个人账户基金分账管理；扩大养老保险覆盖面，完善现行退休制度等建议。该发言所提意见引起市政府相关部门对企业基本养老保险制度的重视。

2007 年 1 月 13 日，在市政协四届五次全会上，民盟市委主委、市政协常委傅绍平代表民盟市委作《提高电子政务应用水平》的大会协商发言，建议进一步搞好内网建设，实现办公自动化，降低行政成本，提高办事效率；加强外网建设，整合信息资源，加强部门合作。该发言对进一步规范网站建设提高电子政务应用水平起到促进作用。

2007 年 7 月，民盟常德市委调研组到鼎城区教育局调研全市农村义务教育师资状况

2007 年 12 月 27 日，在市政协五届一次全会上，民盟市委主委傅绍平代表盟市委作《加强农村义务教育师资队伍建设，全面促进教育强市》的大会协商发言，针对农村义务教育阶段存在的教师结构不合理、整体素质差距大、教师培训工作乏力等问题，提出深化人事制度改革、加大培训力度，提高教师队伍素质和职业道德水平以及开展“城乡帮扶”等建议。中共市委副书记曹儒国批示：“发言客观反映了当前我市农村义务教育师资队伍的现状，所提建议富有建设性和可操作性。市教育局要认真研究，提出具体方案。”中共市委、市政府吸纳民盟建议，出台相关政策措施，下发《市直和中央、省驻常单位建设教育强市工作责任》的通知，要求实行教育工作目标管理考核，将 60 个基础薄弱学校纳入市直单位对口援助对象。

2009 年 2 月 11 日，在市政协五届二次全会上，盟员市政协常委唐绍华代表民盟市委作《我市建筑行业贯彻实施〈劳动合同法〉的调查与建议》的大会协商发言，建议加大对《劳动合同法》的宣传力度，增强法制意识；实行规范化管理，不断提高劳动合同签订率；强化制度保障和监督检查，切实保护劳动者权利。

2010 年 1 月，在市政协五届三次全会上，盟员市政协委员李成代表民盟市委作《让低碳经济成为我市经济增长的引擎》的大会协商发言，建议开展低碳经济宣传，大力发展新型工业，倡导低碳生活方式，健全节能减排保障机制。常德电视台对发言人作专题采访，《常德日报》摘录刊发发言稿。

2011 年 1 月 10 日，在市政协五届四次全会上，盟员市政协委员李成代表民盟市委作《关于我市实施公交优先战略的建议》的大会协商发言，提出因地建立公交车专用车道、实行信号灯公交车智能化控制，加大对公共交通的财政补贴等一系列大力实施公交优先发展战略的建议。该发言内容成为市政府相关决策的重要参考。《常德晚报》摘录刊发该发言稿。会后，市长陈文浩召开专题会议，主持制定《常德市快速公交线网规划及近期实施方案》，决定投资 20 亿元建设快速公交。经过努力，常德快速公交于 2012 年 12 月正式开通。

2012 年 1 月 3 日，在市政协五届五次全会上，盟员市政协委员皮光义代表民盟市委作《疏堵结合，依法做好城区控违拆违工作》的大会协商发言，建议完善相关政策措施，依法无偿拆违，进一步理顺管理体制，健全责任体系，加强宣传，营造良好的工作氛围。

2012 年 12 月 25 日，在市政协六届一次全会上，民盟市委副主委、市政协常委陈集亮代表民盟市委作《加强定点医疗机构管理 确保医保基金合理使用》的大会协商发言，建议强化对定点医疗机构的监督管理，加大医保基金管控力度，加强医保信息化建设规范诊疗行为，实行付费方式改革，控制医疗费不合理增长，严格转诊审批，实现逐级转诊，加大查处力度，加强医保政策的宣传和健康教育。中共市委书记卿渐伟批示："此事应引起高度重视，此项工作开展时间不长，但群众反映好，成效显著。正因为时间不长，经验亦不足，因此在实施推进过程中，既要积极，又要稳妥，不可出现正常的医保都得不到保障、工作出现倒退的情况，此事，待此次人大会结束后，由分管副市长专题研究一次。"《常德日报》摘录刊发发言稿。

二、调研成果汇报会协商建言

常德市各民主党派、工商联和无党派人士参政议政调研成果汇报会始于 2009 年，是常德市坚持和完善中国共产党领导的多党合作和政治协商制度的一项重要举措，由中共市委统战部组织召开，每年度举办一次，邀请中共市委、市人大、市政府、市政协主要领导和市直职能部门负责人出席，现场听取各民主党派、工商联和无党派调研课题组汇报调研成果，由中共市委市政府督办落实。

按照"党委出题、党派调研、政府采纳、部门落实"的模式，民盟市委每年选择重点课题，采取座谈咨询、问卷调查、实地考察等形式开展调研，2009 年～2012 年间，共提交调研成果 4 篇，分别为《我市未成年人犯罪综合治理刻不容缓》《对常德市实施公交优先发展战略的建议》《呼吁全社会高度关注青少年心理健康问题》和《加强文化专业人才队伍建设确保文化事业可持续发展》,涉及教育、文化、城市建设等领域,提出一些具有建设性和可操作性的意见和建议,得到中共市委、政府的采纳和有关部门的认真办理。

2009年,针对未成年人犯罪的严峻形势,民盟市委选择预防未成年人犯罪课题成立调研小组,在主委傅绍平的带领下,赴公安、法院、检察院、教育局、学校、社区等10多个单位和部门开展调研,历时2个月。12月24日,在2009年度市各民主党派、工商联和无党派人士参政议政调研成果汇报会上,专职副主委刘丽艳代表民盟市委作《我市未成年人犯罪综合治理刻不容缓》的发言。发言介绍常德市未成年人犯罪的六大新特点,分析诱发未成年人犯罪的主要原因,针对犯罪低龄化、犯罪形式团伙化、作案手段残忍、作案人员闲散化、作案过程智能化、部分犯罪具有被操作性等特点,提出3条建议,即:加强和改进学校教育,减少在校学生违法犯罪的现象;重视和发展家庭教育,强化家庭教育与学校教育的衔接;强化社会教育,大力营造有利于未成年人健康成长的社会环境。中共市委副书记曹儒国,中共市委常委、常务副市长刘小明,中共市委常委、市委秘书长刘明出席汇报会。

2010年,民盟市委选择实施公交优先战略课题成立专门调研小组,就常德市城区小车急剧增加、交通日益拥堵问题展开调研,形成调研成果。12月22日,在2010年度市各民主党派、工商联和无党派人士参政议政调研成果汇报会上,主委傅绍平代表民盟市委作《对常德市实施公交优先发展战略的建议》的发言。发言客观分析了常德市城区公共交通存在的主要问题,指出常德市城区区域发展不平衡、基础设施发展缓慢、配套设施严重滞后、公交补贴乏力,影响公共交通出行,建议中共市委、市政府大力实施公交优先发展战略,借常德大道扩建、桃花源大桥等道路和桥梁修建之机,提前规划公交专用道,建立BRT专线,完善管理措施,力促公交优先,并建立政府对公共交通的财政补贴机制。中共市委书记卿渐伟,中共市委副书记、市长陈文浩,中共市委常委、常务副市长刘小明,中共市委常委、统战部部长李爱国出席会议。

民盟市委的建议推动了常德市快速公交建设及公交优先战略的实施,得到责任单位市财政局、市国土资源局、市公安交警支队、市交通运输局、市规划局的认真办理。市财政局2011年安排快速公交建设专项资金1500万元,支持快速公交专用道、停靠站等建设;年内共给予公交企业运营补助171万元。市国土资源局对公交发展用地规划完善和修编,并对已确定的快速公交用地布局及时调整,全力支持解决公交通道用地问题。市交通警察支队配合市交通部门完成《常德市快速公交线网规划方案》,并按标准完成实施快速公交所需道路工程、交通设施和智能化系统的设计工作;完成了常德大道(德山段和火车站至皂果路段除外)和桃花源路快速公交道路平面设计、交通设施平面布置和换乘站点组织方案设计。市交通运输局在开展行业大调研的基础上,起草《常德市人民政府关于优先发展城市公共交通的实施意见》;编制《常德市快速公交线网规划和首期工程实施方案》,快速公交系统建设列入市重点工程建设项目,总投资将超过20亿元;市国资委、市公交公司等部门协调配合,制定《"一城一交"、公车公营工作方案》;加强对全体公交车司乘人员的职业培训,并对公交车营运秩序进行跟车暗访,提高公交服务水平。市规划局制定《常德市快速公交专项规划》,《常德市公交专项规划》和《城市综合交通体系规划》;并将《常德市快速公交专项规划》《常德市公交专项规划》《城市综合交通体系规划》的主要内容纳入常德市城市总体规划中;规划德山桃林路至火车站公交线停靠站。

2012年12月26日,常德市快速公交系统一期工程全线开通试运行。

2011年,民盟市委选择青少年学生心理健康问题成立专题调研组,深入常德市3所高校和12所市直中学,发放调查问卷2500多份,走访学生、教师、家长及心理健康教育和心理辅导员近百人,并召开有共青团、妇联、教育局、关工委等部门负责人及心理学专家、政协委员参加的调研座谈会,形成调研成果。12月22日,在2011年度市各民主党派、工商联和无党派人士参政议政调研成果汇报会上,主委傅绍平代表民盟市委作《呼吁全社会高度关注青少年心理健康问题》的发言。发言指出,常德市初中生心理问题总检出率高于全国同类研究检出水平,普通高中生有轻度以上心理问题的占75.3%的情况,青少年学生心理健康问题十分严峻,主要表现在学习紧张焦虑、人际交往不适、两性情感困惑、对前途悲观失望、人格障碍无法自拔这5个方面,而教育导向偏颇、家庭教育不当、父母离婚率增高及父母外出务工、社会环境恶化、对心理健康问题认识误区则是导致青少年学生心理健康问题严重的主要原因。为此,民盟市委呼吁全社会高度关注青少年心理健康问题,建议强力推进素质教育,统一开设心理健康课程,减少"师源性"伤害,加强心理健康教育师资队伍建设等。

民盟市委的建议得到责任单位市教育局、团市委、市妇联的认真办理和采纳落实。市教育局出台《常德市中小学校心理健康教育与心理咨询室建设实施意见》,要求全市各中小学配备心理健康教师,每周安排一课时的心理健康教育。市城区及县城中学新建和改建一批高水平的心理咨询室,开展"2 +1"专业心理健康教育活动。团市委联合市教育局出台《关于做好心理健康辅导员队伍建设工作的通知》,率先在全省启动共青团系统心理健康辅导员培训工作,建立湖南省首家以12355热线、网站、青少年网络协会、心理咨询职业培训学校"四位一体"的综合性青少年维权服务平台。市妇联确定以家庭心理辅导为突破口的工作思路,创新"妇联"+"家长学校"+"志愿者队伍"+"家庭教育指导中心"的"1+3"青少年心理健康家庭辅导工作法,极大地开发青少年的心理潜能和创造能力,提高青少年的心理健康水平。

2012年,民盟市委紧扣"工业强市、文化名城、和谐常德"的发展战略,选择公共文化服务人才队伍建设问题专题调研。调研组通过走访、召开座谈会，搜集、整理、分析数据，摸清基本情况，形成调研成果。12月12日，在2012年度市各民主党派、工商联和无党派人士参政议政调研成果汇报会上，专职副主委刘丽艳代表民盟市委作《加强文化专业人才队伍建设，确保文化事业可持续发展》的发言。发言指出，常德市文化人才队伍建设存在力度不够、整体素质偏低、结构不合理、资源配置不优、进出渠道不畅、管理人员业务不精且管理不到位的问题，呼吁各级党委、政府重视并反思公共文化服务人才队伍建设存在的一些问题，建议加强文化行政管理人员队伍建设、文化专业技术人才队伍建设、基层文化队伍建设、文化创意人才队伍建设，加大在职人员培训力度、建立人才培养基地、改进人才选拔措施，建立健全人才激励保障机制、出台相应机构编制政策、建立开发灵活能上能下能进能出的人才交流机制等等。

民盟市委的建议得到责任单位中共市委宣传部、中共市委编委办、市人社局、市文广新局的认真办理。中共市委宣传部在全市开展宣传文化人才队伍建设工作的专题调研，制定《关于加强我市文化人才队伍建设的实施意见》（讨论稿）；督促区县（市）落实《关于加强地方县级和城乡基层宣传文化队伍建设若干意见》提出的具体要求；督导各区县（市）及市直宣传系统各单位进一步做好宣传文化人才队伍建设；加大人才的培训、培养、引进和使用力度，制定出台全市宣传文化系统干部队伍培训5年规划，开展4期业务和理论知识培训，并拨出10万元专款选送6名文化专业人员进高校深造。中共市委编委办推动区县（市）组建文广新局，在全市219个乡镇（街道）建立健全文化事业站所，核定和配备与工作任务相适应的人员编制；设立集中统一的文化市场综合执法机构，形成权责明确、行为规范、监督有效、保障有力的文化市场综合执法体制；通过中共市委办、市政府办《印发〈关于深入乡镇机构改革有关问题的意见〉的通知》（常办发〔2011〕4号）明确文化事业站所为公益性事业单位，并将其所需经费纳入县级财政预算列入各区县（市）乡镇机构改革评估内容，强化基层文化站所人员待遇保障；已开始对拟保留的事业单位进行分类；配合完成公益性文艺院团的改革工作；在日常机构编制管理中加强对文化部门的服务。市人社局会同中共市委人才办先后制定出台《常德市引进国内外高端人才实施意见》（常人才发〔2012〕3号）、《常德市引进急需紧缺高层次人才认定办法》（常人才发〔2012〕2号），将文化创意人才作为全市人才引进的重点；在基层文化站、区县（市）专业文艺演出单位的演职人员申报初、中级职称时，在文凭、计算机、外语等方面给予适当政策倾斜，按特殊人才进行评审；会同中共市委编委办、市文广新局面向社会公开招聘12名文化专业人才。市文广新局在市艺术研究所开展“拜师学艺、一帮一活动”，组织6名年青人拜文化系统退休专家为师，努力将常德文化艺术事业传承下来；先后选派4名青年专业人才赴中国戏剧学院等名校进修，安排4名管理人才参加在北京举行的全国演出单位高级管理人才学习培训班。

三、其他专题调研

1989 年～1992 年，盟员中的市人大代表、市政协委员参加各类视察、调研活动 19 次，民盟市委及专委会组织调研活动 18 次，共写出专题调研报告 20 余篇。1990 年，民盟市委副主委伍龙章先后参加市政协组织的全市农村四级农科网调查和石门县贫困山区调查；民盟市委副主委易孝昭参加市政协组织的严重秋旱旱情调查，提出积极开展救灾扶贫的倡议。

1992 年～1996 年，民盟市委主委、副主委先后带队开展调研活动 15 次。针对计划经济向市场经济转变，提出“扶新革旧”，扶植新的经济增长点，改革不适应社会主义市场经济的机制；针对常德农业资源丰富但处于封闭状态的实际，提出“以开放促开发、以开发促改革”的建议；针对常德文化底蕴厚重的实际，提出“建设历史文化名城，促进常德经济发展和社会进步”以及“科技工作必须实现由计划经济向社会主义市场经济的根本性转变”“要提高我市生产力，必须发展科技和教育”“国有企业中的腐败问题非抓不可”等建议，受到中共市委、市政府重视和肯定。

1997 年～2001 年，民盟市委组织调研形成《开发柳叶湖度假中心》《对开发我市观光农业的思考》《关于我市城市化及游憩观光生态农业的意见和建议》《关于我市环境卫生管理工作的建议》《巩固行评成果，防止行风反弹》《长常高速公路开通后可能给常德造成的正、负面影响及对策》等调研文稿，分别被《常德日报》《市委内参》《人大工作》等报刊刊载推介，其中《关于我市城市化及游憩观光生态农业的意见与建议》被评为全市统战系统优秀调研论文一等奖。

2002 年～2006 年，民盟市委组织调研工作委员会成员对常德经济社会发展环境和秩序进行多方面、多层次调查，撰写出《关于我市经济环境及社会秩序的有关情况调查报告》。该调研报告由盟员、市政协常委尹焕榍在中共市委、市政府召开的全市治理经济发展环境、整顿规范市场经济秩序大会上作中心的发言，获市领导高度赞扬，所反映的问题列入市长办公会议专题研究解决。民盟市委主委丁时祺提出的《关于加强沅水水质监测和保护的建议》引起市长陈君文重视，责成有关部门对建议中提及的河洑、高湾一带进行查螺、检疫，并制定保护和预防水污染的措施。民盟市委主委丁时祺带领盟内政协委员、机关干部走访调查常德诗墙管理处、市港航港监处等部门，针对诗墙外滩餐饮船卫生状况令人头痛的问题，撰写出《保护诗墙公园，维护常德形象》的调研报告。据此，市政府采取措施开展“取缔诗墙外滩餐饮船”行动，诗墙外滩环境得以净化。

此外，围绕中共党委、政府中心工作，民盟市委先后组织开展节能减排发展低碳经济、德山开发区工业项目落实进度和城市基础设施配套建设、棚户区改造问题、提升湖湘文化影响力、大米金属镉污染、征地拆迁补偿、重点工程建设、城市拆违控违、农村环境污染及治理、特殊教育政策与制度完善研究等课题开展专题调研，完成《城乡社会保障体系建设问题》、《关于对我市农村农民养老保险情况的调查与建议》《关于进一步提升湖湘文化影响力的研究》等数十篇较高质量的调研报告。这些建议大多得到了党委政府及相关部门的重视和采纳。《关于我市实施公交优先的建议》被市政协评为2010年度调研文章一等奖。民盟市委的《进一步提升湖湘文化影响力》《农村环境污染现状及综合整治》的调研报告被民盟省委列入参政议政中标调研课题，《关于常德市棚户区改造存在的问题和对策》《对非公经济发展的研究》《对土壤重金属治理问题的研究》列入民盟省委委托调研课题，所形成的专题调研报告均被民盟省委采用。

四、议案、建议、提案

民盟市委重视发挥盟员和盟内人大代表、政协委员的作用，运用提交议案建议提案的形式，开展参政议政、民主监督等履职活动。1988年6月～2013年12月，民盟市委通过历届盟内全国、省、市人大代表和省、市政协委员，提出议案建议和提案1114件。其中一些被列为重要议案和重点提案，大多数建议得到采纳。

1989年7月16日，在市政协一届二次全会上，民盟市委副主委、市政协常委伍龙章提交提案，并在对话会上就此直接向中共市委、市政府提出建议，迅速破除澧县与津市市交界的羊湖口街“六害”(卖淫嫖娼、制作贩卖传播淫秽物品、拐卖妇女儿童、私种吸食贩运毒品、聚众赌博和利用封建迷信骗财害人)、整治社会治安、维修失修公路、加强对农村公路的维护管理。该建议受到中共市委书记陈彰嘉、市长程林义当场表态尽快解决。通过采取一系列措施，使困扰当地居民多年的问题得到解决。

1990年2月，盟员省人大代表谭兴烈在省七届人大第三次会议期间提交《关于湖南省农村文化站的建设与思考》的议案，建议加强农村文化建设，恢复农村文化站。该议案公开发表在1990年《湖南文化报》上，省文化厅厅长谢作孚、副厅长金则恭作出专门答复，对农村文化建设发挥促进作用。

1991年3月，盟员市人大常委孙定国在市一届人大四次会议上提出《关于加强作物种子管理》的议案，建议将种子管理和种子经营分开，以加强监管力度。市政府采纳该建议，出台《常德市种子管理条例》。民盟市委副主委、市人大常委郭敦文两次到市林场、林科所作调查，向市人大常委会提交在市林场建植物园和开发太阳山的议案，得到采纳。

1992年12月，盟员市政协委员尹焕楣在市政协二届一次全会上提出《关于为市民建“陵园”的提案》，提倡将死者进行火化，建议在近郊荒山野地开辟一个陵园，以安葬骨灰为主，按占地面积收取土地占用费，并统一制作小型墓碑。该提案被市政府采纳，报湖南省民政厅批准，于1993年4月确定在白鹤山乡麻王山兴建常德市万金公墓。

1995年3月，市政协副主席、民盟市委主委丁时祺等针对常德物质形态和非物质形态文化资源丰富的情况，在市政协二届三次全会上提交《建设常德历史文化名城，促进常德经济发展和社会进步》的提案，建议中共市委、市政府组建常德文化资源开发领导小组，普查摸底，控制规划，广泛宣传，申报历史文化名城，招商引客。该建议被融入中共市委、市政府决策，建设文化名城成为常德发展战略。

1996年3月，盟员市政协委员傅绍平在市政协二届四次全会上提交《给迎亲公车亮红灯》的提案，中共市委、市政府两办充分采纳，出台专门整治文件，公车迎亲整治至今效果良好。

1996年，盟员省人大代表陈炳玉在省八届人大第四次会议期间《关于加强教师队伍建设改善学校硬件条件的建议》得到省教育厅厅长的重视，湖南电视台"代表风采"专栏对陈炳玉代表进行了报道。

1997年3月，民盟市委副主委傅绍平在市政协二届五次全会上提交《关于尽快贯彻落实国务院〈质量振兴纲要〉的建议》，被列为大会期间现场办理的第一号提案。常德电视台现场采访，1998年7月市政府制定出台《常德市质量振兴实施计划》。

1997年12月，盟员市政协委员蔡昱在市政协三届一次全会上提交《建议我市尽快建立有关股份制的政策法规》，被市政协列为一号提案，推动常德制定和出台既符合《公司法》又适应常德市股份改革与发展的地方政策和法规体系。

2001年2月，民盟市委在市政协三届四次全会上提交《制止牲猪私宰滥杀刻不容缓》的集体提案，反映常德牲猪私宰滥杀情况严重，猪肉市场出现"注水肉"及病、死猪肉和公、母猪肉，损害消费者利益，给市民健康造成极大威胁，建议充分利用现有的机械化屠宰定点厂，加大联合执法力度，取缔一切私宰滥杀屠宰厂。市政府高度重视，由副市长龚建明担任市牲猪定点屠宰领导小组组长，组织100多人的执法队伍开展大规模打击私屠滥宰集中行动，并全面加强对屠宰场的管理和宰前、宰后检疫工作。

2002年1月，盟员市政协委员赵娟娟等在市政协三届五次全会上提交关于《建立无污染蔬菜、无注水牛肉、无不洁食品基地》的提案，市政府成立由主要领导挂帅的"放心食品"工程领导小组，发布3个政府令，建立健全整顿、检测、管理、监督机制，收到明显效果。

2002年1月，民盟市委副主委、市人大常委王军杰在市三届人大五次会议上提交《在行政体制改革中加强社会组织管理机构建设势在必行》《在社会组织中建设党组织的建议》受到重视，对于市民政局加强社团组织建设，在社团组织中成立党工委起到促进作用。

2002年12月，市政协副主席、民盟市委主委丁时祺等在市政协四届一次全会上提交

《关于弘扬善卷道德文化，提升常德城市品位》的提案，市长陈君文阅批，委托副市长张元英、刘剑英召开有关部门负责人会议，成立专门班子，明确部门职责，对恢复建设德山宗教文化作出部署并组织实施。

2004 年 1 月，盟员省政协委员刘建平在省政协九届二次全会的联组会议上提出，国家和省财政有条件、有能力承担农村义务教育责任，不能让农村贫困家庭子女读不起书，建议义务教育阶段学杂费全免。省人大副主任、民盟省委主委谢佑卿据此以民盟省委名义撰写提案递交全国政协。该建议和提案获中央和省政府回应，教育部门采取两免一补、义务教育阶段学杂费全免外加困难补助等多项措施，有效解决了义务教育阶段困难家庭子女上不起学的问题。

2004 年 1 月，民盟市委在市政协四届二次全会上提交《关于在市直相关部门建立新闻发言人制度的提案》，建议市直部门定期或不定期发布重大政务活动，提高政府透明度。该提案受到重视，获中共市委、市政府采纳，联合出台了《关于建立新闻发布制度 设立新闻发言人的意见》。

2005 年 1 月，在市政协四届三次全会上，民盟市委副主委、市政协常委傅绍平提交《关于促进我市与张家界旅游经济一体化》的提案被市政府采纳，2006 年常德市与张家界市签定合作协议。

2006 年，盟员省政协委员刘建平与多名省政协委员联名撰写的提案《关于要求常德至荆州高速公路途经津澧结合部的建议》，获肯定答复，为津市市的交通建设贡献力量。

2006 年 1 月，盟员市政协委员尹焕楣在市政协四届四次全会上提出《关于公示城市重大项目标的》的提案，市建设局予以采纳，从 2006 年起开始实施市本级城建项目计划公示制度，当年工程项目在 3 月 1 日的《常德日报》上公示；盟员市政协委员胡国锋提交《关于增设城区停车泊位》的提案，纳入市政协主席会议专题协商内容。

2007 年 12 月，民盟市委在市政协五届一次全会上提出《关于实施品牌战略，加快推进我市新型工业化》的提案，围绕实现中共市委、市政府提出的“实施千亿工程，建设工业常德”的战略目标，建议市政府建立“质量兴市、品牌强企”活动联系会议制度，定期或不定期举办常德品牌战略高峰论坛等活动。该提案被列为市政协主席会议重点督办提案，由市政协领导率队督办。2008 年 8 月，市政府吸纳该提案建议，出台《常德市质量兴市品牌强企战略意见》，提出质量兴市品牌强企战略具体目标。

2008 年～2012 年间，盟员省十一届人大代表刘绍英任内就失地农民的生存和出路、澧水航道疏浚、洞庭湖区渔民血吸虫病困扰等民生问题先后向省政府提出 15 件建议，真情实意反映选区人民呼声和诉求，为政府和人民搭建起沟通的桥梁。她提出的《关于失地农民生存和出路的建议》《关于建设毛里湖湿地的建议》被列入省“十二五”规划，《关于澧水航道疏浚的建议》《关于请求政府制定未参保的洞庭湖区、四水连家渔民养老保险政策的建议》被列为重点建议交由有关单位和部门办理并得到解决。2009 年,刘绍英在洞庭湖区调研中了解到渔民常年受血吸虫病困扰,在提交建议案之后,她和市血防办主任一起,带领多名医生,深入到各渔村,为澧水流域渔民做免费的血吸虫病检查,帮助晚期血吸虫病患者享受政府的血防医疗补助,接受相关治疗,受益者达数百人。

2009 年 2 月,盟员市政协委员李成在市政协五届二次全会上提出《加大对城市污水治理力度》的提案,中共市委书记卿渐伟迅即签批,要求将城市污水纳入整治规划,市政府着手对东郊乡、南坪乡、东江乡的臭水沟渠动工整治。

2010 年 1 月,民盟市委副主委、市政协常委李国富在市政协五届三次全会上提出《关于发展常德市动漫产业》的提案,建议市政府制定动漫产业发展规划和扶持政策,安排专项资金。市长陈文浩就此作专题调研,中共市委、市政府出台《关于加快文化产业发展的若干意见》;盟员市政协委员李明《关于保护生态环境,提倡文明祭扫》的提案,从保护生态环境的角度提出了关于文明祭扫的建议,市民政局据此召开殡葬服务场所禁放烟花爆竹听证会,市政府出台《关于禁止在殡葬服务场所燃放烟花爆竹的通知》,2011 年元月正式实施;民盟市委专职副主委、市政协常委刘丽艳提出《进一步建立完善政协社情民意反馈机制》的提案,市政协予以采纳,以常政协办发〔2010〕4 号文件形式印发《常德政协社情民意信息编发程序》和《关于加强常德政协网络信息工作的意见》。

2011 年 1 月,民盟市委在市政协五届四次全会上提交《关于重视善卷文化的建议 》的集体提案,促进市政府和鼎城区政府将江南城区善卷道德文化墙工程纳入常德文化名城建设项目。

2011 年 1 月,在省政协十届四次全会上,民盟市委主委、省政协委员傅绍平提交了《关于支持西洞庭食品工业园建设》的提案,被省政协列为 2011 年全省 13 件重点督办提案之一,也是常德市第一件被列入省政协重点督办的提案。该提案得到省、市党政领导充分肯定和省、市相关部门大力支持配合办理,被评为优秀提案。2011 年 6 月 23 日~24 日,省政协副主席魏文彬率省政协办公厅、提案委、文史学习委及省发改委、省经信委、省交通厅、省银监局等单位负责人一行 20 人来常德现场督办。在视察西洞庭食品工业园后,召开专题督办会,要求中共市委、市政府把园区做大做强,建设成千亿元规模的大型工业园区。中共市委书记卿渐伟、副书记宋冬春,市政协主席刘春林参加督办会议。傅绍平在担任第九届、第十届省政协委员期间,在省政协全会上共提交 31 件提案。

2012 年 1 月,民盟市委在市政协五届五次全会上提出《依法做好城区控违拆违工作》的集体提案,中共市委副书记宋冬春阅批:“此事十分重要,也错综复杂。应着重在提高公寓楼的安置效率、加快规划区外控制区内集中定点建房工作进度和建成区国有土地上私有房屋危灾处置等方面下功夫。"市政协副主席、民盟市委主委傅绍平以民盟市委名义提出的《关于在我市主要交通干线上设立旅游景区指示牌》的集体提案，引起市交通运输局、市公路局、市旅游局等单位高度重视，市交通局牵头召开该提案办理相关单位负责人参加的提案办理落实协调会议，当年年底前长张高速常德境内完成桃花源、柳叶湖、花岩溪、清水湖旅游指示牌的设置。

2011年8月23日上午，民盟常德市委在市规划局召开城区控违拆违调研座谈会

2012年12月，民盟市委在市政协六届一次全会上提出《关于加强定点医疗机构管理，确保医保基金合理使用》的集体提案，被市政协列为重点督办提案。市政府常务副市长刘小明阅批："该提案提出的问题是客观存在的，其建议有针对性、操作性。请人社局及相关单位高度重视，认真研究，把进一步规范医保基金管理作为2013年的重点工作。采取综合措施加强对医疗机构及医保基金运行环节的监管和治理，争取取得明显成效。"市人社局、卫生局高度重视提案的办理，对建议中提出的实行定点医疗机构退出机制、对高档一次性耗材实行团购等建议积极采纳；将大病互助支付限额由20万提高到30万，增加报销比例，对多家定点医疗机构的违规行为进行处罚；实施付费方式改革，对更多的病种实行包干制度，很大程度上既控制了医保基金的不合理支出，防止过度诊疗，又有效解决了群众看病难、看病贵的问题。

第三节　反映社情民意和统战信息

一、反映社情民意

民盟市委组织开展反映社情民意工作自2008年始，主要通过民盟省委和省、市政协渠道编报成社情民意信息向中共党委、政府和相关职能部门提出，其中既包括盟员的所见所闻，也包括社会基层群众的诉求，以此助力中共党委和政府加强同群众的联系。

2008年～2013年，民盟市委组织发动盟员收集反映社情民意信息200余件，大都被采用。民盟市委主委、省政协委员傅绍平反映的《建议国家缩小规范性文件字号和行间距》《建议在法治政府建设中充分发挥律师作用》《要重视提高院前医疗急救水平》《关于将选调优秀非党毕业生工作纳入选调生工作统筹安排》，省人大代表刘绍英反映的《为未参保渔民制定养老保险政策的建议》，民盟市委专职副主委、市政协常委刘丽艳反映的《建议将提案办复期延长为6个月》《呼吁尽快出台＜过期食品回收销毁条例＞》，民盟市委副主委、市政协常委李国富反映的《建议将"十二五"规划指标体系以人类发展指数（HDI）代替GDP作为核心指标》，盟员、汉寿县政协常委朱能毅反映的《严防套取医保统筹资金》《关于我国设立"抗战先烈公祭日"的建议》《我国政府应采取制裁措施以抗议菲律宾公务船对台湾渔民的野蛮行径》《"异地为官"并非防腐良策不宜强制推行》，民盟市委机关干部周振波反映的《建议进一步完善上市公司"黑名单"的建议》等社情民意信息被省政协采用；民盟市委主委傅绍平反映的《建议"两会"会议资料缩小字号和行间距》的社情民意信息被省政协采用编报中共省委、省政府及省政协领导阅处。民盟市委和盟员反映的社情民意信息有130多条被民盟省委采用；盟员中的市政协委员及市政协民盟工作组反映的社情民意信息有52条被市政协采用。民盟市委被民盟省委评为2010年、2011年、2012年"反映社情民意工作先进单位"；被市政协评为2010年、2011年、2012年"市政协反映社情民意信息工作先进单位"。

2007年1月，盟员市政协委员贵体健发现机身有全裸的人体图案的打火机，反映社情民意《建议紧急查处收缴全裸色情打火机》，建议公安、工商部门紧急查处全裸色情打火机，得到中共市委常委、统战部长吴友云的批示，公安部门组织对德山范围的所有商店进行检查，查获带有淫秽图像的打火机100多支，对7个销售色情打火机的超市老板给予行政拘留和罚款的处罚。

2008年4月，盟员市政协委员胡诗词反映的《关爱社会弱势群体，重视无障碍设施建设》，以创建文明城市为主题，从残疾人、老年人、儿童等社会特殊群体的利益出发，建议改造现有道路和建筑物的无障碍设施，新建、扩建的城市道路和建筑物配套建设无障碍设施。中共市委、常务副市长陈文浩批示，将建议纳入市政府决策，出台《常德市创建无障碍设施建设城市实施方案》。

2008年6月，市政协民盟工作组反映《数字电视推广呼唤行为规范》的社情民意，市长卿渐伟作出批示；盟员市政协委员邓红、胡国锋、贵体健反映的《加快德山开发区工业项目报建进度的建议》的社情民意，中共市委书记武吉海作出批示，推动相关问题的解决。

2009年，市政协副主席、民盟市委主委傅绍平反映的《关于西洞庭食品工业园建设的几点建议》，盟员市政协委员胡诗词反映的《增加城市公共停车点，打造文明城市形象》，民盟市委副主委、市政协常委李国富反映的《建议滨湖西路湖南文理学院路段尽快设置车辆测速点》等社情民意，均获市长陈文浩批示和有关部门采纳。

2009年，民盟市委副主委、市政协常委李国富的社情民意《建议滨湖西路文理学院路段尽快设置车辆测速点》，反映横穿湖南文理学院的滨湖西路已成为城区的主要干道，此路段虽然设置了斑马线、学校等交通标志，但由于道路宽畅，又没有交警执勤和雷达测速点，来往车辆速度不减，特别是晚上，此处成为飙车一族的乐土，交通事故时有发生。为杜绝这一路段交通事故，防止因交通事故引发群体性不稳定事件，建议尽快在这一路段设置雷达测速点，并经常派交警在此路段执勤。社情民意得到市长陈文浩、副市长李爱国的批示，助推该路段设置雷达测速点，市直属大队派一个中队在此路段设立执勤点，对此路段进行专项整治，确保了该路段出行师生和市民的安全。

2010年3月，盟员市政协委员彭梅华反映的《让常德优秀歌曲广为传唱》，建议在全市大力推广本土经典歌曲，获中共市委、市政府支持，出台《关于认真组织开展传唱普及常德市城市形象歌曲的通知》，在全市掀起本土形象歌曲传唱热。

2010年9月，市政协副主席、民盟市委主委傅绍平反映的《积极推广"工间操"的建议》，针对广大干部职工亚健康状况的困扰，建议积极推广第八套广播体操，组织市民开展各种形式的广播体操比赛，市长陈文浩、副市长万成贞作出批示，建议得到采纳，在市政府、市直机关企事业单位组织开展广播体操比赛，推动全民健身活动开展。

2011年，市政协副主席、民盟市委主委傅绍平了解到常德有近百张雕花床无处收藏，文化遗产面临遗留他乡，于是反映了《莫让百张雕花床流失他乡》的社情民意，建议相关部门采取措施保护好、宣传好雕花床这一宝贵的民间艺术奇葩，利用市博物馆等场地，组织桃源雕花床展，扩大雕花技艺"桃源工"流派、桃源雕花床的社会影响。副市长万成贞作出批示，责成文化局拿出保护、传承好桃源工雕花民间艺术和展示雕花床的一系列方案。市博物馆举办了"桃源雕花床精品展"。有关部门积极协助"中华百床馆"落户桃花源景区，成为独特的风景。

2011年，盟员市政协委员彭梅华在社情民意《体育健身器材破损老化超期服役现象应予重视》中反映，不少社区健身器材出现锈蚀、松动，有些已成一堆废铁。建议有关部门加大对市城区体育健身器材设施巡查力度，督促使用单位加强整改，对明显超期服役并存在安全隐患的健身器材予以更换，对安全期内有松动、破损的器材进行加固、维修；公园、社区等使用单位应加强与体育部门的沟通和配合，搞好对健身场所内健身器材的日常维修和保养，确保市民安全使用；相关单位应在公共健身场所增设"爱护公共健身器材"警示牌，提醒广大市民自觉爱护体育健身设施；财政部门应支持"全民健身器材进社区"工程，逐年增加维修经费投入，不断满足市民对体育健身的需求。市长陈文浩作出批示。市体育局认真办理，消除社区和公共场所损坏严重不能使用的健身器材27件，新增器材5套、65件，维修器材68件。

2011年，民盟市委反映《“愚公移山”应赶快叫停》的社情民意，沅江支流澄溪河一带非法采金屡禁不止，导致生态破坏严重，建议加强对澄溪河上游非法采金、淘金、炼金和河道采金、翻田挖金的严控管理；建立长效机制，坚决制止在乌云界自然保护区内非法采金；对现有被严重毁损的河道、河堤和良田进行治理；加强对淘金用化学物质的销售管理，严厉打击非法买卖；科学规划新农村建设，强化镇村同治措施，推进农村环境保护工作落实，还基层群众一个美丽的家园。获市政府领导批示后，市国土资源部门组织专门力量对桃源县陬市镇高湾村及鼎城区、柳叶湖管理区、德山经济开发区等城市规划区周边取土情况进行专项治理，桃源县人民政府出台保护河洑山脉生态环境的措施。

2012年，盟员市政协委员胡诗词在社情民意《我市老旧电梯带病运行严重，集中整治刻不容缓》中反映，常德现有2000多台电梯，使用10年以上、从未进行大修改造的多达95%，以至事故发生率高。建议对电梯生产安装、运行维护、监督管理存在的诸多问题，由质监、房管会同公安等部门进行严肃整治；尽快制订和出台电梯强制性报废制度；畅通电梯维保资金渠道；针对电梯运行和维保的监管漏洞，应加大对维保单位的监督检查力度；房管部门应加强对物业公司的管理，严厉问责；质监部门应对市辖各单位使用的电梯定期开展强制鉴定。市长陈文浩批示：“请质检部门研究并采取对策措施，确保安全。”市质量技术监督局办理回复：针对委员信息反映的轿厢板厚度、出台电梯强制性报废标准、畅通电梯维保资金渠道、加强物业管理等6个具体问题，逐一作出解答和说明，并上门与委员面对面沟通交流，创新工作措施和方法，加大监管力度，确保电梯安全运行。

2012年，省人大代表刘绍英反映《为未参保渔民制定养老保险政策的建议》的社情民意，建议省政府出台相应的社保政策，真正让生活贫困、没文化、没技术、没土地的渔民也能享受到国家提倡的全民参保，让他们老有所养，从根本上解决他们的后顾之忧。该社情民意被省政协编发后，中共省委书记周强批示，指示人社厅等部门调研落实，促进渔民参保问题的解决。

2012年，市政协民盟工作组反映的《对常德大道完善交通附属设施的建议》的社情民意得到中共市委书记卿渐伟批示：“请向荣同志过问一下此事，貌似事小，但展示的是我们的管理水平和对人民生命财产负责任的态度”。市长陈文浩，副市长卢武福、汤向荣先后作出批示，市城市办召集市交警、规划、城投公司、湖南大学设计专家及民盟的代表召开协调会，就民盟提出的进一步完善常德大道附属设施的四点建议进行研究，市交警支队对常德大道、桃花源路快速公交系统交通安全风险进行评估，采取设置多车种限速标志和提示牌、喷涂黄黑相间的警示漆、安装反光防撞柱等措施，确保常德大道行车安全。

2012 年，盟员市政协常委胡诗词、市政协委员彭梅华反映社情民意《建议统一市城区公厕标志标牌以方便市民》，中共市委常委、副市长卢武福作出批示："请张军局长与规划设计单位、环卫处一并研究，制订统一的公厕标志牌。"2014 年 1 月 20 日前，市城管局完成城区 150 块新颖醒目的新公厕指示牌的安装，促进常德城区找公厕难问题的解决。

二、反映统战信息

统战信息是关于统战工作和统战领域方面的各种信息，如民主党派工作、民族宗教工作、多党合作、党外人士、非公经济人士、台侨属工作等方面的信息，主要通过中共市委统战部渠道编报党中央、中央统战部和各级中共党委，具有保密性，不公开刊发。统战信息主要有五大类型：工作举措类、工作动态类、工作经验类、领导言论类、党外人士建议类。2010 年以前，民盟市委报送的统战信息以工作举措类和工作经验类为主，2010 年以后，党外人士建议类逐渐成为主体。

1989 年～2012 年，民盟市委组织发动盟员反映统战信息达 450 余条，其中《建议遏制中职院校的招生乱象》民盟市委主委傅绍平撰写的《规范领导干部个人基本信息公开制度的建议》等统战信息被中共中央统战部机关刊物《零讯》采用，《傅绍平建议扩大民主党派基层组织及成员在基层协商民主中的有序参与》等 200 多条统战信息被中共省委统战部采用。

民盟市委领导高度重视反映统战信息工作，民盟市委机关多次被中共市委统战部评为全市统战信息工作先进单位，如 2001 年度被评为"全市统战信息工作第三名"，2009 年度被评为"全市统战信息工作先进单位三等奖"，2010 年度、2011 年度被评为"全市统战信息工作二等奖"；2012 年度被评为"全市统战信息工作先进单位"。

三、盟员议政建言论坛

为了不断创新参政议政方式，扩大盟员议政建言的有序参与，搭建中共党委、政府与民主党派成员之间的桥梁，2012 年，民盟市委开辟一个让普通盟员共享参政机会出彩的新阵地——盟员议政建言论坛。

盟员议政建言论坛坚持与党同心同行，紧扣中共市委、市政府的工作重心，邀请所有有参政议政想法的盟员参加，让普通盟员畅所欲言建言献策。论坛成为民盟市委集纳建议的重要平台。这些建议或转为社情民意，或转为统战信息，或作为政协委员提案上达中共党委、市政府，有些得到中共党委、市政府的采纳。

2012 年 7 月 3 日，民盟市委举办“同心同行 常德发展盟员谈”议政建言论坛，中共市委统战部副部长李学明应邀出席。来自全市民盟基层组织的 20 位盟员（尹焕楣、周思新、曹庆华、郑丽萍、王柯、刘绍英、皮光义、王芳、陈文玲、魏晓萍、吕颖、许克明、周雪、周夏禹、曾红胜、胡诗词、雷文峰、杨新明、陈集亮、杨芳）毛遂自荐走上讲台议政建言，提出的 20 条建议为：《关于我市城市交通管理问题的建议》《城区电动摩托车亟待整治》《文明城市常德需要规范性的茶馆》《常德城市发展动力在于增强城市造血功能》《建议在法治常德建设中充分发挥律师的作用》《殡葬改革实行多元化模式刻不容缓》《关于查找源头从根本上杜绝在德山排放刺激性气体的建议》《关于加强德山森林公园综合开发的建议》《优化政府窗口，服务社会民生》《关于建立青少年大病互助的长效机制的建议》《对当前基层护理工作的分析与思考》《关于湖南高中学业水平考试“合卷”的建议》《对于教育发展的一点看法》《关于建立农民技能培训新机制的建议》《关于我市职业教育“普职分流”的几点看法》《关于加大政府对文化产业扶持力度的建议》《关于常德市广告创意策划修改的建议》《关于常德建“书画之市、艺术之都”的构想》《关于我市特殊文化人才的发现、培养和使用问题的建议》《充分发挥民主党派在缔造幸福武陵中的作用》。

民盟市委将盟员的建议整理成社情民意报送有关部门，其中王柯提出的《法治政府建设应当充分发挥律师作用》被省政协采用，周思新提出的《城区电动摩托车亟待加强管理》和王柯提出的《法治政府建设应当充分发挥律师作用》分别被常德市政协《社情民意》第 33 期、第 46 期编发，受到相关部门的高度重视。

第四节 对口联系工作

对口联系工作，既是各民主党派市委、市工商联知情出力，履行职能的重要途径，也是政府各部门改进工作，实现科学民主决策的有效方法。2005 年中共市委制定《关于贯彻落实〈中共中央关于进一步加强中国共产党领导的多党合作和政治协商制度建设的意见〉的实施意见》（常发〔2005〕11 号），确立各民主党派市委与相关职能部门建立对口联系制度，明确民盟市委与市教育局、市劳动和社会保障局（后改为市人力资源和社会保障局）、市规划局结成对口联系单位。2011 年，中共市委制定《关于进一步加强和完善政府部门与民主党派、工商联对口联系工作的通知》（常办〔2011〕59 号），进一步加强了对民主党派与政府职能部门开展对口联系工作的指导。这些年来，民盟市委充分利用对口联系这一多党合作的载体，主动加强与政府相关部门的联系和沟通，通过健全对口联系工作联络机制、扎实开展“四个一”活动(即每年举行一次见面会，开展一次专题调研，召开一次情况通报会，解决一个实际问题)，互相交流、互通信息、互邀参加各项活动，有效发挥民盟组织参政议政和民主监督的作用，促进各部门依法决策、科学决策、民主决策。

2005 年 12 月 9 日，民盟市委主委丁时祺，副主委傅绍平，机关干部邓红等，在民盟市委机关接待前来联系商榷对口联系工作的市规划局局长李迪伟一行。双方就如何开展对口联系工作进行了座谈。

2006 年 6 月 9 日，市教育局、市劳动和社会保障局、市规划局的负责人应邀出席常德市第五次盟员代表大会。

2007 年 5 月中旬，民盟市委与市教育局、市劳动和社会保障局、市规划局相继召开对口联系座谈会，双方互相通报 2007 年对口联系工作计划，就如何加强对口联系工作坦诚地交换意见，并商定建立了定期联系会议制度、资讯交流制度、重要会议特邀制度、联合调研制度。民盟市委与市教育局就新《义务教育法》的落实情况开展联合调研商榷。

2007 年 9 月 29 日，民盟市委与市教育局召开对口联系座谈会并就常德市农村义务教育阶段教师队伍建设的情况调研。

2008 年 4 月 17 日，民盟市委与市劳动和社会保障局召开对口联系座谈会并就《劳动合同法》的贯彻落实情况调研。

2008 年 11 月 7 日，市规划局副调研员喻文军一行走访了民盟市委机关，就如何开展对口联系工作交换意见。

2009 年 9 月 20 日，民盟市委在市劳动和社会保障局对口帮扶单位临澧县官亭乡凤兴村联合开展送科技下乡等社会服务活动。

2009 年 8 月～10 月，民盟市委与市教育局联合调研全市青少年教育情况，深入十多所学校开展座谈，走访学生及家长，并形成调研成果《我市未成年犯罪综合治理刻不容缓》。

2010 年 1 月 21 日，民盟市委对口联系单位市教育局、市人力资源和社会保障局、市规划局负责人应邀出席民盟市委新春团拜会。市人力资源和社会保障局副局长刘政华代表对口联系单位致贺词。

2010 年 10 月 28 日，民盟市委与市教育局召开对口联系座谈会并就常德市职业教育工作调研。

2010 年 12 月 15 日，市人力资源和社会保障局副局长刘政华一行走访民盟市委机关，双方就如何开展对口联系工作深入探讨和交流。

2010 年 12 月 15 日，民盟市委与市规划局召开对口联系座谈会并就常德市城区实施公交优先战略调研。

2011 年 8 月 23 日，民盟市委与市规划局联合开展常德市城区控违拆违工作调研。

2011 年 10 月 10 日，民盟市委与市教育局在市第四中学联合举办教育教学暨深化课程改革研讨活动。来自市直部分中学和高校的近 50 名盟员教师代表现场观摩了市第四中学教师万群芳的思想品德课《日益严峻的生态危机》和盟员教师丁时清的地理课《中国气候》。课后就课改问题调研座谈。

2011 年 11 月 24 日，民盟市委专职副主委刘丽艳参加市人力资源和社会保障局民主评议会。

2011 年 12 月 2 日，民盟市委与市人力资源和社会保障局开展对口联系工作恳谈会，与会盟员就市人力资源和社会保障局开展“践行温暖工程、追求人民满意”工作座谈。

2012 年 1 月 11 日，市人力资源和社会保障局、市规划局、市教育局应邀出席民盟市委迎春团拜。

2012 年 4 月，民盟市委多次与市教育局就开展捐资助学支教社会服务方案进行商榷，并于 4 月 24 日在临澧县文家中学联合开展“手拉手心连心”支教助学活动。

2012 年 7 月 12 日，民盟市委与市人力资源和社会保障局召开对口联系座谈会，并就全市基本医疗保险定点医疗机构管理问题调研。

2012 年 11 月 28 日，民盟市委副主委李国富应邀参加市规划局组织召开的广告规划听证会。

附一　盟员中的人大代表、政协委员

省人大代表

湖南省第七届人民代表大会(1988.1～1993.1)

谭兴烈

湖南省第八届人民代表大会(1993.1～1998.1)

陈炳玉(女)

湖南省第十一届人民代表大会(2008.1～2013.1)

刘绍英(女)

省政协委员

政协湖南省第六届委员会(1988.1～1993.1)

丁时祺　郑祖瑜　李平之

政协湖南省第七届委员会(1993.1～1998.1)

丁时祺　郑祖瑜　李平之　郭敦文　伍龙章　陈自明(女)

政协湖南省第八届委员会(1998.1～2003.1)

丁时祺　郑祖瑜　陈自明(女,1999年底退休)

政协湖南省第九届委员会(2003.1～2008.1)

丁时祺　傅绍平(女)　刘建平

政协湖南省第十届委员会(2008.1～2013.1)

傅绍平(女)

市人大代表

常德市第一届人民代表大会(1988.6～1993.1)

郭敦文(常委)　孙定国(常委)　章伯先(常委,1989.7增补)

常德市第二届人民代表大会(1993.1～1998.1)

杨亚莉(女)

常德市第三届人民代表大会(1998.1～2003.1)

王军杰(常委)　杨亚莉(女)

常德市第四届人民代表大会(2003.1～2008.1)

王军杰(常委)　向真金(2006.7入盟)

常德市第五届人民代表大会(2008.1～2012.12)

王军杰(常委)　向真金　彭治权

常德市第六届人民代表大会(2012.12～)

刘丽艳(女,常委)　彭　放

市政协委员

政协常德市第一届委员会(1988.6～1993.1)

1、民盟界:

陈锡祥(副主席)　丁时祺(副主席,1990.3增补)　伍龙章(常委)　王亚平　刘弟泗　李仲超(1990.3增补)　陈开通(1989.5增补)　易孝昭　徐　珂(1990.3增补)　彭石安　熊华湘

2、教育界:黄选良

3、文艺界:陈怀福

政协常德市第二届委员会(1993.1～1998.1)

1、民盟界:

丁时祺(副主席)　徐　珂(常委)　尹焕楣　龙纯良　刘弟泗　时春平(女)　邱景若(女)　杨振文　陈开通　赵娟娟(女)　徐嘉康　彭其芳　王亚平

李仲超(1995.12 辞免)

2、特 邀:伍龙章(常委)　骆绍华　傅绍平(女,1996.3 增补)

3、农林界:武令如

4、医卫界:张光明

5、新闻界:王亚平

政协常德市第三届委员会(1998.1～2003.1)

1、民盟界:

丁时祺(副主席)　徐　珂(常委)　李平之(常委)　李智敏(女)

刘启赋　杨振文　赵娟娟(女)　骆绍华

黄志伟　黄莜荣(女)　彭其芳　蔡　昱

2、特 邀:傅绍平(女,常委)　周夏禹　张锡明

3、经济界:尹焕楣(常委)　朱银睹(1998.12 增补)

4、科技界:徐嘉康(常委)

5、医卫界:张光明　罗晓德

6、教育界:刘建平

7、文艺界:黄　明

8、工会界:王亚平

政协常德市第四届委员会(2003.1～2008.1)

1、民盟界:丁时祺(副主席)　傅绍平(女,常委)　尹焕楣(常委)　张光明

邓　红(女)　罗晓德　刘启赋　文会军　李国富　黄志伟　皮光义　胡国锋

2、文艺界:陈怀福(常委)

3、教育界:骆绍华　周金满(2005.6 入盟)

政协常德市第五届委员会(2008.1～2012.12)

1、民盟界:傅绍平(女,副主席)　李国富(常委)　唐绍华(女,常委)

邓　红(女,2008.1 当选常委,2009.2 免去常委)

刘丽艳(女,常委,2008.12 增补为委员,2009.2 增补为常委)

文会军　邓新民　皮光义　刘启赋　黄志伟　胡国锋　李　明　肖礼彬

胡诗词　贵体健　陈跃夫

2、经济界:李　成

3、妇联界:胡彩云(女)　彭梅华(女,2008.12 增补)

4、农业界:胡湘萍(女,2010.11 入盟)

政协常德市第六届委员会(2012.12～)

1、民盟界：傅绍平（女，副主席） 李国富（常委） 陈集亮（常委） 胡诗词（常委）
胡国锋 刘绍英（女） 贵体健 李 明 彭梅华（女） 夏欣蓉（女） 周德芳
周思新 易 凭 雷文峰 张国友 梁 平
2、农业界：邓 红（女，常委）
3、教育界：傅新民（常委） 陈立安 刘白冰
彭志敏（女） 皮光义（2013.12 增补）
4、妇联界：周 欢（女）
5、文体界：李 成
6、经济界：张雨晴
常德市出席民盟全国代表大会代表
民盟第六次全国代表大会代表（1988 年 10 月 8 日至 16 日）
陈锡祥 丁时祺
民盟第七次全国代表大会代表（1992 年 12 月 22 日至 28 日）
丁时祺
民盟第八次全国代表大会代表（1997 年 10 月 17 日至 22 日）
傅绍平（女） 郑祖瑜
民盟第九次全国代表大会代表（2002 年 12 月 13 日至 18 日）
李平之
民盟第十次全国代表大会代表（2007 年 11 月 29 日至 12 月 2 日）
傅绍平（女）
民盟第十一次全国代表大会代表（2012 年 12 月 9 日至 13 日）
傅绍平（女）
十、民盟省委委员
民盟湖南省第八届委员会委员（1988.3～1992.8）
陈锡祥 丁时祺（常委）
民盟湖南省第九届委员会委员（1992.8～1997.5）
丁时祺（常委） 徐 珂 李立新（女）
民盟湖南省第十届委员会委员（1997.5～2002.6）
丁时祺（常委） 郑祖瑜
民盟湖南省第十一届委员会委员（2002.6～2007.6）
丁时祺（常委） 刘建平
民盟湖南省第十二届委员会委员（2007.6～2012.5）

傅绍平(女)　邓　红(女)　刘建平

民盟湖南省第十三届委员会委员(2012.5～)

傅绍平(女,常委)　刘丽艳(女)　胡湘萍(女)

十一、常德市出席民盟湖南省代表大会代表

民盟湖南省第九次代表大会代表(1992.8)

民盟湖南省第十次代表大会代表(1997.5)

丁时庠　王军杰　李智敏(女)　莫　虎　郭敦文　蔡德东

民盟湖南省第十一次代表大会代表(2002.6)

丁时祺　皮光义　尹焕楣　刘东山　李　明　李平之

张维国　段大明　章晓红　彭顺权

民盟湖南省第十二次代表大会代表(2007.6)

丁时祺　邓　红(女)　邓新民　吴玉山　李　成　李国富

唐绍华(女)　涂　旭(女)　傅绍平(女)

民盟湖南省第十三次代表大会代表(2012.5)

刘丽艳(女)　胡湘萍(女)　向真金　肖礼彬　周　欢(女)　易　凭　贵体健

夏欣蓉(女)　傅绍平(女)　傅新民　李　正　周　斌　周德芳　黄志伟

表 2－5－4－1　1988－2012 年常德民盟盟员担任副处级以上职务名单

姓名	性别	出生年月	工作单位及职务	任职时间	备注
傅绍平	女	1962.01	常德市政协副主席	2010.11—	
王军杰	男	1962.09	常德市文联主席	2004.12—	
刘丽艳	女	1969.02	民盟常德市委专职副主委	2009.07—	
李国富	男	1962.09	湖南文理学院监察处副处长	2006.10—	
唐绍华	女	1961.10	常德市鼎城区人大副主任	2012.11—	
邓　红	女	1969.01	常德市水利局副局长	2012.09—	
胡湘萍	女	1971.04	津市市人大副主任	2012.12—	
向真金	男	1967.12	桃源县政协副主席	2012.11—	
骆绍华	男	1961.01	湖南师范学校副校长	2002.06—	
曾奇峰	男	1974.04	湖南文理学院招就处副处长	2010.05—	
王　龙	男	1974.03	湖南文理学院土木建筑工程学院副院长	2010.05—	
杜舜卿	女	1966.04	中共常德市第二中学党委书记	2012.08	
陈锡祥	男	1923.02	常德市政协副主席	1988.11—1990.02	2009 年去世
丁时祺	男	1945.12	常德市政协副主席	1990.3—2007.12	2008 年退休
易孝昭	男	1925.08	民盟常德市委专职副主委	1988.11—1992.01	2002 年去世
徐　珂	男	1939.02	民盟常德市委专职副主委	1992.01—1996.02	1999 年退休
郑祖瑜	男	1941.02	津市市政协副主席	1984.04—2002.11	2002 年退休
伍龙章	男	1921.06	原常德农校校长	不详	2004 年去世
李平之	男	1952.02	常德市工商局调研员	2011.08—2012.02	2012 年退休
刘建平	男	1954.05	津市市政协副主席	2003.01—2004.05	

第六章 社会服务

第一节 兴教助学

民盟常德工艺美术学校

关注教育事业发展是民盟社会服务的特色之一。常德民盟认真贯彻中共中央关于“广开学路，多方办学”的精神，利用绝大部分盟员分布在教育战线的优势，根据社会需要，积极开展社会办学活动，用业余教育补充公办教育的不足。十年动乱过后，常德民盟恢复组织活动，至 1984 年，常德民盟组织推动、创办 4 个类型 13 个方面的培训班补习班共计 37 个，主要有音乐美术师资培训班、文化补习班、幼儿师范教育班、家用电器维修班、畜牧兽医班、地震预测班、柑橘技术班等等，培训了干部、职工、解放军战士、待业青年、在校学生达到 2566 人。从办学时间上看，民盟市委(县级)开办的培训班有短期的也有长期的，短期的有一个月、三个月，长期的有半年、一年半，有全日制的、半日制的，也有夜校；从办学形式上看，有民盟市委(县级)机关独办、民盟基层组织独办、合办、与其他单位联合主办以及盟员个人办学等形式，均取得了一定的社会效益，为物质文明和精神文明建设作出重要贡献。

1984 年，民盟市委(县级)创办民盟常德光明电子职业技术学校(以后简称“民盟光明职业中专”)，7 月 11 日，该校派盟员教师参加民盟省委智力支边团赴新晃侗族自治县开展智力援助活动，开办 2 个中学师资培训班、2 个专业技术培训班。1995 年，该校校址在常德市东门外皇经阁，负责人为盟员黄选良。

1985 年，民盟市委接手朗州电大班，定名为民盟朗州电大班，9 月 1 日正式启用新印章，任命陈锡祥为校务委员会主任，钟嵘之为名誉副主任，易孝昭为常务委员，黄选良、程铭、李仲超、谭宗轲为委员。同年 8 月委托民盟常德师范专科学校支部主办电大新闻班（全日制）。1988 年 8 月，任命黄选良为校长。学校为国家造就一批建设与管理人才。

1988 年 6 月，为适应地改市后，民盟组织社会服务工作需要，民盟市委筹委会创立民盟常德工艺美术学校，地点在桃源县陬市镇高湾村，后搬迁至武陵区滨湖大道西段 2876 号，先后任命张子敬、徐珂、余绍德、李平之为校长。工艺美术学校以“教育必须与生产劳动相结合”为办学总方针，面向市场经济，敬业创新，既办成以教学、科研、生产、经营四位一体的教育模式，又培养一批又一批德、智、体全面发展的实用型工艺人才。90 级毕业生试制成功的黄麻壁挂获湖南省民间工艺发明奖，并获国家专利。1997 年 12 月，工艺美术学校被市教委授予社会力量办学“先进单位”，1998 年 3 月被省教委授予社会力量办学“优秀学校”。由于历史的原因，工艺美术学校 1998 年变更主办单位，从此与民盟市委脱离关系。

1989 年，民盟常德师范高等专科学校支部开办外语班，招收学生 31 人；民盟常德市鼎城区支部上半年开办高考补习班，招收学生 78 人，有 24 人考上大专学校。这 2 个支部全年共开办 3 个补习班，共招收学生 111 人。民盟桃源师范学校小组老盟员莫振华以桃源县政协副主席的身份，协助桃源县政协创办高三补习班 10 个，共招收学生 790 人，1989 年高考共有 186 人被录取，占全县录取人数的 53%。

20 世纪 90 年代以后，民盟市委主要采取鼓励、支持、帮助盟员兴办学校的手段，继续开展助学活动。

1993 年，民盟市委支持协助盟员彭治权创办常德淮阳中学。学校以“管理务实不张扬，教学踏实不急进，学习扎实不浮躁”为指导思想，求实、求新、唯真、唯善，经过 19 年的发展，2012 年学校拥有 83 个教学班，在校学生近 5000 名，教职工 235 名，其中特级教师 3 名，硕士 7 名，高级教师 22 名，中级教师 52 名，校园占地面积 120000 平方米，建筑面积 56000 平方米。该校 2004 年被省教育厅评为“三湘名校”，2008 年被省政府授予“湖南省民办教育先进单位”称号，2010 年被教育部教师发展基金会授予“全国民办教育先进单位”称号。现已成为常德市规模最大的民办完全中学，市级示范性中学。

1993 年，民盟市委鼓励支持青年扬琴教育家、演奏家、盟员彭程万里（2005 年意外身故）创办大雅音乐学校，这是经市教委审批成立的常德市唯一一所常年从事音乐、舞蹈专业教育的学校。至 2005 年，该校在市城区及各区县（市）设有 9 所分校，为全国多所高等音乐院校输送 200 多名优秀音乐专业人才（2005 年以后大雅音乐学校由他人接管）。

1996 年，盟员汪勇创办汉寿县电脑培训班，1999 年 5 月，汉寿县电脑培训班升格为汉寿县第一所全日制民办职校，定名为拓潮电脑技术学校，2009 年 9 月，拓潮电脑技术学校与世伟职业学校合并成立汉寿科技工业职业学校。2004 年，汉寿科技工业职业学校成为深圳富士康等大型电子集团的定点用人单位。至 2012 年底，累计为社会输送 5000 多名合格中职毕业生、近万名各类短期专业技术人才。

1996 年～1997 年，民盟常德市直属支部盟员钟春来资助汉寿县高二学子叶兆宏直至高中毕业。此后，钟春来还资助多名贫困学生。

2006 年始，民盟市委牵头组织、支持基层组织和广大盟员开展捐资助学助教等多种活动，主要活动有：

2006 年 3 月，民盟市委社会服务部部长邓新民捐款 30 万元在石门县白云乡修建一所幼儿园，民盟市委主委丁时祺出席并主持捐赠仪式。同年，盟员胡国锋向鼎城区韩公渡乡中学捐款 3 万元，帮助改善办学条件。

2006 年 9 月 29 日，民盟市委联合民盟常德市武陵区总支开展“送书下乡”活动，现场为南坪乡高泗小学图书室捐赠图书 600 余册，盟员曾平老师为小学生们上一堂作文辅导课。

2007 年 8 月～2009 年 6 月，民盟常德市直属支部盟员连续 3 年捐资共计 4 万元帮助桃源县八中 3 名贫困学生完成高中学业，民盟市委主委傅绍平多次出席该支部捐资活动。

2009 年～2012 年，民盟常德市直属支部连续 4 年参与常德电视台、市交通客运管理处、市教育局和市交警支队联合举办的“爱心送考”活动，为高考期间市城区 70 余名考生提供全程免费送考服务。

2010 年 8 月，民盟市委主委傅绍平、专职副主委刘丽艳率张雨晴、胡国锋等盟员到汉寿县东岳庙乡金牛村，为考上江西师范学院的寒门学子李和珍送上 3000 元助学款，勉励她发奋读书。

2011 年，民盟市委机关干部彭梅华、陈薇义务辅导巾帼志愿者受助对象何佳欣各门功课达半年时间。

2012 年 4 月 24 日，民盟市委与市教育局在临澧县文家乡中学联合开展助学支教暨文艺联欢活动，为 30 名贫困学生每人发放 300 元助学金，为八年级学生上一堂英语公开课，盟员画家现场挥毫泼墨，为文家乡中学捐赠 12 幅字画，盟员文艺骨干与文家乡中学师生开展“手拉手、心连心”文艺联欢活动。

第二节　新农村建设

民盟市委充分发挥盟内一批农业专家学者的专业特长和自身优势，为支持新农村建设做了大量细致的工作，先后成立民盟光明生态农业研究所、民盟常德市委生态农业专家组、民盟常德市委生态农业专家委员会，以桃源县为主要着力点，将科技扶贫工作逐步辐射到常德市其它区县。他们的主要做法有：针对当地实际情况，为其制定休闲、旅游、观光生态农业的规划，帮助调整农业结构和开拓新的生产门路；组织专题讲座，传授科技知识，推广实用农业科学技术；科技兴农，创办葛种植销售基地、水产养殖基地等，建立生态农业示范基地；提供资金支持。

1990 年 5 月 10 日、11 日、21 日，民盟市委组织盟内农业专家孙定国、李代荣等前往汉寿县毛家滩回维乡实地考察，开展农业科技咨询，向当地贫困户捐款 286 元。该乡各园艺场和渔场负责人与技术人员，以及种植柑桔和养鱼专业户共 60 多人次现场听取 2 位专家讲授相关科技知识。

1990 年，盟员何亮太应临澧县修梅乡太平农工商实业开发公司邀请，深入实地解决良种雏鸡大量死亡难题，帮助培训一批科学饲养人员。在何亮太的技术指导下，该公司养鸡户由 4 户发展到 21 户。至 1991 年 6 月，先后饲养的五批肉鸡，成活率均在 92%以上，每个养鸡户 50 天左右即获纯利 1200～1500 元。何亮太的事迹被《湖南日报》专题报道，并在民盟中南六省（区）经验交流会上推介。

1991 年 6 月 23 日、8 月 25 日，民盟市委组织近 30 人的义务服务队，分 2 批到桃源县杨溪桥乡帮助农户维修家电，传授种植大叶茶、山塘养鱼和药材培植知识，当地 80 余人参加农业技术培训课。

1992 年 2 月 2 日，民盟市委副主委郭敦文组织专家深入鼎城区水电局机械厂，用 2 个月时间帮助该厂改造、更新设备，使多年亏损的企业起死回生。

1997 年，民盟市委应邀为鼎城区贫困乡肖伍铺乡制定并实施扶贫攻坚计划。期间，民盟市委多次组织盟内农业种植和养殖专家，赴该乡实地考察，专家们根据当地"山多田少水好"的特点，建议充分利用水域资源，大力发展水产立体养殖，同时指导和帮助引进多种淡水鱼类养殖技术。

1998 年，民盟市委组织盟内专家赴桃源县的贫困山村湖田界村实地考察，指导实施饲养马头羊脱贫致富项目。民盟市委派出专干长期驻村工作，扶助建立马头羊繁育示范户，传授种草、防病等实用技术，帮助饲养户获得良好经济效益，在当地发挥示范带头作用。

1999 年，民盟光明生态农业研究所依靠股东的大力支持，在坚持开展面向社会的农业科技信息咨询活动外，先后应鼎城区科委之邀，为该区各乡镇科协主席、分管科技副乡长、果农专业户作“农业信息及柑桔市场营销”的学术报告，并讲授“柑桔保果丰产配套技术”；受桃源县政府、县农业局委托，就开发该县桃产业进行调查论证，写出《湖南省桃源县以优质桃为特色旅游观光农业建设项目建议书》，并上报中央财政部、农业部且立项；受武陵区东郊乡的委托，就开发该乡三间村进行论证，写出《建设三间村高新技术现代农业示范村的可行性论证书》；受桃源县果联之邀，为其新科技成果“柑桔增甜素”进行论证，并以技术投入的方式参与开发该县青林乡茨树村百亩柑桔示范基地。此外，民盟光明生态农业研究所还派员前往津市白衣镇荷花村向农户传授柑桔培管技术，还就海南省琼山市火山口风景区引进湖南脐橙问题进行论证。

1999 年 10 月～2004 年，民盟市委以桃源县青林乡茨树垭村为支持新农村建设主要基地，连续 5 年多次组织盟内农业专家现场指导农业实用技术，为调整农业结构，增加农民收入作出贡献，并就开展知识扶贫，促进农民增收进行一些有益的探讨。

2000 年 5 月 16 日，民盟市委主委丁时祺率孙定国、陈一凡、李文建、杨勇等多名盟内农业专家到桃源县青林乡茨树垭村开展农业科技服务，就产业结构调整、庭院经济开发，提出具体建议。湖南电视台、常德日报社和常德电视台等多家媒体对该项活动作跟踪宣传报道。盟内农业专家指导村民在果树行间及闲置土地上种植辣椒 350 亩，至 2000 年底，该村产鲜辣椒 60 万公斤，并实现产销一条龙经营，为群众创现金收入 50 万元，全村人均增收 290 元。

2000 年 7 月，民盟常德市委生态农业专家组针对如何发展生态农业、保护生态环境、提高人民生活质量以及中国加入 WTO 后对我市的影响及对策等问题做大量调查研究，撰写质量较高的调研文章，引起有关领导的关注。专家组先后四次应邀到桃源县做专题报告，并多次深入田间地头，为果农们传授栽培技术，发放科普资料。不少单位及乡村主动与民盟市委联系，邀请专家组为他们制订生产规划，选择、论证扶贫项目。

2001 年，民盟市委响应中共市委、市政府关于调整产业结构和启动“五个百万亩”工程的号召，利用民盟人才智力优势，组织专家教授开展一系列技术讲座与技术培训，全年共举办各类各种技术讲座和技术培训班 13 场次，计 4500 余人次参与。10 月 16 日，民盟市委组织生态农业专家委员会成员孙定国、陈一凡等与鼎城区蔬菜办在中共鼎城区委党校联合主办“鼎城区蔬菜栽培与市场营销实用技术培训班”，学习时间 5 天，培训内容丰富，从选择品种到种植技术，从市场预期、保鲜、推销技巧、谈判技术到储运均有涉及，实用性强，效果明显，前后共培训乡、镇、村负责人和蔬菜种植大户共 1200 人次。

2001 年 10 月 31 日，民盟市委在桃源县青林乡茨树垭村开展支农服务，成立“中国民主同盟常德市委员会生态农业茨树垭示范基地”并正式挂牌，这是湖南省第一家由民主党派创办的村级生态农业示范基地，民盟市委派盟员农业专家孙定国、陈一凡长期为该基地提供科技服务，帮助农民增收。

2002 年，民盟市委生态农业专家工作组指导桃源县青林乡茨树垭村村民按照市场经济规律和生态农业要求，调整产业结构。指导该村村民改造低产油菜，实行乔、灌、草结合；将 400 亩双季稻改种成一季中稻；大量引进优良果树品种，其中早熟无核柑桔种植面积达 650 亩；指导引进良种辣椒等，扩大经济作物种植面积；引导该村按照公司＋基地＋农户的模式，走集约化道路；同时在互联网上为村民开辟统一购销渠道，减少生产与销售的盲目性。是年，该村仅辣椒收入就达 60 余万元。工作组还通过多种方式帮助该村筹措资金，兴修公路、改造灌溉设备和电网、修建变电站。在省农业厅、市农业局、市能源办支持配合下，工作组为村民建起 50 个沼气池、盖起 32 亩多地的塑料大棚。4 月至 7 月，民盟市委生态农业专家工作组还在桃源县青林乡举办无核椪柑、山茶花嫁接、“加入世贸后的农业对策及绿色有机农业规范栽培技术”讲座，向村民普及现代农业实用技术。

2002 年 8 月，民盟市委在鼎城区石门桥镇举办“乡镇干部如何领导和发展村级经济”以及如何科学种植日本南瓜、种莲养蚌的科普讲座，接受培训的干部群众达 400 多人。

2003 年～2004 年，民盟市委生态农业专家工作组成员孙定国、陈一凡在鼎城区长岭岗乡的安家岗村开辟一个柑桔种植基地，带领指导当地村民种植培管柑桔。

2006 年 5 月，民盟市委与中共市委统战部一道赴桃源县陬市镇土地坡村开展“三下乡”活动，得到点村干部群众的交口称赞。

2006 年 9 月，盟员胡国锋捐资 5 万元修建鼎城区蔡家岗镇舒公殿村的村级公路。民盟市委主委傅绍平、中共市委统战部副部长郑维改参加捐赠活动。

2007 年 11 月，民盟市委机关干部会同全市统战系统 40 多名干部进驻西洞庭湖管理区白芷湖村办新农村建设联系点。

2009 年 9 月，民盟市委主委傅绍平、专职副主委刘丽艳率盟内农业专家孙定国、陈一凡等赴对口联系单位市人力资源与社会保障局扶贫点村临澧县官亭乡凤兴村举办农业技术讲座，并向该村 40 多名学生赠送书包、跳绳、羽毛球拍等文体用品。

第三节 送医、送药

1989 年，民盟常德市机关支部请老盟员罗彬医师、唐曾缓护理师当顾问，沈占尧副主任医师作技术指导，与民盟常德市卫生学校、常德农校、市第四中学、市第五中学、市第六中学、市第七中学及武陵区东升小学、北正街小学、育英小学等民盟学校基层组织联合开展送医服务，先后为 800 多名中小学生进行近视眼治疗。

1990 年 4 月 1 日，民盟市委专职副主委易孝昭、民盟常德市医卫支部主委陈桂清带领民盟市委机关干部及民盟常德市医卫支部高、中级医师刘渠成、张光明、倪麦林、李明、张子敬、左昭选等前往鼎城区冲天湖乡开展为民义诊活动。活动共设内科、外科、小儿科、妇产科、中医 5 个义诊台，从早上 8:30 到下午 4:00，为 318 人次义诊，查诊潜伏病、少见病 18 例。中共冲天湖乡党委向民盟市委及医卫支部赠送“无私奉献、为民义诊”锦旗。

1990 年 9 月 23 日，民盟市委协同民盟常德市鼎城区支部、医卫支部的部分盟员医师倪麦林、沈占尧、张光明、李明前往鼎城区长茅岭乡朱家冲少数民族村为村民义诊。

1990 年 10 月 28 日，民盟常德市医卫支部与鼎城区冲天湖乡卫生院联合开展“妇科病普查”、“慢性支气管炎穴位贴药疗法”和“风湿性关节炎等病症贴药疗法”咨询活动，义务接诊病员 30 余人。

1992 年～1996 年，民盟市委多次组织医务人员到鼎城区中河口等乡镇进行医疗咨询、义诊。

1999 年 6 月 3 日，民盟市委联合民盟常德市卫生学校支部组织多名内科、外科、妇产科及中医科专家组成义务医疗队，到津市市白衣镇荷花村给村民送医送药开展义诊，当天接诊 200 多人次，发放药品价值近 2000 元。

2000 年 5 月 16 日，民盟市委主委丁时祺率张光明、李明、倪麦林、颜昌喜、张子敬、左昭选、张永德等 8 名盟员医师到桃源县青林乡茨树垭村开展义诊活动，接诊病人 120 余人，免费赠送常用药品。

2003 年，SAS 病毒肆虐全国，5 月 29 日，民盟市委组织社会服务部成员赴汉寿县丰家铺乡洞庭村开展送医送药下乡活动，发放了上千份非典预防资料，接诊 200 人次。民盟市委主委丁时祺、中共市委统战部常务副部长郑维改出席。社会服务部的盟员邓新民、张光明、刘运明、颜昌喜、傅新民、涂万新、王用民、李明等发挥各自特长为活动出钱出力，其中李明、邓新民分别捐赠价值 5000 元和 2000 元的药品。

2007年6月10日，民盟常德市委在鼎城区长岭岗乡安家岗村开展“送医送药下乡”义诊活动

2007年6月10日，市政协副主席、民盟市委原主委丁时祺和专职副主委邓红率民盟市委社会服务部、民盟常德市联合支部及常德职业技术学院附属二医院和德山莲池医院的盟员医疗专家，组成医疗服务小分队，到鼎城区长岭岗乡安家岗村开展送医送药活动，接诊患者1000多人，免费发放药品2万余元。

2012年8月6日，民盟市委携手市第四人民医院、常武医院的6名心血管内科、骨科、烧伤整形科医学专家，在德山乾明寺开展关爱佛教人士义诊活动。此次关爱宗教界人士义诊活动由盟员、常武医院院长张国友组织发起。民盟市委专职副主委刘丽艳与机关干部一道全程参加。

第四节　赈灾济困

1991年7月～8月，常德市遭受洪灾。为赈灾救灾，民盟市委组织机关干部捐款560元、衣物28件；民盟桃源师范学校支部捐款70元；民盟常德市鼎城区支部捐款500元。

1993年，常德市遭受洪涝灾害，民盟市委机关干部捐款320元。同年，民盟常德市第四中学支部盟员莫虎在第一人民医院出资350元救助一名素不相识的农村病人，其事迹《常德日报》予以刊登。

1996年8月，民盟市委派机关干部参加中共市委赴桃源县车湖垸救灾的工作队，时长1个月，协助中共珠明村党支部、村委会妥善安置22户倒房村民，修复3座水毁机埠，抢插数百亩晚稻。民盟市委机关负责人专程前往珠明村看望慰问灾民，并捐资3000元支持该村抗灾自救。

1998年，桃源县青林乡遭遇特大洪水，民盟市委组织盟员捐款捐物，并派出干部直接投身抗洪抢险。该乡中共党委、乡政府给民盟市委赠送“心系灾民，情洒青林”的锦旗。

1998年7月16日，民盟市委秘书长王军杰参加中共市委组织的突击队，前往遭受严重水灾的安乡县救灾。民盟市委机关5名干部捐款千元，向灾区人民献爱心。

2008年5月12日汶川地震后，民盟市委发起“爱心倡议”，号召全市广大盟员为灾区人民捐款捐物，支援四川地震灾区，5 月 27 日，民盟市委将盟员捐款共 27960 元转交给市红十字会。6 月 20 日，市政协民盟界别 14 名市政协委员再次向四川地震灾区捐款 17800 元。身有残疾的盟员胡诗词闻讯后，让人背上市政协机关办公大楼捐款现场，捐赠善款 1000 元。据不完全统计，当年全市盟员通过各种渠道共向灾区捐款 5 万余元。

2008 年 7 月 4 日，市政协民盟界别的政协委员邓红、陈跃夫、李明等，参加市政协提案委对口扶弱助困活动。他们深入武陵区落路口社区，走访慰问两名残障困难群众，为他们送去米、油和各种书籍等物品。

2008 年，民盟联合支部盟员芮立新个人出资 5 万元，帮助一对下岗夫妇开办福利彩票站，解决他们的生计问题。

2009 年 12 月 6 日，民盟市委主委傅绍平、专职副主委刘丽艳出席鼎城区蔡家岗镇敬老院开院仪式暨慈善募捐大会。民盟常德市机关支部盟员胡国锋现场捐资 1 万元，表达敬老真情。

2009 年～2012 年，民盟市委领导率民盟界别市政协委员，连续 4 年参加市政协文教卫体委对口联系的武陵区城北街道贾家湖社区的贫困居民入户调查和送温暖活动，每年均为 13 户特困家庭送去米、油等慰问品。

2010 年，青海省玉树地区发生地震灾害后，民盟市委转发民盟中央关于做好抗震救灾工作的倡议书，动员全市盟员发扬“一方有难、八方支援”的精神，帮助灾区人民重建家园。民盟常德市第一中学支部、联合支部和武陵区基层委员会城西支部等基层组织，积极组织捐款，以实际行动为灾区群众献爱心。同年，民盟文艺支部盟员刘绍英为遭受特大泥石流的甘肃舟曲灾区捐款 1000 元。

2010 年，桃源县杨溪桥乡、牯牛山乡普降大暴雨导致山洪暴发，民盟桃源支部盟员捐款 3000 元，帮助灾区人民渡难关。

2010 年，民盟常德师范学校支部发动盟员为身患白血病的教师陈志刚捐款 4000 元。

2010 年，民盟常德市直属支部组织盟员到武陵区丹洲乡敬老院探望孤寡老人，并赠送慰问金 2000 元。同年，民盟常德市直属支部资助汉寿县崔家桥乡崔家桥村一位无依无靠、生活极度困难的智障五保户。

2010 年，盟员邓新民注册成立一家慈善机构——新民善行汇，2012 年 1 月 16 日，新民善行汇出资 1.8 万元，组织数名义工为武陵区新光社区、光明巷社区和长胜桥社区的 30 名特困户分别赠送大米、面条、食用油等慰问品及慰问金。民盟市委主委傅绍平、专职副主委刘丽艳及机关干部全程参与。

2011 年 10 月 22 日，民盟市委专职副主委刘丽艳与民盟武陵区基层委员会的部分盟员走访慰问芦荻山乡 2 个贫困家庭，为之送上慰问金和生活物资。

第五节　送法律送文化

民盟市委在传统的社会服务项目之外，还充分发挥盟员律师及文化专业人才的优势，开展送文化送法律活动。

2004年10月30日，民盟市委联合民盟市委社会服务部组织近百名盟内文艺人才赴汉寿县沧港乡软纳桥村开展送文化下乡活动，在软纳桥村学校礼堂举办一场丰富多彩的文艺演出，并为该校捐赠一批价值5000元的少儿科普读物和文化书刊。民盟市委主委丁时祺、副主委傅绍平和中共市委统战部副部长杨庆武等参加活动。

2004年～2008年，盟员尹焕楣不辞辛劳，为常德诗墙激情广场大家唱活动积极奔波。以他为团长的常德诗墙激情广场民乐团在连续5年的时间里，除风雨阻隔外，每晚都为广大市民送上一台精彩的文艺演出，5年的公益演出，不仅赢得群众的喜爱，也得到中共市委、市政府的大力支持，吸引大量退休人员、复退军人、下岗职工、进城农民工参与、观看，成为常德创建全国文明城市一大亮点，得到社会各界的广泛赞誉。《常德晚报》、常德电视台、湖南卫视台、央视3套、《人民日报》先后对激情广场栏目进行专题报道。不少盟员文艺工作者，积极主动登台献艺，受到群众好评。

2005年8月15日，为纪念抗日战争胜利60周年，民盟市委在民族风乐团支持下，在诗墙公园激情广场举行互动歌会，为广大市民送上视听盛宴。

2006年10月，民盟市委发动盟员捐献农业、科技、教育、法律、文艺等各类图书2800余册，援建鼎城区尧天坪镇尧天坪村村级图书室，民盟市委主委傅绍平率机关干部前往尧天坪村，参加捐赠图书仪式。

2009年12月4日，民盟市委联合民盟常德市武陵区基层委员会组织盟员律师在武陵区城西街道办事处滨湖社区开展法律咨询服务活动，免费解答社区居民关心的法律问题，并发放法律法规宣传资料200多份等。民盟市委主委傅绍平全程参加。

2010年7月8日，民盟市委联合民盟常德市武陵区基层委员会组织盟员文艺骨干给武陵区和生源养老公寓近百名老人送去一台精彩文艺节目，民盟市委专职副主委刘丽艳率机关干部参与慰问活动。

2011年8月，民盟武陵区基层委员会组织盟员律师刘峰、高峰等分别到武陵区长庚路社区和城南方家巷社区，免费为群众提供法律援助和咨询。

2012年4月21日，民盟武陵区基层委员会主委肖礼彬组织盟员开展法律服务进社区活动，活动现场设在武陵区北正街社区市财政局广场。盟员律师董志勇、孟德明就市民咨询最多的养老保险、公伤理赔、房屋产权等问题作详细解答。

第三篇

中国民主建国会常德市委员会

第一章　组织机构

第一节　民建常德市委

民建常德市委员会(以下简称民建常德市委),是民建在常德建立的地级市地方组织。其成员主要是经济界人士。1952年,常德市工商联副主任燕春舫在长沙参加了中国民主建国会,并发展熊炳立、谢海泉入会,组建民建常德小组,燕春舫任组长。1955年,成立民建常德支部,熊炳立任支部主任;1956年8月,组建民建常德市筹委会,熊炳立任筹委会主任。从建小组至筹委会期间均隶属民建长沙市委。1958年民建湖南省委员会(以下简称民建湖南省委)成立,筹委会改属民建湖南省委领导。

1966年,民建常德市筹委会因"文革"停止组织活动,直至1979年3月恢复,鉴于熊炳立于1965年去世,筹委会工作由筹委谢海泉负责,具体会务由聂庆钧办理。1980年3月,民建常德市筹委会召开第一次代表大会,选举产生民建常德市(县级)第一届委员会,谢海泉任主任委员,胡建武、陈述伟任副主任委员,市委委员7人,未设秘书长。1982年4月,选举产生第二届委员会,谢海泉任主任委员,胡建武、聂庆钧任副主任委员,未设秘书长。1987年11月,选举产生第三届委员会,谢海泉任主任委员,聂庆钧、汤音宏、何英国任副主任委员,何英国兼任秘书长。

1988年6月,根据常德撤区建市需要,成立民建常德市筹委会,副主任委员聂庆钧、汤音宏,委员何英国;同年11月,召开第一次代表大会,选举产生民建常德市第一届委员会,至2012年12月历经6届。基层组织由7个支部扩大到1个县级委员会(津市市)、2个工作委员会,共18个支部,会员由108人发展到448人。其中大学以上文化的占77%,具有中、高级职称的占45.76%。各级人大代表、政协委员99人(次),占会员总数的22.10%。市人大代表6人,其中常委1人;区县人大代表8人,其中常委4人;省政协委员4

人，其中常委 1 人；市政协委员 31 人，其中副主席 2 人，常委 6 人；区县政协委员 46 人，其中副主席 3 人，常委 13 人。6 人担任县处级政府领导职务。

1989 年 7 月，民建津市市委员会成立，隶属民建常德市委领导，1992 年改属民建湖南省委直管，2009 年 10 月重新划归民建常德市委。

民建常德市委领导成员由主委、副主委组成，机关内设办公室，专职副主委主持机关日常工作。1988 年 11 月第一届委员会在机关设置组织宣传部、社会服务部两个办事机构，在委员会领导下办理各自职权范围内的日常会务。1996 年 12 月，根据会章第三十八条规定，第三届委员会设置经济、老龄、妇女 3 个工作委员会和企业家联谊会、政策调研室；2001 年 7 月第四届委员会调整为参政议政委员会、经济科技委员会、企业家联谊会、基层组织活动委员会、老龄工作委员会、妇女工作委员会。

表 3－1－1－1　民建常德市委历届领导人任职情况

<table>
<tr><th>组织发展阶段</th><th>姓 名</th><th>职 务</th><th>任职时间</th><th>备 注</th></tr>
<tr><td>民建常德支部</td><td>燕春舫</td><td>支部主任</td><td>1955－1956.8</td><td></td></tr>
<tr><td>民建常德市筹委会</td><td>燕春舫</td><td>筹委会主任</td><td>1956.8－1965</td><td>燕春舫 1965 年去世，由谢海泉负责。筹委会文革期间暂停活动，1979 年 3 月恢复工作。</td></tr>
<tr><td>民建常德市筹委会</td><td>谢海泉</td><td>筹委会负责人</td><td>1965－1980.3</td><td>具体会务由聂庆钧办理</td></tr>
<tr><td rowspan="3">第一届市委(县级)</td><td>谢海泉</td><td>主任委员</td><td rowspan="3">1980.3－1982.4.</td><td rowspan="3"></td></tr>
<tr><td>胡建武</td><td>副主任委员</td></tr>
<tr><td>陈述伟</td><td>副主任委员</td></tr>
<tr><td rowspan="3">第二届市委(县级)</td><td>谢海泉</td><td>主任委员</td><td rowspan="3">1982.4－1987.11</td><td rowspan="3"></td></tr>
<tr><td>胡建武</td><td>副主任委员</td></tr>
<tr><td>聂庆钧</td><td>副主任委员</td></tr>
<tr><td rowspan="4">第三届市委(县级)</td><td>谢海泉</td><td>主任委员</td><td rowspan="4">1987.11－1988.6</td><td rowspan="4"></td></tr>
<tr><td>聂庆钧</td><td>副主任委员</td></tr>
<tr><td>汤音宏</td><td>副主任委员</td></tr>
<tr><td>何英国</td><td>副主任委员兼秘书长</td></tr>
</table>

续表

组织发展阶段	姓 名	职 务	任职时间	备 注
民建常德市筹委会	谢海泉	主任委员	1988.6—1988.11	
	聂庆钧	副主任委员		
	汤音宏	副主任委员		
第一届市委	聂庆钧	主任委员	1988.11—1992.1	
	汤音宏	副主任委员	1988.11—1992.1	
	何英国	专职副主任委员	1988.11—1992.1	
	徐国清	副主任委员	1991.3—1992.1	1991 年 3 月增补
	任祖淦	副主任委员	1991.3—1992.1	1991 年 3 月增补
第二届市委	汤音宏	主任委员	1992.1—1996.11	
	何英国	专职副主任委员		
	徐国清	副主任委员		
	任祖淦	副主任委员		
第三届市委	徐国清	主任委员	1996.11—2001.7	
	杨新辉	副主任委员		
	陈 猷	专职副主任委员		
	余先柏	副主任委员		
第四届市委	徐国清	主任委员	2001.7—2006.6	
	杨新辉	副主任委员		
	陈 猷	专职副主任委员		
	余先柏	副主任委员		
第五届市委	杨新辉	主任委员	2006.6—2011.4	
	曾 盈	专职副主任委员	2006.6—2011.4	
	姜 政	副主任委员	2006.6—2011.4	
	陈永强	副主任委员	2008.7—2011.4	2008 年 4 月增补
第六届市委	杨新辉	主任委员	2011.4—	
	曾 盈	专职副主任委员		
	姜 政	副主任委员		
	陈永强	副主任委员		

第二节　基层组织

一、民建津市市委员会

1989 年 7 月,民建津市市第一次代表大会选举徐国清为民建津市市委主任委员,选举雷新春、郭祖科、郭定菊为副主任委员,黄凤玉、张一等、胡运鸿为市委委员。1991 年 5 月补选陈伟俊、全永德为津市市委委员,陈伟俊为第一副主任委员。

1992 年 4 月,民建津市市第二次代表大会选举陈伟俊为民建津市市委主任委员,选举雷新春、郭定菊为副主任委员,郭定菊兼任秘书长。

1996 年 11 月 14 日,民建津市市第三次代表大会在津市电力宾馆会议中心召开,出席会议代表 45 人,民建湖南省委组织处处长周沅江,民建省委组织处副处长阳希桂出席会议,中共津市市委副书记马耀舫,市人大、市政协、市委统战部,各民主党派、团体、有关单位负责人及人士共 20 余人应邀出席大会开幕式和闭幕式。大会选举陈伟俊为主任委员,选举郭定菊、陈宽广为副主任委员。

2001 年 6 月 8 日,民建津市市第四次代表大会在津市阳光宾馆三楼会议中心召开,出席会议代表 65 人,民建湖南省委副主委熊长松,民建省委组织处张侃出席会议,中共津市市委副书记余永贵,市委统战部部长王兴钊,市政协主席黄大军,市工商联主席董新满等出席会议,各民主党派、团体、有关单位负责人及人士共 30 余人应邀出席大会开幕式和闭幕式。大会选举陈伟俊为主任委员,选举郭定菊、陈宽广为副主任委员。

2006 年 8 月 4 日,民建津市市第五次代表大会在津市兰苑宾馆二楼会议中心召开,出席会议代表 75 人,民建常德市委专职副主委曾盈、秘书长王华,中共津市市委副书记余永贵,市委统战部部长王育平,市人大、市政协、各民主党派、团体、有关单位负责人及人士共 30 余人应邀出席大会开幕式和闭幕式。大会选举张伟莉为主任委员,选举郭定菊、陈宽广为副主任委员。

2012 年 7 月 14 日,民建津市市第六次代表大会在津市兰苑宾馆二楼会议中心召开,出席会议代表 80 人。民建常德市委专职副主委曾盈、秘书长王华出席会议。中共津市市委副书记邹如龙、市委统战部部长徐兴庭、市委组织部部长方志炜、津市市人大副主任唐超虎、市政协副主席林铁钢、董新满、刘建平,市委统战部常务副部长周振秒、常德市各民主党派、团体、有关部门、有关单位负责人及有关人士共 30 余人应邀出席大会开幕式和闭幕式。钱盛霞当选为主委，刘莉、梁文利、易旭当选为副主委，刘莉被任命为秘书长。

至2012年底，民建津市市委共有会员120名，下辖5个支部市委委员9名，钱盛霞为津市市委主委，刘莉、易旭任副主委。

二、民建武陵区工作委员会

2005年6月，民建武陵区总支部委员会选举蒯同英为主任委员，王燕、朱碧文为副主任委员，彭次君、尹治才为支部委员。2006年9月，为进一步推动武陵区民建工作的开展，民建武陵区总支部更名为中国民主建国会常德市武陵区工作委员会。

截至2012年底，民建武陵工委共有会员24名，其中武陵一支部13名，二支部11名，蒯同英为工委主委，王燕、熊莉菠任工委副主委。

三、民建鼎城区工作委员会

2005年12月，民建鼎城区一支部选举杨元为支部主任委员，莫政芳为支部副主任委员。2005年12月，民建鼎城区二支部选举钟泽英为支部主任委员，杨善军为支部副主任委员。2007年12月选举杨善军为支部主任委员，康明、杨亮为支部副主任委员，向红任支部委员。2008年4月，民建常德市委任命杨元为民建鼎城工委主任委员，杨善军、莫政芳为副主任委员，刘伟恒、杨亮、高伟杰、康明为工委委员。2008年4月，民建鼎城区一支部选举莫正芳任支部主任委员，刘伟恒、高伟杰任支部副主任委员，罗家国、罗丽娜为支部委员。

至2012年底，民建鼎城工委共有会员36名，其中鼎城一支部23名，鼎城二支部13名，杨元为工委主委，莫政芳、杨善军任工委副主委。

四、民建常德市市直支部

1993年10月，民建常德市机关支部选举陈猷为机关支部主任委员，谢锋为副主任委员。1996年12月，民建常德市行政一支部选举曾盈为支部主任委员，肖云满为支部副主任委员。1996年12月，民建常德市行政二支部成立，并推选陈东新任支部主任委员，代展杰任支部副主任委员。1999年7月，民建常德市委员会律师支部成立，高伯成任支部主任委员，刘谦任支部副主任委员。2000年3月，民建行政支部选举彭次君任支部主任委员，姜政、李智任支部副主任委员。2005年11月，民建市直支部选举姜政为支部主任委员，罗亚海、李智为支部副主任委员。2005 年 12 月，民建律师支部选举刘谦为支部主任委员，张波、李强为支部副主任委员。2010 年 11 月，律师支部因组织发展的需要，发展了一批非律师界别的市直属单位会员，将民建律师支部更名为“中国民主建国会常德市市直二支部”。2007 年 12 月，民建市直二支部选举肖正达为支部副主任委员，宋小玲为支部委员。2011 年 3 月，民建市直二支部选举宋小玲为支部主任委员，张波、李强为支部副主任委员，佘冰卉为支部委员。

至 2012 年底，民建常德市直支部共有会员 44 名，其中市直一支部 24 名，市直二支部 20 名，罗亚海为市直一支部主任，宋小玲为市直二支部主任。

五、民建常德市民营一支部

1993 年 11 月，民建常德市个体劳动者协会支部成立，并推选周强国为支部主任委员，严若君为支部副主任委员。2000 年 3 月，民建常德市个体劳动者协会支部更名为民建常德市民营一支部。2005 年 9 月，民建民营一支部选举严若君为支部主任委员，张顺义、龚美华为支部副主任委员、周强国、熊曙娅为支部委员。

截至 2012 年底，民建常德民营一支部共有会员 17 名，严若君为支部主任。

六、民建常德市民营二支部

2000 年 3 月，民建常德市民营二支部成立，周方勇任支部主任委员，唐必成任支部副主任委员。2005 年 9 月，民建民营二支部选举周方勇为支部主任委员，唐必成、熊晋可为支部副主任委员、彭德强、李铸为支部委员。2009 年 12 月，民建民营二支部选举彭德强为支部主任委员，夏绪捷、程澎、熊晋可为支部副主任委员、李利辉、杨明华、唐卫民为支部委员。

截至 2012 年底，民建常德民营二支部共有会员 23 名，彭德强为支部主任。

七、民建常德市经贸支部

1993 年 10 月，民建常德市工业支部成立并选举闵德山为支部主任委员，袁玉龙、张淑纯、张家栋、毛加文、曾成珍为支部委员。1996 年 12 月，民建常德市工业联合支部补选毛雪佗、张植荣为支部副主任委员。2000 年 3 月，民建常德市工业一支部成立并选举闵德山任支部主任委员，刘祖平、刘云任支部副主任委员。

2000 年 3 月，民建常德市工业二支部成立并选举张家栋任支部主任委员，毛学佗、张文秀任支部副主任委员。

1993 年 10 月，民建常德市合纤支部成立并选举王一鸣为支部主任委员，肖子和为支部副主任委员。

1993 年 10 月，民建商业支部成立并选举黄泽生为支部主任委员，杨基建为支部副主任委员，刘云飞、文昆华、袁美年为支部委员。1996 年 12 月，民建商业支部推选文昆华为支部主任委员，丁连安为支部副主任委员。

1988 年 4 月，民建常德市供销支部成立并推选陈焕生为支部主任委员，杨志湘、王定华为支部委员。1990 年 11 月，民建常德市供销支部推选王定华为支部主任委员，赵所光为支部副主任委员。1993 年 10 月，民建供销支部选举赵所光为支部主任委员，吴桂清、梁峰为支部副主任委员。

2000 年 3 月，民建常德市财贸支部成立并选举文昆华任支部主任委员，尹治才、何丽芬任支部副主任委员。

2005 年 11 月，民建经贸支部选举陈永强为支部主任委员，刘云、彭莉为支部副主任委员。

2012 年 9 月，民建经贸支部选举李刚为支部副主任委员，罗卫民任支部委员。2006 年 7 月，选举张文秀为经贸二支部支部主任。

至 2012 年底，民建常德经贸支部共有会员 42 名，其中经贸一支部 25 名，经贸二支部 17 名，朱碧文为经贸一支部主任，张文秀为经贸二支部主任。

八、民建常德市老龄支部

1990 年 7 月 7 日，民建常德市老龄支部成立，选举易正文为支部主任委员，孙桂中为支部副主任委员，胡建武、刘永清、周绍君为支部委员。1993 年 10 月，民建老龄支部选举易正文为支部主任委员，杨志湘任支部副主任委员，孙桂中、胡建武、刘永清、周绍君、王成久任支部委员。2000 年 3 月，民建老龄二支部选举龙地灵任支部主任委员，黄泽生任支部副主任委员。2005 年 10 月，老龄支部选举龙地灵为支部主任委员，曾成珍、朱玉华为支部副主任委员。

至 2012 年底，民建常德市老龄支部共有会员 32 名，龙地灵为支部主任。

第二章 组织建设

第一节 会员发展

20 世纪 50 年代，民建会员主要是常德市工商界的领导、中层骨干。1985 年 8 月根据《民建中央组织工作会议纪要》:“发展对象是与本会历史上有关系或工作上有密切联系的从事工商企业工作和其他经济工作的人士。具体对象主要有:经济师、会计师、统计师、工程师、财经界人士、经济理论研究、教学工作人士以及在工商企业中担任一定领导职务或社会联系较广泛的经营管理人员和生产技术人员等，特别要注意吸收其中的中年知识分子。原工商业者、‘三小’中的适合对象，仍应发展”。

民建会员在历次政治运动中，尤其是在“文化大革命”中大部分会员受到冲击，部分会员蒙受冤屈。中共十一届三中全会后，各条战线拨乱反正，平反冤假错案，开创安定团结的政治局面。1979 年 3 月，民建组织恢复活动后，协助常德市政府落实统战工作政策，对民建和原工商业者在公私合营中被收缴的黄金 2257.5 克，银元 2506 元，现金及公债 70847 元，房屋 4 间，全部清退，对 15 名工商业者，按政策恢复名誉，安排工作，对受牵连的 211 名家属及子女进行妥善安排。

1956 年 8 月成立民建常德市筹备委员会后，由于过分强调政治、经济代表性，进展缓慢，至 1980 年 4 月恢复组织时仅有会员 21 人(共发展 32 人，其中 11 人去世)。成立民建常德市委会后，吸收 6 名新会员，共有会员 27 人(在职 18 人，退休 9 人，原工商业者 13 人，三小户 13 人，家属 1 人)。

1985 年 8 月，民建中央召开组织工作会议，指出:“当前和今后一个时期，民建发展的对象是与民建历史上有关系或工作上有密切联系的从事工商企业工作和其他工作的人士，具体对象主要是:经济师、会计师、统计师、工程师、财经界人士，经济理论研究、教学工作人士以及在工商企业中担任一定领导职务或社会联系广泛的经营管理人员和生产技术人员等。特别要注意吸收其中的中年知识分子"。民建常德市委根据《纪要》精神，采取发展与巩固相结合的方针，联系实际，扎实工作，稳步发展会员，到 1987 年 12 月底全市会员增至 92 人(不含津市)。

1988 年 1 月，民建中央第五次全国代表大会通过的《中国民主建国会章程》进一步明确民建发展对象为："各种经济实体的经理、厂长和中高级经营管理人员、工程技术人员，包括经济师、经济理论教学、研究人员与经济界和民建有联系的人员及其他人士"民建常德市委认真贯彻 1990 年民建中央《关于当前做好健全、巩固组织工作的几点意见》，把工作重点放在加强各级领导集体、后备干部队伍、基层组织建设上。1992 年 11 月，民建中央第六次全国代表大会通过的《中国民主建国会章程》中规定：我会的组织工作要贯彻发展与巩固相结合的方针，坚持以大中城市为主，以中上层人士为主，以经济界人士为主，注重素质和代表性。1996 年 3 月，各民主党派中央《关于民主党派组织发展若干问题座谈会纪要》(以下简称 1996《纪要》)明确规定："为了使组织的发展与巩固很好地结合起来，既要保证成员数量又要保证成员素质，根据近些年组织发展的实际情况，每年的净增率以不超过 5%为宜，由各民主党派中央从总体上掌握"。1999 年 5 月，在《各民主党派中央关于加强自身建设若干问题座谈会纪要》中，在民主党派组织发展问题上指出："要继续关注 1996《纪要》精神"，再次重申了"由中央从总体上把握年增长率 5%的发展标尺"。2009 年 6 月，《民建中央关于进一步做好组织发展若干问题的意见》规定，发展新的社会阶层代表人士要坚持原则、把握标准和认真考察。按照民建中央的要求，发展的对象是国家公务员，企、事业单位的厂长、经理，各类中、高级职称的管理人员、各界非公有制经济的代表人士。2012 年底，全市共有民建会员 448 人。

表 3－2－1－1　1985—2012 年民建常德市委会员(不含津市)发展情况表

年份	累计人数	性别		平均年龄	比上年增加数			新会员平均年龄	比上年减少数				大学文化
		男	女		入会	转入	恢复会籍		转出	退会	开除	去世	
1985	57	48	9	59.5	9			44.5					7
1986	82	68	14	53.5	26			38.5				1	22
1987	92	75	17	53	10			38					27
1988	108	87	21	49.05	16			35.8					37
1989	144	116	28		36			34.8					51
1990	147	119	28		3			36.5					57
1991	148	120	28		1			36.1					65
1992	151	122	29		3			33.4					72
1993	160	129	31		9			33.3					79
1994	172	138	34		12			33.9					86
1995	175	140	35		3			32.4					90
1996	183	143	40	50.03	8			34.1					93
1997	194	152	42	49.33	12			32.3				1	103
1998	195	151	44	50.41	5			35.8				4	105
1999	207	160	47	49.52	20			34.3				8	121
2000	220	167	53	49.11	15			33.3				2	135
2001	227	171	56	49.33	10			34.2	1			2	143
2002	230	174	56	49.51	6	1		32.3	1			3	148
2003	233	177	56	50.09	6			38.5				3	152
2004	239	179	60	50.30	10			38.4				4	159
2005	247	180	67	49.90	9	1		35.6				2	167
2006	260	187	73	50.25	13	2		36.9				2	182
2007	269	189	80	50.50	12			34.7				3	194
2008	280	193	87	49.70	16			31.5				5	208
2009	287	196	91	49.30	10			38.4	2			1	215
2010	302	205	97	50.28	17			32.1				2	232
2011	310	207	103	50.47	12			32.3	1		1	2	240
2012	328	218	110	50.32	20			35.1				2	259

表 3-2-1-2　1988 年—2012 年部分年份民建津市市委会员发展情况表

年份	累计人数	性别		平均年龄	比上年增加数			新会员平均年龄	比上年减少数				大学文化
		男	女		入会	转入	恢复会籍		转出	退会	开除	去世	
1988	58	48	10	52.40	11								27
2009	113	81	32	49.91	5			36.60	1			3	76
2010	118	84	34	50.56	5			41.2					80
2011	120	83	37	50.20	4	1		31.25				3	85
2012	120	82	38	50.40	2			33.00			2	86	

第二节　基层组织建设

《中国民主建国会章程》规定："会的基层组织是支部和总支部，有会员 5 人以上，可成立支部。根据工作需要，一个单位、行业、地区设有 2 个以上支部的可以设立总支部。"常德民建基层组织积极发展会员，由 1988 年 11 月的 8 个支部，至 2012 年 12 月已增至 1 个县级委员会(津市市)、2 个工作委员会，共 18 个支部(包含津市民建 5 个支部)。

1985 年，民建常德市委按行业性质，归口系统分别建立百纺支部、医药工业支部、供销商业支部等 3 个综合性支部。规定支部组织生活每月一次，时间半天，采取固定日期的办法过好组织生活。1989 年建立市委委员与支部定期联系制度。正副主委分片、市委委员管线与支部联系，参加支部生活会，及时了解掌握会员思想动态，推动支部发挥优势独立自主开展工作。1994 年，调整基层支部组织生活会形式，确保支部生活制度化、经常化。

1989 年，及时调整和增加支部领导力量，把一些热心会务、作风正派有一定政策理论水平和实际工作能力的会员推上支部领导岗位。商业支部两位老主任长期担任支部领导工作，有一定的经验，但已年过七旬，对支部工作感到力不从心，根据这种情况，民建常德市委对这个支部班子调整，新当选的黄泽生、杨基建两位会员接替老同志职务后，工作积极主动，利用业余时间走访支部全体会员，看望退休在家的老会员，并带领支部会员积极调查研究。发挥基层组织作用，在评选"五好支部、四好会员"活动中被评为五好支部。11 月，工业联合支部和明胶支部在新蕾幼儿园举办以统战知识为主要内容的竞赛活动。1994 年，个协支部生活会，为武陵区委、区政府搞活武陵区的经济出主意，提建议。商业支部与个协等支部一起在海鲜宫和滨湖公园开展联谊活动。工业、明胶、七一、无线电三厂、合纤等支部,为配合爱国主义教育纲要的实施,参观石门县的古文化遗址夹山寺;老年支部每月一次的生活会会员都能至始至终参加并把全情投入,老同志之间,不论是谁生病,还是婚寿喜庆都相互关心。1997年,在企业不景气,下岗、内退职工下海经商,自谋职业人员增多的情况下,支部生活难以正常开展,为适应市场经济的需要,采取几个支部集中学习和轮换学习场地等办法,仍然坚持每月一次的学习制度,广大会员克服重重困难,踊跃参加组织生活,使基层支部民主生活经常化、制度化、规范化。1998年,工业联合支部在市船舶厂召开民主生活会,并参观下水的挖泥船。商业支部、民营支部分别在滨湖公园举行生活会,学习中共十五大精神,畅谈经济形势。行政一、二支部在市地拆迁办召开生活会,讨论1998年工作要点,部署1998年的全面工作。

1999年,主委徐国清、副主委陈尤前往津市参加"纪念津市民建成立十周年大会"。有60多位来宾、机关干部和会员骨干,参加律师支部成立大会。老龄、商业、一中、律师、行政等12个支部,利用开生活会的时间,学习中共、中央总书记江泽民关于"讲学习、讲政治、讲正气"的讲话精神;学习中共中央关于揭批法轮功的文件,愤怒声讨以美国为首的北约轰炸我国驻南使馆的滔天罪行;开展会史、会章的教育,工业联合支部除了组织各种学习外,还组织会员参观国家森林公园花岩溪。民营支部把学习与开展抗灾、扶贫、帮团,捐助社会等公益事业,以及慰问武警官兵等活动有机的结合起来。

2000年3月,根据组织发展的需要,进行支部主任民主选举,适时调整基层支部领导班子,一大批中青年会员走上支部主任的领导岗位。为进一步发挥基层支部的集体智慧、和整体功能的作用,调动广大会员参政议政的积极性,经主委会议研究,制定评选先进支部和优秀会员细则,通过评选先进集体和优秀会员来激发基层支部、广大会员参政议政的热情,极大的调动了广大会员爱岗敬业、奋发图强、参政议政、热心会务的热情。各个支部独立自主开展会务活动,使支部主任在谈吐、写作、组织能力、领导决策、领导艺术等实际工作中得到了较大的锻炼。

工业联合支部年初学习有计划,活动有安排,组织生活会开得生动有创意,除了正常的组织政治学习外,还组织支部会员考察柳叶湖度假区。民营一支部主任组织会员深入彩滨、彩虹、华龙、三叉路、北站、停车场等20多家市场和企业,开展广泛深入的调查研究,集思广益,形成21多篇有价值的提案,把发展市、区私营经济的新思路、新举措、新经验、用提案的形式,送到了各级领导办事的案头。2001年,组织老年支部的全体会员在滨湖公园开展会务活动,并专程看望刘永清、蔡斌沅等4位因病不能参加会务活动的老同志,全年共慰问住院会员28人次。鼎城支部、工业一、二支部利用节假日时间组织会员专程考察了风景胜地花岩溪和国家自然保护区壶瓶山。召开了3次基层支部主任座谈会。

2003年,鼎城支部组织会员前往长沙和老革命区浏阳市参观、学习,考察浏阳生物医学园和市容市貌，听取浏阳在发展民营企业中所取得的成功经验，交流了经验，受益匪浅。工业一支部、二支部的会员前往花明楼和韶山，参观了刘少奇、毛泽东的故居、革命纪念馆、陈列馆，使广大会员再一次受到了革命传统的教育。2008 年 4 月，根据形势发展需要成立民建鼎城区工委，对经贸支部班子成员进行调整。

表 3－2－2－1　1980—2012 年民建常德市委基层组织建立情况一览表

组织名称	成立时间	历任主任	现任主任	说　　明
百纺支部	1980.3			
医药工业支部	1980.3			1982 年调整为医药支部
供销商业支部	1980.3	赵所光(1993.10)		1982 年分为商业支部和供销支部
商业支部	1982	黄泽生(1988.4.10)、 文昆华(1996.12.18)		
供销支部	1982	陈焕生(1988.4.10) 王定华(1990.11.1) 赵所光(1993.10.6)		
医药支部	1982			
机关支部	1985	陈猷(1993、10)		
工业联合支部 (工业支部)	1986	闵德山(1993.10.6)		
明胶厂支部	1987.11.20	李正玲、刘云 (1989.3.24)		
丙纶厂支部	1987.11.20	王一鸣		
合纤厂支部	1988.	王一鸣(1993.10.6)		
七一厂支部	1988.12.3	阳池生		
无线电三厂支部	1989.11.18	黄序铨		
市一中支部	1990.2	聂庆刚(1993.10.6) 郭东海(1996.12.22)		
老龄支部	1990.7.7	易正文(1993.10.6)	龙地灵	
个协支部	1993.11.17	周强国		
机关支部		陈猷(1993.10.6)		
行政一支部		曾盈(1996.12.15)		
行政二支部	1996.12.15	陈东新		

续表

组织名称	成立时间	历任主任	现任主任	说　　明
律师支部	1999.7	高伯成、刘谦(2005.12.14)		2010年11月20日更名为市直二支部。
工业一支部		闵德山(2000.3)		
工业二支部		张家栋(2000.3)		
民营二支部	2000.3.28	周方勇	彭德强	
老龄二支部		龙地灵(2000.3)		
教育支部		郭华秋(2000.3)	郭华秋	
财贸支部		文昆华(2000.3)		
鼎城支部	2000.12	杨　元		2005年12月划分为鼎城区一支部、鼎城区二支部。
民营一支部		严若君(2005.9.13)	严若君	
经贸一支部		陈永强(2005.11.14)	朱碧文	
市直一支部		姜　政(2005.11.14)	罗亚海(06.9.14)	
武陵区总支筹备委员会	2005.6.6	杨新辉		
武陵区总支部	2005.6.10	蒯同英		2005年，民建有武陵区属会员156人，按其所属行业和单位编入对口支部。根据形势的变化和工作需要划分出武陵区行政支部和财贸支部，并成立武陵区总支部。
鼎城区一支部	2005.12.14	杨　元	莫政芳	原鼎城区支部划分而来。
鼎城区二支部	2005.12.14	钟泽英(2007.12.24)	杨善军	原鼎城区支部划分而来。
经贸二支部		张文秀(2006.7.19)	张文秀	
武陵区工作委员会	2006.9.6	蒯同英	蒯同英	2006年，民建武陵总支有会员33名，下设2个支部，为进一步推进工作，更名为“中国民主建国会常德市武陵区工作委员会”
鼎城区工作委员会	2008.4.18	杨　元	杨　元	
市直二支部	2010.11.20		宋小玲	原律师支部

第三节　新会员和干部培训

1989年,民建常德市委共发展会员43人,其中大专以上文化31人,中级以上职称16人,(高级职称9人),担任各种行政技术职务15人,新会员平均年龄41岁,是常德民建组织发展会员最多的一年。民建常德市委抓组织发展,并纳入全年工作计划,分段落实。各支部明确一名支委上下联系、具体负责。为了让会员关心会务,民建市委把组织发展工作的任务放在发动会员共同出力上。依靠支部对申请入会和拟发展吸收的新同志加强培养、考察,既给大多数同志提供了为组织出力的机会,增强了会员的政治责任感和光荣感,又加深了会员与会组织的联系和向心力。他们以认真负责的态度,遵照讲求素质、积极稳妥的原则,使组织发展继续呈现年龄下降,知识上升趋势。这批新会员入会不仅使我会的影响不断扩大,而且充实了民建市委社会办学和经济咨询的实力。1990年7月,民建市委选派13位支部主任或主要骨干,去中共市委党校参加市社会主义学院举办的学习中共14号文件培训班的学习。这批同志通过系统的学习,掌握了一定的多党合作理论和基本知识,回来后为带动支部学习发挥了较好的作用。1992年7月,组织11名基层支部骨干参加了市委统战部组织的统战理论培训班。认真学习中共中央统战部下发的关于九十年代统一战线工作纲要等文件,提高了基层骨干的统战素质。

1993年,民建常德市委积极把握机遇,组织学习以改革新内容为主的财会专业培训。育才会计学校改授新的会计教材,春秋两季招生爆满。全年共招收14个班,计766人,创历史最高纪录。民建常德市委利用自身的优势,为解决换届财会人员培训难和居民新区幼儿入托难的问题,先后创办育才会计学校和新蕾幼儿园。社会办学的方向明确,管理水平提高,各种教学的设施完善,共开设了商业会计班、计算机班等培训班21个。

1997年,民建常德市委通过举办各种类型的读书班、报告会、座谈会,组织会员骨干认真学习党在新时期的统战理论、统战知识和党的路线、方针、政策等。据不完全统计,40名会员骨干参加培训与学习,还选派4位同志参加了中央、省社会主义学院的学习和市委党校的电脑培训班。通过轮训和统战理论知识的学习,增强干部的统战意识与理论水平,使广大会员自觉地坚持中国共产党的领导,坚定走社会主义道路的信念,认清民建常德市委肩负的历史使命,提高成员的政治思想素质。1998年,民建常德市委先后有三位领导干部参加中共市委组织部在市委党校举办的"领导干部学十五精神,邓小平理论培训班"的学习。11位同志分别参加省社会主义学院举办的"全省各民主党派中青年骨干培训班”和“全市统战干部理论培训班”的学习。除此之外，民建市委还利用每两个月召开一次的“市委扩大会”和每月召开一次的“基层支部民主生活会”的时间，组织广大会员，自觉的学习，贯彻、落实中共十五大和民建中央七大精神。经过学习，广大会员自觉地接受中国共产党的领导，进一步坚定走社会主义道路的信念，认清肩负的历史使命，提高干部、会员的政治素质和组织的整体素质。1999 年，民建常德市委的几名正、副主委，先后在中共常德市委党校、处级干部中心学习小组学习，参加领导干部“三讲”教育的集中学习。民建常德市委邀请中共常德市委讲师团的陈教授为党派机关干部和部分会员骨干作“三讲”教育的专题辅导报告。选派 2 名机关干部到市委党校参加理论学习，3 名会员骨干到省社会主义学院进行理论培训。2000 年 5 月，民建常德市委在河伏森林公园举办“民建常德市委国防知识教育活动”。6 月，民建常德市委在党派机关四楼会议室召开常德、益阳基层支部工作经验交流会。2001 年，民建常德市委派两位领导成员参加了省、市社院举办的“领导干部理论版”学习。系统的学习新时期的统战知识、统战理论。通过“三个代表”理论的学习和培训，增强会员的知识深度和广度，拓宽成员的视野，提高领导成员的整体素质和广大会员的思想政治素质。

2002 年，民建常德市委 1 名副厅级干部、1 名处级干部、11 名科级干部和 1 位企业负责人分别参加省社会主义学院和市委党校举办的主体班学员理论培训班的学习，通过学习，使他们的理论水平和业务素质得到进一步的提升。2003 年，民建常德市委推荐 1 名副处级干部参加市委党校主办的理论培训班的学习，推荐 1 名科级干部参加省社会主义学院举办的理论班学习。2005 年上半年，机关干部参加全省机关干部衡阳联谊活动，参加省社会主义学院组织培训班等学习。2005 年 9 月，按照中共湖南省委组织部统一安排和要求，经过严格程序，层层筛选，考录 1 名机关人员。根据中共常德市委宣传部和市委统战部的部署和要求，全年开展“每月读一本好书”、对机关干部进行业务技能培训的活动。

2008 年 8 月 12 日至 14 日，常德市各民主党派参政议政培训班在市鹏程大酒店举行。民建常德市委专职副主委、秘书长、部分基层组织负责人、新进市委委员及其他骨干成员共 15 人接受为期 3 天的理论培训。在这三天的培训班时间里，民建会员集中学习了中共十七大精神、科学发展观与两型社会建设、如何参政议政等专题报告，并与其他兄弟党派交流了基层组织建设经验，通过开展丰富多彩的联欢活动，增进感情，扩大影响。在结业典礼上，会员宋小玲、杨善军代表民建常德市委会参加“我为富民强市做贡献”的演讲，得到与会人员的一致好评，充分展示民建会员的良好形象。2011 年 12 月 11 日至 14 日，2010 年、2011 年加入民主党派的成员于市社会主义学院（市委党校）参加全市民主党派新成员培训班的培训，培训以使民主党派新成员了解统战理论政策，增强他们走中国特色社会主义道路的信念和接受中国共产党领导的自觉性为目的。通过学习民主党派的历史和章程，传承和发扬民主党派与中国共产党风雨同舟、患难与共的优良传统，深刻领会中国共产党领导的多党合作和政治协商制度的历史必然性和伟大创造性，提高政治把握能力、参政议政能力和合作共事能力，全面提升民主党派新成员的综合素质。

第二章 思想建设与宣传工作

第一节 理论学习与研究

民建常德市委通过参加中央、省、市社会主义学院学习、民建湖南省委、中共常德市委统战部组织的各级各类学习，参加电视会议，召开培训班、座谈会、宣讲会等多种形式，组织和推动民建会员和机关干部学习，不断提高常德民建全体会员的政治理论水平和参政议政能力。

一、学习方针政策

1988 年 11 月至 1992 年 1 月，民建常德市第一届委员会期间重点组织学习邓小平理论和中共十三大及十三届各次中央全会精神。1989 年利用新会员读书会等形式学习了中共十三届四中全会精神。1989 年 4 月，北京发生政治风波，民建常德市委先后组织会员进行政治学习 18 次，正、副主委与会员交心谈心 40 余次，帮助会员认清事件真相、明辨是非。民建会员无一人上街围观、游行或“声援”学生事件，并积极协助中共和政府稳定局势。5 月 19 日李鹏总理宣布对北京部分地区实行戒严，20 日下午民建常德市委主委聂庆钧、副主委何英国在接受电视台记者采访时旗帜鲜明地发表坚决拥护中共中央英明决策，与党中央保持一致的声明。民建会员、市中心百货大楼副经理黄慧敏积极配合单位党支部做好职工思想稳定工作，并受中共党支部邀请在单位党员学习会上发言介绍民建的立场、观点和对当前时局的认识体会，取得良好效果。9 月 27 日，在常德市各民主党派庆祝建国四十周年茶话会上，民建市委因动乱期间的积极表现受到中共常德市委、市政府“不愧诤友称号”的肯定。1990 年，召开第六次委员扩大会议时，组织市委委员、支部主任和会员学习中共中央(1989)14号文件精神、中共中央(1990)10号文件、江泽民在全国统战工作会议上的讲话和全国统战工作会议精神，并制定《学习和贯彻中共14号文件的实施办法》，翻印和购买大量学习资料，推动全会深入广泛的学习。7月，选派13位支部主任或主要骨干，参加市社会主义学院举办的学习中共14号文件培训班，为各个支部培训学习骨干。

1992民建常德市第二次代表大会

1992年1月至1996年11月，民建常德市第二届委员会期间重点组织学习邓小平理论和中共十四大及十四届各次中央全会精神。1992年，召开委员扩大会议学习邓小平南巡的重要谈话，并在中央2号文件后，先后协办和扶植6个经济实体，为发展常德经济做出一定贡献。7月，组织11名基层支部骨干参加中共常德市委统战部组织的统战理论培训班，认真学习中共中央统战部下发的关于九十年代统一战线工作纲要等文件。1993年，组织全体会员学习中共中央十四大文件精神、邓小平关于建设有中国特色的社会主义理论、江泽民、李瑞环在全国统战工作会议上的重要讲话，参加中共常德市委、市政协领导中心学习组1人次，参加中共常德市委组织的党外干部理论学习班2人次，参加市委统战部组织的学习35人次。1994年，每月一次支部生活会组织广大会员学习马列主义和《邓小平文选》第三卷。为贯彻落实南京民主党派工作会议精神，选派8名会员参加中共常德市委在党校举办的“统战理论研讨班”的学习。1995年，组织广大会员学习邓小平建设有中国特色的社会主义理论，学习共产党领导的多党合作的优良传统和会史、会章。通过参加整顿机关工作作风的大会，听辅导报告，上党课和座谈讨论，提高认识，端正了工作态度，克服了薄弱环节，增强了服务意识。2次选派骨干会员参加省社会主义学院的学习班和市社会主义学院举办的“中青年骨干学习班”。

1996年11月至2001年7月，民建常德市第三届委员会期间重点组织学习“三个代表”重要思想和中共十五大及十五届各次中央全会精神。1997年，通过举办各种类型的读书班、报告会、座谈会，组织会员骨干认真学习党在新时期的统战理论、统战知识和中共的路线、方针、政策及十五大会议精神，40名会员骨干参加培训与学习，4位参加中央、省社会主义学院的学习和市委党校的电脑培训班。1997年9月17日，民建率先召开市委扩大会学习、讨论中共中央总书记江泽民的工作报告，并作出“关于认真组织学习贯彻中共十五大精神的决定”，各基层组织利用组织生活时间举办各种座谈会、讨论会，掀起学习、宣讲十五大精神的热潮。12月20日各基层组织学习、座谈、讨论江泽民的工作报告达35次。1998年，有3位领导干部参加市委组织部在市委党校举办的“领导干部学十五精神，邓小平理论培训班”，11位分别参加省社院举办的“全省各民主党派中青年骨干培训班”和“全市统战干部理论培训班”的学习，每2个月召开一次“市委扩大会”，每月召开一次“基层支部民主生活会”，组织广大会员学习贯彻落实中共十五大的精神和民建中央七大精神。1999年，召开各种类型的座谈会和利用各支部民主生活会，学习马列主义基本原理、中共十五大四中全会精神、民建中央七大精神、收听收看中央电视新闻联播、焦点访谈、洞察国内外政治风云。1999年5月8日凌晨，以美国为首的北约用导弹轰炸我国驻南使馆以后，民建率先在民主党派机关召开30多人参加的市委扩大会，强烈谴责美国的野蛮侵略行径。7月，在中央办公厅和湖南省委关于取缔法轮功邪教组织的指示下达后，民建揭批“法轮功”邪教组织的群众运动在各基层支部迅速展开。民建会员无一人参加法轮功组织。正、副主委参加市委党校、处级干部中心学习小组领导干部“三讲”教育的集中学习，党派机关干部和部分会员骨干邀请市委讲师团的陈教授做“三讲”教育的专题辅导报告。2名机关干部到市委党校参加理论学习，3名会员骨干上省社会主义学院进行理论培训。利用每月一次的生活会组织广大会员自觉的学习江泽民关于“讲学习、讲政治、讲正气”的讲话精神。2000年，传达中共中央关于在县级开展“三讲”教育的有关文件精神，组织市委委员、支部主任进行学习和讨论，及时贯彻民建中央和民建湖南省委全会精神。2001年，利用各类座谈会和每月一次的支部生活会认真学习马列主义的基本原理、中共十五届六中全会精神、江泽民“三个代表”的讲话精神，收听收看中央新闻联播、焦点访谈，洞察国内外政治风云，能用马列主义的立场、观点、方法来指导会员的工作，用唯物辩证法和无神论以及科学知识、科学方法来指导会员的思想和行为。2位领导班子成员参加省、市社会主义学院举办的“领导干部理论版”学习，系统学习新时期的统战知识、统战理论。

2001年7月至2006年6月，民建常德市第四届委员会期间重点组织学习胡锦涛“科学发展观”和中共十六大及十六届各次中央全会精神。2002年，组织机关干部和广大会员学习中国共产党在新时期的统一战线理论、中共十五届六中全会的主要精神、中共基本理论、基本路线和方针、“三个代表”的重要思想和十六大工作报告。各组织支部、集中和分散学习78次，印发学习资料3000多份，年初制定学习规划，保证每月学习一天，年终有考核，每月政治学习一天成为一种制度。通过学习和座谈，深刻领会邓小平、江泽民对新时期统一战线理论的发展与创新，搞清民主党派在新时期的地位、作业和历史使命。1名副厅级干部、1名处级干部、11名科级干部和1位企业老总分别参加省社会主义学院和市委党校举办的主体班学员理论培训班的学习。2003年，机关干部和广大会员组织学习、深刻领会，准确地把握中共十六大的基本精神，并在行动中坚决贯彻。共组织召开会内的人大代表、政协委员、市委委员、支部主任、会员骨干学习中共十六大工作报告、十六届三中全会精神座谈会2次，研讨会4次，组织各基层支部学习中共十六大工作报告、十六届三中全会精神26次。响应中共常德市委提出的建立"全民学习、终身学习"的学习型社会的号召，鼓励会员与时俱进，积极倡导会员不断充电，终身学习，不断提高个人的文化素养和整体素质，在各基层支部开展"创学习型支部"的活动。为使活动有效的开展起来，民建市委进一步建立健全学习制度，规范学习内容，将学习与开展支部活动有机的结合起来，使"创新型支部"的活动开展得有声有色。1名副处级干部参加市委党校主办的理论培训班的学习，1名科级干部参加省社院举办的理论班学习。2004年是民建湖南省委的"组织建设年"，为了切实加强基层组织建设，民建省委组成专题讲师团赴省内市级组织巡回培训，7月29日，常德民建基层支部主任和各专门委员会主任共20余人参加培训，听取民建省委参政议政处龙冬林作的学习实践"三个代表"重要思想辅导讲课，民建省委秘书长周沅江作的"与时俱进，不断加强基层组织建设"讲课，支部主任座谈交流支部工作经验，并对工作中存在的困难与问题提出意见和建议。2006年，响应民建中央、省委和市委统战部的号召，在全会开展社会主义荣辱观的学习活动。新一届市委领导班子成员杨新辉、曾盈参加民建中央"学习两个五号文件精神研修班"的学习，并且撰写学习体会。各基层支部组织学习讨论"八荣八耻"并撰写心得体会。

2006年6月至2011年4月，民建常德市第五届委员会期间重点组织学习"科学发展观"和中共十七大及十七届各次中央全会精神。2007年，组织机关干部和成员收看十七大开闭幕盛况，学习十七大报告。各基层支部组织学习十七大精神，个人学习、基层支部学习相结合，原原本本学习好大会报告。民建常德市委主委杨新辉主持召开专题会议，传达学习贯彻全国"两会"精神，市委委员及各支部主任参加会议，全体机关干部列席会议。2007年6月1日至3日，中国民主建国会湖南省第七次代表大会在长沙召开，选举产生民建湖南省第七届委员会，通过湖南省出席中国民主建国会第九次全国代表大会的代表名单。民建常德市委按照代表分配名额及产生办法推选12名代表参加大会。民建市委主委杨新辉当选为省委常委，副主委曾盈、姜政当选为省委委员。杨新辉当选为民建中央"九大"代表。成立学习教育活动领导小组，杨新辉主委任组长，曾盈、姜政副主委为副组长，下设学习教育活动办公室，秘书长王华任办公室主任。坚持以邓小平理论、"三个代表"重要思想和科学发展观为指导；认真学习中共十七大、中共中央两个5号文件、第20次全国统战工作会议精神和民建中央九大精神。组织市委委员、骨干会员、机关干部参加了民建省委“政治交接”主题报告会；组织新会员培训，学习会章、会史；为配合中共市委统战部关于各民主党派市委开展政治交接学习教育活动的要求，召开市委委员(扩大)会议，传达相关精神并下发了《民建市委关于开展政治交接学习教育活动的通知》，组织和指导各基层支部认真开展。2008年8月，组织骨干会员参加8月举办的全市民主党派骨干成员培训班，杨元代表鼎城工委作《加强自我教育 服务中心工作》的典型发言。会员宋小玲、杨善军在“纪念改革开放三十周年演讲比赛”中，分别获三等奖、优胜奖。部分骨干会员参加全省民建中青年会员培训班，会员宋小玲作《强化创新意识 切实提高政协委员反映社情民意整体水平》典型发言。

2010年4月至8月，民建市委领导班子、基层组织负责人、骨干会员、新会员、机关干部等先后参加市委统战部举办的树立和践行社会主义核心价值体系培训班、市直统战系统“全民学习周”活动、全市统一战线“树立和践行社会主义核心价值体系”专题研讨班、全市民主党派和无党派人士参政议政培训班、全省民主党派骨干培训班等，深入的学习社会主义核心价值体系的内涵，系统的进行了参政议政培训，领导班子和会员的政治理论水平和参政议政能力进一步提高。4月下旬，民建市委制定《追思、学习孙起孟系列活动方案》，召开“座谈会”组织会员们交流感想，学习并发扬孙起孟的敬业精神和优秀品质。6月，民建市委发动全体会员观看重大历史题材电视剧《黄炎培》，并在电视剧播放完后组织大型座谈会让会员们相互交流感受。2011年，通过集中学习与自我学习相结合的方式，各基层支部充分发挥自身作用，组织并发动全体会员开展新一轮社会主义核心价值观的学习。新一届正、副主委参加了全市统一战线服务建设“现代常德、幸福家园”专题研究班，副主委曾盈在研究班上代表民建市委作专题发言。

二、会章会史教育

1988年，为丰富新会员的统战理论知识，加深其对民建的认识和了解，进行爱国主义传统教育，共有27名新会员参加。组织新会员系统地学习会史、会章，还集中研讨“党的十三大对统一战线意味着什么”，探讨新时期民主党派的性质、地位、作用和任务及发展趋势。会员通过学习认识到在社会主义初级阶段，集中力量发展社会主义生产力是国家全部工作的中心，也是民建全部工作的中心，同时也对民建政党职能和今后如何更好地发挥政治协商、民主监督作用有了新的体会，学习期间完成统战理论文章17篇。1992年2月至5月，民建市委利用市委委员扩大会议、支部组织生活会、专题讨论会等形式开展“修改民建章程”大讨论，会员的修改意见被整理成二千余字的文字材料上报省委。1993年，组织各支部利用支部生活会，认真学习和讨论民建六次全国代表大会的有关文件和新修改后的《中国民主建国会章程》。1995 年，召开座谈会请老会员畅谈会史和本会的优良传统，聂庆钧、胡建武等会员撰写的“我与民建”回忆录在《湖南民建》庆祝民建 50 周年专辑上发表。

第二节　宣传工作

民建常德市委自成立之初就重视宣传工作。民建市委召开代表大会、全体委员（扩大）会议，开展调查研究、纪念活动、社会服务，承担重大接待，组织对外联络等以及对民建会员或会员企业先进事迹等，都做出宣传报道安排，组织撰写稿件，联系新闻单位开展宣传。宣传工作主要由机关干部承担，部分积极热心的会员也会踊跃投稿或报道。民建市委于 1989 年开始编印《工作通讯》，并运用《民讯》《湖南民建》《湘声报》《潇湘晨报》《常德日报》等报刊，民建中央网、湖南民建网、三湘统战网、常德统一战线等网站作为宣传阵地，积极投稿进行宣传报道。

一、编印《工作通讯》

1989 年 1 月开始编印《工作通讯》内部资料，每月一期，宣传中共的方针、政策，传达民建中央、民建省委的指示精神，反映会务活动，交流经验，介绍会员优秀事迹，表达会员心声。1991 年更名为《常德民建》，每月一期。1999 年编印民建市委工作情况 12 期。2000 年，编写民建市委活动情况 12 期，自办《常德民建》刊物二期，设有“参政舞台”“会员风采”“组织动态”“简讯”等栏目，反映常德民建一年的参政议政情况和会员骨干为社会奉献的光彩事业，弘扬民建的爱国主义精神，报道会员的优秀事迹。

二、宣传报道

1990 年 4 月和 8 月组织 2 次研讨活动，共征集论文 25 篇，往省委选送 15 篇，湖南民建发表 6 篇。1993 年，在中共常德市委统战部举办的“统战理论宣传一条街”活动中制作了 2 块宣传牌，详尽宣传民建的光荣历史和优良传统，介绍民建的行动纲领和开展会务活动的情况。1993 年共向报刊杂志社等单位投稿 17 篇。陈猷撰写的《一个女会员的风采》

《我国股市目前应放慢发展节奏》的文章在《民讯》杂志上发表。会员严若君被授予“全国先进青年个体劳动者”光荣称号的报道在《统一战线》等3种报刊杂志上转载。任祖淦的论文《柔性拦污、导污和电动排污装置》在《中国水利报》等4种报刊杂志上刊登后，引起国内外不少水利专家、学者的关注。1995年，发动会员撰写理论文章和学习《邓小平文选》的心得体会。其中闵德山的论文《论反腐倡廉及制定财产收入申报法的重要性、实践性》在《湖南民建》刊物上发表，汤音宏的《论进一步发展完善共产党领导的多党合作制度》的论文在“万琦杯新时期政协工作理论研讨论文赛”获奖。1997年，政研室副主任周士亮以民建市委政研室名义撰写的《建立对公有制企业法人代表的监督管理与约束机制》被省委统战部创办的《零讯》杂志发表。1998年，环境监测站高级工程师朱建林，对常德市环境保护工作的情况了如指掌，撰写了《我市环保领域若干问题与对策》的论文，在全市统战系统优秀论文评选活动中荣获二等奖。民建常德市委办公室2次召开政协委员、通讯员座谈会，组建通讯员写作小组，全年通过各种渠道报道信息12条，调查报告1份，论文1篇，编“民建市委工作情况”12期，各种规章制度8个。1999年，民建常德市委论文4篇、宣传报导信息8条。2000年，宣传报导与信息工作全年上稿25篇。其中《民讯》1篇，《常德统战》6篇、《湖南民讯》7篇。2006年，副主委曾盈撰写的关于纪念建会60周年的征文被民建中央刊物登载。秘书长王华作的新世纪民建会员征文被《湖南民建》登载。2007年，以民建中央网站、《民讯》《湖南民建》《常德政协》等为载体，上稿专题文章、信息上百篇，宣传党派工作。民建省委《社情民意》专刊上登载5篇，获省社情民意工作第二名，主委、副主委带头做榜样，多篇信息稿件被民建中央网站和《湖南民建》登载，副主委曾盈获得省社情民意工作先进个人称号。上报社情民意信息40余篇，有15篇信息稿件被《社情民意》专刊采用，在全省民建系统位居前列。2011年，民建市委将信息宣传工作列为重点，狠抓落实，积极宣传常德民建在各项工作中取得的新成就、新贡献和涌现出的先进人物、先进集体、先进事迹；精心组织好各种主题活动的宣传报道。全年累计上报信息稿件百余篇，其中在民建中央网站登载信息10余篇，在《湖南民建》刊物登载信息8篇、湖南民建网站登载信息30余篇、三湘统战网登载信息10余篇、常德统战网登载信息60余篇，在《常德民生报》等其他媒体登载信息3篇。

第三节 活动开展

民建常德市委通过组织会员参加全国民建地方组织交流协作年会、民建中央主办的“非公有制经济发展论坛”、中国风险投资论坛，赴民建省委、兄弟市州民建组织参观学习，接待外地民建组织来常参观考察，交流组织发展、会务活动等工作经验，通过加强横纵向交流，不仅增进了各级民建组织间的友谊，而且还能取长补短，进一步推动自身建设。

1992 年，组织支部主任和骨干会员赴湘潭、株洲等地民建组织参观学习。部分领导和骨干参加重庆、成都、昆明、贵阳、南宁、长沙、常德五省七市民建组织协作年会活动。

1993 年，接待参加常德市桃花源游园会暨自贡灯展的民建自贡市委，来常检查工作的民建湖南省委、民建河南信阳市委、河南信阳市政协、统战部的领导、民建湘潭市委等 6 个兄弟省市的赴常考察团，看望了参加省政协二次常委会的湖南民建的政协常委。领导班子赴成都参加了五省七市协作年会。

1995 年 10 月上旬，组织会员参加在南宁举办的“五省七市协作年会”。

1997 年，组织会员参加昆明民建市委组织的七省九市(区)协作年会。

1998 年，副主委陈猷率 4 位会员骨干，在椰城海口参加“98 民建九市交流协作会议”。

1999 年 5 月 17 日，民建市委组团参加民建贵阳市委举办的“99 民建七省九市协作年会”，并在会上作经验交流发言。

2000 年 10 月，民建湖南省委在长沙大华宾馆举行“庆祝中国民主建国会在湘建立组织五十周年暨表彰大会”。正、副主委、优秀会员彭次君、高伯成、杨大可、周强国、黄泽生、张家栋，民营一支部副主任严若君，工业支部主任闵德山及全体机关干部参加大会。专职副主委陈猷和谢锋参加全省民建参政议政工作会议。10 月，民建机关干部王华、行政支部主任彭次君、工业支部主任闵德山代表民建常德市委参加民建在江西省南昌爱德宾馆举行的九市交流协作年会，重庆、长沙、成都、昆明、南宁、贵阳、海口、常德、南昌、兰州等 10 个民建市委会的 40 名代表参加。

2001 年，杨元等 5 位会员参加四川成都举行的九省十市民建协作年会，相互交流工作经验。

2002 年，曾盈、王华等赴海口民建市委参观考察。专职副主委陈猷等 5 位会员参加甘肃兰州举办的 2002 年九省十市经验交流协作年会。主委徐国清带领机关干部和各支部主委赴岳阳、株洲、长沙、益阳等地参观学习，交流参政议政、开展会务活动的经验。

2003 年 10 月 20 日至 25 日，在重庆东方花苑参加民建九省十市协作年会。

2007 年上半年，组织骨干会员、机关干部参加民建省委信息员培训班。

2008 年，与民建益阳市委联合开展“基层组织建设”“食品安全工作”等专项课题调研。7 月，组织会员参加贵州六盘水举办的全国地方民建组织交流协作年会，副主委曾盈代表常德民建作题为《强化三个服务 加强和谐机关建设》的交流发言。11 月，副主委陈永强率部分企业家会员参加广西举办的全国非公经济发展论坛，与全国各地民建企业家共谋民营经济发展之道。

合作共事　2010 年 12 月，主委杨新辉、专职副主委曾盈参加了全市党内党外人士合作共事经验交流会，会上教育局、财政局、审计局等单位作了典型发言，民主党派和各市直单位进行了现场交流，气氛非常和谐融洽。民建常德市委认真落实中共市委常委、党员副市长与党外代表人士交朋友的制度，主委杨新辉和中共市委副书记曹儒国为交友对象，副主委曾盈和中共市委常委、市委秘书长刘明为交友对象，通过定期谈心、登门走访、来电来函、召开小型座谈会等形式加强联系交往。

2011 年 2 月 18 日，常德市“四大家”领导走访民建省委机关，并召开常德市经济社会发展暨多党合作情况汇报会，汇报常德市经济社会发展情况、党内党外人士合作共事情况及“十二五”规划情况，就进一步谋划常德市经济社会发展、拓宽党同党外人士合作共事渠道等问题征求意见和建议，就常德经济社会发展重要课题专题调研、招商引资、招才引智及加强民主党派干部交流等问题座谈。

对口联系　民建市委将进一步加强对口联系工作写入 2007 年工作规划。2007 年初，市经委主动到民建市委开展对口联系工作。双方就对口联系工作展开深入探讨，市经委征求了民建市委对 2007 年对口联系工作计划的意见和建议，民建市委也将 2007 年对口联系工作的初步设想与对方交流。4 月，市财政局主动给民建市委发来“关于 2007 年与民建常德市委对口联系计划的函”，确定对口联系方式和 5—12 月的活动安排，并明确由副局长王克文负责人员、组织安排。市建委和民建市委取得联系，明确专人负责对口联系工作。

第四章 重要会议

第一节 代表大会

一、民建常德市第一次代表大会

1988年11月22日—24日，民建常德市第一次代表大会在常德芷园宾馆召开，出席会议代表60人。大会根据民建中央第三次全国代表大会通过的《中国民主建国会章程》选举产生王一鸣、王定华、刘云等13人为市委委员，组成民建常德市第一届委员会。第一届委员会第一次会议选举聂庆钧为主任委员，汤音宏、何英国为副主任委员，何英国兼任秘书长，推举胡建武、封志鹏为顾问。1991年3月23日在市招待所召开第一届委员会第八次全体会议，增选任祖淦、徐国清为副主委。

二、民建常德市第二次代表大会

1992年1月16日—17日，民建常德市第二次代表大会在常德市芷园宾馆召开，出席会议代表66人。选举产生王一鸣、王定华、刘云、任祖淦等14名市委委员，组成民建常德市第二届委员会。第二届委员会第一次会议选举汤音宏为主任委员，徐国清、何英国、任祖淦为副主任委员，陈猷为秘书长，推选聂庆钧为名誉主委，推举胡建武、封志鹏为顾问。

三、民建常德市第三次代表大会

1996年11月21日—22日，民建常德市第三次代表大会在常德市民主党派大楼四楼会议室召开，会上汤音宏代表第二届市委会作了题为《加强自身建设 积极参政议政 努力开拓民建工作的新局面》的工作报告，出席会议代表65人。选举产生王定华、刘云、阳池生、陈猷等15名市委委员，组成民建常德市第三届委员会。第三届委员会第一次会议选举徐国清任主任委员，杨新辉、陈猷、余先柏任副主任委员，陈猷兼任秘书长，推选聂庆钧、汤音宏为名誉主委，任祖淦、何英国为顾问。

四、民建常德市第四次代表大会

2001年7月4日，民建常德市第四次代表大会在民主党派大楼4楼会议室召开，出席会议代表66人。会上徐国清代表第三届市委会作了题为《继承和发扬民建优良传统为完成新世纪的历史任务而努力奋斗》的工作报告，会议选举产生向建新、陈猷、陈希寿、余先柏等13名市委委员，组成民建常德市第四届委员会。第四届委员会第一次会议选举徐国清为主任委员，杨新辉、陈猷、余先柏为副主任委员，曾盈任秘书长，推选聂庆钧、汤音宏为名誉主委，任祖淦、何英国为顾问。

2001年民建常德市第四次代表大会

五、民建常德市第五次代表大会

2006年6月12日，民建常德市第五次代表大会在紫东大酒店召开，出席会议代表59人。会上徐国清代表第四届市委会作了题为《开拓进取、务实创新共创常德民建的美好明天》的工作报告，会上选举产生王华、尹治才、刘谦、严若君等15名市委委员，组成民建常德市第五届委员会。第五届委员会第一次会议选举杨新辉任主任委员，曾盈、姜政为副主任委员，王华任秘书长。2008年7月4日，在民主党派机关4楼会议室召开第五届委员会第七次全体会议，补选陈永强为副主委。

六、民建常德市第六次代表大会

2011 年 4 月 26 日，民建常德市第六次代表大会在华天大酒店 4 楼宴会厅召开，出席会议代表 95 人。会上主委杨新辉代表第五届市委会作了题为《乘势而为，推动民建事业再上新台阶》的工作报告，会上选举产生王华、尹治才、朱碧文、刘莉等 18 名市委委员，组成民建常德市第六届委员会。第六届委员会第一次会议选举杨新辉任主任委员，曾盈、姜政、陈永强为副主任委员，王华任秘书长。

第二节　全体委员会议

一、第一届全体委员会议

第一次会议　1988 年 11 月 23 日在芷园宾馆 3 楼会议室召开，会议选举聂庆钧任民建常德市第一届委员会主任委员。

第二次会议　1988 年 11 月 24 日在机关会议室召开。会议内容：确定委员职责分工；讨论今后工作安排。

第三次会议　1989 年 1 月 23 日在民建会议室召开，汤音宏主持。会议议题：讨论修改一九八九年工作意见；机构设置与人事任免；支部工作意见。

第四次会议　1989 年 6 月 10 日在民建会议室召开，何英国主持。会议内容：学习《认清动乱的实质》的文件；汇报民建市委上半年工作情况；讨论津市民建成立市委会筹备工作情况。

第五次(扩大)会议　1989 年 11 月 14 日在民建会议室召开，基层组织负责人参加。会议内容：传达中共中央十三届五中全会精神、民建湖南省第五次常委会议精神；介绍民建市委 1989 年工作情况。

第六次(扩大)会议　1990 年 1 月 17 日在机关会议室召开，基层组织负责人参加。会议内容：学习中央(1989)14 号文件并展开讨论；民建市委 1990 年工作安排；拟 1 月 27 日成立一中支部。

第七次(扩大)会议　1990 年 8 月 23 日召开，基层组织负责人参加。会议内容：传达中央 10 号文件精神、民建湖南省三届六次常委会议精神并展开讨论；讨论成立老龄支部及活动室筹备工作情况。

第八次会议　1991年3月23日在市招待所3栋2楼会议室召开，为临时增加的代表会议，参会人员约20—30人，李士雄、贺颢、孙逢琼列席。会议内容：选举增选2位市委委员任祖淦、徐国清为副主委。

第九次（扩大）会议　1991年9月21日在机关会议室召开，何英国主持。会议内容：传达民建省委换届工作的意见；讨论起草并通过民建市委换届工作安排的意见。

第十次会议　1991年12月28日在民建市委机关召开。会议内容：通过主席团组成人员名单；通过第二届委员会候选人提名名单；征求对第一届委员会工作报告的意见；通过代表名额、会议议程。

二、第二届全体委员会议

第一次会议　1992年1月17日在芷园宾馆5楼召开，聂庆钧列席。会议选举汤音宏为民建常德市第二届委员会主委，何英国、任祖淦、徐国清为副主委，陈猷任秘书长；推举聂庆钧为名誉主委，封志鹏、胡建武为顾问。

第二次（扩大）会议　1992年3月5日在民建市委机关会议室召开。会议内容：学习中共中央(1992)2号文件精神；传达民建湖南省三届四次会议精神；民建常德市委1992年工作设想及安排。

第三次（扩大）会议　1992年5月16日召开。会议议题：研究商讨出席民建湖南省第四次代表大会代表，推选民建湖南省第四届委员会委员名单，出席民建中央六大代表名单。

第四次（扩大）会议　1992年9月16日在民建市委会议室召开，主委汤音宏主持，基层组织负责人参加。会议内容：传达民建湖南省第四次代表大会精神；通报民建市委上半年工作；讨论民建市委今后的工作安排。

第五次（扩大）会议　1992年12月4日在民建市委机关会议室召开，副主委何英国主持。会议内容：传达民建中央六大会议精神；讨论民建市委今后的工作安排。

第六次（扩大）会议　1993年2月5日在五楼会议室召开。会议内容：讨论1993年工作要点；座谈提出补充意见。

第七次（扩大）会议　1993年9月4日在机关五楼会议室召开。会议内容：总结民建市委1993年上半年工作；学习中纪委2号文件及人民日报社报；讨论下段工作及反腐败斗争措施。

第八次（扩大）会议　1994年2月2日在民主党派四楼召开，基层组织负责人参加。

会议就民建市委1994年度工作要点进行讨论,提出意见和建议。

第九次(扩大)会议　1994年12月17日在民主党派一楼会议室召开,基层组织负责人参加。会议内容:各支部进行工作小结;学习湖南民建组织工作会议纪要;讨论民建市委1995年工作计划。

第十次(扩大)会议　1995年6月23日在民主党派五楼会议室召开,基层组织负责人参加。会议内容:通报民建市委1995年上半年工作情况及下半年工作安排;学习民建中央"关于加强基层组织工作"文件精神;成立民建五十周年庆祝活动筹备小组。

第十一次(扩大)会议　1996年1月23日在民主党派三楼召开,基层组织负责人参加。会议内容:总结民建市委1995年工作;民建市委1996年工作要点;各支部总结基层工作并提出建议。

第十二次(扩大)会议　1996年7月26日在民主党派四楼会议室召开,基层组织负责人参加。会议内容:传达民建中央、民建省委关于换届工作的文件精神;传达民建湖南省常委工作会议精神;讨论民建市委换届工作并提出建议。

第十三次(扩大)会议　1996年11月8日在民主党派五楼会议室召开,基层组织负责人参加。会议内容:介绍民建市委关于换届筹备工作情况;听取工作报告草稿;安排会议时间;通过会议议程、日程;通过委员候选人建议名单。

三、第三届全体委员会议

第一次会议　1996年11月22日在民主党派五楼会议室召开,汤音宏主持,民建湖南省委阳希桂,中共市委罗富国、宋玉棉列席。会议通过选举办法;选举徐国清为民建常德市第三届委员会主委,杨新辉、陈猷、余先柏为副主委,陈猷兼任秘书长;推举汤音宏、聂庆钧为名誉主委,何英国、任祖淦为顾问。

第二次(扩大)会议　1997年6月11日在民主党派四楼会议室召开,基层组织负责人参加,市委统战部相关负责人列席。会议内容:各委部门、各支部汇报上半年工作情况;传达民建湖南省委换届工作情况及省五大会议精神;讨论民建常德市委下半年工作安排。

第三次(扩大)会议　1997年9月17日在民主党派三楼会议室召开,基层组织负责人参加。会议内容:学习江泽民同志在中共十五大报告中的重要讲话;进行讨论交流。

第四次(扩大)会议　1997年10月13日在民主党派四楼会议室召开,副主委杨新辉主持,基层组织、会办学校负责人参加。会议内容:学习民建中央七大会议精神;宣读1997年工作总结;各支部、会办学校总结1997年工作;宣读民建常德市委1998年工作意见;讨论三届一次人大政协建议提案工作。

第五次（扩大）会议　1997年12月13日在民主党派四楼会议室召开，基层组织负责人参加。会议传达民建中央七大会议精神；支部负责人汇报工作；讨论1998年工作意见。

第六次（扩大）会议　1998年3月19日在民主党派四楼会议室召开，基层组织负责人参加。会议内容：布置安排1998年政研工作和办公室工作，组织发展与支部组织生活会工作；各支部、委室会和下属单位负责人汇报1998年工作安排。

第七次（扩大）会议　1999年2月26日在民主党派三楼会议室召开，基层组织负责人参加。会议内容：传达民建中央七大会议精神、民建湖南省委五届二次常委会议精神；民建常德市委1998年工作总结和1999年工作安排及目标；机关工作人员岗位职责；各支部、会办学校汇报工作情况。

第八次（扩大）会议　1999年12月23日在民主党派三楼会议室召开，基层组织负责人参加。会议内容：宣读民建常德市委1999年工作总结并讨论2000年工作目标；宣读民建关于开展评选先进支部和优秀会员的通知；就支部调整方案说明情况并征求意见；各支部进行小结并评选先进支部。

四、第四届全体委员会议

第一次会议　2001年7月4日在民主党派三楼会议室召开，主委徐国清主持，民建湖南省委副主委程不吾，组织处张侃，中共市委统战部罗富国、张春仙列席。会议选举徐国清为民建常德市第四届委员会主委，杨新辉、陈猷、余先柏为副主委，推举汤音宏、聂庆钧为名誉主委，何英国、任祖淦为顾问。推举曾盈任秘书长。

第二次（扩大）会议　2001年10月18日在民主党派三楼会议室召开，主委徐国清主持，基层组织负责人参加。会议讨论民建市委关于学习中共十五届六中全会《决定》的通知，要求组织支部成员学习并交流体会；学习《中共中央关于加强和改进党的作风建设的决定》；讨论推荐民建湖南省第六次代表大会代表。

第三次（扩大）会议　2002年3月25日在民主党派三楼会议室召开，主委徐国清主持，基层组织负责人参加。会议对2002年工作任务进行分解和布置，讨论交流。

第四次（扩大）会议　2002年8月16日在民主党派四楼会议室召开，主委徐国清主持，基层组织负责人参加，中共常德市委统战部相关负责人列席。会议内容：传达民建湖南省第六次代表大会精神；中共统战部关于选举先进支部和十佳人士的宣传发动；讨论关于兰州十市协作年会事宜。

第五次（扩大）会议　2002年11月12日在民建市委小会议室召开，主委徐国清主持，基层组织负责人参加，中共常德市委统战部相关负责人列席。会议学习江泽民在中共十六大上的报告并进行交流座谈发言。

第六次(扩大)会议　2003 年 7 月 25 日在民主党派会议室召开,主委徐国清主持,基层组织负责人参加,中共常德市委统战部相关负责人列席。会议内容:宣读六个专门委员会任职通知、委员任职通报;支部总结工作;民建常德市委 2003 年上半年工作总结和下半年工作安排;宣读九省十市年会召开通知。

第七次(扩大)会议　2004 年 2 月 17 日在民建市委机关会议室召开,主委徐国清主持,基层组织负责人参加,中共常德市委统战部相关负责人列席。会议内容:总结民建常德市委 2003 年工作;讨论民建常德市委 2004 年工作安排;同意陈猷辞去副主委职务并推举其为顾问,任命曾盈为秘书长;宣读民建常德市委领导成员及机关干部工作职责分工。

第八次(扩大)会议　2004 年 12 月 24 日在民主党派会议室召开,主委徐国清主持,基层组织、会办学校负责人参加,中共常德市委统战部相关负责人列席。会议内容:学习《关于进一步做好民主党派组织发展工作座谈会纪要》《中国民主建国会发展会员规程》;各支部、会办学校作 2004 年工作总结和 2005 年工作安排;民建市委总结 2004 年工作并安排部署 2005 年工作。

第九次(扩大)会议　2005 年 4 月 20 日在民主党派会议室召开,主委徐国清主持,基层组织负责人参加。会议内容:学习中共中央 5 号文件;宣读民建湖南省委关于在全省开展"十个一"活动的通知;宣读民建常德市委关于开展学习贯彻《意见》精神,开展"建设新世纪参政党,做合格民建会员"主题活动的通知;对支部活动进行安排部署;座谈讨论支部工作。

第十次(扩大)会议　2005 年 12 月 16 日在民建市委机关会议室召开,主委徐国清主持,基层组织、会办学校负责人参加。会议内容:各支部、会办学校作工作总结;学习中共常发(2005)11 号文件;学习民建湖南省委关于市级组织 2006 年换届工作意见;通过民建常德市委换届工作意见。

第十一次(扩大)会议　2006 年 3 月 16 日在民主党派四楼会议室召开,主委徐国清主持,基层组织负责人、骨干会员参加,中共常德市委组织部、市委统战部相关负责人列席。会议对民建常德市第四届班子成员进行测评,对新一届班子成员候选人进行推荐;通过民建常德市第五次代表大会代表名额及产生办法。

第十二次(扩大)会议　2006 年 6 月 6 日在民建常德市委会议室召开,主委徐国清主持,基层组织负责人参加。会议议题:讨论换届工作安排;讨论通过新一届委员建议名单、第五届委员会专职副主委不能担任秘书长,大会准备任命王华为秘书长;通报秘书组、会务组成员情况。

五、第五届全体委员会议

第一次会议　2006年6月12日在紫东大酒店召开，副主委杨新辉主持，民建湖南省委阳希桂、李国平，中共常德市委统战部杨庆武、燕晖、张琳列席。会议通过会议议程、选举办法、正副主委候选人建议名单、总监票人、监票人、计票人名单，选举杨新辉为民建常德市第五届委员会主委，曾盈、姜政为副主委，任命王华为秘书长。

第二次（扩大）会议　2006年7月21日在民主党派机关四楼会议室召开，主委杨新辉主持，基层组织负责人参加，中共常德市委统战部相关负责人列席。会议通报民建常德市委2006年上半年工作总结及下半年工作安排；传达民建中央学习5号文件研修班精神、民建湖南省委常委会议精神、中共常德市委统战部工作半年总结会议精神；宣读民建常德市第五次代表大会选举结果的通知、主委和领导班子联系分工的通知、各专委会负责人任职的通知、经贸二支部选举结果的批复；讨论通过委员会议规则、专门委员会通则、基层支部工作意见、社情民意工作意见、会费缴纳办法、机关办公会议制度；安排布置专门委员会、基层支部、社情民意工作。

2006年民建常德市第五次代表大会

第三次（扩大）会议　2006年12月15日在民主党派机关四楼会议室召开，主委杨新辉主持，基层组织、会办学校负责人参加。主要内容：学习《中共中央关于构建社会主义和谐社会若干重大问题的决定》；传达全市县处级领导班子和领导干部思想作风建设培训班精神；学习民建湖南省六届十一次常委会议文件；推荐民建省委委员人选，曾盈、姜政当选；研究推选出席民建湖南省"七大"代表（10人）；作社情民意工作小结；各支部、会办学校负责人作工作总结；征求对民建省委2007年工作规划与2007—2012年工作规划的设想与建议。

第四次（扩大）会议　2007年4月3日在武陵区区委政府院落2—1408会议室召开，主委杨新辉主持，基层组织负责人参加。会议内容：学习全国"两会"精神；传达民建中央成思危主席到湖南考察的情况；学习市委武吉海书记在全市经济工作会议上的讲话；学习民建市委2007年工作思路；布置2007年民建基层组织评先工作。

第五次（扩大）会议　2007年12月24日在民主党派机关四楼会议室召开，专职副主委曾盈主持，基层组织、会办学校负责人参加。会议内容：学习中共十七大精神；通报民建常德市委政治交接学习教育活动开展情况；传达民建中央九大精神；宣读市直支部、鼎城区二支部选举结果；各基层支部及会办学校总结2007年工作。

第六次（扩大）会议　2008年7月4日在民主党派机关四楼会议室召开，副主委姜政主持，基层组织负责人参加，中共常德市委统战部相关负责人列席。会议内容：通报民建常德市委开展政治交接学习教育活动情况；通报民建常德市委开展抗震救灾工作情况；支部负责人汇报半年工作情况；民主生活会座谈发言；召开五届七次全体会议补选副主委；通报选举结果；领导讲话：杨新辉主委讲话；中共常德市委统战部领导讲话。

第七次会议　2008年7月4日在民主党派机关四楼会议室召开，主委杨新辉主持。会议采用无记名投票等额选举方式补选陈永强为中国民主建国会常德市第五届委员会副主委。

第八次（扩大）会议　2008年11月4日在民主党派机关四楼会议室召开，副主委陈永强主持，基层组织负责人参加。学习中共十七届三中全会精神；学习"解放思想大讨论活动"精神；传达民建省委七届七次常委（扩大）会议精神；征求对《民建湖南省第七届委员会五年工作规划（草稿）》意见；市政协民建工作组年度工作总结及安排；副主委曾盈作工作安排，主委杨新辉讲话。

第九次（扩大）会议　2009年4月8日在民建机关会议室召开，专职副主委曾盈主持，基层组织负责人参加。会议内容：学习胡锦涛同志在纪念中共十一届三中全会召开30周年大会上的讲话精神；传达十一届全国人大二次会议、全国政协十一届二次会议精神；通报民建常德市委2009年工作要点；宣读民建常德市委基层组织工作条例、基层组织工作意见；学习贯彻科学发展观动员及安排；杨新辉主委讲话。

第十次（扩大）会议　2009年10月22日在鼎城区规划局会议室召开，专职副主委曾盈主持，基层组织负责人参加。会议内容：学习胡锦涛同志在中共十七届四中全会重要讲话精神；传达杜青林同志在湖南贯彻落实中发（2005）5号文件座谈会上的讲话精神；传达湖南省政协工作会议主要精神；学习省民建关于做好反映社情民意工作的指导意见；近期工作安排及座谈；杨新辉主委讲话。

第十一次（扩大）会议　2010年4月27日在民主党派大院2号楼五楼会议室召开，专职副主委曾盈主持。会议内容：民建常德市委工作要点；学习陈昌智主席在孙起孟追悼会上的讲话；宣读民建省委"关于表彰全省先进基层组织和优秀会员的决定"；民建市委关于开展"弘扬民建优良传统、努力践行社会主义核心价值体系"系列活动实施方案；民建市委庆祝"民建成立65周年暨民建在湘建立组织60周年活动"方案；近期主要工作安排；杨新辉主委讲话。

第十二次会议　2010年7月19日在民主党派机关五楼会议室召开，主委杨新辉主持，中共常德市委统战部有关负责人列席。主要内容：传达中共市委统战部会议精神；宣读民建市委组织领导班子后备干部调整补充工作方案；介绍民建市委组织领导班子后备干部人选；投票推荐民建市委领导班子后备干部；谈话推荐民建市委领导班子后备干部。

第十三次（扩大）会议　2010年8月3日在常德市规划局会议室召开，副主委姜政主持，支部主任参加，原市政协副主席徐国清、市政协副主席、市工商联主席陈伟俊出席。会议内容：学习民建中央关于新形势下进一步加强自身建设的意见；学习陈昌智主席在民建全国自身建设工作会议上的讲话；各基层组织负责人交流上半年工作及下半年工作安排；副主委曾盈部署安排下半年主要工作；主委杨新辉讲话；介绍常德市城市总体规划。

第十四次（扩大）会议　2010年12月12日在民主党派机关1号楼五楼会议室召开，专职副主委曾盈主持，基层组织负责人参加。主要内容：民建常德市委2011年换届工作方案；民建常德市委第五届委员会班子成员述职；对民建常德市第五届委员会班子民主测评；对新一届领导班子成员进行民主推荐；2010年基层组织工作总结；主委杨新辉讲话。

第十五次（扩大）会议　2011年4月12日在民主党派机关二号楼会议室召开，专职副主委曾盈主持，各支部主任参加。主要内容：学习民主党派市级组织换届工作会议精神；宣读中共常德市委常委会议研究拟定第六届委员会班子人选名单；通过第六届委员会委员名单；通过代表名额及产生办法；布置换届工作具体安排；2011年基层工作座谈；主委杨新辉讲话。

六、第六届全体委员会议

第一次会议　2011年4月26日在常德市华天大酒店召开。会议选举杨新辉为主委，曾盈、姜政为副主委，任命王华为秘书长。

第二次会议　2012年2月29日在东海渔庄东海厅召开，主委杨新辉主持，基层组织负责人参加。会议选举中国民主建国会第八次代表大会代表，学习《民建湖南省委2012年工作要点》和中央4号文件精神；布置2012年工作。

第三次（扩大）会议　2013年1月18日在柳叶情大酒店大厅召开，专职副主委曾盈主持，各支部主任、老领导、骨干会员、机关干部、新会员等参加，市委统战部副部长李学明出席。主要内容：学习中共常德市委、市政府关于严格控制春节节庆的通知；民建常德市委2012年工作总结及2013年工作思路；各基层组织2012年工作小结及2013年工作思路；欢迎新会员及新会员代表发言；主委杨新辉传达中共“十八大”和民建中央“十大”精神并作重要讲话；中共常德市委统战部副部长李学明讲话。

第五章 参政议政

第一节 参与政治协商

民建常德市委领导通过参加中共常德市委召开的民主协商会、情况通报会、小范围谈心会等，对常德市重大决策、发展规划、人事安排等问题提出意见和建议。会内市政协常委通过常委会议平台获悉全市政情、党风建设情况等。

1990 年，中共常德市委、市政府或委托市委统战部召开民主协商会 11 次，协商民建市委重大问题。6 月 14 日，在中共市委、市政府就常德市的经济工作和法制建设情况举行的情况通报会上，主委聂庆钧提出要重视调整开发本市食品工业的建议，受到中共市委、市政府领导重视。

1992 年，领导班子先后参加了中共常德市委主持召开的关于中共常德市第二届工作报告的情况通报和征求意见会，市人大、政协换届选举人事安排协商会，以及委托中共市委统战部召集的学习贯彻中央 2 号文件的座谈会等重大会议 4 次。

1993 年，参加中共常德市委主持召开的“关于全市经济工作情况”、“关于反腐倡廉工作情况”、“关于征求对 1994 年全市工作的打算”等民主协商会 4 次。提出许多有益的建议，供中共常德市委、市政府领导参议。民建市委负责人积极参加中共常德市委、市政府、市人大、市政协和市委统战部主持召开的各种情况通报、座谈、经济研讨和对口协商会议等 46 次。汤音宏副主委两次带领省、市政协委员，参加了由市政协组织的“关于开展对国营大中型企业现状的调查”活动，并写出了详实的调查报告。

1995 年，民建市委负责人先后 8 次参加中共市委、市人大、市政府主持召开的情况通报会，通报常德市经济建设，抗灾补损，反腐倡廉等多方面的情况和审议政府职能部门工作的会议。根据调查了解的情况以及会员反映的意见，坦诚地提出自己的看法和建议，推动了常德市各项工作决策与实施的良性运转。

1997年，民建市委领导参加中共常德市委、市政府主持召开的“党外人士情况通报会”“政协主席会议”“新闻工作会”“财税两改会”等28次之多。中共常德市委、市政府就常德市经济发展战略、工农业生产、社会治安综合治理，城市建设与规划、招商引资、人事任免、领导班子建设、树立常德形象等方面的情况进行通报和协商。根据调查研究的情况和广大会员反映的意见，向中共常德市委、市政府提出建设性意见和建议15条。

2003年，民建市委领导班子经常参加“全市经济情况通报会”“党外人士座谈会”“政协主席会”。中共常德市委、市政府就常德市经济发展、经济结构调整、社会综合治理、城建、规划、财政预算、领导班子建设等各方面的情况进行通报和民主协商，广泛征求民主党派负责人的意见。会领导根据民建调研的情况，及时提出建设性意见和建议，充分发挥政治协商、民主监督的作用。

2007年，在党风廉政建设座谈会上，主委杨新辉就如何发挥好民主党派参政党作用，进一步加强民主监督，搞好合作共事等提出意见和建议；曾盈副主委在市委常委搜集意见会、市政协“柳叶湖一日游开发”协商会上分别作协商发言。

2012年8月，在市政协“常德发展委员谈”之“农田水利建设”协商会上，民建工作组政协委员通过深入鼎城、临澧、津市、澧县等区、县和乡镇，对小型农田水利基础设施建设及农村当家塘情况进行深入调研，作了题为《加强水利建设 真正造福于民——关于鼎城区小型农田水利基础设施的调查与思考》和《解决农村当家塘问题刻不容缓》的发言。

第二节　专题调研

发动并组织会内政协委员深入群众、深入实际，采取视察、调查、座谈、走访等多种形式，扎实细致地开展调研工作。1996年成立政策调研室，由办公室主任兼任调研室主任，负责相关的规划、组织、联络和整理工作。

1989年，民建常德市委写出专题调查报告建议书5份。针对市区工商企业深感头痛的摊派问题以及当时企业经营承包中短期化行为的倾向，组织会员开展专项调查。推动基层支部有经营管理经验的会员深入企业了解深化改革情况，及时向有关部门反映。商业支部中部分会员曾在饮食行业从事过领导和经营管理，对饮食行业近年经营不景气的局面十分关切。支部副主任杨基建和曾担任过饮食公司副经理的黄慧敏，就饮食服务业经营情况如何改善的课题组织调查，通过与公司领导交换情况，召开小型座谈和个别走访了解，写出了《武陵区饮食服务行业经营情况的调查》，受到有关部门的好评。利用民建市委与经济界密切联系的优势，组织会员对其企业的情况进行摸底，工业联合支部39位会员分布在市、区21个企业中，他们通过集体研究写出了《关于企业摊派的调查报告》和《企业经营承包中的短期化行为应当制止》的调查意见，报送民建中央后，受到好评。

1990年，商业支部对武陵区商办工业经济效益滑坡问题，重点调查并剖析了市糕点厂经济效益下滑的主要原因，写出四千余字的调查报告，还就如何巩固发展区属集体企业等问题，在区政协全会上作专题发言，引起有关方面的重视和好评。工商联合支部两次深入武陵电焊机厂和合成纤维厂进行调查，掌握了企业承包后经营管理方面存在的问题，并向有关方面提出建议。

1992年，开展"参政日"活动，发挥广大会员参政议政的群体功能。围绕常德市改革开放和经济建设的重大举措和重要环节，组织有专业特长的会员开展讨论。7月，就"关于经济开发区建设"和"关于我市食品工业前景"两个课题召集有关会员研讨，进行专门的调查，写成文字材料。上半年，商业支部的部分会员对北站商场和东门百货大楼"四放开"经营进行调查，并写出三千余字的调查报告，向有关部门建议。食品工业是常德市的支柱产业之一。7月，有关会员掌握和搜集食品工业发展情况，并提出自己的看法，向政府主管领导反映。

1993年，围绕常德市"减轻农民负担""第三产业的发展""中小型企业经济继续滑坡""开发区热"等广大群众最为关心的热门话题，组织支部会员骨干到澧县、临澧、石门、安乡等县进行为期10天的调查，他们深入8个乡、16个村，走访了100多个农户，接触了230多名基层干部和群众，广泛听取县、乡、村、组和有关部门负责同志对减轻农民负担问题的意见和建议，撰写的《关于解决农民负担过重问题的调查报告》，得到中共市委、市政府的重视与采纳。商业支部组织会员通过对城区第三产业现状的调查，撰写的《武陵区第三产业的现状与发展的调查报告》，受到中共区委、区政府的重视与好评。民建无线电三厂支部撰写的《转换中小型企业经营机制的调查材料》，为常德市搞活企业，振兴经济提出了许多有益的建议，供各级领导决策参考。针对转换企业经营机制建立现代化企业制度，稳定中小学教师队伍；惩治腐败；发展、壮大私营经济，纠正行业不正之风等，多次召开市委委员、支部主任会议，要求各支部加强调查研究。民建商业支部，由杨永贵起草的《培育和发展劳务市场，促进我市经济建设》的调查报告，受到劳动部门的充分肯定。民建无线电三厂支部张和鸣撰写的《中小型企业如何在困境中崛起》的调查报告，为该厂开展科技兴厂，扭转亏损做出了贡献，使常德市的大中型企业在经营决策上受到了启迪。

1997年，民建市委针对转换企业经营机制，建立现代化企业制度、下岗职工再就业、进一步完善社会保险制度等社会普遍关注的热点问题，多次召开市委委员、支部主任、政协委员座谈会，要求各基层支部发挥集体智慧，开展社会调查。汤音宏副主席带领市政协委员参加市政协组织的"关于对工商企业现状的调查"活动，整理并写出了详细的调查报告，受到市委、市政府的高度重视和采纳。

1998 年，会员彭次君参与社区的整建工作，撰写了《目前街道社区整建工作存在的问题与建议》的调查报告，内容详实，对武陵区街道的整建工作起到一定的指导作用。

1999 年 5 月，民建市委带着沅水被严重污染的课题，协调专干，邀请环保局专家和政协委员组成课题调查组，专程深入到桥南至通用机械厂、城区至丹洲沅水流域，进行实地考察，证明群众反映的情况属实。仅 20 公里长的沿岸发现 10 多家小化工厂、小造纸厂开工生产，直接将废水排入沅江。经抽样取证化验，居民饮水物理指数严重超标，大肠杆菌呈阳性。民营支部的政协委员，围绕武陵区委、区政府大力发展个体私营经济这个工作重点，深入到彩滨、彩虹、华龙、大兴街、三叉路、北站、停车场等 20 多家市场和企业，开展调查研究，掌握大量的第一手资料，形成 21 篇有价值的提案，把发展市、区个体私营经济的新思路、新举措、新经验，用提案的形式，送到了各级领导的案头，较好的推动了常德市个体私营经济、健康、快速发展。

2000 年，民建市委多次组织政协委员深入到中国人民银行、工商银行、农业银行、农村基金会、市福寿公司等单位进行调研，撰写了《关于整顿和维护我市金融秩序的几点思考与建议》的调研报告，被市政协定为三届三次全会的发言材料。针对"两个买断"问题，在民主党派四楼会议室召开企业"两个买断"座谈会，首批参加"两个买断"的几家企业负责人和职工代表，对常德市"两个买断"的成绩进行了肯定，并提出许多好的意见与建议，还反复深入工厂、企业，核实与征求意见。工人普遍认为"两个买断"在湖南省尚属于首次，是企业改革较为成功的产物，只要政策完善、配套、利大于弊，在社会上的影响巨大，维护了破产企业广大职工的切身利益，得到广大职工群众的认同，有普遍推广的价值和意义。为此民建市委撰写了《关于我市企业实施"两个买断"的情况调查与建议》送到市政府的"两个买断"办公室和中共常德市委书记吴定宪办公室的案头。10 月 26 日，国务院召开全国打假联合行动电视、电话会议，并下发《关于开展严厉打击制售假冒伪劣商品违法犯罪活动联合行动的通知》，民建市委对打假活动进行跟踪调查。在调查中发现，假冒伪劣商品充斥市场，老百姓深恶痛绝，由于部门利益驱动，地方保护，打假执法处处受阻，为了保护消费者的合法权益，维护人民的生命健康，撰写了题为《打击假冒伪劣已到了刻不容缓的地步》的调研报告，送给中共常德市委、市政府供领导参考决策。

2002 年，撰写了《关于我市医药购销市场的调查与建议》《关于我市如何加大民间投入调查》等 3 个调研报告，送到中共常德市委、市政府主要领导的手中，供领导决策参考。市长陈君文批示："这是两份很有价值的调查报告，问题看的准，建议也很好，请有关部门研究实施”。调研报告《对我市软件产业的思考》不仅作为“两会”的发言材料，获得好评，而且被评为统战系统调研二等奖。鼎城支部主任、区政协常委杨元、钟泽英，委员莫政芳等撰写的调研报告《粮食生产仍然不能忽视》《关于我区计委派制的调查》《发展鼎城经济必须打好三张“牌”、下活一盘“棋”》等，均被鼎城区政协五届六次全会采用为大会发言材料。

2003 年，对原工商业者的现有人数、年龄结构、生活状况及生活保障、医疗保障等情况进行摸底调查，对会员中非公有制经济代表人士的基本情况、思想状态、加入组织的动机和存在的问题召开座谈会，撰写了《关于我市原工商业者生活困难会员的情况调查》《关于我市非公有制经济代表人士工作情况的调查》《浅谈城市低保的动态管理》《农村牲畜预防工作急待引起重视》等调研报告，受到高度评价。结合常德市地处内陆中部地区的特定环境，在争取国家投入和吸引外资没有明显优势的条件下，启动民间投资，具有快捷、便捷作用的特点，成立专题调研组，多次召开民营企业家座谈会，走访民营经济发展局、产权改革办等行政主管部门，剖析常德东信棉业、云锦纺织、常德啤酒厂等民营企业，发现常德市民间投资既有地方特点和优势，同时存在一些问题和不足，据此撰写的《激活民间资本、振兴地方经济》的调研报告，受到领导的高度评价。

2006 年，在省政协副主席王汀明到常调研推进社会主义新农村建设的活动中，市政协副主席、民建市委原主委徐国清参加了研讨与座谈。在省政协副主席章锐夫到常开展教育收费专题调研活动中，省政协常委、市政协副主席徐国清，省政协委员、民建市委主委杨新辉陪同调研，并提出合理化建议。6 月，民建武陵区总支联合民建省委开展新农村建设的专题调研活动。年初，课题调研小组围绕建设社会主义新农村建设问题开展广泛调研，通过听汇报、搞座谈、实地考察等形式，调查了解在实施新农村建设过程中的具体问题，并将撰写的调研论文《激活投融资源泉 加快新农村建设》作为政协全会的大会发言材料。民建鼎城区一支部主任杨元和会员深入 10 多个乡镇、20 多个村进行为期 5 天的调研活动，撰写了《浅谈实施社会主义新农村建设的问题与建设》《对非公有制企业参与新农村建设的实践与思考》等调研论文，为中共鼎城区委、区政府建设新农村正确决策提供了依据。副主委曾盈参加由市政协组织的对“太原、焦作现象”推动旅游业发展的调研活动，为促进常德旅游产业的发展提出建议。为推动民营企业发展，副主委曾盈参加对常德市民营工业发展的调研，并代表市政协港澳台侨外事委作《对我市民营企业工业经济发展环境的调查与建议》的汇报，得到市政府高度重视。为迎接中共省党代会的召开，民建市委按照中共湖南省委和民建湖南省委的要求，在全会广泛开展“迎接党代会，共谋新发展”的献计献策活动，发动会员积极建言献策，广大会员围绕全面落实科学发展观，加快推进新型工业化，构建和谐湖南，实现富民强省的主题，提交的 20 余篇意见和建议被民建中央和省民建采用。

2008年，民建市委完成了“常德在‘3＋5’城市群建设中的定位与思考”“民营经济发展现状”“农村敬老院建设”“休闲农业发展”“食品安全”的建议等专题调研。其中，成立专题小组，历时3个月，专程到石门、津市等地，并与市建设局、市地震局、市规划局等单位联合调研，形成的《汶川地震警示——全面提高我市防震减灾能力的建议》得到了市政协主席会议的高度赞誉，在常德市政协26篇发言材料前期测评时排名第一，被评为市政协优秀调研文稿，在常德市政协五届二次全会上率先发言，并被常德市政协确定为参加省政协全会协商发言的课题。

2009年，民建市委成立专题小组，先后与市项目建设年领导小组办公室、市发改委、市直20多个重大项目前期工作责任单位以及10多家重大项目业主单位，就如何进一步加强常德市的重大项目前期工作进行了讨论、沟通与协商，形成的调研成果《对加强我市重大项目前期工作的建议》被评为优秀调研报告。在专题调研成果采纳落实工作交办会上，该调研成果交由市发改委承办。民建市委先后多次与市发改委、市政务中心召开座谈会，沟通交流落实情况，调研成果《推进项目建设，加快富民强市——对加强我市重大项目前期工作的建议》被市发改委采纳，并提交了落实意见。

2010年，民建市委成立调研小组，针对常德市白酒产业的现状和存在问题，联合常德市酒管办进行了专题调研。期间，与市酒管办多次召开座谈会，并先后赴湖南德山酒业有限公司、湖南武陵酒业有限公司和常德八百里酒业有限公司等企业开展调研，实地察看了酿造车间、灌装车间，听取了德山酒业和武陵酒业的发展历程、现状以及未来规划等相关情况介绍，了解了企业发展过程中存在的问题与困难，还与企业相关负责人就企业发展中存在的信心不足、资金不足、市场空间拓展、市场环境维护和申报国家驰名商标等方面问题进行了讨论，与企业员工进行交流并听取其意见，从而掌握了常德市白酒产业发展现状的第一手资料，撰写了《培育我市白酒产业的“参天大树”》的调研报告。完成政协理论调研成果两件，分别是《对提升民主监督组织化水平的几点思考》和《加强和改进委员视察工作 推进人民政协履职见实效》；完成统战理论调研成果两件，《学习社会主义核心价值体系 提高民主成员自身综合素质》和《浅议提高民主党派反映社情民意工作参与率》。民建津市市委组织会员到津市职业教育集团进行了实地考察调研，撰写调研文章《民建会员对津市职业教育发展状况的调研》；与民盟、农工联合调研撰写《创文明城市、树立劳动光荣思想》的调研文章，以树立市民特别是下岗职工劳动光荣的思想为目标。鼎城区工委对常德市民营企业发展现状及参与光彩事业的情况进行调查研究，撰写了调研报告《对家族式企业人才的调查》《民营企业参与光彩事业的调查与建议》。

2011年3月至4月，民建市委开展“访百企促优化”优化经济发展环境调研活动，调研组通过发放调查问卷、召开座谈会、集中与分散走访等形式，向市内50余家不同行业的规模企业、20余名民建企业家会员了解情况，并将收集的问题整理、综合形成材料，向市优化办、市效能办反映。4月中旬，民建市委开展“武陵山旅游资源考察·石门行”调研活动。副主委曾盈带队，经贸支部会员、民建机关干部参加，考察了茶禅祖庭夹山和学术界争议颇多的闯王陵，夹山要挖掘其“茶禅一味”的品牌内涵，必须扩大其在国内和国际的影响。随后，还考察了蒙泉湖。蒙泉湖水面5800余亩，是常德结合山水风光的样板，人称“湘北小洞庭”。会员们认为，蒙泉湖融入了常德的山水和归隐特质，是一块缩小版的“世外桃源”，下一步可整体规划蒙泉湖除了灌溉之外的旅游价值，如在湖畔峭壁上镌刻诗句、统一装扮游船、设立旅游接待中心等等。通过综合整理，民建市委提交了建议方案《浅析常德切入“武陵山文化旅游发展协作区”的必要性》，积极为常德融入“大武陵”旅游经济圈、提升常德旅游的核心竞争力而不懈呼吁。石门县之后被纳入武陵山经济协作区。5月中旬，开展企业法制环境调研活动，专题调研组通过联合民建湖南省委开展问卷调查、召开座谈会、上门走访、采访等，以司法部门、政府执法部门、私营企业代表、法律工作者代表、民建企业家会员代表等为调研对象进行深入调研，以营造更好的法治环境，给力经济发展。

5月10日至11日的湖南省（常德）经济发展法制环境研究座谈会上，民建湖南省委课题组、市政府经济发展研究中心、市法制办、市优化办、市司法局、市工商局、市信访局、市质监局、市政务公开办、常德市私营企业代表、常德市法律工作者、常德民建企业家会员代表等各抒己见，畅所欲言。民建市委以期通过此次调研活动积极为党委建言献策，促进常德市法治建设的飞跃进步。

7月中旬，民建市委副主委曾盈、秘书长王华、民建经贸支部会员和机关干部等赴新国线集团（常德）环宇旅游运输有限公司、常德柳叶湖汽车站实地考察，就常德市专业旅游运输市场的现状和前景进行了深入调研，提出了《对规范常德旅游运输市场的建议》的社情民意，得到副市长徐超文重要批示。

9月下旬，民建市委调研组赴市人力资源和社会保障局，就常德市劳务派遣市场规范化管理问题开展座谈交流，受到人社局副书记、副局长张柏枝、副局长罗平波等的热烈欢迎，市政协副主席杨新辉参加了调研活动。人社局就业与失业保险科科长孙平福、劳动监察支队支队长徐光春、劳动关系科科长李佑斌、副局长、就业处主任罗平波、劳动人事仲裁院副院长曹满金、人力资源开发中心副主任宋建军等，分别就常德市劳务派遣市场的发展历程、劳务派遣市场的发展趋势、劳务派遣市场当前的现实影响、存在问题、隐患及建议等进行了汇报和反映，双方就有关问题进行讨论与交流。还开展党外干部培训选拔工作专项调研、“民主党派成员中非公经济人士状况”和“民建非公经济会员”问卷调查等专项调研。调研发现，当前党外干部队伍具有人才资源丰富、综合素质高、参政议政能力强等优势，也还存在党外干部交流力度小，交流范围窄；机关干部交流机会少、交流渠道少等亟待解决的具体问题。津市民建会员、津市市人大代表刘莉、津市市政协委员易旭、黄宜平等参加“实力津市、创新津市、宜居津市、幸福津市”重大课题调研，走访近二十家单位，深入基层发放问卷进行调查，写出高质量的调研报告，得到领导好评。鼎城区工委组织会员代表深入桥南大市场和武陵镇、牛鼻滩、草坪等乡镇开展农村饮用水源环境管理和现代服务业发展的专题调研，为形成明年“两会”参政议政发言和提案，收集资料。

2012年，民建市委的调研成果《关于对我市优化经济发展法治环境的建议》得到采纳，助推了法治常德建设。市政府法制办、市司法局、市公安局等部门作为该调研成果的责任单位，先后拜访民建市委机关，对调研成果的采纳落实工作情况进行专题回复，并积极行动，采纳落实了调研建议，成效良好。市法制办在执法人员中广泛开展了法制学习与培训，并即将出台《常德市行政调解办法》；市司法局则对人民调解、法制宣传、法律援助、司法鉴定等工作进行了创新与完善，取得了较好的成效；市公安局则制定了详尽的工作方案，将各项任务落实到各下属单位，明确责任人、完成时限，各单位再分别对工作完成情况进行汇总。为更好地了解科技银行经营模式、发展前景及在常德市建立科技银行的可行性，型小微企业为市委、市政府有效解决科技融资难问题开辟新途径，提出有建设性的意见建议，多次到市科技局、市经信委等部门座谈交流，并联合赴长沙市高新区金融办、长沙银行科技支行、浦发银行长沙分行麓谷科技支行开展调研，撰写了《促进科技和金融结合助推常德经济发展》的调研报告。民建津市市委联合政协就休闲农业深入开展调研，先后到渡口、棠华、灵泉等五个乡镇、和襄阳街、金鱼岭等街道办事处通过听情况、开座谈会、实地查看、问卷调查等方式收集情况，撰写了调研报告，提出了有建设性的建议。还到津市市工信局、科技局、湖南信得利物流有限公司等调研科技型企业发展及物流发展的问题。民建武陵区工委联合武陵区社会救助管理局就城乡临时生活救助工作的开展情况，组织相关工作人员深入到街道、社区，开展专题调研，撰写《“三管齐下”为临时生活救助支招》的调研报告。民建鼎城区工委组织会员代表深入10多个乡镇和水库围绕农村就饮用水源环境管理、现代服务业发展、基层文化建设等进行了专题调研，撰写了调查报告。

第三节　反映社情民意

了解和反映社情民意工作，是民主党派成员围绕政治、经济、文化、社会生活等方面党和政府重视、人民群众关注的问题，将基层和群众中的相关信息收集起来，通过社情民意快车道反映给党委、政府和有关部门，帮助他们分析判断形势，实施科学民主决策是一项经常性、基础性工作，也是一项越来越重要的工作。民建常德市委社情民意的报送渠道主要有两条：会内的民建会员反映的社情民意，通过市政协直接报送到市领导和市直有关部门，如所反映的问题或情况涉及面较广，本级政府不能处理的，逐级向省政协、全国政协报送，再送到省、中央相关领导和部门；民建会员收集到的社情民意信息可以直接向民建省委报送，民建省委根据内容分别报送民建中央和省政协，民建中央通过向全国政协报送而将反映的社情民意信息送到国家领导人的案头，故社情民意又称作是将百姓社情和大众民意送达党委政府的直通车。

2006 年是民建省委参政议政能力建设年，为认真贯彻民建中央、省委社情民意工作会议精神，推动反映社情民意工作上新台阶，民建市委制定《关于加强反映社情民意工作意见》，由主委主管，专职副主委分管，并向市委委员、支部主任、政协委员下达任务要求，制定了表彰奖励办法，逐步建立和完善反映社情民意的工作机制。2006 年，共收集社情民意 30 余篇，被民建省委采用 5 篇，主委杨新辉、副主委曾盈、姜政和会员的多篇稿件被民建中央登载。2008 年，按照“强化基础，大胆创新”的总体工作思路，从强化宣传（信息）、反映社情民意工作基础入手，参政议政工作质量和工作水平不断提高。会员、机关干部、政协委员积极通过反映社情民意“快车道”发现问题，反映情况，积极向省民建、市政协等渠道提交社情民意、信息稿件，共有 50 余篇被民建中央网站、省民建社情民意快报和市政协等采用。《关于尽快维修改造我市三岔路高车路路段的建议》《管道燃气开通方式要合理》《关于坚决取缔广场歌舞厅的建议》《关于扶持地方企业 自创品牌的建议》等 7 篇社情民意，分别得到中共市委书记武吉海、纪委书记刘剑英、副市长宋冬春、副市长万成贞、副市长李爱国等市委、政府领导的亲笔批示，得到有关部门的落实办理。其中，以《关于尽快维修改造我市三岔路高车路路段的建议》为背景，在《常德日报》发表的文章《一条社情民意引起市委书记关注》，被常德市政协评为好新闻。

2009 年提出要“进一步做好组织动员工作，提高反映社情民意工作参与率”，要求在职会员每年至少提 1 条社情民意。2010 年开始，每年组织信息员参加民建省委社情民意

“半年一讲”活动，交流学习。至 2012 年底，累计收集上报社情民意 300 余条，有 150 余条被全国政协、省政协、省民建、省委统战部、市政协等采用。其中，市政协常委、民建会员彭德强的《县域邮政储蓄银行信贷缺陷应予关注》被全国政协采用；民建市委副主委曾盈的《警惕免费幌子下的医疗诈骗》被中国政协新闻网、全国律师纠纷网采用；曾盈的《关于建立农村惠农政策动态监测网络的建议》、市政协委员、民建会员肖正达的《对推进农村土地承包经营权流转的建议》、梅志超的《发挥“民生计量”惠民作用的几点建议》等 14 条被省政协采用；市政协常委、副主委姜政的《加强城区停车设施建设的建议》、陈永强的《关于调整土地供应结构促进我市房地产健康发展的建议》、王华的《关注我市返乡农民工创业、就业问题》等 19 条建议，得到市委书记卿渐伟、市长陈文浩、市领导李爱国、万成贞、刘小明、宋冬春、沈习淼等批示。

2009 年，会员、机关干部、政协委员积极通过反映社情民意的“快车道”发现问题，反映情况，积极向省民建、市政协等渠道提交社情民意、信息稿件数百篇，有 50 余篇被民建中央网站、省民建社情民意快报和市政协等采用，效果良好，民建市委反映社情民意工作在市政协、市委统战部均名列前茅。副主委曾盈的《关于建立农村惠农政策动态检测网络的建议》《对拓宽新生代农民工参政渠道的建议》等社情民意被省政协社情民意采用；秘书长王华、会员肖正达等提出的 10 篇社情民意被市政协社情民意专报报送，得到市长陈文浩等的批示和有关部门的落实办理。

2010 年，向省民建、市政协等渠道提交社情民意、信息稿件数百条，其中民建中央采用 3 条，民建省委采用 16 条；省政协采用 6 条，分别是《关于加强中小学生体质健康工作的建议》《关于加强乡镇卫生院医疗器具监管和鉴定工作的建议》《工业行业气体现状及对策建议》《关于加快社区服务业发展的建议》《中小学配备专职心理教师已刻不容缓》、《关于建立社区流动统战对象 管理工作新格局的几点建议》；市政协《社情民意》采用 8 条，其中郭华秋的《改善我市公交车辆清洁卫生的建议》得到市长陈文浩、副市长刘小明批示，市公共交通有限责任公司办理回复；姜政的《加强城区停车设施建设的建议》得到副市长宋冬春、副市长沈习淼批示；陈永强的《关于调整土地供应结构促进我市房地产健康发展的建议》得到宋冬春副市长批示；王华的《幼儿教师编制和待遇问题亟待改善》得到市长陈文浩批示，熊晋可的《城市生活垃圾分类应有效引导》得到副市长宋冬春批示。还有 50 余条被民建中央网站、湖南省民建网站、《湖南民建》刊物、常德统战网、潇湘晨报、常德日报等登载。

2011 年，发动一切力量，通过不断完善工作机制，拓宽信息来源，提高信息质量等举措推动反映社情民意工作，取得了一定的实效。上报 50 余条社情民意，《要重视工程领域腐败问题》等 3 条被民建中央采用，《应加大地方电视台公益广告宣传力度》等 25 条被民建省委采用。10 条被市政协采用的社情民意中，主委杨新辉的《建议政府设立“企业 110”

热线》得到市长陈文浩、副市长徐超文、市政府秘书长周代惠批示；秘书长王华的《建议在柳叶湖增设公交车停靠站点》得到市长陈文浩批示，《加强餐饮行业食用油管理的建议》得到市长陈文浩、副市长沈习淼、万成贞批示，《规范常德旅游运输市场的建议》得到副市长徐超文批示，《建议加强对市城区横衣巷子"脏乱差"治理》得到市长陈文浩批示。会员龚美华的《建议解决常德步行街物流不畅问题》得到市长陈文浩批示。会员宋小玲的《城区中心滨湖公园岂能建通讯基站》得到市长陈文浩批示。此外，民建市委还承办了"湖南民建2011年反映社情民意工作'半年一讲'主题活动"，活动在清水湖国际会议中心举行，湖南民建各市级组织专职副主委、办公室主任、各省直支部负责人、社情民意工作信息员等约100人参加活动，湖南省人大常委、民建湖南省委专职副主委黄周秀，中共市委常委、统战部部长李爱国到会并做重要讲话。2012年，上报社情民意50余条，其中主委杨新辉的《构建和谐劳动关系需完善劳动派遣用工制度》被民建中央和省政协采用，秘书长王华的《整治酒驾的同时还要整治毒驾》被全国政协、省政协采用，副主委曾盈的《应尽快设立特殊群体羁押场所》等14条被民建省委采用，会员熊晋可的《根治畜禽集中养殖污染应推广使用沼气新技术》被市政协采用。王华的社情民意《关于加强我市餐饮行业食用油管理的建议》被采纳，我市启动"放心油"工程，并纳入市政府2012年工作总体部署8件实事之一写入政府工作报告；社情民意《关于沿柳叶湖修建文化长廊的提案》得到采纳，柳叶湖旅游度假区将"沿柳叶湖修建文化长廊"列入2012年经济工作目标。

第四节　民主监督

民建会员担任各级、各类特邀职务，是民建市委依靠会员履行民主监督职能的重要途径。随着党风廉政建设和纠正不正之风、惩治腐败工作的不断深入和加强，通过市人大、市政协、中共常德市委统战部、市优化办等单位和部门的推荐，民建会员越来越多的被聘请为政法与行政管理部门及一些行业的特邀监督员，参与对市直有关部门和行业的党风、政风、行风进行评议。至2012年底，民建会员中累计有200多人次担任政法、财经、工商、农林、文教、医卫、公用事业等40多个部门和单位的监督员。

1993年，有6位会员被中共常德市委、市政府、市人大、市政协特约聘任为行风评议员，分别参加对市公安局、邮电局、工商局、工商银行、电业局等8个单位的"行风评议"活动，就群众反映强烈的公款、公车钓鱼、公费请客、高标准接待、公车办私事、赌博风、服务质量差、行贿索贿等问题，积极主动开展调查研究，抓住主要问题，协助各单位提出具体整改意见。邮电局收到反映的服务质量差，乱收费，交费不方便等意见后，认真整改，对收费问题实行明码标价，刹住装机过程中存在的吃、拿、卡、要等现象进行整改，并在德山新设立交费点，方便群众。会员、市总商会副会长曹同生担任工商银行“行风评议小组”副组长，在评议活动中努力工作积极配合，写了评议监督的文字建议，受到各方面赞扬。市人大常委、专职副主委何英国参加市委组织的反腐败督促检查组，对全市反腐败斗争的情况进行督促检查，并参加政府各局领导班子建设的考察、评议，为促进政府职能部门作风转变提出意见和建议。

1995 年，何英国、曹同生等 6 位会员积极参加中共常德市委、市政府组织的第二批行风评议活动，对市国税局、国土局等重要执法部门，在执法过程中出现的行贿受贿、搞摊派、拉赞助、索、拿、卡、要等腐败行为及时进行查处，对态度粗暴、服务意识差、要特权，刁难办事人的人和事，进行严肃的批评教育，并帮助被评单位建立和完善工作程序，制定一系列的工作制度及整改措施。

1997 年，何英国、曹同生作为市政法系统的特邀监督员，参加全市的警纪警风督察活动，作为市人大常委，积极参加市人大组织的对市法院、检察院工作的评议活动。陈猷作为市监察局的特邀监察员，参加“市纪委重点工程、资金使用督查组”赴汉寿、武陵、鼎城、石门等地，对常德市的重点工程、石长铁路、城区市体育中心工程进度及资金使用情况进行的现场督查。

1998 年，副主委陈猷、余先柏，会员、工商联副会长曹同生，被市纪委聘为第四批行评代表，并担任正、副组长，分别参加对水电局、民政局、物价局等单位的行评工作。在行风评议中，根据群众提供的线索和收集到的反映，本着及时查清、及时处理、及时整改的原则，对涉及到的人和事，迅速查清处理，并帮助整改单位查根源，摆危害、扩大教育成果、制定有效措施，建立和完善工作程序及规章制度，受到市纪委和整改单位的好评。陈猷、曹同生被市公安局聘为第二届警纪警风监督员，认真参加每一次全市警纪警风督查活动，作为市人大常委，认真审议决策和参加市法院、检查院的法律监督活动。

1999 年，副主委陈猷作为纪委的特邀监察员和市公安局警纪警风督察员，考察桃源沅水大桥工程质量和凌津滩水电站社会治安的综合治理情况，和澧县、石门等基层单位“创人民满意派出所”的情况。副主委陈猷、余先柏、工商联副会长曹同生作为市人大常委，先后赴汉寿、鼎城、澧县、德山开发区、武陵区，检查验收基层单位“创人民满意派出所”的情况。政协委员王其敏参加市纪委组织的第五批行风评议活动，受到市纪委和市房改办的好评。

2003 年，政协副主席徐国清经常参加市委、市政府组织的重点工程项目现场办公会。人大常委陈猷、余先柏经常参加市人大组织的“全市重点工程项目的督察”“社会治安执法大检查”等等。政协常委陈希寿等参加政协法制群团组织的视察交警支队、中级法院等活动。特邀监察员陈猷、余先柏参加市纪委组织的“全市中小学教育收费专项治理”的督查；周方勇参加政法系统组织的“关于社会治安综合治理”“警纪警风、执法监督”等等。

2006年，会员曾盈、孙胜、龚美华被聘为市优化经济环境监督员，积极参与对全市市直单位的公开测评活动。民建市委委员、支部主任、骨干会员等20多人参加常德市第四轮优化经济环境公开测评。熊晋可、李利辉等会员被推荐为优化经济环境评委库评委。监督员们积极加强与职能部门的联系，发挥民主监督作用，在市交警支队主动上门征求意见和市城管局的“开门纳谏”座谈会上，提出了许多群众反映强烈的问题和整改建议，为推动我市经济发展环境发挥积极作用。

2007年，会员曾盈、龚美华作为市优化经济环境监督员，积极参与“七家行政执法责任制单位试点听证活动”和“百企走访解难”活动。

2008年，市优化经济环境监督员的副主委曾盈、会员严若君、龚美华等，参与对市直单位推行行政责任制督察活动、对市直单位《行政许可法》的检查和优化经济发展环境的调研活动，先后到市直30多家单位进行督察、检查与指导，为市直单位推行行政责任制，规范行政执法，加强效能建设发挥了积极作用。

2009年，副主委曾盈、会员严若君、夏绪捷、孙胜等市优化经济环境监督员和部分市政协委员，积极参与“交警驾考”“创满意政府”等行风监督活动。推荐6名骨干成员担任学习实践科学发展观“党员干部群众代表咨询评议团”成员，积极参与学习实践活动。

2010年，副主委曾盈、会员严若君、李军等先后参加“优化经济环境，百企大走访”、市民政局创满意机关、市广电局作风建设座谈会、市交通局创满意机关等活动。王华委员出席市民政局“关于禁止在市城区殡葬服务场所燃放烟花爆竹的通告”听证会，建议被常德晚报刊登，出席武陵区文化局“关于再就业广场红鹰歌舞厅办理《娱乐场所经营许可证》的听证会”；宋小玲委员出席市司法局“司法检察听证会”。9月上旬，津市人大代表毛娟、政协委员黄泽清接受津市人民法院的邀请，参与“千案点评活动”，利用休息时间详细了解案情、查阅案卷材料、走访案件当事人，在座谈会上提出有价值的意见和建议，并对重点个案和存疑案件进行检查评议和打分。

2011年，推荐34名会员担任市中级法院、市检察院、市公安局等17个政府工作部门特约人员，其中17人于2012年被聘任为对应政府部门的特约监督员。会员中的特邀监督员积极开展民主监督活动，副主委曾盈、会员孙胜、李军等被聘任为市优化经济环境监督员，积极参与“百企走访促优化”“创满意政府”“重要岗位效能监察”等活动。副主委曾盈、会员成汉余、严若君等分别参加党政正职述廉会议、政务中心窗口总结交流会、市财政局领导干部述职、市物价局、市质监局、市住建局等单位的政风行风建设活动。

2012年，民建会员参加市财政局、市物价局、市建设局等单位的作风建设活动，“创满意政府”活动、党政正职专题述廉评议等。

表 3－5－4－1　民建常德市市委员会任省(部委)、市级特邀职务会员名册

姓　名	特　邀　职　务	任期
孙　胜	省纪委、优化办监督员	2013.1－2013.12
曾　盈	市优化办监督员	2013.1－2013.12
赵晋生	市优化办监督员	2013.1－2013.12
李　军	市优化办监督员	2013.1－2013.12
夏　龙	市优化办监督员	2013.1－2013.12
曾志明	市优化办监督员	2013.1－2013.12
孙　胜	市优化办监督员	2013.1－2013.12
孙　胜	市满意政府监督员	2013.1－2013.12
曾　盈	市满意政府监督员	2013.1－2013.12
严若君	市满意政府监督员	2013.1－2013.12
王　华	市公用事业局监督员	2013.1－2013.12
曾　盈	市公用事业局监督员	2013.1－2013.12
陈永强	市国土局监督员	2013.1－2013.12
曾　盈	市国土局监督员	2013.1－2013.12
曾　盈	市教育局监督员	2013.1－2013.12
曾　盈	市司法局监督员	2013.1－2013.12
赵晋生	市司法局监督员	2013.1－2013.12
李　军	市司法局监督员	2013.1－2013.12
曾　盈	市建设局监督员	2013.1－2013.12
曾　盈	市交警支队监督员	2013.1－2013.12
曾　盈	市政务中心监督员	2013.1－2013.12
成汉余	市政务中心监督员	2013.1－2013.12
李利辉	市公安局监督员	2013.1－2013.12

表3－5－4－2　民建常德市委在历届市政协全会发言

届　次	发　言　题　目	发言人
一届三次全会	增强统战意识，发挥政治协商职能	聂庆钧
一届四次全会	改善外部环境，增强企业活力	何英国
二届二次全会	要采取切实措施优化国有企业外部环境(代表政协农村工作组)	任祖淦
二届三次全会	提供优惠政策，化解外部压力切实抓好市直国有工业企业扭亏增盈	汤音宏
二届四次全会	建议大力抓好我市就业制度和社会保障制度改革	汤音宏
二届五次全会	对我市粮食生产结构调整的几点思考	余先柏
三届二次全会	我市环保工作中的几个问题与对策	杨新辉
三届三次全会	关于整顿和维护我市金融秩序的建议	陈希寿
三届四次全会	打击假冒伪劣已到了刻不容缓的地步	高伯成
三届五次全会	对我市软件产业的思考	彭次君
四届二次全会	进一步加大我市民间资本投入的调查与建议	
四届三次全会	化社会治安环境，创建平安常德	孙胜
四届四次全会	关于促进城市就业的调查与思考	曾盈
四届五次全会	激活投融资源泉　加快新农村建设	杨新辉
五届一次全会	关于我市粮食加工业的发展的建议	杨新辉
五届二次全会	汶川地震警示－全面提高我市防震减灾能力的建议	宋小玲
五届三次全会	对加强我市重大项目前期工作的建议	尹治才
五届四次全会	关于加快我市白酒产业发展的建议	杨　元
五届五次全会	规范运用劳务派遣，积极构建和谐劳动关系	郭华秋
六届一次全会	积极推进科技金融服务创新，促进科技型中小微企业快速健康发展	王夏一

表 3－5－4－3　常德民建会员担任省人大代表名单

届　别	姓 名	省人大职务	民　建　职　务
第五届（1977.10－1983.4）	谢海泉	代表	民建常德市委主任委员（县级）
第六届（1983.4－1988.3）	谢海泉	代表	民建常德市委主任委员（县级）
第七届（1988.3－1993.3）	谢海泉	代表	民建常德市委委员
第十届（2012.3－ ）	高　毅	代表	民建会员

表 3－5－4－4　常德民建会员担任省政协委员名单

界　别	姓 名	省政协职务	民　建　职　务
第四届（1977.11－1983.4）	胡建武	委员	民建常德市委副主任委员（县级）
	陈述伟	委员	民建常德市委副主任委员（县级）
第五届（1983.4－1988.1）	陈述伟	委员	民建会员
	胡建武	委员	民建常德市委副主任委员（县级）
	李达道	委员	民建会员
	李　勉	委员	民建会员
第六届（1988.1－1992.1）	聂庆钧	委员	民建常德市主任委员
	张俊涛	委员	民建会员
	李达道	委员	民建会员
第七届（1992.1－1997.1）	徐国清	常委	民建常德市委副主任委员
	汤音宏	委员	民建常德市主任委员
	李达道	委员	民建会员
第八届 1997.1－2002.1	徐国清	常委	民建常德市委主委
	陈伟俊	委员	民建津市市委主委

续表

界　别	姓 名	省政协职务	民　建　职　务
第九届(2002.1—2008.1)	徐国清	常委	民建常德市委主委
	杨新辉	委员	民建常德市委副主委 (2006 年 6 月当选民建常德市委主委)
	张伟莉	委员	民建津市市委主委
第十届(2008.1—2013.1)	陈伟俊	常委	市委委员
	杨新辉	委员	民建常德市委主委
	沈英琼	委员	民建会员
	张伟莉	委员	民建津市市委主委(至 2011 年 7 月)

表 3—5—4—5　常德市民建会员担任历届市人民代表名单

界 别	姓 名	市人大职务	民　建　职　务
第一届(1988.6—)	汤音宏	常委	民建常德市委副主任委员
	曹同生	常委	民建会员
	罗爱平	代表	民建会员
第二届	何英国	常委	民建常德市委专职副主委
第三届	何英国	常委	民建常德市委顾问
	曹同生	常委	民建会员
	陈　猷	常委	民建常德市委专职副主委
第四届	陈　猷	常委	民建常德市委专职副主委
第五届(2008.2—2012.12)	曾　盈	常委	民建常德市委专职副主委
	马　兰	代表	民建会员
	杨明华	代表	民建会员
	康　明	代表	民建会员
	唐华艳	代表	民建会员

常德市民建会员担任历届市政协委员名单

政协常德市第一届委员会

（1988.6—1992.12）

副主席　谢海泉

常务委员　任祖淦　李达道　张俊涛　贺介舫　聂庆钧　徐国清（女，增补）

委　员　伍学平　阳池生　何英国（女）　郭定菊（女）　黄慧敏（女）　李　能　程少清　段正祥（增补）　周士亮（增补）　聂庆刚

政协常德市第二届委员会

（1992.12—1997.12）

副主席　汤音宏

常务委员　任祖淦　李达道　陈　猷　周强国　徐国清（女）

委　员　龙地灵　阳池生　陈万辉　周士亮　聂庆刚　郭定菊（女）　黄序铨　黄慧敏（女）　李　能　李正玲（女，增补）　杨新辉（增补）　余先柏（增补）

政协常德市第三届委员会

（1997.12—2002.12）

副主席　徐国清（女）

常务委员　李达道　杨新辉　何志毅　周强国　黄慧敏（女）　陈希寿（增补）　陈东新　陈宽广

委　员　王其敏　白建新　成汉余　杨新辉　张家栋　周士亮　谢　锋　戴展杰　陈永东　向金城　何志毅　李达道　彭次君　陈希寿（增补）　毛雪佗（增补）　周方勇（增补）　彭德强（增补）　高　毅（增补）

政协常德市第四届委员会

（2002.12—2007.12）

副主席　徐国清（女）　曹同生

常务委员　陈伟俊　陈希寿　周方勇　高　毅　彭德强

委　员　向金城　向建新　孙　胜　陈东新　陈伟俊　周方勇　姜　政　曾　盈（女）　谢　峰　成汉余　朱碧文　白建新　陈宽广　熊晋可　杨新辉（增补）

政协常德市第五届委员会

（2007.12—2012.12）

副主席　杨新辉　陈伟俊

常务委员　成汉余　陈永强　周方勇　姜　政　高绪秀（女）　彭德强

委　　员　王　华（女）　尹治才　严若君　杨　元（女）　肖正达　宋小玲（女）　郭华秋　蒯同英（女）　熊晋可　王　燕（女）　余淑娴（女）　沈英琼（女）　钟泽英（女）　彭次君　涂建峰　李　军　夏绪捷　高　毅　孙　胜　陈本方（增补）　梅志超（增补）　龚美华（女，增补）

第六章 社会服务

民建常德市委注重发挥经济界别优势，引导会员致富思源，回报社会。历年来，组织政协委员累计开展幼教、商务、农技、科技、医药、法律等咨询服务活动20余次，“三送下乡”、扶贫助学等活动30余次；为新农村建设、为农民的饮水工程、道路硬化、规模养殖、敬老院建设等捐资100余万元；在历次抗洪抢险、扶贫助学、抗震救灾等活动中，捐助钱物200万元；政协委员中的企业家诚信守法，诚信经营，安置就业人员18000多人，培训各类职业技能人员1500多人。

第一节 创办实体

民建常德市委与市工商联（合称两会）在历史上有着关系密切长期团结协作的传统。由于新时期统一战线工作的发展，工商联民间商会、人民团体性质的明确，民建作为参政党地位的确立，从1988年起，两会机构分设，领导不再交叉兼职，机关人员各自开展工作。1991年1月26日，由中共常德市委统战部部长李明安主持召集两会负责人会议，对两会原合署办公、共同创办和分管企事业单位时期的几个历史遗留问题进行协商，决定从1991年开始，两会彻底分开，原两家共同创办的经济实体四个、学校和幼儿园各一所，根据1991年1月26日《民建常德市委、常德市工商联关于解决两会若干历史问题的协商纪要》精神和从民建分管事业单位、工商联分管经济实体的现状出发，明确工商贸易公司、爱建农副产品经营部、百花商场、兴中打印服务部全部属工商联所有，由工商联主管。育才会计学校和新蕾幼儿园属民建所有，由民建主管。

一、育才会计学校

1980年9月，民建常德市委和市工商联经教育主管部门批准，联合创办常德市育才会计学校，由民建常德市委管理，1991年两会机构分设后，归民建所有。学校以财会专业职业培训为主，是全省各民主党派开展社会办学以来成立最早的一所学校。学校会计培训从工商会计培训班、会计模拟实训班、会计从业资格证、助理会计师、会计师到注册会计师门类齐全，并不断拓展办学渠道，先后与吉首大学、湖南农业大学、中南大学联合办学举办成人教育，同时也为常德市下岗职工免费培训，累计向各行各业输送四万多名优秀会计人员，培养大批具有初、中级会计专业技术职称的骨干人才。

建校初期，正逢常德市商业、供销网点恢复与扩充，财会人员"青黄不接"，一个会计要管5—6家商店的账务，为解决常德市"记账难"问题，先后办班26个，培训商业会计和财会管理人员1063人，基本满足商业供销两系统对财会人员的需求。市商业、供销系统第一批取得会计证的542人中"育才"培训的会计达424人，占获证总人数的80%。1985年初学校被省教育厅评为民主党派办学先进单位；同年10月，专职副校长王佑轩出席全国各民主党派、工商联在京召开的为四化服务先进集体和先进个人表彰大会。1985年以后，常德市乡镇、区街企业如雨后春笋地蓬勃发展，渴求大量的财会管理人员，于是学校开设《乡镇企业财会管理》《乡镇企业管理》《街道企业经营管理》等班次，共设班4个，培训学员近200人。1986年，学校被评为全省各民主党派、工商联为四化服务先进集体。1987年，与北京经济函授大学联合办学，开办《经济管理》《商业经济管理》《乡镇企业管理》3个四年制大专班，共培训学员640人，被评为市职教先进单位、全市社会办学先进集体。

1989年走与电大联合办学新路子，开办电大财会班，使短期培训逐步向电大教育发展；开办成人高考夏读班，与电大教育相配套。至此，学校同时有育才会计学校、北京经济函授大学常德育才分校、育才电大教学班、常德市就业培训中心第四培训部4条办学途径，在激励竞争中保持优势。全年招收9个班次（短期培训班5个），培训结业学员184人，大专班4个，学员662人。1990年新增1个电大财会班，学校共开设8类15个专业，培训结业70个班，学员总数3269人，逐步实现由短期培训向学历教育转移，并在社会办学的评比中被评为先进集体受到表彰。1992年在社会办学评比中，连续被评为省、市社会办学的先进单位。1993年改授新的会计教材，春秋两季招生爆满，全年共招收14个班，计766人，创历史最高纪录。1994年，共招生8个班，在校人数突破360人，聂庆钧、王佑轩校长又投资6万元，购置电脑设备。1998年，学校为帮助下岗职工转变观念，提高职业技能多渠道提供再就业机会，与市劳动局联合举办8期电脑培训班，免费对下岗职工进行了轮训。1999年，育才会计（实验）学校突破原有招生格局，首次招收全日制成人大专班，开辟一处占地6.5亩的教学基地、新增一整套包括电脑在内的教学设施。教学形式从函授、短训这种业余教育为主的模式，向全日制开放式办学、封闭式管理的方向迈进，为学校的长足发展找到新的突破口，开辟崭新的工作局面。2001年，学校新添置电脑41台，电脑总数达77台；添置大屏幕彩电一台；柜式空调2台；床铺60架；办公桌11张；新增固定资产投资近5万元。为了让贫寒家庭有志青年读得起大学，在严格执行国家收费标准的同时，全年为特困学生减免学费达7000余元，同时改善学生生活，提高学生生活质量，降低生活费用支出。2003年3月，为支持防汛指挥调度中心的建设，育才实验学校由黄经阁整体搬迁到德山开发区水电八局子弟学校内。2006年，会办育才学校完成教学楼的修缮工作，教学环境得到美化，有全日制在校学生近600人，成人培训学生近200人。2007年，育才会计学校被市财政局定为“全市在职财会人员后续培训”基地。育才学校2012年的情况，历年来，育才会计学校在会计职业职称考试中通过率稳居全市同类培训学校第一。

二、新蕾幼儿园

1984年春，为缓解三间桥新建的四个居民村近500幼儿入托难的困难，民建常德市委在中共常德市委和市人民政府及妇联组织的大力支持下，由政府提供一栋600平方米的两层楼房及场地，由民建及其所联系的原工商界人士捐款20000元，作为内部安装、绿化园地，购置教具、玩具、生活用具等经费开支，经过3个多月的筹备，在三间桥新一村内办起了常德市第一所民办公助集体性质的新型幼儿园——新蕾幼儿园。1984年9月正式开园招收幼儿。开办初期，配备教职员10人，招收幼儿150余名。

1990年，由于受大气候的影响，一些处于停产半停产企业的职工，特别是女职工无事可做，便把孩子接回去自己带以减少开支，加上园内一度呈现管理松弛，幼儿入园数直线下降，春节前后园内仅六、七十人。为了办成合格幼儿园，学校实行园长聘任制，免去刘昌琼和陈国芳园长、副园长职务，选聘有40余年丰富的幼教工作经验的退休教师萧燕萍担任园长。新园长上任后，以身示范，通过深入细致的思想政治工作团结教师，一手狠抓教学质量，通过外出参观培训、请人上辅导课、组织公开课、观摩课和开展教学评比等活动，大大提高了幼师的教学水平和整体素质，园内80%以上幼师获得了幼师专业职称。另一手又严格园内管理，通过健全规章制度，实施奖惩办法，迅速地提高了教职员工的责任心和工作效率，教学、保育、及后勤等各项工作有了新面貌。此外，在举办青年幼师公开课活动中，邀请市区内各幼儿园有关领导和教师来园指导，还在园内经常开展布置教室、制作教具、玩具比赛，使保教工作上新台阶，并坚持开门办园，经常与幼儿家长取得联系，征求意见，不断改进工作，使幼儿园获得良好的社会声誉。1991 年 5 月，增加供应早餐，园内幼儿超过 200，开设大中小 5 个班，仍不少人要求入托。1992 年，幼儿园在管理上实行经济核算制。入托幼儿高峰期达 250 余人。1993 年，在新一村新蕾幼儿园内，多渠道、多层次筹措资金 10 万元，修建了 367 平方米的新校舍，以缓解办学场地紧张的状况。进一步完善岗位责任制，为确保幼儿在德、智、体、美等方面全面发展，根据幼儿特点，在原有规章制度的基础上进一步完善了岗位责任制和教学计划。全年共招收幼儿 275 名。1994 年，增加电子琴、武术、美术 3 个教学班。这些班级的增设开发幼儿的智力，增添孩子们的学习乐趣，解除家长认为孩子学不到知识的疑虑。1995 年，狠抓教师的职业道德教育，开展举办"以园为家，爱护孩子像妈妈"的传统活动，提高教职员工的政治思想水平和业务素质，促使教职员工热心、安心、尽心党的教育事业。1999 年，组织全园的公开课，全体老师精心设计，认真备课，形象生动，激发幼儿的学习兴趣，寓教于游戏活动中，调动幼儿们的积极性和主动性，收到很好的效果，受到家长好评。给幼儿宿舍安装空调和进行装修，改善幼儿的生活环境。2000 年，组织全园的老师上公开观摩课两次，课堂有声有色，调动幼儿的学习兴趣，收到较好的效果。全年召开 2 次家长会，让家长了解有关幼教的任务、知识和全园的工作，广泛的征求家长对幼儿园的意见和合理化的建议。2001 年，新蕾幼儿园在教学方面，全体教师认真备课，精心讲授，幼儿高兴，家长满意。经济效益和社会效益明显提高。2002 年，"六 一"前夕，组织幼儿园的小朋友们参加"全国青少年杯书法大奖赛"，荣获二等奖，编导的少儿舞蹈《甜驹驹》在常德市"阳光宝贝杯"儿童歌舞竞赛中获铜奖。2006 年，在市文化宫举办"庆六一"文艺演出，博得广大家长的阵阵喝彩。11 月中旬，在市体育馆举行新蕾幼儿园第十届运动会，家长孩子共同参与，赢得广大幼儿家长的好评。2009 年，举办了一年一度的"六一"专场庆祝会，父母孩子共同参与，得到家长们的一致好评。2010 年，幼儿园建筑近三十年未进行过大的维修改造，教学楼墙体裂缝，陈旧难看，屋顶漏水，寝室低矮潮湿，通风不畅，不仅存在很大的安全隐患，也不利师生身心健康，民建常德市委发动全市会员筹措经费 10000 余元，用于解决新蕾幼儿园园舍维修问题。2011 年，新蕾幼儿园加强管理，任命园长，变更法人、修缮园舍等举措，面貌一新，生源增加，社会好评不断增加。

三、经济咨询服务部

1983 年由民建、工商联联合创办，主要从事经济信息服务，牵线搭桥，前后有专职人员 4 人，参加的会员约 40 余人。1989 年 3 月，为贯彻中共中央(1989)14 号文件民主党派要开展经济、科技、教育、法律、医卫、文化等咨询及社会服务工作，要以服务为宗旨，注重社会效益，政府有关部门要创造必要的条件，积极支持民主党派为社会主义现代化建设和统一祖国事业多做贡献和中共中央统战部统发(1986)59号文件精神，为促进常德市的社会主义民主和法制建设、经济建设、社会安定和发展，成立“民建法律事务所”，设在咨询服务部下，有专职人员3人，其中会员1人，兼职人员11人，按省司法厅统一规定的收费标准收费，民建常德市委按纯收入的1%收取管理费。创办9个月内管理民事、经济案件54个，结业32个，不仅为调解离婚、平息打架、斗殴等各种社会矛盾做出一定贡献，而且为当事人挽回经济损失15万余元，引起社会的重视和当事人的赞扬。1990年2月20日，遵照司法部、工商总局(1989)117号文件的要求，对原法律事务所进行了调整和充实，成立民建常德市委员会法律咨询服务社。黄序铨任主任，赵会林任副主任，办公场所位于清真第一春3楼306房，经济性质为集体性质，独立核算，自负盈亏。注册资金3万元，由民建常德市委拨付，经营范围包括解答法律询问，代为草拟、审查、修订有关法律事务文书，担任法律顾问，代理非诉讼法律事务。1990年共咨询、代理民事、经济案件40余件，结案32件，不仅平息和调解了多起离婚丧害、打架斗殴事件，而且为当事人挽回经济损失4万余元，为维护社会的安定团结做出了一定贡献。

四、其他实体

除了以上学校和实体外，民建市委还与市工商联于1983年9月创办市兴中打印服务部，1984年6月合办工商贸易总公司针纺批发部，1987年3月创办市爱建农副产品经营部，1982年9月创办市百花商场。4个企业1989年1月—7月共盈利43594元，参与的会员原有20余人减至5人。

扶植，协办经济实体，为发展常德第二产业竭尽绵薄之力。1992年，根据中央2号文件精神，围绕“兴工、强农、活商、富市”的目标，发挥民建组织密切联系经济界的优势，先后扶植和协办常德市民建机械设备维修安装队、常德市桃源湘台商场、常德市民建桃源机电设备厂、常德市民建经济咨询服务部、常德市冰山制冷设计维修安装服务部、常德市科源复印设备专店等6个小型企业，共创造价值(营业额)72万余元，利润5万余元。1993年，为科源复印设备专店、宏沅无线电厂等企业申办工商执照，办理年检，定纳税基数、筹资，并协助税务部门督促纳税、入库情况，还召开专门会议支持和指导基层支部创办经济实体。

第二节 抗洪救灾

1995年7月，常德市遭受特大洪水袭击后，民建常德市委号召全体会员2次向灾区群众捐款，据不完全统计，共捐款人民币14000多元，衣服300多件，棉被20多床。其中机关干部捐款860元，衣服40件，棉被2床。民营支部捐款5350元，其中，张少祥、唐中跃2人捐款2100元。

1998年7月，常德市又一次遭受历史上最为严重的洪涝灾害，漫垸多，洪涝时间长，灾情重。市政协常委、副主委杨新辉身为武陵区副区长，在责任堤上连续战斗50多天。高洪时期，多个日夜未合眼，与广大军民一道同甘共苦、身先士卒。副主委余先柏作为种子公司副经理，为做好灾后的重建工作，日日夜夜的奔波于各省市之间，组织种子、化肥等生产资料进行灾区生产自救。会员、武陵区政协委员闵德山身为抗洪抢险队长，2次带抗洪突击队赴安乡参加堵口战斗。面对特大的洪涝灾害，190多名会员通过各种渠道参加募捐，共捐款捐物107,198元，其中现金11060元，食品、物资66138元，衣服9452件，棉被30床。不少下岗职工把单位发给自己的生活费都捐给了灾区人民。特别是陈永强、成汉余、白建新、张为臣、周国兴、李卫华、严若军、徐志贵、黄瑛、张顺义等14位会员，一个月期间4次参加全市的“救灾募捐”资助失学儿童等活动，向灾区人民送温暖，献爱心，捐赠现金15800元，商品衣3585件，价值66138元，食品100多件，并三次派人、派车到抗洪前线安乡进行慰问。

2008年1月，常德遭遇特大冰冻灾害。面对罕见冰灾灾情，民建常德市委积极号召会员开展“扶贫抗灾，奉献爱心”活动，广大会员主动为贫困家庭、受灾群众送去温暖，献出民建会员的一片爱心，在“抗雪灾、献爱心”活动中共向社会捐赠救灾物资和慰问金5万余元。民营二支部组织企业家会员专程前往津市渡口镇，会员彭德强为灾民捐赠物资共计2万余元。

2008年5月，汶川发生大地震。民建常德市委向全市民建会员发出支援灾区抗震救灾、开展捐款救助工作的号召，广大会员发扬“一方有难，八方支援”的优良传统，迅速行动起来，积极捐款捐物，帮助灾区渡过难关、重建家园。据统计，截至6月20日，民建会员、机关干部通过不同渠道向灾区捐款共计76.95万元，捐赠衣物、帐篷、医疗器材、药品等物资价值4.88万元。会员陈永强、彭德强被民建中央评为全国抗震救灾优秀会员。

2010年5月1日，会员彭德强组织企业员工为玉树地震灾区捐款，共筹集捐款

107291 元,会员席博龙从每天的企业经营收入里拿出部分资金用于捐赠灾区的筹建资金等一系列行动。

第三节　咨询服务

2001 年 5 月 4 日,律师支部在朗州路开展义务法律咨询活动。高伯成、刘谦、张波等 10 多位青年律师,将自己所学的法律知识,主动地为广大市民服务,现场为市民解答法律疑难问题 20 多个。受到了广大市民的普遍欢迎,收到较好的效果。2002 年,鼎城支部积极组织科技下乡、咨询服务活动。全年先后四次深入到沧山、港二口、钱家坪等乡镇,围绕农业结构调整和科技普及,举办各类讲座 7 次,听众 1500 多人次,现场咨询 2000 人次,印发各种技术资料 3000 多份,用于解决生产中的难题。

2003 年 3 月 5 日,民营一、二支部 30 多位会员在步行街开展"学雷锋义务服务活动",为市民理发、送报刊、宣传资料等。为提高会员企业家的科技素养,民建市委举办一次专题科技讲座,60 多名从事经济、信息科技工作的会员聆听常德市科技之星、湖南文理学院计算机系主任郭国强教授作的"高新科技的前沿信息与信息化发展动态"的讲座,受益非浅。

2007 年 3 月 5 日,民建常德市委组织机关干部、骨干会员、会办学校教师 10 多人在步行街设立服务点,开展"学雷锋、树新风"活动。服务项目有党派咨询、幼教咨询、商务咨询、培训咨询、科技咨询、法律咨询等,免费发放资料 300 余份,服务群众上百人。

2008 年 3 月 5 日,民建常德市委组织会员在步行街开展"学雷锋咨询义诊活动",会内的专家会员设立服务点,服务项目有健康义诊、财会咨询、幼教咨询、商务咨询、保健咨询、法律咨询等,免费发放资料 1000 余份,接受免费义诊和咨询的群众上百人。

第四节　捐资助学

1994 年,会员闵德山响应《湘声报》的号召参加"希望工程建设的活动",每年为失学儿童捐款学费 200 元。

1997 年,民营支部副主任严若君、成汉余、工业支部主任闵德山参加"希望工程建设”，为贫困山区的失学儿童捐助学费1000余元。

2000年5月，民建常德市委组织民营一、二支部的会员骨干，专程前往澧县太清乡开展了“一帮一”扶贫助学活动。支部主任周方勇、副主任唐必成、严若君、成汉余等给太青乡联校的皮娟娟、方志峰、张惠莉、余志雄四位失学儿童送去书包和学费1700多元，并鼓励他们好好学习，自强不息。民营二支部主任、科源有限公司总经理唐必成还为常德市工农小学捐赠一台价值6700多元的荣达牌高速油印机。

2001年3月，会员积极参加民建常德市委组织的“扶贫助学、献爱心”活动，据不完全统计，参加募捐的会员达160多人，不少下岗职工把单位发放给自己的生活费拿出来资助失学儿童，十个支部共捐款3000多元，专程送到汉寿22名贫困失学儿童手中。

2002年，会员杨元得知港二口镇鄂子弯村9岁的女童唐甜生活无着落，面临失学时，主动送去300元现金，为其解困助学，还自愿参与妇联、团委组织的“1+1结对扶贫助学”活动。同年6月，民营二支部组织市政协委员向建新、新会员孙胜为汉寿太子庙乡扶贫点捐款1.3万元；12月，又组织会员为汉寿太子庙乡倒流坪小学开展送爱心活动，专程为他们送去衣服950件、文具430件、现金400元，折合人民币2.35万元。周方勇、唐必成、龚美华、孙胜等和该校4位特困生1+1结对扶贫助学。鼎城支部组织会员开展救灾扶贫工作，为贫困山区的儿童捐款2300元，衣服50件。市政协委员、民营一支部会员向金城举办“金城书法义卖”活动，将自己指书作品义卖款8万多元，全部由民政部门转赠常德市贫困山区希望小学。

2003年，为配合全市“扶贫助学万人大行动”活动的开展，民建市委在常德第2个“助教日”来临之际，积极发动，精心组织一次扶贫助学活动。8月29日，民建会员专程前往武陵区丹洲乡丹砂村为12名面临失学的儿童送去2400元学费和书包。8月、10月，民营一、二支部两次在步行街开展爱心助学活动，为困难大学生捐助学费8000元。

2006年，主委杨新辉对文理学院一名父母双亡的大学生进行学费资助，直到其毕业。

2007年9月中旬，民建常德市委会组织基层支部开展的“爱心助学捐书”活动，在德山育才实验学校礼堂举行。民建市委专职副主委曾盈带领部分支部成员、机关干部一行10余人参加了活动。民建市委分别向20名品学兼优的学生捐赠助学款总计2000余元；老会员闵德山为学校捐赠自己花费10年心血创作的《毛泽东传》400余本，价值10000元。

2008年4月中旬，由民建武陵区工委精心策划举办的大型《魅力女性》爱心捐赠感恩会在常德市电视台隆重召开，民建女会员、民盟女会员、工商联女企业家、民建会员企业“美人海”专业瘦身公司员工及特邀女嘉宾等参加这次大型活动。活动现场共为贫困儿童郭娟、唐靖捐款7000多元，许多民建会员表示将继续关注和帮助他们完成学业。

2009年9月10日，民建常德市委和鼎城区工委开展爱教助学活动，民建企业家会员们为德山育才职业技术学校的20名贫困学生捐赠助学金，并鼓励学生们用心学习，将来成为国家的栋梁之材。副主委曾盈为学生们送去百余本抗震救灾知识书籍，和科教光碟，寄托常德民建对学生们健康成长的殷切期望。2010年，会员刘浩常年坚持捐资助学，为贫困学子捐款捐物80000元，并安排5名贫困学子在自己的企业勤工俭学。8月22日，会员彭德强开展“点燃希望”助学活动，向常德市慈善总会捐款20000元。

2012年9月6日，民建企业家会员在常德市“庆祝第28个教师节暨捐资助学大会”上捐款41400元，用于资助特困教师和市直中小学特困学生。会员李刚为桃源县贫困学生捐款10万，会员刘明高作为“关心下一代协会”副会长，每年为贫困学子捐款6—7万，会员孙胜在市教育局资助贫困学活动中捐款8000元。

第五节　扶贫帮困

1990年，会员、市水电局副总工程师任祖淦两次赴汉寿县毛家滩回族维吾尔族乡贫困农户捐款140元。民建常德市委机关工作人员和会员积极为石门灾区捐款捐物，其中，老主委谢海泉和市委委员阳池生各捐款100元。

2001年7月，鼎城支部会员刘传仙了解到周家店镇德桥村七组村民周德华多年患病，家中一贫如洗后，发动支部7位会员捐款500多元。

2002年，6月，民营二支部组织市政协委员向建新、新会员孙胜等为汉寿太子庙乡扶贫点捐款1.3万元。

2003年，会内人大代表、政协委员积极为救灾、扶贫、助学等公益事业捐款38780元，其中市政协委员成汉余、区政协常委陈永强各捐款10000元，龚美华、杨明华共捐款11800元，唐必成、孙胜、李铸等捐款2000—2500元左右。工业支部会员参加各种活动捐款2300元，衣服8件。鼎城支部的会员为救灾、扶贫、助学捐款3600元，衣服40件。

2007年11月中旬，主委杨新辉带队，民建常德市委联合民建武陵区工委开展特困户慰问活动，专程看望武陵区丹洲乡的3户特困户，为他们送去了价值1500余元的衣物、大米、食用油、慰问。

2009年重阳节前夕，民建常德市委联同光荣路社区举办“民建联社区 敬老送光明”活动，现场为百余名老年会员和社区的老同志免费验光配镜，并赠送100余副，价值4000余元的老花镜。11月中旬，民建常德市委和武陵区工委开展扶贫帮困活动，看望由市教委联系的2名孤儿和一位孤寡老人，送去大米、衣被等生活必需品，并将常年资助2名孤儿的学费和老人的生活费。

2009 年 12 月 30 日，民建常德市委组织武陵区工委的会员到武陵区河洑镇开展扶贫助困活动，慰问三星村特困户王明付、柴国保，岩桥村特困对象张小弟、罗金秀，并为他们送去大米、食用油、棉被等慰问品及慰问金。

2010 年 1 月 25 日，组织民营二支部的企业家会员到津市市渡口镇敬老院慰问孤寡老人，并走访数十户贫困家庭及特困户，向他们发放大米、食用油等慰问品和慰问金。重阳节前夕，民建市委到常德市福利院举办“民建敬老送光明”活动，会员刘浩现场为社会福利院的 200 余名孤寡老人、残障老年人验光配镜，免费赠送 200 余副精美实用的老花眼镜，总价值 8000 余元，深受福利院老人们的好评。

2011 年 1 月，秘书长王华带队、民营二支部会员、部分市政协委员到津市市渡口镇，为当地敬老院的孤寡老人和特困对象 95 户送去慰问金、大米、食用油等价值 5 万元的物资，会员彭德强还捐赠 5 万元用于修建人民广场。会员王先华作为津市爱心协会的副会长，于 5 月组织协会成员到聋哑学校为学生捐赠价值 1000 多元的体育器材。

2012 年 1 月 7 日，民建常德市委组织部分政协委员和企业家会员，前往津市市渡口镇开展“扶贫助孤”行动，这是民建会员彭德强连续第 15 次的春节扶贫慰问行动。活动中慰问了 40 位孤寡老人和 65 户贫困户，为他们送去了大米、面条、食用油、水果和慰问金等，总价值 50000 元。2 月 17 日，民建武陵区工委协助举办残疾人就业专场招聘会，31 家单位为残疾人提供 200 余个就业岗位，其中民建会员彭德强的企业常德市展翔通信设备有限公司现场与 2 名残疾人签定就业协议。会员何鸣为身患重病的老会员王一鸣捐款 2000 元。

津市会员傅绍荣 30 年如一日，为孤寡老人捐钱送物，2012 年 1 月为三洲驿、汪家桥的 25 名孤寡老人、残疾人送去 50 袋大米；为柏芝林社区的 5 位特困户送去鱼肉等年货；聘请曲艺团、花鼓艺术团为社会福利院的孤儿、残疾人、孤寡老人和光荣院的伤残荣退老军人表演文艺节目，并在社会福利院食堂办 5 桌团年饭。

第六节　义诊捐药

2006 年助残日（5 月 15 日）前夕，常德民康药号连锁公司董事长、民建鼎城区二支部会员康明，在市工人文化宫开展为残疾人无偿援助公益活动，出资万余元为全市部分残疾人发放药品，免费为残疾人体检。会员高毅是益丰大药房的董事长，他定期组织送医送药下乡、为社区和福利院捐款捐药、救助失学儿童、支持城镇街道改造等捐赠数十万元。

2010年6月—11月，民建津市市委组织会内医务人员开展义诊活动，在三洲驿社区、街道和李家铺双坪村进行三次大型义诊，就诊对象800多人，免费发放药品价值5000余元。

2011年5月，津市民建组织会内医务人员在白衣镇街道进行大型义诊，就诊对象500多人，免费发放药品2000多元。

第七节　服务新农村

2001年3月，鼎城支部全体会员到苍山和钱家坪开展“送温暖、送政策、送技术”活动，给村民送去技术资料、书籍120多本，请农校的副教授进行技术指导，帮助村民解决养羊、养鱼等实际问题。

2006年3月，民建市委开展为农民朋友扶贫捐书活动，机关干部专程到市统战系统扶贫点桃源县陬市镇土地坡村，为农民朋友捐赠价值1000元的图书和扶贫资金1500元。是年，鼎城区的企业家会员积极倡议民营企业采取“一企联一村”、合作开发、产业带动等形式实现共谋利益、共同富裕。4家会员企业筹集资金10000元，到长茅岭乡花园村参与新农村建设办实事活动，整修村级公路5000多米，村部500多平方米，清理沟渠2000多米，修建沼气池12个，支助孤寡老人、贫困户6户、贫困学生2人，吸纳农村劳动力就业60多人。民营二支部会员在得知鼎城区长茅岭乡风子洞村通组公路急需改善的情况后，主动与该村联系捐款3000元用于村组公路硬化。鼎城区一支部组织会员开展“四送下乡”活动，为港二口镇的农民朋友捐赠价值1000多元的农业科普书籍，聘请3名医疗专家为60多名村民义诊，免费发放价值2800元的药品，发放农业技术宣传资料500多份，为学生赠送价值1500元的学习用品，为学校捐赠价值1200元的乒乓球台，为6名贫困学生捐资1200元。鼎城区二支部会员邀请省棉科所的技术专家来到鼎城区周家店镇，现场为近百名农民进行杂交棉优质高产栽培技术培训，为棉农赠送技术资料150余本，为2名贫困学生捐款3000余元。会员向红深入到沅陵、桃源等山区，利用松林资源进行松油采集加工，解决农村劳动力就业，使农民增加收入，深受广大农民群众大力支持与好评。

2007年，民建常德市委开展“机关干部、会员联系企业，企业联系、帮助村组”活动，成立领导小组，主委杨新辉任组长，副主委曾盈、姜政担任副组长，办公室设社会服务处，秘书长王华兼任办公室主任。从机关干部、骨干会员中选派4名会员作为活动责任人。市委专职副主委曾盈、秘书长王华分别联系常德锦鑫纺织有限公司、常德八百里酒业有限公司，帮助企业疏通与相关职能部门的关系，力所能及地为企业排忧解难，热心为会员企业发展服务。会员罗亚海作为全市唯一一名到民营企业外协挂职的民主党派成员，为企业发展做大做强尽心尽力，不仅主持搭建了该企业进行技术创新与高校合作研发的平台，为企业维护稳定市场献策出力，还为企业主持申报省级高新技术企业并获通过。会员企业湖南益丰大药房连锁有限公司为鼎城区黄土店竹巷口村捐款 30 万元用于村道硬化，支持新农村建设。企业家会员刘伟恒、贺胜忠、黄道山致富思源，不忘回报社会，分别为家乡捐款数万元修建乡村公路，投资兴办企业。

2008 年，主委杨新辉联系会员杨善军，定点联系鼎城区兴旺养殖场。从养殖场的成立，到如何把养殖场发展壮大起来，主委杨新辉和会员杨善军积极商量对策，杨善军更是直接给予养殖户指导，帮助养殖户严把质量关、管理关、科学防疫关，并先后为养殖场争取规模养殖场建设资金 40 万元，中央财政奖励资金 18.5 万元，先后协调银信部门支持贷款 50 万元，目前该场已发展成为一家常年存栏母猪 200 多头，年出栏商品肉猪 4000 头的规模养殖场。会员熊晋可投入 50 多万用于引进技术推广开展农村户用太阳能沼气灌的生产项目，采用干发酵技术，利用农村大量的秸秆作为发酵原料，变废为宝，使沼渣成为非常好的有机肥，成为菜地施肥、养鱼等的上好肥料，并积极联系芦山乡祠堂寺村做试点。民建会员、常德云港生物科技有限公司总经理邓家国主动联系鼎城区黑山咀乡四港村，个人捐款 5 万元，公司部门经理积极捐款 3 万多元，联系工业园的企业老板为新农村修路捐款，经多方筹措共计募得善款 30 多万元，最终解决修路的资金缺口，了却当地村民多年来的心愿。

2009 年 7 月，民营二支部的企业家会员了解到茅岭乡枫梓洞村因地势较高，村民用水困难后，再次来到该村，为其修建“饮水工程”捐款 5000 余元用于首期基建。

临澧县杨板乡云林村因地处偏僻，交通不便，经济落后，村民生活贫困。知悉该情况后，2011 年 11 月，民建市委、民营二支部部分会员前往，捐款 20000 元帮助该村村民修筑公路，以改变当地多年来交通不便，经济落后的现状，改善村民贫穷的生活。

第四篇

中国民主促进会常德市委员会

第一章 组织机构

第一节 民进常德市委

1983年7月,中国民主促进会在常德市发展会员,1987年5月21日,常德市教育界最初的18名民进会员举行会议,成立了民进常德市支部委员会,选举常德师范学校语文教研组长、《中师报》总编李文健为支部主任,常德市第一职业中学高级教师黄松屏为副主任。

一、民进常德市委员会筹备委员会

1988年6月4日,在中共常德市委的鼎力支持下,常德市各民主党派在常德芷园宾馆同期召开市委筹备委员会成立大会。常德市51名民进会员推选的20名代表出席大会,民进湖南省委副主委邹声扬、副秘书长彭凯琪到会讲话,宣布民进湖南省委决定:由李文健、黄松屏、徐厚道、詹谷云(女)、郑昌华等5人组成民进常德市委员会筹备委员会,李文健任主任委员、黄松屏任副主任委员。民进常德市委筹委会自1988年6月至1988年11月任职,在筹建第一届民进市委领导班子时,认识到领导班子是组织的主脑,对会务工作的开展至关重要,非常认真地按照自下而上、自上而下的民主集中制原则,慎重地考察推荐第一届市委委员候选人。

二、民进常德市第一届委员会

1988年11月,民进常德市第一届委员会由常德民进第一次代表大会选举产生,由刘振国、李文健、周政上、郑昌华、徐厚道、黄松屏、詹谷云(女)等7人组成,李文健为主任委员,黄松屏为副主任委员。本届委员会自1988年11月至1992年1月任职。

三、民进常德市第二届委员会

1992年1月,民进常德市第二届委员会由常德民进第二次代表大会选举产生,由刘振国、李文健、郑昌华、徐远萍(女)、徐泽鹏、徐厚道、铁明东(女)、黄松屏、詹谷云(女)等9人组成,李文健为主任委员,徐远萍(女)、黄松屏为副主任委员。1996年9月增补万成贞(女)、汪阳、曹卫平3人为委员,任命万成贞(女)为秘书长。本届委员会自1992年1月至1997年2月任职。

四、民进常德市第三届委员会

1997年2月,民进常德市第三届委员会由常德民进第三次代表大会选举产生,由万成贞(女)、石朝关、张力、汪阳、赵淑娥(女)、徐远萍(女)、徐建民、徐泽鹏、莫世锦、郭宜中、铁明东(女)、曹卫平等12人组成,万成贞(女)为主任委员,徐远萍(女)、曹卫平为副主任委员。本届委员会自1997年2月至2001年7月任职。

五、民进常德市第四届委员会

2001年7月,民进常德市第四届委员会由常德民进第四次代表大会选举产生,由万成贞(女)、刘亚兰(女)、向湘粤、张力、徐远萍(女)、徐建民、徐泽鹏、莫世锦、郭宜中、铁明东(女)、曹卫平、童子祥等12人组成,万成贞(女)为主任委员,徐远萍(女)、曹卫平为副主任委员,鄢秉珍(女)为兼职副秘书长。本届委员会自2001年7月——2006年6月任职。

六、民进常德市第五届委员会

2006年6月,民进常德市第五届委员会由常德民进第五次代表大会选举产生,由万成贞(女)、刘亚兰(女)、向湘粤、张力、杨芳(女)、邱涛(女)、徐建民、莫世锦、铁明东(女)、曹卫平、黄阳辉、童子祥、鄢秉珍(女)等13人组成,万成贞(女)为主任委员,张力、曹卫平为副主任委员,邱涛(女)为秘书长。2007年2月增补杨芳(女)为专职副主任委员。

本届委员会 2006 年 6 月——2011 年 4 月任职期间，注意发现能力出色、综合素质突出的骨干会员，将他们纳入会市委委员培养对象，为民进市委的政治交接夯实组织基础，使民进常德市第六次代表大会选出来的第六届市委会，有一大批德才兼备、年富力强的中青年会员进入领导班子，顺利实现了组织上的新老交替和思想上的政治交接。

七、民进常德市第六届委员会

2011 年 4 月，民进常德市第六届委员会由常德民进第六次代表大会选举产生，由文军、孙启军、向湘粤、张力、杨芳（女）、杨子来、邱涛（女）、宋廷菊（女）、何春贞（女）、陈惠敏（女）、段文（女）、施跃龙、铁明东（女）、黄阳辉、鄢秉珍（女）、熊连初等 16 人组成，张力为主任委员，杨芳（女）为专职副主任委员兼秘书长，铁明东（女）、黄阳辉为副主任委员。

表 4－1－1－1　民进常德市委历届领导人任职情况表

组织发展阶段	姓 名	职 务	任职时间	备 注
市支部 委员会	李文健	主任	1987.5－1988.6	省属市级支部
	黄松屏	副主任		
市委筹委会	李文健	主任委员	1988.6－1988.11	
	黄松屏	副主任委员		
市第一届委员会	李文健	主任委员	1988.11－1992.1	
	黄松屏	副主任委员		
市第二届委员会	李文健	主任委员	1992.1－1997.2	
	黄松屏	副主任委员		
	徐远萍	副主任委员		
市第三届委员会	万成贞	主任委员	1997.2－2001.7	
	徐远萍	副主任委员		
	曹卫平	副主任委员		

续表

组织发展阶段	姓名	职务	任职时间	备注
市第四届委员会	万成贞	主任委员	2001.7—2006.6	
	徐远萍	副主任委员		
	曹卫平	副主任委员		
市第五届委员会	万成贞	主任委员	2006.6—2011.4	
	曹卫平	副主任委员	2006.6—2011.4	
	张　力	副主任委员	2006.6—2011.4	
	杨　芳	专职副主任委员	2007.2—2011.4	2007.2 增补
市第六届委员会	张　力	主任委员	2011.4—2016.5	
	杨　芳	专职副主任委员		
	铁明东	副主任委员		
	黄阳辉	副主任委员		

表 4－1－1－2　常德民进会员在民进湖南省委任职情况表

姓名	职务	任职时间
李文健	委员	第二届民进湖南省委员会
		第三届民进湖南省委员会
徐远萍	委员	第三届民进湖南省委员会
		第四届民进湖南省委员会
		第五届民进湖南省委员会
万成贞	常委	第四届民进湖南省委员会
		第五届民进湖南省委员会
		第六届民进湖南省委员会
曹卫平	委员	第四届民进湖南省委员会
		第五届民进湖南省委员会
杨　芳	委员	第六届民进湖南省委员会
		第七届民进湖南省委员会
张　力	委员	第六届民进湖南省委员会
		第七届民进湖南省委员会

第二节　基层组织

民进常德市委员会的基层组织为支部或总支部。2012 年 12 月，有县(区)级支部(总支部)3 个、基层支部 16 个。

一、民进常德师范学校支部

1988 年 6 月 28 日，民进常德师范学校支部率先成立，为常德民进建立的第一个基层组织，支部委员会由会员梁颂诚、谢运珍、吴恒升组成，梁颂诚任支部主任。至 2012 年，先后由梁颂诚、吴恒升、杨少宽等会员担任支部委员会主任，有会员 17 人，其中在职会员 8 人，退休会员 9 人。8 名在职会员中，有 5 人具有高级技术职务，1 人为中层管理干部，2 人为部门负责人。

自成立以来，支部认真执行民进常德市委的决议，在中共学校党委的支持下，坚持抓好自身建设，积极开展活动，团结会员做好本职工作和参政议政工作，形成团结、进取的良好传统。会员们在本职工作中起到表率作用，在学校各项决策中起到参谋作用，在密切干群关系方面起到润滑作用，受到学校党委的欢迎。1995 年民进成立五十周年时，支部在校内出专刊，宣传介绍中国民主促进会的参政党性质、地位和作用，以及民进在各个历史时期为中国革命和建设所做出的贡献，为民进组织扩大社会影响。1997 年组织会员赴慈利山区进行社会调查，了解农村小学教育、教学等方面的情况，征求小学教师对中师教育的意见，并把调查情况反映给常师党委，为学校教改提供第一手材料，得到学校领导的好评。支部多次被民进常德市委评为全市先进支部，1998 年和 2001 年两次被民进湖南省委评为全省先进基层组织，并于 2001 年出席民进湖南省先进基层组织经验交流暨表彰会议。2004 年，会员杨少宽被民进湖南省委评为全省优秀会员。

二、民进常德市第一中学支部

民进常德市第一中学支部成立于 1988 年 9 月 7 日，支部委员会由会员刘振国、吴传鑫、娄顺芝组成，刘振国任支部主任。至 2012 年，先后由刘振国、吴传鑫、莫世锦、郑圣国等会员担任支部委员会主任，有会员 12 人，其中在职会员 6 人，女会员 4 人，高级职称 7 人。

支部会员爱岗敬业，本职工作成绩斐然。1993 年会员刘振国被中国教育学会评为全国优秀语文教师，1994 年参加民进中央组织的第五届全国优秀教师赴京参观活动，受到民进中央主席雷洁琼的接见，1995 年，被民进湖南省委评为全省优秀会员。会员文军的水彩画创作教案《充分体验，尽情表达》获教育部一等奖。会员罗德该主编的校报《铎声》被评为湖南省最优校报。会员宋文辉的论文《论研究性学习走进英语课堂》、《在英语教学中怎样培养学生语感美》分别获得湖南省教科院、湖南省教育学会美学会优秀论文奖。会员郑圣国被评为常德市物理学科带头人。2006 年支部集体撰写的调研报告《关注中小学生睡眠》在《常德日报》上发表，并被收录在《中国教育发展纲要》一书中。

支部努力发挥参政党基层组织的作用，积极为学校工作献计献策。1994 年在学校房改中，支部委员会联合校内其它民主党派，根据学校住房的特点，向校领导建议改造旧房结构，使一部分中级老师的住房拥挤状况得到缓解。在实行五天工作制之初，支部向学校提出有关教师课时津贴的调整建议，得到老师们的欢迎和学校领导的肯定。

三、民进常德市第六中学支部

民进常德市第六中学支部成立于 1988 年 9 月 7 日，支部委员会由会员周政上、铁本知、曾群组成，周政上任支部主任。至 2012 年，先后由周政上、曾群、石朝关、吴远志、杨莉等会员担任支部委员会主任，有会员 15 人，其中在职会员 9 人，女会员 4 人，常德市政协委员 1 人。

支部尊重学校中共党总支的领导，为学校工作献计出力，积极主动配合学校做大量的思想政治工作。苏东巨变时，支部委员会主委周政上向教师和学生作《社会主义代替资本主义是历史的必然》《西方推行“和平演变”的目标和手法》《正确认识我国的进步和差距》等专题讲座，增强师生对社会主义制度的认识，反映很好。1997 年支部委员会组织全体会员进行学生思想品德调查和学生视力调查，写出调查报告交给学校，引起学校领导的高度重视。市六中支部还在会员思想建设、政党意识宣传和发挥社会作用方面做了大量工作。1988 年秋汛期间，支部在学校首发倡仪，带头为灾区人民献钱献粮。1992 年国庆期间，组织全体会员参观花岩溪旅游开发区。1995 年庆祝民进成立五十周年时，在校内出专刊，介绍中国民主促进会的性质、地位和作用，以及民进在中国的各个历史时期，为革命和建设所做出的贡献，产生很好的宣传效果。

四、民进湖南文理学院支部

1988 年 10 月 8 日，民进常德师范专科学校支部成立。随着学校名称的变更，1999 年 7 月更名为民进常德师范学院支部，2004 年 11 月再次更名为民进湖南文理学院支部。至 2012 年，先后由徐厚道、梁颂诚、宋廷菊等会员担任支部委员会主任，有会员 12 人，均为在职会员，其中教授 3 人，副教授 4 人，讲师 3 人，助教 1 人；博士后 1 人，硕士 3 人；常德市人大常委会委员 1 人、政协常德市委员会委员 1 人。

支部自成立以来，全面加强自身建设，认真履行参政党职能，围绕党政中心和人民群众关注的热点、难点和焦点问题开展调研视察，利用人大、政协平台，共提交提案、议案 60 多件，围绕学院的建设和发展向院党委提出 10 多条合理化意见和建议，不少建议得到采纳。1988 年支部会员写出关于实行“五・四制”九年义务教育的提案。1992 年支部就学校的思想政治、教学、后勤、行政管理等工作向学校党委提出许多很好的意见和建议。1997 年支部对学校精神文明建设、教学教改、中层班子调整等方面提出建设性的意见，得到校党委的充分肯定。会员徐厚道对学校工作应把教师放在首位、曹卫平对学校如何增强师资力量、梁颂成对学校的精神文明建设工作等都提出一些切实可行的意见。1998 年担任民进常德市委副主委、常德市人大常委会委员的支部会员曹卫平领衔提出的《恳请进一步促进常德师专“专升本”》的建议案，得到中共常德市委、市政府的高度重视，并列入当年中共常德市委、市政府四大工作重点之一，写入了政府工作报告。1999 年学校由原常德师范专科学校成功升格为常德师范学院。支部还积极开展社会服务，由会员徐厚道主持开展心理咨询，扩大了民进组织的影响。2009 年支部委员张曦微、汪苏娥深入桃源农村针对农村养老和农村经济发展开展调研，撰写了调研报告。2004 年和 2010 年，支部先后两次被民进湖南省委评为全省先进基层组织。支部会员中先后有 4 人被评为优秀会员，会员梁颂诚多次被常德市政协评为优秀政协委员。

五、民进常德师范附属小学支部

民进常德师范附属小学支部成立于 1988 年 10 月 8 日。1991 年 11 月 22 日，民进常德市北站小学支部由原民进常德市小教支部拆分出来，2004 年 4 月 24 日撤销，会员编入民进常德师范附属小学支部。至 2012 年，先后由李丽华、熊培德、王延秀、陈辉等会员担任支部委员会主任，有会员 18 人，其中在职会员 8 人，市级学科带头人 1 人，湖南省特级教师 1 人。支部会员立足本职，为学校发展做出了一定的贡献。近年来，由支部会员参与研究和开发的国家、省、市级教研课题 5 项，4 人次获得省级赛课一等奖。会员陈辉《立足课堂培养小学生创新精神》荣获湖南省首届基础教育教学成果二等奖，参与“我为附小发展谏言”活动，所提建议被学校采纳。会员沈昌辽的课题《适应课改，创新课堂》荣获湖南省科研课题成果一等奖。会员刘雪君主持研究的《提高教师开发与利用课程资源能力》课题成果、创新教育课堂教学《富饶的西沙群岛》均获省级一等奖。1988 年至 1992 年支部开展学前班教育，解决了当地学龄前儿童入学难的问题，受到群众欢迎。

六、民进常德市第七中学支部

民进常德市第七中学支部成立于 1988 年 10 月 27 日，支部委员会由会员江赛松、马思义、郭宜中组成，江赛松任支部主任。民进常德市第五中学支部同期成立，支部委员会由会员梁兆芬、钟质洁、黄爱富组成，梁兆芬任支部主任。2008 年 5 月市五中支部撤销，会员编入民进常德市第七中学支部。至 2012 年，先后由江赛松、郭宜中、张献海、孙启军等会员担任支部委员会主任，有会员 28 人，其中在职会员 13 人。支部在会员中，先后培养出一名校级领导干部、两名中层行政干部，郑昌华、郭宜中先后担任民进常德市委委员，郑昌华、郭宜中、孙启军先后担任常德市政协委员。

会员素质好、热情高，组织发展稳定，会务活动富有特色，岗位工作卓有成效。支部对党的多党合作制的认识充分，与学校党组织密切合作，在基层充分发挥了参政议政的作用。1987 年，支部会员郑昌华率先创办的美术课外活动小组 13 人参加高考，11 人专业合格，8 人被高校录取。他随后提出了关于如何保持七中美术特色的建议，得到学校领导认可，并继续负责后续美术班的重任，为市七中走上特色办学之路起了先驱作用。此后，学校艺术特色班长期交给民进支部的会员掌管，会员江赛松、傅自强、胡玉春、孙启军等一脉相承，为学校艺术特色的做大做强作出了关键性的贡献。1992 年会员郭宜中的《学校改革的几点建议》引起学校领导的重视，许多意见被纳入学校的总体改革计划。会员李庆才担任学校中层骨干，直接参与学校管理，他提出的关于“基建工程质量管理”的建议被学校采纳。会员张献海长期做学校工会工作，为学校工会获得“湖南省模范职工之家”、“常德市模范职工之家”、“常德市芙蓉标兵岗”等一系列荣誉做了大量繁重的工作。20 多年来，支部先后十余次被评为全市先进支部；1992 年、1995 年、2010 年，先后三次被民进湖南省委评为全省先进基层组织并出席民进湖南省先代会。2005 年和 2010 年，会员张献海两次被民进湖南省委评为全省优秀会员。2002 年，会员郭宜中被民进中央评为全国优秀会员并赴京参加全国先进代表会议。

七、民进常德工业学校支部

1989 年 1 月民进常德市第三职业中学支部成立。因学校名称变更，1995 年 11 月更名为民进常德市食品职业中专支部，1999 年 7 月再次更名为民进常德市工业学校支部。至 2012 年，先后由揭育政、舒仁华、陈振斌、粟少真、王侃梅等会员担任支部委员会主任，有会员 14 人，其中在职 7 人，高级讲师 9 人，骨干教师 11 人，教辅人员 2 人，校级领导 1 人。

支部自成立以来，在民进常德市委和学校中共党委的领导下，积极开展支部活动，鼓励会员心系学校，情牵学生，不断提高业务水平。会员罗丽华担任常德市职教联组政治组组长十多年，撰写的论文《中国入世后提高对外开放水平的思考》《论攻克"绿色贸易壁垒"的环境保护对策》《简论亚当·斯密的"经济人"假定》分别在《湖南社会科学》《湖南省政法管理干部学院学报》、《常德师范学院学报·社会科学版》等刊物发表。会员王侃梅撰写的论文《让哲学课生动起来》《巧用古典文学名著讲授马克思主义哲学的好处》《中专生上网现象中的不良倾向初探》先后获湖南省学科论文一、二等奖，并在《中外教学研究》上刊载。会员喻元香撰写的论文《淀粉树脂的分析和提取》被《中外教学研究》刊用。会员李林蔚参与校本教材研究，参编的《英语口语校本实验教材》已开始使用。2010 年，支部被民进湖南省委评为全省先进基层组织。

八、民进常德市第三中学支部

1989 年 4 月 3 日，民进常德供销学校支部成立，支部委员会主任为夏笠芹。因学校名称变更，1999 年 7 月更名为民进常德市信息工程学校支部。因学校合并，2005 年 2 月与民进常德市第三中学会员小组合组为民进常德市第三中学支部。市三中会员小组组长为会员邱佑雨。合组后有会员 16 人，其中在职会员 7 人，会员潘孝凤任支部委员会主任。

支部在民进常德市委和中共市三中党委的领导下，鼓励会员在本职工作岗位上努力建功立业作贡献，同时认真履行民进基层组织的参政议政职责。2009 年支部先后组织会员前往石门五中、临澧官亭和汉寿湿地公园实地调研，所撰写的调研报告得到学校的高度重视。会员徐远萍曾连续三届担任民进常德市委会副主委，历任湖南省政协委员、常德市政协委员、常德市政协常委。会员潘孝凤主持国家级教研课题《全效性学习方案》研究，取得了突破性进展和阶段性成果。

九、民进常德市工农小学支部

民进常德市工农小学支部成立于1989年4月，2007年3月29日民进常德市武陵区总支部委员会成立后，成为其下属支部。至2012年，先后由刘松柏、徐建民、刘一夫等会员担任支部委员会主任，有会员15人，其中在职会员5人，全部为小学高级教师。

支部委员会团结全体会员，立足本职工作，活跃会务活动，积极参政议政，是常德民进基层组织的一面红旗。支部与学校行政领导和中共党组织密切合作，为学校工作的开展做出积极的贡献。1993年在民进支部的建议下，学校订立公物保管、损坏赔偿制度，杜绝人为损坏，节省大量维修开支。1995年，支部邀请学校中共党支部、校长、工会主席、共青团支部和老师代表，参加民进建会五十周年庆祝活动，使学校领导和群众增进对民进组织的了解。支部会员积极参与学校管理，很好的发挥助手和参谋的作用。对于原预算要8万元修建的学校食堂，他们通过对预算方案的审核和对建材市场的调查，提出合理建议，结果只用了3万元，节省资金5万元。2009年在学校布局改造过程中，支部委员会积极建言献策，提出8条建议，大部分被学校采纳。2008年，会员刘一夫参加常德市直统战系统"立足本职，我为富民强省作贡献"演讲比赛，荣获二等奖。会员刘松柏、肖奎香曾分别担任武陵区政协委员和人大代表。会员徐建民曾被联校聘为"师德师风监督员"，曾任民进常德市委委员、常德市政协委员、武陵区政协委员。支部连续11年被民进常德市委评为全市先进支部，1998年、2004年被民进湖南省委评为全省先进基层组织，1998年在民进湖南省委先进基层组织表彰大会上，支部委员会主任徐建民作典型发言。2003年，支部被常德市委统战部评为"双十佳"民主党派先进基层组织。

十、民进常德市育才小学支部

民进常德市育才小学支部于1991年11月22日由原民进常德市小教支部拆分成立，2007年3月29日民进常德市武陵区总支部委员会成立后，成为其下属支部。至2012年，先后由李学福、徐丽萍、沈善霞、徐厚珍等会员担任支部委员会主任，有会员13人，其中在职会员8人，女会员10人，所有会员均有小学高级职称。

支部自成立以来，在民进市委和中共学校党支部的领导下，狠抓思想建设，提高整体素质，先后向常德市和武陵区两级政协及有关职能部门提出提案和建议10多条。1997年，支部会员对本校私设小钱柜和校办企业收入使用不当等问题向纪检部门反映，使责任人受到查处，为学校挽回了经济损失。2009年支部委员会为了学生的身心发展，向学校提出"取缔学校小卖部"的建议，得到学校采纳，学校的卫生环境大有改善。支部会员都是学校教学能手，均多次获得武陵区先进工作者的光荣称号。会员罗冬福曾获湖南省教育学会颁发的优秀辅导老师奖和武陵区优秀班主任光荣称号；会员莫秀娥曾获武陵区最受学生欢迎老师奖；会员徐厚珍曾获第三届中华全国校园文学大赛评委会颁发的优秀指导奖，所撰写的论文《劳动教学方法浅谈》获市三等奖；会员李学福曾获武陵区师德标兵，所带学校男女排球队在武陵区排球比赛中荣获双冠；会员徐丽萍曾多次被评为武陵区优秀班主任，撰写的论文《面对婚姻失败后的反思》在全市职业女性大论坛征文活动中荣获三等奖；会员张代云多次被评为武陵区优秀班主任。

十一、民进常德汽车机电学校支部

1993 年 10 月 17 日，民进常德市轻化职业中专支部成立，因学校名称变更，2005 年 6 月更名为民进常德市职业中专支部，2008 年 6 月再次更名为民进常德汽车机电学校支部。至 2012 年，先后由印国光、宣汉英、童子祥、方青林等会员担任支部委员会主任，有会员 7 人，其中，在职会员 2 人。

支部在民进常德市委的领导下，鼓励会员围绕学校发展，努力做好本职工作，积极参政议政。原支部委员会主任童子祥曾任民进常德市委委员、常德市政协委员，在参政议政和会务工作中表现突出，被常德市政协评为优秀政协委员，被民进湖南省委评为全省优秀会员。会员印国光曾任常德市政协委员，就学校环境问题写出提案，常德市政府责成有关部门在学校门前铺设了水泥路，受到全校师生的称赞。支部委员会主任方青林被湖南省教育厅确定为省级专业学科带头人培养对象。会员余国荣兢兢业业完成本职工作，负责学校食堂食品的采购，为学校获得常德市 A 级食品单位作出贡献。

十二、民进桃源县支部

常德民进第一个县级基层支部——民进桃源县支部成立于 1996 年 6 月 12 日。至 2012 年，先后由汪阳、刘亚兰任支部委员会主任，有会员 16 人，其中在职会员 9 人，常德市政协委员 2 人，桃源县政协委员 3 人，桃源县政协常委会委员 1 人。

桃源县支部是一个县级支部，他们在民进常德市委和中共桃源县委的领导下，根据自己的特点，积极发挥参政党作用，在参政议政、调研视察、社会服务等方面做出很好的成绩。支部围绕广大群众关注的热点、焦点问题，深入调研、提出提案。2003 年提出的《县城“慢慢游”取缔刻不容缓》被桃源县政协列为重点提案办理，并被评为年度优秀提案，县城“慢慢游”取缔工作当年就顺利完成。2001 年，会员李光前通过深入基层调查研究，对桃源县城城市规划提出多项合理化建议，得到中共桃源县委充分肯定。会员段文创办的“博爱幼儿园”深受社会好评，被确定为民进常德市委的幼儿教育基地。支部每年都从相当紧缺的活动经费中抽出上千元资助几名特困学生。会员肖鹏举在艰苦创业获得事业成功的同时，热心公益事业，先后捐资新农村建设，资助困难群众和10余名贫困学生，共计10余万元，在当地产生积极的社会影响。

支部委员会第一任主任汪阳曾任桃源县政协第九届委员会副主席、桃源县工商联会长。支部委员会现任主任刘亚兰担任桃源县政协常委、桃源县教育局副局长。支部先后于1998年、2002年被民进常德市委评为全市先进支部，6名会员先后被评为全市优秀会员。2005年被民进湖南省委评为全省先进基层组织。2004年被民进中央评为全国先进基层组织，支部委员会主委刘亚兰赴京参加“民进全国基层组织建设工作暨先进基层组织表彰大会”。

十三、民进常德市经济开发区支部

1999年3月5日，民进常德市乾明小学支部成立，会员杜惠萍当选为支部委员会主任。2008年6月，根据民进常德市委决定，更名为民进常德市德山开发区支部，其后定名为民进常德市经济开发区支部。至2012年，先后由杜惠萍、唐润任支部委员会主任，有会员10人，其中在职会员7人，小教高级职称8人，中教高级职称1人。

支部自成立以来，牢记宗旨，不忘使命，注重自身建设，积极组织支部活动，是一个很活跃的基层组织。会员张德智是市级先进工作者，会员戴美宏是常德市优秀教师，会员杨秋梅是省级优秀美术辅导员，会员杜惠萍曾获“国家奥林匹克数学二级辅导员”称号。支部委员会组织会员积极开展社会服务，远赴石门县服务农村，开展送教下乡活动，充分展示了民进组织的风采。2008年5月，支部筹措资金，为养殖专业户肢残青年孔祥志捐赠资金2000元。支部先后有唐润等五名会员被民进常德市委评为全市优秀会员。2007年支部被民进常德市委评为全市先进支部。2010年被民进湖南省委评为全省先进基层组织。

十四、民进常德市东升小学支部

1991年11月22日，民进常德市滨湖小学支部由原民进常德市小教支部拆分成立。1999年7月5日，民进常德市东升小学支部委员会成立。2004年4月24日，民进常德市滨湖小学支部撤销，会员编入民进常德市东升小学支部。2007年3月29日，民进常德市武陵区总支部委员会成立后，民进常德市东升小学支部成为民进常德市武陵区总支部的下属支部。至2012年，先后由裴芳、李雪云、谭蓉担任支部委员会主任，有会员12人，全为小学高级教师。其中在职会员5人，中师学历6人，大专及以上学历3人，校级领导1人。

支部在民进常德市委和中共学校党支部的领导下，积极开展岗位建功活动，先后有5名会员被评为武陵区优秀班主任、师德标兵、十佳园丁。会员谭蓉的作品《"精彩极了"和"糟糕透了"》获全国义务教育语文教学设计竞赛二等奖。会员裴芳荣获"湖南省优秀少先队中队辅导员"称号。会员赵传珍的论文《语文教学在多媒体中的运用》荣获常德市一等奖。会员梅元珍等4人先后被民进常德市委评为全市优秀会员。

十五、民进常德市南坪支部

1989年2月民进常德市农业银行信用合作中专支部成立，2005年4月8日与民进常德市南坪会员小组合并，成立民进常德市南坪支部，会员彭佩枝任支部委员会主任。2007年3月29日，民进常德市武陵区总支部委员会成立后，民进常德市南坪支部成为其下属支部。至2012年，有会员19人，其中在职10人，大学学历10人，中学高级教师1人。

支部自成立以来，在民进常德市委和中共学校党支部的正确领导下，积极在基层发挥参政党作用，围绕学校的建设和发展建言献策，共向学校提出合理化建议10多条。1997年农行中专的会员在反腐倡廉中，大胆揭发贪污腐败现象，为农行中专挽回经济损失10多万元。全体会员立足本职，爱岗奉献，成绩沛然。会员彭佩枝两次荣获"全国初中化学素质和实验能力竞赛"优秀指导教师奖，撰写的论文《在化学教学中培养学生的环保意识》发表在《现代教育报·教师周刊》第86期。会员于志娟执教的《小巷深处》获2006年常德市中学语文教师赛课活动一等奖。会员赵光华荣获"常德市教育学会中学外语专业委员会第三届学术会暨常德市新课程中学英语学习方式变革优质课展评"一等奖。会员张玉秀被民进常德市委评为全市优秀会员。会员彭佩枝被民进湖南省委评为全省优秀会员。支部先后两次被民进常德市委评为全市先进支部。

十六、民进常德市直属支部

民进常德市直属支部委员会成立于2007年2月2日，会员黄阳辉任支部委员会主任。2012年，有会员30人，其中在职会员28人。会员中有民进常德市委委员5人；湖南省人大代表1人，常德市政协常委会委员2人，常德市政协委员6人；任政府实职1人；副处级以上职务5人。支部自成立以来，始终牢记参政党的宗旨，以参政议政为己任，积极履行职能、主动建言献策、开展民主监督。选取中共常德市委、市政府重视、常德民进组织有条件研究的课题，积极主动地组织调研、提出建议，产生了良好的社会影响。《关于做好我市食品卫生安全工作的几点建议》被评为常德市政协2006年度优秀调研文稿，《积极培育上市公司，努力拓展融资渠道》得到常德市长卿渐伟的亲笔批示，均产生了很好的效果。

十七、民进常德市武陵区总支部

民进常德市武陵区总支部成立于2007年3月29日，下辖育才小学支部、东升小学支部、南坪支部、工农小学支部等4个支部，总支部委员会主任施跃龙。会员由教育、经济、文化、政府等界别的人士组成，以教育界人士为主。至2012年，有会员71人，其中在职会员36人。会员中有湖南省人大代表1人，常德市政协委员2人，武陵区政协副主席1人，武陵区政协委员4人。

总支自成立以来，发挥了强劲的合力作用，在调查研究、建言献策方面取得更大的成绩，提出了许多有价值的调研报告、提案议案。2011年提交的《武陵区群众文化发展的现状及思考》、《加快武陵区学校文化建设步伐》等调研报告，得到中共武陵区委、区政府的高度重视。2010年，武陵区总支被民进中央评为全国先进基层组织。

十八、民进常德市鼎城区支部

民进常德市鼎城区支部2008年下半年开始筹建，2008年8月18日成立筹备小组，2009年3月17日正式成立，会员杨子来任支部委员会主任。至2012年，有会员12人，男会员5人，女会员7人，年龄均在50岁以下，学历均在大专以上。会员中有鼎城区十三届人大代表1人；政协鼎城区七届委员会常委1人、委员1人，八届委员会委员2人，会员蒋利荣当选为政协鼎城区委员会副主席。

支部从成立开始，就认真进行会员的思想建设，组织会员参观革命圣地井岗山、韶山，接受革命传统教育；考察江南新城建设现状与发展，感受改革开放的辉煌成果。支部会员立足本职，以出色的工作为组织争光。会员伍秋华不辞劳苦，经常下乡。会员潘云芳为争取鼎城区图书馆的改造资金，十多次到省里、市里奔波，经过她的努力，上级拨来专项资金，把图书馆改造成城市建设的亮点和市民阅读的书房。支部会员积极参政议政、建言献策，先后撰写调研报告3篇，上报社情民意信息35篇，为市、区政府的正确决策提供了有价值的参考资料。其中《拆除江南防洪土堤建混凝土防洪墙的方案》，得到有关部门的积极支持。一名会员作为优秀党外干部代表，在鼎城区党外干部座谈会上发言，深得中共鼎城区委、区政府领导的好评。支部还组织会员进社区、下农村开展帮扶活动。几年来，会员捐款4800元，资助特困人员11人；捐款1200元，帮助贵州省金沙县砂场乡贫困学生；捐款2000元，慰问许家桥乡特困老人；募捐4100元，支援汶川地震灾区。

十九、民进常德芷兰实验学校支部

民进常德芷兰实验学校支部成立于2011年12月21日，有会员7人，支部委员会主任为会员毛卫东。

支部在民进市委和中共学校党委的正确领导下，坚持中国特色社会主义理论体系，贯彻落实科学发展观，立足本职，建功立业，紧紧围绕建设教育强市和学校的健康发展，深入调研建言献策，取得可喜成绩，得到中共学校党委的充分肯定，树立民进会员的良好形象。

第二章 组织建设

第一节 会员发展

民进常德市委吸收了一批有见识、有能力、有作为的知识分子，他们用自己在本职工作上的骄人业绩和会务工作上的丰硕成果为民进组织作贡献。教师会员热爱教育事业，投身不断发展的教育教学改革，以与时俱进的工作状态、默默无闻的奉献精神、平凡而又不可或缺的教学成果，教书育人，展现出令人尊敬的师表风范；政府部门会员把个人的成长与常德民进的发展结合起来，忠于职守、勤政爱民、廉洁奉公；企业界会员艰苦创业，遵纪守法，热心公益，显示了新社会阶层的蓬勃朝气。会内人大代表、政协委员，牢记“立会为公，参政为民”的宗旨，服务大局，关注民生，注重调查，积极建言，积极承担起参政议政、民主监督的政治和社会责任，充分展示常德民进不断提高的政党素质。

民进常德市委是从教育界开始发展的，一开始就把会员素质放在重要位置，发展对象都是具有中高级职称的大中小学教师。

1983 年 7 月，经省政协副主席、民进湖南省委员会主委陈孝禅亲自介绍，常德师范学校教育心理学讲师徐厚道加入中国民主促进会，成为常德第一位民进会员。在徐厚道的带动和影响下，中师教师李文健、中职教师黄松屏、中学教师郑昌华、小学教师詹谷云等陆续加入。徐厚道在理论心理学、普通心理学和教育心理学上的学术探讨，使他日后成为了湖南省教育心理学的柱石，全国有名的心理学教授。被选为常德民进第一位主委的李文健，是全国中师界有影响的刊物《中师报》的主编，最早的几位会员黄松屏、郑昌华、詹谷云都是有建树的高级教师。

此后民进的组织发展即以常师为基础，向常德市城区中小学逐步扩展铺开，至 1987 年民进常德市支部成立，会员已有 18 人，都是中专和中小学教师。

支部成立以后，组织发展迅速，会员人数不断增加。1988 年 6 月，会员人数已达 51 人，即开始筹组市级委员会。民进常德市委筹委会认真积极地抓好发展会员的工作，在全市教育、文化、新闻等界别的 22 个单位发展会员，至 1988 年民进常德市第一次代表大会召开时，会员总数达到 76 人，具有中、高级职称的会员占 80%。很多会员分别是语文教学研究会、心理学会、统战理论研究会、教育学会、科普创作协会、美术学会、文联、书协、曲协等省市学术组织的成员，有的担任理事或正、副理事长。76 名会员中，获得先进工作者、优秀教师、优秀班主任、优秀辅导员、优秀共产党员、政治思想工作先进个人、两个文明建设先进个人、三八红旗手、新长征突击手等荣誉称号的有 40 余人，有的还被评为市、区、战线立功人员。很多会员取得丰硕的专业成果，有的著书立说，出有专著；有的在全国、省、地刊物上发表了作品；有的本人或指导学生在全国性的竞赛活动中取得名次、获得奖励；有的教学改革效果显著，被制成录相在各地推广；有的被邀请到外地讲学。

民进第一届市委任职期间，在发展会员时，积极物色和发展高层次人才来改善后备干部队伍的人才结构和知识结构，对申请入会的发展对象认真培养、严格考察，吸收一批有见识、有能力、有作为的知识分子。至 1992 年召开民进常德市第二次代表大会时，会员总数 146 人，平均年龄 44 岁，具有中、高级职称的会员占 63%，不少会员担任各种学会的正、副理事长或者理事。

民进第二届市委注意保持组织旺盛的生命力，放开视野，积极吸纳不同领域的高素质人才入会。1994 年，桃源县总商会主任汪阳入会。1996 年，常德市审计局副局长万成贞入会。至 1997 年召开民进常德市第三次代表大会时，会员总数 205 人，其中，在市属桃源县发展 7 名会员。会员中具有中、高级职称的占 65%，有很多是各学术组织的副主席、正副理事长、秘书长等骨干成员，大都有所建树。荣获市、区、县先进工作者、优秀教师、优秀班主任、优秀辅导员、工会先进工作者等各级光荣称号的会员达 180 多人次。

民进第三届市委成立后，在会员发展上，逐渐形成个人自愿申请、基层组织初步筛选推荐、主委会初定对象、集中考察的规范程序。民进常德市委坚持主委共同参与组织考察、集体听取考察意见、集体讨论决定会员发展，严把入口关，组织进入稳步发展阶段，会员界别逐步拓展，会员结构不断改善，所联系的群众更为广泛。至 2001 年召开民进常德市第四次代表大会时，共有会员 226 人，平均年龄 47 岁，具有中、高级职称的会员占 64%。其中女会员 120 人，占会员总数 53%。荣获各级光荣称号的会员达 190 多人次，有市、区、县先进工作者；有各级优秀教师、优秀班主任；有政协先进工作者、优秀共产党员和工会先进工作者；还有市、区、县立功受奖人员。本届发展新会员 20 人，全部是中高级知识分子，其中有博士 1 人、硕士 1 人、高级工程师 1 人、政府科级干部 2 人。

民进第四届市委任职期间，共吸收新会员 15 人，教育界别 9 人，新社会阶层 1 人，政府界5人，会员界别构成进一步优化。至2006年召开民进常德市第五次代表大会时，会员总数253人，具有中、高级职称的会员占84%。全市183名在职会员，共有11人次获国家级奖励，35人次获省级奖励，70人次获市级奖励，667篇论文在各级各类刊物上发表。

民进第五届市委任职期间，常德市城区原有支部的会员增加，区县会员有所发展，会员界别继续向教育、文化界以外扩展。5年间，共发展会员53人，教育界59.3%，文艺出版界3.7%，政府机关界27.8 %，新的社会阶层5.6%，结构改善和质量提高的步伐明显加快。

2011年召开民进常德市第六次代表大会时，会员总数299人，平均年龄49岁，其中在职会员185人。会员中教育界占79.9%，文化艺术界占1%，政府机关界占10.4%，新的社会阶层占3.7%，其它占5%，具有大学以上文化的会员占94.1%，具有中、高级职称的会员占84.3%，9名会员担任行政事业单位副处级以上领导职务。本届发展的53名新会员中，大学以上文化40人，中高级职称37人，副科级以上及单位中层管理干部21人。

民进第六届市委继续创新吸收会员程序，在实施“百名优才入会工程”中，对入会考察对象进行公示，接受对象所在单位和社会的广泛监督，确保了组织发展的严肃性、规范性和程序性。

第二节　基层组织建设

民进常德市委认识到：基层组织建设是民进组织建设工作的重中之重，基层组织是调动和发挥广大会员参政议政、民主监督积极性的前沿阵地，它的组织管理状况直接关系到民进组织在参政议政、民主监督工作中所起作用的大小。因此，民进常德市委从一开始就高度重视基层组织建设，坚持把基层组织建设放在核心位置。

1988年11月之前，民进常德在建立市委会的筹备期，组建8个基层支部。此时对建立健全基层组织，还处于感性认识阶段，对基层支部的管理侧重于组织活动、增强活力、提高知名度。

民进常德市第一届市委任职期间，进一步认识到基层支部组织建设工作的重要性，根据民进中央、民进湖南省委的工作要求，克服种种困难，努力把基层组织建设作为工作的重点来抓。

民进常德市第二届市委会任职期间，更加加强基层支部的建设，采取措施建立健全了各个支部领导班子，力争使其成为工作热情高、凝聚力强、有责任心的领导集体。此期间增设了2个基层支部，其中一个是县级支部。

民进常德市第三届市委任职期间，1998 年 11 月，民进常德市委派出副主委曹卫平带队，和被评为民进湖南省先进基层组织的代表，赴岳阳参加民进湖南省委“组织工作及基层组织建设经验交流暨表彰会”，工农小学支部委员会主任徐建民作典型发言。1999 年民进市委向各支部、会员小组转发了民进中央的《基层组织工作暂行条例》，要求各基层组织认真组织学习，制定规章制度，采取有效措施，搞好基层工作。该年支部调整换届时，市委委员下到基层，细心指导各个支部，把一批年富力强，热心会务工作的同志选为支部的负责人。各基层支部的工作更有成效，发挥参政党基层组织的作用，涌现出不少先进基层支部。

第四届民进市委任职期间，根据会员分布的变动和中专、中职学校的变化，撤并、调整和完善支部设置，使基层支部的设置更加合理，活力进一步增强。民进常德市委认真落实民进中央和民进省委的决议和工作部署，加强对基层支部组织建设工作的指导，初步形成全市民进组织人气旺、亮点多、一盘棋的良好局面。民进桃源县支部因骨干力量强，使各方面工作做得突出，被评为全国先进基层组织，支部委员会主任刘亚兰于 2004 年 10 月 15 日赴京参加“民进全国基层组织建设工作暨先进基层组织表彰大会”。

2004 年 10 月 15 日，民进桃源县支部委员会主任刘亚兰（左五）参加了“民进全国基层组织建设工作暨先进基层组织表彰大会”

第五届民进常德市委任职期间，相继成立市直属支部、芷兰学校支部、和两个县（区）级支部——鼎城区支部、武陵区总支。在新支部的筹建和基层支部换届中，民进市委高度重视支部委员会成员的选拔，努力使那些政治素质好，业务能力强，有良好群众基础，有会务工作热忱的年富力强同志充实基层委员会，使基层班子的知识结构和年龄结构有了较大改善。

2007 年 12 月，民进常德市委举办民进常德市基层组织建设经验交流会。会后，民进市委根据民进中央、民进省委的统一部署和安排，组织开展“以学习强素质，以制度促规范，以活动增活力”为导向的基层组织建设年活动，先进支部的工作经验得到推广，有力地推动常德民进基层支部建设的健康快速发展。

2008 年是常德民进基层组织换届年，民进市委把换届工作作为焕发支部活力的重要契机，周密部署、严格程序、全面考察各支部委员会人选。5 月—6 月，16 个基层支部先后召开换届选举大会，选举产生新一届支部委员会。一大批政治素质好、业务能力强、社会反映好的中青年会员进入基层支部的领导班子，顺利完成基层组织的新老交替。各基层支部的风貌为之一新，整体素质明显提高，对会员的感召力和凝聚力显著增强，为民进市委工作的全面进步打下良好的基础。

2009 年，为加快基层组织建设，民进常德市委进一步修订和完善《基层组织管理办法》《支部考评细则》《市委委员联系基层支部制度》，下发基层组织工作手册，有效增强了对支部工作的指导性。通过对基层支部工作过程和结果的考核，进一步加强对支部工作的督导，促进支部工作的制度化、规范化、程序化，基层组织建设得到全面强化，活力显著增强。各基层支部在自身建设中主动作为，及时汇报工作，争取工作支持，认真完成民进市委布置的各项工作任务，形成你追我赶、积极向上、奋勇争先的良好局面。

为帮助基层组织开展工作，民进常德市委把加强基层组织的阵地建设作为一项重要工作，主动与各支部所在单位的中共基层党组织联系，争取他们对民进基层支部工作的重视与支持，经过一年的努力，取得满意的效果。工业学校支部积极争取学校党委的支持，彻底改变支部工作的落后面貌，为基层组织的阵地建设提供可资借鉴的经验。2009 年 12 月 3 日，民进市委召开基层组织阵地建设经验交流会，重点推介工业学校支部的经验。不久，就有 3 个基层组织建成专门的会员活动室，支部阵地建设初见成效。

根据《中国民主促进会章程》，从 1988 年民进常德市委成立到 2012 年，民进常德市委分别在 1991 年、1995 年、1999 年、2004 年、2008 年组织了 5 次支部换届，支部负责人逐步年轻化。一批政治素质好、参政议政能力强、热爱会组织的中青年知识分子担任了基层组织负责人。经过 20 余年的建设和发展，常德民进基层组织日趋健全、活力不断增强、社会影响逐步扩大。

第三节　市委机关建设

民进常德市委员会的常设办事机构是民进常德市委机关，由专职副主委主持机关日常工作。机关为体现领导班子意图、完成本届委员会的任务和协调各界各方的关系承担着繁重的工作，是民进组织整个工作运转的枢纽。因此，机关建设是组织建设中的重要一环，是使常德民进的整个会务工作保持正常运转的关键，是提高常德民进市委履行职责能力、参政议政能力的重要保证。

1988 年—1992 年，常德民进第一届市委履职的三年时间，组织处在初创时期，因为职数问题，市委会没有设专职副主委，市委机关也没有设秘书长，仅有两位专干，且都没有民主党派机关工作的经验。为加强机关建设，主委李文健和部分市委委员利用到广州、深圳出差的机会，顺道访问广州、深圳的民进市委机关，向他们学习开展会务工作的经验。同时，市委还组织机关专干参观学习、参加培训，提高机关专干的政治业务素质。

1992年—1997年，常德民进第二届市委工作非常热情、努力，机关专干也很勤奋，但专职副主委和秘书长的职数问题尚未解决，致使机关工作不在最佳状态，民进市委的整个工作都受到一定程度的影响。直到1996年，才设一位兼职秘书长。

1997年—2001年，常德民进第三届市委为抓好机关建设做了大量工作。选派机关专干到省、市社会主义学院参加培训，到长沙、湘潭、岳阳等兄弟市委机关参观学习，提高机关专干的理论水平和业务能力。先后制定岗位目标管理考评量化指标等各项规章制度，全面具体地规范机关建设，使机关工作大有起色。

由于多方面原因，机关的主管领导专职副主委一职一直未能设立，这对整个民进常德市委的工作是一个重大的牵制。经过民进常德市委主委万成贞的不懈争取和民进湖南省委领导的高度关注，争取中共常德市委的关心与支持，专职副主委和专职秘书长的编制和职数得到了原则上的解决。

2001年—2006年，常德民进第四届市委在专职副主委设立到位之前，由主委万成贞和两位副主委曹卫平、徐远萍兼管机关、组织、宣传工作，把更多的精力放在会务工作上，使民进市委的各项工作职有专司、业有专精、事有专管，机关建设成效显著。

民进常德市委十分重视机关的参谋、联络、协调和服务作用，制定和不断改进机关办事的规章制度，逐步建立一套目标清楚、职责明确、程序健全、运转有效的工作机制，明确机关工作人员的岗位职责，使机关朝着“服务型、信息型、学习型、规范型”的目标迈进，有力地推动常德民进各项工作的有序开展。

2006年，常德民进第五届市委专职副主委、专职秘书长的职数在民进市委成立18年之际，终于得到落实。机关的编制问题解决，常德民进的工作进入一个全新的时期，机关面貌焕然一新。

民进常德市委认为，制度建设不仅仅是思想建设、组织建设和作风建设的保证，同时也是参政党切实履行自己职能的保证。市委机关对原有制度认真清理、科学设计，更加完善制度系统，健全参政议政和会务工作的运行机制。先后制定、修订了《学习制度》《议事规则》《市委委员联系支部制度》《基层组织管理办法》《专门小组工作职责》《参政议政调研工作暂行办法》《宣传信息工作奖励暂行办法》，为会务工作的进一步制度化、规范化、程序化创造条件。

民进市委把“学习型、服务型、效能型”作为机关建设新的目标，明确机关工作人员的岗位责任，提出改进机关作风、提高工作效率、提升服务水平的工作要求。为市委服务、为基层支部和会员服务，按程序办事、按制度办事，逐渐成为机关工作人员的工作准则。市委机关充分发挥中枢和桥梁作用，组织、团结各基层支部和广大会员，落实市委的决议，形成决策严谨、沟通畅达、协调有致的会务工作机制，有效地提高工作效率和工作质量。2009年机关搬迁后，院落环境和办公条件大为改观，硬件建设有质的飞跃。机关电子办公系统进一步完善，各类数据库建设相继完成，机关工作逐步走上科学化、规范化、制度化、程序化的轨道。

2007年、2008年民进市委机关连续两年被评为全市量化目标管理先进单位。2009年开始，民进湖南省委对各市委工作进行量化考核，常德民进市委机关连续两年获得5个单项奖。2010年年初，民进常德市委的机关建设被民进湖南省委评为先进。

2010年，民进常德市委认真开展创建学习好、工作好、自律好的"三好"文明机关，机关工作人员切实做到干事业一条心，抓工作一盘棋，谋发展一股劲，机关建设富有成效。这五年中，在专职副主委杨芳、秘书长邱涛和机关工作人员的共同努力下，机关建设成效突出，成为常德民进组织建设的一大成果。

2011年起，第六届民进常德市委履职。新的民进市委认为规范化管理是各项工作顺利开展的前提，换届后召开会议，明确主委班子成员分工和机关干部分工，增强责任感。2011年，从乡镇政府选调一名有基层实际工作经历的年轻干部充实市委机关，为机关工作增强工作力量。

第四节　会员和干部培训

会员培训关系到民进组织的基本素质，干部培养关系到党派工作的长远发展。民进常德市委从一开始就非常注重新老会员的培训、骨干队伍的培养，着力提高他们的政党素质和工作能力，使之成为常德民进树立形象、展示风采的重要保证和履行职能、发挥作用的强大力量。

民进常德市第一届市委会把会员培训和支部主任的培养放在十分重要的位置，利用一切机会、采取多种形式开展培训活动。历届民进常德市委对会员和骨干队伍的培训工作抓得很紧，持续不断地培训骨干会员、培养后备干部。

民进常德市第四届市委会根据民进湖南省委的有关精神及具体要求，按照"一职三备"的原则，制定《后备干部培养制度》，建立后备干部花名册和人才库档案。民进常德市第五届、第六届市委会高度重视后备干部的教育培训工作，认真落实《后备干部培养制度》，积极提供各种学习交流平台，先后共选送20名会员参加常德市各民主党派骨干成员培训班，6名会员参加省、市社会主义学院、市委党校的培训学习。

有重点、有针对性的培训教育，有效地提高后备干部的理论水平和政治素质，一大批骨干会员迅速成长，他们良好的政党素质、积极向上的精神风貌、热心会务的可贵热忱，使常德民进呈现出健康的生机与旺盛的活力。

1990年，民进常德市委为提高机关专干的素质和能力，几次安排他们参加省、市社会主义学院举办的学习班培训学习，7月，又派他们参加民进湖南省委组织的专干培训班，使之尽快胜任民进市委机关的工作。

1990年7月10日—16日，民进常德市委选送梁颂成等8个支部委员会主任，参加中共常德市委统战部组织的各民主党派支部负责人培训班，以提高他们的政治素质和领导能力。

1990年8月12日—15日，民进常德市委为了对会员进行爱国主义和社会主义教育，举办第一期会员培训班，学习中共中央的有关文件、江泽民同志的重要讲话、科学社会主义基本理论，学习会史、会章，提高会员政治觉悟和参政党意识。

1991年7月10日—13日，民进常德市委举办第二期会员培训班，近50名新会员参加培训学习。

1992年7月10日—13日，民进常德市委举办第三期会员培训班，50余名会员参加培训学习。

1996年—2001年，民进常德市委每年选送一批后备干部和新会员到中共常德市委统战部和市社会主义学院联合举办的理论培训班学习。

1998年7月18日，民进常德市委举办新会员培训班，主委、副主委亲自讲课，参加学习的15名新会员对民进的优良传统和新时期统战理论有较全面的认识，提高新会员的政治素质。

同日，还举办骨干会员培训班，20多名会内骨干参加学习。

2006年7月22日—28日，民进常德市委机关杨芳、邱涛、张益源在湖南省社会主义学院参加民进湖南省委举办的民进骨干培训班。

2007年5月2日，民进常德市委专职副主委杨芳参加民进湖南省专委（扩大）会议，交流专职副主委工作经验。

2007年10月10日—11月8日，民进常德市委副主委张力赴省参加湖南省社会主义学院举办第十期民主党派骨干培训班学习。

2007年12月7日，民进常德市委举办基层组织建设经验交流及骨干培训会，请常德市政协副主席、中共党组书记张新民作题为《民主党派参政议政的理论与实践》的辅导报告。

2008 年 3 月，民进常德市委选送机关专干邱涛赴京参加中央社会主义学院的培训学习。

2008 年 5 月 5 日—10 日，民进常德市委机关专干杨芳、邱涛参加全省专职干部培训。

2008 年 8 月 12 日—14 日，民进常德市委选送 17 个基层支部主任，参加中共常德市委组织的全市各民主党派参政议政培训班。通过参观考察、培训学习，基层支部主任的政党素质得到提高，参政议政的责任感和使命感明显增强。

2008 年 9 月 8 日—10 月 10 日，民进常德市委专职副主委杨芳赴省参加湖南省社会主义学院第十一期民主党派骨干培训班学习。

2009 年，民进市委选送 1 名骨干会员参加湖南省第十二期民主党派骨干培训班学习。

2009 年 6 月，民进常德市委对近三年入会的新会员采取集中培训的形式，进行系统培训，使之认识并接受民进“立会为公，参政为民”的价值观念。

2010 年 6 月 11 日，民进常德市委机关干部及信息员参加常德市统战信息宣传调研工作培训班，听取中共湖南省委统战部有关专家给学员作的专题辅导。

2010 年 7 月 19 日至 23 日，民进常德市委选派邓波等 4 名骨干会员参加湖南省民进“全省骨干会员培训班”，听取民进省委主委谢勇等领导和专家的辅导报告，开展学习交流和参观考察等活动。

2010 年 8 月 26 日——28 日，民进常德市委择优选派 10 名基层支部主任和 4 名市政协委员，参加中共常德市委在常德市社会主义学院举办的常德市民主党派和无党派人士参政议政培训班。培训班开展“我为常德加快经济发展方式转变献一策”活动，民进会员李勇义代表民进市委作《统筹城乡教育均衡发展，推动城乡教育一体化》的交流发言。

2011 年，民进常德市委先后选送 49 名骨干会员参加“中央社会主义学院第二十六期民主党派干部进修班”“湖南省第十四期民主党派骨干培训班”“湖南省中青年非党骨干培训班”、湖南省“民进组织管理系统推广与使用培训班”“2011 年民进全省骨干会员培训班”和常德市“全市民主党派新成员培训班”，通过提供培训平台和狠抓学习实效，常德民进骨干会员的政治理论素养和思想认识水平等政党素质大为提高。

第三章 思想建设与宣传工作

第一节 理论学习与研究

民进常德市委始终坚持用先进的思想理论教育会员、提高整个组织的思想理论认识和参政议政意识。以专题会议为主要载体，组织会内骨干、干部学习研讨政治理论，推荐他们参加中共和省民进组织的各种学习研讨活动，同时指导各基层支部，建立学习制度，采取多种形式，定期组织会员进行政治理论和统战理论学习。市委领导班子带头、深入基层指导、坚持学习制度、理论结合实践。把理论学习与做好会员政治思想工作相结合，与做好参政议政工作相结合，与形式多样的宣传教育活动相结合，不断提高学习的实效性，取得了明显的成效，在有关中国特色社会主义的政治发展道路、中国共产党领导的多党合作和政治协商制度、中国的政党格局和政治体制、中国民主促进会的历史和传统等一些基本的理论问题上，全体干部和会员有了更深入的认识。作为中国民主促进会的地方委员会，民进常德市委的政治把握能力更加成熟。

1988 年，民进常德市委筹委会组织市委委员、专职干部和部分骨干会员，加强统战理论、政策的学习和讨论，紧密联系实际，探讨社会主义初级阶段民进工作面临的一系列重大问题，有力地促进了认识水平和实践能力的提高。

1989 年，中共中央〔1989〕14 号文件发布后，民进常德市委组织全市民进基层支部积极开展了统战理论政策的研究，广大会员围绕多党合作、统一战线理论进行了认真的探讨，撰写了不少质量较高的论文。其中市委委员刘振国、周政上两同志撰写的论文在常德市统战理论研讨会上宣读。

1990 年 5 月 4 日—5 日，民进常德市委宣传委员刘振国参加民进湖南省会务理论研讨会，所撰写的论文《多党合作必须坚持共产党的领导》被会议评选为优秀论文，并作为书面发言材料选送民进中央在广州举办的中南五省统战理论研讨会。

1991年，刘振国、徐厚道两委员的论文在常德市政协工作统战理论研讨会上获奖。

1998年，民进常德市委从骨干会员们撰写的统战理论文章中，选送7篇参加民进湖南省委宣传思想工作暨多党合作理论研讨会，副主委曹卫平撰写的《民主党派参政议政刍议》一文获二等奖。

1988年11月19日，徐厚道（前左二）在中国民进会第六次全国代表大会上与雷洁琼（前排中）合影

2007年9月18日—22日，民进常德市委专职副主委杨芳、会员熊连初、杨子来在郴州列席民进2007年度中南地区参政议政研讨会。

2008年9月1日—20日，民进常德市委主委万成贞参加国家行政学院“构建公共文化服务体系，促进文化产业发展”专题研讨班。

2009年，民进常德市委结合开展深入学习科学发展观活动，狠抓领导班子的自身建设。领导班子成员进行四次集中理论学习，进一步加深对科学发展观丰富内涵的理解，班子的政治把握能力、参政议政能力、组织协调能力、合作共事能力显著增强。民进市委主要领导坚持理论联系实际，积极撰写理论文章。主委万成贞撰写的《共同的事业，共同的追求》、专职副主委杨芳撰写的《准确把握“四性”特点，积极反映社情民意》，被民进湖南省委杂志《楚帆》刊载。

2009年2月24日，民进常德市委组织骨干会员收视在北京召开的“民进中央学习贯彻科学发展观视频会议”。6月8日，民进湖南省委科学发展观巡回报告会在常德市举行，民进常德市委组织骨干会员参加学习。两次高质量的辅导报告的学习，拓展骨干会员的视野，加深对科学发展观的理解。

2010年，民进常德市委领导班子成员全年组织四次集体学习，认真学习邓小平理论、“三个代表”重要思想、科学发展观和社会主义核心价值体系。领导班子保持朝气蓬勃，班子成员积极进取、和谐共事，为常德民进事业的新发展作出表率。

2010年3月，在常德市政协开展的“政协委员讲政治”主题学习活动中，政协民进工作组的政协委员黄阳辉撰写的《政协委员讲政治的政治读解》、熊连初撰写的《政协委员争当讲政治的楷模》被《常德政协》刊载。

2010 年 5 月 24 日——28 日，民进常德市委主委万成贞、副主委张力和部分市委委员以及部分担任政府部门实职的民进会员，参加常德市社会主义学院举办的常德市统一战线“树立和践行社会主义核心价值体系”专题研究班的培训学习，副主委张力作题为“社会主义是我们的共同理想”的交流发言。

2011 年，民进常德市委选送骨干会员参加“全市统一战线服务建设‘现代常德、幸福家园’专题研究班”。

第二节　思想教育

常德民进甫一成立，对会员进行思想素质教育，培养会员参政党意识的工作，就成了民进常德市委的主要工作之一。历届民进常德市委一脉相承，重视思想政治工作，努力加强自身思想建设，形成自我教育的优良传统。

建立和坚持学习制度，采取多种形式，开展思想教育，使广大会员真正了解民进组织的性质、地位和作用，自觉接受中国共产党的领导和维护中国共产党的执政党地位，牢固树立走中国特色社会主义道路的政治信念。他们以极大的热情参政议政，开展民主监督、调查研究，积极反映社情民意、建言献策；同时立足本职，脚踏实地，埋头苦干，为社会主义事业争做贡献，在各自的岗位上做出优异成绩。

1988 年—1992 年，民进常德市委认真指导各基层支部，组织会员过好组织生活，定期开展统战理论和政治时事学习。

1988 年，民进常德市委筹委会组织全体会员认真学习中共中央和民进中央的重要文献，在会内开展了统战理论政策的学习、教育，有力地促进会员认识水平和实践能力的提高。

1989 年 12 月 30 日，《中共中央关于坚持和完善中国共产党领导的多党合作和政治协商制度的意见》发表，民进常德市委立即组织全体会员反复学习讨论，民进会员因此进一步提高接受共产党领导的自觉性，坚定社会主义信念，对党的方针政策有更深的理解，对改革开放的认识有明显的提高。拥护改革开放，投身于社会主义“两个文明”建设，成为越来越多的会员自觉行动。

1992 年—1997 年，民进常德市委以基层支部为单位，经常组织会员学习政治理论，学习中共文件，学习会史会章，学习统战理论，会员的政治素质、参政议政能力和理论水平有进一步提高。

2005年，民进常德市委编印5号文件学习资料，下发各个基层支部，在会员中掀起学习5号文件精神的高潮。

2006年—2011年，民进常德市委组织基层支部在广大会员中开展三大思想教育活动。

2007年8月—2008年7月，民进常德市委开展了政治交接学习教育活动。这次活动以"坚持走中国特色政治发展道路"为主题，通过民进会史和国际国内形势的学习，全体会员加深了对民进传统的理解，提高对中国特色政党制度、政治发展道路的认识。

2007年9月27日，民进常德市委政治交接学习教育活动动员大会在桃林宾馆召开，全体在职会员参加大会。

2008年3月9日，民进常德市委召开政治交接学习教育活动转段动员大会，回顾总结政治交接学习教育活动前两个阶段取得的成果，部署安排查找差距和不足，集中听取各基层组织负责人和骨干会员对市委领导班子及其成员的批评、意见和建议。

2008年4月28日，民进常德市委召开学习全国政协会议精神座谈会，与会人员围绕全国政协会议精神展开热烈讨论。

2008年10月下旬，民进常德市委召开由市委委员和支部主任参加的学习中共十七届三中全会精神座谈会。

2009年2月24日，民进常德市委开展实践科学发展观学习教育活动，组织骨干会员收视在北京召开的"民进中央学习贯彻科学发展观视频会议"。

2009年6月8日，民进常德市委组织骨干会员，听取民进湖南省委科学发展观巡回报告，高质量的辅导报告拓展他们的视野，加深了对科学发展观的理解。

2010年6月1日，民进常德市委主持召开树立和践行社会主义核心价值体系学习教育活动动员大会，掀起社会主义核心价值体系学习教育活动的高潮，提高全体会员对社会主义核心价值体系的深刻认识和深入把握。

第三节 宣传工作

民进常德市委高度重视宣传工作，采取编印会刊、文集、画册，组织庆祝会、纪念会，举办大型展览、文艺演出，发布宣传信息、稿件等多种形式，"内提素质，外树形象"，提高常德民进组织的政治理论水平、参政党意识和素质，展示常德民进组织昂扬向上、团结奋进的精神风貌和参政议政的丰硕成果，提升常德民进组织的社会知名度和美誉度。

1988年，常德民进筹委会在会内开展统战理论政策的宣传工作。

1988年11月，民进常德市七中支部编印《民进》油印小报，在校内张贴派发，为群众认识了解民进组织起了较好的启蒙作用。

1988年12月1日，民进常德市委内部刊物《常德民进》第一期首发，至1992年，三年出了10期。会刊对推动会员学习政治理论，学习和交流参政议政经验，提高参政党意识和参政议政水平，起到积极的作用。

1990年9月9日，民进常德市委召开教师节庆祝大会，全市会员参加。

1990年12月29日，民进常德市委举行中国民主促进会成立四十五周年庆祝大会，宣传中国民主促进会与中国共产党合作共事的光辉历史。

1994年9月7日，民进常德市委召开教师节庆祝大会。

1995年12月28日，民进常德市委召开“庆祝中国民主促进会成立50周年暨总结表彰大会”。

2001年—2006年，民进常德市委机关办公室通过中共常德市委统战部公共信息平台，准确及时地做好常德民进各项活动的信息发布工作，使之成为民进市委贯彻“内提素质，外树形象”方针的窗口。

2002年9月7日，民进常德市委举行教师节庆祝大会。

2005年12月，民进常德市委举办以常德民进发展脉络为主题的大型展览，制作的组合展板以照片和相关文献资料组成，气势恢弘，充分展示常德民进成立十几年，特别是后几年所取得的丰硕成果。

2005年12月3日，民进常德市委副主委曹卫平出席民进湖南省委召开的“庆祝中国民主促进会成立六十周年暨先进表彰大会”。

2005年12月24日，民进常德市委举办中国民主促进会成立60周年庆祝大会和大型文艺演出，民进湖南省委领导和常德市党政领导莅临大会表示祝贺，并观看了文艺演出。

2006年，民进常德市委被民进湖南省委评为宣传信息工作先进单位。

2006年—2011年，民进常德市委机关组织、采写大量宣传信息，在各级媒体发表390多条，其中在《团结报》、中央统战网、民进中央网、《湖南日报》等媒体上发稿70多条，真实客观地反映民进常德市委的工作情况，有效提升常德民进的社会知名度和美誉度。

2007年，民进常德市委荣获民进湖南省委宣传信息工作一等奖。

2008年，民进常德市委组织常德民进成立20周年纪念活动。举办文艺演出，充分展示常德民进会员昂扬向上的精神风貌。

2008年，民进常德市委为常德民进成立20周年发行纪念画册《常德民进二十年》，系统地梳理常德民进20年的发展历程。

2008年，民进常德市委召开常德民进成立20周年纪念大会，全面总结20年来常德民进扎实履行参政党职能的经验和成果。

2009年，在常德市统战系统纪念多党合作制度确立六十周年文艺演出中，常德民进各支部大力支持，推荐会员参加节目的编排。十多名演出人员在会员陈慧敏的指导下，利用休息时间，认真排练，演出的高质量节目广受好评。

2010年，民进常德市委机关工作人员撰写文章和宣传信息共110篇，其中被省以上媒体采用35篇。

2011年，民进常德市委组织力量，收集整理近10年来会内人大代表、政协委员参政议政的主要建言献策，共计138篇，编印出版，名为《赤诚新章——常德民进参政议政成果辑要》，集中展示常德民进履行参政党职能的能力和水平。中共常德市委书记卿渐伟为《赤诚新章》题写书名，中共常德市委副书记、市长陈文浩为《赤诚新章》作序。

2011年4月28日，在民进常德市第六次代表大会闭幕后，举办《同心同向，继往开来》文艺晚会，展示常德民进会员团结向上、务实创新的精神风貌。

第四节　活动开展

民进常德市委的思想建设工作，一个重要特点就是经常开展多种形式的组织活动，注重以重大活动为载体，开展主题学习教育活动。民进常德市委把重大活动作为对会员进行思想政治教育的优良资源，作为统一会员思想、全面系统地提高会员政治素质、加强班子建设的重要工程，进行严密计划、全面动员、科学组织。成功地开展一次重大活动，不仅是思想教育的全面普及，也是全体会员的意志凝聚和情感交流，密切了民进市委与基层支部、广大会员的联系，有效增强了民进市委的向心力和凝聚力。

1988年—1992年，民进常德市委每年组织民进会庆、教师节等会务活动，帮助各基层支部组织会员过好组织生活，举办茶话会、座谈会、卡拉OK演唱会，慰问年老生病的会员及亲属，为新会员开迎新会，为退休会员开座谈会等，开展不同形式的支部活动，增强了组织的凝聚力。

1989年9月9日，民进常德市委组织全体会员前往湘潭韶山毛泽东故居、宁乡花明楼刘少奇纪念馆参观学习，接受革命传统教育。

1990年6月，民进常德市委主委李文健带队，市委委员徐厚道、郑昌华、刘振国和机关专干肖中、邱涛等赴民进岳阳市委考察，学习机关建设经验。

1990年8月15日—18日，民进常德市委第一期会员培训班结束后，组织学员前往国家重点建设工程葛洲坝参观考察。

1991 年 3 月 8 日，民进常德市委举行电影招待会，慰问全市女民进会员。

1992 年 7 月 13 日—15 日，组织第三期会员培训班部分会员赴葛洲坝参观考察。

1993 年 12 月 7 日，民进常德市委召开了《中华人民共和国教师法》座谈会。

1994 年 8 月 11 日，常德民进会员刘振国赴京参加民进中央举办的第五届优秀教师会员参观活动。

1995 年 3 月 7 日，民进常德市委召开庆祝“三八”妇女节座谈会。

1997 年香港回归和 1999 年澳门回归时，民进常德市委组织会员座谈会、庆回归文艺晚会、港澳回归知识竞赛等多项活动，对会员进行爱国主义教育。

2000 年 3 月 20 日，民进常德市委召开《一个中国的原则与台湾问题》白皮书发表座谈会，更加坚定了对“一国两制”的深刻认识。

2005 年，通过进行纪念民进成立和抗战胜利 60 周年征文活动，使广大会员更加全面了解中国民主促进会与中国共产党风雨同舟的光辉历程，激发广大会员“爱党、爱国、爱会”的热情，进一步增强政治责任感和使命感。

2007 年 12 月 12 日，民进常德市委领导慰问患病的教师会员。

2008 年 4 月，民进常德市委先后走访 10 名退休老会员，询问他们的身体健康状况，征求他们对市委的意见，对家庭特别困难的老会员赠送慰问金。

2008 年 5 月，民进市委机关干部杨芳、邱涛前往民进湖南省政治交接学习教育活动基地——岳云中学参观学习。

2008 年 5 月 26 日，民进常德市委杨芳、曹卫平、邱涛等委员赴桃源支部看望退休老会员。

2008 年 7 月 12 日—16 日，民进常德市委组织基层支部主任赴井冈山参观考察，开阔视野，启迪思维，提升政治认同。

2009 年，民进市委组织庆祝中华人民共和国成立 60 周年和中国共产党领导的多党合作和政治协商制度确立 60 周年征文活动和演讲比赛，各基层支部积极参与，表现出了高昂的政治热情。

2009 年，常德民进各支部积极参与民进湖南省委组织的征文活动，共有 22 篇稿件参赛，东升小学支部会员祁丽莉撰写的《我是那颗星》被民进湖南省委评为优秀奖。

2009 年 6 月 26 日，在民进常德市委组织的“爱我中华，爱我政协”演讲比赛中，18 个支部高度重视，确定人员，撰写稿件，反复演练，表现出高度的政治热情和可贵的进取精神。工业学校支部会员汪娇梅获一等奖，被选送到民进湖南省委参加“双庆”活动演讲比赛，荣获二等奖。

2009年8月—2010年10月，民进常德市委根据民进中央、民进湖南省委的统一部署和安排，在全市范围内开展争先创优活动。

2010年5月，民进常德市委组织企业界会员前往湖南省民主党派政治交接学习教育活动基地——岳云中学参观考察，温习民进历史，领略前辈风采，激发企业界会员的爱国情怀和奉献社会的赤子之心。

2010年6月28日——7月3日，民进常德市委组织全体市委委员、会内人大代表和政协委员赴上海参观考察，学习外地先进经验，开阔眼界，增长知识。

2011年，民进常德市委在会内开展"争做岗位能手，争当优秀会员"的活动，激发广大会员立足本职热心会务的热情，一大批先进典型在活动中脱颖而出，成为推动民进组织不断向前发展的不竭动力。

2011年3月，民进常德市委认真筹备庆祝中国共产党成立90周年"同心同德创未来"征文活动，广泛发动会员积极参与，各支部会员踊跃投稿21篇。会员郭宜中的《九秩赋》和毛雅琴的《永恒的七月》分别获得民进湖南省委二等奖、三等奖，并刊载于民进省委杂志《楚帆》。

2011年6月22日，民进常德市委举办"同心颂党旗"诗歌朗诵大赛，12个节目、22名会员声情并茂的朗诵，抒发对中国共产党的崇敬之情。随后组织7名会员加入中共常德市委统战部合唱团，分别参加中共湖南省委统战部组织的"同心颂党旗"大型歌咏比赛和中共常德市委、市政府举办的"颂歌献给党"大型歌咏比赛。

第四章 重要会议

第一节 代表大会

在民进湖南省委和中共常德市委的支持帮助下，常德民进从成立“民进常德市支部委员会”，进而成立“民进常德市委筹备委员会”，到 1988 年 11 月完成召开市级代表大会、建立市级领导机构的筹备工作，正式召开“中国民主促进会常德市第一次代表大会”。遵循《中国民主促进会章程》，从 1988 年到 2011 年，常德民进先后召开六次市级代表大会，审议上一届民进常德市委的工作、制定下一步的工作目标、选举产生新一届民进常德市委。

一、民进常德市第一次代表大会

中国民主促进会常德市第一次代表大会于 1988 年 11 月 22 日—24 日在常德市芷园宾馆举行。这次大会的召开是常德民进发展史上具有里程碑意义的盛事。出席这次大会的代表来自 8 个基层支部，共 76 人。

民进常德市第一次代表大会

大会主席团由刘振国、江赛松（女）、李文健、李丽华（女）、郑昌华、周政上、徐厚道、黄松屏、梁兆芬（女）、梁颂诚、詹谷云（女）等 11 人组成。

民进湖南省委副主委周仁济，中

共常德市委副书记庞道沐，民进湖南省委办公室负责人顾余顺，中共常德市委统战部和各有关部门的领导，以及其他民主党派工商联和相关单位的代表到会祝贺。

大会由民进常德市委筹备委员会副主任委员黄松屏致开幕词。他代表民进常德市委筹委会向莅临大会指导的各位领导表示敬意，向参加会议的代表们表示欢迎。他说，这次大会是全市人民认真学习和深入贯彻中共十三届三中全会精神，治理经济环境、整顿经济秩序，全面深化改革的形势下召开的，通过大会选举，我们将要成立民进常德市委会，因而这次大会具有重要的政治意义。他宣布这次大会的主要议程有：听取并审议民进常德市委筹备委员会的工作报告；选举产生第一届市委会；通过有关决议。

民进湖南省委副主委周仁济受民进省委的委托向大会表示祝贺。

中共常德市委副书记庞道沐在大会开幕式上宣读了《中共常德市委致常德市民革、民盟、民建、民进、农工、九三和工商联第一次代表大会的贺词》。

大会由筹委会主任委员李文健作民进常德市筹委会工作报告。报告回顾1983年民进在常德市开始发展会员的历史，总结了民进常德市支部和市筹委会成立以来的工作：加强自身建设，做好基础工作，提高会员素质；在政治协商、民主监督方面初步发挥了参政议政的作用；开展了初期的社会服务工作；继续发展会员、建立基础组织、推荐考查市委候选人，做好成立市委的准备工作。最后，报告对今后的会务工作作出了三个方面共十一条规划。

大会审议李文健代表市筹委所作的工作报告，认为报告总结了几年来的工作，对今后五年的会务工作提出了原则性的建议，对常德民进今后的工作开展有着重要的指导意义。会议同意这个报告。会议希望民进常德市委在中国共产党、民进中央和民进湖南省委的领导下，全面发挥政党组织功能，推动和团结全市会员，高举社会主义和爱国主义旗帜，坚持四项基本原则，认真贯彻中共十三届三中全会精神，为社会主义民主政治建设和常德市的两个文明建设，为实现祖国统一大业而努力奋斗。

大会还通过民进常德市第一次代表大会《关于拥护中共三中全会和中共湖南省委扩大会议精神，积极参与和监督支持治理经济环境、整顿经济秩序、全面深化改革的决议》。

大会选举产生民进常德市第一届委员会。新选举的民进常德市第一届委员会由刘振国、李文健、周政上、郑昌华、徐厚道、黄松屏、詹谷云（女）等七名委员组成，李文健为主任委员，黄松屏为副主任委员。

大会由新当选的民进常德市第一届委员会委员代表致闭幕词。闭幕词认为民进湖南省委副主委具有指导意义的讲话，给予常德民进很大的鼓舞和力量。代表们对一些重大问题，提出了许多好的意见和建议，民进市委会将认真进行研究，努力把工作做好。民进市委将充分发挥集体领导的作用，努力完成本届委员会所承担的各项任务。闭幕词号召：

让我们在中国共产党、民进中央和民进省委的领导下，更加紧密地团结起来，创功立业，开拓前进。

二、民进常德市第二次代表大会

中国民主促进会常德市第二次代表大会于1992年1月6日—7日在常德市芷园宾馆举行。

出席这次大会的代表由提名代表和选举代表共66人组成。其中，提名代表7人，占代表总额的11%，由民进常德市第一届委员会委员组成；选举代表59人，占代表总额的89%，由各支部（小组）推荐和选举产生。

大会主席团由李文健、黄松屏、徐厚道、刘振国、詹谷云（女）、郑昌华、周政上等7人组成，大会秘书由市委机关专干萧中担任。

民进湖南省委副主委李朝略，中共常德市委统战部部长李明安，政协常德市委员会副主席朱练成，中共常德市委统战部副部长宋玉棉等省市领导和其他民主党派工商联的代表出席了这次大会。

大会由民进常德市第一届委员会副主任委员黄松屏致开幕词。他首先向出席大会的民进湖南省委、中共常德市委、市人大、市政协、市政府和有关部门的领导、其他兄弟党派和有关团体的领导和来宾，表示感谢和敬意。他说明这次大会是为了适应形势发展的需要，根据民进湖南省委关于提前召开代表大会并进行换届的决定召开的。他宣布了这次大会的主要任务：学习和贯彻中共中央十三届七中、八中全会精神，总结民进常德市一代大会以来的工作，提出今后五年的任务，选举产生新的一届市委会。

民进湖南省委副主委李朝略代表民进湖南省委向大会表示祝贺。

中共常德市委向大会致贺词。

大会由主任委员李文健代表第一届市委员会作题为《团结一致、共同奋斗，为振兴中华、振兴常德做出新的贡献》的工作报告。报告回顾了第一届市委三年的工作：常德民进全体干部和全体会员坚决拥护、自觉接受中国共产党的领导，坚持走社会主义道路，坚决抵制资产阶级自由化思潮，为维护常德市的安定团结，为常德市的两个文明建设做出了积极的贡献。通过学习《中共中央关于坚持和完善中国共产党领导的多党合作和政治协商制度的意见》，常德民进的参政党意识逐步增强，参政议政水平有所提高，积极发挥了政治协商、民主监督的作用。加强了自身建设，增添了生机和活力。进一步开拓了为建设社会主义物质文明和精神文明服务的路子，扩大了工作领域。认真贯彻党中央"一国两制"方针，积极开展了三胞联谊活动，促进两岸同胞的交往。他说，三年来，我们走过的是一条不断创新、不断发展的路，也是一条不断克服困难，开拓前进的路。常德民进全体会员，为开创工作的新局面付出了辛勤劳动，做出了积极的贡献。最后，报告对今后五年提出了五个方面的工作任务。

大会听取并审议李文健所作的工作报告，大会认为，报告对民进常德市第一次代表大会以来市委工作的总结是实事求是的，提出的今后五年的工作任务是切合实际的。第一届市委会认真履行会章赋予的职责，做了大量的工作，取得了明显的成绩。大会对第一届市委会的工作表示满意。

大会选举产生民进常德市第二届委员会。新选举的民进常德市第二届委员会由刘振国、李文健、郑昌华、徐远萍(女)、徐泽鹏、徐厚道、铁明东(女)、黄松屏、詹谷云(女)等九名委员组成。

1月7日上午召开的民进常德市第二届委员会第一次全体会议，选举李文健为主任委员，徐远萍、黄松屏为副主任委员。

大会由新当选的民进常德市第二届委员会副主任委员徐远萍致闭幕词。她说，大会在民进湖南省委、中共常德市委的亲切关怀和具体帮助下，经过全体代表的共同努力，已经完成了预定的任务，达到了预期的目的。大会贯彻了民主、团结、和谐的精神，全体代表的政党意识、民主意识、自主意识增强了，标志着常德民进将进入一个新的发展阶段。她号召，要认真贯彻中共十三届八中全会精神，继续贯彻执行党的基本路线和各项方针政策，进一步加强自身建设，特别是机关建设，积极发挥参政党职能，为实现常德民进今后五年的任务，为推进常德市的两个文明建设，为推进祖国的统一大业而努力奋斗。

1996年9月，民进常德市委召开市委扩大会议，增补万成贞、汪阳、曹卫平为市委委员，任命万成贞为秘书长。

三、民进常德市第三次代表大会

民进常德市第三次代表大会于1997年2月27日—28日在常德市民主党派机关四楼会议室举行。

出席这次大会的代表84人，来自教育、文化等界别。其中女代表35人，占代表总额的42%；55岁以下的代表56人，占代表总额的66%；具有中、高级职称的代表68人，占代表总额的85%；各级政协委员15人，占代表总额的18%。

大会主席团由万承贞(女)、刘振国、汪阳、李文健、郑昌华、徐远萍(女)、徐泽鹏、铁明东(女)、曹卫平、黄松屏、詹谷云等11人组成，大会秘书长由大会主席团成员万成贞担任。

民进湖南省委副主委王治林，中共常德市委副书记李少甫，常德市人大、市政府、市政协和市区县统战部的领导鲁之芙、姚珍友、邹克忠等出席了这次大会。

大会由民进常德市第二届委员会副主任委员徐远萍致开幕词。她代表民进常德市委向莅临大会的各位领导及来宾表示欢迎和感谢，宣布这次大会的任务，是学习贯彻中共中央十四届六中全会精神；总结常德民进第二次代表大会以来的工作，明确今后五年的任务；听取和审议民进常德市第二届委员会的工作报告；选举产生新一届民进常德市委员会。希望代表切实履行自己的职责，畅所欲言，群策群力，共商会务大计，圆满完成大会的各项议程，把大会开成一个振奋精神、增强团结的大会；解放思想、实事求是的大会；生动活泼、富有成效的大会。

民进湖南省委员会副主委王治林在大会开幕式上宣读了民进湖南省委的贺信。贺信向大会的胜利召开表示热烈祝贺，向热情支持和关怀常德民进工作的中共常德市委、市政府、市人大、市政协表示崇高的敬意，向全市会员表示亲切慰问。贺信赞扬常德民进在民进常德市第二届委员会领导下，本着以党为师、立会为公的宗旨，在参政议政、自身建设、社会服务等各方面均取得了很大的成绩，得到了中共常德市委及社会各界的一致好评，取得了良好的社会声誉。五年来的工作是卓有成效的，成绩是有目共睹的。贺信希望民进常德市第三届委员会能够以建设有中国特色的社会主义理论为指针，乘着中共十四届六中全会的东风，继承和发扬二届市委会的优良传统，努力加强自身建设，积极务实地参政议政，兢兢业业地为社会服务，为整个常德市的经济发展作出自己应有的、新的贡献。

中共常德市委副书记李少甫在大会开幕式上发表讲话，代表中共常德市委、市人大、市政府、市政协向大会表示祝贺，指出自民进常德市第二次代表大会召开以来，民进常德市委在民进湖南省委和中共常德市委的领导下，认真履行参政党职能，多渠道、多层次地开展参政议政、政治协商和民主监督工作，取得了可喜的成绩，特别是在教育、文化、科技等方面，提出了许多真知灼见，产生了良好的社会效益。充分发挥成员的智力优势，积极开展科技咨询和社会办学工作，取得了明显的成绩，为常德市的社会主义精神文明建设做出了积极的贡献。他表示，一定要高举邓小平建设有中国特色社会主义理论的旗帜，在加速常德市社会主义现代化建设，实施“九五”计划和“兴工强农富市”战略进程中，坚持“长期共存、互相监督、肝胆相照、荣辱与共”的方针，进一步完善共产党领导的多党合作和政治协商制度，大力支持各民主党派独立自主地开展工作。他希望民进常德市委在新的一届任期内，继续高举爱国主义和社会主义两面旗帜，为加强常德市经济建设和社会发展步伐，造福于580万常德人民而努力奋斗，以崭新的精神风貌迈向21世纪。

大会由主任委员李文健作第二届委员会工作报告。报告回顾了五年来的工作：一、积极发挥参政议政、民主监督作用。民进常德市委负责人参与了常德市经济发展、社会主义精神文明建设等重大问题的协商和决策；市委和会内人大代表、政协委员积极开展调查研究，五年来共提议案、提案280多件，有40多件被评为年度优秀提案；所属基层组织也在本单位发挥了积极作用。二、努力加强自身思想建设和组织建设。五年来发展了会员63名；组建了一个县级支部。会员获得各级荣誉称号180多人次，有9个支部和73名会员受到民进市委的表彰，其中市七中支部两次出席民进湖南省先代会。报告总结了“坚定不移地跟着共产党”、“加强思想理论建设”、“进一步保持和发扬我会勤勤恳恳、踏踏实实的优良工作作风”等三条工作体会。最后，报告对今后的工作提出了三点建议。

大会经过认真审议，批准李文健代表第二届委员会所作的工作报告。大会认为第二届委员会认真贯彻中国共产党的基本路线，贯彻《中共中央关于坚持和完善中国共产党领导的多党合作和政治协商制度的意见》，以开拓、务实、进取的精神，努力推动全体会员积极参政议政，不断加强自身建设，为发展常德经济，为振兴教育事业做出了较大的贡献，取得了显著成绩，大会对第二届委员会的工作表示满意。

大会通过《关于认真学习贯彻中共中央十四届六中全会精神的决议》和《给请求辞去市委委员的同志的致敬信》。

大会选举产生民进常德市第三届委员会。新选举的民进常德市第三届委员会由万成贞（女）、石朝关、汪阳、张力、赵淑娥（女）、徐远萍（女）、徐建民、徐泽鹏、莫世锦、郭宜中、铁明东（女）、曹卫平等十二名委员组成。

28日召开的民进常德市第三届委员会第一次全体会议，选举万成贞为主任委员，徐远萍、曹卫平为副主任委员，推选李文健为名誉主委，黄松屏为顾问。

大会由新当选的民进常德市第三届委员会主任委员万成贞致闭幕词。

四、民进常德市第四次代表大会

民进常德市第四次代表大会于2001年7月13日在常德市民主党派机关四楼会议室举行。

出席这次大会的代表共71人，来自教育、文化、经济等界别。其中，女代表35人，占代表总额的49%；55岁以下的代表63人，占代表总额的89%。具有中、高级职称的61人，占代表总额的86%；各级人大代表、政协委员18人，占代表总额的25%。

大会主席团由万承贞（女）、石朝关、汪阳、张力、赵淑娥（女）、徐远萍（女）、徐泽鹏、徐建民、莫世锦、铁明东（女）、郭宜中、曹卫平等12人组成，大会秘书长由大会主席团成员徐远萍担任。

民进湖南省委副主委严尧卿、中共常德市委副书记莫道宏、政协常德市委员会副主席徐国清，中共常德市委统战部部长罗富国、市领导余习中、刘剑英、李明安以及各民主党派工商联负责人出席了这次大会。

大会由民进常德市第三届委员会副主任委员曹卫平致开幕词。他指出了大会的重要意义，强调了大会的指导思想、方向和目标，宣布大会的议程。

民进湖南省委副主委严尧卿代表民进湖南省委在会议开幕式上作重要讲话。他向“具有重要意义的民进常德市第四次代表大会”表示祝贺，肯定“作为常德市经济、文化事业发展的一支重要力量，民进常德市委会在过去的五年中，在中共常德市委的指导下，在全体会员的努力下，高举社会主义、爱国主义的大旗，在思想理论研究、自身建设、民主监督、参政议政、社会服务等方面作出了积极的贡献，得到了社会各界的一致好评。”赞扬常德民进在建言献策、理论研究、组织建设等方面所取得的成绩。并为此对中共常德市委的指导、市委统战部的支持表示感谢。他代表民进湖南省委，希望即将选出的“新的市委领导班子，继承和发扬会的优良传统，在新世纪开局之年里有新的作为，群策群力将会的各项工作推上新的台阶。”

中共常德市委副书记莫道宏在大会开幕式上发表讲话，他首先代表中共常德市委、市人大、市政府、市政协向大会表示祝贺，向各位代表和全市民进会员致以问候和敬意。他指出：“民进常德市委员会自 1997 年换届以来，在民进湖南省委和中共常德市委的领导下，高举爱国主义和社会主义两面旗帜，锐意进取，会员的政党意识不断增强，整体素质不断提高，组织建设健康发展，社会服务卓有成效。”对民进常德市委带领全体会员，认真履行参政党职能，进行调查研究，撰写了大量质量较高的议案、提案和调研文章，积极履行民主监督职能，产生了较好的社会效益，为常德市的民主政治建设和党风廉政建设作出了应有的贡献表示感谢。他表示：“中共常德市委将一如既往地贯彻长期共存、互相监督、肝胆相照、荣辱与共的方针，加强同民主党派的合作共事，扩大民主党派的知情范围和参与程度，推进政治协商、民主监督、参政议政的规范化、制度化建设，共同为常德的两个文明建设作出更大的贡献。”相信即将选出的民进常德市新一届领导班子，一定会搞好政治交接，继承和发扬优良传统；团结带领广大会员，进一步发挥优势；加强自身建设，提高参政议政和民主监督水平。最后，他祝大会圆满成功。

主任委员万成贞向大会作第三届委员会的工作报告。报告回顾了过去五年的工作成绩：一，积极履行参政党政治职能，发挥参政议政、民主监督作用。五年来，民进市委负责人积极参与中共常德市委有关经济发展、精神文明方面重大事项的协商和决策；民进市委和会内人大代表、政协委员共提议案、提案和建议 200 多件，其中市政协 A 类提案 1999 年就有 18 件；专题调研成绩显著；基层组织的议政建言受到好评。二，努力加强自身思想建设和组织建设。五年来，积极组织会员的各种学习培训，思想建设有声有色；坚持注重质量，稳步发展，组织建设有质有量；按照“一职三备”原则，加强了后备干部队伍建设；建立健全规章制度，机关建设有了起色。三，立足本职工作，为两个文明建设服务。五年来，全体会员在各自的岗位上，恪尽职守，勤奋工作，创优争先，作出了可喜的成绩；在支边扶贫、咨询服务等方面也做了大量的工作。最后，报告对今后的工作提出了四个方面的建议。

大会经过认真审议，批准万成贞所作的工作报告，对民进常德市第三届委员会的工作表示满意。

大会作出《关于认真学习贯彻全国统战工作会议精神的决议》，要求全体会员认真学习、深刻领会和全面贯彻落实。

大会选举产生民进常德市第四届委员会。新选举的民进常德市第四届委员会由万成贞（女）、刘亚兰（女）、向湘粤、张力、徐远萍（女）、徐建民、徐泽鹏、郭宜中、莫世锦、铁明东（女）、曹卫平、童子祥等十二名委员组成。

当日下午召开的民进常德市第四届委员会第一次全体会议，选举万成贞为主任委员，徐远萍、曹卫平为副主任委员，任命鄢秉珍为兼职副秘书长，推举李文健为名誉主委，黄松屏为顾问。

中共常德市委统战部部长罗富国在大会闭幕式上讲话。代表中共常德市委统战部，对大会的圆满成功和新一届市委会的顺利当选表示祝贺。指出："民进是与中共通力合作、同舟共济的亲密友党"。向新的民进市委提出三点希望。一、认真学习深入贯彻江总书记"七・一"重要讲话和全国全省统战工作会议精神，明确参政党地位、作用和肩负的历史使命；二、不断扩大知情范围和参与程度，发挥参政党在改革、发展、稳定中的作用；三、忠实履行"三个代表"思想，建设一支高素质的参政党队伍。

大会由新当选的民进常德市第四届委员会副主任委员徐远萍致闭幕词。

五、民进常德市第五次代表大会

中国民主促进会常德市第五次代表大会于 2006 年 6 月 14 日在常德市桃林宾馆举行。

出席这次大会的代表由提名代表和选举代表共 75 人组成。其中，提名代表 12 人，占代表总额的 16%，由民进常德市第四届委员会委员组成；选举代表 63 人，占代表总额的 84%，由各支部（小组）推荐和选举产生。这次大会的代表中有女代表 34 人，占代表总额的 45%。教育界的代表 58 人，占 77%；党政机关界的代表 11 人，占 15 %；科技、经济界的代表 5 人，占 7%；文化界的代表 1 人，占 1%。代表中具有中、高级职称的 70 人，占 93%。充分体现了中国民主促进会以文化教育界为主、层次比较高的特点。

大会主席团由万成贞（女）、刘亚兰（女）、向湘粤、张力、徐远萍（女）、徐泽鹏、徐建民、莫世锦、铁明东（女）、郭宜中、曹卫平、童子祥等 12 人组成，大会秘书长由大会主席团成员张力担任。

湖南省政协副主席、湖南省高级法院副院长、民进湖南省委主委谢勇，民进湖南省委专职副主委汤泽培，中共常德市委副书记周用金，常德市人大副主任邹克忠，常德市政府副市长徐超文，政协常德市委员会副主席李金城，政协常德市委员会副主席、中共常德市委统战部副部长文承保等省市领导出席了这次大会。

大会由民进常德市第四届委员会副主任委员曹卫平致开幕词，宣布这次大会的主要议程：听取和审议民进常德市第四届委员会的工作报告、选举产生民进常德市第五届委员会、通过大会有关决议。

湖南省政协副主席、湖南省高级法院副院长、民进湖南省委主任委员谢勇代表民进湖南省委向大会表示祝贺，向长期对民进的工作给予支持和帮助的中共常德市委、市人大、市政府、市政协和市委统战部的领导表示敬意和感谢。他表扬民进常德市第四届委员会五年来组织专题调研，积极建言献策，开展社会服务，履行参政党职能，做了大量的工作，取得了可喜的成绩。表扬常德民进的会员立足本职，敬业奉献，涌现了许多优秀会员和先进基层支部。希望新一届民进市委领导集体以政治交接为主线，以能力建设为重点，着重抓好思想建设、组织建设、制度建设、参政议政能力建设、机关建设等五个建设，继承和发扬中国民主促进会的优良传统，继续坚持和完善中国共产党领导的多党合作和政治协商制度，认真贯彻“长期共存、互相监督、肝胆相照、荣辱与共”的方针，团结广大民进会员，齐心协力，把常德民进的工作提高到一个新的水平，为常德“十一五”规划的实现和改革发展做出新的更大的贡献。

中共常德市委副书记周用金在大会开幕式上发表讲话，代表中共常德市委、市人大、市政府、市政协向大会表示祝贺。他指出：自民进常德市第四次代表大会召开以来，民进常德市委切实履行参政党职能，为促进常德的经济社会发展和民主政治建设做了大量卓有成效的工作，取得了突出的成绩。充分展示了常德民进组织不断发展壮大的历史和民进会员团结奋斗、无私奉献的精神；充分体现了民进作为参政党，在常德经济社会发展中的重要作用。他希望民进常德市委在民进湖南省委和中共常德市委的领导下，增强使命感，发扬传统，面向未来，做好工作，为推动常德经济社会全面发展作出更大贡献。最后，他衷心祝愿民进常德市第五次代表大会圆满成功。

大会由主任委员万成贞作题为《牢固树立和落实科学发展观，不断开创我会工作新局面》的第四届委员会工作报告。报告回顾了过去五年的工作成绩：一是认真履行参政党职能，参政议政、民主监督取得了新成效。五年来民进常德市委和会内人大代表、政协委员共提议案、提案 215 件；参加了各级政治协商、执法检查、监督视察，言必有据，坦诚直言，取得了很好的效果；深入实际，专题调研成绩突出；群策群力，议政建言成果丰硕，充分显示了民进组织的政治智慧和政治价值。二是立足本职，充分发挥会员优势，为常德的三个文明建设作出了新贡献。五年来不断拓展社会服务领域，构建了“智力支教、送医送药、捐款扶贫”的社会服务模式，树立了良好的社会形象。三是以建设高素质参政党为目标，强化理论学习，自身建设迈上了新台阶。五年来始终坚持用先进的思想理论凝聚会员、统领全局，进一步增强了广大会员的政治使命感和工作责任感；领导班子建设和后备干部队伍建设进一步加强；基层组织建设有较大的发展；机关建设成效显著。报告还总结了第四届委员会坚持中国共产党的领导、会员广泛参与、加强各方面的联络、健全运行机制等四点工作经验。最后，报告对下一届民进市委的工作思路和主要任务提出了中肯的建议。

大会听取、审议并批准万成贞所作的工作报告，对民进常德市第四届委员会的工作给予充分肯定，认为报告实事求是、全面深刻地总结了过去五年的工作成果和基本经验，对今后五年的工作任务提出了切实可行的建议，明确指出要努力把常德民进建设成为与中国共产党亲密合作、致力于建设中国特色社会主义事业的高素质的参政党，是指导常德民进继续前进的重要文件。

大会选举产生民进常德市第五届委员会。新选举的民进常德市第五届委员会由万成贞（女）、刘亚兰（女）、向湘粤、张力、杨芳（女）、邱涛（女）、徐建民、莫世锦、铁明东（女）、曹卫平、黄阳辉、童子祥、鄢秉珍（女）等十三名委员组成。

当日下午召开的民进常德市第五届委员会第一次全体会议，选举万成贞为主任委员，曹卫平、张力为副主任委员，任命邱涛为秘书长，推举黄松屏为顾问。

中共常德市委统战部部长文承保在大会闭幕式上致辞。他代表中共常德市委统战部，对大会的圆满成功和各位新当选的民进市委领导班子成员表示热烈的祝贺。向全市民进会员提出三点希望。一、适应新的要求、全面加强自身建设，二、发挥自身优势、为常德发展作出贡献，三、维护团结稳定、为构建和谐社会发挥作用。最后他要求常德民进紧密地团结在以胡锦涛同志为总书记的党中央周围，高举邓小平理论和“三个代表”重要思想伟大旗帜，在中共常德市委的领导下，同心同德，和衷共济，为构建和谐常德，实现“十一五”规划目标而不懈努力。

大会由新当选的民进常德市第五届委员会副主任委员张力致闭幕词。

六、民进常德市第六次代表大会

中国民主促进会常德市第六次代表大会于 2011 年 4 月 28 日在常德华天大酒店举行。

出席这次大会的代表 72 人，由提名代表和选举代表组成。其中，提名代表 12 人，占代表总额的 15%，由民进常德市第五届委员会委员组成；选举代表 60 人，占代表总额的

85%，由各支部（总支部）选举产生。这次大会的代表中，女代表37人，占代表总额的51%。教育界代表48人，占代表总数67%；党政机关界代表16人，占代表总数22%；科技、经济界代表4人，占代表总数6%；文化界代表2人，占代表总数3%。代表中具有中、高级职称的55人，占代表总数76%。

大会主席团由万成贞（女）、刘亚兰（女）、向湘粤、张力、杨芳（女）、邱涛（女）、莫世锦、铁明东（女）、徐建民、曹卫平、黄阳辉、鄢秉珍（女）等12人组成，大会秘书长由大会主席团成员杨芳担任。

湖南省人大常委会副主任、民进湖南省委员会主委谢勇，中共常德市委常委、常德市政府副市长宋冬春，中共常德市委常委、统战部部长李爱国，和民进湖南省委、中共常德市委、市人大、市政府、市政协的有关领导，其他民主党派、工商联和相关部门单位的代表出席了这次大会。

大会由民进常德市第五届委员会副主任委员张力致开幕词。宣布大会的主要议程和有关事项：听取和审议民进常德市第五届委员会的工作报告、选举产生民进常德市第六届委员会、通过大会有关决议。

湖南省人大常委会副主任、民进湖南省委员会主委谢勇代表民进湖南省委向大会表示热烈祝贺。他对以万成贞为主委的民进常德市第五届委员会在民进湖南省委、中共常德市委的正确领导下，与全市会员共同努力，坚持以邓小平理论和“三个代表”重要思想为指导，认真学习贯彻落实科学发展观，在组织建设、思想建设、领导班子建设方面，在专题调研、民主监督、建言献策方面，在扶贫帮困、支教服务、捐资助学、文化下乡方面，在立足本职，敬业奉献方面所取得的成绩感到由衷的高兴和满意。他表示相信：新一届民进常德市委一定能够继承和发扬优良传统，继续坚持和完善中国共产党领导的多党合作和政治协商制度，认真贯彻“长期共存、互相监督、肝胆相照、荣辱与共”的方针，团结和带领广大民进会员与时俱进，开拓创新，把常德民进的工作提高到一个新水平，为常德的改革发展稳定作出新的贡献。

中共常德市委常委、常德市政府副市长宋冬春代表中共常德市委、市人大、市政府、市政协，向大会的胜利召开表示热烈的祝贺。赞扬民进常德市委五年来团结带领全市广大会员立足岗位建功立业，围绕热点重点课题开展广泛深入的调查研究，提出了一大批有见地、有价值、有分量的建议，在多方面积极作为，为促进常德市的经济社会发展作出了积极贡献。希望即将选举产生的民进常德市委新一届领导班子，能够紧密团结带领全市广大会员，自觉坚持党的领导，在参与多党合作中发挥新优势；自觉坚持围绕中心，在促进科学发展中创造新业绩；自觉坚持科学指导，在强化自身建设中树立新形象。最后他表示，中共常德市委将始终按照科学发展观的要求，贯彻“长期共存、互相监督、肝胆相照、荣辱与共”的基本方针，推进政治协商、民主监督和参政议政的规范化、制度化、程序化；巩固和发展与各民主党派和衷共济、共谋发展的良好政治局面，加强合作共事，虚心接受监督，不断提高执政能力和水平；支持帮助各民主党派加强自身建设，引导民主党派组织健康发展；照顾同盟者利益，切实为各民主党派解决各种具体困难和问题，为各民主党派更好地履行职能、发挥作用创造良好条件。

大会由万成贞代表民进常德市第五届委员会作《同心同向，继往开来，为建设高素质参政党地方组织而奋斗》的工作报告。报告指出，过去的五年，是常德民进健康发展、全面进步、成绩斐然的五年。民进常德市委在民进湖南省委和中共常德市委的正确领导下，坚持以邓小平理论和“三个代表”重要思想为指导，以科学发展观统领会务工作，团结和带领广大会员围绕中心，服务大局，在思想建设、组织发展、机关工作、参政议政、社会服务等各方面都取得了可喜成绩，为常德民进的进一步发展打下了坚实的基础。报告还对未来五年的发展提出了切实可行的建议。

大会认真听取和审议工作报告，充分肯定民进常德市第五届委员会所作的工作，认为工作报告具有理论性、思想性和前瞻性，是指导我会继续前进的重要文件，批准了民进常德市第五届委员会的工作报告。

大会选举产生民进常德市第六届委员会，在组织机构实现新老交替，一批德才兼备、年富力强的中青年会员进入民进市委领导集体。

新选举的民进常德市第六届委员会由文军、孙启军、向湘粤（土家族）、张力、杨芳（女，回族）、杨子来、邱涛（女）、宋廷菊（女）、何春贞（女）、陈惠敏（女）、段文（女）、施跃龙、铁明东（女）、黄阳辉、鄢秉珍（女）、熊连初等16名委员组成。

当日下午召开的民进常德市第六届委员会第一次全体会议，选举张力为主任委员，杨芳（专职）、铁明东、黄阳辉为副主任委员，任命杨芳为秘书长。

中共常德市委常委、统战部部长李爱国在大会闭幕式上发表讲话，代表中共常德市委向新当选的民进常德市委主委、各位副主委以及市委委员表示热烈的祝贺，向在这次换届中光荣退下来的万成贞等致以崇高的敬意，向与会的全体代表和全市民进会员致以良好的祝愿。希望与会代表和广大会员以这次大会为新起点，在民进湖南省委和中共常德市委的坚强领导下，进一步继承传统、发挥优势，锐意进取、开拓创新，为促进常德市经济社会实现又好又快发展争做贡献，在常德发展的历史进程中谱写民进更加绚丽的新篇章。

大会由新当选的第六届委员会副主任委员铁明东致闭幕词。

表 4－4－1－1　参加民进全国代表大会的常德民进会员代表

会次	时　　间	代　　表
第六次	1988.11.19	徐厚道
第七次	1992. 12.11	李文健
第八次	1997.11.26	万成贞
第九次	2002.12.16	曹卫平
第十次	2007.12.1	万成贞

表 4－4－1－2　参加民进湖南省代表大会的常德民进会员代表

会次	时间	代表
第二次	1988.7.24－29	李文健、周政上、黄松屏、詹谷云
第三次	1992.7.28－31	石朝关、申仙桃、刘松柏、李文健、陈远恒、欧阳建新、徐远萍、梁颂诚
第四次	1997.4.2－4	万成贞、李文健、杜惠萍、肖　中、汪　阳、徐远萍、徐建民、莫世锦、郭宜中、高加友、曹卫平、黄松屏
第五次	2002.6.28－30	万成贞、向湘粤、张献海、杨少宽、汪　阳、邱　涛、欧爱民、罗立志、徐远萍、徐建民、梁颂诚、鄢秉珍
第六次	2007.5.16－18	万成贞、刘亚兰、孙启军、张仕华、杨　芳、郑圣国、曹卫平、黄阳辉、彭佩枝、熊连初、樊晓勇

第二节　全体委员会议

民进常德市委会议定期召开，市委委员全体会议两个月一次，主委工作会议每月一次，有时因为事项多，主委工作会议甚至一月开几次。会议严格按照《议事规则》和决策程序办事，确保工作效率和工作质量，民主集中制原则得到完美体现。主委会议抓方向、议大事，思想集中、观念一致。市委委员会议决定会内重大问题、重要人事安排，集体研究、集体决定。主委和副主委、专职干部和兼职委员，相互尊重、彼此团结、真诚合作，形成了既能自由地表达个人意见，又能有效地实现意志统一，整个领导集体和办事机关团结、和谐的生动活泼局面。

1988 年 11 月 24 日，民进常德市第一届委员会举行第一次全体会议，选举李文健为主任委员，黄松屏为副主任委员。

1990年2月28日，民进常德市委召开市委委员会议，集中学习《中共中央关于坚持和完善中国共产党领导的多党合作和政治协商制度的意见》。通过学习，市委委员的参政党意识逐步增强。

1992年1月7日，民进常德市第二届委员会举行第一次全体会议，选举李文健为主任委员，徐远萍、黄松屏为副主任委员。

1996年9月，民进常德市委召开市委扩大会议，增补万成贞、汪阳、曹卫平3人为委员，任命万成贞为秘书长。

1997年2月28日，民进常德市第三届委员会举行第一次全体会议，选举万成贞为主任委员，徐远萍、曹卫平为副主任委员，推举李文健为名誉主任委员、黄松屏为顾问。

1998年1月25日，民进常德市委召开市委扩大会议，主委万成贞传达民进第八次全国代表大会会议精神。

2001年7月13日，民进常德市第四届委员会举行第一次全体会议，选举万成贞为主任委员，徐远萍、曹卫平为副主任委员，推举李文健为名誉主任委员、黄松屏为顾问，任命鄢秉珍为兼职副秘书长。

2003年3月20日，民进常德市委召开市委扩大会议，副主委曹卫平传达民进第九次全国代表大会精神。

2006年6月14日，民进常德市第五届委员会举行第一次全体会议，选举万成贞为主任委员，张力、曹卫平为副主任委员，推举黄松屏为顾问，任命邱涛为秘书长。

2007年2月9日，民进常德市委召开市委扩大会议，增补杨芳为专职副主任委员。

2011年4月28日，民进常德市第六届委员会举行第一次全体会议，选举张力为主任委员，杨芳为专职副主任委员，铁明东、黄阳辉为副主任委员，任命杨芳为秘书长。

第三节　承办或出席重要会议

1984年7月，常德民进的首位会员徐厚道应邀参加民进湖南省委一届二次(扩大)会议。

1988年—1992年，常德民进共评选出年度优秀会员94人次，部分会员出席民进湖南省先代会。

1992年—1997年，民进常德市委评选表彰优秀会员73人次，李文健、徐厚道、郑昌华、刘振国、宣汉英、陈辉等会员出席民进湖南省先代会。

2000 年 4 月 22 日，民进常德市委承办“民进湖南省委妇女工作会议”。民进湖南省委主委谢勇、专职副主委杨方俊出席会议。负责妇女工作的民进常德市委委员、常德市武陵区教育局副局长铁明东作题为《提高自身素质，树立女性新形象》的典型发言。

2002 年 11 月 18 日，民进常德市七中支部会员郭宜中赴京出席民进中央召开的“民进 2002 年全国先进集体、先进会员经验交流会”。

2003 年 3 月 9 日—11 日，民进常德市委副主委徐远萍、办公室副主任邱涛参加民进湖南省委召开的“民进湖南省委政治交接工作座谈会”。

2005 年 11 月，民进常德市委机关干部参加“民进湖南省委组织建设工作座谈会”。

2007 年 5 月 8 日，民进常德市委承办“民进湖南省委政治交接座谈会常德分会”，民进省委专职副主委汤泽培出席会议并作主题报告。

2008 年 3 月 28 日—29 日，“民进湖南省企业家联谊会二届四次常务理事会议”在常德共和大酒店举行，民进湖南省委专职副主委汤泽培出席会议。民进常德市委专职副主委杨芳和民进常德市企业界会员张仕华、郭辉、孙红、肖鹏举列席会议。

2008 年 7 月 9 日—11 日，民进常德市委专职副主委杨芳、会员张仕华、孙红、杨子来赴张家界市，列席“民进湖南省 2008 年企业界会员联谊会会长联席会议”。

2011 年 5 月 14 日—15 日，民进常德市委专职副主委杨芳率常德企业界民进会员参加“民进湖南省企业家联谊会第三届全体会员大会”。

2011 年 8 月 29 日—31 日，民进常德市委承办“湖南民进工作研讨会”，民进省委专职副主委汤泽培、民进省委各处室处(室)长、湖南民进各市(州)委会专职副主委参加会议，民进湖南省委主委谢勇亲临会议并作重要讲话，会议取得圆满成功。

第五章 参政议政

民进常德市委一直把参政议政作为会务工作的生命线，积极履行参政党政治职能，发挥参政议政、民主监督作用。

民进常德市委积极开展统战理论政策的研究，围绕多党合作、统一战线理论进行了认真的探讨。通过不同渠道，采取多种形式，加强学习，提高理论水平和政治视野，提高谋国兴邦的本领和运筹决策的能力，建立了一支政治素质高，具有较强参政议政能力的骨干队伍，切实提高了民进组织参政议政的整体能力和水平。

民进常德市委第三、四、五届副主委曹卫平，第五届副主委、第六届主委张力，在统战理论的研究上有相当深的见解，被聘为湖南省统战理论研究会民进分会会员。

民进常德市委始终把提高参政议政质量作为工作的重心，重点围绕常德经济社会的发展、市委市政府的工作中心等事关地方发展的大事，重点关注人民的切身利益、群众的普遍反映等事关民生幸福的要事。充分发挥自身优势，选取那些涉及面广、关联性强、有重要作用的问题开展调研。观大局、抓大事、求实效，在深入调查研究，广泛听取意见，反复论证对比的基础上，采取全会发言、专题调研、代表建议、政协提案、社情民意、社会监督等各种不同方式，坦诚建言献策。

民进常德市委的建言献策，特别注重有理与有用的统一，强调参政议政要提有理而且有用的建议。调研，讲究深入细致；分析，力求中肯切要；建议，追求切实可行。民进市委特别注意发挥政党组织的群体作用，汇集会内人大代表、政协委员，群策群力、集思广益，就调研工作和调研报告进行集中讨论，以保证参政议政的高质量、高水平。

民进常德市委领导通过参加中共常德市委、市政府召开的定期恳谈会、专题议政会、民主协商会、情况通报会和各种座谈会，参与了常德市有关经济社会发展、社会主义精神文明建设等重大问题的协商和决策。在和谐、融洽的气氛中，在充分调研的基础上坦诚直言，反映群众呼声，提出意见建议，许多意见得到中共常德市委的重视和肯定。

民进常德市委注重发挥会内外资源优势，主动邀请行业专家、联合对口联系单位，开展调研活动，有效提高了调研质量。民进市委还十分重视与上级组织开展联合调研，把配合上级调研看作开拓视野、提升层次、锻炼队伍的机会。2010年，民进市委根据民进湖南省委的部署，先后开展了"关于义务教育学校实施绩效工资调研"、"关于提高服务消费社会信用水平的调研"，为民进省委圆满完成调研任务提供了真实的依据和科学化建议。

民进常德市委制定了参政议政工作制度，建立了参政议政工作机制，市委和各级基层组织，人大代表、政协委员和广大会员，在政治协商、民主监督方面，都程度不同地参加了不同层次的工作。广大会员在基层认真调查研究，广泛搜集社情民意，撰写了大量的提案材料，民进市委和人大代表、政协委员以这些材料为基础形成议案、提案、调研报告。因此，常德民进的参政议政成果包含着全市各级基层组织和全体民进会员的心血和汗水，使参政议政工作卓有成效。

经过将近三十年的学习与实践，常德民进的参政党意识逐步增强，参政议政水平不断提高，发挥了积极的"政治协商，民主监督"的作用。

第一节　参与政治协商

人民代表大会和政治协商会议是中国共产党领导的多党合作和政治协商的主渠道。民进常德市委在中共常德市委领导下，利用人大和政协平台，积极建言立论、协商共事，充分发挥了参政党应有的作用。

1988年6月19日，政协常德市一届一次全会召开，常德民进李文健、黄松屏、徐厚道、詹谷云、褚开业等5名政协委员出席。民进主委李文健、副主委黄松屏当选市政协常委，随后不久，增补李文健为市政协副主席。

1989年5月8日，政协常德市一届四次会议选举民进副主委黄松屏为市政协副秘书长。

1992年12月27日，政协常德市二届一次全会召开，常德民进李文健、黄松屏、徐厚道、郑昌华、刘振国、詹谷云、铁明东、梁颂成、印国光、徐泽鹏、汪阳等11名政协委员出席。民进主委李文健当选市政协副主席，副主委黄松屏当选市政协常委。

1997年12月28日，政协常德市三届一次全会在芷园宾馆召开，常德民进万成贞、徐远萍、张力、罗立志、铁明东、汪阳、徐建民、郭宜中、梁颂成、熊连初、莫世锦等11名政协委员出席。民进主委万成贞当选市政协副主席，副主委徐远萍、委员铁明东当选市政协常委。

2002年12月27日，政协常德市四届一次全会召开，常德民进万成贞、徐远萍、向湘粤、张力、欧爱民、罗立志、徐泽鹏、莫世锦、梁颂诚、童子祥、鄢秉珍、熊连初等12名政协委员出席。民进主委万成贞当选市政协副主席，副主委徐远萍、会员梁颂诚当选市政协常委。

2007年12月27日，政协常德市五届一次全会召开，常德民进杨芳、张力、黄阳辉、熊连初、邱涛、徐远萍、铁明东、张仕华、毛卫东、孙启军、杨莉、覃业敏、陈惠敏、王超美、郭辉、刘亚兰、肖鹏举等17名政协委员参加会议。民进专职副主委杨芳、副主委张力、委员黄阳辉当选市政协常委。

2009年年初，常德市政协民进工作组被评为"先进委员工作组"，民进杨芳、黄阳辉、刘亚兰等委员被评为优秀政协委员。

2009年年底，在中共常德市委主持召开的政协工作会议上，民进杨芳、陈惠敏两委员被评为优秀政协委员，受到中共常德市委的表彰。

2010年，民进梁颂成、张力、童子祥等委员被评为优秀政协委员。

至2012年，民进常德市委主委李文健、万成贞先后任市政协副主席。会员中，先后有湖南省人大代表2人、常德市人大常委2人、常德市人大代表1人、市属县区人大代表3人；湖南省政协委员2人、常德市政协常委8人、常德市政协委员39人、市属县区政协副主席4人、市属县区政协常委3人、市属县区政协委员10人；先后有20多人次被常德市政协评为优秀政协委员。

表4－5－1－1　民进会员担任人大代表、政协委员情况表

级别	届别	任职人员
省人大代表	第十届（2003－2008）	铁明东（女）
	第十一届（2008－2013）	万成贞（女）、铁明东（女）
省政协委员	第七届（1993——1998）	徐远萍（女）
	第八届（1998－2003）	万成贞（女）
	第九届（2003－2008）	万成贞（女）
市人大代表	第三届（1998－2003）	曹卫平（常委）、向湘粤（常委）、文会新
	第四届（2003－2008）	曹卫平（常委）、文会新
	第五届（2008－2013）	曹卫平（常委）

续表

级别	届别	任职人员
市政协委员	第一届 (1988—1993)	李文健(副主席)、黄松屏(常委)、刘振国、周政上、郑昌华、徐厚道、褚开业、詹谷云(女)
	第二届 (1993—1998)	李文健(副主席)、万成贞(女,常委)、黄松屏(常委)、印国光、刘振国、汪阳、郑昌华、徐泽鹏、徐厚道、铁明东(女)、梁颂成、曾群、詹谷云(女)
	第三届 (1998—2003)	万成贞(女、副主席)、徐远萍(女、常委)、铁明东(女、常委)、张力、汪阳、欧爱民、罗立志、徐建民、徐泽鹏、莫世锦、郭宜中、梁颂成、熊连初
	第四届 (2003—2008)	万成贞(女、副主席)、徐远萍(女、常委)、梁颂成(常委)、向湘粤、许连军、张力、张仕华、杨芳(女)、罗立志、施跃龙、徐泽鹏、莫世锦、黄阳辉、童子祥、鄢秉珍(女)、熊连初
	第五届 (2008—2013)	张力(常委)、杨芳(女、常委)、黄阳辉(常委)、王超美、毛卫东、印家清、刘亚兰(女)、孙启军、张仕华、杨莉(女)、肖鹏举、邱涛(女)、陈惠敏(女)、徐远萍(女)、郭辉、铁明东(女)、覃业敏、熊连初
市属县(区) 人大代表		伍秋华(女)、刘松柏、肖奎香
市属县(区) 政协委员		杨芳(女、副主席)、汪阳(副主席)、铁明东(女、副主席)、蒋利荣(副主席)、刘亚兰(女、常委)、李光前(常委)、施跃龙(常委)、孙红、杨子来、沈亚力、陈惠敏(女)、段文(女)、徐建民、徐泽鹏、谢友芬(女)、童杰、潘道华

常德民进成立以后,经过长期的卓有成效的自身建设和参政议政实践,会员的政治素质越来越高,参政议政能力越来越强,不少精英成员走上了行政领导岗位。至2012年,常德民进共培养出了行政事业单位副科级以上干部25人,占会员总数的8.4%,其中有9人担任副处级以上行政领导职务。他们现任或曾任的主要职务如下表:

表 4－5－1－2

姓名	单位及职务	任职时间	备注
万成贞	常德市人民政府副市长		
张　力	常德汽车机电学校校长		
熊连初	常德市监察局副局长		
邱　涛	常德市政协港澳台侨外事委副主任		
曹卫平	湖南文理学院政史系主任		
黄阳辉	常德市广播电视台副调研员		
杨　芳	民进常德市委专职副主委		
铁明东	常德市武陵区教育局局长		
文会新	桃源县文化局副局长		
张雪庭	常德市第七中学副校长		
徐泽鹏	常德市武陵区文化馆副馆长		
汪　阳	桃源县工商联主席		
刘亚兰	桃源县教育局副局长		
向湘粤	常德市规划设计院副总工程师		
覃业敏	常德市教育局信息中心副主任		
李　晖	桃源县发展改革物价局总经济师		
杨子来	常德市鼎城区住房和城市建设局工会主席		
许新华	武陵区蔬菜办主任科员		
王超美	常德市国土资源局武陵分局副局长		
刘志清	常德市国土资源局执法支队副支队长		
谢友芬	武陵区城北街道办事处副主任		
盛晓丽	常德市林业局林场科副科长		
刘　湘	桃源县规划局副局长		
钱晓洁	武陵区文联副主席		
蒋利荣	鼎城区民族宗教局局长		
郑　波	常德市质监局执法支队副支队长		

第二节 建言献策

从1988年常德民进成立到2012年，民进常德市委和会内人大代表、政协委员积极贯彻执行中国共产党领导的多党合作和政治协商制度，共向省市人大、政协提交建议案60余件，提案580余件，调研报告30余篇。

常德民进的所属各个基层组织，在民进常德市委的领导下，发挥极大的政治热情，在本地、本单位、本部门与中共党组织密切合作，积极建言献策，参与民主监督，发挥应有的作用，产生很好的社会影响。

第一届民进常德市委期间，常德民进的会内市政协委员以高度的政治热情积极参政议政，除在各次政协会议上踊跃发言，对政府的各项工作提出意见和建议外，五年共提交提案46件。提案内容涉及到教育经费、教师地位待遇、发展职业中学教育、整顿文化市场和农贸市场、加强城市管理、就业安置、社会治安等，都引起有关领导的重视。

会内教育界的市政协委员先后对武陵区、鼎城区、临澧、津市、桃源、汉寿、安乡等区县市的普教工作、职业技术教育、基础教育、学校收费、教育方针贯彻等诸方面，进行深入细致的调查，写出一批有情况、有分析、有建议的调查报告，民进常德市委主要负责人分别在市政协全会或常委会上对此作专题发言，产生良好的影响。

会内市政协委员还参加市政协组织的桃花源考察，就桃花源的建设与发展提出意见和建议。会内市人大代表也参加市人大组织的对九年制义务教育执法情况检查。

1990年11月20日—22日，民进常德师范支部主任梁颂成参加民进湖南省委召开的合作共事经验交流会，并作题为《依靠党委领导，做维护安定团结的重要力量》的大会发言。

民进组织的基层会员也以饱满的政治热情积极建言献策，在政协常德市一届一次会议期间，民进常德市委在全市民进会员中广泛收集提案，会员们就教育、物价、社会治安等很多方面提出具有代表性的意见和看法，反映广大群众的普遍要求。如市六中、一职中的会员写出教育改革方面的调查报告，常德师专的会员写出有关九年义务教育方面的提案，均通过会内政协委员在政协会议上提交。

常德民进的各个支部，充分尊重中共基层党组织的领导，努力搞好合作共事，积极献计出力，发挥助手作用、参谋作用、桥梁作用；很多会员为本单位领导出谋献策，提出不少好的意见和建议，收到较好的成效。

第二届民进常德市委期间，民进常德市委主委、市政协副主席李文健就基础教育、职业技术教育、教师地位待遇、《教师法》的贯彻以及交通、社会秩序等方面,在各次政协全会上分别作专题发言,反响较大,效果较好。

民进常德市委逐渐重视党派集体提案的影响力,选取一些焦点问题,组织力量进行比较深入的调研,将调研结果以民进市委的名义提交给政协。民进的会内市政协委员对教师公费医疗存在的问题、拖欠教师工资问题、设教育督导员问题、整顿学校收费问题、教师职称评定问题、教师健康状况问题、教育系统房改问题、宣传贯彻《教师法》问题,以及社会办学、反腐倡廉、社会秩序、私营企业发展等重大问题,事先进行充分调查,认真研究,形成文字。在政协会议上提出调研报告或提案时,不仅有理有据、有的放矢,还为解决问题提出了切实可行的建议。如有关教师房改的问题,民进常德市委写出并提交集体提案,从维护教师正当权益的角度,提出处理意见,受到中共常德市委、市政府和市教委的重视,较好地解决了这一问题。

民进常德市委和会内政协委员五年来共提交提案 280 多件,其中有 40 多件被评为年度优秀提案。如刘振国委员的《加强对赌博机、电游机的有效管理》《加强对医疗美容与按摩市场的管理》,郑昌华委员的《发展职业教育培养地方人才》《落实教师工资、稳定教师队伍》《依法落实教师待遇》《加强文化市场管理、为青少年健康成长创造良好的外部环境》,印国光委员的《建议在城区成立报警中心》、《加强环境卫生建设,争创国家卫生城市》,徐泽鹏、詹谷云等委员的《关于在城区禁放鞭炮》、《建议建立戒毒所》等提案均被评为年度优秀提案,受到中共常德市委、市政府的重视,得到较好的落实,为常德市的两个文明建设作出积极的贡献。印国光委员就轻化中专校门前的环境问题写出提案,常德市政府责成有关部门将土路改修成水泥路面,受到全校师生的赞誉。

1995 年 2 月,民进常德市委副主委、市政协常委黄松屏致书常德市政府代市长张昌平,反映城市基础设施和城市管理存在的一些影响群众日常生活的问题,张昌平代市长非常重视,批转有关领导办理。《常德日报》1995 年 2 月 18 日头版全文刊登了黄松屏写给张昌平的原信和张昌平的回信,产生了较大的社会影响。

民进常德市委所属基层组织,在所在单位积极参政议政、发挥民主党派的作用,得到单位领导的好评。

常德师专支部的会员,对学校精神文明建设、教学教改、中层班子调整等方面提出建设性的意见。如会员徐厚道关于教师在学校工作中的位置、会员曹卫平关于如何增强师资力量、会员梁颂成关于学校精神文明建设,提出一些切实可行的意见和建议,得到中共学校党委的充分肯定。常师支部组织会员到慈利山区进行社会调查,了解农村小学教育、教学等方面的情况,征求小学教师对中师教育的意见,并把调查情况反映给中共常师党委,为学校教改提供第一手材料,受到校领导的欢迎。

市一中支部委员会在学校房改工作进行中，根据本校住房的特点，会同校内其它党派的负责人向学校建议改造旧房结构，学校领导接受并予以实施，缓解了一部分中级教师住房拥挤的状况。市一中领导在学校制定教师课时津贴方案时，采纳了市一中支部会员提出的合理化建议，调动了全校教师的工作积极性。该支部的工作，得到了学校领导的肯定和老师们的欢迎。市六中支部组织全体会员在校内进行学生思想品德调查和学生视力调查，并将详尽的调查报告交给学校，引起了领导的重视。市七中在进行教育教学改革时，支部会员郑昌华提出了关于如何保持和发展七中美术特色的建议，得到学校领导的认可和采纳。会员郭宜中提出的《学校改革的几点建议》引起学校领导的重视，许多意见被采纳，写入了校长的学校改革计划。

中国农业银行常德职工中专支部的会员在反腐倡廉中，揭发了本校的一些贪污腐败问题，为学校挽回经济损失 10 多万元。工农小学支部的会员建议学校订立了公物保管、损坏赔偿制度，使学校公物损坏程度大大减轻，杜绝了人为损坏，节省了大量维修开支。育才小学支部的会员对本校私设小钱柜和校办企业收入使用不当等问题向纪检部门反映，使相关责任人受到查处，为学校挽回了经济损失。

第三届民进常德市委期间，民进常德市委在参政议政中突出调研，建言立论，每年自选课题所写出的调研报告，在各次政协全会上都作了大会发言。会内人大代表、政协委员紧紧围绕中共常德市委、市政府的中心工作，积极开展调查研究，向中共常德市委、市政府提出了许多积极建议。五年来，共提交议案、提案和调研报告 200 多件，其中仅 1999 年就有市政协 A 类提案 18 件。

1998 年，民进常德市委在对常德市近 20 所中专、中等职业学校和社会办学的职校进行了广泛调查后，提交了调研报告《我市中等职业教育的现状及发展》。民进常德市委副主委、市人大常委曹卫平领衔在市人大会议上提出的《恳请进一步促进常德师专“专升本”》的建议案，得到中共常德市委、市政府的高度重视，列入当年市委市政府四大工作重点之一，写入了政府工作报告。在市委市政府的努力下，当年年底在国家教育部举行的全国高校设置评议专家委员会第三届会议上，常德师范专科学校与常德高等专科学校合并为常德师范学院的方案获得全票通过。

会内市人大代表文会新的《关于规范有线电视管理，避免重复建设的批评建议》，受到常德市广电部门的重视，市政府为此组织了一次以治散治乱为主的广播电视执法大检查。会内武陵区人大代表刘松柏关于《巩固“双基”验收成果，加强中小学校园建设》的建议案也得到有关部门的重视。会内市政协委员徐建民的《治理三间路至龙港巷路段占道经营》的提案，得到常德市有关部门的重视、采纳。

1999 年，民进常德市委主委万成贞的《关于国有企业改革》的提案被湖南省政协评选为优秀提案。《加速江北城区防洪圈建设，确保工程质量》的提案受到中共常德市委、市政府的高度重视。

在政协常德市三届二次全会上，市政协常委、副主委徐远萍代表民进市委作题为《中专学校两难现象必须引起高度重视》的大会发言，揭示传统的中等专业教育和新兴职业教育合一之后出现的特殊问题。张力委员的《关于对事业单位领导实行离任审计的建议》被有关部门采纳并产生长远影响，徐建民委员《关于加强住房公积金管理的建议》的提案得到有关部门回复并予以落实解决。

2000 年，民进常德市委提交了《抓好中小学三制改革，提高教师队伍素质》《改革教育人事制度，尽快提高我市中小学生教师队伍整体素质》两篇调研报告。其中《抓好中小学三制改革，提高教师队伍素质》，在市政协三届三次全会上由副主委徐远萍代表民进市委发言。4 月，张力委员撰写了《农村中学流失率居高难下，"巩九"攻坚刻不容缓》，在他主撰的市政协文教体卫委多篇调研报告中，这篇调研报告影响最大。在政协常德市三届三次全会上，徐建民委员的《在机构改革中精简乡联校撤消城区联校》的提案被有关部门采纳并产生长远影响。

民进常德市委所属基层组织与本单位中共党组织保持良好的合作关系，为单位献计献策，发挥了民主党派应有的作用。会员们在各自的岗位上通过不同形式参政议政，社会反响很好。

市一中支部会员莫世锦被学校聘为校务公开领导小组成员，对学校修建体育馆和体育场两大基建工程项目的考察、议标进行民主监督。会员罗德该在对教师综合楼工程的监督中，坚持原则，严格把关，拒绝施工单位使用低价不合格电线，维护学校的利益。市七中支部会员李庆才担任学校中层骨干，直接参与学校的管理，他提出的关于加强"基建工程质量管理"的建议被学校采纳。

工农小学支部的会员积极参与单位的管理，当好学校领导的助手和参谋。学校修建食堂，原预算要 8 万元。他们通过对预算方案的审核和对建材市场的调查，提出合理建议，结果只用了 3 万元便建成了，为学校节省资金 5 万元。

市职业中专支部会员童子祥对学校招生工作提出"扩大招生宣传，没有投入就没有产出"的建议。

第四届民进常德市委期间，民进常德市委十分重视调查研究工作。每次调研，都要仔细计划，周密部署，领导亲自带队，深入群众，实际调查，写出详细的调研报告。调查研究工作在参政议政的领域、层次和渠道上都有新的突破，取得突出成绩。五年中，先后写出了《调整城区中小学布局，加强薄弱学校建设》等一大批专题调研报告，并作为发言材料在市政协全会上宣读。

民进常德市委充分利用各级人大、政协平台建言献策，围绕中共常德市委、市政府提出的“经济强市、文化名城、和谐常德”这个发展目标参政议政。五年中，民进市委和会内人大代表、政协委员共提议案、提案215件，这些议案、提案都得到认真答复和不同程度的采纳。副主委曹卫平在市人大会议上提交的《关于理顺西湖一中管理体制等问题的建议》引起常德市教育局的重视，在同年5月全市教育状况的调查中将该中学作为典型，及时给予经费支持。徐建民委员参与撰写的提案《城区小学在节假日开展特长教育》得到有关部门的回复并实行。向湘粤委员提出的《关于高度重视常德市老年病医院生存与发展》的提案被中共常德市委、市政府采纳，得以落实解决。

2001年，民进市委撰写的《加快农村改革步伐，切实减轻农民负担》的调研报告，由主委万成贞在政协湖南省八届四次全会上发言，得到出席会议的省政府职能部门特别是农业部门的高度重视。在政协常德市三届四次全会上，副主委徐远萍代表民进市委的发言《依法保证教育投入，确保农村义务教育稳步发展》，被市政协评为年度优秀提案，获得常德市统战调研成果三等奖。

2002年，在政协常德市三届五次全会上，副主委徐远萍代表民进市委的大会发言《依法治教，促进民办教育健康发展》，获得全市统战系统调研成果二等奖。郭宜中委员的《政务公开应面向全市人民》被有关部门采纳并产生长远影响。

2003年，在政协常德市四届一次全会上，莫世锦、罗立志、童子祥等委员的《关于修建常德市青少年活动中心的建议》被有关部门采纳并产生长远影响。杨芳委员的提案《进一步搞好农村消赤减债工作，巩固农村税费改革成果》被常德市政协评为年度优秀提案。

2004年，在政协常德市四届二次全会上，张力委员代表民进市委的发言《我市职业教育存在的问题及对策》，被常德市政协评为年度优秀提案，获得全市统战系统调研成果三等奖。徐泽鹏委员撰写的提案《城区文化市场亟待加强管理》被市政协列为重点督办提案，《关于开设“市长热线”的建议》被有关部门采纳并产生长远影响。6月，张力委员为市政协法制民宗委执笔撰写《党外干部培养使用及干部教育工作的建议》调研文稿。

2005年，政协常德市四届三次全会上，张力委员代表民进市委的发言《关于进一步推动政府采购工作的建议》，黄阳辉委员代表民进市委的发言《常德城区历史文化古迹亟待保护》，梁颂成常委的提案《应该积极支持诗墙公园自发性的群众文化活动》，为常德市的文化建设、社会和谐提供重要参考，被中共常德市委、市政府在决策时采纳。

民进常德市委集体提案《增加临岗公路安全警示设施，强化沿线居民安全教育》被市政协列为重点督办提案，被评为年度优秀提案，受到有关部门的高度重视，鼎城区交警大队多次上门汇报办理情况。向湘粤委员的《关于拆除我市路桥收费站的建议》被有关部门采纳并产生长远影响。

常德民进的基层支部紧紧依靠本单位党的领导，以围绕中心、服务大局为工作目标，以不同的形式，积极参政议政，取得较好的成效。基层支部的会员还广泛搜集社情民意，以敏锐的眼光抓住问题的关键，深入开展调查研究，为民进常德市委提供大量的提案材料。民进市委在政协提出的不少提案就是以这些材料为基础形成的。

桃源县支部围绕广大群众关注的热点、焦点问题，五年来共提出提案 80 余件。2001 年，支部会员李光前，通过深入基层调查研究，对桃源县城城市规划提出多项合理化建议，得到了中共桃源县委充分肯定。2003 年支部集体提出的《县城“慢慢游”取缔刻不容缓》被列为县政协重点督办提案，并被评为年度优秀提案。在支部和县有关部门的共同努力下，县城“慢慢游”取缔工作顺利完成。支部会员积极参加县政协组织的对创元铝业、湘鲁万福、跃宇竹业等企业以及县乡公路等全县重大建设项目的视察，参与对县公安局、林业局、工商局等单位的民主评议工作，民进会员担任民主评议工作主题发言人。

文理学院支部会员成慧芳在常德城市文化建设方面，撰写了相关的学术论文，并且在多种场合就常德市“广场文艺”的策划和操作提出建议，引起有关部门重视。市一中支部委员会撰写《关注中小学生睡眠》的调研报告在《常德日报》上发表，并被收录进《中国教育发展纲要》一书中。

第五届民进常德市委期间，民进常德市委的参政议政能力已大大提高，监督协商已深入到政治、经济和社会生活各个领域，看问题的穿透力已由表层向纵深发展，接触到了较有深度的实际问题。五年中，民进常德市委向市政协全会提交发言材料 5 篇，撰写专题调研报告 6 篇；会内省、市人大代表提交议案 38 件，会内市政协委员撰写提案 133 件。4 篇大会发言材料获奖并得到中共常德市委、常德市政府主要领导批示，7 件提案被常德市政协评为年度优秀提案。市政协创办《社情民意》之后，民进常德市委充分利用这一权威、便捷的渠道，积极反映民生问题，先后撰写社情民意信息 110 条。2008 年以来，反映社情民意信息 37 条，被《社情民意》采编上报 25 条，5 条社情民意信息被常德市政协评为优秀信息，11 条社情民意信息获得市党政领导批示。

2006 年，民进常德市委撰写的《强化社会综合治理，预防未成年人犯罪》的调研报告，在政协常德市四届四次全会上由副主委张力代表民进市委发言。这篇调研报告受到民进湖南省委的肯定，转化为政协湖南省九届四次全会提案。

在政协常德市四届四次全会上，民进常德市委集体提案《关于狠刹吃请风 维护党校形象的建议》、会内市政协常委徐远萍的提案《关于尽快解决光荣路道路改造的建议》和徐泽鹏委员的提案《关注德山教育，建好莲池中学》，被常德市政协评为年度优秀提案。童子祥委员的《关于尽早改善市五中、七中出口通道安全的提案》被列为常德市政协重点督办提案，评为年度优秀提案。9 月 18 日—21 日，民进常德市委根据市民反映，组织会内市政协委员就食品安全问题开展调研。从大型超市出售的食品入手,对部分食品的生产、检验、销售跟踪调查,发现食品安全监管方面存在的突出问题,写成调研报告《食品安全任重道远——关于加强我市食品安全工作的建议》,在政协常德市四届五次全会上由专职副主委杨芳代表民进常德市委发言。这篇调研报告被市政协主席会议确定为重点督办提案,被评为年度优秀调研文稿。

2007 年 9 月 14 日—18 日,民进常德市委组织会内市政协委员针对常德市工业企业上市融资问题,就本市上市公司情况开展专题调研。12 月,民进常德市委由副主委张力发言,向政协常德市五届一次全会提交《积极培育上市公司,努力拓展融资渠道》的调研报告,对常德市企业上市工作和上市企业的发展作比较全面的梳理,提出大力培育上市企业的若干建议。这篇调研报告得到常德市长卿渐伟的亲笔批示。

2008 年,民进常德市委看到穿紫河综合治理是常德市的重大市政工程,是惠及全体市民的惠民工程,但是经过五年的治理,广大市民仍然没有看到殷切期盼的效果,因此进行穿紫河综合治理专题调研,由市委委员、市政协常委黄阳辉执笔撰写调研报告《继续高度关注穿紫河,加大综合整治力度》,提出六个方面切实可行的建议。2009 年初,该调研报告在常德市政协全会上提交,引起高度关注,被评为优秀调研报告。

4 月 29 日,民进常德市委组织部分政协委员前往桃源县枫树维吾尔族乡、许家桥回维乡进行考察,围绕少数民族乡村公益事业建设情况开展实地调研。5 月,市政协民进工作组联合市民族宗教事务局对全市宗教界上层人士参保情况开展专题调研,形成《关于我市宗教界上层人士医保、社保问题的调查与建议》,得到市政协的高度重视和及时呼吁,引起中共常德市委、市政府的重视,划拨专项经费,较好地解决常德市宗教界上层人士期盼已久的医保和社保问题。10 月 22 日,常德民进会内市政协委员为了解“常德市宗教团体建设情况”还开展一次调研视察。

8 月 25 日—9 月 5 日,民进常德市委组织部分政协委员,利用两个星期的时间,在常德市城区和市属 9 个区县市,对学前教育进行调研。通过实地调查、召开座谈会、发放问卷等形式,全面了解真实情况。10 月,撰写《我市幼儿教育的调查与思考——关于加快我市幼儿教育发展的建议》调研报告,在 2009 年政协常德市五届二次全会上,由杨莉委员代表民进常德市委发言。这篇调研报告抓住教育强市建设的薄弱环节,全面分析本市学前教育存在的三大突出问题,围绕如何加快发展,提出七个方面比较系统、切实的建议,得到高度关注,产生比较广泛的社会影响,为 2010 年 9 月常德市政府相关文件(常政发〔2010〕17 号)《关于加快学前教育改革和发展的意见》的出台提供一定的舆论支持。这篇调研报告获得优秀调研报告二等奖。

2009 年,民进常德市委深入群众,广泛调研,先后提交社情民意信息 8 条,被常德市政协《社情民意》采编5条。杨芳副主委、陈惠敏委员和邱涛委员采写的《朝阳何时照上朝阳路》登载于市政协《社情民意》2009年第10期，被评为年度优秀信息。杨芳副主委采写的《文明城市呼唤文明公交》登载于市政协《社情民意》2009年第15期，被评为年度优秀信息。邱涛委员采写的《关于在公共场所合理设置公厕的建议》登载于市政协《社情民意》2009年第51期。杨芳副主委采写的《采取措施制止驾校强行收取驾照考生食宿费行为》登载于市政协《社情民意》2009年第54期。这4篇社情民意信息均得到常德市政府陈文浩市长的亲笔批示，得到相关部门的办理落实。民进常德市委机关报道民进会员杨惠珍临终前不忘为汶川地震灾区奉献爱心的通讯《民进会员临终前的善举》，被评为优秀新闻稿。孙启军、覃业敏委员的《关于加强对渣土车安全运输管理的建议》被常德市政协评为年度优秀提案。

8月13日—15日，民进中央妇女儿童委员会副主任陈慧来率领调研组来常德市围绕《充分发挥人口和计划生育公共服务网络在构建农村基本公共服务体系中的重要作用》这一课题进行专题调研，民进常德市委精心准备，多方协调，主委万成贞、专职副主委杨芳全程参与，使调研工作取得圆满成功，得到民进中央调研组的高度赞扬。

9月1日—3日，民进湖南省委参政议政处处长张军才、湖南省国土资源厅综合研究处处长欧阳志军、湖南师范大学教授秦建新等领导和专家，就《建立城乡统一的建设用地市场》课题到我市进行专题调研，专职副主委杨芳全程陪同，协助做好相关工作，使调研工作取得了实效。

10月—11月，民进常德市委组织会内市政协委员对本市职业教育进行专题调研，深入学校、企业广泛听取意见建议，集中精力、积极收集相关资料，撰写《整合市直中职教育资源，促进我市职业教育科学发展——对我市中职教育发展的新建议》的调研报告，直击本市中职教育发展的症结，提出了全面整合资源的建议。在2010年初召开的政协常德市五届三次会议上，专职副主委杨芳代表民进市委就此作大会发言，引起与会人员的强烈共鸣，并得到中共常德市委书记卿渐伟和市长陈文浩的亲笔批示，获得优秀调研报告二等奖。张力常委以此次调研资料写成的提案《关于进一步支持市直中职教育发展的建议》被评为年度优秀提案。6月，常德市政府组成职业教育考察团，学习借鉴外地的先进经验，提出建立中职教育园的发展目标。9月20日，市政府召开第39次常务会议，重点审议教育议题，出台常政发〔2010〕18号《关于进一步加快中等职业教育发展的意见》的文件。

2010年，民进常德市委撰写社情民意13条，被常德市政协采编10条。专职副主委杨芳撰写的《建议城区水电气供应部门开通提醒服务》，登载于市政协《社情民意》2010年第38期，被评为年度优秀信息。中共常德市委常委、市政府副市长宋冬春对此作出重要批示，市城市办、供电、供水、供气等相关部门召开专门会议，研究了解决方案。徐远萍委员撰写的《制止侵占学校用地行为，尽快拆除违法建筑》被市政协采编，登载于《社情民意》2010年第2期，引起市领导的高度重视，相关部门现场办公，作出强制拆除违章建筑的决定。所反映的问题得到圆满解决。专职副主委杨芳撰写的建议：《建议编印〈联系交友记载簿〉，落实党同党外领导干部交友制度》被中共中央统战部《每日汇报》采用。

2010年初，在政协常德市五届三次会议上，民进常德市委和会内市政协委员共提交提案28件。黄阳辉常委的提案《强化干警责任意识，严格监所执法管理》，被市政协评为年度优秀提案。民进市委机关的信息《新任中共常德市委书记卿渐伟问计民进常德市委》，被评为"政协好新闻"。

2010年上半年，根据常德即将到来的高速时代，针对常德市旅游资源丰富而旅游开发滞后的问题，市政协常委黄阳辉代表民进常德市委提交调研报告《倾力打造精品品牌，高速发展常德旅游——对高速时代常德旅游的几点思考》。在政协常德市五届四次全会的对口协商会议上，黄阳辉常委以《旅游观光业，隔海看常德》为题，向常德市政府主要领导提出了发展常德旅游的建议。

6月29日，常德市政协民进工作组的政协委员视察全市残疾人康复机构，并提出6条促进残疾人事业发展的建议。

7月，针对全国各地校园安全事件频发的严重态势，民进常德市委积极行动，组织16个基层组织深入全市中小学校认真调研校园安全情况，形成《强化安全防范，构建平安校园》的调研报告，为有效加强常德市校园安全防范问题提出一系列意见和建议。

8月4日，民进常德市委专职副主委杨芳、市委委员黄阳辉参加了常德市城区基层派出所建设情况视察活动，就如何改善基层派出所办公条件、提高基层公安民警待遇等问题提出意见建议，得到相关部门的采纳。

9月—11月，针对常德市农村公路建设中普遍存在的路网衔接不足，"断头路"严重制约农村经济社会发展的现状，民进常德市委成立专题调研组，深入全市9个区县市开展调研。通过座谈走访、实地察看、查阅资料等方式，掌握第一手资料，形成了《消灭"断头路"，提高通畅力——我市农村公路"断头路"情况调查》的调研报告。在2011年政协常德市五届四次全会上，副主委黄阳辉代表民进市委就此作大会协商发言，引起与会人员的强烈共鸣，得到中共常德市委主要领导的高度重视，市委书记卿渐伟在发言材料上批示："这个发言情况清楚，原因分析全面客观，所提建议很有针对性，且可逐渐实施推进。请交通部门今年要重点抓一下此事。"常德市政府因此把消灭"断头路"列入2011年年度民生改善十大计划。

2011年，民进常德市委广辟渠道，发动会内市政协委员反映社情民意信息16条，《农业保险工作亟待规范》等9条信息被市政协采编，3篇社情民意得到常德市长陈文浩的亲笔批示。民进常德市委还积极开展对口联系工作,5 月 6 日,专职副主委杨芳率领部分民进常德市委委员赴市公安局参加警民恳谈会,对公安干警的工作给予充分肯定,并提出一些工作建议。这一年,民进常德市委确定“农村基础设施管理养护”和“文化产业改革发展”两个课题,开展广泛深入的调查研究,形成《加强乡镇职能,提高农村基础设施管养水平》和《落实中共十七届六中全会精神,实现常德文化产业发展大突破》两篇调研报告。在政协常德市五届四次全会上,民进市委和会内市政协委员有 2 件提案被评为优秀提案,1 篇调研报告被评为优秀调研报告,1 篇信息被评为政协好新闻,1 篇社情民意被评为优秀信息。

民进常德市委认识到,拆除光荣路路面中心绿化隔离带是一项民心工程,鉴于 2009 年和 2010 年连续两年向常德市政协提交《关于拆除光荣路路面中心绿化隔离带,缓解交通压力的建议》,而提案办理一直不尽人意,便利用建设人民满意政府这一契机,将问题向常德市满意办作专题汇报,使光荣路改造计划被列入市政府议事日程并迅速实施,狭窄的光荣路被改造成一条敞亮的幸福路。

2011 年 1 月 13 日,民进常德市委专职副主委杨芳带领政协民进工作组视察常德市三中校园文化建设情况。委员们实地参观三中的校园,观看专题宣传片,听取学校负责人情况介绍。6 月 16 日,常德市政协召开常务委员协商会,专题协商“统筹城乡发展”。民进常德市委专职副主委,市政协常委杨芳作《统筹城乡教育均衡发展,推动城乡教育一体化》的发言,得到与会市政协领导的高度评价,并代表协商的常务委员向市政协常委会作专题汇报。

民进各基层组织和广大会员围绕党政中心和本地、本单位工作实际开展调查研究,积极建言献策,取得了丰硕成果。

2009 年,湖南文理学院支部会员张曦微、汪苏娥深入桃源农村针对农村养老和农村经济发展开展调研,撰写调研报告。市三中支部先后组织会员前往石门五中、临澧官亭和汉寿湿地公园实地调研,所撰写的调研报告得到学校的高度重视。

常德师范学校支部担任学校教代会代表的会员,围绕学校教育教学改革提出 5 条合理化建议,为本单位的工作改进起到了一定的作用。工农小学支部在学校布局改造过程中,积极建言献策,提出 8 条建议,大部分被学校采纳。育才小学支部为了学生的身心发展,向学校提出“取缔学校小卖部”的建议,得到采纳,学校的卫生环境大有改善。

2010 年,湖南文理学院支部组织会员对竹山巷的脏、乱、差状况进行广泛座谈交流,形成的《整治竹山巷刻不容缓》,被市政协采编为社情民意,得到了常德市副市长宋冬春的重视和批复,竹山巷得到综合改造。

鼎城区支部组织实地调研,提出《拆除江南防洪土堤建砼防洪墙的方案》,这个方案既能提高江南防洪能力，又能解决修建滨江大道的用地难题，已被鼎城区有关部门采纳。

武陵区总支将调研工作作为全年工作的重要内容，积极组织引导会员参加调研，全年集中调研2次，形成了《武陵区群众文化发展的现状及思考》《加快武陵区学校文化建设步伐》2篇调研报告，引起中共武陵区委、区政府的高度重视。

第三节　民主监督

民进常德市委认真地履行参政党的民主监督职能，积极组织和推荐特约"四员"，广泛参与民主监督工作，对常德市的民主监督工作起着积极的推动作用。会内先后担任各类特约监督人员的50多名会员，尽职尽责，积极参与行风评议等多种座谈、评议活动，对政府部门的工作提出恳切的意见和积极的建议，较好地发挥了民主监督的作用。

1997年，常德市行风评议工作开展以来，民进常德市委副主委徐远萍和会员李邵陵等被聘为行风评议代表，分期分批参加对教育、公安等部门的行风评议工作。他们以对党对人民高度负责的态度，认真履行职责，出色地完成评议工作。

2004年，民进常德市委副主委曹卫平作为市监察局特约监察员，对市三医院、老年病医院进行了医德医风的行风监察，在肯定这些医院改善医疗服务质量的同时，针对个别药品价位偏高、对患者知情权重视不够、有关规章制度不够完善等问题建言，引起卫生行政部门的高度重视。

2008年，全国人大内务司法委员会委员赵锡君，来常德对《中华人民共和国未成年人保护法》的贯彻实施情况进行调研并开展执法检查，民进常德市委主委万成贞汇报本市对《中华人民共和国未成年人保护法》的贯彻落实情况，专职副主委杨芳、市委委员铁明东、黄阳辉等应邀参加情况通报会，对本市未成年人保护工作实施民主监督。10月，专职副主委、市建设人民满意政府监督员杨芳对政府采购工作实施民主监督。

2009年，常德民进会内受聘的6名特约监督员先后参与党政正职述廉评议、建设人民满意政府监督、行风评议检查等活动，提出批评意见和建议30多条。两名会内市政协委员，分别担任市优化经济环境监督员、市建设人民满意政府监督员、市监察局特约监督员，参加各类监督活动16次，围绕党委政府的中心工作和人民群众普遍关心的热点、难点和焦点问题进行监督，在民主监督中讲大局、讲原则、讲团结，注重调查研究，讲求客观公正，取得实效。专职副主委杨芳、副主委张力担任市建设人民满意政府监督员，先后参与党政正职述廉评议、建设人民满意政府监督检查，提出批评意见和建议20多条。其中杨芳参与市工商局、市卫生局的民主监督，应邀参加对党政正职的专题述廉评议，较好地履行民主监督的职责。张力应邀参加市优化办组织的三人监督小组，对白鹤山考场的驾考工作进行为期一月的现场监督，并撰写富有建设性的监督报告。

2010 年，常德民进的市优化经济环境监督员、市建设人民满意政府监督员等各类特约人员在党政正职述廉评议、建设人民满意政府、优化经济环境等方面的 10 多次监督检查中，切实担负起民主监督职责，为本市经济社会发展提出 20 多条合理的意见建议。

2011 年，为更富有成效的履行民主监督职能，民进常德市委很注重特约监督人员队伍的建设。通过民进市委积极推荐，特约人员队伍不断发展壮大，先后有 11 人被常德市直部门聘为特约人员。专职副主委杨芳作为市建设人民满意政府监督员，应邀参加对市科技局的监督评议，提出了加大科技转化力度等 3 条建议，得到市科技局采纳，建议稿被《监督员有话说》采用。副主委黄阳辉先后被市纪委聘为行风政风监督员、被中级人民法院聘为形象监督员，分别在党风廉政建设和推进法院工作方面提出中肯的建议，有效地履行了民主监督职责。

第六章　社会服务

第一节　文教服务

民进常德市委始终把服务社会作为重要工作，坚持把围绕中心、服务大局作为开展社会服务工作的出发点，以群众受益为社会服务工作的落脚点，发挥整体优势，突出服务特色，拓展服务领域，在实践中逐渐构建“智力支教、送医送药、捐款扶贫”的社会服务模式。民进市委鼓励全市会员热心社会公益事业，积极发挥桥梁作用，通过社会服务为弱势群体提供切实的帮助，促进社会矛盾的化解，树立了良好的社会形象。

民进常德市委在开展社会服务工作中，充分发挥教育文化界会员的资源优势，开展丰富多彩的智力服务活动。组织优秀的教师会员，热心支教助教服务，把先进的教育理念和生动的教学方法送到农村学校；借重文化界会员的影响力，组织专业演出团体，深入农村免费演出。民进市委组织开展的这些教育文化下乡活动，受到广大农民群众的真诚欢迎。

民进常德市委的持续努力，使民进的智力服务活动，特别是文化下乡活动，逐渐成为常德民进社会服务的品牌。借助文化下乡这一载体，一些医疗卫生单位也主动要求相伴而行，服务范围由单纯的送戏下乡扩展到送医送药下乡。文化下乡活跃乡村文化生活，使农民群众得到实惠，也使民进会员开阔视界、受到教育；关注农村发展，关注农村文化，成为民进市委参政议政的课题之一。

1988 年—1992 年，民进常德市委发挥民进会员的智力优势，开展面向社会的各种服务活动。市委委员徐厚道组织心理学工作者，上街开展老年心理、婚姻家庭心理、精神病患者心理等 7 个项目的咨询服务，为群众义务进行心理咨询，得到良好的社会反响，受到领导同志的赞扬和鼓励。市七中支部连续几年假期举办美术培训班，培训的学生有几十人顺利考入高等院校。小教支部多次开展教学教改讲座、上示范课和公开课等活动。附小支部、北站小学支部坚持办学前班，解决本学区学龄前儿童入学难的问题，受到群众欢迎。

1988年9月29日到10月2日，由民进常德市筹委主持、筹委委员具体负责，举办常德市一中校友“科技振兴常德、建设家乡献策会”，与会校友带回新技术、新产品、新信息40多项，其中与武陵区有关单位已经达成协议或达成意向的有16项。“献策会”为振兴常德经济起到了纽带与桥梁作用，受到常德市、武陵区党政领导的高度重视和一致好评。

1989年3月10日，民进市委委员詹谷云应民进长沙市委邀请，前往长沙市的小学介绍小学作文教学改革经验。

2000年8月，民进常德市委与市审计局、农工民主党市委联合组织到桃源县临津滩乡三印村开展送医送药、服务咨询活动，接诊病人300多人次，赠送药品价值5000余元，受到当地村民的热烈欢迎，中共桃源县委对此次咨询活动给予高度评价。

2001年11月20日，民进常德市委联合民革市委、农工市委到汉寿县太子庙镇开展送医送药、服务咨询活动。

2004年11月30日，民进常德市委幼儿教育基地——桃源县“博爱幼儿园”正式挂牌成立，桃源支部副主任段文任园长。

2006年11月20日，民进常德市委联合市文化局在澧县道河乡举办“践行荣辱观，建设新农村”文艺演出。精彩的专业演出，演出团体与观众的热烈互动，给当地群众留下了深刻印象，受到了村民的真诚欢迎。

2008年12月5日，民进常德市委在临澧县新安镇举办文艺汇演

2008年12月5日上午，民进常德市委联合市歌舞团在临澧县新安镇举办了一场大型的文艺汇演，丰富了广大农民的业余文化生活。

2009年，东升小学支部与学校大队部共同开展“送欢乐到福利院”活动，为福利院的孤寡老人和残障孩子送去温暖。常师附小支部组织会员到柳叶湖岩子堰中学开展送教活动，并捐赠了图书和书包。德山开发区支部组织会员远赴石门开展送教下乡活动，服务农村展示风采，受到当地的好评。

4月，民进湖南省委赠送民进市委一千张戏曲经典原创动画DVD光碟，民进常德市委与武陵区教育局联合在卫门口小学举行隆重的光盘转赠仪式，城区24所中小学因此受益，取得了很好的社会反响。

2010年4月5——6日，民进常德市委委员向湘粤带领德山开发区支部的教师会员前往贫困山区，为乡村学校石门县子良乡中心小学送去生动的示范课。

2010年5月16日——23日，民进常德市委主动承办民进湖南省委第五期西部地区教师培训班，来自贵州省毕节地区金沙县边远山区的8名小学骨干教师，在市城区金丹小学接受为期7天的培训。为举办好这次培训班，民进市委发挥会内资源优势，多方争取支持，采取上下联动、内外结合、各方配合的形式，作了大量协调服务工作，得到了民进中央、民进省委和常德市委统战部的高度重视与支持。培训期间，来自西部地区的老师和武陵区金丹实验小学的教师结成对子，互帮互学，交流经验，对常德教育教学的先进理念有了全新的感受，对湖南省实施素质教育取得的丰硕成果有深刻的认识，培训活动取得了圆满成功。《湖南日报》、《潇湘晨报》及市级主流媒体竞相报道，有力扩大民进组织的社会影响。

2010年11月，民进常德市委利用会内文化资源丰富的优势，为柳叶湖旅游度假区肖伍铺村送去一台精彩的文艺节目，丰富当地村民的精神文化生活，取得较好的社会影响。

2011年，民进常德市委率市第五人民医院的医疗专家和市歌舞团的专业演员，来到柳叶湖旅游度假区白鹤山乡肖伍铺村，开展送医送药送戏为主要内容的“三送”活动，义务为当地农民进行义诊，捐赠价值5000元的药品，并为农民群众奉献一台精彩的文化娱乐节目。

11月18日，民进常德市委联合常德师范附属小学为临澧县文家乡中心小学送去3堂优质课，生动的授课方式和先进的教育理念受到当地师生的热烈欢迎。

第二节 扶贫助弱

常德民进一成立，就开始扶贫帮困，服务社会。多年来，常德民进把社会服务当作自己的一项重要责任，纳入年度工作安排，组织和引导会员参与社会公益捐助活动，做了大量工作。1996年以来，民进常德市委将支边扶贫、资助贫困学生和孤寡老人作为社会服务的重点。在扶贫帮困中，热心社会公益事业的新社会阶层会员发挥特殊作用。据2011年统计，从1996年起的十五年间，常德民进各级组织和会员的社会公益捐助，累计捐款捐物逾130万元。

1988年秋汛期间，民进常德市委号召全体会员，以实际行动支援灾区人民的抗洪斗争。全体会员对灾情十分关心，市六中支部在学校首发倡仪，带头为灾区人民献钱献粮；小教支部的会员在中秋节带领学生上街为灾区群众募捐；全体会员都为灾区群众捐献了钱、粮、物，表达了对灾区群众的深情厚意。

1996年—2001年，民进常德市委由主委万成贞亲自带队，先后八次到石门县所街乡、澧县道河乡等地看望慰问贫困学生，累计捐资3万多元。桃源支部每年从相当紧缺的活动经费中抽出上千元，支部主任汪阳组织个体经营大户捐款12000元，多次开展深入贫困地区的扶贫助学活动，长期资助桃源县二十六名特困生完成学业，其中桃源九中学生陈宇浩获得数学奥林匹克奖，毕业后考入重点大学。桃源支部还为希望工程捐款600元。

1998年，常德市遭受历史上罕见的洪涝灾害。民进常德市委从仅10000元财政拨款的办公经费中挤出3000元为灾区捐款，并发动全体会员捐款10万余元、衣服1000多套、棉被50多床。其中，市一中支部会员陈昭仪老师一次捐款2000元。多年来，陈昭仪老师为贫困家乡大庸先后捐资助学近万元，是常德民进捐资助学的先进典型。

同年，民进常德市委到边远贫困山区石门县所街乡合溪村捐资助学，确定了四名家庭特别困难的小学生为扶助对象。正副主委和机关干部专程到所街乡小学和四名小学生家里，与学校校长、老师和家长座谈，当场拿出400元给他们代交生活费。所扶助小学生的学费和部分生活费，是通过会员募捐方式解决的，其中市审计局民进会员熊连初一人捐款600元。

1999年4月29日，民进常德市委主委万成贞、副主委曹卫平、会员熊连初和机关干部到石门县所街乡合溪村看望民进所扶助的四名小学生，赠送学费3000元。

1999年6月，民进常德市委发动会员，为民进市委扶贫点津市白衣乡荷花村捐赠图书500余册和部分钱物。

2001年—2006年，民进会员孙红热心公益事业，几年来坚持把德山区的一名贫困学生作为帮扶对象，先后资助一万余元。

2002年1月24日，民进常德市委主委万成贞率机关干部前往澧县道河乡廖坪村，看望两名贫困学生，赠送学费1000元。

2002年10月6日，民进常德市委联合农工市委前往澧县道河乡敬老院，开展送医送药咨询服务活动。

2003年8月6日，民进常德市委主委万成贞带领部分市委委员前往洪涝灾害严重的澧县道河乡廖坪村，将会员捐赠的2500元现金和100余件衣物送给急需救助的五个贫困家庭。

2005年10月，民进常德市委联合农工市委，组织医疗专家到澧县道河乡敬老院开展义诊活动，解答老人们在医疗卫生方面遇到的问题，免费发放健康知识资料和四千余元的药品。

2007年“六一”国际儿童节前夕，民进常德市委将民进湖南省委筹集的总值12000元的200个书包转赠给200个给贫困家庭和农民工子女。

2008年，民进常德市委先后筹措新农村建设资金37万元，用于农村水库除险和农村道路建设。为澧县道河乡桑木峪水库争取除险工程资金8万元，为澧县澧车乡站岗村争取少数民族发展资金4万元，为澧县大坪乡团结村争取农田水利建设资金5万元，切实支援了新农村建设。

1月，常德市遭受五十年不遇的特大冰灾，民进常德市委主委万成贞深入临澧、石门等重灾区，实地指导抗冰救灾；民进市委组织机关干部和会员上街义务扫雪除冰；会员张仕华密切关注郴州灾区，及时捐助资金5000元帮助郴州新华汽车服务公司度过难关。

1月20日，民进桃源支部会员肖鹏举来到桃花源镇敬老院，走访、慰问该院的五保老人，给他们送上了生活必需品和慰问金共计2万元，受到了当地政府的肯定和群众的赞誉。

5月14日，“5·12”汶川特大地震发生后，民进常德市委以最快的速度在全体会员中发出捐款倡议。全市民进会员踊跃捐款，短短几天时间就募集捐款6.82万元。其中会员杨惠珍临终前坚持捐款奉献爱心，她的事迹在社会上引起热烈反映。

5月16日，专职副主委杨芳带民进常德市委机关干部和德山支部会员，到武陵区东郊乡和平村六组，参加常德市肢残协会工作会议暨捐赠仪式，看望并慰问养殖专业户肢残青年孔祥志，为他送上4000元养殖发展资金。

2009年，民进直属支部会员、常德鹏驰汽车服务有限公司董事长、常德市政协委员张仕华捐资5万元用于修建鼎城区石板滩镇毛栗岗村村级水泥公路。张仕华兴办的企业，解决了150人就业问题，其中包括近30名下岗职工；他慷慨捐赠价值4万余元的音响，改善了常德激情广场的条件；还常年资助多名贫困学生完成学业。民进桃源支部会员、广源物流有限公司董事长、常德市政协委员肖鹏举接掌桃花源镇敬老院，筹措资金240万元，配套完善设备设施，免费收养孤寡老人57人，得到湖南省民政厅的高度赞扬。2010年10月，全市敬老院院长到该院参观考察、培训学习，推广他的先进经验。他在艰苦创业、事业成功的同时，一向热心扶贫帮困、常年资助四名贫困大学生和一名初中生完成学业、带头捐款1.2万元修建桃花源镇通村公路，捐款累计30余万元，赢得社会的普遍赞誉。

2010年，民进直属支部会员胡淑云创办并任校长的常德海事学校，先后免除贫困学生学费5万多元，为学生家长解决诸多实际困难，树立良好的社会形象。民进鼎城区支部会员捐款5000元，支持白鹤山乡桃树岗村的通村公路建设，解决老百姓出行难的问题。

2月3日，民进常德市委专职副主委杨芳专程来到光荣路社区，走访慰问困难群众，送去新春祝福，赠送慰问金和粮、油等过年物资。

9月1日，民进常德市委联合益丰大药房负责人，率领医疗专家来到桃花源镇敬老院，开展“爱心送健康、温暖敬老院”活动，为孤寡老人进行义诊，并送出价值近2万元的药品和保健品。

2010年重阳节前夕，带着对老人的深情厚意，民进常德市委将价值2.8万元的健身器材送到桃花源镇敬老院，为这里的老人送去健康和快乐。

2011年1月19日，民进常德市委联合常德市红十字会，到万寿老年公寓看望慰问老人，为他们送去过年物资。

5月19日，民进常德市委联合常德市药监局，为桃花源镇敬老院赠送价值15000元的药品。

5月31日，民进常德市委到常德经济开发区德山镇茶叶岗小学和龙谭庵小学，为留守儿童赠送学习用品。

11月18日，民进常德市委联合常德师范附属小学为临澧县文家乡中心小学送去3堂优质课。

第五篇

中国农工民主党常德市委员会

第一章 组织机构

第一节 农工党常德市委

一、组织沿革

中国农工民主党(简称农工党)是中国共产党领导的爱国统一战线中的民主党派之一,是以医药卫生界以及人口资源和环境领域的高、中级知识分子组成的政党。

二十世纪50年代,4名农工党员调入常德工作,但无组织活动。

1980年10月初成立中国农工民主党常德市直属小组,刘天健任组长。小组成立后,积极开展组织活动,先后在医疗卫生、文教界发展14名党员。

1982年12月,根据农工党湖南省筹委的指示,成立中国农工民主党常德市委员会筹备委员会,刘鸿炽担任主任,刘天健任副主任。市筹委成立后,积极做好组织发展和基层支部的设置工作,到1984年,党员已发展到50人。

中国农工民主党常德市第一次代表大会合影

1985年6月,成立中国农工民主党常德市委员会,熊俊华任主委。市委成立后,按县制、单位、区域对基层组织进行调整。设立地区医院、卫生、财贸科技、文教4个支部和1个直属小组,同时成立妇女工作委员会。

1988年11月,成立农工党常德市第一届委员会,至2012年12月已历六届。基层组织由最初的5个支部发展为现1个县级委员会（津市市委）和10个市属基层组织（总支、支部）共20个支部，党员由84人发展到393人。其中大学以上学历的占56.2%，中、高级职称的占79.1%。

2012年，农工党常德市委领导班子成员由1名主任委员、3名副主任委员（其中1人为专职）组成。市委机关内设办公室，由专职副主任委员主持日常工作。

二、内设机构

第一届委员会至六届委员会机关内设机构为办公室，正科级，设领导职务1名。历届办公室（副）主任如下：

第一届委员会（1988.11至1992.01）

办公室主任 邓宏志

第二届委员会（1992.01至1996.12）

办公室主任 郑朝兵

第三届委员会（1996.12至2001.07）

办公室主任 郑朝兵

第四届委员会（2001.07至2006.06）

办公室主任 汪正健

第五届委员会（2006.06至2011.04）

办公室主任 陈　钰

第六届委员会（2011.04至今）

办公室副主任 杨　鑫

专门委员会。

农工党常德市委妇女工作委员会（成立于1989年4月）

主　任 阳　光

副主任 刘友群

委　员 周　力　郝武军　孙继新　张惠珍

农工党常德市委参政议政工作组（成立于2011年9月）

组　长 陈　钰

副组长 杨健全

成　员 周　胜　杨　鑫　胡　蓉　胡剑鹏　章　杨　夏淑竞　温勇泉

农工党常德市委社会服务工作组（成立于2011年9月）

组　长　陈　钰

副组长　张建国

成　员　王玉山　汪志鸿　沈建兵　张远华　郑维民　赵轶斌　潘霞云

三、委办实体

(一)、前进文化补习学校(1984 年 9 月至 1987 年 7 月)

校务委员会主任委员　李子贻

副　主　任　李西园(校长兼教务)

委　　员　向松柏(负责总务)邓聚贤(负责财务)刘锡荣

(二)、湖南省前进医药职工中等专业学校常德医士(班)学校(1985 年 8 月至 1991 年 7 月)

1985 年 8 月至 1989 年 12 月,刘厚富、王海平先后任负责人。1989 年 12 月至 1990 年 2 月,刘肇韩任校长,胡志龙任副校长兼总务主任,陈大力任教务主任。1990 年 2 月至 1991 年 7 月,郭罗任校长,胡志龙任常务副校长。

(三)、常德中级卫生职业学校(桃源)(1987 年 11 月——1990 年 1 月)

校长　刘厚富

(四)、常德市前进咨询服务部诊疗中心(常德前进门诊部)(1992 年 7 月至 2000 年 12 月)

董事会成员　郭　罗、熊绍祖、萧功禄。

汪正健协助董事会工作。

(五)、常德前进电力交通培训学校(1994 年 12 月——1997 年 12 月)

专职校长　向松柏(聘任)

表 5－1－1－1　农工党常德市委历届领导人任职情况

组织发展阶段	姓 名	职 务	任职时间	备注
常德直属小组	刘天健	组长	1980.10—1982.12	
市委筹委会	刘鸿炽	主任	1982.12—1985.06	
	刘天健	副主任		
市委(县级)	熊俊华	主任委员	1985.06—1988.11	
	赖汉屏	副主任委员		
	李子贻	副主任委员		
	曹慧萱	副主任委员		
	廖　兵	副主任委员		
第一届市委	熊俊华	主任委员	1988.11—1992.01	
	赖汉屏	副主任委员		
	熊绍祖	副主任委员		
	郭　罗	副主任委员		
第二届市委	郭　罗	主任委员	1992.01—1996.12	
	熊绍祖	副主任委员		
	阳　光	副主任委员		
第三届市委	郭　罗	主任委员	1996.12—2001.07	
	萧燕芳	副主任委员		
	廖克军	副主任委员		
第四届市委	龚建明	主任委员	2001.07—2006.06	
	郑朝兵	专职副主任委员		
	廖克军	副主任委员		
	萧燕芳	副主任委员		

续表

组织发展阶段	姓 名	职 务	任职时间	备注
第五届市委	萧燕芳	主任委员	2006.06—2011.04	
	杨健全	专职副主任委员	2006.06—2009.07	2009 年 7 月届中调整
	郑朝兵	副主任委员	2006.06—2011.04	
	张建国	副主任委员	2006.06—2011.04	
	陈　钰	专职副主任委员	2009.07—2011.04	2009 年 7 月届中调整
第六届市委	萧燕芳	主任委员	2011.04—	
	陈　钰	专职副主任委员		
	张建国	副主任委员		
	杨健全	副主任委员		

第二节　基层组织

到 2012 年 12 月底，全市共有 11 个基层组织，其中县级委员会 1 个：津市市委（辖人民医院支部、中医院支部、教育支部、直属支部）；总支 4 个：第一人民医院总支（辖老干支部、临床支部、药技支部）、德山总支（辖综合支部、市肿瘤医院支部、市第二人民医院支部）、武陵区总支（辖一支部、二支部）和鼎城区总支（辖一支部、二支部）；支部 6 个：直属支部、市第一中医院支部、文教支部、卫生支部、桃源县支部和安乡县支部。

一、农工党津市市委

1988 年 9 月成立筹委。1988 年 12 月 17 日，选举产生农工党津市市支部第一届委员会，廖军当选为主任委员，张光明当选为副主任委员，李长清当选为委员。

1989 年 7 月 29 日，省委将津市市支部划归常德市委领导。1990 年 3 月 17 日，津市市支部正式收归省委管理。1992 年 4 月 4 日，选举产生农工党农工党津市市支部第二届委员会，廖军当选为主任委员，李长清、张光明当选为副主任委员，邹建龙、刘进敏当选为委员。

1995 年 12 月 5 日，选举产生农工党津市市委第一届委员会，廖军当选为主任委员，邹建龙、刘进敏当选为副主任委员，李义明、王涣美当选为委员。市委下辖人民医院支部、市中医院支部。

2001 年 5 月 25 日，选举产生农工党津市市委第二届委员会，邹建龙当选为主任委员，刘进敏、王双全当选为副主任委员，李义明同志、王涣美、阿毅、李瑞泽当选为委员。市委下辖人民医院支部、市中医院支部、直属支部。

2006 年 8 月 3 日，选举产生农工党津市市委第三届委员会，邹建龙当选为主任委员，杨建国、王双全当选为副主任委员，阿毅、李瑞泽、李义明、成燕平、栗波、杨玲当选为委员。市委下辖人民医院支部、市中医院支部、直属支部、教育支部。2008 年 8 月 12 日，中共省委统战部在常德就调整津市 3 个党派市委的隶属关系问题召开座谈会，同意农工党津市市委从 2008 年 9 月 1 日起，由农工党省委管理变更为农工党常德市委管理。

2012 年 7 月 8 日，津市市委向市委送达《关于召开中国农工民主党津市市第四次代表大会的请示》，附候选人名单。2012 年 7 月 9 日，市委向津市市委送达常农组字〔2012〕4 号《关于同意召开中国农工民主党津市市第四次代表大会的批复》、常农组字〔2012〕5 号《关于中国农工民主党津市市第四届委员会委员候选人的批复》。2012 年 7 月 16 日，选举产生农工党津市市第四届委员会，王双全当选为主任委员，杨建国、杨玲、卢超当选为副主任委员，阿毅、成燕平、张兴才、李瑞泽、胡芬芳当选为委员。市委下辖人民医院支部、市中医院支部、直属支部、教育支部。同日，津市市委向市委送达《关于中国农工民主党津市市第四次党员大会选举结果的报告》。2012 年 7 月 18 日，农工党常德市委向津市市委送达常农组字〔2012〕7 号《关于农工党津市市委选举结果同意核备的批复》。至 2012 年底，党员人数为 74 人，领导班子组成无变化。

二、农工党常德市第一人民医院总支

1985 年 6 月，选举产生中国农工民主党常德地区人民医院支部委员会，梅学贤当选为主任委员，刘远芳当选为副主任委员。

1996 年 1 月 28 日，市一医院支部向市委递交报告，申请成立总支。1996 年 2 月 8 日，市一医院支部向市委递交请示，报告成立总支的正副主任委员候选人建议名单：刘智壶、何哲玲、黄成经、王初姣；报告所属支部正副主任委员候选人建议名单：周建辉、邓志明、易银武、刘晓华、廖克军、黎明娅、张淑珍、翁淑英、骆克海。1996 年 4 月 20 日，农工党常德市委向市一医院总支筹委会送达常农组字〔1996〕4号《关于成立农工民主党常德市第一人医院总支委员会的批复》，同意支部升格为总支，批准总支委员数7名。

1996年5月2日，农工党常德市第一人民医院总支第一届委员会成立，刘智壶当选为主任委员，黄成经、王初姣当选为副主任委员，刘晓华、周建辉、何哲玲、骆克海当选为委员。总支下设3个支部。第一支部委员会主任委员周建辉，副主任委员易银武，委员方争胜；第二支部委员会主任委员刘晓华，副主任委员黎明娅，委员邓志明；第三支部委员会主任委员何哲玲，副主任委员郭爱枝，委员徐治平。1996年6月6日，市一医院总支向所属党员下发农工常一医总支字〔1996〕1号《关于中国农工民主党常德市第一人民医院总支委员会成立及任职通知》。1998年2月18日，市一医院总支决定徐治平任总支办公室主任，何哲玲任秘书。

2000年8月2日，选举产生农工党常德市第一人民医院总支第二届委员会，周建辉当选为主任委员，黄成经、何哲玲、章光明当选为副主任委员，易银武、骆克海、郭爱枝当选为委员。2000年8月25日，农工党常德市委向市一医院总支送达常农组字〔2000〕3号《关于同意农工党常德市第一人民医院总支换届选举结果的批复》。2004年9月12日，市一医院总支向市委递交《关于农工党常德市第一人民医院总支换届方案的报告》。15日，市委向市一医院总支送达常农组字〔2004〕6号《关于同意市一医院总支委员会换届选举方案的批复》。

2004年10月28日，农工党常德市第一人民医院总支换届选举会议在市一医院生活服务大楼7楼会议室召开，选举产生农工党常德市第一人民医院总支第三届委员会，黄绍华当选为主任委员，何哲玲、易银武、黎明娅当选为副主任委员，王吉慧、李炎灯、杨柳当选为委员。2004年11月8日，市一医院总支选举支部委员。第一支部主任委员邓志明、副主任委员王承明，第二支部主任委员方争胜、副主任委员张承德，第三支部主任委员谢文、副主任委员骆克海。2004年12月25日，市一医院总支所属支部班子进行调整。第一支部主任委员邓志明、副主任委员王承明，第二支部主任委员张承德、副主任委员方争胜，第三支部主任委员骆克海、副主任委员谢文。

2010年12月16日，选举产生农工党常德市第一人民医院总支第四届委员会，黄绍华当选为主任委员，易银武、黄昌林、胡剑鹏、潘霞云当选为副主任委员，黎明娅、郭爱枝、骆克海当选为委员。至2012年底，党员人数为48人，领导班子组成无变化。

三、农工党武陵区总支

1988年，选举产生中国农工民主党常德市(县级市)人民医院支部委员会，冯树初当选为主任委员。

1989年7月1日，选举产生农工党常德市人民医院临时支部委员会。29日，选举产生农工党常德市第三人民医院支部第一届委员会，廖克军当选为主任委员，冯树初、王云仙、夏新权当选为副主任委员。同日，农工党常德市委向支部送达常农组字〔1989〕7号《关于批准成立中国农工民主党常德市人民医院支部委员会的批复》，同意选举结果。

1993年，选举产生农工党常德市第三人民医院支部第二届委员会，王云仙当选为主任委员，夏新权当选为副主任委员。

1995年，选举产生农工党常德市第三人民医院支部第三届委员会，夏新权当选为主任委员，唐宜耀、王云仙当选为副主任委员。

1989年7月29日，农工党常德市人民医院(今常德市第三人民医院)支部成立

1997年，选举产生农工党常德市第三人民医院支部第四届委员会，唐宜耀当选为主任委员，夏新权、王云仙当选为副主任委员。

2001年4月23日，农工党常德市委向市三医院支部送达常农组字〔2001〕2号《关于同意农工党常德市第三人民医院支部换届选举结果的批复》，农工党常德市第三人民医院支部第五届委员会成立，彭仕龙当选为主任委员，唐宜耀当选为副主任委员，王云仙当选为委员。

2005年1月18日，农工党常德市委向中共武陵区委统战部递交《关于成立农工党武陵总支的函》。2005年3月10日，市委向中共武陵区委统战部递交《关于农工党武陵总支委员会委员候选人的协商函》。拟定郭志勇为主任委员候选人，彭仕龙、吴国荣、王莉为副主任委员候选人，唐宜耀、郑维民、何永志为委员候选人。2005年4月2日，市委向武陵区总支筹委会送达常农组字〔2005〕5号《关于同意武陵总支筹委会委员候选人方案的批复》，同意郭志勇、彭仕龙、吴国荣、王莉同志为总支委员候选人。2005年5月9日，武陵区总支筹委会向市委递交《农工党武陵总支成立筹备及成立活动计划》。2005年5月28日，市委向武陵总支筹委会送达常农组字〔2005〕4号《关于同意成立农工党常德市武陵总支委员会的批复》。

2005年6月10日，选举产生农工党武陵总支第一届委员会，郭志勇当选为主任委员，彭仕龙、吴国荣、王莉当选为副主任委员。农工党常德市委向武陵区总支委员会送达常农组字〔2005〕6号《关于同意武陵区总支委员会选举结果的批复》。取消市第三人民医院支部称号，改称武陵总支第一支部，另在市第七人民医院设立第二支部。2006年2月25日，农工党常德市委向武陵总支送达常农组字〔2006〕5号《关于钱攀同志任职的通知》，任命钱攀为总支副主任委员。2006年8月20日，市委向各基层组织送达常农组字〔2006〕11号《关于同意郭志勇同志辞去武陵总支主委职务的通知》。2006年8月25日，市委向武陵总支送达常农组字〔2006〕12号《关于确定武陵总支主委提名人选的通知》，提名人选彭仕龙。2006年9月25日，市委向武陵总支送达常农组字〔2006〕13号《关于同意彭仕龙同志担任农工党武陵总支主委的批复》。2007年6月13日，市委向武陵总支送达常农组字〔2007〕8号《关于增补唐宜跃等同志任武陵总支副主委的通知》，同意增补唐宜跃、汤土又为总支副主委。2008年1月15日，市委向各基层组织送达常农组字〔2008〕5号《关于免去郭志勇同志第五届市委会委员的通知》同日，送达常农组字〔2008〕6号《关于增补彭仕龙同志为第五届市委会委员的通知》2009年8月18日，武陵总支向总支党员送达常武农〔2009〕1号《中国农工民主党常德市武陵总支委员会关于调整支部主委的通知》，总支副主委唐宜耀、汤土又同志不再兼任一、二支部主任委员职务，由何永志、邓玲君同志任一、二支部主任委员。

2011年3月11日，武陵总支向市委递交《关于农工民主党武陵总支委员会换届选举的请示》，附委员候选人名单与简介。同日，农工党常德市委向武陵总支送达《关于同意农工党武陵总支委员会委员候选人名单的批复》。2011年4月1日，在市七医院选举产生农工党武陵总支第二届委员会，彭仕龙当选为支部主委，钱攀、汤土又、蔡小平、郑维民当选为副主委，邓玲君、王玉山当选为委员。2011年4月8日，武陵总支向市委递交《农工党武陵总支班子成员分工情况的报告》。2011年4月27日，武陵总支向总支党员送达《关于蔡小平等同志职务任免的通知》。经选举，蔡小平当选为一支部主任委员，杨卫、李汉青当选为副主任委员；邓玲君当选为二支部主任委员，曹丽、周丽杰当选为副主任委员，王玉山任总支办公室主任。免去唐宜耀同志原总支副主任委员、一支部主任委员职务。至2012年底，党员人数为40人，领导班子组成无变化。

四、农工党鼎城区总支

1989年12月12日，农工党市委出台常农组字〔1989〕10号《关于同意成立中国农工民主党鼎城区支部的批复》，同意萧功禄任主任委员，王成英任副主任委员。1999年1月8日，选举产生农工党鼎城支部第一届委员会，彭春仙当选为主任委员，丁华新当选为副主任委员，周国保、孙全美、陈小平、舒仁和、黄开明等同志当选为委员。同日，农工党常德市委向鼎城区支部送达常农组字〔1999〕2号《关于同意农工党鼎城区支部选举结果的批复》。

2002 年 5 月 8 日，选举产生农工党鼎城区支部第二届委员会，张建国当选为主任委员，丁华新当选为副主任委员，黄开明、陈小平、舒仁和、孙全美、周国保当选为委员。2002 年 5 月 30 日，农工党常德市委向鼎城区支部送达常农组字〔2002〕2 号《关于农工党鼎城区支部选举结果的批复》。

2005 年 7 月 15 日，鼎城区总支筹委会向市委递交《关于申请成立农工党鼎城区总支委员会的报告》。同日，农工党常德市委向中共鼎城区委统战部递交《关于成立农工党鼎城区总支的函》。2005 年 7 月 18 日，农工党常德市委向中共市委统战部递交《关于成立农工党鼎城区总支的报告》。2005 年 7 月 20 日，农工党常德市委向鼎城区总支筹委会送达常农组字〔2005〕7 号《关于同意成立鼎城区总支委员会的批复》。

2005 年 8 月 24 日，农工党鼎城区总支第一届委员会成立，张建国当选为主任委员，陈小平、龚玉宝当选为副主任委员，胡代新、周国宝、黄开明、尹琼当选为委员。同日，农工党常德市委向鼎城区总支送达常农组字〔2005〕8 号《关于同意鼎城区总支委员会选举结果的批复》。2009 年 3 月 20 日，鼎城区总支向市委递交报告，汇报总支委员会讨论通过的支部负责人调整情况：一支部主委汪志鸿，副主委易辙、委员刘红英、刘强。由龚玉保同志具体联系指导工作。二支部主委温勇泉，副主委王全，委员李科、李曼。由陈小平同志具体联系指导工作。

2011 年 4 月 6 日，选举产生农工党鼎城区总支第二届委员会，张建国当选为支部主任委员，陈小平、龚玉保、汪志红、王全当选为副主任委员，刘红英、赵承锋当选为委员。至 2012 年底，党员人数为 52 人，领导班子组成无变化。

五、农工党德山总支

1987 年，选举产生农工党德山支部委员会，郭罗当选为主任委员，何迪当选为副主任委员。

1990 年，选举产生农工党德山支部第一届委员会，何迪当选为主任委员，郭年保当选为副主任委员。

1993 年，选举产生农工党德山支部第二届委员会，郭年保当选为主任委员，关建平当选为副主任委员。

1996 年，选举产生农工党德山支部第三届委员会，周定贵当选为主任委员，关建平当选为副主任委员。

2000 年 4 月 18 日，选举产生农工党德山支部第四届委员会，关建平当选为主任委员。同日，农工党常德市委向德山支部送达常农组字〔2000〕1号《关于关建平同志的任命通知》。

2002年7月28日，在金健米业总公司5楼会议室选举产生农工党德山支部第五届委员会，周定贵当选为主任委员，向经国、关建平当选为副主任委员，郭年保当选为组织委员，王祥武当选为宣传委员。

2002年8月1日，农工党常德市委向德山支部送达常农组字〔2002〕3号《关于同意农工党德山支部换届选举结果的批复》。

2004年1月13日，选举产生农工党德山支部第六届委员会，向经国当选为主任委员，关建平、郭年保当选为副主任委员，龚伦礼当选为组织委员，黄祥武当选为宣传委员。

2005年3月7日，农工党常德市委向德山总支筹委会送达常农组字〔2005〕1号《关于同意成立农工党德山总支的批复》。2005年4月2日，市委向德山总支筹委会送达常农组字〔2005〕2号《关于同意德山总支筹委会委员候选人方案的批复》，同意向经国、张锋、沈建斌、关建平、龚伦礼、刘荷香、刘业俊同志为总支委员候选人。

2005年4月22日，农工党德山总支第一届委员会成立，向经国当选为主任委员，张锋、沈建斌当选为副主任委员，关建平、龚伦礼、刘荷香、刘业俊当选为委员。同日，市委向德山总支委员会送达常农组字〔2005〕3号《关于同意德山总支委员会选举结果的批复》。

2011年1月25日，选举产生农工党德山总支第二届委员会，向经国当选为支部主任委员，沈建斌、吴飞、张峰当选为副主任委员，关建平、龚伦礼当选为委员。2012年2月28日，农工党常德市委向德山总支送达常农组字〔2012〕1号《关于同意成立农工党市二医院支部委员会的批复》。2012年3月2日，成立农工党常德市第二人民医院支部，隶属德山总支，选举产生农工党德山总支常德市第二人民医院支部第一届委员会。吴军当选为支部主任委员，唐宜耀、李亚红当选为副主任委员，范良君、高健全当选为委员。至2012年底，党员人数为32人，领导班子组成无变化。

六、农工党常德市第一中医医院支部

1986年7月20日，选举产生中国农工民主党常德市中医院支部委员会，廖兵当选为主任委员，阳光当选为委员。1989年5月17日，成立中国农工民主党常德市中医院支部筹备领导小组。

1989年7月25日，农工党常德市委向市（县级市）中医院支部送达常农组字〔1989〕8号《关于同意成立中国农工民主党常德市（地级市）中医院支部委员会的批复》，同意朱湘英、谭世平、余晓凌、周力、曾小云任委员。1989年7月25日，选举产生中国农工民主党常德市中医院支部第一届委员会，朱湘英当选为主任委员，艾昌满当选为副主任委员，谭世平、余晓凌、周力、曾小云当选为委员。

1992年10月，选举产生农工党常德市一中医医院支部第二届委员会，艾昌满当选为主任委员，谭世平、萧燕芳当选为副主任委员。

1994年2月25日，选举产生农工党常德市一中医医院支部第二届委员会，谭世平当选为主任委员，戴雄伟当选为副主任委员，余晓凌、张远华当选为委员。

2000年5月28日，选举产生农工党常德市一中医医院支部第三届委员会，余晓凌当选为主任委员，张远华当选为副主任委员，谭世平、戴雄伟当选为委员。

2006年12月，选举产生农工党常德市一中医医院支部第四届委员会，章光明当选为主任委员，张远华、姚虹当选为副主任委员，郑远芳当选为委员。

2010年10月29日，选举产生市一中医医院支部第五届委员会，章光明当选为主任委员，张远华、姚虹、杜安民当选为副主任委员，郑远方、赵炳文当选为委员。至2012年底，党员人数为33人，领导班子组成无变化。

七、农工党常德市直属支部

1997年8月，选举产生中国农工民主党常德市直属支部第一届委员会，王海平当选为主任委员。1999年1月8日，农工党常德市委向直属支部送达常农组字〔1999〕1号《关于刘业俊同志任职的批复》，同意其任农工党常德市委直属支部副主委。

2003年5月13日，市委向直属支部送达常农办〔2003〕4号《关于同意欧阳汉文同志担任直属支部主委的批复》。市直属支部成功换届，欧阳汉文当选主任委员，刘业俊当选副主任委员。

2007年，选举产生中国农工民主党常德市直属支部第三届委员会，郑维菊任主任委员，刘凤姣当选为副主任委员。

2011年3月29日，选举产生农工党常德市直属支部第四届委员会，郑维菊当选为主任委员，胡蓉、周胜当选为副主任委员，辛雪飞、陈腊年当选为委员。至2012年底，党员人数为28人，领导班子组成无变化。

八、农工党常德市文教支部

1985年6月，选举产生中国农工民主党常德市文教支部委员会，杜家驹当选为主任委员。

1988 年 11 月，选举产生农工党常德市文教支部第一届委员会，杜家驹当选为主任委员。

1991 年 5 月 8 日，选举产生中国农工民主党常德市文教支部第二届委员会，周友恩当选为主任委员。

1997 年 10 月 19 日、2001 年、2004 年、2008 年，选举产生中国农工民主党常德市文教支部第三、四、五、六届委员会，辜冬山当选为主任委员，崔明忠当选为副主任委员，袁朝辉当选为委员。

2011 年 3 月 22 日，农工党常德市委向市文教支部送达常农组字〔2011〕8 号，《关于同意农工党常德市文教支部会委员候选人名单的批复》，同意罗章、袁朝辉、赵轶斌、李勇 4 位候选人。2011 年 4 月 3 日，选举产生农工党常德市文教支部第七届委员会，罗章当选为支部主委，袁朝辉当选为副主委，赵轶斌、李勇当选为委员。至 2012 年底，党员人数为 26 人，领导班子组成无变化。

九、农工党常德市卫生支部(原财贸科技支部)

1982 年上半年，选举产生中国农工民主党常德市（县级市）财贸科技支部委员会，赵和庚当选为主任委员，邓聚贤当选为委员。

1990 年 8 月 2 日，选举产生农工党常德市（地级市）财贸科技支部第一届委员会，张润生当选为主任委员，聂曼平当选为组织委员，魏涛当选为宣传委员并负责咨询服务工作。

1994 年 10 月、1998 年 10 月、2003 年 10 月，选举产生农工党常德市财贸科技支部第二、三、四届委员会，彭冠南当选为主任委员。

2008 年 8 月 20 日，市财贸科技支部向市委递交《关于财贸科技支部委员会换届改选的请示》。2008 年 9 月 3 日，选举产生农工党常德市财贸科技支部第五届委员会，唐洁当选为主任委员，曹勇、傅新德当选为委员。

2010 年 11 月 1 日，农工党常德市委向省委递交《关于成立农工党常德市卫生支部的请示》。2011 年 2 月 13 日，农工党常德市财贸科技支部更名为农工党常德市卫生支部，并对原支部人员进行了调整。同日，市委向卫生支部筹委会送达常农组字〔2011〕2 号，《关于同意成立中国农工民主党常德市卫生支部的批复》。

2011 年 3 月 23 日，农工党常德市卫生支部成立大会在市卫生局会议室举行，选举产生农工党常德市卫生支部第一届委员会，刘凤姣当选为支部主委，唐洁、石佳鑫、章杨当选为副主委，谈红霞当选为委员。同日，市委向卫生支部送达常农组字〔2011〕3 号《关于同意农工党常德市卫生支部选举结果的批复》。至 2012 年底，党员人数为 17 人，领导班子组成无变化。

十、农工党桃源县支部

原省政协副主席徐君虎先后三次到桃源，就成立常德市沅水局医院支部事宜与原中共常德木材储运公司党委、桃源县委及统战部协调。1985 年 5 月，选举产生农工党常德市沅水局医院支部委员会，刘厚富当选为主任委员，杨诗贤当选为副主任委员，党员揭长应、华玉香、史国顺、辜小平。

1996 年 5 月 15 日，农工党常德市委出台常农组字〔1996〕5 号《关于中国农工民主党常德市委员会木材储运公司（职工医院）支部改名为中国农工民主党常德市委员会桃源陬市支部的通知》，同意黄永金当选为支部主任委员，揭长应当选为副主任委员。10 月，召开更名会议。

1998 年 3 月 30 日，桃源陬市支部向农工党常德市委递交《关于建立中国农工民主党桃源县支部委员会的报告》。1998 年 11 月 6 日，农工党常德市委向陬市支部送达常农组字〔1998〕2 号《关于同意“中国农工民主党桃源县陬市支部委员会”更名为“中国农工民主党桃源县支部委员会”的批复》。1998 年 12 月 2 日，选举产生农工党桃源县支部第一届委员会，黄永金当选为主任委员，傅红高、文懿缙当选为副主任委员，李维进、马斌当选为委员。同日，市委向桃源县支部送达常农组字〔1998〕3 号《关于同意中国农工民主党桃源县支部委员会选举结果的批复》。

2002 年 2 月 2 日，选举产生农工党桃源县支部第二届委员会，黄永金当选为主任委员，熊和平、傅红高、文懿缙当选为副主任委员，李维进、马斌当选为委员。2002 年 3 月 20 日，农工党常德市委向桃源县支部送达常农组字〔2002〕1 号《关于农工党桃源县支部选举结果的批复》，表示同意。2004 年 1 月 8 日，市委向桃源县支部送达常农组字〔2004〕1 号《关于同意增选谢菊仙为支部副主委的批复》。

2006 年 12 月 28 日，桃源县支部向市委递交《农工党桃源县支部换届工作的报告》及换届工作方案。2007 年 1 月 26 日，桃源县支部向市委递交《关于农工桃源县支部主委拟任人选的报告》，提名文懿缙。同时递交《关于农工桃源县支部副主委拟任人选的报告》，提名谢菊先、傅宏高。2007 年 5 月 15 日，农工党常德市委向桃源县支部送达常农组字〔2007〕4 号《关于桃源县支部委员候选人的批复》。同意文懿缙、谢菊仙、傅红高、郑立宏、甘平为支部委员会委员候选人；同意黄永金担任支部名誉主委。同日，送达常农组字〔2007〕5 号《关于桃源县支部正副主委候选人的批复》。同意文懿缙为支部主任委员候选人，谢菊仙、傅红高为支部副主任委员候选人。2007 年 5 月 18 日，桃源县支部第三次换届会议在中共桃源县委统战部会议室召开，支部副主委熊和平主持，第二届主委黄永金作工作报告，中共县委统战部常务副部长何建国、市委主委萧燕芳先后致辞。大会选举农工党桃源县第三届委员会，黄永金当选为名誉主任委员，文懿缙当选为主任委员，谢菊仙、傅红高当选为副主任委员，郑立宏、甘平当选为委员。

2012 年 6 月 1 日，选举产生农工党桃源县支部第四届委员会，中共桃源县委统战部常务副部长王志诚、副部长倪爱军出席会议。文懿缙当选为主任委员，谢菊先、甘平、罗淙山当选为副主任委员，贵爱军、戴海燕、杜玉中当选为委员。至 2012 年底，党员人数为 28 人，领导班子组成无变化。

十一、农工党安乡县支部

1998 年 3 月 11 日，农工党常德市委向市直属支部送达常农组字〔1998〕1 号《关于成立中国农工民主党常德市委直属支部安乡活动筹备小组的批复》。1998 年 4 月 7 日，成立农工党常德市直属支部安乡活动小组，刘学敬任小组负责人。同日，市委向市直属支部送达常农组发〔1998〕2 号《关于成立中国农工民主党常德市委直属支部安乡活动小组的批复》，表示同意。

2000 年 12 月 15 日，市直属支部安乡活动小组向市委递交《关于拟建立农工党安乡县支部的报告》。2001 年 2 月 21 日，直属支部安乡县活动小组换届，选举刘学敬为组长，谢云安为组织委员，夏安邦为宣传委员。2003 年 11 月 3 日，市直属支部安乡活动小组向市委递交《关于筹建农工民主党常德市安乡县支部委员会的请示报告》，人数 11 人。2004 年 4 月 12 日，安乡支部筹备小组向市委递交《关于建立农工民主党常德市委安乡县支部委员会的请示报告》。同日，选举刘学敬为筹备委员会主任委员，侯湘兰为副主任委员，谢云安为组织委员，夏安邦为宣传委员，覃士清为财务委员。同日，农工党常德市委向省委递交常农组字〔2004〕2 号《关于成立常德市委安乡县支部的请示》。2004 年 4 月 27 日，省委向市委送达湘农组发〔2004〕1 号《关于成立常德市委安乡县支部的批复》，同意成立。2004 年 4 月 28 日，市委向安乡县支部筹备小组送达常农组字〔2004〕5 号《关于同意成立农工党常德市委安乡县支部的批复》，党员 9 名。

2004 年 5 月 9 日，农工党安乡县支部第一届委员会成立，何国荣当选为主任委员，侯湘兰、唐西英当选为副主任委员，夏安邦、夏淑竞、卓东莲当选为委员。

2011 年 4 月 2 日，选举产生农工党安乡县支部第二届委员会，何国荣当选为主任委员，唐西英、侯湘兰当选为副主任委员，贺福丽、杨亚清当选为委员。至 2012 年底，党员人数为 15 人，领导班子组成无变化。

第二章　组织建设

第一节　党员发展

早在20世纪50年代，常德就有农工党的成员，随后几十年，农工党在常德的组织发展工作基本停滞。1977年底，经历了“文化大革命”后的农工党湖南省各级组织恢复活动。进入20世纪80年代，随着爱国统一战线的发展和各项政策的落实，常德市农工党员开始相互联系，结成组织，开展活动。1980年，在常德工作的刘天健（常德市人民医院医师）、童克箴（常德市七中教师）、曹慧萱（常德地区商业局办公室主任）和郭育才（常德县影剧院干部）4名农工党员在中共常德地、市委统战部门协助下，于当年10月成立“中国农工民主党常德市直属小组”。

小组成立后，在中共常德市委、农工党湖南省筹委的正确领导和关怀下，积极开展组织发展工作。1982年4月，农工党中央召开全国组织工作会议，下发《全国组织工作会议纪要》。《纪要》指出：“发展组织工作，要继续贯彻以大中城市为主、以中上层为主和以医药卫生界为分工重点的原则，在重点发展医药卫生界的同时，要注意文教、工程技术界等原有基础的发展”。直属小组贯彻农工党中央精神，坚持积极地做宣传联系工作，成熟一个，发展一个，先后在医疗卫生、文教界发展14名党员，多分布在常德地区人民医院、常德市人民医院、常德师范专科学校、常德师范学校、常德市七中等单位。

1982年12月，中国农工民主党常德市筹备委员会成立。市筹委成立后，把组织发展工作作为一项重要工作来抓，党员数量发展较快，仅1983年就发展党员29名。1983年11月，中共中央统战部邀请各民主党派负责人举行座谈，就组织发展问题进行了协商，通过了《关于民主党派组织发展问题座谈纪要》（以下简称1983年《纪要》）。1983年《纪要》指出：“各民主党派在全国代表大会后的一段时间，加强组织建设、培训骨干和对新成员进行考察、教育工作。在此期间，发展工作的步子应放慢一些，各民主党派在发展新成员的时候，务必注意质量，坚持四项基本原则，决不要让“三种人”(即跟随林彪、江青一伙造反起家的人、帮派思想严重的人、打砸抢分子)、严重违法犯罪分子和被共产党清除出去的人混进各民主党派组织”。市筹委会根据1983年《纪要》精神，积极稳妥地做好组织发展工作，控制数量，严把质量，1984年仅发展4名积极分子入党。

1985年6月，中国农工民主党常德市委员会正式成立。市委成立后，党员总数达到50人。1988年11月，农工党常德市第一届委员会成立。此时市委已发展党员84名，分布在武陵区、鼎城区和桃源县内的33个单位(含部分省管单位和市直单位)，主要集中在医药卫生界和教育界，在部分企业和事业单位也有成员。一届市委期间(1988－1992年)，在发展党员时，按照农工党中央、省委有关组织发展的要求，放慢组织发展的速度，集中精力抓组织的巩固、健全等工作，对申请入党的积极分子认真培养、严格考察，1989年到1991年底，共发展党员31名。到1992年1月召开农工党常德市第二次代表大会时，党员总数达102人(不含津市)，其中在职党员70人。党员中医卫界占71.6％，教育文化科技界占14.7％，经济界占8.8 ％，其它占4.9％，具有大专以上文化的党员占49％，具有中、高级职称的党员占59％。

1992年12月，农工党中央召开第十一次全国代表大会，新修订的《中国农工民主党章程》进一步明确农工党发展对象为：从事医药卫生以及科技、教育和其他工作的知识分子 ”。市委根据中央精神，始终坚持巩固与发展相结合的方针。吸收发展新党员时，注意政治素质、德才并重，并结合常德市实际情况，有计划、有目的、有所侧重地发展。二届市委期间(1992年－1996年)，共发展新党员40名，其中中级以上职称者31人，属医药卫生界者29人，属中青年者35人。到1996年12月召开农工党常德市第三次代表大会时，党员总数达141人(不含津市)，平均年龄49.8岁，其中在职党员102人。党员中医卫界占75.8％，教育文化科技界占14.9％，政府机关界占2.9％，经济界占6.4 ％，具有大专以上文化的党员占53％，具有中、高级职称的党员占92.2％。

1996年3月，各民主党派中央《关于民主党派组织发展若干问题座谈会纪要》(以下简称1996《纪要》)明确规定：“为了使组织的发展与巩固很好地结合起来，既有一定数量又能保证成员素质，根据近些年组织发展的实际情况，每年的净增率以不超过5％为宜，由各民主党派中央从总体上掌握”。1999年5月，《各民主党派中央关于加强自身建设若干问题座谈会纪要》中，在民主党派组织发展问题上指出：“要继续贯彻1996《纪要》精神”，再次重申了“由中央从总体上把握年增长率5％的发展标尺”。市委严格按照农工党中央、省委要求 ，发展与巩固相结合，数量与质量并重，三届市委期间(1996年－2001年)，共发展党员32名，其中中级以上职称者25人，属医药卫生界者16人，属文化教育界者7人，属中青年者29人。到2001年7月召开农工党常德市第四次代表大会时，党员总数达183人(不含津市),平均年龄47岁,其中在职党员131人。党员中医卫界占67%,教育文化科技界占20.5%,,政府机关界占4.8%,经济界占5.5%,其它占2.2%,具有大专以上文化的党员占70%,具有中、高级职称的党员占82%。

四届市委期间(2001—2006年),注重发展政治素质好、参政能力强,热爱农工党的复合型人才加入党组织。严格按照农工党章程规定和“三个为主”的原则,积极、稳妥地做好组织发展工作,并严格控制5%的发展比例。同时做到入党程序到位,教育培训到位。共发展党员65名,均具有大专以上学历和中级以上技术职称,绝大部分是本单位的业务骨干力量。到2006年6月召开农工党常德市第五次代表大会时,党员总数达236人(不含津市),平均年龄45岁,其中在职党员180人。党员中医卫界占66%,教育文化科技界占19.7%,,政府机关界占6.3%,经济界占7.2%,其它占0.8%,具有大学以上文化的党员占83%,具有中、高级职称的党员占93%。

五届市委期间(2006—2011年),市委严格执行农工党中央《组织发展工作规程》,把住党员入口关、质量关,做到入党程序到位,教育培训到位,重点考察申请人对参政党地位、作用和使命的认识与了解。共发展党员78人,大学以上学历占100%,中高级职称占80%,医卫界占74%,平均年龄35岁。在保证发展数量的同时,突出了界别特色,吸纳了一批年纪轻、活动强、业务精、素质高的新党员充实队伍。到2011年4月召开农工党常德市第六次代表大会时,党员总数达373人(含津市),平均年龄45.7岁,其中在职党员267人。党员中医卫界占65.4%,教育文化科技界占13.7%,政府机关界占11.8%,新的社会阶层占2.7%,其它占6.4%,具有大学以上文化的党员占78%,具有中、高级职称的党员占90%,8名党员担任县级人大、政府、政协班子成员或行政、司法、事业单位副处级以上领导职务。

表5-2-1-1　2012年农工党常德市基层组织党员状况一览表

项目/人数/单位	现有人数	女	文化程度		城市分布				层次分布			职称				年龄结构					离退休人数	
			大学以上	比例(%)	大中城市		其他		中上层人士		其他	高级职称	比例(%)	中级职称	比例(%)	平均年龄	40岁以下	41至50岁	51至60岁	61岁以上	人数	比例
					人数	比例(%)	小城市	县市	人数	比例(%)												
合　计	393	159	221	56.2	276	70.2		117	360	91.6	33	103	26.2	208	52.9	48.5	86	136	68	103		
津市市委	74	32	32	43.2				74	69	93.2	5	14	18.9	55	74.3	53.1	10	21	18	25	29	39.2
市一医院总支	48	20	36	75	48	100			46	95.8	2	25	52.1	21	43.8	53.8	6	18	11	13	15	31.3
德山总支	32	11	17	53.1	32	100			27	84.4	5	5	15.6	16	50	55.6	8	9	6	9	9	28.1
武陵区总支	40	16	16	40	40	100			38	95	2	6	15	19	47.5	49.4	12	9	6	13	15	37.5
鼎城区总支	52	23	27	51.9	52	100			50	96.2	2	11	21.2	29	55.8	44.5	15	20	9	8	10	19.2
直属支部	28	11	17	60.7	28	100			26	92.9	2	4	14.3	12	43.9	43.3	8	11	2	7	7	25
市一中医院支部	33	17	14	42.4	33	100			31	93.9	2	13	39.4	17	51.5	52.1	3	12	7	11	14	42.4
文教支部	26	4	22	84.6	26	100			26	100		15	57.7	5	19.2	49.4	6	12	5	3	3	11.5
卫生支部	17	11	12	70.6	17	100			15	88.2	2	2	11.8	8	47.1	42.1	6	6	1	4	4	23.5
桃源县支部	28	8	18	64.2				28	21	75	7	1	3.6	20	71.4	43.5	7	12	2	7	7	25
安乡县支部	15	6	10	66.7				15	11	73.3	4	7	46.7	6	40	47.6	5	6	1	3	3	20

第二节　基层组织发展

基层组织是党的组织基础和工作基础。在农工党常德市委的不同历史发展阶段，都注重加强对基层组织的领导，帮助其建立制度，开展活动，使组织生活制度化、正常化，充分发挥基层组织的作用。从1985年6月农工党常德市(县级市)委员会成立起，到2012年12月底，基层组织由最初的5个支部(小组)发展为现1个县级委员会(津市市委)和10个市属基层组织(总支、支部)。

1982年12月，中国农工民主党常德市筹备委员会成立后，认真贯彻落实1982年4月农工党中央全国组织工作会议有关“发展组织应与巩固组织相结合，要有计划有重点进行，注意适当集中，有利于按单位建立基层组织”的精神，积极做好组织发展和基层支部设置工作，当时党员分布于常德城区和桃源县陬市镇，为便于学习交流联谊，市筹委分设了科技财贸支部、城东支部、城西支部、城中支部和陬市直属小组，后又增设地区医院支部和常师支部。

1985年6月，中国农工民主党常德市委员会成立后，按县制、单位、区域对基层组织进行调整。共设立地区医院支部、卫生支部、财贸科技支部、文教支部和沅水局职工医院支部(前身即陬市直属小组)。1986年，增设常德市中医院支部。1987年，增设德山支部。1988年上半年，增设常德市人民医院支部。

1988年11月，农工党常德市(地级市)第一届委员会成立一届市委期间，重视基层干部的培养、选拔的工作，充实和加强基层领导，利用基层组织陆续换届的时机，共培养和选拔了廖克军、李晓山等10名热爱党派工作，年轻有为，善于团结和协调关系的同志担任支部主要负责人。同时鉴于医卫界的党员迅速增加，已在各主要医疗卫生单位成立支部，将卫生支部更名为综合支部，将支部内医卫界成员划分到相关支部，吸纳从行政事业单位新近发展的党员。1990年12月13日，农工党常德市委主委熊俊华出席农工党省委召开的全省基层工作经验交流会并作题为《总结成绩、交流经验，进一步加强基层组织建设》的典型发言。

二届市委期间，充分认识到基层组织的重要性，为加强基层组织建设，市委大力选拔新生力量充实支部领导班子，积极发挥集体领导作用，主要领导加强与支部所在地方(单位)中共党组织沟通协商力度，争取支持与帮助，同时与部分支部成员谈心交心，消除误解，化解矛盾，增进团结。以上举措使得支部工作充满朝气与活力，支部工作开展的有声有色，充分发挥了支部参政议政、民主监督和社会服务的前沿阵地作用。

三届市委期间，主要领导和机关干部分期分批走访基层组织所在地方（单位）的中共党组织，虚心征求工作意见，协调合作共事的关系，争取中共党组织对市委工作的指导和帮助，基层组织营造良好的工作环境。最明显的成果就是陬市支部的更名为桃源县支部和安乡县活动小组的成立

四届市委期间，市委主要领导和机关干部坚持参加各支部的组织活动，促进上下沟通，有效地推进基层组织工作。同时采取走上门协商、请进来恳谈的形式，加强与中共党委的沟通和联系，取得中共地方党委对基层组织的高度重视和大力支持，营造了合作共事的良好氛围。基层组织发展获得广阔空间，取得快速发展，先后有三个支部升格为总支，安乡活动小组升格为安乡支部，首开在区县成立民主党派基层组织的先河。

五届市委期间，高度重视基层组织建设的制度化、规范化和特色化工作。通过建章立制，规范基层组织各项工作。市委建立健全了主委走访支部和联系党员的联系服务机制，出台了《农工党常德市委关于加强基层组织建设的意见》，修订、完善并印发了《基层组织制度汇编》，内容包括：《农工党常德市委基层组织活动制度》《农工党常德市委基层组织会议制度》《农工党常德市委基层组织支委工作职责》《农工党常德市委基层组织工作情况年度报表》，为有效指导和量化考核基层组织发挥积极作用，加速基层组织建设的制度化、规范化进程。另外，市委针对各基层组织的特点，通过分类指导，挖掘各自特色，发挥自身优势，激发基层组织内生活力，推动工作开展。

表 5－2－2－1　2012 年农工党常德市委基层组织一览表

组织名称	主委	副主委	委员
津市市委	王双全	杨建国、杨　玲、卢　超	阿　毅、成燕平、李瑞泽、李义明、胡芬芳
市一医院总支	黄绍华	易银武、胡剑鹏、潘霞云、黄昌林	黎明娅、郭爱枝、骆克海
武陵区总支	彭仕龙	钱　攀、汤土又、蔡小平、郑维民	邓玲君、王玉山
鼎城区总支	张建国	龚玉保、陈小平、王　全、汪志红	赵承峰、刘红英
德山总支	向经国	沈建兵、张　峰、吴　飞	龚伦礼、吴　军
直属支部	郑维菊	胡　蓉、周　胜	陈腊年、辛雪飞
市一中医医院支部	章光明	张远华、姚　虹、杜安民	郑远方、赵丙文
文教支部	罗　章	袁朝晖	赵轶斌、李　勇
桃源县支部	文懿缙	谢菊先、甘　平	贵爱军、戴海燕、杜玉中
安乡县支部	何国荣	唐西英、侯湘兰	贺福丽、李　锋
卫生支部	刘凤姣	唐　洁、石佳鑫、章　杨	谈红霞

第三节　新党员和干部培训

新党员和干部的教育和培养，是关系到民主党派薪火相传、继往开来和多党合作事业的健康发展的重大问题。在农工党常德市委的不同历史发展阶段，都注重加强对新党员和干部的教育和培训工作。

一届市委期间，根据农工党中央十届二中、三中全会精神要求，按照农工党湖南省委的工作部署，加强党员的思想政治工作，狠抓形势教育，共举行新党员学习班1次，邀请农工党省委、中共市委统战部、市政协领导宣讲国际国内及统战形势8次，以主委办公会议、市委会、市委扩大会议等形式开展集体学习10次，通过学习和教育，提高党员的思想政治素质，坚定接受中国共产党领导和走社会主义道路的决心，对中共十三届四中全会以来的方针、政策表示坚决拥护。选派14名骨干党员到省、市社会主义学院学习中共中央〔1989〕14号文件精神，进一步明确参政党的地位、性质和作用，明确加强自身建设的必要性和重要性，调动工作的积极性和主动性。

二届市委期间，举办包括新党员学习班在内的各种形式学习班11次，选派骨干党员到省、市社会主义学院培训37人次，以主委办公会议、市委会、市委扩大会议等形式开展集体学习30次，通过一系列的学习，使广大党员对统一战线基本理论及新时期统战工作的特点和要求有更全面的认识，对农工党的历史和章程有更深刻的理解，进一步提高广大党员运用马列主义的立场、观点和方法分析形势和认识问题的能力，进一步调动广大党员投身社会主义建设事业的积极性和主动性。

三届市委期间，共举办四期新党员培训班，50余人次参训，通过对统战政策、理论的学习以及农工党党史、党章的教育，使新党员们进一步端正入党动机，树立良好的农工党员形象。选送20多名骨干党员参加省、市社会主义学院的理论培训，提高政治理论水平。采取以会代培、专题座谈、理论宣讲等形式组织骨干党员学习达50多次，主要内容为《邓小平文选》、社会主义市场经济理论、新时期统一战线理论、江泽民关于“讲学习、讲政治、讲正气”的重要讲话精神等，进一步提高骨干党员的思想觉悟和政治素质。

四届市委期间，共举办5期新党员培训班，组织党员系统地学习党章、党史及统战理论知识。分层次、有计划地组织29人次参加中央及省社院的学习；组织86人次参加农工党市委组织的基层组织骨干培训班学习。组织机关干部轮流参加中央和省社会主义学院，以及农工党省委、中共市委统战部举办的各种理论学习和培训班有23人次，有效地提高了机关干部的政治素质和理论水平，进一步增强机关干部的责任意识、服务意识和大局意识。通过召开主委办公会议、市委会、市委扩大会议，开展“多党合作知识竞赛”和“庆祝建党75周年知识竞赛”等形式进行政治理论学习，使全体党员进一步加深对中国共产党领导的多党合作和政治协商制度的认识，提高党员的整体素质，增强基层组织的活力。

2000年第五期新党员培训班合影

五届市委期间，组织开展党史讲座、新党员培训等各类培训12次，参训达600多人次，进一步增强广大党员的政党意识、使命意识和责任担当。通过以会代学的形式，组织骨干党员集中学习中共十七大、十七届三中全会、农工党十四大精神，开展政治交接学习教育、“解放思想、富民强省”大讨论、践行科学发展观、社会主义核心价值体系等系列教育活动，增强骨干党员接受中共领导的自觉性和坚定性，提高参政议政水平和合作共事能力。组织开展纪念五一口号60周年、改革开放30周年、市委成立20周年、多党合作60周年和农工党建党80周年等大型庆祝活动，广大党员重温历史，加强与中共同心同行的决心。

第二章 思想建设与宣传工作

第一节 理论学习与研究

一、理论学习

思想建设工作是党派自身建设的核心。多年来，农工党常德市委按照建设高素质参政党的目标，结合不同历史时期形势要求，开展形式多样的政治理论学习和思想教育活动，积极创建学习型党派组织，不断加强自身建设，努力提升广大党员理论素养和综合能力。

农工党常德市委和各基层组织结合中心工作，始终以思想建设为核心，以领导班子成员和基层组织负责人为重点，带动广大党员学习。学习新时期新阶段的政治理论，学习贯彻中共历届党代会以及各次全会精神，学习《中共中央关于坚持和完善中国共产党领导的多党合作和政治协商制度的意见》《中共中央关于进一步加强中国共产党领导的多党合作和政治协商制度建设意见》《中共中央关于加强新形势下党外代表人士队伍建设的意见》《中国农工民主党加强思想建设的若干意见》和全国、全省历届统战工作会议精神。学习毛泽东思想、邓小平理论、“三个代表”重要思想、科学发展观、社会主义核心价值体系以及构建社会主义和谐社会的重要论述，采取座谈会、学习班、支部活动等形式，认真领会重大理论问题的精神实质，统一党员思想。通过学习，广大党员认清农工党所处的历史地位，自觉遵守中国共产党领导的多党合作和政治协商制度，对我国社会主义建设充满信心，增强了新世纪新阶段参政党的政治责任感、历史使命感，坚定了社会主义信念，明确了正确的政治方向。

农工党常德市委正副主委、各支部主委以及党员骨干先后120余人次参加省委、市委统战部和中央、省、市社会主义学院举办的民主党派骨干培训班学习，参加培训班的党员比较系统地学习中国共产党领导的多党合作和政治协商制度、统一战线理论、民主党派历史知识和加强自身建设等方面内容。

市委会还重视对党员进行政治思想教育，通过举办新党员学习班，学习农工党党章、党史，统战理论和多党合作等知识，帮助新党员了解农工民主党的奋斗历程和优良传统，深入了解中国共产党领导的多党合作和政治协商制度的形成和完善。

农工党常德市委还十分重视对党员开展爱国主义教育，并紧紧围绕中共中央和国家的大事、要事开展活动。1999 年，面对李登辉抛出的“两国论”和美国为首的北约袭击中国驻南使馆这些重大事件，农工党全体同志义愤填膺，以市委扩大会和支部生活会的形式，认真学习领会中共中央领导人的讲话精神，坚决拥护中国政府的严正立场，与中共中央保持高度一致。2000 年，在全国上下揭批反动邪教“法轮功”的斗争中，市委充分发挥医卫、科技、教育的优势及时向各支部提出反对“法轮功”的要求，使党员深刻认识到同“法轮功”作斗争不是小题大做，而是关系到全国人民团结奋斗的根本思想基础，是关系到党和国家前途命运的一场政治斗争。全体农工党员真正做到以自己的实际行动，拥护中共中央取缔反动邪教“法轮功”的英明决定。农工党常德市委副主委廖克军和秘书长郑朝兵还分别代表农工党常德市委就严正声讨北约暴行和坚决取缔“法轮功”问题在常德电视台发表了讲话。2001 年，围绕迎接香港、澳门回归以及农工党建党七十周年等庆祝活动，市委举办了专题报告会、座谈会，开展了文艺活动，热情讴歌了邓小平“一国两制，和平统一”的伟大构想和成功实践。通过回顾百年的沧桑，展望辉煌的未来，激发了农工党员的爱国爱党热情。

学习邓小平理论 1992 年春，邓小平同志视察南方并发表重要讲话，接着中共中央以〔1992〕2 号文件进一步明确邓小平同志南巡讲话的重要内容。南巡讲话精神在全国各地迅速掀起一场轰轰烈烈的改革浪潮，也极大激发包括农工党成员在内的全国人民为改革开放和现代化建设争做贡献的热情。为了让成员深刻学习、领会中共中央〔1992〕2 号文件精神，农工党常德市委根据省委文件要求及时向各支部下发“关于认真学习中共中央〔1992〕2 号文件”的通知。要求成员通过学习、讨论，进一步增强建设有中国特色社会主义的信心，增强抓住机遇，发展经济的紧迫感。1993 年下半年，《邓小平文选》第三卷的公开发行，《邓小平同志关于建设有中国特色社会主义理论纲要》的辅导读本也相继出版。为了让广大成员及时了解国家政治生活中的大事，市委及时向支部转发省委“关于学习《邓小平文选》第三卷”的通知。广大成员通过学习《邓小平文选》第三卷及《邓小平同志关于建设有中国特色社会主义理论纲要》，对邓小平同志关于建设有中国特色社会主义理论的基本观点、精神实质及其科学体系有更全面、更深刻的理解，从而更加坚定广大成员接受中国共产党的领导和走社会主义道路的决心。

学习“三个代表”重要思想 2000年，农工党常德市委重点学习江泽民总书记在中共中央思想政治工作会议上关于“三个代表”的论述。讲话全面系统地指出中国共产党领导的中国革命的根本任务和目的。其内涵极为深刻而丰富，充分体现马克思主义的基本观点。“三个代表”的论述给广大身处复杂而多变的国内外形势下党员和干部指明努力方向，也为中国共产党领导的民主党派指明了努力方向。市委号召党员认真学习、深刻领会，并牢牢把握“三个代表”的精神实质，用以指导自己的思想和行动”。与会者通过学习，对“三个代表”重要思想的时代背景、实践基础、科学内涵、精神实质和历史地位等方面加深认识，大家联系工作实际，认识到作为民主党派成员也要从政治与全局的高度，把思想和行动统一到“三个代表”重要思想上来，坚持中国共产党领导的多党合作和政治协商制度，把“三个代表”重要思想贯彻落实到全面推进我市改革开放发展和现代化建设的实践中去，具有深远的历史意义和现实意义。

政治交接学习教育 2007年8月至2008年9月，农工党常德市委按照省委的统一安排和部署，在中共常德市委的领导下，稳步有序开展政治交接学习教育活动，增强党的凝聚力、影响力，开创市委工作的新局面。

2007年8月10日，市委召开五届四次主委办公会议，成立了以市委主委萧燕芳为组长的学习教育活动领导小组和办公室，制定了活动《总体方案》和实施细则。然后通过走访调查形成了《常德市农工党员思想状况调查》等报告数份，增强了活动的针对性和有效性。2007年9月28日，市委召开有数百名党员参加的动员大会，正式掀起了全市政治交接学习教育活动的热潮。

在四个阶段的学习教育活动过程中，农工党常德市委先后组织召开动员会、季度专题市委会、交流研讨和阶段总结会等11次专题学习报告会议，召开民主座谈、思想交流等会议15次，举办培训班4次，培训300余人次。编印《农工党常德市委政治交接学习教育活动学习资料汇编》一、二册和历次会议纪要、党员思想交流等其他学习材料150多份，以文字资料、电子文档等形式发给各总支、支部，同时编印学习简讯12期，供每位党员学习研究，丰富学习内容。市委制定严明的学习纪律、考勤测评制度和表彰办法，建立以市委服务于全体党员、各基层组织骨干服务于本组织全体党员、全市党员服务所联系群众为特色的三级联动学习机制，提出以各基层组织每月组织一次以上的集中学习、每次学习时间保证两小时以上、每季度撰写三篇以上学习心得为内容的“一二三”的学习模式。市委开展学习袁隆平事迹、井冈山精神和“三查三比三看”等五次主题配套学习教育活动；开展纪念“五一口号”60周年和改革开放30周年等四次主题征文；组织党员瞻仰革命遗址、革命圣地、伟人故居，参观事迹展览，开展“牢记历史、贡献常德”等学习考察主题活动4次，达180余人次；组织“多党合作”主题问卷调查、知识竞赛2次，图片展2次；开展“我为城市发展献一策”、“深入解放思想，深化政治交接”、“立足本职解放思想，建言献策创新服务”和“创和谐机关建设”等多次意见征集活动并出台30条相关制度整改意见措施。

同时，市委着力在实字上下工夫，在实字上做文章，把“学教”成果实实在在地转化到自身建设、参政议政和社会服务中。如成功推荐党员侯湘兰担任安乡县招商局局长职务，实现该县党外正职的零突破。撰写《我市城镇居民医保制度急待完善》《关注民生饮水疾苦，着力打造改水工程》和《打造汤家岗遗址，促进文化名城建设》等一批高质量的调研文章及其他反映社情民意的材料。促成市一中医院与常德市沅水局医院建立长期对口协作关系，成为常德市第一例由民主党派促成的医院对口协作。

通过政治交接学习教育活动的深入开展，农工党市委坚持走中国特色社会主义道路的信念更加坚定，与中国共产党长期合作形成的优良传统得以继承与发扬，广大党派成员的思想政治素质进一步提高、自身团结和谐的氛围进一步增强。

社会主义核心价值体系“学与行”活动　2010年，农工党常德市委根据中央和省委树立和践行社会主义核心价值体系的工作规划，结合自身特点和中共常德市委、市政府的工作大局，开展了形式多样、内容丰富的社会主义核心价值体系“学与行”活动。

4月，农工党常德市委领导班子参加全市社会主义核心价值体系专题研讨班。随后，市委成立领导小组，制定学习方案，在全市党员中掀起“学与行”的热潮。

大家通过报告、座谈、理论研讨，结合市委编印的《核心价值80问》，边学边想如何吃透学好。市委领导班子带头撰写学习文章，落实规划部署，仅班子成员在省市各级媒体发表的相关短评和理论文章就有22篇，如主委萧燕芳的《用社会主义核心价值体系指导民主党派基层组织干部队伍建设》。活动还收到统战理论文章5篇、政协理论文章9篇，其中党员胡蓉的《浅谈界别设置和界别作用的发挥》一文，获市政协理论研究成果一等奖。市委还针对不同党员群体开展分类学习。如组织24名女党员在三八佳节开展践行核心价值座谈，讨论如何用核心价值指导人生事业，用具体实践发展核心价值。

农工党常德市委和各支部把学习内容融入工作和服务活动，如桃源支部开展集中“移植”学习，一医院总支开展社会服务，全市党员以深入的实践和良好的业绩体现学习成果。在如何实现理论学习和本职工作的有机结合问题上，党员杨健全提出的党外干部做践行表率的意见，对此作出了很好的回答。9月27日，市委与市药监局召开对口联系座谈会，把活动引向深入，用核心价值体系指导合作共事具体实践。

学习《中共中央关于坚持和完善中国共产党领导的多党合作和政治协商制度的意见》精神　1990年年初，《中共中央关于坚持和完善中国共产党领导的多党合作和政治协商制度的意见》(以下简称《意见》)公开发表。同年六月，全国统战工作会议在北京召开，江泽民总书记在会上做了重要讲话。随后，发出了《关于加强统一战线工作的通知》，对统战工作作了新的部署，明确了新任务，提出了新的要求。农工党常德市委立即组织党员认真学习，贯彻中共中央《意见》、全国统战会议精神和江泽民总书记的讲话。《意见》还只在内部传达时，市委领导就先后组织市委委员、支部主委学习、讨论文件精神，要求成员全面理解共产党领导的多党合作和政治协商制度是我国政治制度中的一项根本制度，要求大家弄清《意见》中包含的重要问题。《意见》一经公开发表，市委就立即制定了学习、宣传、贯彻的实施办法，与《意见》等文件一同发放到各支部，要求全体成员全面、深入地学习、领会文件精神。接着又先后选派骨干 14 人次分别到中央、省、市社会主义学院学习，通过以上措施和部署，广大成员进一步明确了民主党派在我国人民民主政权中所处的参政党地位、性质和作用，明确了加强自身建设的必要性和重要性，为今后充分调动成员的积极性和主动性，进一步开展党派工作，打下了坚实的基础。

学习《关于进一步加强中国共产党领导的多党合作和政治协商制度建设意见》精神 2005 年，中共中央印发了《关于进一步加强中国共产党领导的多党合作和政治协商制度建设意见》（中发〔2005〕5 号，以下简称《意见》）。农工党常德市委抓住农工党建党 75 周年的契机，在各支部大力推动“多党合作知识竞赛”和“庆祝建党 75 周年知识竞赛”活动，以竞赛的形式促进了《意见》学习的深入。如一中医院支部制定了支部学习实施方案，明确了支部成员每月集中学习一次，时间固定在每月的 15 日，并保证每周一小时的个人自学；一医院总支明确一名副主委抓学习，以《意见》精神为学习的主要内容，坚持每季度学习一次；桃源支部把学《意见》、讲团结、求发展作为学习的中心内容，通过理论学习、走访、帮困和开展社会服务活动等多种形式，不断加强支部全体成员的团结与协作意识。市委通过开展学习《意见》精神系列活动，使全体党员进一步加深对中国共产党领导的多党合作和政治协商制度的认识，提高广大党员的整体素质，增强基层组织的活力。

学习《关于加强新形势下党外代表人士队伍建设的意见》精神 2012 年 2 月 2 日，中共中央印发了《关于加强新形势下党外代表人士队伍建设的意见》（中发〔2012〕4 号，以下简称《意见》）。为认真学习贯彻落实文件精神，推进党派人才队伍建设，3 月 21 日，农工党常德市委召开六届三次（扩大）会议。专题学习中发〔2012〕4 号文件精神，讨论通过《农工党常德市委关于学习贯彻中发〔2012〕4 号文件精神方案》。方案决定把学习贯彻《意见》精神作为一项重要政治任务来抓。要求各基层组织认真制定学习计划，迅速组织骨干党员开展集中学习，鼓励广大党员结合所在单位实际情况，配合开展征文、交流等学习活动，营造良好学习氛围。同时市委创新学习形式，开展系列活动学习贯彻中发四号文件精神。一方面通过“请进来”与兄弟市委开展横向学习交流。4 月 18 日，农工党郴州市委机关全体干部来到常德，就学习贯彻《意见》精神以及机关建设等议题与市委充分沟通。另一方面通过“走出去”开展主题教育活动。8 月 13 日，农工党常德市委组织全体委员和基层组织负责人，赴重庆“中国民主党派历史陈列馆”开展“忆共事、启新章”的红色主题教育活动，重温农工党和中共同心同行、肝胆相照的历程，不断强化党员与中共合作共事的意识。通过追忆合作历程，促进开启共事新章。

二、理论研究

2007 年，农工党常德市委开展“讲多党合作传统，谈政治交接主题”学习活动。各支部上报《我国多党合作制度的发展和民主党派的历史道路》《参政议政、民主监督是民主党派的根本职能》《新时期民主党派如何做好参政议政》《加强民主党派参政议政能力建设，促进社会主义和谐社会快速发展》等理论研讨文章。

2009 年，在市政协举办的纪念人民政协成立 60 周年征文活动中，农工党常德市委历届市政协委员积极参与。8 月，汪正健的《为了让市民吃得放心》、彭仕龙的《搬家》、胡蓉的《为了肩头的那份责任》，周友恩的《我与桥南市场》、邓聚贤的《提案落实乐融融》和谢菊仙的《当选之日》等 7 篇文章，被选登在市政协文集《春天的记忆》中，见证了改革开放三十年常德经济社会发展与民主进程。武陵区总支钱攀、李汉青、汤土又分别撰写的《政协委员经历是我一生的财富》《川湘联谊情》及《我的政协情怀》获得武陵区政协“我的政协情怀杯”征文 1 个二等奖，2 个三等奖。

党员共撰写学习心得体会及理论调研论文 203 篇，其中 34 篇在全国、省部级发表交流，169 篇在市县级发表交流。如陈钰撰写的《用“四讲”原则规范民主监督》发表在《人民政协报》和《求是》理论网(2010 年 11 月 10 日)。萧燕芳撰写的《用社会主义核心价值体系指导民主党派干部队伍建设》获农工党中央“2010 年理论调研优秀论文三等奖”。陈钰撰写的《常德市农工党后备干部队伍建设的调查与思考》反映了常德市农工党后备干部队伍建设的现状，找准了存在的问题，分析了深层次原因，提出了可行性建议，强化了组织建设工作的理论支撑，得到了省委的高度肯定，并经省委报中央理论研究中心。市委撰写的《做好人才开发工作要树立新理念》获得 2009 年常德市“创新人才工作，推动人才强市”理论研讨论文三等奖。胡蓉撰写的《浅谈界别设置和界别作用的发挥》获得 2010 常德市政协理论研究一等奖。农工党常德市委也多次被省委、市政协、中共常德市委统战部评为理论调研工作先进单位。

表 5－3－1－1　2002—2012 年农工党常德市委组织撰写的重要理论文章目录

时间	文　章　标　题	作者
2002	《试论统战工作在社会主义建设中的重要作用》	市　委
	《社区党建工作必须与社区文化建设相结合》	市　委
	《试谈“三个代表”论与我党的党建工作》	市　委
2004	《论宣传思想工作在新世纪的创新与发展》	刘学敬
	《新形势下民主党派基层人员如何履行好参政议职能的几点认识》	侯湘兰
2005	《关于建立民主党派人才培养长效机制的思考》	龚建明
2006	《关于政党意识与农工党参政职能发挥的思考》	罗　章
	《落实科学发展观与统一战线》	关建平
	《落实科学发展观，巩固统一战线》	谢菊仙
2008	《初探全心全意为人民服务的根本宗旨与以人为本》	萧燕芳
	《充分发挥民主党派成员个体的参政议政作用之我见》	市　委
	《对新形势下民主党派及无党派人士民主监督工作的思考》	市　委
	《从手术室的变迁看医院改革的变化》	黄绍华
	《加强政协监督，促进食品安全》	汪正健
	《从亲历看改革三十年民主进程》	刘学敬
	《我与桥南市场》	周友恩
	《继承优良传统，履行政治责任》	萧燕芳
	《践行“五一”号召推进政治交接，加强党的领导发展多党合作》	杨健全
	《重温“五一口号”，搞好民主监督》	刘凤姣
	《从张健任厅长说起》	温勇泉
	《对新形势下基层民主党派及无党派人士如何发挥作用的思考》	李　科
	《展望多党合作的未来发展》	谭丽霞
	《创新三大机制，实现党外干部工作的“立中升”》	市　委

续表

时间	文　章　标　题	作者
2008	《解放思想、以人为本，搞好民主党派基层建设》	市　委
	《加大推荐力度、扩大选拔幅度，齐心协力做好党外干部工作》	市　委
	《三项措施提升领导班子素质》	市　委
	《建立“三联”服务模式促进思想解放大讨论》	市　委
	《狠抓“三支队伍”的思想解放》	市　委
	《把北京奥运理念融入创文工作》	萧燕芳
2009	《协商民主一参政党面临的新挑战》	萧燕芳
	《重民意、促民生，发挥好人民政协在科学发展中的独特优势》	杨健全
	《政协委员的利益代表性之我见》	陈　钰
	《进一步发挥民主党派在人民政协中的作用》	陈　钰
	《发挥市委机关的中枢纽带作用推动市委各项工作的全面开展》	陈　钰
	《基层党外正职与任职单位党组织关系》	彭仕龙
	《创新是做好思想政治工作的灵魂》	袁幼平
2010	《党外干部要立足本职，做“学与行”的表率》	杨健全
	《用社会主义核心价值体系指导民主党派干部队伍建设》	萧燕芳
	《民主监督要刚柔相济促成实效》	陈　钰
	《统战工作在构建和谐校园中的重要作用和意义》	刘国军
	《浅谈如何发挥统一战线在医院和谐发展中的积极作用》	彭仕龙 王玉山
	《搭建平台、拓宽渠道，积极探索在人民政协中进一步发挥民主党派作用的方法与途径》	杨健全
	《用历史考量多党合作的共同核心价值》	章　杨
	《浅析如何发挥民主党派在人民政协中参政议政的基础作用》	陈　钰
	《“诚实做人”是构建和谐城管的基石一用核心价值指导城市管理》	文懿缙
	《健康所系，生命相托一用核心价值指导民主党派医务工作者思想建设》	胡剑鹏

续表

时间	文　章　标　题	作者
2010	《农工党基层支部如何学习和践行社会主义核心价值体系》	彭仕龙
	《践行社会主义核心价值体系重在学、贵在行》	胡芬芳
	《浅析"五五制"推进民主党派议政调研工作》	陈　钰
	《发挥民主党派作用，推进人民政协工作》	张建国
	《充分发挥民主党派界别在政协工作中的作用》	郑朝兵
	《发挥党外人士与界别在人民政协中的作用》	章光明
	《进一步发挥民主党派在政治协商中作用的建议》	黄绍华
	《浅谈新时期民主党派的职能的发挥》	杨健全
	《在实践中学，在学习中用》	张远华
	《第一堂"学行"课》	贺福丽
2011	《民主党派基层组织建设现状与思考》	陈　钰
	《党外干部培养、选拔的现状与建议》	市　委
	《加强自身建设，提高参政水平，切实履行好参政党职能》	市　委
	《关于民主党派区、县级组织建立自身监督机制的思考》	杨健全
	《民主党派社会服务工作存在的问题及对策》	胡剑鹏
	《如何做好民主党派的社会服务工作》	郑维民
	《浅析社会服务与参政议政的关系》	胡　蓉
	《拓宽渠道、创新方式，持之以恒地开展好社会服务工作》	谢菊先
	《发挥农工民主党优势，为构建和谐社会服务》	杨建国
	《社会服务是民主党派的重要职能》	石佳鑫
	《论新时期民主党派参与建立公民社会的历史责任》	鲁　斌
	《创新民主党派社会服务工作之我见》	李　莉
	《祖国医学精深博大 中华文化陶冶心灵》	汪正健

续表

时间	文　章　标　题	作者
2012	《内化律法于心，外践律法为行一学法用法心得体会》	萧燕芳
	《人民政协工作方法探讨》	刘学敬 杨亚清
	《对当前基层统战工作的建议》	陈　钰
	《对新形势下地方政府创新社会管理方式的思考》	陈　钰
	《学以致用，用以致和——一位基层农工党党员在社会主义学院学习培训期间的感受》	陈　钰
	《以合作的实践培养共事的默契——一名党外干部在基层合作共事实践中的感悟》	蒋　斌

第二节　宣传工作

推介党派自身建设的先进经验。如在2008年政治交接学习教育活动中，农工党常德市委组织开展的“三查三比三看”和结合解放思想大讨论活动、鼎城总支结合纪念我国基础外科奠基人裘法祖院士学习追思活动，桃源支部结合抗震救灾和“强班子、建队伍、树形象”活动，通过聘请顾问等“九个一”的创新举措，受到农工党中央、省委网站、中央统战网、三湘统战网、常德新闻网、《团结报》和常德日报等多家媒体全文报道，对民主党派的社会声誉产生了良好影响，树立了民主党派的时代形象。

宣传参政议政取得的丰硕成果。2001年，农工党常德市委撰写的调研报告《如何过好民族传统节日》由省委主委姚守拙带到全国政协会上发言。引起社会广泛讨论，最终促成2007年三大传统节日成为法定节假日。《湘声报》对此给予了深度报道。

弘扬农工党员爱岗敬业、服务社会的奉献精神。在2003年常德市抗击“非典”的战斗中，广大农工党党员始终战斗在一线，认真履行职责、坚守岗位，为确保常德市防线不被攻破，确保全市人民的健康和社会稳定作出了积极的贡献。尤其是被农工党中央授予“全国抗非典先进个人”的市肿瘤医院副院长沈建兵同志，不顾自身安危，始终奋战在常德市抗击“非典”第一线——石门桥常长高速公路出口。其突出事迹被常德电视台在《常德新闻联播》中予以报道。

据不完全统计(2007年—2012年)，共刊发宣传稿825篇(专稿362篇)，其中在中央级媒体刊发 56 篇；在省级媒体刊发 394 篇；在市、县级媒体刊发 375 篇；很多先进经验得到《人民政协报》、《求是》理论网、农工党中央党刊《前进论坛》、民革中央主办的《团结报》、农工党中央网站、《湘声报》、《潇湘晨报》、三湘统战网，农工党省委网站和《常德日报》、《常德晚报》、常德政府网、常德统战网等中央、省、市、县各级报刊、网站等主流媒体报道。以此宣传中国共产党领导的多党合作事业的发展成果，激发广大党员为祖国建设、经济社会发展与进步贡献智慧和力量的自豪感和使命感。另外在市、县电视台新闻频道报道市委活动 30 余次，及时地向社会发出了农工党的声音。

表 5－3－2－1　2007—2012 年发表在中央级刊物、媒体上的部分文章

文章标题	刊载媒体及时间
农工党常德市委被农工党中央评为为全面建设小康社会做贡献先进集体	《前进论坛》2007 年第一期
农工党常德市委学习《中国政党制度》白皮书	中央统战网，2008 年
常德市委各民主党派通过“找、办、建”，积极参与常德创建全国文明城市工作	中央统战网，2008 年
农工党常德市委发言得到市长“特急”批示，建议被列入常德市六大工作目标	《团结报》第 7 版，2008 年 1 月 12 日，作者：杨健全
破冰送暖有我们一记民主党派基层组织抗雪除冰献爱心	团结网，2008 年 2 月 16 日
“三查三摆三看”农工党常德市委深入开展“学教”活动	团结网、《团结报》第 3430 号，第 7 版 2008 年
农工党常德市委三项措施提升领导班子素质	团结网、《团结报》第 3475 号，第 7 版，2008 年 7 月 19 日
农工党常德市桃源支部“九个一”创新“学教”活动	团结网，《团结报》，2008 年 8 月 2 日
农工党常德市委开展“牢记历史”主题活动	团结网、《团结报》第 3487 号，第 7 版 2008 年
农工党常德市委开展“立足本职、解放思想、建言献策、创新服务”主题活动	团结网、《团结报》第 3505 号，第 7 版
抗冰救灾、关注民生	《前进论坛》2008 年第 3 期，2008 年 9 月 27 日
农工党常德市委开展“亲历改革三十年”征文活动纪念“五一口号”发布 60 周年	农工党中央网站，2008 年
农工党常德市委举行支援四川地震灾区募捐仪式	农工党中央网站 2008 年
农工党常德市委召开贯彻十七大精神学习交流会议	农工党中央网站 2008 年
农工党常德市鼎城总支举行向裘法祖院士学习追思会	农工党中央网站，2008 年，作者：张建国
安乡县党外干部担任政府正职实现零突破	农工党中央网站，2008 年
常德市农工党医疗专家开展“乡村饮水健康行”联合科普活动关注农民饮水问题	农工党中央网站，2008 年

续表

文章标题	刊载媒体及时间
农工党常德市委纪念成立20周年	《团结报》、团结网，2009年2月1日
修好"战壕"勤练"兵"一农工党常德市一中医院支部下乡扶贫记	《团结报》、团结网，2009年4月4日，3582期第七版
农工党常德市委基层支部联合开展"预防甲流乡村行"科普义诊系列活动	《团结报》、团结网，2009年11月10日，3674期第七版
医疗用血异地补偿机制尚不畅通	中国新闻网、《湘声报》，2010年8月4日
智力帮扶动地诗，医疗服务歌满坡	《团结报》7版、团结网，2010年10月19日
用"四讲"原则规范民主监督	《人民政协报》、《求是》、理论网，2010年11月10日，作者:陈钰
用社会主义核心价值体系指导民主党派干部队伍建设	《前进论坛》，2011年8月，作者:萧燕芳
加强医德医风建设 努力构建和谐医患关系	《前进论坛》，2011年
农工党常德市委举行"忆共事、启新章"红色主题教育活动	中国农工民主党中央网站，2012年8月23日
关注药品安全，促进环节监管一农工党常德市委与市食品药品监督管理局对口联系活动纪要	中国农工民主党中央网站，2012年12月20日
农工党中央主席陈竺接见农工党常德市委班子成员	中国农工民主党中央网站，2012年12月25日

第四章 重要会议

第一节 代表大会

一、农工党常德市直属小组成立会议

1980 年 10 月 28 日，中国农工民主党常德市直属小组成立会议在常德市工人文化宫召开。分布在市县各单位的 4 位党员刘天健、童克箴、曹惠萱、郭育才参加会议。会议推选刘天健任直属小组组长。农工党长沙市委秘书长余光乐、组织处处长杨汉松、中共常德地委统战部李本精科长、常德市委统战部长刘伯强和邓德盛、常德县委统战部常务副部长胡湘泉及民盟负责人陈锡祥、民建负责人谢海泉到会祝贺。会议由杨汉松主持，刘天健汇报了小组从酝酿到成立的过程，曹慧萱作工作报告。李本精代表中共常德地委统战部对小组的成立表示祝贺，他在传达中共中央有关精神时强调，今后党的领导是方针政策的领导，各民主党派拥有独立活动权，并明确了党派工作的八个主要方面。余光乐代表农工党长沙市委对中共常德地、市、县委及兄弟党派的支持表示诚恳的感谢。她强调直属小组要抓好组织发展问题。会议决定每月 15 日后的星期三下午为组织生活时间。

二、农工党常德市(县级市)委员会成立大会

1985 年 6 月 17 日至 18 日，中国农工民主党常德市委员会成立大会在常德地区电影公司放映厅召开。来自 5 个支部共 49 名代表出席会议。省委副主委成从修、中共市委副书记黄泽贤、市政协主席唐德明、中共市委统战部副部长周振芳、民建市委主委谢海泉、其

他兄弟党派市委、市工商联和中共市烟草专卖局支部等相关单位到会祝贺。大会主席团由刘天健、刘肇韩、刘智壶、李子贻、李西园、曹惠萱、赖汉屏、廖兵、熊俊华、熊绍祖等10人组成。大会由市委筹备委员会副主任委员李子贻致开幕词。大会的主要议程有：学习中共十二届三中全会精神；听取和审议市筹委会工作报告；选举中国农工民主党常德市委员会。黄泽贤代表中共市委在开幕式上向市委表示祝贺，他充分肯定了市委为常德经济体制改革，特别是医药卫生界的发展发挥的巨大作用，对市委在文化补习、智力支边、医疗咨询服务、兴办集体企业、安置待业青年以及开展"三胞"联络工作中取得的成绩给予高度评价。他表示，中共市委一定会尊重各民主党派在宪法权利和义务范围内的政治自由、组织独立和法律上的平等地位。大会审议并通过了市筹委会副主任委员曹惠萱所作的市委筹备工作报告。大会选举产生农工党常德市委员会，熊俊华当选为主任委员，李子贻、曹惠萱(女)、赖汉屏、廖兵(女)当选为副主任委员，刘肇韩、刘智壶、李西园、熊绍祖当选为委员，聘请刘天健、童克箴为顾问。大会由市委主委熊俊华致闭幕词。

三、农工党常德市(地级市)第一次代表大会

1988年11月20日—24日，农工党常德市第一次党员代表大会在常德市芷园宾馆召开。从全市84名党员中推选出的45名代表参加会议。大会选举产生农工党常德市第一届委员会。熊俊华当选为主任委员，赖汉屏、熊绍祖、郭罗当选为副主任委员，提名邓宏志任秘书长。一届市委由10个基层组织组成：地区医院支部、中医院支部、城西卫生支部、德山支部、城东卫生支部、沅水局支部、直属支部、文教支部、科技财贸支部、津市支部。

四、农工党常德市第二次代表大会

1992年1月4日至6日，中国农工民主党常德市第二次党员代表大会在常德市芷园宾馆召开。来自10个支部的46名代表参加了会议。中共市委副书记周阳生、统战部部长李明安、副部长宋玉棉，兄弟党派市委、市工商联的代表应邀出席大会。大会主席团由熊俊华、赖汉屏、郭罗、阳光(女)4人组成，郑朝兵担任大会秘书。赖汉屏致题为《总结经验、明确方向，提高认识、振奋精神，开创我党工作新局面》的开幕词。大会议程为：听取和审议第一届市委工作报告；选举第二届市委；选举出席省代表大会的代表；审议和通过大会各项决议。周阳生代表中共市委在贺词中充分肯定了市委自1988年11月成立以来，在坚持团结合作、实行民主监督，在参政议政、咨询服务、智力扶贫、救灾募捐和服务医药卫生事业等方面取得的成绩。他表示，中共市委一定会支持民主党派独立自主地开展工

作，希望全市农工党党员同中共市委保持一致，反对资产阶级自由化，抵制帝国主义“和平演变”，围绕常德市“八五”规划的实施献计献策。熊俊华代表第一届市委作了题为《总结过去、展望未来，坚定信念、继续前进》的工作报告，回顾了第一届市委3年的工作。大会审议并通过了工作报告，大会认为，报告对第一次代表大会以来市委工作的总结是实事求是的，提出的今后五年的工作任务是切合实际的。第一届市委会认真履行党章赋予的职责，做了大量的工作，取得明显的成绩，大会对第一届市委的工作表示满意。大会选举产生了农工党常德市第二届委员会。郭罗当选为主任委员，熊绍组、欧阳光（女）当选为副主任委员，邓聚贤、刘智壶、朱湘英（女）、萧功禄、周友恩、廖克军当选为委员。市委主委郭罗致闭幕词。1月中旬，经农工党常德市第二届委员会第二次全体会议提名通过，任命郑朝兵为代秘书长，负责市委机关日常行政工作。

五、农工党常德市第三次代表大会

1996年12月3日至4日，中国农工民主党常德市第三次党员代表大会在常德市召开。来自10个基层支部的51名代表参加会议。郭罗代表第二届市委作题为《解放思想、事实求是、团结一致、勇于实践，为社会主义现代化建设做出新贡献》的工作报告，回顾了第二届市委五年的工作。大会审议并通过了工作报告，对农工党常德市第二次代表大会以来的市委工作表示满意。大会选举产生农工党常德市第三届委员会，郭罗当选为主任委员，萧燕芳（女）、廖克军当选为副主任委员，艾昌满、萧功禄、周友恩、周建辉、郑朝兵、夏兴权、黄成经、傅新德当选为委员。农工党常德市第三届委员会第一次全体会议提名通过，任命郑朝兵任农工党常德市第三届委员会秘书长。

1996年12月3日至4日，中国农工民主党常德市第三次代表大会召开

六、农工党常德市第四次代表大会

2001年7月3日，中国农工民主党常德市第四次党员代表大会在常德市召开。来自

10个基层支部的60名代表参加会议。省委主委姚守拙，中共市委副书记莫道宏、统战部部长罗富国和兄弟党派市委、市工商联代表应邀出席了大会。大会主席团由郭罗、龚建明、廖克军、萧燕芳、郑朝兵5人组成，郑朝兵兼任大会秘书长。大会的议程有：审议第三届市委工作报告，选举农工民主党常德市第四届委员会；选举出席农工湖南省第五次代表大会的代表；讨论大会有关决议。姚守拙在贺辞中充分肯定了第三届市委会取得的成绩，他强调换届要搞好政治交接。莫道宏代表中共市委向大会致了贺词。他指出自第三次代表大会召开以来，市委在农业结构调整、医疗体制改革、企业改革和城市建设等方面，提出了许多真知灼见。在大灾之年，为灾区人民送医送药，上门救助，得到社会的高度赞誉。郭罗代表第三届市委作题为《总结过去、展望未来，团结奋进、勇于实践为实现新世纪的宏伟目标而奋斗》的工作报告，回顾了第三届市委五年的工作。大会审议并通过第三届市委工作报告，对第三届市委的工作表示满意。大会选举产生了农工党常德市第四届委员会。龚建明当选为主任委员，郭罗当选为名誉主任委员，郑朝兵(专职)、廖克军、萧燕芳(女)当选为副主任委员，丁华新、王海平、艾昌满、向经国、周建辉、郭志勇、辜东山、彭冠南、汪正健当选为委员。农工党常德市第四届委员会第一次全体会议提名通过，任命汪正健为秘书长。

七、农工党常德市第五次代表大会

2006年6月15日，中国农工民主党常德市第五次党员代表大会在常德市桃林宾馆召开。来自10个基层支部的72名代表参加会议，其中53名代表选举推荐产生，19名代表提名产生。省委专职副主委陈松岭、组织处副处长李湘祁，中共市委副书记周用金，市人大副主任邹克忠，市人民政府副市长张元英，市政协副主席、民进常德市委主委万成贞，市政协副主席李金城，市政协副主席、中共市委统战部部长文承保、兄弟党派市委、市工商联和相关单位的代表到会祝贺。大会主席团由艾昌满、向经国、汪正健、萧燕芳(女)、周健辉、郑朝兵、郭志勇、龚建明、辜冬山、彭仕龙、彭冠南、廖克军12人组成。大会由郑朝兵致开幕词。大会的议程有：审议第四届市委工作报告，选举产生农工党常德市第五届委员会，动员全市党员切实履行职责。周用金代表中共市委向大会表示祝贺。他充分肯定了第四届市委五年中取得的成绩，他表示，中共市委将认真落实中共中央〔2005〕5号文件精神，充分发挥各民主党派在常德市政治、经济和社会生活中的重要作用。陈松岭代表省委对第四届市委取得的成绩给予高度评价。龚建明代表第四届市委作了题为《与时俱进、奋发有为，为建设适应新世纪要求的参政党地方组织而努力奋斗》的工作报告，回顾了第四届市委五年来的工作。大会审议并通过工作报告。

大会共选举产生农工党常德市第五届委员会，萧燕芳（女）当选为主任委员，郭罗当选为名誉主委，杨健全（专职）、郑朝兵、张建国当选为副主任委员，文懿缙、向经国、何国荣、陈钰（女）、易银武、郑维菊（女）、郭志勇、章光明、黄绍华、辜东山、彭冠南当选为委员。农工党常德市第五届委员会第一次全体会议提名通过，任命陈钰为秘书长。大会由萧燕芳致闭幕词。

八、农工党常德市第六次代表大会

2011年4月27日至28日，中国农工民主党常德市第六次代表大会在常德市德华宾馆举行。来自11个基层组织的76代表参加会议，其中58名代表选举推荐产生，18名代表提名产生。省政协副主席、省委主委龚建明，中共市委副书记、市人大主任曹儒国，市政协主席刘春林，中共市委常委、市委统战部部长李爱国，市人民政府副市长沈习淼，市政协副主席韦绍斌，市政协副主席、民革市委主委陈位明，市政协副主席、民盟市委主委傅绍平，市政协副主席、民建市委主委杨新辉，市人民政府副市长、民进市委主委万成贞，市政协副主席、九三学社市委主委朱传宏，市政协副主席、市工商联主席陈伟俊，省委组织处处长李湘祁，各相关单位的代表到会祝贺。大会主席团由文懿缙、向经国、何国荣、陈钰（女）、张建国、萧燕芳（女）、邹建龙、易银武、杨健全、郑维菊（女）、郑朝兵、章光明、黄绍华、彭仕龙、彭冠南、辜冬山16人组成，萧燕芳任执行主席，郑朝兵、张建国、陈钰任副主席，陈钰兼任大会秘书长。

2011年4月27日至28日，中国农工民主党常德市第六次代表大会在常德市德华宾馆举行

大会由张建国致开幕词。大会议程有：审议第五届市委工作报告，选举农工党常德市第六届委员会，通过大会决议，确定今后五年的工作思路和目标。陈位明代表常德市各民主党派、工商联致贺词。萧燕芳代表第五届市委作了题为《任重道远、继往开来，顺势而为、乘势而上为建设新时期高素质的参政党地方组织而不懈奋斗》的工作报告，回顾了农工党常德市第五次代表大会以来的工作：加强学习、积极引导，稳步推进思想建设；精心培养，择优推荐，着力加强组织建设；整合资源、深入调研，参政议政成果显著；拓宽思路，善于创新，社会服务彰显特色；立足岗位，建功立业，党员本职成绩突出。报告对第六届市委

的工作提出三点建议：讲政治，弘扬优良传统，坚持走中国特色社会主义政治发展道路；讲团结，加强自身建设，树立和践行社会主义核心价值体系；讲奉献，发挥特色优势，服务现代常德、幸福家园美好蓝图。大会审议并通过第五届市委会工作报告。李爱国代表中共市委向大会所致贺辞中充分肯定了第五届市委取得的成绩，希望第六届市委在多党合作事业中作出新贡献。龚建明代表省委向大会表示祝贺并提出殷切希望。

大会选举产生农工党常德市第六届委员会，萧燕芳（女）当选为主任委员，陈钰（女）（专职）、张建国、杨健全当选为副主任委员，文懿缙、刘凤姣（女）、向经国、何国荣、易银武、杨建国、杨鑫、罗章、郑维菊（女）、章光明、黄绍华、彭仕龙当选为委员。农工党常德市第六届委员会第一次全体会议提名通过，任命杨鑫为副秘书长。大会通过了《中国农工民主党常德市第六次代表大会政治决议》。大会由萧燕芳致闭幕词。

第二节　建党周年纪念大会

一、建党60周年纪念大会

1990年8月9日，市委在常德宾馆召开庆祝中国农工民主党成立60周年报告会。中共市委副书记吴定宪，市人大、市政协、中共市委统战部及武陵区、鼎城区、桃源县政协、统战部代表应邀出席会议。全体党员参加了会议，市委主委熊俊华发表讲话。他首先向长期以来一贯关怀、帮助农工党前进的中国共产党致以诚挚的敬意和由衷的感谢；向邓演达、曾伟、沈德尊、王守先、章培毅等一百多位为民族解放和人民民主的斗争而英勇献身的农工党烈士们致以沉痛的悼念；向章伯钧、廖泽民、黄琪翔、季方等为农工党的创建和发展而饱经艰险、鞠躬尽瘁的已故领导人表示深切的怀念。他指出，农工党60年的风雨历程和市委10年的快速发展，体现了中国共产党领导的历史发展的必然性和中国政党制度的特点和优点，反映了一代中国知识分子前进的道路。他号召全体党员要以参政党的高度政治热情和主人翁的责任感，发扬农工党的优良传统，为建设四化、振兴中华作出新的贡献。

二、建党70周年纪念大会

2000年8月5日，市委庆祝中国农工民主党成立70周年报告会。市委主委郭罗在大会上发表讲话。他首先向奋战在全市医卫、教育、科技等战线的全体党员致以节日的问候，向一贯关心支持农工党工作的社会各界表示衷心的感谢，向为创建和发展中国农工民主党立下伟大功勋的邓演达等革命先烈致以崇高的敬意。他回顾了农工党70年的光辉历程和市委成立15来的工作。他指出，农工党70年的发展历程，是艰苦曲折、不断前进的历程，也是自觉接受中国共产党的领导，与中共紧密团结、荣辱与共、为着民主解放、人民民主与社会主义建设而不屈不挠、艰苦奋斗的历程。15年来，市委秉承农工党优良传统，适应形势、发挥优势，履行参政党职能。他号召全市党员以参政党的高度政治热情和主人翁的责任感，坚定不移地在中国共产党领导下，发挥更大的作用。市委同时举办了图片纪念展。

三、建党80周年纪念活动

2010年7月至8月，市委开展庆祝中国农工民主党建党80周年系列活动。一是征集以回顾历程、弘扬传统、立足岗位奉献为主题的书画、摄影和文字作品。二是参与省委画册《前进中的湖南农工党（1931－2010）》组稿。市委围绕自身建设、参政议政和社会服务三个主题，从众多照片史料中精选16张图片并配以近1500字的文字说明。三是排练文艺节目。市委选送的京剧演唱毛泽东诗词《娄山关》，在省委庆祝大会上获得广泛好评。四是创作农工之歌。组织党内词、曲专家，历时3个月艰辛创作完成《湖南农工之歌》的作词、谱曲和演唱录制工作，并制成光碟送省委参加评选。

第三节　承办重要会议

一、省委四届十八次常委(扩大)会议

2002年3月30至31日，农工党湖南省委四届十八次常委（扩大）会议在常德市召开。农工党湖南省委主委姚守拙，副主委邓自克、黄琼瑶、戴君惕，省委常委、部分地、市委主委及省委机关处室负责人参加了会议。姚守拙在会上传达了全国政协九届五次会议精神，黄琼瑶和湖南大学教授李松龄传达了全国人大九届五次会议精神。与会人员就如何结合“两会”精神搞好各地工作进行了讨论。会议期间，省委专家组对我市部分企业进行了考

察，听取有关部门负责人的汇报并进行座谈，对常德市经济发展提出了很多建设性的意见和建议，得到市政府的高度重视和积极采纳。

二、农工党省委参政议政工作交流会议

2004 年 8 月 26 日至 28 日，省委参政议政工作交流会议在常德市石门县召开。省政协副主席、农工党湖南省委主委姚守拙院士，专职副主委兼秘书长戴君惕、副主委黄琼瑶、李松龄、汤恢焕；常德市副市长、农工党市委主委龚建明；中共省委统战部党派处副处长盛完善、中共市委统战部领导、中共石门县委、县政府领导以及农工党 17 名在政府、司法部门担任副处级以上干部的从政党员和农工党省委机关干部 50 余人参加了此次会议。会议的中心议题是总结从政经验，研究部署新形势、新阶段湖南农工党的参政工作。会议由戴君惕主持。姚守拙作了题为《加强参政意识搞好合作共事，开拓参政工作新局面》的讲话，肯定了 2001 年以来参政工作中所取得的成绩，并就如何加强参政工作和搞好后备干部队伍建设进行了部署。会议就从政党员如何自觉接受中共领导、摆正位置、甘当参谋助手、营造良好工作氛围；立足本职工作，尽忠职守，做业务上的行家；廉洁自律，树立勤政爱民的个人形象，依靠综合素质以及人格魅力来开展工作等方面开展了讨论。盛完善代表中共省委统战部肯定了湖南农工党在参政工作所取得的成绩，并要求从政党员进一步增强学习紧迫感、事业责任感、学习意识和群众性意识，进一步提高参政议政、合作共事和领导协调水平，切实履行好参政党职能。戴君惕代表省委表示，协助从政党员扩大政治发展空间，提供学习培养机会，加强干部推荐工作；大力做好后备干部队伍建设，开拓参政工作新局面。

第五章 参政议政

农工党常德市委注重发挥党派整体的资源集聚效应和党员个体的能动性，在推荐党员参加政权建设、议政建言、反映社情民意信息等方面做了大量细致的工作，在医药卫生、城市建设与管理、文化建设和服务新农村等主要课题上开展较系统、持久的研究，并将民主监督融入建言和行动中，形成互相呼应的良好态势，两者相得益彰。自成立组织以来成功推荐各级人大代表、政协委员近150余人次，成功推荐各级政府及司法部门实职领导干部50余人次，截至2012年12月，在职32人，平均年龄39.1岁，其中正职5人。杨健全、陈钰、刘凤姣等210余人次被各级评为参政议政先进个人，邹建龙、郑维菊、谢菊先等120余人次被评为各级优秀人大代表、政协委员，邓聚贤、汪正健、胡蓉、杨鑫、贾天洋等40余人次被评为各级社情民意信息工作先进个人。全市党员共提交调研报告460余件次，被评为各级优秀调研报告160余件次；共提交议案、提案350余件次，被评为各级优秀议案、提案100余件次；共向各级反映社情民意信息1200余件次，被采用和刊发600余件次，被评为各级优秀社情民意信息80余件次。这些调研成果得到各级主要领导批示80余件次。尤其是2010年至2012年，市政协农工党工作组连续3年被评为先进委员工作组。

第一节 参政

农工党常德市委把推荐党员参加各级政权建设作为工作的重心，积极培养，以成熟一批推荐一批为原则，促进“有为才有位，有位更有为”的良性循环。

一、参加人大、政协工作

常德市农工党党员担任全国政协委员情况：2003 年 3 月至 2008 年 3 月，市委主委龚建明担任全国第十届政协委员。

表 5－5－1－1　1988—2013 年常德市农工党党员担任省人大代表和省政协委员名单

届次	任职时间	省人大代表	省政协委员
第九届	1998.01－2003.01	邹建龙、王海平	
第十届	2003.01－2008.01	唐西英(女)	
第十二届	2013.01－	萧燕芳(女)	
第五届	1983.01－1988.01		熊俊华
第六届	1988.01－1993.01		熊俊华
第七届	1993.01－1998.01		郭罗
第八届	1998.01－2002.01		郭罗、龚建明
第十届	2008.01－2013.01		萧燕芳(女)
第十一届	2013.01－		杨健全

表 5－5－1－2　1988—2012 年常德市农工党党员担任市人大代表名单

届次	任职时间	副主任	常委	代表
第一届	1988.06－1992.12		欧阳光(女)	刘厚富、梅学贤、熊绍祖(补选)
第二届	1993.02－1997.12			熊绍祖
第三届	1998.03－2002.12		萧燕芳(女)	王海平
第四届	2003.01－2007.12		萧燕芳(女)	龚建明
第五届	2008.01－2012.12	萧燕芳(女)	吴飞	
第六届	2012.12－	萧燕芳(女)	吴飞	皮明毅、胡蓉(女)、贺福丽(女)

表5-5-1-3　1988—2012年常德市农工党党员担任市政协委员名单

届次	副主席	常委	委员
第一届（1988.06—1993.01）	熊俊华	郭罗	冯树初、刘芳富、何迪、张光明、周力（女）、赖汉屏、廖兵、廖克军、邓聚贤
第二届（1993.01—1998.01）	郭　罗	刘智壶、欧阳光（女）、赖汉屏	邓聚贤、朱湘英、刘进敏（女）、萧功禄、萧燕芳（女）、何迪、周友恩、郑朝兵、郭罗、何德生、张光明
第三届（1998.01—2003.01）	郭　罗	郑朝兵、周友恩、廖克军	艾昌满、李义明、郭罗、郭志勇、黄成经、傅新德、夏安邦、谢云安、刘学敬
第四届（2003.01—2008.01）		周友恩、郑朝兵、廖克军	艾昌满、向经国、汪正健、郭志勇、彭冠南、辜东山、钱攀、陈希平、陈章金、刘学敬
第五届（2008.01—2012.12）		杨健全、张建国、郑朝兵、陈钰（女）	向经国、刘国军、沈建兵、胡蓉（女）、黄绍华、章光明、彭冠南、郑维菊（女）、陈希平、何国荣、徐克、谢菊仙（女）、王双全、彭仕龙、刘凤姣（女）、王莉（女）、郑维民
第六届（2012.12—）		陈钰（女）、张建国、郑朝兵、郑维菊（女）、刘国军	胡剑鹏、姚虹（女）、罗章、饶德明、唐洁（女）、熊延兵、刘强、刘凤姣（女）、杨鑫、文懿缙、毕华（女）、卢超、王莉（女）、陈希平、钱攀

表5-5-1-4　1988—2012年常德市农工党党员担任区县（市）人大、政协领导班子名单

届　次	区县（市）人大副主任	区县（市）政协副主席
第十届（1997.11—2002.11）	邹建龙（津市市）	
第十一届（2002.11—2007.11）	邹建龙（津市市）	
第十二届（2007.11—2012.11）	邹建龙（津市市）	
第十六届（2012.11—）	侯湘兰（女）（安乡县）	
第十六届（2012.10—）	钱攀（武陵区）	
第八届（1988.03—1992.11）		刘厚福（桃源县）
第十届（2002.09—2007.09）		熊和平（桃源县）
第六届（2002.11—2007.11）		唐西英（女）（安乡县）
第九届（2002.12—2007.12）		阿毅（津市市）
第十届（2007.12—2012.12）		阿毅（津市市）
第十一届（2012.12—）		阿毅（津市市）
第六届（2002.11—2007.11）		何国荣（安乡县）
第七届（2007.11—2012.11）		何国荣（安乡县）
第八届（2012.11—）		何国荣（安乡县）

二、参加政府及司法部门工作

表 5－5－1－5　1988—2012 年常德市农工党党员担任政府（含事业单位、党派机关）及司法部门副处级以上职务名单

姓名	职务	任职时间
郭罗	原德山防治院（现常德市第二人民医院）院长	1989.03－1989.09
龚建明	常德市人民政府副市长	1998.01－2005.12
萧燕芳（女）	常德市第一中医院副院长（中共）	2004.02－2011.07
杨健全	津市市人民政府副市长	2012.10—
郑维菊（女）	常德市财政局副局长	2007.04—
唐西英（女）	安乡县人民政府副县长	2007.11—
郑朝兵	常德市人民检察院副检察长（中共）	2002.03—
邓志明	常德市一医院副院长（中共）	2012.05—
刘国军	常德市七中校长、党委书记（中共）	2006.09—
陈钰（女）	农工党常德市委专职副主委	2009.07—
汪正健	农工党常德市委副处级调研员	2012.03

第二节　议政

1988 年至 2012 年，农工党常德市委围绕各地社会发展的中心工作开展建言献策，为各级中共党委、政府提供决策咨询和参考，与中共在合作共事中荣辱与共。

一、参加人大、政协全会和提交议案、集体提案

农工党历届市人大代表在人大全会、小组讨论会、征求意见座谈会上和执法检查与审议等活动中，以个人建议、联名议案、小组发言等形式，就医疗保障、职业病防治、农业龙头

企业上市发展、规模经济发展、社会维稳等课题提出大量独到可行的意见建议，得到人大组织和社会各界的肯定。2010 年市人大五届三次全会上，农工党常德市委主委萧燕芳提交的《关于整合医疗保障管理职能以及整合医疗保障信息软件系统的建议》就已进入我省决策层视野，并通过省政协提交给国家层面。

表 5－5－2－1　1988—2013 年市政协全会协商发言情况表

届　次	协商发言题目	发言代表
一届三次(1990)	《发扬党的优良传统和作风，把党的路线、方针、政策落到实处》	熊俊华
二届二次(1994)	《我市文化市场现状及其对策》	赖汉屏
二届三次(1995)	《加强农村卫生工作，提高农民健康水平》	欧阳光
二届四次(1996)	《加强对国有亏损企业法人代表全面进行离任审计》	周友恩
二届五次(1997)	《必须进一步加强药品管理工作》	廖克军
三届二次(1999)	《加强医药市场管理，规范药品流通秩序》	郑朝兵
三届三次(2000)	《加大＜献血法＞贯彻力度，努力开创我市无偿献血工作新局面》	廖克军
三届四次(2001)	《加强领导协调，彻底实行市直商业企业的“两个置换”》	郑朝兵
三届五次(2002)	《如何过好民族传统节日的建议》	郑朝兵
四届二次(2004)	《关于打造常德城区旅游商品文化城的建议》	郭志勇
四届三次(2005)	《对搞好我市无偿献血工作的建议》	廖克军
四届四次(2006)	《贯彻落实中央精神，做好我市特困家庭医疗救助工作》	郑朝兵
四届五次(2007)	《净化我市医疗环境，构建和谐医患关系》	郑朝兵
五届一次(2008)	《常德市在省“3＋5”城市群建设中的发展定位》	杨健全
五届二次(2009)	《常德市中医药发展的困境与对策建议》	陈　钰
五届三次(2010)	《我市农村金融服务存在的主要问题及对策》	张建国
五届四次(2011)	《进一步完善和落实我市失地农民保障政策》	胡　蓉
五届五次(2012)	《我市城乡医疗救助制度亟待完善》	胡　蓉
六届一次(2013)	《加快推进扶贫开发，全面建成小康社会》	杨　鑫

二、参加全市民主党派工商联和无党派人士参政议政专题调研成果汇报会

表 5－5－2－2　2009—2012 年全市民主党派工商联和
无党派人士参政议政专题调研成果汇报会农工党市委提交调研报告一览表

时间	调研报告名称
第一次(2009)	《建设常德农村医卫人才队伍，保障我市农村医卫“网底”安全》
第二次(2010)	《加强精神卫生工作，构建和谐常德》
第三次(2011)	《常德市职业病防治工作现状和建议》
第四次(2012)	《重视我市血吸虫病防治，助力“环洞庭湖生态经济圈”建设》

三、反映社情民意信息

1994—2012 年，农工党常德市委累计向各级政协反映社情民意信息 200 余件次，被采用和刊发 50 余件次，其中省级 15 件；向各级统战部门反映 800 余件次，被采用和刊发 460 余件次，其中中央 20 余件次，省级 300 余件次；向农工党省委、中央反映 200 余件次，被采用和刊发 90 余件次，其中中央 30 余件次。尤其是 2007 年至 2009 年，农工党常德市委获全市统战信息工作三连冠。2008 年 10 月，农工党常德市委被农工党中央评为“2005 年至 2007 年度全国反映社情民意信息先进单位”。社情民意信息的典型代表如：

2005 年汪正健反映的《居民区卡拉 OK 夜间扰民亟待解决》，采用后又刊登在《常德晚报》，掀起了市城区范围卡拉 OK 场所的整顿。2009 年胡蓉反映的《应高度关注返乡农民工养老保险续保问题》和 2010 年陈钰反映的《汛期后应加强返乡农民工的心理疏导》被省政协采用，直报省委书记、省长，并在中央信息局备案，同时被评为优秀信息。2010 年，黄绍华反映的《呼吁尽快建立道路交通事故救助基金的建议》，2012 年陈钰反映的《加强对餐饮具集中消毒企业的服务与管理》和杨健全反映的《进一步加强设施管理，让无障碍设施真正无障碍》，均得到市长批示。

四、开展民主监督

民主监督是民主党派的基本职能，其深度体现着合作共事的高度。农工党常德市委以“监督为了合作，在合作中监督，寓监督于合作”为原则，以多形式、多层次、多渠道，与中

共党委真诚开展互相监督。

与中共党委、政府开展党派整体监督。农工党常德市委主要领导每年都应邀参加各类民主协商会、各界迎春座谈会、征求意见座谈会、情况通报会等。市委举全市党员之力，前期深入调研，形成一致的意见后正式提交。就国家和地方的大政方针、人事安排以及改革开放、振兴常德经济等重大问题提出中肯的建议。

与对口联系单位开展集体集中监督。自上世纪 90 年代以来，市政府有关部门同民主党派市委建立对口联系制度。市计生委、市环保局、市卫生局、市公用事业局、市药监局等先后对口联系农工党常德市委，市委着力优化党内智力资源，组织相关党派与这些单位开展了持久、深入的协商监督。2009 年 6 月 5 日，农工党常德市委赴市公用事业局联合开展对口联系活动，市公用事业局就对其今后工作，尤其是小街小巷的综合整治等相关情况征求了市委的意见和建议。2010 年，对口联系工作日益制度化，并实施了“四个一”的联系活动：即双方召开一次联席会议、开展一次调研活动，提一条工作建议、解决一个实际问题。同年 9 月 27 日，市委赴市药监局就食品检测机构、药品监管网络等课题开展对口联系座谈会。2011 年 12 月 1 日，农工党常德市委赴常德市和汉寿县药监局就食品安全城乡一体化开展对口联系座谈，并考察了汉寿县罐头嘴镇政府和中学食堂的食品安全工作。

与特约人员受聘单位开展党员个体监督。通过视察、调研活动，发挥民主监督作用。参加人大、政府、政协组织和司法部门的党员，切实民主监督职责。1989 年，市政协委员赖汉屏举报武陵区工商局部分干部私运大米到广东牟取私利的非法行为，经武陵区监察局查实，对有关人员进行了立案处理，为常德市的经济社会的稳定与发展起到了积极作用。通过担任特约人员，监督重点领域，拓宽民主监督渠道。农工党常德市委成立之初，赖汉屏、邓聚贤等党员积极参与常德市行风评议回头看、警纪警风监督等工作，他们客观公正的评议和中肯的批评，受到社会高度赞扬。2001 年至 2005 年第四届市委期间，彭冠南、郑朝兵等 9 名党员被聘为各级特约“四员”，他们认真履行监督职责，主动搞好合作共事，树立了我党的良好形象。2006 年第五届市委以来，先后有杨健全、陈钰、彭仕龙等 30 多名党员担任各级特约监察员、检查员、审计员、教育督导员及行风政风评议员等，参加各级各类视察、执法检查、调研、行风评议等活动就 200 多人次，分别就重要的人事安排、党风廉政建设、建设服务型政府、依法治市、建设社会主义新农村、国企改革、抗击“非典”和应邀参加保持共产党员先进性教育等各种重大活动提出意见和建议。2011 年 9 月，第六届市委推荐郑朝兵、夏淑竞、陈钰、郑维菊、钱攀、张建国、陈腊年、刘凤姣、陈希平、胡蓉、杨健全、胡剑鹏 12 名同志担任各类特约人员，为中共市委、市政府科学决策发挥了良好的监督作用，促进了合作共事的深入。

五、1988—2012年农工党常德市委建言献策方向和主要课题摘录

服务于医药卫生事业的改革与发展

为缓解“看病难”建言。一届市委期间，欧阳光等提出《关于常德市第一中医院门诊大楼翻修的建议》，冯树初等提出的《关于解决当前医院病床紧张、病人住院难的提案》，2007年黄绍华、章光明等提出《加快改革步伐，缓解“看病贵、看病难”的问题》，全市医疗卫生界党员积极为缓解群众“看病难”问题建言，多数建议得到采纳落实。

为医疗、医药体制改革建言。1994年3月下旬，在市政协二届二次会议上，郭罗代表农工党常德市委作《关于改革我市公费(劳保)医疗办法，实施社会医疗保险制度的建议》的小组发言，指出了全市乃至全国医疗改革的总方向，得到重视采纳。1997年3月，在市政协二届五次全会上，廖克军代表农工党常德市委作《必须进一步加强药品管理工作》的协商发言，并提交集体提案《我市医药市场须进一步整顿》。1999年1月14日，在市政协三届二次全会上，郑朝兵代表农工党常德市委作《加强医药市场管理，规范药品流通秩序》协商发言，得到重视采纳。2005年，刘学敬提交的《当前农村医疗卫生发展中的问题》列为市政协四届三次全会协商发言。2008年9月，农工党常德市委配合农工党省委开展“关于我省医疗体制改革调查”。

为加强无偿献血工作建言。2000年2月15日，在市政协三届三次全会上，廖克军代表农工党常德市委作《加大〈献血法〉贯彻力度，努力开创我市献血工作新局面》的协商发言，引起了全社会对无偿献血工作的广泛重视，相关部门开展了大量基础性工作。2004年，市委再度深入调研无偿献血工作。2005年1月4日，在市政协四届三次全会上，廖克军代表农工党常德市委作《对搞好我市无偿献血工作的建议》的协商发言，同时提交《规范我市无偿献血市场，加大无偿献血力度》的集体提案。3月18日，市政府召开无偿献血工作大会，表彰先进，明确4名专职人员，恢复发行《常德市献血信息》刊物。在金钻广场建立了无偿献血屋，投入61万元购置了1台采血车，设置了100块无偿献血公益广告牌，在市内开通了无偿献血网及查询热线，在区县设立了无偿献血采血点。2005年1至9月无偿献血量由2004年的368万毫升增为521万毫升，占临床用血量由70%提升为96.5%，效果显著。2010年6月30日，农工党常德市委组织党员参加市政协医疗用血调研，视察市中心血站、金钻广场献血屋和各大医院，农工党党专家建议在《湘声报》以《医疗用血异地补偿机制尚不畅通》为题进行了专题报道。

为完善医疗救助工作建言。2006年1月9日，在市政协四届四次全会上，郑朝兵代表农工党常德市委作《贯彻落实中央精神，做好我市特困家庭医疗救助工作》的协商发言，同时提交集体提案《建议进一步贯彻落实中央精神，扩大我市城区特困家庭医疗救助范

围》,得到重视采纳。2012 年 1 月 3 日,在市政协五届五次全会上,胡蓉代表市委作《我市城乡医疗救助制度亟待完善》的协商发言,被列为政协主席重点督办提案,得到市长陈文浩、中共市委副书记宋冬春"进一步完善"和"提标扩面"的重点批示,并列入市政府 2012 年重大调研课题。5 月 4 日,市政协副主席带队赴市民政局开展专题督办。2012 年,全市已建立了"五位一体"的系统化救助模式。

为构建和谐医患关系建言。2007 年 1 月,在市政协四届五次全会上,郑朝兵代表农工党常德市委作《净化我市医疗环境,构建和谐医患关系》的协商发言,引起强烈反响,写进第四届市政协工作报告。2008 年,章光明再次提交《重视解决"医闹"问题,构建和谐医患关系》的建议,推动了 2009 年 4 月市政府"集中治理医患纠纷专项行动"电视电话会议的召开和行动的开展。

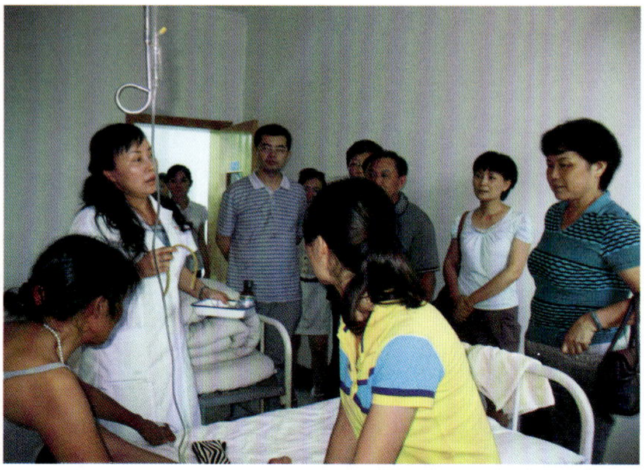

2011 年 8 月 1 日,市委主委萧燕芳带队赴市职业病防治所,调研全市职业病防治工作

为中医药事业振兴发展建言。2009 年 2 月 11 日,在市政协五届二次全会上,陈钰代表农工党常德市委作《我市中医药发展的困境与对策建议》的协商发言,当即得到中共市委书记卿渐伟"救处方、建基地、育人才"批示,成为常德 2009 年中医药发展的"开门三件事",并为市政协 2010 年专题调研中医药工作打响前奏。2009 年,农工党中央在全国政协礼堂举办全国中医药高峰论坛,市委主委萧燕芳作为农工党湖南省唯一代表,就该课题作交流研讨。2009 年 5 月,《国务院关于扶持和促进中医药事业发展的若干意见》出台。2010 年召开全市中医药大会,出台《关于加快中医药发展的实施意见》,疏通了发展瓶颈。《常德日报》进行整版深度报道。

为发展精神卫生事业建言。2010 年,农工党常德市委深入市康复医院和 7 个区县(市)的精神卫生机构进行调研。12 月 22 日,在全市各民主党派参政议政报告会上,作《加强精神卫生工作,构建和谐常德》的汇报,得到重视采纳。2012 年,市民政局对城乡特困精神病患者进行优先和重点救助,提高了救助标准,发放临时生活困难补助、医疗救助、价格实补贴等 100 多万,投资 4800 万元改、扩建设市康复医院。市卫生局建立市县乡三级精神疾病防治工作责任体系和网络平台,启动重性精神病基本数据收集分析系统。市残联出台精神病防治康复"十二五"实施方案,开展精神普查工作,投入 113 万保障特困精神病人的优先救助和康复后期服药管理,加大防治专业人员的教育培训。

为完善卫生防治工作建言。一是献策职业病防治。2011 年,农工党常德市委提交的

《常德市职业病防治工作现状和建议》与市人大 1 号议案不谋而合。随即市政府下发《关于加强职业病防治工作的意见》，实施职业病危害预评价项目；市人社局将 13 家有危害因素的企业纳入工伤保险统筹，仅 2012 年支付职业病职工医疗费就达 1360 万元；市安监局在常德电视台、《常德日报》等媒体大力宣传《职业病防治法》；市总工会在全市范围内开展尘肺救助行动等。二是献策血吸虫病防治。2012 年 9 月至 11 月，农工党常德市委课题组走上鼎城、西湖疫区乡镇的堤坝沟港，走进农户病人家中，开展实地调研。12 月 12 日，在全市各民主党派参政议政报告会上，农工党常德市委作《重视我市血吸虫病防治工作，助力"环洞庭湖生态经济圈"建设》的汇报，引起中共常德市委重视，当场交办各部门落实。21 日，农工党中央主席陈竺赴安乡调研血吸虫病防治工作，市委主要领导陪同调研并汇报了我们的调研成果，得到主席的高度肯定。

农村医疗卫生

为农村卫生工作建言。1995 年 3 月，在市政协二届三次全会上，欧阳光代表农工党常德市委作《加强农村卫生工作，提高农民健康水平》的协商发言。2006 年刘学敬提交提案《湖区农村改水亟待加速》，列为市政协协商发言。2011 年刘凤姣提交《关于对农村卫生室医疗废物处置费实行全额补助的提案》，产生重要影响。

为农村医卫人才培养建言。2009 年 4 月 11 日，在全市首次民主党派参政议政成果汇报会上，农工党常德市委作《建设常德农村医卫人才队伍，保障我市农村医卫"网底"安全》的汇报，被现场分解、交办，并于 12 月 22 日及时开展专项督办。

为完善"新农合"制度建言。农工党常德市委联合市政协文教卫体委开展全市新型农村合作医疗课题调研。2009 年 5 月 7 日，市委联合市政协文教卫体委，邀请市卫生局、农合办，组织农工党市政协委员及党员 20 余人开展"新农合"专题调研，提交调研报告《常德市新型农村合作医疗存在的问题及建议》，于 2010 年被评为全市优秀提案。2010 年 9 月 29 日，市政协社情民意第 86 期编发党员黄绍华报送的《实行药品零差率的后续问题亟待解决》，得到市长陈文浩、副市长万成贞的批示，并被省政协采用。2011 年郑维菊提交《关于整合"新农合"等医疗保险经办管理职能的提案》被评为全市优秀提案。2009 年，安乡支部袁幼平提交调研报告《当前外出务工农民参加新型合作医疗存在的问题与对策》被省级刊物收录。

城市总体规划与文明城市创建

为城市远景规划建言。1997 年，周友恩提交《关于建立大桥南市场构想的提案》，被列为重点提案，他提出建立常德市桥南工业园的建议被鼎城区政府采纳实施，现场办理。2012 年，工业园产值 3 亿元以上，并逐步发展为湘西北最大的贸易集散地和物流市场。2007 年 6 月初，农工党常德市委联合省委开展"常德市在湖南省'3+5'城市群建设中功能定位与产业一体化发展研究与对策"的调查研究。12 月 27 日，在市政协五届一次全会上，杨健全代表市委作《常德市在省"3+5"城市群建设中的发展定位》的发言，一度引起轰动，得到市长"特急"批示，所提多数建议写入市政府工作报告，被列为常德市 2008 年六大工作目标之一。2008 年 9 月，报告中关于做好空间对接和产业对接等许多建议，被《常德市对接长株潭"两型社会"试验区建设规划纲要(草案)》《常德工业走廊建设发展规划纲要(草案)》吸纳。

为创建文明城市建言。2000 年，郭罗提交《关于更新市人汽公司汽车，购置无人售票车的建议》被选入《湖南政协委员优秀提案汇编》一书。2003 年，农工党常德市委提交集体提案《加强爱鸟教育，强化护鸟措施》，相关部门随即采取一系列措施，使爱鸟教育渗透于中小学教学中，基本杜绝在城区扰鸟打鸟现象。为常德市创建国家园林城市、最佳人居环境城市起到有效促进作用。同年，王莉提交提案《建设文明城市要规范市区营运车辆》，有关部门随即出台各种规范市区营运车辆有关车辆整治、准时准点、司乘人员讲文明讲礼貌等方面的措施，常德市创建全国交通模范城市起到促进作用。汪正健提交提案《关于认真对待城区旧居民小区绿化工作的建议》后，其中提出的旧小区改造工程被列入 2004 年市政府十件实事之一。全面启动全市 300 多条大街小巷改造工程，首批投入 2000 多万元，用于改造 78 条小巷，常德市旧城区路不平、灯不明、绿不茂、水不流的落后面貌将得到彻底改观。这些建议为常德市创建国家文明城市作出贡献。

弘扬民族传统文化和发展城市旅游文化

为文化市场的健康发展建言。1994 年 3 月下旬，在市政协二届二次全会上，赖汉屏代表农工党常德市委作《我市文化市场现状及对策》的协商发言，被市政府重视采纳，责令相关部门开展限期挂牌整顿，掀起一场文化市场秩序整顿的风暴。

为清明、中秋列入国家法定假日建言。2002 年 1 月 16 日，在市政协三届五次全会上，郑朝兵代表农工党常德市委作《如何过好民族传统节日的思考》的协商发言，同时提交集体提案《如何民族传统节日的思考》，并由市委主委龚建明转交给省委主委姚守拙，提交全国政协全会。2003 年，龚建明在全国政协十届一次会议上提交《关于将清明节端午节中秋节等中华重大传统节日定为国家法定休假日的建议》。随后的几次全国政协会议中，他相继提交《过好中国传统节日，启动民间消费市场》《关于将我国的传统节日是否调整为全国法定假日进行广泛征求意见》的提案。2007 年 11 月 9 日起，国家法定假日调整方案在新华网等公布并展开民意调查。12 月 7 日，国务院常务会议审议并通过《国务院关于修改＜全国年节及纪念日放假办法＞的决定(草案)》，将除夕、清明节、端午节和中秋节纳入法定节假日。这一建议为推动弘扬民族优秀文化传统，增强民族凝聚力做出积极贡献。

为提升城市文化品位建言。2003 年，在市政协四届一次会议上，周友恩提交《在德山修复善卷祠的建议》提案，得到重视采纳。4 月 4 日，副市长张元英、刘剑英主持召开专题会议，决定同步开发建设德山乾明寺和修复德山善卷祠，形成孤峰公园佛教文化和德山公园道教文化相结合的宗教文化旅游特色。2004 年，在市政协四届二次全会上，郭志勇代表市委作《关于打造常德城区旅游商品文化城的建议》的协商发言，建议将常德市“水星楼”商业区建成具有常德特色的旅游文化城，得到重视采纳。2009 年建成展示常德市历史文化特色，集旅游、文化和商业为一体的城市景点“水星楼休闲购物广场”。

农村社会发展

为农业结构调整建言。2008 年，农工党常德市委提交《关于发展休闲观光农业的提案》，经省委以集体提案形式报省政协后，引起中共省委、省政府的高度重视，并对全省农业结构调整政策提供了重要参考。

为金融支农事业建言。2006 年，周胜提交《构建农业产业化龙头企业信用担保体系，加快社会主义新农村建设步伐的设想》获市政协优秀调研文章。2010 年 1 月 17 日，在市政协五届三次全会上，张建国代表农工党常德市委作《我市农村金融服务存在的主要问题及对策》的大会首个协商发言。中共常德市委书记卿渐伟、市长陈文浩、副市长徐万发当即作出批示，并提出指导性意见。27 日，市委农村工作部在春节后第一时间专题办理。4 月 12 日，市政协组织主席督办。同时，农工党常德市委报送有关涉农金融服务的 2 条社情民意信息被市政协采用。当年，市政府出台《关于加快金融业发展的意见》，启动了农村商业银行组建工作，2014 年组建完毕。2011 年，在市政协五届四次全会上，杨健全提交《关于加强地方政府融资平台风险防范的提案》，被列为全市 1 号提案，由主席重点督办。

为失地农民保障建言。2010 年，陈钰的《对农村弱势群体应加大社会救助力度》和胡蓉的《切实加强社会保障体系建设的几点建议》、被评为政协优秀信息。2011 年 1 月 10 日，在市政协五届四次全会上，胡蓉代表农工党常德市委作《进一步完善和落实我市失地农民保障政策》的协商发言，得到重视采纳。2012 年 12 月 25 日，在市政协六届一次全会上，杨鑫代表市委作《推进我市扶贫开发，全面建成小康社会》协商发言，当场得到中共市委书记卿渐伟“提前实现小康”和副书记宋冬春“加快《纲要》实施”的重点批示，列入市政府 2012 年重大调研课题。

反腐倡廉事业

1994 年，郑朝兵提交《深入持久地开展反腐倡廉工作》，得到重视采纳。中共常德市委、市政府于 6 至 10 月对群众意见较大的 8 个单位开展了首批行风评议活动。同时在常德电视台开辟专栏，正面宣传了一批清正廉明的典型人物。1996 年 3 月，在市政协二届四次全会，周友恩代表农工党常德市委作《加强对国有亏损企业法人代表全面进行离任审计》发言，被市政府采纳，挖出一批企业“蛀虫”在社会上反映较大。为此，作为当时几年内全市 100 个优秀提案的唯一代表作典型经验发言。2001 年 6 月，刘学敬提交提案《建议市政府制定奖励举报人的切实办法，以形成群众性的强大而持久的反腐败斗争的威慑力》，市纪委、市监察局承办并出台《关于奖励知情举报的暂行办法》。2005 年，郭志勇提交提案《关于清理整顿和取缔部分以权谋私的行业协会》，市民政局随即下发了《关于清理规范全市社会团体的通知》，开展整顿。

县域经济社会发展事业

各基层组织也围绕当地经济社会积极建言献策，为县域发展服务。1998 年在桃源县政协九届三次全会上，桃源支部作《切实抓好下岗职工的再就业》的协商发言，被列为 1 号提案。1999 年桃源支部文懿缙提交的《关于加强城镇垃圾管理的建议》，2003 年谢菊仙提交的《加强网吧管理，严禁网吧上网》和甘平提交的《严厉打击非法广告》，均被评为县政协优秀提案。2004 年桃源支部提交集体提案《尽早启动引黄济常工程，合理利用黄石水库水资源》，被评为政协县十大优秀提案之一。同年安乡支部夏淑竞提交《关于加强全县网吧管理的建议》被列为县政协 1 号提案；覃士清提交《认真管理娱乐场所，净化居民生活环境》被评为安乡县十大优秀提案之一。2005 年安乡支部夏绪竞提交《关于加紧编制安乡县城镇建设发展的建议》，被列为全县十大重点议案之一；覃士清提交《延长路灯照明时间，保障学生及行人的人身安全》，被列为全县十大重点提案之一。2006 年安乡支部刘学敬提交《关于我县疾病预防控制体系建设存在问题的几点建议》，被列为县政协六届五次全会协商发言，为疾控体系和突发公共卫生应急机制建设作出贡献。2007 年安乡支部侯湘兰提交《加大投入，推进新农村文化建设》，促使该县新农村乡镇文化设施建设经费列入县财政预算。

第六章 社会服务

农工党常德市委自成立组织以来带领基层组织累计开展各类社会服务活动120余次，委派工作人员1280余人次，服务城乡居民群众10.1万余人次，免费发放价值30多万元的药品和物资，组织党员和党员所办企业累计捐款捐物80多万元。农工党常德市委被农工党中央先后评为“为全面建设小康社会作贡献先进集体”和“社会服务工作先进地方组织”，农工党省委先后授予一医院总支、鼎城总支、一中医院支部、桃源县支部等“社会服务工作先进集体”荣誉称号，王海平被农工党中央评为“2003至2004年全国社会服务工作先进个人”、张建国被农工党中央评为“2007至2009年全国社会服务工作先进个人”。

第一节 医疗义诊

农工党常德市委在长期的医疗服务探索征程中，开创了以对口医疗智力帮扶为主，以传统医疗咨询服务为辅的光明大道，有力促进了医疗服务工作的可持续发展。

一、医疗咨询服务

农工党常德市委组织党员围绕不同时期的社教、扶贫、救灾、计生、防疫等卫生中心工作，利用各类节假日和纪念日，深入街道、社区、乡村、工厂和学校，开展医疗义诊、送医送药共计80多次，委派党员近600人次。分别到城区的市一中、常德师范等5所学校，常德烟草机械厂、市棉纺厂等7家企业，市社会福利院、桃源县漳江镇敬老院等4家福利机构，武陵区东江乡、鼎城区许家桥回族维吾尔族乡、汉寿县毛家滩回族维吾尔族乡、桃源县杨溪桥乡、临澧县杉板乡、石门县蒙泉镇、澧县张公庙镇、安乡县安障乡、津市市灵泉镇9个区县市、60多个乡镇、50多个行政村及德山经济开发区、西湖管理区、柳叶湖旅游度假区，为当地干部群众、农民兄弟义诊6.6万余人次，赠送各类药品价值17.3万余元。1999年9月3日至5日，农工党常德市委委派专家教授30人在市城东街道办事处举行“迎国庆暨澳门回归大型义诊”活动，接诊800余人次，发放价值1.5万元的药品，得到常德电视台、《常德日报》报道。2003年3月3日至4日，市委组织7名党员赴安乡县安凝乡张九台村开展了为期2天的“学雷锋”医疗咨询服务活动，接诊600余人次，做眼部白内障、翼状胬肉切除等手术31例，开出处方500多张，并培训当地眼科医生，得到中央统战部《联合》杂志及市、县电视台报道。2004年1月16日，农工党常德市委与中国初级保健基金会及美国视博恩公司联合，在市棉纺织厂开展关爱下岗职工医疗咨询服务活动，市委组织22名医疗专家，为该厂600余名下岗职工进行了免费诊疗，并发放价值6000余元的药品，同时向20名近视学生捐赠了价值近4千元的眼镜。2005年6月10日，农工党常德市委组织武陵区总支与武陵区护城乡卫生院联合在武陵区三岔路办事处开展长期关爱低收入家庭的“扶贫帮困、医疗救助”爱心活动。对办事处辖区内推荐出的20个家庭共51人作为爱心医疗扶贫对象，由武陵区总支为其建立健康档案，常年享受免费医疗咨询、健康体检、定期病情跟踪和急病免费上户诊治等多项服务，并给予一定数额的医药费救助。全年免费为他们开展X光检查63人次，B超检查126人次，化验213人次，加上药品共计免除各种医疗费用2.9万多元。2005年6月21日，市委主委龚建明带领10余名党员赴安乡县安丰乡东南洲村开展大型“医疗、科技、文化”三下乡活动，接受农业科技咨询80余人次，接受医疗咨询400余人次，免费发放价值7千余元的药品，并送去一台文艺演出，观众达600余人。2008年6月2日，农工党常德市委在金丹实验学校开展义诊，为该校来自四川理县的204名学生带去了甲型H1N1流感预防知识讲座，并发放宣传资料150份，义诊同时吸引了20多名家长赶到现场咨询，活动共接诊230余人次，免费发放价值1万余元的药品。2011年10月16日，市委组织市一医院总支、市一中医院支部、武陵区总支、鼎城区总支和桃源县支部，赴桃源县青林回族维吾尔族乡督粮冲村，开展“纪念辛亥革命百年、关注回维同胞健康”的主题大型医疗援助活动，20名医疗专家共接受咨询和诊疗800多人次，免费发放价值2万余元的药品。2011年11月16日，为庆祝中共十八大的胜利召开，农工党常德市委组织10多内、外、妇、儿、骨科和心理咨询方面的专家党员，赴桃源县陬市镇兴盛街居委会开展“促进科学发展，共建和谐社区”的健康咨询服务，共提供医疗咨询服务300余人次，免费发放价值1.3万多元的药品。

二、疫情防治、宣传

农工党常德市委主动协助疾控部门开展传染流行疫情的宣传、防治工作。2004 年 2 月，市委组织 3 个小分队 60 余名党员，到农村发放防治禽流感科普宣传资料，举办宣传讲座 30 余场，听众达 2 万余人，免费为家禽注射疫苗 5 万多支。2006 年 8 月 6 日，市委组织 30 多名医卫党员配合相关部门，协查“欣弗”疑似病例，22 日，市委又配合武陵区疾控中心，将 1000 份《流行乙脑防治手册》发放到该区农民手中，并协助开展疫苗接种。此外，市委还积极组织党员开展医疗捐赠，为困难患者捐赠医疗费用和医疗器械。

三、“两周”主题系列服务

2006—2012 年农工党常德市委整合优势资源，响应中央号召，组织党员先后赴武陵区长胜桥社区、桃源县热市镇、临澧县杉板乡等，以社区和谐、饮水健康、预防甲型流感等为主题，举办第 18 至 24 届“国际科学与和平周”活动。2009—2012 年，以职业病防治、免疫防疫为主题，举办第 2 至 5 届“中国环境与健康宣传周”活动，，扩大影响，形成民主党派社会服务品牌。市委累计委派专家教授 139 人次，接受医疗、健康咨询 6800 余人次，开出处方 4600 多张，赠送各类宣传资料 5750 份，印制宣传盾牌 12 块，免费发放价值 6.6 万余元的药品，其中，2007 年 11 月市委对武陵区长胜桥等社区 100 个贫困家庭每户免费赠送价值 150 元的家庭常备药。

四、对口医疗智力帮扶

历届市委领导班子带领全市党员在医疗服务的道路上传承创新，在“短期分散、捐医发药”的传统服务基础上，闯出一条“长期对口、智力帮扶”之路。实现由短期向长期、由分散向定点、由资金支持为主向智力支持为主的转变，得到中央的高度肯定，并在全国推介，相关经验在《团结报》专题报道。至 2012 年底，农工党市委依托鼎城区总支、一医院总支、武陵区总支、一中医院支部等，在 4 个乡镇卫生院建立 4 个医疗对口智力帮扶点，累计委派专家坐诊示教 190 余人次，培训乡镇卫生医护人员 380 余人次，开展危重症电话会诊和现场手术指导 310 多例，接受医疗咨询 1.38 万余人次，免费发放体检卡 500 多张，为群众节省医疗费用近 110 万元，为医院争取政策资金和物资 80 多万元，每家卫生院年均增收近 20 万元。发挥政策扶持、人才培养、业务交流的集聚效应，开创对口医疗机构在经济效益和社会效益上的多方共赢局面。

对口原城东卫生院，提出了开展定点技术帮扶理念。在1984年6月1日曹慧萱主持召开的市（县级市）筹委（扩大）会议上，初步决定对城东卫生院开展技术帮扶，并于当年8月8日，在与城东卫生院共同召开的咨询服务座谈会上达成初步意向。

对口原常德地区木材贮运公司（沅水局）职工医院，签订框架协议。1985年4月下旬，市筹委与该院签订为期1年的《医疗咨询服务协议书》，并于29日正式委派刘肇韩、何志贞、李子贻、刘远芳、熊俊华5名专家坐诊。5月，为该院争资新建放射科，安装国产100毫安X光线诊断摄影机一台，新建暗室、洗片、烤片装置。1986年5月20日，市委召开医疗咨询会议，确定熊俊华等12人为医疗咨询专家。31日，常德木材贮运公司职工医院院长言昌寿、市委副主委李子贻代表双方签订协议。全年派出13名医务人员，分设7个科室，咨询6208小时，门诊28200余人次，手术40余例，使该院扭亏为盈，年纯利润3.5万，是1985年的1.33倍。并培养了放射科、外科医师各1人，使该院由不对社会开放转为开放。

对口桃源县泥窝潭乡卫生院，开展带教示教。1993年5月26日至28日，农工党常德市委组织7名医疗专家赴桃源县泥窝潭乡卫生院开展医疗咨询服务活动，大家克服水土不服的困难，为卫生院医护人员开展门诊、手术带教示教300余人次，并开展农村医疗卫生状况调研。1999年4月30日至5月2日，农工党常德市委组织廖克军、萧功禄等专家教授赴该院开展医疗咨询服务活动，以现场示教、智力帮扶为主。

对口鼎城区蒿子港乡第一血防站，实现定期坐诊。1998年4月18日，农工党常德市委将鼎城区蒿子港乡第一血防站确定为“医疗咨询点”，每个双休日定期委派2名专家教授坐诊，为当地居民看病治病。专家们早上5点起床赶赴血防院，热情服务，数年如一日，赢得社会的称赞。2002年3月1日，农工党常德市委与血防站签定技术帮扶和社区医疗服务协议。

对口鼎城区镇德桥镇卫生院，以资金扶持为主。2006年8月10日，农工党常德市委向各基层组织送达常农字〔2006〕2号《关于确定鼎城区镇德桥镇卫生院为农工党常德市委医疗咨询扶贫点的通知》。2006年下半年和2007年4月，农工党常德市委为该院争取50多万元建设资金和12万元“以奖代投”奖金，陆续添置了B超机、X光机、万能手术床、高频电刀、无影灯、半自动特殊化分析仪等设备，并与农工党中央发起创办的中国初级卫生保健基金会（CPHCF）联系协调，为该院争取救护车1台，生化设备2台。2007年12月15日，“农工党常德市委医疗技术扶贫点”在该院挂牌成立。

对口桃源县沅水局职工医院，以技术扶持为主。2008年6月13日，农工党常德市委依托市一中医院支部与该院签订对口帮扶协议，每年定期开展为当地群众和医护人员医疗咨询、带教示教，分批选送医护人员跟班学习。同日，“常德市第一中医院技术协作医院”在该院挂牌，成为我市首例由民主党派促成的医院对口联系。

对口鼎城区港二口乡中心卫生院，以人才培养为主。2008 年 3 月 28 日，农工党常德市委与该院签订对口帮扶协议，并确定以中医和内科为医院发展方向。根据需要每年定期和不定期结合，为当地群众和医护人员开展医疗咨询、带教示教及知识讲座，分批选送医护人员跟班学习，近 5 年来培养技术骨干 6 名，其中 4 名取得中级职称，拓展业务范围。

对口澧县码头铺镇中心卫生院，以树立特色为主。自 2007 年起农工党常德市委每年组织武陵区总支赴该院开展医疗咨询服务，2010 年 7 月 30 日至 8 月 1 日，市委再次委派 11 名专家教授顶着酷暑赴该院开展服务，并于 7 月 30 日与该院结成对口帮扶关系，协定每年以不定期开展医疗技术援助为载体，促进医护人员培训，确定以眼科为该院特色支柱科室和主攻发展方向。

在市委的引导下，有条件的基层组织也开始尝试对口医疗智力帮扶模式，如鼎城区总支与鼎城区黄土店镇卫生院结成对口帮扶关系，仅 2010 年就为该院开展专业培训 8 人次，委派专家 16 人次，接诊 100 余人次，手术 22 台次。

第二节　办医办学

1984 年以来，农工党常德市委在上级与有关部门的支持下，先后创办 4 所学校、1 个门诊部和多个短期培训班，尤其以湖南省前进医药职工中等专科学校常德医士学校（班）和常德市前进咨询服务部诊疗中心（常德前进门诊部）产生的社会效益为最优，为社会输送合格中等专科人才近 300 人，成就我党社会服务的品牌。

一、创办前进文化补习学校

1984 年 5 月 19 日，召开市（县级市）筹委（扩大）会议，决定李西园负责前进补习学校建校事宜。8 月底与外贸干校签订校舍租赁合同，并租用附近队屋和两间民房做寝室。9 月 5 日正式开学，学生 70 名，分文理两班。10 月 6 日，讨论校委会名单。1985 年 6 月，前进文化补习学校 33 名学生参加预考，27 人上线参加高考，5 人考取大专院校，占 18.5%。

二、创办湖南省前进医药职工中等专科学校常德医士学校(班)

1985年8月12日,农工党常德市委根据中共中央关于教育体制改革决定和〔1985〕1号文件《关于大力发展畜牧业》的指示精神,配合湖南前进医药职工中等专科学校在常德开设畜牧兽医函授部,当年开始面向本地区招生,刘厚富、王海平先后任负责人。1988年12月29日,经市委研究决定,刘肇韩任学校校长,胡志龙任副校长兼总务主任,陈大力任教务主任,任期一届三年。市委高度重视办学事宜,仅1989年就8次专题研究解决办学困难,当年开设中医士班1个,西医士班2个,学生173人。1990年2月6日,经市委研究决定,郭罗任学校校长,胡志龙任常务副校长。至1991年7月20日,学校实际毕业人数168人(男生72人,女生96人),通过毕业考试和8个月的医院实习,优秀率达的66.1%,就业人数135人,其中中医士班优秀率达80%,当时该校在我市医卫界很有影响。1985年1月26日,刘肇韩、梅其元被评为全省社会办学先进个人。

三、创办常德中级卫生职业学校

1987年11月8日,农工党常德市委与桃源县政协合作,在桃源县盘塘镇创办该校,后校址转至陬市镇,主要培训乡村医生。校长刘厚富。结业证由市卫生局发放。取得结业证学员累计90多名。

四、创办常德市前进咨询服务部诊疗中心(常德前进门诊部)

1989年7月12日,在市委主委办公会议上,就提出了创办小型诊所,拓展社会服务渠道的想法。1992年4月10日,农工党常德市委向市卫生局递交《关于成立常德市前进咨询服务部诊疗中心的报告》。7月22日,市委向各基层组织送达常农字〔1992〕7号《关于成立"常德前进门诊部"董事会的通知》,由其全权负责组织、领导、管理、监督门诊部的运行工作,董事会由郭罗、熊绍祖、萧功禄3人组成,汪正健协助董事会工作。10月下旬,常德市前进咨询服务部诊疗中心正式面向社会开放。11月4日,门诊部向社会公开招标承包。1995年12月10日,市委向市卫生局递交《关于申请常德市前进门诊部(诊所)换发执照的报告》。该诊所成立以来,市委不定期委派专家教授坐诊,业务量保持高位走势,1999年逐渐衰微,直到2000年被社区医疗服务中心取代。

五、创办常德前进电力交通培训学校

1994 年 11 月 8 日，农工党常德市委向市教委递交常农字〔1994〕16 号《关于申办“民办常德前进电力交通培训学校”的报告》。12 月 28 日，常德前进电力交通培训学校成立，市委聘请向松柏任专职校长。1995 年 2 月，市委出台常农字〔1995〕8 号《常德前进电力交通学校教学计划的补充规定》，对专业和课程设置作明确规定。

农工党常德市委还相继发起和开办有关医药保健行业协会和学习班，如 1984 年 5 月 19 日发起创立常德中医协会，明确郭育才负责协调办公用房；1986 年 8 月 12 日举办《中国鹤翔庄气功》初级班；1990 年下半年，举办 1 期简化太极拳学习班和 1 期大雁气功学习班。此外，市委于 1984 年 10 月创办“土木建筑设计室”，1989 年 12 月，外包常德前进咨询服务部打字室，面向社会开放。

第三节　赈灾济困

农工党常德市委主动配合中共常德市委、市政府，积极参与赈灾、救灾工作，号召全市党员为灾区人民奉献爱心。据统计，累计动员 900 余人次，捐款 25 万余元，捐赠衣物 2 千多件，发放价值 3 万余元的药品，接诊灾民 3600 余人次。

一、抗洪救灾

1995 年春夏之交，常德市遭受罕见洪涝灾害，农工党常德市委组织党员为受灾的桃源、汉寿捐款捐物 1 万多元，并派出医疗队奔赴灾区救援，其中，廖克军深入桃源受灾乡村，为灾民义务看病治病达 1 个多月。1996 年夏季，常德市洪涝灾害肆虐，农工党常德市委组织党员为灾区捐款 5.8 万多元，捐赠衣物 1 千余件，捐赠价值 3 千余元的药品，还派出医疗队奔赴灾区救援，其中，黄永金、廖克军自带药品深入桃源木塘垸受灾严重的乡村，为灾民义务看病治病达 1 个多星期。1998 年常德市遭受特大洪涝灾害，农工党常德市委组织党员为灾区捐款捐款 7 万余元，捐助衣物 1 千余件，并派出 2 支医疗队开展救援，党员夏安邦、谢云安始终战斗在抗洪抢险第一线，黄永金抚养了 1 名灾区学生，郭志勇支助 2 名灾区学生读书。8 月 15 日至 16 日，市委主委郭罗、副主委廖克军率医疗队赴重灾区

安乡县安造垸开展救援,共接诊400多人次,发放了价值1万余元的药品。同时,黄永金率5名医疗专家带着桃源县支部全体党员募集的现金、衣物和药品,赶赴桃源县枫树维吾尔族回族乡桐岭村,为灾民义诊,共接诊350余人次,发放救灾款500余元,价值2千余元的药品,衣服100余件。8月19日《人民日报》对他们事迹进行了专题报道。11月21日,中央授予农工常德市委"支援抗洪抢险救灾工作先进集体"荣誉称号,并授锦旗。

二、抗击"非典"(SARS)

2003年4月23日,常德电视台专题报道了战斗在抗击非典型肺炎一线——原鼎城区石门桥镇常长高速公路出口——农工党员沈建兵的突出事迹。全市广大党员积极参与到抗击"非典"工作中来:一中医院、三医院支部退休党员张惟信、陈宏秀等为群众义务宣传防治知识;党员郭罗一直工作在全市抗击"非典"的专家热线电台;一中医院支部萧燕芳、鼎城区总支张建国作为常德市抗击"非典"专家组成员,严密关注疫情,积极督促相关单位开展防治,并在各种公开场合积极向人们介绍防治病毒知识。4月28日,市委主委龚建明代表市委发出《致战斗在我市抗击"非典"岗位上的农工党员的慰问信》。同日,农工党常德市委组织党员在桃源县茶庵铺镇兴隆庵村开展以防治"非典"为主的健康讲座和医疗咨询服务活动,听众900余人,发放宣传资料1千多份,接诊100余人次,发放价值2000余元的药品。

三、抗冰救灾

2008年1月,一场冰灾降临中国南方地区,常德市受灾严重。31日,农工党常德市委响应中共省委统战部关于开展"献爱心、促和谐、抗冰救灾"活动的号召,组织市一医院总支、市一中医院支部、武陵区总支、鼎城区总支、德山总支、桃源县支部、安乡县支部各自成立救灾小分队开展医疗保障服务工作,并组织直属支部党员上路与交警共同值守。据统计,冰灾期间,市委仅派出救灾党员就达200余人次。

四、抗震救灾

2008年5月12日,四川省汶川县地震。14日,市委向各基层组织送达常农发〔2008〕6号《关于积极作好抗震救灾工作的紧急通知》。20日,农工党常德市委在机关大会议室举行支援四川地震灾区募捐仪式,现场募捐19320元,全市党员通过各种途径共捐款

103830元。6月6日，农工党常德市委向各基层组织送达常农发[2008]7号《转发农工中央<关于缴纳‘特殊党费’用于支援灾后重建工作的紧急通知>的通知》。19日，市委将17080元“特殊党费”汇至中央。至此，全市农工党员累计捐款120910元，义务献血5千毫升。2010年4月、2013年4月先后组织支援地震灾区青海省玉树县、四川省芦山县行动。

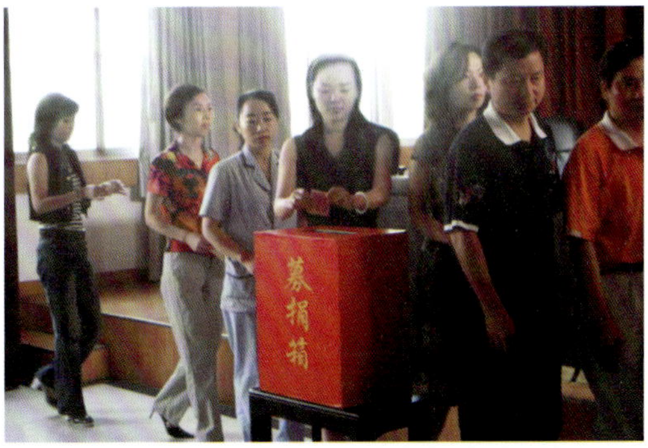

2008年5月20日，农工党常德市委举行支援四川地震灾区募捐仪式

五、捐资助学

自成立以来，农工党常德市委特别注重兴教助学，在开办的多所学校中就为一批寒门学子减免学费，上世纪90年代以来，一大批党员纷纷参与到捐资助学的“阳光行动”中去。1992年8月下旬，农工党常德市委组织10名党员配合共青团市委，上街为希望工程开展募捐义诊。1998年起黄永金夫妇义务抚养安乡县黄山头镇马坡村孤儿左霞，供其从小学至大学毕业生活费、学杂费。同年，郭志勇资助2名学生直至读完大学。2004年2月13日，农工党常德市委在市七中开展“关注学生视力健康，帮助贫困近视学生”的义诊捐赠活动。组织眼科专家为200多名学生开展近视防治知识讲座，筛查、诊疗近视学生80多名，并为24名学生捐赠价值3500元的眼镜，并于月底免费为1名学生开展眼科手术。2005年至今胡代新、尹炽成兴教助学，每年为贫困学生减免学杂费2万余元。2006年至今，桃源县支部、安乡县支部、文教支部等数十名党员或一对一或一对多地与几十名学生开展常年结对资助行动。

第四节　法律援助与其他服务活动

一、开展法律援助

农工党常德市委号召司法界党员发挥优势，积极开展法律宣传和援助工作。2005年

11 月 11 日，市委组织武陵总支赴城北街道北正街社区开展“构建和谐社会，促进经济发展，维护世界和平”为主题的医疗法律服务活动，开展法律知识讲座 1 堂，接受法律咨询 180 余人次，发放 200 份宣传册。同年 8 月起，党员郑维民作为常德人民广播电台交通频道“97.1 新说法”栏目唯一特邀嘉宾，每周五接受市民咨询，仅当年免费受理法律咨询就达 1200 余人次，并开通“在线远程服务”，为 70 余名外出务工人员提供了法律援助。2008 年 1 月，为配合《劳动合同法》实施，他又多次作为常德广播电台商务频道“行风热线”栏目特邀嘉宾开展法律宣传。在市委的广泛发动下，各基层组织也积极行动起来。2009 年，津市市委组织司法界党员到农村、社区、学校开展普法知识宣传 3 次，讲座 2 堂，发放宣传读本 3000 份，免费法律咨询 80 余人次，并为 5 人提供法律援助。

二、助力新农村建设

2007 年年初，农工党常德市委制定服务新农村建设总体方案。2012 年 4 月 22 日，市委新农村建设试点在桃源县漳江镇菉罗坪村菉罗生态农庄有限责任公司正式挂牌，依托桃源支部开展致富带动和监管工作。为常德市首个民主党派市委服务新农村建设试点，是市委在医疗卫生服务主战场以外创新社会服务的有益探索。

三、助力下岗再就业

2000 年，市三人民医院支部党员郭志勇被共青团市委评为“十佳下岗兴业领头人”。2004 年 9 月 4 日，在全国再就业工作表彰大会上，直属支部党员陈章金被评为“全国再就业优秀个人”，并受到国务院总理温家宝等党和国家领导人的亲切接见。此外，一批党员通过收购企业、招商引资等方式解决就业数百人。

四、智力支边

1983 年 7 月到 12 月，常德地区人民医院支部党员刘肇韩参加农工党省委组织的智力支边队，赴湘西自治州花垣县进行放射培训工作。1984 年 5 月到 8 月，刘肇韩、赵和庚赴邵阳市城步苗族自治县开展智力支边活动。2001 年 7 月至 2003 年 6 月，文教支部党员刘国军参加援藏，任西藏山南地区高级中学副校长，湖南教育援藏工作队领队。

第六篇

中国致公党常德市委员会

第一章 组织机构

第一节 致公党常德市委

中国致公党是以归侨、侨眷中的中上层人士和其他有海外关系的代表性人士组成的，具有政治联盟特点，致力于建设有中国特色社会主义的政党。

致公党常德市地方组织始于 2003 年 12 月 5 日，致公党湖南省委批准李宝瑞、黄洪福、孙圣杰、岳新年、谢凌峰五位同志为致公党党员。2004 年 1 月 4 日，宣布在常德成立致公党省委直属党小组，任命李宝瑞同志为组长。2004 年 12 月 30 日，致公党湖南省委常德支部成立。致公党湖南省委组织处负责人宣读了《关于成立致公党常德支部委员会及徐晓明等同志任职的决定》，徐晓明任致公党常德支部主委、毛思强、李宝瑞任支部副主委，孙圣杰、谢凌峰任支部委员。2009 年 10 月 10 日，致公党常德市筹备委员会成立，当时共有党员 57 人，致公党湖南省委主委甘霖、中共湖南省委统战部于青山、中共常德市委副书记曹儒国参加筹委成立会议。会议选举杨成英为筹委主委，徐晓明、毛思强、潘道波为筹委副主委。2010 年 10 月 10 日，致公党常德市委员会成立，成立时共有党员 62 人。会议认真审议并通过了杨成英代表致公党常德市委员会所作的工作报告；选举产生了致公党常德市第一届委员会，审议并通过了大会决议。在致公党常德市委员会一届一次会议上，杨成英（女）当选为主任委员，徐晓明、潘道波当选为副主任委员，孙圣杰、黄

2010 年 10 月 10 日，中国致公党常德市委员会成立大会在柳叶湖畔的共和酒店召开

国新、黄立新、易善元、蒯建英当选为委员。市委下辖武陵、鼎城、德山、市直、医卫、教育6个支部。市委设组织建设部、参政议政部、宣传联络部、社会服务部和办公室5个工作机构。2012年，党员发展到67人，增设了市直二支部。其组成分布情况为：医卫界9人占13.2%，教育界14人占20.6%，公务员界14人占20.6%，事业单位19人占27.9%，非公经济人士12人占17.6%。党员中，有1人任省人大代表，1人任省政协委员，1人任市人大常委，2人任市政协常委，4人任市政协委员，2人任区政协委员，4人任处级行政领导职务。

表6－1－1－1　致公党常德地方组织领导名录

组织发展阶段	姓 名	职 务	任职时间	备注
致公党常德小组	李宝瑞	组长	2003.10－2004.12	
常德支部	徐晓明	主任委员	2004.12－2009.10	
	毛思强	副主任委员		
	李宝瑞	副主任委员		
常德市委筹委会	杨成英	主任委员	2009.10－2010.10	
	徐晓明	副主任委员		
	毛思强	副主任委员		
	潘道波	副主任委员		
第一届常德市委	杨成英	主任委员	2010.10－	
	徐晓明	副主任委员		
	潘道波	副主任委员		

第二节　基层组织

2011年10月8日，根据工作需要，并与中共常德市委统战部协商，致公党常德市委一届三次主委会议研究，报请本党省委同意备案，成立了武陵、鼎城、德山、医卫、教育、市直一、市直二等七个支部，下发了关于《中国致公党常德市委员会关于成立武陵等七个支部及人事任命的决定》的致常[2011]4 号文件，人事任命如下：

武陵支部：

主　委： 祝　辉

副主委： 王冰燕(女)　代冬民

委　员： 何云霞(女)

鼎城支部：

主　委： 蒯建英(女)

副主委： 黄秀蓉(女)　周汉高

委　员： 赵建忠

德山支部：

主　委： 史有安

副主委： 岳新年(女)　李　乐

委　员： 贺正福　陈和平

医卫支部：

主　委： 易善元

副主委： 尹明祥　甘胜莲(女)

委　员： 邹飞扬

教育支部：

主　委： 黄立新

副主委： 陈　伟(女)　方和新

委　员： 莫清群(女)　徐　岚(女)

市直一支部：

主　委： 黄国新

副主委： 雷　杰(女)　杨　丽(女)

委　员： 潘毅泉

市直二支部：

主　委： 孙一容(女)

副主委： 谢凌峰(女)　陈建才

委　员： 陶　治

由于武陵支部与鼎城支部所在地有中共区委统战部，在与中共常德市委统战部和区委统战部协商后，分别召开了支部成立大会，其它支部以文件形式直接任命，宣布成立。

一、武陵支部

2011 年 11 月 30 日，致公党常德市武陵区支部成立大会在芙蓉大酒店召开。中共常德市委统战部副部长李学明，致公党常德市委主委杨成英，中共武陵区委常委、副区长、统战部长袁世平出席会议并讲话。市委统战部党派科、区委统战部全体部委会成员出席会议。武陵区各民主党派、工商联及无党派知识份子联谊会的主要负责人、致公党市委委员、各支部负责人和党员代表 50 多人到会祝贺。会议宣读了致公党市委关于成立致公党常德市武陵区支部委员会的决定及支部委员会任命名单：祝辉任主委，王冰燕（女）、代冬民任副主委、何云霞任委员。致公党市委主委杨成英、中共武陵区委常委、副区长、统战部长袁世平为致公党武陵区支部授牌、授印。致公党武陵区支部主委祝辉做表态发言。民盟武陵区委主委肖礼彬代表武陵区兄弟民主党派、工商联、无党派知识分子联谊会致贺词。致公党市直二支部主委孙一容代表致公党兄弟支部致贺词。

2012 年底，武陵支部有党员 8 名，支部主委祝辉。

二、鼎城支部

2012 年 4 月 18 日，致公党常德市委在鼎城区国土资源局五楼会议隆重召开了致公党鼎城区支部成立大会。致公党常德市委主委杨成英，区委常委、副区长、统战部部长田大春出席会议。致公党常德市直一支部、市直二支部、武陵区支部、德山支部、教育支部、医卫支部及民革鼎城区总支、民盟鼎城区基层委员会、民建鼎城区工作委员会、民进鼎城区支部、农工党鼎城区总支、九三学社鼎城区支社、鼎城区党外知识分子联谊会、鼎城区工商联负责人到会祝贺。会上，致公党常德市委机关干部胡碧波宣读了致公党市委致党〔2011〕4 号文件。致公党常德市委主委杨成英为致公党鼎城区支部授牌授印。致公党常德市直二支部主委孙一容代表各兄弟支部向大会致贺词，民革鼎城区总支委员会主委唐松山代表鼎城区各民主党派基层组织致贺词。区国土局干部蒯建英当选为致公党鼎城支部主委，黄秀蓉、周汉高当选为支部副主委。

2012 年底，鼎城支部有党员 8 名，支部主委蒯建英。

三、德山支部

2011 年 10 月，致公党常德市德山支部成立。

2012 年底，德山支部有党员 9 名，支部主委史有安。

四、医卫支部

2011 年 10 月，致公党常德市医卫支部成立。

2012 年底，医卫支部有党员 9 名，支部主委易善元。

五、教育支部

2011 年 10 月，致公党常德市教育支部成立。

2012 年底，教育支部有党员 9 名，支部主委黄立新。

六、市直一支部

2011 年 10 月，致公党常德市市直一支部成立。

2012 年底，教育支部有党员 11 名，支部主委黄国新。

七、市直二支部

2011 年 10 月，致公党常德市市直二支部成立。

2012 年底，市直二支部有党员 13 名，支部主委孙一容。

第二章 组织建设

第一节 党员发展

致公党是具有侨海特色的参政党，凡是归侨、侨眷中的中上阶层人士和其他有海外关系的代表性人士，以及其他方面有代表性的中高级知识分子，承认并愿意遵守中国致公党章程的，均可提出入党申请。致公党常德地方组织在发展党员过程中，严格按照党章规定和“三高一有”的原则进行，即高学历、高职称、高影响力和有海外关系，确保队伍的整体素质。

2003 年 12 月 5 日，致公党湖南省委批准朝鲜归侨李宝瑞、缅甸归侨黄洪福、高级工程师孙圣杰、侨眷岳新年、高学历知识分子谢凌峰五位同志入党，成为常德首批致公党员。2004 年发展市商务局副局长徐晓明为党员，2008 年发展市交通局副局长杨成英为党员。由于致公党常德地方组织相对湖南省其它兄弟市委成立时间晚、党员人数少，急需壮大组织，因此，致公党省委在全省范围内将常德入党人数指标给予了适当倾斜。2009 年 10 月 10 日，致公党常德市筹备委员会成立，共有党员 57 人。2010 年 10 月 10 日，致公党常德市委成立，有党员 62 人。到 2012 年底，党员共计 67 人。

第二节 基层组织建设

致公党常德市委注重基层组织建设，将社会主义核心价值体系建设和基层组织建设紧密结合，从而形成思想共识，增强组织的凝聚力和战斗力。把整章建制和基层组织建设相结合，逐步完善各项规章制度，确保组织机构规范运行，长效发展。把人才培养、党员队伍建设和组织建设相结合，壮大队伍，培养人才。我们严格按照标准和党员发展程序，物色培养新党员，为组织不断注入新的活力。在市筹委成立之后，随着党员人数的增加，组建了6个基层党支部，即：市直支部、武陵支部、德山支部、鼎城支部、医卫支部和教育支部。2011年增设为七个支部，即：武陵支部、鼎城支部、德山支部、市直一支部、市直二支部、医卫支部、教育支部。每个支部领导班子设主委1名、副主委2名、支部委员4名，形成了一个相对完善的管理格局。大力开展基层组织建设，积极参加市委组织的参政议政、社会服务等活动，通过"小支部、大作为"为当地经济建设建言献策。市委加强对基层支部的管理和服务，年初确定工作任务、年中督促指导、年底考核验收，做到支部工作与市委工作同步，支部工作逐步规范。

致公党常德市委把制度建设作为基层组织建设的重点内容认真谋划，按照党章和上级有关文件的规定，结合工作实际，形成了一个较为科学、合理、具备可操作性的制度管理体系，进一步用制度规范工作行为，理顺工作关系，提高工作效率。同时，为充分发挥基层支部的积极性和主动性，突出支部的主体作用，市委不断完善支部工作考核细则，增强支部工作实效。按照中央、省、市"改作风、树形象、创满意"的要求狠抓作风建设，从思想上予以高度重视、行动上努力践行，使基层组织建设更加高效规范。

第三章 思想建设与宣传工作

第一节 理论学习

通过多种形式开展理论学习与培训，全方位提高党员素质，提升党派影响。2005 年，谢凌峰到湖南社会主义学院学习培训，并被评为优秀学员。2010 年，3 名骨干党员出境考察学习，1 人参加湖南省社会主义学院学习培训，8 人参加市社会主义学院参政议政培训，3 名党员参加中共常德市委统战部组织的统战宣传培训，2 名党员赴青岛大连调研、学习。

2010 年 6 月组织全体党员赴张家界进行了为期三天的社会主义核心价值体系的学习和交流，通过《学习现代礼仪，做文明致公党员》专题讲座，老党员现身说法，新党员谈体会等形式，共同探讨新形势下致公党组织如何用社会主义核心价值观引领全体党员凝心聚力、团结奋进、履行职能、发挥作用；探讨致公党员如何把社会主义核心价值体系内化为自己的价值取向，外化为自己的行为准则，真正体现“致力为公”宗旨。通过学习交流，大家一致认为，要把树立和践行社会主义核心价值体系落实到行动上，做到全市党员一盘棋，统一思想，形成共识，群策群力圆满完成市委确立的多项筹备事宜，向中国致公党成立 85 周年献礼。

2011 年 3 月，致公党常德市委主委杨成英参加了中共中央统战部在中央社会主义学院举办的民主党派干部培训，副主委潘道波参加了市社会主义学院培训。

2011 年，雷杰等 4 名党员参加了省委组织的宣传干部培训班。孙圣杰等 5 名党员参加了省委举办的纪念辛亥百年与致公党史培训班。蒯凝刚等 7 名党员参加了全市民主党派新成员培训班。市委以辛亥革命百年为契机认真组织讨论，重温致公党历史，全市致公党员表示继承中山先生的革命精神，缅怀先生为中国民主革命所作出的不朽业绩，继承和发扬老一辈致公党人忠心耿耿，报效祖国的优良传统和爱国情怀。

2012 年，孙一容、蒯建英等 10 名骨干党员参加了由市委统战部、市社会主义学院举办的全市民主党派骨干成员培训班。系统学习了《中央4号文件》、《提升民主党派成员能力素质》、《民主党派如何做好参政议政》、《资本运营与风险管理》等课程。

2012年4月26日，致公党常德市委机关干部参加了由市委统战部组织的集中学习，听取市委讲师团主任、教授刘桂平的“法治常德”专题报告会。

2012年3月19日，致公党常德市委召开市委委员和各支部负责人参加的组织生活会，会议就中央四号文件的主要精神进行了认真学习和讨论。与会人员一致认为，中央四号文件深刻阐述了新形势下党外代表人士建设的重要性和紧迫性，体现了党中央对党外代表人士的重视和关心，也给党派人士提出了新的要求、指明了前进的方向。大家纷纷表示，一定不辜负党中央的希望，坚决拥护共产党的领导，加强自身建设，认真履行职责，不辱使命，不负重托，为促进中国特色社会主义民主政治建设做出应有的贡献。

第二节 活动开展

一、红色经典诗歌朗诵大赛

2011年，致公党常德市委主办了常德市红色经典诗歌朗诵大赛，经过广泛宣传发动，全市共有472名选手参赛，经过初赛、复赛、决赛的精彩角逐，于7月1日晚上在常德市电视台演播大厅举行了隆重的颁奖晚会。致公党省委、中共常德市委、市人大、市政府、市政协、常德军分区的领导出席颁奖晚会并为获奖选手颁奖。晚会上，获奖选手登台朗诵，精彩纷呈，20名致公党员登台表演的配乐诗朗诵《祖国之恋》，受到了观众好评。此次活动领导重视，格调高雅，参与面广，社会影响大，是致公党常德市委精心筹划，以特殊方式给中共90华诞的一份厚礼。体现了致公党与中国共产党肝胆相照、荣辱与共的优良传统，表达了我市致公党员坚定的政治信念，是本党市委与中共思想上同心同德，目标上同心同向，行动上同心同行的具体体现。活动的开展，极大的增强了党派的凝聚力，扩大了党派的影响，进一步坚定了致公党员对中国共产党领导的多党合作和政治协商制度的信念。

二、传统文化系列讲座

2012年2月17日，50多名常德致公党员聚集一堂，参加了由致公党常德市委组织、市直二支部承办的传统文化系列讲座。

2012年3月27日，由致公党常德市委建议，中共常德市委宣传部组织，邀请著名国学大师刘冰教授来常德，以“德行天下孝为先”为题，进行了长达三个小时的精彩演讲。

2012年5月24日，受津市市妇联的邀请，市直二支部主委孙一容为来自津市各条战线的300多名妇女代表，作了一场生动的礼仪文化讲座。

市委主委杨成英指出，最近两年，市委围绕弘扬传承中华传统文化，构建社会主义核心价值体系，开展了一系列教育宣传活动。致公党员一定要做传统文化的力行者，“同心”品牌的建设者。为建设“现代常德，幸福家园”做出贡献。

三、“同心同行、喜迎中共十八大”论坛

2012年8月10日，“同心同行、喜迎中共十八大”论坛在桃源花源大酒店隆重举行。会议由致公党常德市委主委杨成英主持，四十多名致公党员参加了大会。主委杨成英首先传达了致公党湖南省五届二次常委会精神，并领学了胡锦涛在省部级领导研讨班上的讲话内容概要。12名骨干党员分别以政治、信仰、责任、奉献、作为、学习、法治、爱心、品味、和谐为题，结合自己的本职工作和人生经历，以朴实的语言和真挚的情感，畅谈了作为一名致公党人的追求和责任，表达了与中共“同心同德、同心同向、同心同行”的坚定信念。部分党员和老同志代表，也即席发表了自己的感言。副主委潘道波运用多媒体方式，就如何提高党员自身素质，搞好参政议政工作，作了一场形象生动的辅导报告。最后，主委杨成英指出，“同心”思想是中国特色统战工作的法宝，也是我们每一名致公党人必须时刻遵循的行为准则。此次活动的目的，就是要让我们理解“同心”思想的深刻内涵，自觉践行“同心”思想，将“同心”思想贯穿于我们工作的始终。希望全体党员进一步坚定自己的政治信仰，树立正确的人生观和价值感，下大力提高自身素质和履职能力，珍惜缘份，团结和谐，立足本职，努力工作，以实际行动迎接中共十八大的胜利召开。

第三节　宣传工作

致公党常德市委利用多种新闻媒介，充分展示参政党新形象，展示围绕中心、服务大局的工作动态和参政议政成果，展示致公党人良好的精神风貌和人生追求。截止 2012 年 12 底，在致公党中央网站、三湘统战网、致公党省委网站、湖南致公、和声、市统战网、市政府新闻网、尚一网等省、市级刊物、网站媒体上累计发表党派新闻报道 273 篇。在重要会议平台，如“两会”、各种协商会、通报会、座谈会等，市委领导和党员中的人大代表、政协委员都能实事求是，畅所欲言，积极建言献策。在特色活动平台，如党派之间联合调研、本党市委的专题调研等，组织有力形式生动、效果明显，激发了党员履职的积极性，增强了致公党的社会影响力。

建立健全新闻宣传工作机制，市委成立学习宣传工作委员会，专人负责、量化管理。完善了奖励制度，对在不同层次平台发表的稿件予以一定的物质和精神鼓励。加强宣传工作人员的学习培训，提高其新闻敏感性和文字表述能力。充分发挥“常德致公”网站的作用，做到了精心设计、图文并茂，具有一定的时效性、准确性、可读性和全面性。

第四章 重要会议

第一节 致公党常德支部成立大会

2004年12月30日，致公党常德支部成立大会隆重召开。会上，中共常德市委统战部副部长郑唯改报告了致公党湖南省委在常发展党员及组建常德支部的工作情况；致公党湖南省委组织处负责人宣读了《关于成立致公党常德支部委员会及徐晓明等同志任职的决定》，徐晓明任致公党支部主委，毛思强、李宝瑞任副主委，孙圣杰、谢凌峰任支部委员。致公党湖南省委专职副主委骆伟给致公党常德支部委员会授印、授牌。致公党长沙市委负责人，常德市兄弟民主党派、工商联代表，中共湖南省委统战部党派处负责人，先后在成立大会上讲话，对致公党常德支部的成立用“光荣诞生，健康成长”八个大字表示热烈祝贺，市政协副主席、中共常德市委统战部部长文承保参加了成立大会。

第二节 致公党常德市委筹委成立大会

2009年10月10日，致公党常德市筹备委员会成立，致公党湖南省委主委、湖南省人民政府副省长甘霖出席了会议，会议选举杨成英为筹委主委、徐晓明、毛思强、潘道波为筹委副主委。

第三节　致公党常德市第一届委员会成立大会

2010 年 10 月 10 日，致公党常德市第一届委员会成立大会在共和酒店隆重召开。致公党中央副主席严以新，致公党中央组织部副部长李刚，中共湖南省委统战部副部长唐建到会指导。致公党湖南省委专职副主委应若平，中共常德市委副书记、市长陈文浩，市委常委、统战部长李爱国出席会议并讲话。市委副书记曹儒国，市人大常委会主任刘本之，市政协主席刘春林，市人民政府副市长、民进市委主委万成贞，市政协副主席、民建市委主委杨新辉，市政协副主席、市工商联主席陈伟俊，市政协副主席、民革市委主委陈位明，市政协副主席、民盟市委主委傅绍平，市政协副主席、九三学社市委主委朱传宏出席会议。致公党徐州市委筹委会主委吴清，长沙、株州、湘潭、衡阳、岳阳、张家界致公党市委有关负责人到会祝贺。中共常德市委书记卿渐伟来电致贺。

2010 年 10 月 10 日，中国致公党常德市委员会成立大会在柳叶湖畔的共和酒店召开

常德市政协副主席、民革常德市委主委陈位明代表我市各民主党派、工商联致贺辞。

衡阳市政协副主席、致公党衡阳市委主委刘日煊代表致公党长沙、株州、湘潭、衡阳、岳阳、张家界市委致贺辞。

致公党中央副主席严以新发表重要讲话，对致公党常德市委筹委会取得的成绩给予了充分肯定，并对新成立的致公党常德市委提出了希望和要求。

会议审议并通过了杨成英代表致公党常德市筹委会所作的工作报告；选举产生了致公党常德市第一届委员会，审议并通过了大会决议。在致公党常德市委一届一次会议上，杨成英（女）当选为主任委员，徐晓明、潘道波当选为副主任委员。

第五章　参政议政

第一节　参与政治协商与民主监督

认真履行参政议政、民主监督职能，充分发挥参政党作用。2009—2012年，致公党常德市委多次参加中共市委、市政府召开的协商会、征求意见会、交办会、情况通报会和座谈会，就常德市经济社会发展的重大问题进行协商讨论，反映群众呼声，提出意见建议。致公党常德市委的各类特约人员在行风评议、党风廉政建设、效能检查工作中，切实担负起民主监督职责，为常德市的经济社会发展建言献策。党员中的人大代表、政协委员在市人大、市政协组织的各种视察调研和检查活动中，认真履行职责，作用发挥明显。

第二节　专题调研、建言献策

2004年，致公党常德支部参与致公党中央主席罗豪才率领的中部崛起专家调研组，对常德湖区农民负担、水利设施建设、退田还湖等问题进行专题调研。2006年，致公党常德支部就民营工业开展调查研究，提出《发展我市民营企业几条措施》的调研建议，被中共常德市委经济工作会议以文件资料形式印发。

2007年，致公党常德支部的调研报告《国有企业改制后，厂矿社区建设的几点建议》，在市政协四届五次会议作为大会协商发言。在会议各界别讨论期间，成为讨论的热点话题，《常德日报》全文刊载。调研报告引起中共常德市委、市政府领导的重视，出台了《常德市人民政府关于解决市直改制企业社区突出民生问题的实施意见》。

2007年1月在市政协五届一次会议上，致公党员孙圣杰提出《关于禁止在人行道上设立停车位和停车的提案》、《关于拓宽洞庭大道柏园桥的提案》和《关于优化常德诗墙环境的提案》。其中《关于拓宽洞庭大道柏园桥的提案》被市政协评为优秀提案。提案建议将桥梁拓宽列入2008年建设计划；交警部门明确划线，划分行车道和非机动车道，并在上下班高峰设立值班民警。该提案得到及时采纳和落实。

2008年1月在市政协五届二次会议上，徐晓明代表致公党常德支部作《常德市新型农村合作医疗现状、问题与建议》的协商发言，建议加强常德新农合工作的宣传引导，提高农民参合积极性；加强政策执行力度，确保农民受益；加强工作人员责任感，切实做好基础工作。会议期间，孙圣杰提交了《关于在城市建设中充分利用太阳能的提案》和《关于在建设沅水三桥时建立桥梁结构健康监测系统的提案》。

2009年1月在市政协五届三次会议上，致公党员毛思强提出的《关于建立经济适用房回收制度的提案》，孙圣杰提出的《关于严格规范城市建设项目预决算评审的提案》，被市政协评为优秀提案。毛思强提交的社情民意《关于紧急更换再就业广场麻石地面的建议》得到了市政府的采纳。致公党员毛思强、孙一容撰写的调研报告《关于发展我市旅游产业的建议》，被列入市政协五届三次会议的大会协商发言。

2010年1月在市政协五届四次会议上，主委杨成英代表致公党常德市委作关于《发展常德水运，服务地方经济》的协商发言，指出常德水运存在着资金投入不足、通航条件滑坡、港口码头建设滞后、行业管理跟不上需求等问题，提出发展常德水运，一要规划先行，项目“兴水”；二要理顺体制，规范管理；三要政策扶持，加快发展。该协商发言被市政协评为优秀调研报告。会议期间，市政协致公工作组提交了三件集体提案：《关于加大常德水运建设力度，促进经济社会发展的建议》、《关于加强房地产市场信息透明度的建议》、《关于切实加强农村中小学校学生交通安全的建议》。工作组提交的社情民意《建议在龙港新路设置道路交通信号灯》，被市政府采纳，在龙港新路与滨湖路、柳叶大道相交的两个十字路口安装了交通信号灯。

2011年1月市政协五届五次会议上，主委杨成英代表市委作了《关于我市青少年道德文化教育现状的调研报告》，得到了有关部门的认可，唤起了社会很大层面对青少年道德文化教育的强烈共鸣，对如何加强我市青少年传统道德文化教育提供了有价值的对策和建议。为了响应中共常德市委、市政府提出的：“做大做强我市旅游产业，加快旅游大市建设步伐，进一步促进旅游产业发展的思路，把我市建设成旅游文化强市，首先要建设好柳叶湖旅游度假区”的号召，分管副主委潘道波带领参政议政部骨干党员，对柳叶湖旅游度假区现状和周边旅游资源进行了实地调研，完成了《关于环柳叶湖旅游产业开发的建议》的课题调研。还组织党员开展了《关于我市新农村建设的调查与思考》、《我市城区两岸旅游文化风光带资源整合的调研报告》、《加快我市畜牧业发展的调研与思考》等课题调研。致公党常德市教育支部委员、常德市高职院讲师徐岚，参与了湖南省统一战线理论研究会理课题招标，完成了关于《统一战线与党的群众工作问题研究》的课题调研报告。《对市城区停车收费应加强监管》、《城郊蔬菜基地检测力量薄弱问题蔬菜难以把关》、《进一步加强干线公路建设质量的建议》等社情民意得到了市政府的及时采纳。《对市城区停车收费应加强监管》和《进一步加强干线公路建设质量的建议》，得到陈文浩市长的批示。2011年第66期社情民意《对市城区停车收费应加强监管》被市政协评为优秀信息三等奖。《城郊蔬菜基地检测力量薄弱，问题蔬菜难以把关》，得到徐万发副市长的批示。在市政协五届五次会议上，由致公党员蒯凝刚提交的《关于打造“城区沅江旅游文化风光带”的提案》，得到了市委宣传部的高度重视。宣传部召开办公会进行了专题研究，并就有关问题与市旅游局等相关单位衔接，在2012年全市文化强市建设工作会议上，打造城市文化旅游核心板块和“百里沅江”文化旅游品牌已列入《中共常德市委关于加快建设文化强市的意见》（常发〔2012〕4号）。致公党市委办主任陈勇任撰写的《建议对我市青少年儿童牙齿定期免费普查》和《进一步规范我市汽车租赁业管理的建议》，得到了市政协的采用和相关部门的落实。

2012年，致公党常德市委响应中共十七届六中全会提出的“文化强国”战略，让文化产业成为国民经济的支柱，完成了《关于进一步扶持常德动漫产业做大做强的建议》的调研报告。报告指出了常德市动漫产业存在的问题：一是动漫企业数量少、规模相对较小；二是动漫产业化经营还处于摸索阶段；三是期待有力的政策扶持；四是“引、留、育”专业人才环境欠佳；五是精品力作出炉率不高；六是配套产业链建设不易。同时，提出了扶持我市动漫产业做大做强的六点建议：一是要以增强忧患意识为出发点；二是要以实施改革发展为根本点；三是要以加大政策支持为关键点；四是要以建设动漫基地为落脚点；五是要以搞好人才培育为着力点；六是要抢占本土动漫的制高点。

在市政协六届一次全会上，致公党市委关于“加快农机化发展步伐，提高农业生产力水平”的协商发言，获得大会的充分肯定，并作为市政协督办的重点提案进行了办理。在2012年2月召开的全市统战工作会议上，徐岚撰写的论文《发挥统一战线的独特优势，切实做好新形势下党的群众工作》，获2011年度全市理论研究优秀成果一等奖。

2012年，致公党常德市委组织开展了打击“医托 ”、规范就医环境的调研。目前我市二级、三级综合医院门前聚集了大量医托，医疗市场被扰乱，病人深受其害。调研提出，一是要加大宣传力度。请卫生行政主管部门、新闻媒体，及时曝光“医托”典型案例，让广大市民识别“医托”，了解其危害性。督促医院在门前设立导诊牌，引导市民正规就医。二是要加大处置措施。可以借鉴重庆市打击“医托”经验，建议政府将此纳入民生工程，由卫生行政主管部门牵头，会同公安、工商、城管等部门，加强医疗环境的管理；同时，对于聘请“医托”的诊所、民营医院或某些小医院承包科室，按照相关法律法规予以罚款、取消医生执业资格、吊销医疗机构执照等行政处罚，从源头上消除“医托”存在的土壤。

2011 年，在市人大五届五次会议上，致公党常德市委副主委潘道波提交的“关于职业病防治的建议”作为大会一号议案，得到了领导的高度重视和相关部门的认真落实。

表 6－5－2－1　2003－2012 年致公党常德组织担任副处级以上职务名单

姓名	性别	出生年月	单位及职务	任职时间	备注
徐晓明	男	1964.4	市招商局局长	2010.10	支部主委 市筹委副主委 市委副主委
毛思强	男	1955.6	市委血吸虫领导小组办公室副主任	2000.3	支部副主委 市筹委副主委
杨成英	女	1970.3	市环保局局长	2015.3	市筹委主委 市委主委
潘道波	男	1958.6	市一人民医院副院长	2007.1	市筹委副主委 市委副主委

第六章 社会服务

第一节 引智引资

发挥“侨、海”优势，牵线搭桥，引智引资。致公党常德地方组织注重加强与海外华侨、归侨及侨眷、归国留学人员联系，积极牵线搭桥引智引资。2003～2011年，共接待归国华侨200多人次。2010年，派出3位党员到缅甸考察交流。教育支部主委黄立新，2011年引进2000多万元的上海大众斯柯达品牌项目，落户鹏驰汽车服务有限公司。市直二支部主委孙一容与归国留学人员成立了百易会展和华天国旅两家公司。致公党常德市武陵区支部委员海涛引进“拉菲酒类公司”在常德康桥小区落户，总投资600多万元。

第二节 送医送药送文化

致公党常德地方组织多次开展以送医送药、送健康、送温暖为主题的社会服务活动。2009、2010年组织党员中的医疗专家到安乡县黄山头镇为疗养院的老人和当地农民进行免费义诊，无偿发放上万元的药品，使患病群众得到及时救治。2010年11月6日，致公党市委组织医疗战线的党员和专家20多人到澧县道河乡开展“送医送药送健康下乡”活动，发放近两万元的药品。

2012年5月24日，市直二支部主委孙一容以“做一个高贵有礼的人”为题，在津市市委党校进行了二个多小时的精彩演讲。讲座作为致公党常德市委送文化下乡系列活动之一，由致公党常德市委和津市市妇联联合举办，来自津市市各乡镇和部门的妇女代表共计300多人参加活动。

第三节　赈灾扶贫

2004年1月4日，致公党常德小组配合致公党湖南省委，为常德市困难侨眷侨属捐赠了价值近3万元的救济物资140份。3月6日，配合致公党湖南省委在汉寿县太子庙镇开展了“三下乡”活动，有数千人观看了由30余名国家和省级演员表演的文艺演出，100余名病人得到了由20余名专家级医生组成的义诊医疗队的诊治，并捐献了价值数千元的药品，不少农民从10余名农业专家提供的免费咨询服务中学到了一门以上实用技术。此次活动受到基层群众的热烈欢迎。2004年，致公党常德小组向武陵区东江乡两名特困户捐款2000元。

2006年，致公党常德支部募捐10多万元到张家界举办“跃龙门、登天门”的爱心助学活动。百余名学生得到帮助。2008年，常德遭受历史罕见的特大冰冻灾害，致公党常德支部，募捐了价值5万元的救灾扶贫物资，资助贫困侨眷、侨属和残疾人员。还向张家界致公小学捐赠了三万元的助学金。汶川地震发生后，致公党常德支部筹集善款6500元捐给灾区人民；党员黄立新发动其公司员工捐款10多万元，党员孙一容发动所在企业员工捐款7500元。

2010年2月7日，致公党常德市筹委会负责人杨成英一行10余人，深入统战部联点村——常德市西湖管理区鼎港办事处鼎福村看望慰问困难群众。致公党筹委会一行随市委统战部负责人一道，看望慰问了鼎福村一组村民、孤老杨前宣、二组村民何秀英、三组村民易湘寿等15户特困家庭，给他们送上装满米、面、油、春联等物资的爱心箱和6000元慰问金。2010年11月底，致公党常德市委号召党员，在常德卷烟厂体育馆常德分会场参加由中央电视台陈大惠老师组织的湖南省首届公民公益道德论坛，“学习弘扬中国传统文化，做有道德的人”，倡导本党党员多当义工、多做善事，践行“致力为公”宗旨。2010年12月我们在统战部新农村联系点鼎城区肖伍铺村开展了弘扬传统文化的社会服务活动，向群众宣讲优秀传统文化，并发放了一千份《弟子规》年画。把中华传统文化传播到寻常百姓家，对促进和谐社会的建设起到了积极的作用，深受当地群众欢迎。

每年春节前夕，致公党常德地方组织发动党员看望困难侨眷、侨属、下岗职工和困难农民，走访社区孤寡老人，关爱残疾人和孤儿，为他们送钱送物，提供服务。2010年，全市党员自发捐款1.64万元，募集春节物资价值3万元，捐赠给社会弱势群体。常德日报以《特殊党费，访贫问苦》予以报道，产生良好社会反响。7月份，积极响应中共中央统战部非公有制经济人士回报社会，感恩行动电视电话会议精神，组织市直和教育两个支部中的非公经济人士党员整合资源，对鹏驰汽车有限公司的困难员工进行了帮扶和援助。2011年1月、2012年1月，致公党市委组织各个支部分别举办送温暖活动，将价值近2万元的物资送到困难群众手中。2012年11月2日，致公党常德市委走进鼎城区黑山嘴乡中学开展爱心助学活动，现场资助25名贫困学子1万多元，并为20名优秀学生代表赠送了学习用品。党员黄立新、赵建忠、翟常华、孙一容等，长期开展结对助学，为贫困学生顺利完成学业提供援助。

第四节　情系归侨

2005年1月13日，由中共常德市委统战部、致公党常德支部、市侨联、市红十字会联会举办的“情系归侨侨眷送温暖活动”正式启动。活动共慰问贫困归侨侨眷120户，77岁的印度归侨李怀忠代表侨眷表示，全市归侨侨眷将一如既往充分发挥自身优势，为常德经济发展和改革开放贡献自已的力量。市政协副主席、统战部长文承保参加捐赠仪式。他指出，建设全面小康社会就是要实现包括广大归侨侨眷在内的全体中国人民的共同富裕，今后，各涉侨部门要密切配合，加大侨务扶贫力度，让贫困的归侨侨眷尽快富裕起来，让他们真正感受到改革开放所带来的成果，这是市委、市政府的要求，也是社会各界的共同心声。

2011年1月25日，常德市归侨侨眷代表座谈会在芷园宾馆顺利举行

2011年1月25日上午，致公党常德市委副主委潘道波出席在芷园宾馆举行的常德市归侨侨眷代表座谈会。座谈会由市侨联主席陈丽君主持。市政府副市长沈习淼，市外侨办主任罗先友及归侨侨眷代表、侨资企业家代表共39人参加座谈会。座谈会上，市外侨办主任罗先友通报2010年全市外事侨务工作的情况；致公党员

李宝瑞代表侨资企业家作了精彩的发言；其他各位代表也都踊跃发言，对常德市归侨侨眷工作进行深入的讨论。市委副主委潘道波同志代表致公党常德市委向归侨侨眷赠送大米、棉袄等春节慰问物资。市政府副市长沈习淼在讲话中鼓励归侨侨眷发挥自身优势，积极参与到常德经济与社会建设中来，并向归侨侨眷发放春节慰问金。

第五节　创新服务

致公党常德市委于2012年通过微博助学，搭建高效爱心平台，创新开展社会服务。“微博助学”是致公党常德市委发挥党派作用，实施“同心”工程，精心打造的一个社会服务品牌。该项目通过微博宣传推广造势，通过微信实施捐款管理，把传统的“面对面”捐资助学与现代科技相结合，为广大寒门学了搭建了宽广更为有效的爱心助学平台。其具体操作模式是：首先锁定一个县、市（区），确立一个项目名称，然后对锁定区域通过“两申两审”（学生申请、学校申报、乡镇或居委会审核、民政、教育或妇联组织审批）后确定贫困生，由社会服务部负责人祝安顺在微博微信、QQ空间及博客等自媒体工具上，编辑学生基本资料和家庭状态照片，再统一编号发出助学信息，团队成员立马完成转帖（二传），其他网友帮助扩散（三传），从而不断吸引国内外爱心人士按“一对一。一对多或多对一”等方式，参与到资助贫困学生活动中来。此项工作在致公党常德市委的正确引导和大力支持下，通过社会服务部成员的共同努力，网络名气越来越大，社会影响越来越好。由此，新浪微博@常德祝安顺得以成功取得新浪微博授权，成为全国唯一的微博助学话题主持人，为致公党常德市委开展爱心助学等社会服务工作奠定坚实的爱心资源基础。

2012年11月2日，主委杨成英率领部分党员，前往鼎城区黑山嘴乡中学开展爱心助学活动

2012年4月，由致公党部分企业家党员倡议发起、致公党常德市委具体组织、在全市党员内部开展了“致公爱心”基金捐赠活动。活动本着自发自愿、量力而为的原则进行，主委杨成英率先垂范，各支部主委广泛发动、示范引导，全体党员积极配合参与，短短一个月

的时间，筹措“致公爱心”基金六万多元。“致公爱心”基金经过了市民政局备案并接受其监督，基金使用由致公党市委按照“关注民生，奉献爱心，服务社会，促进和谐”的要求，将通过社会服务的方式，全部用于扶贫帮困、爱心助学和慰问走访送温暖活动。党员中一些新社会阶层人士纷纷表示，要常年坚持不懈捐献爱心，让“爱心基金”越做越大。

2012 年 10 月 26 日，致公党常德市委与湖南“湘亲湘爱”主持团队和琴岛爱心基金联合在市政协六楼会议室举行助学金发放仪式。现场为 102 名贫困学生发放助学款 12 万多元。活动期间，湘亲湘爱主持团队负责人欧阳雨晖先生一行还前往常德市社会福利院看望慰问了孤寡老人和残疾儿童，给他们送去了 2 万元的慰问金。微博助学得到致公党湖南省委和中共常德市委统战部的充分肯定，并作为特色工作进行推广。

第七篇

九三学社常德市委员会

第一章 组织机构

第一节 九三学社常德市委

一、常德直属小组及市委筹备工作组

1984 年 2 月 17 日，九三学社湖南省第一次社员代表大会召开，选举产生九三学社湖南省第一届委员会，九三学社在常德的发展提上日程。1987 年九三学社湖南省委开始在常德发展社员，1987 年 8 月，成立九三学社湖南省委常德直属小组，王克定任组长，副组长为利广才、欧阳容。王克定作为特邀代表参加了 1988 年 6 月召开的常德市第一届政治协商会议。1988 年 9 月，社省委(88)社湘字 73 号文件，批准成立支社筹备组，由王克定、利广才、欧阳容、韩隆福、钟筱慧五人组成支社筹委会，1988 年 11 月 22 日，成立九三学社湖南省委常德支社，利广才任主委，王克定任副主委。11 月 23 日，会议通过《发扬民主科学精神的决议》。此时社员人数为 25 人。1988 年至 1989 年，该阶段社员发展较快，到 1989 年，常德支社成员发展至近 40 人，分别成立三个直属小组：城内小组由陈家树任组长，师专小组由李高霖任组长，浦沅小组由何季愚任组长。1990 年 10 月 25 日，成立九三学社常德市委筹备工作组。

1991 年，九三常德市委筹备工作组积极筹备师专、综合、建筑、浦沅支社的成立，1992 年，根据 12 月 21 日(92)社湘字第 80 号《关于改组九三学社常德市委筹的决定》文件，12 月 25 日改组市委筹备工作组(1992.12－1993.3)，由梁金顺任主委，周可凤任副主委兼管组织工作，罗沅杰任秘书长，何季愚、杨迪勋分别管科技、宣传工作，利广才、王克定任顾问，1993 年年初，新市委筹备工作组顺利完成师专、机电、武陵三个支社的成立工作，社员达 37 人，推荐了九三学社常德市委委员候选人。

二、九三学社常德市委员会

1993年3月8日，九三学社常德市第一次代表大会召开，选举产生九三学社常德市第一届委员会，梁金顺、周可凤、罗沅杰、何季愚、徐大汉、杨迪勋、柳书伦7人为九三学社常德市第一届委员会委员，梁金顺任主任委员，周可凤任副主任委员，罗沅杰任秘书长。

1997年9月10日，九三学社常德市第二次代表大会召开，选举邓正春、朱传宏、朱彦群、肖江华、罗沅杰、周建华、童远忠7位同志为九三学社常德市委第二届委员会委员，邓正春任主任委员，朱传宏、罗沅杰任副主任委员，肖江华任秘书长。会议同意梁金顺同志任名誉主任委员。

2001年6月24日，九三学社常德市第三次代表大会召开，选举产生邓正春、罗沅杰、朱传宏、肖江华、周建华、童远忠、邓楼成、刘忠、肖勋伟、徐国华、杨玉银11人为第三届委员会委员，邓正春任主任委员，朱传宏、罗沅杰任副主任委员，肖江华任秘书长。

2006年6月23日，九三学社常德市第四次代表大会召开，会议选举产生朱传宏、罗功大、肖江华、呙滨辰、龙艳、陈佩荣、杨玉银、邱莎 、李湘、张全丰、肖勋伟、周建华、刘寅初、于冀民、龚德贵15人为九三学社常德市第四届委员会委员，朱传宏任主任委员，罗功大(专职)、肖江华、呙滨辰任副主任委员，龙艳任秘书长。

2011年4月23日，九三学社常德市第五次代表大会召开，会议选举于冀民、李湘、李恒利、朱传宏、朱惠平、肖江华、肖勋伟、呙滨辰、罗功大、刘寅初、唐圣松、覃事玉、徐国华、张全丰、黄明、龙艳、陈佩荣等17人九三学社常德市第五届委员会委员，朱传宏任主任委员 ，龙艳(专职)、呙滨辰、肖江华任副主任委员，龙艳兼任秘书长。

表7－1－1－1　九三学社常德地方组织历届领导人任职情况

<table>
<tr><th>组织发展阶段</th><th>姓名</th><th>职务</th><th>任职时间</th><th>备注</th></tr>
<tr><td rowspan="3">常德直属小组</td><td>王克定</td><td>组长</td><td rowspan="3">1987.8－1988.9</td><td rowspan="3"></td></tr>
<tr><td>利广才</td><td>副组长</td></tr>
<tr><td>欧阳容</td><td>副组长</td></tr>
<tr><td>常德支社筹备组</td><td>王克定</td><td>组长</td><td>1988.9－1988.11</td><td></td></tr>
</table>

续表

组织发展阶段	姓名	职务	任职时间	备注
常德支社	利广才	主任委员	1988.11—1990.10	
	王克定	副主任委员		
常德市委筹	利广才	主任委员	1990.10—1992.12	
	梁金顺	主任委员	1992.12—1993.3	市委筹 1992 年 12 月改组
	周可凤	副主任委员	1992.12—1993.3	市委筹 1992 年 12 月改组
第一届市委	梁金顺	主任委员	1993.3—1997.9	
	周可凤	副主任委员		
第二届市委	邓正春	主任委员	1997.9—2001.6	
	朱传宏	副主任委员		
	罗沅杰	副主任委员		
第三届市委	邓正春	主任委员	2001.6—2006.6	
	朱传宏	副主任委员		
	罗沅杰	副主任委员		
第四届市委	朱传宏	主任委员	2006.6—2011.4	
	罗功大	专职副主任委员	2006.6—2009.7	
	肖江华	副主任委员	2006.6—2011.4	
	呙滨辰	副主任委员	2006.6—2011.4	
第五届市委	朱传宏	主任委员	2011.4—	
	龙　艳	专职副主任委员		
	呙滨辰	副主任委员		
	肖江华	副主任委员		

三、专门委员会

1993年4月8日设立九三学社常德市委办公室和九三学社常德市委老龄工作委员会，任命何哲海为办公室副主任，李高霖为老龄委主任。

1995年3月17日，任命何哲海为九三学社常德市委办公室主任，免除其办公室副主任职务。1995年年底，何哲海调至市体育局任职。

1996年12月16日，吕国安正式任命为九三学社常德市委办公室主任(后因故未到职)。

1998年4月，社市委选调龙艳担任办公室专干。2003年12月，龙艳任办公室副主任，2005年7月，龙艳任办公室主任。2006年8月，肖超银任办公室副主任，2011年12月，肖超银任办公室主任。

2001年7月2日社市委成立经济专门委员会、科技专门委员会、教工专门委员会、妇女工作专门委员会，调整了老龄工作委员会；周建华为经济委主任，徐国华为科技委主任，童远忠为教工委主任，李文辉为妇工委主任，杨迪勋为老龄委主任。

2006年8月17日，社市委扩大会议研究决定，成立九三学社常德市参政议政委员会，简称参政委，罗功大为主任，杨迪勋、龚德贵任副主任，成员有李湘、曾潜、刘寅初、徐国华、参议委在社市委领导下主管参政议政工作。

2011年5月12日，经主委会议研究决定，成立参政议政等5个专门工作委员会，对各专门工作委员会进行调整，取消科技工作委员会、经济工作委员会和教育工作委员会，成立理论研究及宣传信息工作委员会。

2012年12月15日，经主委会议研究，决定成立九三学社常德市青年工作委员会(简称青工委)。

至2012年12月20日，社市委下辖六个专门委员会，各专门工作委员会组成人员如下：

1、参政议政工作委员会。主任为呙滨辰，成员有李湘、刘寅初、肖勋伟、李恒利、张全丰、于冀民、陈佩荣、肖广全 、李军、欧阳容、贺学红、周传家、文智。

2、理论研究及宣传信息工作委员会。主任为肖超银，成员为韩隆福 、徐进柏、于冀民、李飞翔 、李恒利、张全丰、汪惠。

3、社会服务工作委员会。主任为李军，成员为朱惠平、覃事玉、粟勇、张键。

4、老龄工作委员会。主任为杨迪勋，成员为杨绪和、肖广全、杨大红、杨再伟。

5、妇女工作委员会。主任为邱莎，成员为熊文琴、李谭喜、杨丽君、黄丽、肖丽芳。

6、青年工作委员会。主任为牟杰智，副主任为文智、邓权，秘书长为毛武，委员为胡际伟、叶冬生、李军、张健、刘洁、汤勇、张伟、刘雅予、胡亿彬、李华、黄丽、杨胜、何琛、杨勇。

第二节　基层组织

一、九三学社湖南文理学院委员会

2005 年 4 月 12 日，九三学社湖南文理学院委员会成立

1988 年上半年成立九三学社常德师专（市）直属小组，柳书伦任组长，1988 年下半年成立九三学社常德师专支社，社员 10 人，柳书伦任主委。1988 年至 1995 年上半年，组织发展经历了曲折的过程。1995 年 12 月，支社进行换届选举，朱传宏、赵克禹、童远忠三人全票当选为支社委员，组建了第二届支社委员会，朱传宏任主委，赵克禹、童远忠任委员，届时社员人数 17 人。1998 年 9 月，因朱传宏任九三学社常德市委副主委，根据工作需要，改选孙元喜为九三学社师专支社主委。1999 年下半年更名为九三学社常德师院支社。2001 年 12 月 10 日，根据社章规定，支社委员任期 3－5 年，支社进行换届选举，于冀民任主委，龚德贵任副主委，童远忠、孙元喜任委员；2003 年 5 月更名为九三学社湖南文理学院支社。2004 年支社届中调整，于冀民任主委，龚德贵任副主委，孙元喜、罗玉双任委员。2005 年 3 月成立九三学社湖南文理学院委员会，龚德贵任主委，于冀民、杨再伟任副主委，罗玉双、黄金娥任委员，委员会下辖三个支社，即文体支社、理工支社、行管支社，于冀民、罗玉双、杨再伟分别兼任支社主委，届时社员人数 35 人。2010 年 10 月 21 日，九三学社湖南文理学院委员会换届选举会议在学院红楼二会议室举行，于翼民做基层委员会工作报告，会议选举于冀民、唐圣松、杨再伟、潘志农、杨丽君、肖小勇六位同志为湖南文理学院第二届委员会委员，潘志农、王俊、刘少斌为行管支社委员，杨丽君、曹凤、张龙为文体支社委员，杨再伟、赵东海、刘洁为理工支社委员；于冀民任委员会主任委员、杨再伟任委员会副主任委员兼行管支社主委，潘志农兼任理工支社主委，杨丽君兼任文体支社主委，至 2012 年 12 月 31 日，委员会和支社委员人员无变化，社员人数 40 人。

二、九三学社常德职业技术学院支社

2009年7月10日，九三学社常德职业技术学院支社成立大会在常德职业技术学院图书馆楼会议室召开，会议选举李湘、李谭喜、宋正三位同志为常德职业技术学院支社第一届委员会委员，李湘同志任主任委员，李谭喜同志任副主任委员。当时社员人数为8人，至2012年12月31日，支社委员人员无变化，社员人数为11人。

三、九三学社湖南同德职业技术学院支社

2010年3月23日，九三学社湖南同德职业学院支社成立大会在湖南同德职业学院会议厅召开，会议选举徐进柏、朱勇、燕彩华3人为湖南同德职业学院支社第一届委员会委员，徐进柏任主任委员，朱勇、燕彩华任副主任委员。当时社员人数为9人，截至2012年12月31日，支社委员人员无变化，社员人数为17人。

四、九三学社武陵区支社

1993年初，武陵支社成立，徐大汉任主任委员，1996年年初，武陵支社换届选举，朱彦群、肖江华、曾宪龙为第二届委员会委员，朱彦群任主任委员；2000年12月9日，支社换届选举，选出贺云、朱明灯、肖勋伟、揭志韧为第三届支社委员会委员，贺云任主任委员，朱明灯任副主任委员。2004年5月，支社换届选举，选举朱晓奇、李湘、李恒利为第四届委员会委员，朱晓奇任主任委员，李湘任副主任委员；2005年6月18日，武陵支社进行届中调整，李湘同志任支社主委，免去其支社副主委职务；朱晓奇同志任支社副主委，免去其支社主委职务；为与中共武陵区委工作对接，社市委决定成立武陵区支社，2007年4月3日，武陵区政协常委会议室举行九三学社常德市武陵区支社成立大会，会议选举李恒利、李湘、肖广全为第一届委员会委员，李恒利为主委，李湘、肖广全为副主委。2010年11月11日，武陵区支社召开社员大会，选举产生李恒利为主委和肖广全、陈毅为副主委及委员龙军四位为支社第二届委员会。截至2012年12月31日，支社委员人员无变化，社员人数17人。

五、九三学社鼎城支社

2004年5月省棉科所支社成立，曾潜、张全丰、鲍明红为第一届委员会委员，曾潜任主任委员，张全丰任副主任委员。2005年10月12日，鼎城支社成立，会议选举张全丰、

曾潜、鲍明红三位同志为委员会委员；按照历史沿革，确定为第二届支社委员会，张全丰任主任委员，曾潜任副主任委员。2008 年 1 月 8 日，支社社员大会同意鲍明红辞去支社委员职务，增补徐进柏为支社委员。2010 年 11 月，支社换届选举，选举张全丰、曾潜两位同志为第二届支社委员会委员；张全丰同志任主任委员，曾潜同志任副主任委员。至 2012 年 12 月 31 日，支社委员人员无变化，社员人数 15 人。

六、九三学社常德经济技术开发区支社

1993 年年初，机电支社成立，杨迪勋任主任委员；1996 年年初，机电支社换届选举完毕。3 月 20 日，九三学社常德市委员会以“社常字(1996)1 号”文批复：杨迪勋、周建华、吕国安为第二届支社委员会委员，杨迪勋任主任委员；2000 年 12 月 30 日，机电支社选出第三届支社主委杨迪勋、副主委徐国华、组织委员骆有华、宣传委员管代峙的新一届支委会。2004 年 5 月支社换届选举，选举刘朝晖、邓如山、管代峙、骆有华为第四届支社委员会委员，刘朝晖任主任委员，邓如山任副主任委员 ，机电支社更名为工业支社；2006 年 8 月 20 日，支社进行届中调整，增补徐国华、曾宪龙为支社委员，并召开支社委员会议，选举徐国华任主任委员，曾宪龙任副主任委员，2010 年 10 月 29 日，支社换届选举，选举徐国华、肖勋伟、邓如山、骆有华、伍成建五位同志为委员会委员；徐国华任主任委员，主持全面工作；肖勋伟、邓如山任副主任委员，会议通过工业支社更名为常德经济开发区支社。至 2012 年 12 月 31 日，支社委员人员无变化，社员人数为 29 人。

七、九三学社常德市农业支社

1999 年 1 月 6 日，农业支社成立，选出熊伟、罗曼、皮丽芬为第一届委员会委员，熊伟任主任委员 ，2000 年 12 月 9 日，支社换届选举，选举汤小明、熊伟、黎昌祥、邱莎为第二届支社委员会委员，汤小明任主任委员，熊伟任副主任委员。2004 年 5 月，农业支社换届选举，选举蹇斯炎、刘寅初、郑海涛、贺学红为第三届支社委员会委员，蹇斯炎任主任主委，刘寅初任副主任委员；2007 年 6 月 1 日，支社进行届中调整，同意蹇斯炎辞去支社主委职务，选举郑海涛任支社主任委员，刘寅初、姚维德任副主任委员，贺学红、胡四清、李飞翔任支社委员。2010 年 11 月，支社换届选举，选举覃事玉、贺学红、李飞翔、胡四清、吴平安为第四届支社委员会委员；覃事玉任主任委员，贺学红、李飞翔任副主任委员。至 2012 年 12 月 31 日，支社委员人员无变化，社员人数为 31 人。

八、九三学社常德市土木支社

1995 年 12 月 29 日九三学社常德市委下发“对现有机电、武陵两支社人员进行调整，拟成立土木工程支社”通知。1996 年 3 月 20 日，土木支社成立，欧阳志斌、何哲海、邓正春为支社第一届委员会委员，欧阳志斌任主任委员兼管宣传工作，何哲海分管组织工作，邓正春分管科技工作”。1999 年 1 月 6 日，土木支社召开年终总结和支社换届选举会议，会议选举刘忠、余新忠、朱明灯为第二届支社委员会委员，刘忠任支社主委。2000 年 12 月 8 日，支社召开社员会议进行换届选举，选举刘忠、何哲海、陈佩荣为第三届支社委员会委员，刘忠任主任委员，何哲海任副主任委员；2004 年 5 月 10 日，土木支社召开换届选举会议，会议选举陈佩荣、陈克生、邓金枝、杨绪和为第四届支社委员会委员；陈佩荣任主委，陈克生任副主委。2010 年 11 月，土木支社召开换届选举会议，会议选举陈佩荣、易萍、杨绪和、粟勇、庹朝晖五位同志为第五届支社委员会委员，陈佩荣任主任委员，易萍、杨绪和任副主任委员。截至 2012 年 12 月 31 日，支社委员人员无变化，社员人数为 21 人。

九、九三学社常德市第一人民医院支社

1999 年 1 月 13 日，医卫支社成立。会议选举杨玉银、娄彩云、朱世津、刘朝晖为第一届支社委员会委员，杨玉银任主任委员。为与 2001 年社市委的换届同步，2000 年 12 月 9 日，医卫支社召开社员会议进行换届选举，选出杨玉银、朱世津、刘朝晖、肖丽芳的第二届支社委员会委员，杨玉银任主任委员，朱世津任副主任委员；2004 年 5 月 10 日，医卫支社换届选举，会议通过医卫支社更名为常德市第一人民医院支社，非一医院本院的社员分别调至相关的其他支社，会议选举朱惠平、朱世津、高叶娟、肖丽芳为第三届支社委员会委员，朱惠平任主任委员、朱世津任副主任委员 ；2010 年 9 月 3 日，支社进行换届选举，选举朱惠平、张键、朱世津、肖丽芳、张勇为第四届支社委员会委员；朱惠平任主任委员，张键、朱世津任副主任委员。至 2012 年 12 月 31 日，支社委员人员无变化，社员人数为 22 人。

十、九三学社常德市综合支社

2004 年 5 月 10 日，综合支社成立，邱莎、李文辉、刘克俭、刘学碧为第一届支社委员会委员；邱莎任主任委员，李文辉任副主任委员，2010 年 11 月，综合支社换届选举，选举黄明、杨大红、李军、熊文琴为第二届支社委员会委员；黄明同志任主任委员，杨大宏、李军任副主任委员。至 2012 年 12 月 31 日，支社委员人员无变化，社员人数为 29 人。

第二章 组织建设

第一节 社员发展

1987 年九三学社湖南省委开始在常德发展社员，1987 年 8 月，成立九三学社湖南省委常德直属小组，组成以王克定为组长的三人小组。由于社省委和中共常德市委统战部的大力支持，加上小组领导团结一心，组织发展很快。社员发展的范围主要集中在高教、机电制造、建筑工程与设计领域中的高中级知识分子。这一阶段，组织凝聚力强，不少知识分子踊跃加入九三学社，到 1988 年 11 月 22 日，成立省直属常德支社时，社员总数达到 25 人，到 1989 年下半年，社员总数达到 40 人。

1990 年 10 月 25 日，经社省委批复，成立九三学社常德市委筹。九三学社常德市委筹成立后，市委筹主要领导没有把握好参政党建设的正确方向，特别是在市委筹承办九三工厂、九三高级中学班、九三商店的工作中出现严重的失误，产生很多的问题和矛盾，严重地影响九三的形象，根据常德九三组织的情况，社省委作出改组九三学社常德市委筹的决定，1992 年 12 月 25 日改组九三学社常德市委筹，更换市委筹主要负责人。1993 年年初，新市委筹顺利完成师专、机电、武陵三个支社的成立工作。这一阶段，由于社内的不团结，社的组织发展工作受到很大的影响，有的社员被调走，有的去世，加上三年时间基本没有发展社员，到 1993 年 3 月 8 日，九三学社常德市第一次社员大会召开时，社员总数下降到 37 人。第一次社员大会产生第一届九三学社常德市委员会，该届委员会任期 4 年 6 个月。这一阶段的社员发展速度较市委筹时有了提高，到届末时(1997 年 9 月)社员总数达到 56 人，社员发展的领域除传统的三大领域外，开始发展农业和工业方面的科技工作者入社，1996 年 3 月 20 日，土木支社成立。

1997 年 9 月 10 日，九三学社常德市第二次代表大会召开时，全市社员总数仅为 56

人。第二届市委会认真分析社员组成等情况后，认为常德市的社员无论从数量来看，还是从结构来看，都还不适应参政党市级组织的要求。这一阶段，市委高度重视组织的发展，加上中共常德市委统战部的帮助与支持，社省委的关心与指导，社员发展速度较快。这一阶段前期，在市农业局及其相关部门大量发展社员，同时在相近的市水利局、市畜牧水产局发展社员，短短几年时间农口的九三社员达到近 30 人，1999 年 1 月 6 日，农业支社成立。省棉科所社员、鼎城区的社员最初编入农业支社，根据工作需要，2004 年 5 月，合并这两部分社员，成立了省棉科所支社。此外，这一时期，社市委开始在市第一人民医院发展社员，几年时间内，医卫界一些高素质的专家、教授加入九三学社，1999 年 1 月 13 日，医卫支社成立。2004 年 5 月 10 日，综合支社成立。截至 2006 年 6 月，第三届市委会末，全市基层组织达到 8 个，社员总数从 56 人发展到 170 人。这一时期，社员的发展速度较快，质量较高，社员结构更优，社员覆盖的领域更宽广，是社员发展的好时期。

2005 年 2 月 18 日，中共中央颁布了《中共中央关于进一步加强中国共产党领导的多党合作和政治协商制度建设的意见》(〔2005〕5 号文件)，就多党合作的内容、形式作出明确的规定，对多党合作的制度化、规范化、程序化提出明确的要求。2006 年 6 月以后，第四届社市委会严格按照中共中央 5 号文件的要求，把握制度化、规范化的标准，积极稳步地发展社员。第四届社市委会成立不久，主委会议就组织发展工作进行专题研究，针对组织发展的对象和范围、组织发展的基本条件、组织发展的程序等作出规定，形成会议纪要，指导组织发展工作。2011 年 6 月，第五届社市委产生后，总结多年组织发展的经验和教训，重新修改了第四届社市委主委会议关于组织发展工作会议纪要，制定九三学社常德市委《组织发展工作规程》，五年的组织发展工作基本上按照《组织发展工作规程》的要求进行。这一时期，市委按照社中央“人才强社战略”，认真贯彻中共中央“三个为主”(以协商确定的范围和对象为主，以大中城市为主，以有代表性的人士为主)的民主党派组织发展原则，积极发展科学技术界高、中级知识分子，特别是注重发展具有代表性的人士入社。2012 年 12 月 4 日，九三学社第十次全国代表大会审议通过新的《社章》，其中，“第四章 地方组织”第二十九条，去掉“一般不在县建立地方组织”的内容。2013 年 5 月 7 日，九三学社中央委员会通过《九三学社中央关于进一步加强组织建设的若干意见》，《意见》在社员发展中要求“积极吸纳科学研究领域有发展潜力的中青年人才。重视吸纳人文社会科学，尤其是政治、经济、社会、文化、法律和财税、金融等专业人才。重视吸纳政府机关、司法机关、文化传媒以及国有企事业单位、社会团体中的管理人才。重视吸纳科技型企业和新社会组织的高层次人才，把经济技术开发区、高新技术产业区等作为发展社员的一个新的重点区域。”这一时期，组织发展工作更加注重领域扩展，注重社员年龄结构的优化，第五次社员代表大会以后，每年发展的社员，年龄一般在 30 岁到 40 岁左右，个别在 30 岁以下，党派年轻化的程度大为加强。为了适应这一变化，加强对年轻社员的教育，2012 年 12 月 15 日，经主委会议研究，成立了九三学社常德市青年工作委员会。这一时期，社市委还加大了在政府有关部门发展社员，在政府部门发展了一些年轻的、优秀的公务员入社，为社组织履行职能提供了人才支撑。同时，根据统战工作新形式和新情况，新的社会阶层人员不断增加，一些成员希望加入九三学社，社市委在把握好为主、为辅原则的基础上，发展了一些新的社会阶层代表人士入社。他们主要是民营企业老板，民营企业中的科技工作者，民办学校、民办医院的老板等等。这一时期，社市委坚持严把社员发展质量关。按照《组织发展工作规程》，社员入社需经过前期培养、组织考察、后期教育的程序进行。成员申请入社，从递交申请书开始，需要经过六个月以上的组织培养期，有的支社，因发展名额受限，个别社员培养期达到 3 年以上。为慎重起见，组织考察工作由社市委与支社一起进行，充分听取单位党委和同事的意见。新的社会阶层人士，一些重要代表人士的组织考察，还要邀请有关党委统战部们领导参加。后期教育，是针对上一年度发展的社员，办一次短训办，就多党合作的有关理论，九三学社的社史社章，参政议政的基本方法等问题开展学习和辅导。这一时期，社员发展速度控制在每年净增长率 5%。

到 2012 年底，全市社员总数 232 人，平均年龄 45.8 岁，其中女成员 75 人，退休成员 28 人，高级职称 75 人，中级职称 132 人，中高级职称占总人数的 90%。

第二节　基层组织建设

一、社市委对基层组织建设的领导

基层组织是社组织的基础，也是完成政党政治任务的基础。多年来，社市委按照《九三学社章程》和《九三学社中央关于加强组织建设的若干规定》的要求开展工作。1993 年 3 月，第一届社市委成立后，尽管社员总数只有 37 人，基层组织也只有师专、机电、武陵三个支社，社市委就高度重视社的基层组织建设，开展了一些支社活动。当时，社市委只有何哲海一名专职干部，专干把主要精力放在支社建设上。1998 年，第二届社市委任职期间，专职干部仍然只有龙艳一位。这一时期，支社工作更加活跃。2001 年 6 月，市第三次社员代表大会召开后，社市委制定了《支社工作量化考核细则》，按照细则规范支社的活动，评价支社的工作。2011 年 6 月，在量化考核细则的基础上，结合多年实施的工作经验，社市委制定了《支社及社员考核评先制度》，制定了九三学社常德市《基层组织工作规程》。《规程》就基层组织领导班子建设，健全基层组织生活制度，建立基层组织工作制度，做好组织发展工作，优秀社员评比条件，社费缴纳和使用规程等六个方面作了明确的规定。2006 年 6 月开始，建立了市委班子成员联系支社制度，根据分工，每名班子成员联系 2—3 个基层组织，指导和参与支社的活动，保证了基层组织活动的正常开展。2010 年 6 月开始，建立了市委班子成员与支社主要负责人的谈心制度，通过谈心、拜访等形式，加强了市委主委与支社主委的沟通与理解，促进了支社的工作。据粗略统计，每年全体市委班子成员同支社班子成员的谈话、沟通活动总数在 20 次以上。2011 年开始，社市委建立市委班子成员与支社主委联席会议（主委联席会议）制度。每年召开 4 次联席会议。年初，一般在 2 月左右召开年度第一次会议，听取各支社本年度主要工作安排，以便各支社交流工作思路，社市委了解支社工作计划。4—5 月，召开第二次联席会议，就社市委及各支社调研课题、社情民意工作进行专题研究。7 月，召开第三次联席会议，总结、交流上半年的支社工作和市委工作，寻找工作差距，安排部署下半年的工作。12 月，召开第四次联席会议，各支社总结交流全年工作，社市委安排部署年终总结表彰及参加市人大、政协“两会”的工作。

二、基层组织的设置及其发展过程

基层组织的设置情况：至 2012 年 12 月 31 日，九三学社常德市委下设 1 个基层委员会，9 个支社，共 10 个基层组织。其中，基层委员会下设 3 个内设支社委员会。按照行业划分，共有 6 个：九三学社湖南文理学院委员会，下设行管支社、文体支社、理工支社；常德同德职业技术学院支社；湖南应用技术学院支社；农业支社；土木支社；一医院支社；一中医院支社。按照行政区域划分，共有 3 个：武陵区支社；鼎城支社；常德经济开发区支社。另有 1 个综合支社。

1993 年 3 月—1997 年 9 月，第一届社市委期间，每个支社委员会设委员 3 名，其中，主任委员 1 人，不设副主任委员。1997 年 9 月—2006 年 6 月，第二届、第三届社市委期间，每个支社委员会设委员 3—4 名，其中，主任委员 1 人，副主任委员 1 人。2006 年 6 月—2011 年 4 月，第四届社市委期间，每个支社委员会设委员 3—5 名，除 2 个新成立的支社和鼎城支社配备主任委员 1 人，副主任委员 1 人外，其它支社按照主任委员 1 人，副主任委员 2 人配备。

基层组织的发展情况：1993 年 3 月，第一届九三学社常德市委成立时，下设常德师专支社，机电支社，武陵支社，共三个支社。其中，常德师专支社社员全部是本校教师；机电支社社员由浦沅机械厂、工程建筑行业、部分工业企业的科学技术人员组成；武陵支社社员由武陵区的成员和部分工业企业(主要是常德市中药厂)成员组成。1996年3月,成立土木支社,该支社成员分布在市建委(当时称谓)、常德市规划设计院、常德市勘测设计院、常德市建设工程监理所、工程建筑行业等。

1997年9月10日,九三学社常德市第二次代表大会召开时,社市委下设4个支社:常德师专支社,机电支社,武陵支社,土木支社。1999年1月3日,医卫支社成立,其成员分布在常德市第一人民医院,市一中医院。1999年1月6日,农业支社成立,其成员分布在市农业局、市水利局、市畜牧水产局、湖南省棉科所(位于鼎城区武陵镇)。1999年7月,因常德师专升本后更名为常德师范学院,下半年常德师专支社更名为九三学社常德师院支社。

2001年6月24日,九三学社常德市第三次代表大会召开时,社市委下设6个支社:常德师范学院支社,机电支社,武陵支社,土木支社,医卫支社,农业支社。2003年5月,因常德师范学院更名为湖南文理学院,常德师范学院支社更名为湖南文理学院支社,2005年3月,根据工作需要,成立九三学社湖南文理学院委员会,下设3个内设支社。2004年5月,省棉科所的社员从农业支社分出,加上鼎城区的社员,成立省棉科所支社。根据工作需要,2005年10月12日,省棉科所支社更名为九三学社鼎城支社。2004年5月,机电支社更名为九三学社工业支社。2004年5月10日,医卫支社分出不是一医院职工的社员,更名为九三学社第一人民医院支社。2004年5月10日,成立九三学社综合支社,该支社社员为市城区分散的成员和几位城区以外的社员。

2006年6月23日,九三学社常德市第四次代表大会召开时,社市委下社8个基层组织:九三学社湖南文理学院委员会,工业支社,武陵支社,土木支社,一医院支社,农业支社,鼎城支社,综合支社。2009年9月7日,成立九三学社常德职院支社,该支社社员由学院九三成员的教师和该学院附属医院(原常德市三医院)九三成员的医生组成。2010年3月23日,九三学社湖南同德职业技术学院支社成立。2010年10月29日,工业支社更名为九三学社常德经济开发区支社。

2011年4月23日,九三学社常德市第五次代表大会召开时,社市委下设10个基层组织:九三学社湖南文理学院委员会,常德经开区支社,武陵支社,土木支社,一医院支社,农业支社,鼎城支社,综合支社,常德职院支社,同德职院支社。

三、基层组织的班子建设

运用广泛民主选好班子成员。基层组织领导班子是加强基层组织建设的关键,主委又是关键的关键。1993年3月—2001年6月,第一届、第二届社市委期间,由于社员人数不多，支社数也不多，在确定支社主委和委员人选时，一般是由社市委主委会议集体研究提出。2001 年 6 月以后，社市委更加重视民主选择支社班子成员的程序。每次支社换届之前，社市委主委会议要对现任主委及其班子成员进行综合分析，对其履职情况作出评价，根据支社具体情况和需求，初步提出班子成员人选。社市委派人到支社与社员广泛谈话，全面了解情况，充分听取意见，同时与人选所在单位中共党组织认真协商，充分尊重中共党组织的意见。社市委主要领导要同现任主委进行谈心，充分尊重现任主委意见。无论现任主委是退、是留，谈心都要谈深、谈透，做到心情舒畅，形成共识，达到团结的目的。对于个别支社班子成员人选分歧较大的支社，在充分听取社员意见的基础上，进行有全体社员参加的无记名投票推荐。在此基础上，经社市委主委会议集体研究决定支社班子成员人选。

坚持用人导向激励班子成员。按照“有一定政治水平，熟悉统一战线理论、方针、政策，热心社务，关爱社员，有较强事业心、组织领导能力、合作共事能力和一定群众基础”的条件选好班子后，用好基层组织的班子，使其充分发挥作用，是社市委加强基层组织班子建设的工作重点。社市委一方面用这些标准选人、用人，同时也用正确的用人导向激励支社班子成员。

第三节　新社员和干部培训

精心组织各种学习班、座谈会，提高全市社员的统战理论和参政议政水平。社市委对新入社的成员不定期地举办新社员培训班，集中学习社章、社史和统战理论，促进社员对本社情况的了解和认识，增强他们作为民主党派成员的自豪感和历史使命感；同时，经常组织召开社内政协委员、社市委委员、支社负责人等专题学习座谈会，进一步统一思想，提高认识，为社员参政议政打下牢固的思想基础。

1995 年，4 月 17 日至 30 日，周可凤、罗沅杰、邓正春、周建华、朱传宏、赵克禹、何哲海参加中共常德市委统战部主办的“全市民主党派中青年干部培训班”，重点学习《邓小平文选》一、二、三卷和新时期统战理论，并就民主党派如何搞好自身建设与民主监督进行研讨。

1997 年 11 月—12 月，韩隆福在省社会主义学院学习邓小平理论和统战理论 40 天。

2004 年 8 月 12 日至 14 日，20 名社员参加中共常德市委统战部举办的各民主党派基层组织经验交流会暨骨干成员培训班，农业支社在交流会上做典型发言。

2005年2月29日—3月14日龙艳到省社会主义学院参加全省民主党派组织工作研讨班主要学习研讨了各民主党派中央关于组织发展工作的三个《纪要》以及中共中央《关于进一步加强中国共产党领导的多党合作和政治协商制度建设的意见》(中发[2005]5号文件)。7月6日至9日，九三学社常德市委主委邓正春、副主委朱传宏、罗沅杰，秘书长肖江华在市委党校参加了民主党派主要领导干部5号文件学习班。10月7日，孙元喜到中央社会主义学院参加湖南省优秀党外代表人士培训班的学习，11月7日，刘寅初、罗功大、刘学碧到市委党校参加为期两个月的党外中青年骨干培训班的学习。

2006年，九三学社常德市委重点抓新领导班子和社员骨干的培训教育工作。9月下旬到10月上旬，主委朱传宏、专职副主委罗功大赴长沙社会主义学院参加新任主委副主委学习班学习，系统掌握"三个代表"重要思想和新时期统战工作的理论方针和政策，增强了领导班子的政治把握能力。

2008年5月，九三学社常德市委派出8人参加由九三学社湖南省委安排的政治交接暨骨干社员班的学习。

2010年，九三学社常德市委分两批共10多人到社省委参加参政议政培训班、信息工作培训班，参加学习的社员都表示获益匪浅。5月，社市委主委朱传宏、副主委冉滨辰等在市社会主义学院参加常德市统一战线"树立和践行社会主义核心价值体系"专题研究班的学习，这次培训班内容丰富，授课者知识丰富、水平高，得到全体参学人员的一致好评。全年共派出社员50多人次到省市两级社会主义学院学习，广大社员，特别是一些骨干社员理论水平提高较快。

改革开放后，新的社会阶层作为社会主义市场经济的产物，作用日益突出，九三学社常德市委也把这部分社员的培训工作纳入重要的议事日程，为他们提高素质、壮大本领创造条件。2011年，在九三学社常德市委的推荐下，刘朝晖、周传家、黄明参加市委统战部组织的在清华大学举办的新的社会阶层人士培训班。2012年，粟勇、邓权参加中央社会主义学院举办的培训班。

第二章 思想建设与宣传工作

第一节 理论学习与研究

为适应党派思想建设的要求，九三学社常德市委定期组织开展政党理论研究活动，一些研究成果通过社的刊物展示出来，创造社员理论学习与研究的平台，提高社员的理论水平和履职能力。

《九三常德社讯》

九三学社常德市委成立初期创刊，属不定期刊物，以刊登本社社员文章为主。1995年，在《九三常德社讯》第4期的专刊中发表《九三学社简介》、梁金顺《九三迷人的光彩》、杨迪勋《光辉的战斗历程，神圣的历史使命》、朱传宏《回顾与展望》、贺云《满怀豪情话九三》、刘辛汉《抗日战争胜利50周年抒怀》、韩隆福《虎贲团长与春申君墓》以及《韩隆福同志参政议政先进事迹》等多篇文章。

《常德九三》

1999年《九三常德社讯》改版为《常德九三》，为不定期刊物。《常德九三》的办刊宗旨是：指导工作，交流信息，上通下达，解疑释惑。栏目主要包括：社员书画作品欣赏、专栏、理论园地、参政议政、社员论坛、常德九三人、随笔杂谈等。从2010年以后，原则上每年出刊一期。

《九三师专社讯》

1997年，九三学社常德师专支社为庆祝香港回归，出版《九三师专社讯》专辑。该刊为师专支社内部刊物，用于与各支社交流社务活动。1998年8月，师专支社印发《九三师专社讯》第二期。该刊一共出版四期。

《善卷》

2012年创刊，是湖南同德职业学院支社的内刊，为不定期刊物。旨在配合该支社的善卷文化研究会的成果荟萃。同时，也是社员理论学习与研究的交流平台。

第二节　思想教育

九三学社常德市委始终把社的思想建设放在首位，通过理论学习和各种活动的开展，对社员进行社会主义、爱国主义和中国共产党领导的多党合作和政治协商制度的教育，努力提高社员的政治素质和整体水平，使社的思想建设工作不断取得新成果。

一、社史社章教育

自成立以来，九三学社常德市委就重视社史社章教育。除了入社积极分子加强社史社章教育是必修课外，社市委还把社史社章教育作为各支社每年2次活动的必须考核内容，每一次社章修改之后，九三学社常德市委都会组织社员开展讨论。

1991年，为了进一步加强社员对社史社章的理解，九三学社常德筹委会借组织纪念中国共产党成立70周年的活动之机，召开“九三纪念日”座谈会，同时还开展了社史、社章基本知识考试竞赛等活动，并把社员在社史社章竞赛中的成绩放入社员档案，收到了良好效果。

2003年7月，九三学社常德市委扩大会议，传达学习九三学社中央韩启德主席7月15日在大连举行九三学社中央常委会十一届三次会议闭幕时所作《深入学习与实践“三个代表”重要思想，努力开创我社思想政治工作新局面》的讲话，强调“三个代表”思想的本质就是“立党为公，执政为民”。

从2011年起，九三学社常德市委组织“主委班子巡讲团”到各支社开展社史社章教育。社市委特别重视此次活动，市政协副主席、九三学社常德市委主委朱传宏亲自安排，具体部署，狠抓落实，并亲自带头讲编讲稿，做投影。朱传宏主委围绕为什么要学、学什么、怎么做等三个方面进行了深入浅出的宣讲，副主委龙艳以九三学社发展史为题，副主委呙滨辰就民主党派成员如何参政议政等方面进行了精彩的宣讲，副主委呙滨辰还自己制作PPT给党派成员讲授核心价值体系理论课。参讲的领导积极组织有针对性的活动形式撰写党课教案，通过与同志们谈心谈话交流、走访群众等活动确定了内容，使课程的设计极具针对性。

2012 年 8 月 10 日—16 日，九三学社常德市委组织 16 位骨干成员到重庆开展《重温历史 · 同心同行》活动

2012 年，九三学社常德市委开展"同心"思想主题教育活动。举办"同心"座谈会和"同心"论坛活动；举办以"同心"思想为主题的征文比赛；组织市委委员赴韶山、重庆等革命圣地，重温历史，深刻感受多党合作事业的光辉历程；与益阳九三、衡阳九三等兄弟市委进行相互交流，借鉴他们的好经验、好做法，并运用到了实际工作中。

二、同舟共济教育

学习中发〔2005〕5 号文件

2005 年，中共中央下发《中共中央关于进一步加强中国共产党领导的多党合作和政治协商制度建设的意见》、常德市委组织部〔2006〕11 号文件，九三学社常德市委也认真收集了第二十次全国统战工作会议精神，通过组织各支社开展学习，九三学社常德市委提出一方面要高度认清多党合作的形势，另一方面要把学习文件精神贯彻到今后的工作生活中去。在全市座谈会上主委朱传宏作《在全市学习 20 次全国统战工作会议精神会议上的发言》。

政治交接学习教育活动

2007 年，九三学社常德市委开展以坚持走中国特色社会主义政治发展道路为主题的"政治交接学习教育活动"。8 月 10 日，中共常德市委统战部就政治交接情况传达有关精神。8 月 15 日社市委班子又专程到社省委听取关于"政治交接学习教育活动"安排后，社市委高度重视。20 日，社市委召开专题主委会议研究"政治交接学习教育活动"问题，统一思想，主委会要求社市委会领导班子、基层委员会及支社领导班子增强建设高素质参政党的责任意识，增强在广大成员中开展政治交接教育实践活动的重要性和必要性的共识。决定成立以朱传宏主委为组长，三名副主委为副组长，社市委委员、各支社班子成员为组员的社市委政治交接中心学习组，并制定了严格的学习方案。10 月 22 日，九三学社常德市委在凯悦大酒店召开了政治交接学习教育动员大会，中共常德市委常委、统战部部长吴友云就多党合作课题亲自发表讲话、社省委主委张大方就政治交接学习教育讲授一堂精彩的学习课。2008 年第一季度市委会暨政治交接(作风建设专题)谈心会,邀请市委委员、各支社主委、及骨干成员参会,与会代表竞相发言、互相开展批评与自我批评,获得良好效果;9 月 28 日,九三学社常德市委组织老年社员就政治交接学习教育、市委部署的解放思想大讨论征求意见。

深入学习贯彻科学发展观活动

2009 年,是多党合作制度确立 60 周年。5 月 8 日,九三学社常德市委召开深入学习贯彻科学发展观活动动员大会暨专题报告会,就深入开展学习贯彻科学发展观活动进行动员和部署。大会邀请中共市委统战部副部长、市台办主任雷斌全为全体参会人员讲解当前台海局势与中共中央在各历史阶段对台海问题的决策;中共市委统战部副部长鲁晓凤为全体参会人员讲解如何把握学习实践科学发展观的重要内涵。在学习实践活动中,九三学社常德市委编发学习科学发展观资料集,做到社骨干人手一份,同时坚持无论是中心组学习,还是基层支社的社务活动,都要求把科学发展观的学习与政治交接学习教育活动结合起来,把学习贯穿活动始终。

2009 年 5 月 8 日,九三学社常德市委召开深入学习贯彻科学发展观活动动员大会暨专题报告会

政协委员讲政治活动

2010 年 3 月,九三学社常德市委组织开展“政协委员讲政治”主题学习活动。根据学习安排,社市委提前准备学习资料,3 月 16 日社市委在市政协召开座谈会,集中学习市政协编印的“政协委员一定要讲政治”的学习辅导资料,结合实际工作积极发言。与会人员纷纷表示,要珍惜政协委员的身份和权利,积极遵守政协章程和国家的法律、法规,发挥好政协委员的模范带头作用

树立和践行社会主义核心价值体系活动

2011 年 11 月 16 日,九三学社常德市委召开“身边的榜样——树立和践行社会主义核心价值体系先进人物事迹报告会”,会上,集中观看九三社员杨佳先进事迹报告会的录像。同时,社市委身边的榜样:杨迪勋、韩隆福、李湘、黄明、陈佩荣、刘寅初,以他们自身的生活、工作情况,以及他们奉献九三、回馈社会等方面的事迹做了发言。他们的报告感人至深,催人奋进,极大地鼓舞全体九三社员。他们用自己的行动践行社会主义核心价值

观，展示九三人的风采。九三学社常德市委号召全体社员向他们学习，热爱祖国，热爱九三，热爱生活，爱岗敬业，回报社会，用优异的成绩书写人生。

三、时事政策教育

利用节日和重大纪念活动，不失时机地加强思想教育，是九三学社常德市委做好社员思想教育、凝聚人心的一种重要方式。

1995 年 4 月 5 日清明节，九三学社常德市委同其它民主党派等 22 个单位主办了常德市各界人士代表 500 多人，在公墓举行的公祭活动。

1995 年为纪念九三学社和抗战胜利 50 周年，在常德师专举办由韩隆福主讲的《常德保卫战》讲座；在会场旁举办九三学社 50 周年大型纪念画册图片展，邀请市政府副市长刘昌进、市人大副主任鲁之芙、市政协副主席姚珍友、中共常德市委副秘书长刘明、和各民主党派负责人及部分社员所在单位负责同志，市电视台、市广播电台、《常德日报》派人参加了大会。

1999 年 5 月 9 日，龙艳在芷园宾馆参加中共市委召开的严厉谴责美国为首的北约集团侵犯中国主权、袭击中国驻南使馆暴行通报会；晚上，朱传宏、童远忠、孙元喜参加师专党委召开的民主党派负责人和教授座谈会，声讨北约罪行。5 月 10 号上午，朱传宏、肖江华参加市政协主席(扩大)会议，朱传宏副主委代表九三市委强烈谴责北约罪行，坚决拥护政府声明；下午，朱传宏参加市委统战部召开的各民主党派、工商联、宗教界人士关于声讨北约罪行的座谈会。

1999 年 7 月 23 日，九三学社常德市委召开扩大会议，传达中央、省市关于处理和解决“法轮功”的精神，九三学社湖南省委秘书长陆登科作重要讲话，要求充分认识“法轮功”本质，与中央保持一致。部分社员讨论时作了揭批“法轮功”的发言。农业支社当天就学习中央取缔“法轮功”的通知精神，进行热烈讨论，认识“法轮功”的本质和危害。

第四章 重要会议

第一节 代表大会

一、九三学社常德市第一次代表大会

九三学社常德市第一次代表大会，于 1993 年 3 月 8 日至 9 日在常德市民主党派机关（原机关，建设东路 200 号）四楼会议室召开。罗沅杰主持大会开幕式，周可风致开幕词，梁金顺作社市委筹委会工作报告，何季愚致闭幕词。社省委专职副主委利光裕到会指导并发表讲话，中共常德市委领导到会祝贺并发表讲话。大会选举产生梁金顺为主委的九三学社常德市第一届委员会。

二、九三学社常德市第二次代表大会

九三学社常德市第二次代表大会，于 1997 年 9 月 10 日在常德市民主党派机关（老机关，建设东路 200 号）四楼会议室召开。周可风致开幕词，梁金顺作九三学社常德市第一届委员委会工作报告。民革常德市委主委邹克忠代表常德市各民主党派、工商联致贺词。社省委专职副主委利光裕到会指导并发表讲话，中共常德市委统战部长罗富国莅临大会并发表讲话，中共常德市委副书记彭孟芝莅临大会并代表中共常德市委致贺词。大会选举产生邓正春为主委的九三学社常德市第二届委员会。

三、九三学社常德市第三次代表大会

九三学社常德市第三次代表大会，于 2001 年 6 月 24 日在常德市民主党派机关（老机关，建设东路 200 号）四楼会议室召开。朱传宏致开幕词，邓正春作九三学社常德市第二届委员委会工作报告。社省委专职副主委利光裕到会指导并发表讲话，中共常德市委统战部长罗富国莅临大会并发表讲话，中共常德市委副书记莫道宏莅临大会并代表中共常德市委致贺词。大会选举产生邓正春为主委的九三学社常德市第三届委员会。

四、九三学社常德市第四次代表大会

九三学社第四次代表大会，于 2006 年 6 月 23 日在常德市紫东大酒店召开。朱传宏主持开幕式，罗沅杰致开幕词，邓正春作九三学社常德市第三届委员会工作报告。社省委专职副主委吴金明到会指导并发表讲话，中共常德市委统战部长文承保莅临大会并发表讲话，中共常德市委副书记周用金莅临大会并代表中共常德市委致贺词。大会选举产生朱传宏为主委的九三学社常德市第四届委员会。

2006 年 6 月 23 日，九三学社常德市第四次代表大会在常德市紫东大酒店召开

五、九三学社常德市第五次代表大会

九三学社常德市第五次代表大会，于 2011 年 4 月 23 日在常德市国际大酒店召开。肖江华主持开幕式，呙滨辰致开幕词，朱传宏作九三学社常德市第四届委员会工作报告。社省委主委张大方到会指导并发表讲话，社省委专职副主委王仁祥到会指导并发表讲话，社省委副主委崔玉芳到会指导。民革常德市委主委陈位明代表常德市各民主党派、工商联致贺词，常德市第一人民医院党委书记屈晶华代表社员所在单位党组织致贺词。常德市人大副主任张元英，常德市政府副厅级干部黎建平，常德市政协副主席彭明建等市领导莅临大会。中共常德市委常委、统战部部长李爱国莅临大会并发表讲话。大会选举产生朱传宏为主委的九三学社常德市第五届委员会。

第二节　承办重要会议

1995 年，纪念九三学社和抗日战争胜利 50 周年大会，印发《纪念专辑》，举办 50 周年大型纪念画册图片展，并作《常德保卫战》讲座报告，宣传九三学社的历史，参加公墓公祭常德会战中牺牲将士的活动。

1999 年 5 月，社市委召开扩大会议和各支社座谈会，强烈谴责美国为首的北约集团侵犯中国主权、袭击中国驻南斯拉夫大使馆的罪行。

2006 年 10 月 25 日，九三学社常德市委主办《中部崛起—常德工业强市发展战略高峰论坛》，在共和大酒店三楼会议室召开，由中南大学博导、中部崛起研究中心副主任、省政协常委、社省委副主委吴金明教授主讲。

2007 年 10 月 22 日，社市委在凯悦大酒店召开九三学社常德市全体社员“政治交接学习教育动员大会”，社省委专职副主委吴金明传达省委政治交接学习教育活动的具体安排，社省委张大方主委作政治交接辅导报告，市委统战部部长吴友云就多党合作问题讲话。

2009 年 5 月，社市委召开扩大会议，纪念中共中央发布“五一口号”60 周年。

2010 年 3 月 16 日，社市委在市政协召开“政协委员讲政治”主题学习活动座谈会，集中学习“政协委员一定要讲政治的学习辅导资料”。10 多位市政协委员结合实际，积极发言，阐明“讲政治”的重大作用。

2011 年 5 月至 6 月，社市委扩大会议，举行“同心同德”主题教育与实践座谈会，要求全市社员结合换届抓住中共建党 90 周年、辛亥革命 100 周年纪念活动，加强社史教育和光荣传统教育，从历史与现实的结合中进一步加强对中国特色社会主义的信念。用座谈、演讲、征文、歌咏、红色旅游、社会服务开展纪念建党 90 周年“社员活动周”。

2006 年 3 月 22 日，九三学社湖南省委副主委吴金明教授在常德芙蓉大酒店举办《赢在创新》大型讲座

2011 年 11 月，社市委在德华宾馆举行《树立和践行社会主义核心价值体系先进人物事迹报告会》，7 名社员报告自己的体会。

2012 年 10 月 19 日，组织举办“同心向党，歌声飞扬”的歌唱比赛，10 个基层支部组成代表队，200 多名社员参加比赛。

第五章 参政议政

第一节 参与政治协商

九三学社参政议政的主要途径之一就是举荐自己的成员参加各级人大、政协工作。

常德市的九三学社社员，担任湖南省政协委员的有邓正春(第八届、第九届)，朱传宏(第十届)。先后有51人(次)担任过历届常德市政协委员，其中有副主席2人，常委14人(次)。

九三学社社员担任历届市政协委员、常委、副主席名单如下：

政协常德市第一届委员会(1998.06—1992.12)

常务委员 王克定 利广才

委　　员 杨迪勋 欧阳志斌 钟筱慧 陈家树

政协常德市第二届委员会(1992.12—1997.12)

常务委员 邓正春 周可风 梁金顺 罗沅杰

委　　员 杨迪勋 汪士福 韩隆福

政协常德市第三届委员会(1997.12—2002.12)

常务委员 邓正春 韩隆福 罗沅杰 肖江华

委　　员 周建华 邓楼成 朱传宏 朱明灯

政协常德市第四届委员会(2002.12—2007.12)

副 主 席 邓正春

常务委员 朱传宏 朱明灯

委　　员 杨玉银 周建华 邓楼成 肖江华 李谭喜

陈佩荣 邱　莎 罗沅杰 罗功大 贾先勇

毛　勇 徐国华

政协常德市第五届委员会(2007.12—2012.12)

副 主 席　朱传宏

常务委员　肖江华　呙滨辰

委　　员　于冀民　徐国华　刘寅初　杨玉银　周建华

李谭喜　邱　莎　陈佩荣　郑海涛　郑文凯　黄　明(增补)

龙　艳(2008 年为政协委员,2009 年因担任人大常委,辞去政协委员职务)

常德市九三学社社员当选为历届常德市人大代表的有 4 人(次),即第四届的覃事玉、第五届的覃事玉(当选为常委)、罗功大(2008 年当选为人大常委,2009 年因调任市科技局副局长辞去人大代表职务)、龙艳(增补)。

参加人大、政协的社员,利用人大、政协会议积极向党政部门提出议案、提案,参与党和政府的一些重要问题的政治协商或决策咨询。从常德市政协一届三次会议至五届五次会议,社员共有 51 人(次)参加,共提提案 463 件,内容涉及到教育、农业、科技、医药卫生、社会民生等多个方面,提案建议内容质量很高,绝大多数都被立案和采纳。

在市政协二届四次会议上(1996 年 3 月 24—28 日),梁金顺委员提出的《全社会都来关心中学双休日》,韩隆福委员提出的《关于常德沅澧经济文化带的思考》,受到市领导的高度重视。

在市政协三届一次会议上(1998 年 1 月),韩隆福委员提交《关于常德市高校体制改革的提案》指出"常德市六百万人口,却无一所本科院校。常德师专建校于 1958 年,是全国 26 所优秀师专之一,40 年来为本市培养了大批人才。建议以常德师专为基础,与常德高专强强联合,申办一所本科院校。市委、市政府给予大力支持,帮助学校征用土地新建教学楼、学生公寓等设施,采取措施引资和筹资,为专升本创造良好条件,适应常德发展对人才的需要。"中共常德市委、市政府对此建议高度重视,市教委给予办理答复:"已成立市委书记为顾问、代市长为组长的高校体制改革领导小组,负责领导制定并组织实施工作方案。1997 年提出分校建设打基础,联合办学上台阶、创办一所湘西北有影响的综合性大学思路,1998 年提出三校(师专、高专、教育学院)合并,创办一所以师范为主,兼顾非师范专业的多学科师范学院,已接受省教委高校体制改革评估组评估,获全国专家组全票通过。"

在市政协三届二次会议上(1999 年 1 月),九三学社常德市委提交的《加强村级财务管理建议》的提案,省、市、区有关部门均进行了回复,大部分建议被采纳。特别是武陵区委、区政府高度重视,专门下发加强村级财务管理文件,并对全区大部分村的财务进行清理,查出数百万元的不合理开支。《关于常德市国有企业两个买断的建议》以及《关于加大城市扶贫力度的建议》两个集体提案,受到中共常德市委、市政府的高度重视和采纳,为推进国有企业两个置换和城市扶贫起到积极作用。

在市政协三届三次会议上(2000 年 2 月),九三学社市委提交 6 份集体提案,位居各党派之首。《关于规划组建常德市职业技术学院的建议》、《关于要加大城市扶贫力度的建议》等集体提案,引起中共常德市委、市政府及有关部门的高度重视,大部分建议被采纳,受到市政协的充分肯定。朱明灯委员提交的《联校亏空校长不能一走了之》的提案,引起有关部门的关注,并派人对该校财务情况进行审计,查出 20 多万元违纪金额,对直接责任人进行严肃处理。

在市政协三届五次会议上(2002 年 1 月),邓正春委员提出的《关于推进五个百万亩工程实施的建议》的提案,市农办进行认真地回复。他们说:"提案的建议十分重要,非常及时,主要建议已纳入全市五个百万亩工程发展的重要内容之一。"朱明灯委员提交的《关于城区公交车需提高服务水平》的提案,市建设局非常重视,并制定"优质服务目标管理考核细则"和"严禁营运车辆私自转让的规定"。朱传宏委员、韩隆福委员提出的《关于拓宽常德师院交通车要道的建议》和《关于整顿常德师院校园周围环境的建议》的提案,得到城建部门的重视,拨专款 20 万元,拓宽常德师院交通车要道,消除交通隐患,使常德师院环境进一步优化。

在市政协四届一次大会上(2002 年 12 月),邓正春委员提交的《关于搞好我省水果产业化的建议》的提案,从优化布局、调整结构、严格准入、标准化生产和品牌建设等方面提出加速推进水果产业化的建议,被列为十大重点督办提案之一,引起有关部门高度重视,省农业厅派专家组到常进行专题调研,征求意见和建议,提出的问题得到有效解决。朱明灯委员提出的《科学规范市区路名门牌号》及《建议罚没假冒商品用于社会救助》的两件提案,针对性和可操作性都很强,会后相关部门召开专题会议,把旧的路名门牌号牌废除,市政府统一规划新的荧光中英文路名门牌号牌。罚没的假冒商品由技术监督局根据提案建议,通过拍卖,用于社会救助。朱传宏被评为优秀政协常委。

在市政协四届二次大会上(2004 年 1 月),共提交提案 23 件。朱传宏委员提交的《强化街道路面管理,建立街道路面管理档案》、杨玉银委员提交的《关于规范药品市场的几点建议》两条提案被列为市政协重点督办提案并被评为优秀提案。九三学社常德市委提交的集体提案《抓好柑橘"一病一虫"防治刻不容缓》,中共常德市委、市政府非常重视,并拨出专款开展防治工作,收到较好的防治效果。邓正春委员提交的《关于搞好我市建设学习型城市的建议》引起市委的高度重视,加快建设学习型城市的步伐。提交的《关于搞好我市农村基层组织建设工作的建议》的提案,所提建议大部分被采纳。针对徐国华委员提交的《规划建设德山新城区公共厕所刻不容缓》的提案,市城管局对德山新城区进行实地勘探,部分公厕进行修建和改建。市劳动和社会保障局针对朱明灯委员提交的《政府应切实保障农村来城务工人员的合法权益》提案,市政府召开会议进行研究,出台《关于建立欠薪保障制度的规定》。

在市政协四届三次会议上(2005 年 1 月),九三学社市委共提交提案 28 件,其中集体提案 4 件。其中《关于狠刹吃请风,维护党校形象的建议》由中共常德市纪委办理后,市纪委马上出台了狠刹党校吃请风的紧急通知。《关于用激励机制,加强德山工业园建设的建议》被市委市政府采用,纳入到市本级工业发展奖励办法,为全市经济社会发展做出积极贡献。主委邓正春提交的《关于将"阳光工程"经费列入财政预算的提案》提出:"'阳光工程'是国家 2004 年开始实施的以转移农村劳动力为目的的培训工程。该项工作要进行广泛宣传、检查督促、召开调度会议、开展总结评比等活动,需要一定经费开支。全省已有 9 个市安排了工作经费,而常德没有做出安排。建议 2005 年市政府把'阳光工程'经费列入财政预算"。提案提出后,中共市委市政府领导高度重视,安排相关部门予以办理,市财政局给予积极办理答复:"2005 年市本级财政预算已安排工作市农业局'阳光工程'60 万元专项经费和一定的工作经费,今后财政部门将根据培训任务并在财力增长的情况下,逐步增加'阳光工程'工作经费。"撰写的《常德市粮食生产存在的问题与发展对策》调研报告被评为市政协优秀调研报告。

在市政协四届四次会议上(2006 年 1 月),九三学社市委共提交提案 28 份。7 份被列为 A 类提案,有 2 份提案被评为市政协优秀提案。《关于狠刹吃请风,维护党校形象》的集体提案提出:"党校是教书育人的净土,在党校学习的各级党员领导干部的目的是加强思想修养、提高理论素质、锤炼党性。但近年来,党校成了一个吃喝、交友、拉关系的场所,这些问题的存在败坏了党纪党风,不利于干部成长,有损党校形象。建议有关部门作出规定,明确要求参训学院在学习期间不得接受吃请和相互吃请,送训单位不上党校请吃请喝、送钱送物,党校对学员加强廉政建设教育,对违纪违规人员严肃批评教育,作出相应处理。"随后市纪委进行答复办理:"你们提出了很好的建议,中共常德市纪委、中共常德市委组织部和中共常德市委党校召开专题会议研究端正党校学风、严肃校纪校规等问题,并就提案反映的问题逐条研究整顿意见。出台《关于严肃干部培训纪律,进一步加强党校学员管理的规定》,并在《常德日报》和常德党建网等媒体刊登。该规定明确规范学员、派送单位和管理者责任,采取 9 条措施认真落实整改。从 2006 年 3 月 6 日开班的处干部和科干部的学员遵守纪律情况来看,效果很好。2006 年 3 月 16 日,中共常德市委组织部对主体班纪律情况进行突击检查,没有发现用公款吃请喝情况。今后,我们将严格按该规定加强检查监督,整顿党校培训风气"。徐国华委员提交的《建议德山开发区修建标准厂房吸纳小额投资》的提案在市长办公会上得到采纳。罗功大、邱莎两位委员提交的《关于严格控制水库化肥养殖、缓解水资源污染》得到市政府有关部门的积极回复。周建华委员提交的《关于在上下班高峰期增加德山方向的公交车密度》得到市公交总公司的高度重视,并快速开通17路公交车。《加强常德市大湖大河水污染治理的对策建议》被评为优秀调研报告。邱莎被评为优秀政协委员。

在市政协四届五次会议上(2007年1月),共提交提案35件。《关于加强常德市水域污染》的集体提案被评为优秀提案,并经市政协提交省政协后,被省政协列为重点督办提案。罗功大委员提交的《关于整合市城区水、电、燃气费"三费"收费网点的建议》提案引起了相关部门的高度重视,由市政府牵头,三家公用单位对整合"三费"达成共识。徐国华委员提交的《建议德山开发区修建标准厂房吸纳小额投资》的提案在市长办公会上得到采纳。

在市政协五届一次会议上(2007年12月),共提交了18件提案,其中有2件为重点督办提案。朱传宏主委代表九三学社常德市委在市政协大会作《加快我市工业企业技术创新》发言,受到市委书记的高度重视,亲自批示有关部门落实。九三工作组被评为市政协先进工作组。邱莎、龙艳、杨玉银被评为优秀政协委员。呙滨辰撰写的《科学利用柳叶湖水资源,打造最佳自然生态度假区》的调研文章被评为市政协优秀调研报告三等奖。

在市政协五届二次会议上(2009年2月),共提交28件提案,其中有2件被列为重点督办提案。呙滨辰委员代表九三学社常德市委作《关于充分利用我市高校资源加强工业企业人才培养的建议》的大会发言,受到一致好评,该提案有力促进产、学、研工程的发展。九三工作组被评为市政协先进工作组。《关于常德市房地产情况》的调查报告被评为优秀调研报告二等奖。《加强城区人行道板规划设计和建设管理的建议》一文被评为优秀信息。龙艳撰写的《新任市长陈文浩重视民主党派建议亲自督办落实》一文被评为市政协好新闻奖。

在市政协五届三次会议上(2010年1月),九三学社常德市委共提交3件集体提案和20件个人提案。《科学利用水资源,打造滨水城市》的集体提案作为大会发言材料,引起了高度重视。九三学社湖南省委以此提案为基础,撰写的《加强湖南城市水资源管理与利用对策建议》提案提交省政协,后又以《加强城市水资源管理与利用的建议》提交全国政协。"市政协委员视察BT项目建设"一文被评为政协好新闻三等奖。"加强全市BT项目管理的建议"被评为政协优秀信息。

在市政协五届四次会议上(2011年1月),九三学社市委共提交提案21件,其中集体提案《加快发展循环农业的建议》、呙滨辰委员提交的《加大农村水源保护资金投入的提案》、陈佩荣委员提交的《严格规范城市建设项目预决算管理》等3件提案被评为优秀提案奖,呙滨辰、郑文凯两位委员被评为优秀政协委员。朱传宏主委提交的《关于建立公共自行车服务系统打造绿色常德的提案》指出:"在城市建立公共自行车服务系统有利于缓减城市拥堵,减少城市温室气体排放,减少居民出行成本,建设环保城市,树立常德良好形象。建议市政府引进成熟公司或自办公司开展该项工作,制定整体规划方案,科学规划,合理布局，把自行车纳入城市公共交通系统，早日投入试运行。”市城管执法局对该提案高度重视，积极办理答复：“已安排人员赴外地学习借鉴，于 2011 年 2 月完成公共自行车服务系统的可行性分析报告和建设工作方案。省住建厅经过专题调研，已将常德列入全省两个试点城市之一，并上报住建部争取部分建设资金补贴。2011 年 3 月市政府第 45 次常务会议审议通过，计划第一期采用全人工值守模式建设，设置 30 个站点，投入 1500 辆自行车进行试点，待系统运营经验成熟后，再逐步扩大建设经营规模。2011 年 5 月完成租赁站点的规划选点和审批工作，2012 年 10 月正式投入运营。”2012 年公共自行车租赁服务在市城区范围内得到全面实施。黄明委员提交的关于《加强我市驾校管理的建议》得到市交通局的高度重视，该局负责人 3 次与其进行沟通交流，并召开专题座谈会。提交的《关于加强廉租房质量监管的建议》引起市建设局高度重视，邀请现场视察廉租房质量，并采纳相关建议和意见。《加强城市水资源管理和利用的建议》被评为优秀调研报告二等奖。《加快数字城管运用，打造数字常德之先河》一文被评为优秀信息。刘寅初、黄明、郑文凯三位委员被评为优秀政协委员。

在市政协五届五次会议上(2012 年 1 月)，九三学社常德市委共提交 25 件提案。其中集体提案《关于高度重视业主委员会建设的提案》、朱传宏主委提交的《关于建立公共自行车服务系统，打造绿色常德的提案》、委员黄明提交的《关于加强驾驶员培训学校管理工作的提案》以及委员郑文凯提交的《关于加大对粮油生产资金投入的提案》等 4 件提案被评为优秀提案，优秀提案数居各民主党派之首。

九三学社常德市委负责人经常参加中共市委、市人大、市政府、市政协及有关部门举行的各种协商会、座谈会、情况通报会、意见征求会等政治协商活动，在每次协商活动中就全市政治、经济和社会发展中的许多重大问题坦陈己见，其中有不少意见和建议被采纳。1997 年，名誉主委梁金顺在市政协对口协商活动中，作《关于教育工作改革》的专题发言。1998 年，朱传宏在政协教育工作组会议上，作《顾全大局、坚定信心、同心同德搞好专升本工作》的发言，为专升本工作起到促进作用。2000 年，在中共湖南省委统战部督察组听取市各民主党派负责人意见的座谈会上，主委邓正春提出对统战工作的认识有待进一步深化；对党外干部的环境有待优化；对党外干部的待遇有待落实等建议，得到采纳。2009 年 1 月，在省政协协商会议上，主委朱传宏提出“家电下乡工作要突破电力瓶颈，呼吁制定农网改造中长期建设规划”。得到中共湖南省委领导的高度重视，《湖南日报》进行专题报道。2010 年，在市创建森林城市的协商会议上，副主委冉滨辰作专题发言，得到市政协主席刘春林的高度赞赏。11 月，中共常德市委书记卿渐伟专程到民主党派征求对《常德市十二五发展纲要》的意见建议，主委朱传宏在协商会议上代表九三学社提出对常德市城区行政区划适当调整、加大菜篮子工程建设、加强学前教育等 6 条建议，卿渐伟给予高度肯定。

表 7－5－1－1　1988—2012 年九三学社常德市委历届优秀提案

提案人	届次	案　由
邓正春	二届三次	切实抓好菜篮子工程
杨迪勋	二届三次	加强对赌博机、电游机的有效管理的建议
韩隆福	三届一次	关于常德市高校改革的建议
九三学社常德市委	三届一次	建议成立常德市再就业中心
韩隆福	三届二次	采取紧急措施开展缉毒戒毒工作
韩隆福	三届三次	治理社会治安环境要实行地方领导警区责任制
九三学社常德市委	三届三次	关于搞好我市国有企业“两个买断”的几点建议
朱传宏	三届四次	规划筹建高科技产品一条街
邓正春	四届一次	关于提高政务中心办事效率的建议
朱传宏	四届二次	强化街道路面管理，建立街道路面管理档案
杨玉银	四届二次	关于规范药品市场的几点建议
毛　勇	四届二次	加强民宗主管机构建设，切实维护社会大局稳定
邓正春	四届三次	关于把“阳光工程”工作经费列入财政预算的建议
邱　莎	四届三次	关于彻底取缔赌博性质的电游的建议
九三学社常德市委	四届三次	关于加强血防工作的建议
肖江华	四届三次	关于我市发展优势企业的几点建议
九三学社常德市委	四届四次	建议德山开发区修建标准化厂房吸纳小额投资的建议
罗功大 邱　莎	四届四次	关于严格控制水库化肥养殖。缓解水资源污染的建议
九三学社常德市委	四届四次	关于狠刹吃请风，维护党校形象的建议
九三学社常德市委	五届一次	关于加快我市工业企业技术创新的提案
龙　艳	五届一次	关于将企业创新能力列入我市统计内容的提案
朱传宏	五届一次	关于进一步加大物价调控力度的提案
九三学社常德市委	五届二次	关于充分利用我市高校资源，加强我市新型工业化人才培养的提案

续表

提案人	届次	案　由
九三学社常德市委	五届三次	关于加快我市循环农业发展的提案
呙滨辰	五届三次	关于加大农村水源保护资金投入的提案
九三学社常德市委	五届四次	加快发展循环农业的建议
呙滨辰	五届四次	加大农村水源保护资金投入的提案
陈佩荣	五届四次	严格规范城市建设项目预决算管理
九三学社常德市委	五届五次	关于高度重视业主委员会建设的提案
朱传宏	五届五次	关于建立公共自行车服务系统，打造绿色常德的提案
黄　明	五届五次	关于加强驾驶员培训学校管理工作的提案
郑文凯	五届五次	关于加大对粮油生产资金投入的提案

提案与办理结果选录

1.关于城区旧城改造工作的提案

内容摘要　目前常德的城市创建在取得成绩的同时，城建及规划部门有必要注意几个问题。一是旧城改造中注意街心广场及绿地的设置。城建、规划部门有必要眼光放长远一点，多规划修筑赏心悦目的街心广场，使城市更具魅力。二是在公共场所修建有地方特色，有人文标志的雕塑。常德鼎、善卷像等都是很有历史文化背景的雕塑，修筑它们可以展示常德渊远的文化底蕴。三是旧城改造要具有前瞻性。原有的道路要尽量拓宽，避免形成“肠梗阻”路段；大型商住区、大型购物商场、行政办公场所、医院等都要注意停车场的修建，缓解停车难的问题；适当考虑建立立交桥或高架桥。四是注意屋顶的建设美化。

市规划局办理答复　由于旧城改造过程中，拆迁难度大、财政城建资金投入有限等多方面的原因，导致在旧城改造过程中的街头广场、绿地实施难度大。在今后的工作中，我局将严格控制把关；城市雕塑对于提高城市品位，塑造城市特色，展示文化底蕴、历史文化背景，都具有非常重要的意义，已引起市委和市政府的高度重视，为此，我局根据建设文化名城的要求，于2006年委托上海同异城市设计有限公司编制了常德市雕塑规划，并已报市政府批准。在今后的建设中，我局将据此规划指导逐步实施；我局对城区停车难问题非常重视，对大型商场、公共建筑、住宅小区等严格按规定设置地上、地下停车场，如金钻广场、步步高超市等，2006年我局又根据我市具体情况的需要，出台《关于加强城市空间环境管理的规定》，对城区停车场、停车泊位数有了更具体的规定；提案中提及的屋顶美化问题，前几年，部分居民违规在屋顶搭棚接偏，影响了城市的市容市貌，针对这一问题，我局于2006年起明确规定所有新建的多层住宅一律按全坡屋面进行设计，不给违章搭建提供条件，这样，今后可杜绝屋顶搭棚接偏现象的产生。

2.关于为推动历史文化名城建设进程，建议设立“武陵讲坛”电视栏目的提案

内容摘要　设立“武陵讲坛”是推进常德市历史文化名城建设进程的需要。常德市有许多古迹，设立“武陵讲坛”可以使人们了解常德的历史，热爱家乡的文化，对提升市民素质、满足人民精神生活需要很有好处；设立“武陵讲坛”是发展文化产业的需要。影视、书籍出版等文化产业具有联动关系，“百家讲坛”带动了大量相关书籍的出版，《哈利·波特》带动了相关影视的票房，“武陵讲坛”如果做得好，也可以带动相关文化产业的发展。建议由市委宣传部领导，市电视台和湖南文理学院承办；在全市或更广范围征集讲座题材和讲座专家，讲座要有一定的学术性，事关常德历史文化，更要注重趣味性，做到引人入胜；先试点再推广，在模式成熟以后，可以在县级电视台播出。

市委宣传部办理答复　市第五次党代会明确了“工业强市、文化名城、和谐常德”的战略目标。开设“武陵讲坛”电视栏目，以地方特色文化作为主要内容，采用电视讲坛形式向大众传播，对于充分挖掘常德历史文化资源，推进文化名城建设有着积极的促进作用。我部已责成市广电局加强前期调研，要求按照提案的建议，认真做好相关题材的储备，进行前期策划。市广电局正按要求，积极物色主讲、主持人选，寻找合适赞助商，为早日开办高质量的本土文化栏目做好前期准备。

3.关于制止农合工作中几个不良现象的提案

内容摘要　随着新型农村合作医疗在我市全面推开，农民看病难、看病贵，农民因病返贫的现象有明显的好转。但随之在农合工作中出现的一些不良现象值得政府关注。一是各县农合各自为政，给参合农民就医造成了不便。二是对农合机构没有具体的监管部门，容易造成监管失控。一个县的农合基金数千万乃至上亿，没有具体的监管部门对其进行监督，一但监管失控，后果不堪设想。三是部分乡镇医院、民营医院违规操作给套取农合基金提供了方便。四是有的医生不坚持原则为农民违规报销提供方便。五是农合参合手续太简单，为套取农合基金提供了方便。建议由市委市政府统一发文，公布所有农含定点医院，让农民在全市范围内享有自主就医、选择就医、就近就医的权利，使现有医疗资源得到充分利用；成立专门的监管部门对农合机构进行监管，对所有农合定点医院和机构不定期审查，查处农合工作的各种不规范行为；对所有违反农合纪律的单位或个人要进行严厉的处罚；完善农合证的办证手续，制作配有参合农民照片的农合证，使参合农民就医手续规范化。

市卫生局办理答复　我们已在常德市农村合作医疗信息网上公布了全市所有定点医疗机构，目的就是方便参合农民有自主就医、选择就医、就近就医的权力，我们将进一步加强管理，让农民充分享有应有的卫生资源；新农合实施以来，各区县市成立了政府一把手任主任的合管委及人大、政协副主任、副主席任主任的合监委，负责对区县市合管办的基金运行等一系列工作进行监督；目前，参合筹资工作由乡镇人民政府组织，乡镇和村组干部上门入户收取参合资金，开具由省财政厅提供的合作医疗专用收据，建立参合台账，发放农民参合证。我们也正在积极探索稳定的参合筹资机制，待条件成熟和随着农民的经济水平逐步提高，我们也将考虑在农民的参合证上附上照片或使用 IC 卡。

4.关于加强市城区安置房建设质量监管的提案

内容摘要　随着城市化进程的不断加快，我市征地拆迁范围越来越大，拆迁安置房建设工程越来越多，拆迁户抱怨拆迁安置房墙体歪斜，现浇板浇筑不平，墙体接缝处缝隙较大，漏雨漏水、地面起沙等情况比较严重。建议行政主管部门及参建各方都要充分认识加强安置房质量管理、提高安置房建设水平的重要性，形成各司其职、各负其责、齐抓共管的工作格局；建成优质、安全的安置房，确保人民群众生命财产安全；行政主管部门应在招投标工作、施工图设计审查工作、施工许可管理工作、竣工验收备案工作中严格程序，依法规范安置房建设行为，明确相关职责，严格落实责任追究制。

市住建局办理答复　提案涵盖了建设行政主管部门应当依法依规有效监管，涵盖了参建五方质量责任主体及有关机构质量行为应当规范，特别是对工程项目实体质量控制措施提出了重点突出、行之有效地确保结构安全和正常使用功能的建设性意见。我们认真学习和结合我市实际，下发了《关于进一步加强我市安置房和保障性住房施工过程工程质量管理的通知》，切实履行监管职责，层层落实监管责任，严格控制过程，严格执行工程项目验收。

5.关于优化常德驾驶员考试中心考试环境的建议

内容摘要　随着人们生活水平的提高，学车愈来愈呈现平民化趋势，学车族异军突起。驾驶员考试的人多了，伴随出现的问题也越来越多。一是驾驶员考试环境有待进一步优化。驾驶员候考大厅每天有 300 名左右的考生待考，有的考生要从凌晨一直候考到下午，但是候考大厅设施简单，甚至没有饮水设备，中心虽然安置了空调设备，却为了节省费用不予使用，考生又不可外出，经常是饥寒交迫，很多考生因此影响正常水平发挥。二是驾驶员考试收费有待进一步规范。经省、市物价部门核定，考管处收取学员场地训练费 100 元/人，每人每天食宿费 80 元，采取自愿交纳接受服务的原则，但是，据调查，驾考管理处对此并未采取自愿交纳的方式，每个学员都必须交纳。考管处收取学员100元场地训练费后也没有提供相应的服务，也同样强制收取，每个周六周日，考官处都另行卖票给考生熟悉考场。三是驾驶员考试程序有待进一步科学。市考试管理处规定，夏季天气良好时可以从六点开始考试，但是实际情况是夏季要求考生5点到考场，冬季即使是大雪天也是要求考生6点半一7点到考场，否则点名过后不到视为弃权，但是考生到后却往往没有人来组织考试。建议公安交管部门要进一步增强服务意识，积极回应人民群众的新期待、新要求，不断推出新的便民利民惠民措施；探索建立互联网服务平台，推广通过互联网选择号牌、预约驾驶人考试等业务，让群众少跑冤枉路、少花冤枉钱；严格按照省、市物价部门的收费项目和标准收取驾驶员考试费用。

市公安局交警支队办理回复　为了进一步优化考试环境，给考试学员营造更舒适、轻松的考试环境，从去年9月28日起，我们支队已投入500多万元修建能够容纳600人候考的候考大厅，目前主体工程已完成施工，预计今年上半年就可以完工并投入使用，到时候一定会为驾考学员提供一个良好的候考环境。考管处的收费标准、收费项目是经过省、市物价部门核定的，收支纳入财政监管，每年接受税务、财政、审计等职能部门稽查，是经得起审查的。建议为今后的驾考工作敲响了警钟，我们一定会更加规范的搞好各项管理工作，为学员提供优质的服务。

第二节　民主监督

九三学社常德市委积极推荐社员担任政风行风评议员、警风警纪监察员、特约监督员、特约审计员、特约教育督导员，参加政风行风评议、警风警纪监督、特约检查督导等活动，多途径发挥民主监督作用，促进政府部门改进工作和作风。监督内容涉及物价、公积金发放、环保、菜篮子工程、社区医疗服务、行业作风等多个方面。1994年，九三学社社员杨迪勋被聘请为市警风警纪监督员，1995年起，杨迪勋连续被聘请为市直第二、三、四行风评议代表，分别进驻市人事局、市粮食局、市物价局开展行风评议工作，两次评为行风评议代表先进个人，受到市廉政建设领导小组的表彰与奖励。1996年底，他向市政法委就加强政法队伍建设，严格整顿警风警纪的建议，市政法委对此建议很重视，并积极进行回复。1999年4月，杨迪勋相继在桃林宾馆和芷园宾馆分别参加常德市民政局、常德市物价局行风工作评估评议大会，5月份参加常德市水电局行风评议工作评估大会。1999年，九三学社社员、市政协委员朱明灯在九三学社市委主办的杂志《常德九三》上发表《人民眼中的人民公安》一文，如实反映极少部分公安人员乱收费、乱罚款的现象，引起市委领导高度重视，要求公安部门认真查办，市公安局将此文复印后发至各科室，组织全体公安干警开展警风警纪教育活动，有效地遏制乱收费、乱罚款行为。朱明灯对电信部门乱收费及某法院执法不公提出意见，电信部门及法院负责人上门说明原因并取消不合理收费，产生良好的社会反响。2000年7月，九三学社社员罗沅杰参加市公安局召开的警风警纪座谈会。2003年，九三学社社员徐国华针对义务教育、三乱、名牌产品评审等方面出现的问题。杨迪勋对领导干部如何进行有效监督提出意见和建议。朱晓奇从腐败的内部因素及外部联系分析了腐败的本质，对如何遏制腐败提出了建议。九三学社社员贺云针对中小控流保学现状对教育模式改革提出了建议，并得到采纳。杨迪勋撰写的《漫谈对领导干部的有效监督》在《湖南九三》2003年第三期发表。2007年，九三学社市委集体撰写《加强民主党派监督，促进党风廉政建设和反腐败斗争》一文，引起中共市委领导的高度重视，对遏制腐败起到很好的作用。2011年专职副主委龙艳作为市满意办监督员，多次赴市人社局、卫生局、教育局、文化局、特巡警支队、纪委等单位开展民主监督。龙艳在2011年7月20日建设人民满意政府监督员评议会上对卫生工作提出有关社区卫生目前存在的科室设置欠规范、布局流程不合理、社区卫生服务中心机构及人才物不独立等运行管理问题，市卫生局党委高度重视，深入调研，积极整改，取得明显成效。九三学社社员肖超银作为市纠风办的监督员，对法院、国税局、工商局等部门的工作开展情况进行监督。

表7－5－2－1　九三学社社员担任监督员名单

姓名	聘请单位及类别
邓正春	省工商局特约监督员、市政法委特约监督员
罗沅杰	市公安局警风警纪监察员
杨迪勋	市行风评议员、市警风警纪监督员、武陵区廉政建设监察员
朱传宏	市法院司法监督员
肖江华	市财政局、社会和劳动保障局行风评议员
邱　莎	市食品药品监督管理局行政执法监督员
龙　艳	市满意政府监督员、市特巡警支队特约监督员
肖超银	市纠风办监督员
朱彦群	城区文明创建义务监察员

续表

姓名	聘 请 单 位 及 类 别
徐国华	市经济技术开发区优化建设环境监督员
肖勋伟	市质量技术监督局监督员
刘寅初	市环保局监督员
肖广全	市公安武陵分局形象监督员
黄广菊	市食品药品监督管理局的行政执法监督员、市交警的执勤执法监督员、市自来水公司监督员
李　湘	市人力资源与社会保障局监督员
杨　勇	市司法局特约监察员

第三节　专题调研

九三学社常德市委在开展各种形式的履职活动中，重视运用调查研究手段，凝聚累积调查研究成果。九三学社市委在视察调研上，坚持领导带头，坚持政协委员视察活动与支社活动相结合，坚持调研工作与对口联系部门工作相结合。调研提出的意见建议，均融入到各层面决策咨询考量。

1994年，九三学社常德市委成立调研组，针对全市部分录像及书刊市场混乱无序的现状，提出意见建议，撰写《我市文化市场的现状及对策》，受到市政府的高度重视，随后全市开展文化市场大整顿。梁金顺主委带领市政协教育组的部分委员到常德师专、常德教育学院、桃源师范学校等单位，开展“关于师范类学校今后的去向问题”的专题调研，并下到县、乡向部分中、小学了解“教师法”的落实情况，为确保全面落实“教师法”，稳定教师队伍，提升教学质量做了大量工作。为了解常德市大、中企业对科技政策的落实情况，企业科技人员的待遇及作用的发挥程度，九三学社市委组成调研组先后四次下企业开展调查研究，了解到市农机研究所经费严重不足，研究人员只好开店经商创收，造成人才流失，影响了人才作用的发挥等现状后，九三学社市委多方呼吁，使得该所研究经费得以圆满解决。根据调研情况，向市政协提交《我市94年新产品开发和技改项目情况的调查》及《搞活大中企业的科技工作》两篇调研报告。

1995 年，针对常德市的工业布局及小城镇建设应注意的问题，九三学社常德市委组织专题调研，撰写了《常德的经济开发与区域政策探索》一文，引起市委市政府的高度重视。

1996 年，梁金顺、韩隆福同市政协教育组等相关人员实地考察后，写出《筹建市八中应重新选址》的集体提案，得到市政府采纳。

1997 年，九三学社常德市委组织成员就常德市城市卫生、财源建设、治理恒安纸厂污水等问题开展调查研究，提出意见和建议。

1998 年，朱传宏、龙艳就常德市水利工作现状，做深入的调查研究，撰写调研报告，为常德市的治水和水利建设工作提出许多建议。九三学社常德市委针对下岗职工工作、生活十分困难的情况，在广泛走访调研基础上，撰写《为再就业工程献计献策》的调研报告，指出随着企业改制改组的深入开展，大量职工下岗待业，建议市政府责成市劳动局牵头，组建再就业服务中心，通过技术培训、举办劳务供需洽谈会、为下岗职工兴办实体提供政策优惠等方式，引导和帮助下岗职工再就业。市政府给予高度重视，成立以代市长程海波为组长、副市长陈君文等为副组长、17 个市直主管部门参加的"常德市再就业工作领导小组"，下设办事机构正式开展工作，各区县(市)成立相应机构并全面运行。市再就业工作领导小组第一次会议决定，1998 年 6 月底前在全市各企业主管部门和有下岗职工的国有企业中建立再就业服务中心。

1999 年，九三学社常德市委经过多次调查，撰写《发展我市水生经济作物势在必行》《关于合并组建常德职业技术学院的建议》《坚决制止教育"三乱"切实减轻中小学学生负担》、《深化医疗保险制度改革，确保医保工作健康发展》《以西部大开发为契机，改善生态环境，建成可持续发展的长江经济带》《关于我市渔业产业化的发展和构想》《农村农业结构调整的思考》等 7 篇调研报告。5 月，九三学社市委对市蔬菜产业化问题专题调查。通过调查发现，当前蔬菜产销形势发生重大变化：主要表现在由生产上由定面积、定品种变为政府宏观调控；在蔬菜数量上由不足变为相对过剩；在蔬菜数量上由政府统购包销变为农民资产自销；在消费上居民由追求数量、价格低廉，变为追求质量、品种多样。为此提出抓区划、抓基地、抓加工、抓营销、抓保障等 5 点意见和建议，其中大部分建议被市政府有关部门采纳。

2000 年，九三学社常德市委组织社员进行多次调查研究，形成《关于合并组建常德职业技术学院的建议》《坚决制止教育三乱，切实减轻中小学生的负担》《深化医疗保险制度改革，确保医保工作健康发展》《以西部大开发为契机，改善生态环境，建设可持续发展的长江经济带》《关于我市渔业产业化发展的构想》《对农村农业结构调整的思考》等多篇专题调研文章。11 月至 12 月，九三学社常德市委组织社员先后在长沙、湘潭、武汉、孝感等地进行实地考察，撰写了《发展水生经济作物势在必行》的调研报告。报告从湖南水生作物9大类、50多个品种入手，系统分析湖南省水生经济作物现状，阐述发展水生经济作物的意义，提出了切实可行的措施。先后在《湖南农业科学》《湖南九三》《常德政协》等刊物发表。中共常德市委、市政府采纳报告中的对策建议，大力发展水生作物，常德市的水生作物面积由2000年的15万亩发展到2004年的30万亩。该调研报告获市委统战部调研评比一等奖。九三学社市委组织农业科技人员深入农村开展调研，编写的洞庭湖高新农业科技园计划书，被市、区两级政府采纳，纳入省里计划，市政府为该计划拨专款150万元。

2002年，邓正春主委组织农业支社有关人员在各区、县（市）及城区医院进行专题调研，撰写《关于常德市无公害农产品生产与监测的建议》的调查报告，立足农产品污染严重、水体污染、耕地恶化、农产品检测体系不健全、农民防治病虫害过分依赖化学药品等现状，提出宣传与服务并重，法制与政策同行，大力开展无公害农产品的建议，引起了中共常德市委、市政府高度重视，中共常德市委成立放心食品领导小组，颁发《常德市无公害蔬菜管理办法》等3个政府令；同时拨专款60万添置检测设备，招聘18名检测人员，在市城区建立9个监测站。后来，邓正春继续对该问题进行跟踪调研，撰写了《常德市无公害农产品生产存在的问题与发展对策》，引起高度重视。6月27日，市长陈君文和常务副市长杨光宏组织召开专题会议，由市农办牵头负责起草关于发展无公害农产品实施办法，全面启动全市无公害农产品工程。

2003年，九三学社常德市委组织开展深入细致地调查研究，撰写《发展水产养殖，搞活农村经济》《聚精会神搞建设一心一意谋发展，全面建设富裕文明的农村小康》等多篇调研报告。主委邓正春及农业支社部分成员针对我省出现的反季节十字花科蔬菜先期抽薹现象，在全市范围内进行调研，形成《湖南省春季十字花科先期抽薹的原因及对策》一文，该文在《常德日报》及《长江蔬菜》上予以刊登。

2004年，九三学社常德市委围绕中共常德市委、市政府工作重点，开展一系列调研研究，形成《把加强农民技能培训作为破解"三农"问题的根本途径来抓》《关于改制领办学校的调查与思考》《常德珍珠产业现状与思考》《对我市退田还湖引发纠纷问题的调查与思考》《我市法定传染病的漏报调查》《关于我市发展优势产业的几点建议》等6篇调研报告。

2005年，九三学社常德市委组织调研组在经济界人士中进行调研，广泛征求经济界人士对我市十一五规划的建议和意见，形成《对我市"十一五"规划纲要（草案）有关招商引资方面的若干建议》的调研报告，提出借鉴发达国家和地区城市宣传手段，采取多种营销方式推介常德，提升城市知名度和美誉度；并通过引进人口，进一步拉动城市消费水平，促进工业发展等建议。九三社员、市政协委员肖江华代表九三学社市委在市政协四届五次常委会议上做专题汇报，受到市委、市政府领导的赞许。罗功大撰写的《积极推进水利事业，努力构建和谐社会》、肖勋伟撰写的《关于修改中华人民共和国国家标准〈食品标签通用标准〉的建议》《关于搞好武陵镇城市规划建设的建议》也通过不同渠道上报市委、市政府，提供了参考依据。5月，九三学社中央主席韩启德到常调研视察，九三学社市委做了大量准备工作，针对常德市粮食产业方面深入调研，形成《常德市粮食产业存在的问题及发展对策》的调研报告，在调研座谈会上做汇报发言。根据社中央"调研工作要突出我社科技特色"的要求，九三学社市委对我市渔业发展的现状进行专题调研，形成《我市渔业发展存在的问题及发展对策》的调研报告。

2006年，九三学社常德市委进行三次专题调研，由肖江华撰写的《常德城区商业中心地位的危机与对策》一文在《常德政协》刊登，提出的"常德城区商业界发展的四点建议"受到中共常德市委市政府的高度肯定。九三学社常德市委配合九三学社湖南省委开展的"建设社会主义新农村"专题调研，资料翔实，提出的建议针对性强，受到充分好评。在广泛调研基础上，撰写《关于加强常德市水域污染治理的对策与建议》的调研文章，并转化为提案提交市政协。针对因工业污染、水面养殖投入品污染、医用废弃品污染、生活污水污染等造成常德水域污染问题，提出进一步调整水域功能规划、严格执行环保法律法规、加大宣传力度等多条合理化建议。

2007年，朱传宏主委陪同全国人大常委、九三学社中央副主席贺铿带领的九三学社中央新农村考察团一行，考察常德市农业资源与环境保护情况，撰写专题调研文章。在广泛调研的基础上，形成的《地方高校负债的现状、成因及对策》一文，引起各级领导的高度重视。根据调研情况，九三学社常德市委主委、省政协委员朱传宏在省政协大会协商中提出从国家、地方政府加大投入力度，高校挖掘潜力自救，引进民间资本，加强勤俭节约等四个方面化解高校负债难题的对策建议，引起中共湖南省委书记张春贤的高度重视，特许他作9分钟的专题发言。随后，省长周强委托省政府顾问唐之享带领省直相关部门负责人，就高校债务问题进行专题调研。九三学社市委还围绕常德市中小企业技术创新现状开展专题调研，全面分析常德市企业在创新方面存在认识不高、投入不足、能力不强、效果不佳等方面的问题，并建议从进一步确立企业的创新主体地位、突出技术创新和创新环境、完善企业科技创新的投入机制、围绕优势产业壮大产业支柱等方面提升企业创新能力，建议得到市政府及相关部门的充分采纳。

2008年，九三学社常德市委分别就水土化肥养殖、柳叶湖旅游开发、常德市应用型人才的队伍建设等问题进行了专题调研。5月，专职副主委罗功大带领参政议政委员会成员到柳叶湖旅游度假区、安乡县、石门县、桃源县、市水利局、市旅游局开展调查走访，通过调研情况撰写出《科学利用水资源，打造最佳自然生态度假区》的调研报告，重点指出柳叶湖水资源利用存在着水多、水少、水脏等三个方面的问题，影响柳叶湖水资源的可持续利用，制约着柳叶湖景区的发展。从专业角度建议从科学确定柳叶湖水位、在冬枯季节调水，实现补水与活水、加强水资源保护，解决水脏、加快退田还湖进度等多个方面科学利用柳叶湖水资源。该文在《常德政协》上发表，引起领导和相关部门的重视。6月，主委朱传宏带领社内市政协委员对城区食品卫生安全进行调研，了解到餐具消毒不到位、小餐饮卫生差、城乡结合部存在大量无证经营户及农村执法缺位等情况，提出加大《食品卫生法》宣传力度，提高广大市民对食品卫生安全的自我防范意识；进一步改善卫生监督条件，提高常德市处理公共突发事件的应急处置能力；理顺卫生监督体制，明确执法主体；建立规范的长效监管机制的建议。该调研建议列入市政协五届二次全体会议协商发言。柳叶湖度假区采纳建议，同年9月3日起，对37家餐馆饮食卫生进行规范整治。7月，主委朱传宏、专职副主委罗功大就常德市应用型人才队伍建设到金健米业、洞庭水殖、金龙电机及湖南文理学院、常德高职院走访调查，形成调研报告，收到较好成效。

2009年，九三学社常德市委组织社内政协委员开展关于常德市房地产发展情况、农业科技创新推广体系建设等多次调研活动。龙艳参加市政府办组织的对周边市州水土保护工作的调研活动，并提出意见建议，有力促进水土保持工作的开展。九三学社常德市委把“加快发展循环农业”作为社省委招标课题进行申报，邀请市农业局专家参与到课题小组，进行广泛调研，撰写调研报告。该报告针对循环农业发展过程中存在的理念不强、政策促动不力、资金投入短缺等问题，提出进一步提高认识、完善机制、推广科技、落实规划等建议。建议被市政府采纳，材料被九三学社省委上报国家有关部门。

2010年，九三学社常德市委开展两次大型调研课题。副主委禹滨辰带领社内政协委员在全市范围内开展“关于城市水资源管理和利用”的调研，撰写《科学利用水资源，打造滨水城市》的调研报告。报告提出完善涉水规划、实施雨污分流、增强蓄洪能力、加强防洪建设、治理城市水系等对策，力争把常德建设成一座亲水型城市，实现水资源的可持续利用。九三学社市委秘书长龙艳带领社员开展“我市小区物业管理问题”的专题调研，到市城区街道办事处、市房管局、部分社区进行了深入调研，形成《充分发挥业主委员会的作用，构建和谐文明小区》的调研报告，该报告作为九三学社市委的调研成果，在市民主党派参政议政调研成果汇报会上进行专题汇报，被中共常德市委书记卿渐伟作为范例点评，要求市住建局牵头，认真研究，予以落实。

2011年，九三学社常德市委开展四次大型专题调研，8月，朱传宏主委带领部分成员围绕我市中医药产业发展，到武陵区、鼎城区等地进行深入的调研，与当地卫生局、乡镇卫生院代表进行座谈，现场查看乡镇卫生所的设置和装备，形成《关于加强我市中医药产业发展的建议》调研报告，并在市民主党派参政议政专题调研成果汇报会上作汇报，相关部门采纳落实建议意见。中共常德市委督查室、市委统战部组成联合督查组，对建议采纳落实情况督查。“市卫生局牵头成立市中医药工作协调领导小组，在全市中医医院开展了“中医医院管理年活动”，加强中药药事管理；加强中医医院中药房、煎药室、调剂室等标准化建设；推广使用小包装中药饮片，对中药购买渠道严格把关。临澧县和石门县被确定为全省中药资源普查试点地区，分别组建中药普查队，开展前期工作。市发改委开展全市中医药产业发展过程中涉及项目的审批核准备案工作，积极向上争取资金和政策支持，参与市中药材产业发展规划的编制工作。市农业局制定《常德市中药材生产发展规划》；引导支持桃源县发展1500余亩百合，发展2200多亩四季树型金银花种植；组织发展中药材主产县实地考察活动。市商务局针对市委、市政府在经开区兴建医药产业园的规划设想，正积极招商引资引入牵头医药企业。该产业园总投资12亿元，占地1平方公里。”5—10月，副主委呙滨辰、龙艳对常德市林业现状和林业经济的情况进行专题调研，形成《发展碳汇林业，推进生态建设》的调研报告。该报告全面分析发展碳汇林业的重要意义，指出我市发展发展碳汇林业存在认识不深、森林经营不力、经营生态公益林的积极性不高、群众对碳汇林业的了解不够等问题。提出加大宣传力度、制定发展规划、强化管理措施、统筹发展碳林等可行性建议。社员刘寅初、孙元学分别牵头，就养殖渔民现状及茶叶产业化进行调研，形成的调研成果上报市政府。

2012年，九三学社常德市委组织党派成员围绕法治建设、廉政建设、诚信政府建设、中医药发展、山洪地质灾害防御、食用菌产业发展等方面开展专题调研。5月，组织社员代表前往市附二医院、汇华堂治未病医院和常德高职院药学系视察，开展中医药炮制人才培养现状专题调研，代表们对常德市中医药炮制人才的现状高度关注，就如何抓好相关人才的培养献计献策。6月，九三学社市委组织召开诚信政府建设调研座谈会，邀请了市委统战部、市满意办、市金融办、市工商局、市药监局等单位相关负责人以及市满意政府监督员代表共20多人参加该会议。与会人员针对当前常德市诚信政府建设中存在的突出问题，踊跃发言，积极献策，提出整改方案，活动取得较好成效。7月，九三学社市委组织部分市委委员赴石门县白云乡开展基层农科推广体系建设的专题调研活动，深入了解农村农业科技推广相关情况，并为当地老百姓赠送农业科普资料。为抓好中共常德市委参政议政成果汇报会和市政协大会发言材料的准备工作，九三学社市委确定山洪地质灾害防御以及我市食用菌产业发展两个调研课题，成立调研课题组，召开食用菌产业发展专题调研座谈会，邀请全市食用菌种植专家、大户等10多人参加，并先后赴郴州、津市、西洞庭等食用菌种植基地参观考察，撰写《我市食用菌产业发展现状》的调研报告，在市民主党派参政议政成果汇报会上发言，引起中共常德市委、市政府领导的高度重视。在开展山洪地质灾害防御调研活动中，九三学社市委负责人多次与市国土局、市水利局、市气象局等单位负责人联系，赴石门县、桃源县等地开展山洪地质灾害防御相关情况调研。形成《科学应对做好山洪地质灾害的防御》的调研报告。全面分析因少数干部群众防灾避灾意识不强、防灾抗灾基础薄弱、不合理开发加剧山洪灾害的发生、山洪灾害预警预报水平较低等原因造成山洪地质灾害防御工作严峻现状。科学建议从加强宣传、落实预案、加强监测预警设施建设与维护、明确治理措施等方面减少山洪灾害损失。该报告形成提案后作为市政协五届五次大会发言材料，引起中共常德市委、市政府高度重视，并作为重点督办提案之一予以办理。

第四节　反映社情民意

九三学社常德市委引导社员认真听取和收集人民群众普遍关心的热点、难点问题，积极反映社情民意。市政协创办《社情民意》后，九三学社市委先后撰写社情民意信息 30 多条。2009 年，副主委呙斌辰撰写的《盐关社区杨家巷居民居住环境令人忧》《积极争取把德山工业园纳入省级两型社会改革试验区》两篇社情民意信息，都引起高度重视和解决。

2009 年 6 月，九三学社市委组织社内人大代表、政协委员以及武陵区支社、第一人民医院支社部分成员就武陵区乡镇卫生院建设情况进行视察，针对乡镇卫生院建设中存在的医务人员缺乏、培训机会少、医院负担重等问题以《关于加强乡镇卫生院建设》社情民意件的形式向市政府提出建议，市政府分管副市长高度重视，签批落实，为乡镇卫生院建设减免了相关费用。

同年 7 月，九三学社市委组织社内政协委员和土木支社的部分成员对江北城区行道板的状况进行视察调研，由此提交《加强城区人行道板规划设计和建设管理》社情民意件，提出设立混凝土透水砖准入机制的建议，中共常德市委常委、副市长宋冬春作出批示，市政府副秘书长张国政督办，最终市政府出台加强人行道板管理的有关规定。

2010 年，得知一群抗美援越老兵准备上访后，九三学社市委从构建和谐社会和关心退伍士兵的角度出发，与牵头老兵取得联系，了解情况，并积极与民政部门取得联系，促成双方加深沟通了解，撰写的《不要忘记援越抗美的老兵》社情民意件被市政协采纳，该社情民意件专报中共常德市委书记卿渐伟、市长陈文浩后，相关部门迅速反映，在春节期间对抗美援越老战士进行慰问，武陵区政府、鼎城区政府每月给予老兵一定的生活补助。

8 月，九三学社常德市委组织部分政协委员和土木支社、职业技术学院支社部分成员，就常德市 BT 建设项目进行视察，并就有关问题进行座谈，提交《加强全市 BT 项目管理的建议》的社情民意件，针对提出的问题和建议，陈文浩市长和宋冬春副市长都作出了重要批示，有力促进常德市 BT 项目的健康发展。提交的《建议政府加大对市社会福利院建设的力度》的社情民意件在陈文浩市长批示后，迅速解决该院的规划问题。

2010 年，鼎城区石板滩镇玉皇庵村长期受大溪水库严重污染，多次反映，九三学社市委组织社内人大代表、政协委员和市委机关干部，到该村进行视察并与群众代表座谈，根据实际情况撰写《大溪水库受严重污染，数千村民为用水发愁》的社情民意件，反映水库受周边煤矿污染，附近数千亩农田被污染，村民生产生活受到严重影响等问题。经中共常德市委主要领导批示，市、区两级水利部门安排经费近百万元，解决玉皇庵村 2000 人的饮水问题。年底，该村村民送来“博学源于渝，甘泉涌村涵”的锦旗，感谢九三学社市委为他们解决生活用水的困难。

2011 年 5 月，主委朱传宏带领政协委员对江南城区水环境、水资源以及水利基础设施情况进行调研，发现一江两岸在水系治理和生态环境建设等方面的差距，提交《建议常德市城区实施南北水系同治，加快推进一江两岸协调发展》的社情民意，中共常德市委副书记宋冬春做出批示：“此建议紧密结合当前的客观实际，有见地。因涉及管理体制、财政体制等诸多方面，请市政府办召集市水利局、市规划局、市财政局、市国资委、市住建局、德山区、鼎城区政府等单位作系统调研”。

专职副主委龙艳就常德治超限载问题进行深入调查，并查阅相关法律，撰写《常德治超不罚款值得商榷》的社情民意件，指出常德的地方法规违反法律规定，市长陈文浩亲自签批，要求市政府立即调查并给予答复，市公路局对此建议高度重视，并明确表示法规确实违反法律规定，并表示将修改该法规。

2011 年 8 月，九三工作组部分委员及市科技局、湖南文理学院、常德职院的有关人员视察常德经济开发区的产学研结合工作，在现场了解有关情况的基础上，委员们与市科技局、经信委以及常德经济开发区的负责人进行协商座谈，提出进一步加强产学研合作的有关建议。事后九三工作组写出的《建议加大产学研合作力度，进一步提升我市科技创新能力》的社情民意件，市政府领导予以高度重视，陈文浩市长在该社情民意上专门批示分管市长认真研究。

2012 年，九三学社社员积极反映社情民意，其中社员牟杰智撰写的《农村扶贫的马太效应亟待引起重视》被省政协采用，《建议利用信息化手段实现校车动态监管》得到副市长万成贞的签批。

2007—2012年九三学社常德市委上报“社情民意”被市政府采用条目

2007年

警惕:自动传真机上传来的反对宣传 第44期 贾先勇

2008年

1.规范城区公共客运市场,加大对“黑车”等非法营运的打击力度 第26期 龙艳

2.关于加强对拉动内需资金监管的建议 第82期 龙艳、呙滨辰

2009年

1.关于加强乡镇卫生院建设的几点建议 第33期 九三工作组

2.盐关社区杨家巷居住环境令人忧 第34期 呙滨辰

3.积极争取把德山工业园纳入省级“两型社会”建设改革实验区 第36期 呙滨辰

4.关于加快省道S304线石门经济开发区路段工程建设的建议

第38期 九三工作组

5.加快城区人行道规划设计和建设管理的建议 第42期 九三工作组

6.晚稻病灾严重,农民损失应予灾补 第73期 郑文凯

7.加强湖南文理学院新校门交通安全工作的建议 第93期 于冀民

2010年

1.不要忘记援越抗美的老兵 第9期 九三工作组

2.加快发展城市社区卫生服务的建议 第35期 九三学社市委

3.建议政府加大对市社会福利院建设的力度 第78期 九三工作组

4.加强全市BT项目管理的建议 第84期 九三工作组

5.大溪水库受严重污染 数千村民为用水发愁 第106期 九三工作组

2011年

1.近年水稻糯谷种植须慎重 第35期 九三工作组

2.建议常德市城区实施“南北水系同治”加快推进一江两岸协调发展

第36期 九三工作组

3.加快数字城管运用 打造数字常德先河 第47期 九三工作组

4.常德治超限载不罚款值得商榷 第48期 九三工作组

5.网吧市场的隐形扩张危害亟待重视 第62期 九三学社常德市委

6.建议加大产学研合作力度,进一步提升我市企业科技创新能 第85期 九三工作组

2012年

1. 建议利用信息化手段实现校车动态监管 第6期 呙滨辰

2.农村扶贫的马太效应 第8期 呙滨辰

3. 对常德市机动车清洗行业进行规范管理的建议　　　　第 27 期　九三学社市委
4.我市轮胎翻新行业潜藏安全隐患应予排查　　　　第 38 期　九三学社常德市委

社情民意信息运用选登

1. 加强城区人行道板规划设计和建设管理

内容摘要　常德城区街道人行道板在设计、规划、建设和管理上存在着诸多问题:人行道板缺乏统一的设计规划;混凝土透水砖没有市场准入机制;人行道板的管理无序。建议制定有关人行道板使用及整体景观的总体规划;建立准入制度,严把人行道板砖的质量关;规范施工,严防豆腐渣工程;加强人行道管理,城管与交警合力制止车辆在人行道乱停乱放。

处理结果　中共常德市委常委、副市长宋冬春批示:"此建议很好,请市建设局牵头,市规划局、公用事业局等单位参加,制定一个专项规定和办法并行文发布,今后全市城区人行道板的新建和改造都应确保品味和质量,对占用和损坏人行道板的行为必须坚决制止,情况严重的予以严厉惩罚,任何单位和个人都不能例外。"市住建局办理回复:市住建局牵头,组织市规划、城管、公用、市政总公司制定并下发了《城区人行道板规划、建设和管理规定》,提出江北城区主次干道人行道板改造计划并积极实施。

2.加强全市 BT 项目管理的建议

内容摘要　近年来,市委市政府运用 BT 模式,超前决策,提前建设,先后在多个市政建设中利用 BT 项目为常德发展服务,前景令人振奋。但由于 BT 模式运用的时间比较短,相关的经验积累比较少,导致在具体实施中仍存在管理和机制等方面的问题:一是城市建设中的人才缺乏现象比较严重。西城建投公司,因为不能解决身份问题,主要骨干力量都是临时工,而且待遇偏低,很难留住人才。二是工程建设中施工环境、项目质量、工程进度得不到充分的监管。在 BT 项目中,虽然建投公司要督促和协助投资方建立质量保证体系,申请政府质量监督,健全各项管理制度,抓好安全生产。但因为是利用非政府资本进行基础设施项目投资,极易导致投资单位和设计、施工等单位形成利益共同体,造成项目成本过高,也给工程质量带来隐患。三是对项目建设的前期准备不足,影响工程进度和政府对相关工程项目的管理。部分 BT 项目由于前期工作不深入,设计不到位,影响工期,影响工程质量、造价,影响招投标;甚至要求修改主管部门(发改委)的批复。建议加强管理人才的整合和培养;加强建设工程的管理;加强前期工作与部门协调;政府运作 BT 项目引进第三方中介服务。

处理结果　中共常德市委副书记、市长陈文浩批示:"请冬春市长阅,BT 项目管理很重要，要高度重视，加强研究，不断完善。”市委常委、副市长宋冬春批示：“请市住建局、融资办、城建投、经建投加强监管工作，并督促帮助项目公司加强力量和提高人员素质，确保效益、质量、廉洁和安全》。”

3.建议加大产学研合作力度，进一步提升我市企业科技创新能力

内容摘要　近些年来，市委市政府高度重视全市的产学研结合工作，成立了专门领导班子和工作机构，加强了组织领导和管理，组建了一批区、校产学研合作联盟，搭建了一批校、企产学研结合平台，探索和建立了产学研合作模式，创建了一批产学研产业化示范基地，产学研范围不断扩大，合作渠道不断拓宽，产生的效益也越来越明显，促进了企业长足发展。但是，从我市经济发展的实际需要和更高的要求来看，我市的产学研合作仍然受到一些制约，还存在着一些问题：一是部分企业参与的动力不强，积极性不高。一些中小企业规模小，抵御市场风险能力较弱，作为产学研主体动力不强，认为搞技术创新，投入高，风险大，收益不确定，因而对实施产学研合作兴趣不大。二是产学研合作资金不足。一些中小企业自身积累不多，能够用于研究开发和搞产学研合作的经费很少。政府对产学研合作项目的资金支持也十分有限。而一项科技创新需要很大的前期经费投入，在研究成功后还需要不少的专利维护费用，这笔专利维护费随着申请年限越长费用就越高。这种经费不足和使用需求大的矛盾，严重制约了产学研合作。三是产学研合作平台优势还不明显。尽管已经搭建了一些产学研合作平台，但校企之间仍然缺乏顺畅的信息沟通，科技部门在加强校企产学研合作方面也缺乏有力措施。四是高端技术人才相对缺乏。常德仅有湖南文理学院和常德职业技术学院两所高校，其学科设置偏重于基础学科，应用型学科相对滞后。企业需要的人才，需要解决的问题，在这些学校难以解决，加之这些年常德人才外流严重，造成企业普遍缺乏科技人才特别是高端科技人才，影响了企业的技术创新和产学研合作。建议政府主导，加强对产学研工作的推动。政府及科技主管部门每 1—2 年召开一次产学研表彰大会，对产学研成果给予资金支持。鼓励技术创新，对企业重大专利项目给予维护费用补贴。鼓励和支持科研院所、高校与企业开展合作，建立技术联盟，实现资源共享和优势互补。支持新技术项目，对自主创新项目积极推广，给予技术、信息、金融等方面支持；着力加强产学研合作平台建设。积极发展科技中介服务机构，构建由政府主导、聚集省内高校科技资源、广泛联系企业的产学研合作网络平台；坚持财政投入与引导企业为主体投入相结合，为产学研合作提供资金保障。设立企业科研创新联盟基金，由企业自愿投入、自主管理，对企业在进行产学研项目开发时给予持续的财政支持。进一步加大政府对产学研的财政投入，对有产学研项目的企业在财政、税务、劳动保障等方面给予支持，推动企业进行技术改造；切实加大人才培养和引进力度。鼓励企业、高校自身加强人才培养，制定引进人才的激励政策，让更多的高层次人才能引得进、留得住。

处理结果　中共常德市委副书记、市长陈文浩批示："请晓平市长研究。"市科技局对该社情民意件进行了回复，制定了优惠政策，加大了对企业科技创新的支持力度。

4. 建议利用信息化手段实现校车动态监管。

内容摘要　去年，甘肃省正宁县境内发生一起接送幼儿园学生的特大道路交通事故，造成校车内21人遇难、43名幼儿受伤。从我市来看，一些地方特别是农村的校车存在着车辆改装、超载行驶等情况，执勤民警在德山莲池路口曾查获一辆无资质8座面包车，该车载送学生22名，超员近300%。据了解，利用信息化管理系统对校车进行监管，在校车上安装车载GPS、摄像头、语音等设备，应用3G无线网络技术，将车内视频图像、语音信息实时传输到监管平台。通过监管平台实时了解每台校车所载学生情况、车内视频信息、校车是否改装；应用GPS定位技术发现校车超速，由平台自动发出警报。目前该技术已经成熟，并得到了广泛的应用。南京市3000辆出租车采用该技术进行出租车全程动态监管；株洲市采用该技术将垃圾清扫车、清运车、洒水车等环卫车辆进行全程监管。建议：一是由政府出资统一建设校车监管平台，涵盖校车使用情况、年检、司机信息、校车所属学校等信息，实时显示校车在接送学生中车内视频信息、运行轨迹、超速预警等情况。二是出台《常德市校车管理规定》，要求在校车上面安装摄像头、语音、GPS定位等设备，并不得自行拆除，将校车的安全运行作为学校管理工作考核评估的重要指标。三是监管平台建设完后，可分阶段进行校车监控设施的安装，监管平台由教育部门负责日常监管。

处理结果　中共常德万成贞副市长做出批示："请转市教育局朝君局长阅处。"市教育局对该社情民意件所提建议进行了积极回复。

5. 对常德市机动车清洗行业进行规范管理的建议

内容摘要　九三学社市委反映，洗车行业存在一些问题：一是水资源浪费严重。洗车行业基本没有循环用水洗车，都是一次性用水洗车，冲洗后的水有的直接进入排水道，有的通过简易的沉淀后排入排水道；二是水资源污染严重。全市洗车行业洗车用的水没有经过有效沉淀和防污处理，直接将沙子、油垢等污染物和水经排水管道排出，排放的废水没有达到国家规定的排放标准；三是占道现象严重。在机动车清洗行业中，只有极少数没有占用人行道或机动车道洗车及擦车。长期占道洗车影响街道过往行人行走，造成人行道板破损严重，同时也影响城市的市容环境；

四是夜间洗车扰民严重。分布在小区、城市繁华区域的洗车场，半夜作业，制造"噪音"，严重影响居民正常生活起居；五是无照经营所占比例较高。由于洗车行业在经营操作上较为简易，一些无证照洗车点只需要简单的店面，有水源、购买水枪、水泵等就可以作为洗车场。全市无证洗车场所占比例为28.8%。建议：一是统一规划，分布实施。建议政府根据常德市机动车清洗行业实际情况做出统一规划，在进城区各路口规划修建一定规模的洗车点，以确保机动车进城前清洗干净，保持城区街道卫生清洁。逐渐减少城区内的洗车场。二是政府引导，规范管理。现有城区内不再审批新建洗车场，对现有无照经营户进行取缔或向进城路口引导。规划、城管、交通、工商等部门对机动车清洗行业加大日常监管工作，合理规范洗车场、整顿治理不合规范的洗车场。

三是出台机动车行业清洗管理制度。政府出台《常德市洗车场管理规定》，规划城市洗车场区域；建立洗车场开办程序；对洗车场洗车设备、污水处理要求、水循环使用等制定统一的标准；明确各监管部门的职责。

处理结果　中共常德中共常德市委常委、副市长卢武福批示："此事是城管'十大工程'之一。请张军局长牵头，交警支队、商务局、规划局参与，共同研究拿出方案报政府。今年一定要规范洗车行业。"

第五节　对口联系

2010年，九三学社常德市委对口联系单位是：市物价局、市科技局、市知识产权局、市环保局。

在与市物价局的对口联系中，在其单位的重要会议、举办的重大活动、各种物价论证会上，均会邀请九三学社常德市委领导参加，2010年，市物价局党组推荐一名价格监督检查科副科长加入九三学社，又形成良好的互动机制。

市科技局是社市委对口联系工作的一个重要单位，2010年，双方"高校科研平台转化"为调研课题开展共同调研，并作为九三学社在当年政协大会的发言材料，为推动科研发展做出贡献。双方每年就1—2个课题开展调研。

2011年，九三学社常德市委与市环保局就"汽车尾气检测执法"这一课题进行共同调研与探讨，市环保局主动吸纳一名九三学社社员作为市环保局的形象监督员。

2011年，九三学社常德市委在市委机关举行对口联系工作座谈会。与九三学社对口联系的市物价局、市环保局、市科技局、市知识产权局主要领导参加座谈会，会议就对口联系工作的有关制度、以及整合力量加强调研、促进调研成果落实和转化、对口联系工作应该如何开展进行广泛交流。

2012年，对口联系单位调整为市物价局、市科技局、市环保局。

表7－5－5－1　1993—2012年九三学社社员(常德)担任副处级以上职务名单

姓 名	性 别	出 生年月	现任职务	任职时间
朱传宏	男	1956.9	常德市政协副主席	2007.12 —
邓正春	男	1957.2	常德市原副主席、常德市农业局副局长(副厅级)	2002.12 —
唐圣松	男	1962.11	湖南文理学院副院长（副厅级）	2010.1 —
陈佩荣	女	1967.6	常德市勘测建筑设计院院长	2007.4 —
郑海涛	女	1968.8	常德市临澧县副县长	2009.8 —
冉滨辰	男	1967.1	常德市汉寿县副县长	2004.3 —
龙　艳	女	1972.8	九三学社常德市委专职副主委	2011.4 —
罗功大	男	1965.10	常德市科技局副局长	2006.6—
刘寅初	男	1968.1	常德市畜牧水产局总工程师	2008.4 —
刘学碧	男	1968.9	常德市贸促会副调研员	2009.9 —

第六章　社会服务

第一节　办学与专题讲座

一、九三高级中学

根据当时组织社会力量办学的形势要求，九三学社常德市委在1993年3月成立时就谋划发挥常德师专(现湖南文理学院)人才教师高素质的优势，筹办九三高级中学。1993年4月1日，社市委批复同意师专支社由柳书伦、韩隆福、赵玉泉三人负责筹办“九三高级中学”。“九三高级中学”在1993年经市教委批准备案，在已停办的常德教育学院租用办公室和教室及宿舍正式成立。7月至8月，轮流坐班招生，近80人，开2个班。9月3日举行开学典礼，社市委主委梁金顺参加了典礼，并作了热切希望的讲话。1994年，学生人数减少至60余名，合为一个班。高二第4学期，学校交由社市委主委梁金顺直接、领导柳书伦个人负责。因生员、管理等原因，高三续办发生困难，经社市委研究，于1996年由主委梁金顺负责清完账后停办移交。

二、专题讲座

九三学社常德市委充分发挥广大社员联系面广的优势，量力而行地开展引资引智活动，积极践行“同心”思想。

2006年10月，九三学社常德市委与中共常德市委统战部联合在共和大酒店举办《中部崛起——常德工业强市发展战略高峰论坛》，邀请中南大学博导、九三学社湖南省委原专职副主委吴金明教授作主题报告。常德市相关企事业单位共250多人参加高峰论坛，认真听了吴金明先生的报告。这是吴金明教授继3月在芙蓉大酒店作《赢在创新》在大型讲座后，在常德的又一大型讲座报告。2011年，吴金明副主委被中共常德市委聘为常德市人民政府重大行政决策咨询专家库咨询专家。

2008年10月，九三学社常德市委承办当前中国形势报告会，特邀请九三学社中央副主席、全国人大财经副主任贺铿教授到常主讲。各区县(市)统战部长、各民主党派班子成员及党派骨干共200多人参加。贺铿的报告系统分析了中国当前经济状况和存在的问题，深刻剖析了中国经济如何在全球经济衰退的形势下正确应对，并就国际经济形势、我国当年前三季度经济运用情况以及当前中国农业发展情况，作了精彩的述评。

第二节 科技咨询与支农服务

作为高级知识分子汇集的民主党派，多年来，九三学社中央一直号召各级地方组织进一步搞好支农、支边、科技咨询，为社会主义各项建设服务。自九三学社常德市委创建以来，社市委多次召开会议，对组织社员为社会服务，开展科技咨询活动等问题进行深入研究与布置。社市委始终把服务农村、支农利农、提高农业发展的科学化水平作为目标，每年均组织2—3次以科学种棉、果木开发、蔬菜栽培、科技咨询等为内容的支农服务，帮助农民提高农业生产科学化水平，对科学推动农业发展做好示范作用。

一、开展农业科技讲座

1999年4月30日，邓正春、汤小明、朱明灯、龙艳等到津市白衣乡荷花村开展科技下乡扶贫活动。邓正春、汤小明作为农业专家向200多人作技术课讲授，印发技术资料240多份，赠送价值2000多元的植物保长剂。1999年7月15日，九三学社常德市委与市政协农业组邓正春、汤小明、朱明灯、熊伟、贺云、龙艳至武陵区丹洲乡、芦荻乡开展科技下乡活动，九三学社市委主委邓正春接受市电视台采访时说："一是农民抗灾补损、生产自救需要科学技术；二是提高产量和品质、增加经济效益离不开科学技术。我们这次活动正是顺应农民发展的需要而开展的"。汤小明为农民讲授蔬菜发动动态、产销形势、蔬菜栽培技术及病虫防治方法。印刷资料800多份，向农民赠送2000多元植物保长剂，深受农民欢迎。市电视台、《常德日报》等媒体作报道。1999年10月24日，邓正春、汤小明、朱明灯至蔡家岗乡开展科技咨询服务，在镇党委书记谭延胜陪同下，实地考察蔡家岗镇农业结构的调整提出了不少合理建议，受到镇党委高度重视。1999 年 12 月 8 日，邓正春、汤小明、黎昌祥到鼎城区黄土店镇进行蔬菜资询服务，考察黄土店的地貌特征、土垠质地、地下水位、排灌设施，提出“一建、二备、三改、四布局”的建议，受到中共镇党委的高度重视。

2000 年 2 月 28 日，邓正春、汤小明、黎昌祥到鼎城区牛鼻滩镇谈家河进行咨询服务，考察了谈家河的地形地貌、土垠肥力、排灌设施等情况，发现地势太低，渍水和排灌不畅等问题，给农民讲授发展蔬菜的技术和效益，印发资料 400 多份。《常德日报》报道。2000 年 4 月 5 日，九三常德社市委和市政协农业组、武陵区农广校联合举办科技下乡活动，在丹洲乡阳湖村由邓正春、熊伟、黎昌祥向农民进行高产蔬菜栽培技术讲座，听课农民 100 余人，发放资料 100 套、1100 份。市电视台、《常德日报》报道。2000 年 5 月 12 日，邓正春与农业支社汤小明、黎昌祥到鼎城区韩公渡镇，为乡镇干部职工讲授蔬菜营销形势及栽培技术。2000 年 9 月 29 日，邓正春现农业支社汤小明、黎昌祥在鼎城区丁家港开展科技下乡活动，分别给乡村干部和农民 300 多人上技术课，印发资料 500 多份，深受农民欢迎。2000 年 11 月 7 日，邓正春带农业支社汤小明、黎昌祥与市委办副主任杨运林在鼎城区开展科技咨询服务活动，邓正春、黎昌祥向 200 多群众讲授技术，印发资料 300 多份。

2002 年 3 月 18 日，邓正春、吴平安、蹇斯炎等到桃源县青林乡封火溶村为 600 多农民作技术讲座，市电视台、《常德日报》报道。2002 年 3 月 26 日，邓正春、吴平安、覃事玉在汉寿围堤湖乡席家咀村进行咨询服务，为 480 多名农民讲授技术。2002 年 3 月 29 日，邓正春、覃事玉、贺学红、肖伟勋、贺云、龙艳等协同市政协、市农业局，在汉寿县太子庙五里冲开展科技咨询服务活动，邓正春、覃事玉、贺学红为几百农民群众作技术讲座，印发资料 500 份，发放带花蕾辣椒 10 万株。《常德日报》报道。

二、组织农作物栽培与病虫害的防治教育

2003 年 3 月 11 日，九三学社常德市委在澧县张公庙开展综合性的送科技下乡活动，邓正春、肖宏琛、覃事玉、贺学红、吴平安分别讲授大棚及无公害生产技术、棉花制种及生产栽培、水果新品种及栽培技术，听课农民 500 多人，发放资料 1000 多份。市电视台、《常德日报》报道。2003 年 3 月 21 日，社市委协同市政协、市文化局等单位，在西洞庭管理区开展科技文化下乡活动，邓正春、覃事玉、吴平安、黎昌祥分别为农民讲授了蔬菜、水果等方面的栽培技术。2003 年 3 月 25 日，邓正春、吴平安、覃事玉配合有关部门，在石门县夹山镇姊妹村开展农业咨询服务活动，听课农民 600 多人，发放技术资料 2000 多份。市电视台、《常德日报》相继作了报道。2003 年社市委组织成员先后在鼎城、汉寿、石门、澧县

等地咨询服务，全年开展科技咨询和义诊活动12次，发放资料万余份，听课农民3000多人次，义诊300多人次，免费赠送药品折价近3000元。仅在2003年，邓正春深入农村进行科技讲座就达20余次。

2004年3月21日，邓正春带农业支社专家，在汉寿县沧港镇讲授棉花制种、蔬菜栽培，听课农民600余人，发放资料600余份。2004年7月28日，社市委组成科技服务队，由朱传宏带队到安乡县官垱镇新乐村，开展棉花制种讲座，听课农民300多人，发放资料300多份。《常德日报》在报道中高度评价这次科技活动。

2007年6月底，邓正春率农业支社社员与武陵区政协一道前往芦山乡进行农业技术服务活动。2007年11月28日，社市委组织湖南文理学院部分九三生物农业专家教授，到丹洲乡为当地基层干部培训科学养殖、病虫防治知识讲座活动，参加的有100多人，受到充分肯定和欢迎。

2012年5月，九三学社鼎城支社在鼎城区蒿子港镇开展科技服务活动，省棉科制所副研究员、九三学社社员曾潜为13个村的村民代表讲授棉花栽培技术知识，为村民免费发放棉花栽培实用技术手册，受到广大农民的欢迎。2011年6月，九三学社武陵区支社牵头，组织了区农业局、区畜牧水产局、区农机局的社员科技专家服务团，前往武陵区丹洲乡开展科技活动。活动通过专家咨询，陈放科普书籍、现场医疗咨询等多种形式，为农村农民群众排忧解难。服务团还向村民发放畜牧技术、高致病性禽流感防治，气象防雷知识等宣传手册千份。

三、建立“三农”服务联系点

2008年，九三学社常德市委机关把服务新农村建设作为当年社会服务的重心，改变以往的随机性的服务方式，在西洞庭管理区望洲办事处的白芷湖村开展点菜式的社会服务，主要依托九三的人才优势，采取随叫随到的方式，根据当地农民的需要，派出相应的科技人才。如3月23日上午，白芷湖村打电话说部分水产户养鱼出现大面积死亡，中午社市委就请两位水产专家实地诊断。6月底，白芷湖村棉花病虫害严重，社市委专职副主委罗功大带领郑海涛等棉花专家到该村，发放500份资料，既组织棉花病虫害的防治讲座，又下到田间地头手把手地指导农民防治病虫害。

四、启动“百名专家进学堂”活动

根据九三学社中央《关于开展“科普进学堂”活动的通知》(九三中办发〔2009〕12号)

和《关于启动“百名专家进乡村入学堂”活动的通知》(九三中办发〔2009〕50号)精神,九三学社常德市委为响应九三学社中央号召,多次组织“科普进乡村入学堂”活动。同时,还组织了以农业、教育等专家来形成专家库,并把“科普进乡村入学堂”作为九三学社常德市委社会服务的重要工作之一。

2010年9月,九三学社常德市委实施“百名专家进乡村入学堂”,社市委与市科协联合在东江小学举办科普课堂活动,湖南文理学院孙元喜教授、同德学院蒋世平主任分别作化学与计算机科普知识专题讲座,市科协赠送科普光碟。黄明继续为浮桥小学捐款2000元。2010年9月11日,社中央以《九三学社常德市委员会启动“专家下乡村,科普进课堂”活动》为题,报道常德九三在浮桥小学捐资助学助教事迹。

2011年3月29日,龙艳和贺学红等组织农业医疗专家,为肖伍铺村村民上农业技术课,并免费诊疗。统战系统为1000多人在茶盐老街演出了精彩的文艺节目。2011年6月28日,社市委朱传宏组织湖南文理学院委员会,到汉寿县株木乡清水湖由李淑红、王文彬教授为农民讲授“水产养殖和水产防治”,清水湖国际度假区的国际会议中心、高尔夫球场、涉外学院、水上运动。

第三节 医疗义诊与扶贫助学

一、医疗义诊

定期送医送药到乡村

1999年12月4日,邓正春和医卫支社11名专家教授,到丹洲乡卫生院举行医疗义诊活动,为100多家农民义诊,并把一位被某医院误诊为感冒的急性阑尾炎患者,即时派专车送到第一人民医院就诊,避免一起恶性医疗事故的发生,受到当地群众好评。常德有线电视台、《常德日报》报道。2000年5月20日,邓正春率医卫支社10多名专家到桃源县黄石镇开展医疗咨询服务,义诊病人400多名,发放资料1000多份,赠送价值2000多元的药品,受到农民的热烈欢迎。市电视台、《常德日报》《湘声报》《大众卫生报》分别报道。

2005年10月23日,九三学社常德市委组织10多名专家在临澧县陈二乡开展义诊活动,为200农民进行诊治,发放1000多元常规药品和健康资料1000多份。

整合支社力量开展义诊

2000年9月30日,常德九三全体社员向贫困地区捐冬衣230件、捐款2180元、捐价值2000余元的药品一件，皆运送至湘西保靖县野竹坪镇腊洞村交付。2000年11月24日，医卫支社朱世津、黄跃衡、肖燕芳与一医院其他医生，在汉寿县毓德铺永固村进行医疗义诊活动，义诊400余人，医院捐款5000元，赠送价值1000多元的药品。

2005年4月16日，九三学社常德市委组织武陵、农业、综合三个支社，在芦荻山乡芦山村开展送医送药科技下乡活动。2005年6月24日，社市委组织农业及医疗专家20余人，在鼎城区牛鼻滩镇武陵村开科技卫生下乡扶贫活动，为200多农民进行义诊，免费发放了1000多元药品，发放资料千余份。2012年6月，社市委组织市三医院、市中医院的九三社员到桃源乡青林乡开展送医送药活动，为农民进行常规身体检查，讲解保健知识及常见病、多发病的治疗方法，指导病患诊疗、用药，为近百名群众提供面对面的诊疗服务，免费发放价值3000元的药品。

与市政协、中共常德市委统战部及其他党派共同开展活动

2002年3月，医卫支社先后派出10余名专家会同农工党在蒿子港、钱家坪、花岩溪、夹山开展4次社会服务义诊活动。

2006年2月，社市委组织医疗专家与《常德日报》社到紫桥社区为老人义诊、免费检查身体送医送药。

2007年12月5日，社市委与中共武陵区城北办事处党委共同组织武陵支社部分医疗专家，到紫桥社区参加红丝带活动，为社区居民送去一份健康。

2008年11月21日，朱传宏组织以"九三人"为主的10位专家与市政协文史委工作组共15人，到桃源县茶庵铺村阳坪村开展义诊送药活动。

2009年11月6日，社市委与市政协九三成员到安乡，进行健康知识讲座，并义诊送药。朱传宏与专家还在县领导陪同下亲自上门慰问，看望乡村中身患重病、生活困难的居民，并赠送药品。年底，社市委领导到鼎城区养老院慰问，朱明灯为养老院捐赠价值万元以上的老年用品。社市委还组织专家到桃源龙潭镇杜家坊村为200多位农民义诊，现场发放7000元药品。社市委朱传宏、龙艳等到蔡家岗敬老院，为老人检查身体、赠药，并转交社员黄明义捐的10000元现金。工业、武陵支社为癌症患者高得谟送交捐筹的3900元慰问金。

二、扶贫助学

2009年8月，九三学社常德市委组织献爱心捐助活动，黄明给武陵区东江小学10名贫困学生捐助2000元。并购买1000多元体育用品捐赠学校，2009年9月，社市委领导和社员们，纷纷前往武陵区东江乡看望印贤方、印玉兰兄妹，社市委倡议九三成员资助印氏兄妹，十几名社员等捐款捐物，黄明送去 2 吨水泥为印家平整地面。印氏兄妹父亲病时，呙斌辰、龙艳、陈佩荣、庹朝晖、易萍等即时赶往印家看望，并为印氏兄妹送去生活用品和 1000 元慰问金。过节时，龙艳把印氏兄妹接到家里，晚上买礼物亲送回家。

2010 年 8 月 13 日，朱传宏带领社市委市政协委员、市人大代表，携 3000 元药品，到常德市社会福利院，为孤寡老人义诊送药，院长王冠华作汇报。2010 年 11 月，社市委组织对社区困难家庭送米送油送衣活动，并联系社区内的单位，共同为社区解决为所能及的困难。

2011 年 1 月 12 日，九三学社常德市委朱传宏、龙艳、杨丽君为肖伍铺村小学送去价值 10000 多元的书柜和图书建立图书室。2011 年 1 月 24 日，社市委组织高职院、土木、综合、武陵等 4 个支社，到武陵区东苑社区对贫困居民进行义诊、送药和慰问困难群众，免费发放 2000 元的药品，为 11 家特困户送上慰问金和过春节物质。2011 年 1 月 26 日，社市委朱传宏、龙艳等 7 人，对城东办事处东苑社区贫困居民进行慰问，并走访社区展开对口智力扶贫活动。朱传宏将社员捐献的 2000 多元慰问金和 2000 多元等的油米发到困难户手中。

第八篇

常德市工商业联合会

第一章　组织机构

第一节　公馆与会所

常德位于沅水下游，扼洞庭湖西北之口，历史上曾为川黔要道，素有湘西北门户之称，“湘黔物产多集散于此”。交通方便，商贾林立。早在十八世纪中期，江西、安徽、广东、山西、陕西、福建、湖北、河南等地来此经商者逐渐增多，他们各擅一业，为了维护同乡利益，讨论行情，整理行规，各地商人开始组成公所与会馆。乾隆十六年(1751)，此类会馆已达十七家之众，如江西籍人在大河街设有“江西会馆”(万寿宫)，安徽籍人在衣服街设有“徽州会馆”(三元宫)，山西、陕西籍人在上南门设有“山陕会馆”，福建籍人在上南门设有“福建会馆”(天后宫)，广东籍人在南城外设有“广东会馆”，江苏籍人在南门口设有“江南会馆”。还共同集资修建“育婴堂”“同善堂”“体仁堂”等慈善机构。嗣后，同治壬戌年(1862)，又有湖北籍人在城东设有“湖北会馆”，河南籍人在水星楼设有“河南会馆”，本省人在城东设有“长沙会馆”，在上南门设有“辰沅会馆”，在城东设有“衡永会馆”，在南岸设有“宝庆会馆”，在小河街设有“麻阳会馆”，在东门外屠家堤设有“宿松会馆”。

会馆作为本籍商民的集会场所，设有宫殿，如钱铺、绸缎业的“财神殿”、药材业的“药王殿”、酒馆业的“詹王殿”等，各业还各祭祀一神主作为崇拜的偶像，如“神农”、“詹王”、“财神”等，所以会馆也称祭神公所。

会馆是各籍商民自发组成的封建行帮性质的民间机构，经禀官立案受官府庇护，为其交差派捐。其职责是为行业制定行规、店约；议定行情市价；约束学徒伙计；调处行业纠纷；同时也组织壁垒，对抗苛勤，抵制外邦势力，从而在同行业中有较强的凝聚力量。常德会馆的首领称“老总”，负责掌管会产，主持祭祀和调处同业纠纷。会馆每年大都在祭神之日举行活动，也有每月举行一至二次例会的。会议内容多为公议价格、协调争议、商讨经营，修订条规等。违反会馆条规的要受到罚钱、罚酒席、罚戏等惩处。会馆活动经费来自捐款，分基金捐款、常年捐款和临时捐款三项。平时商人入会均需缴纳捐款。作为省、县籍的商人团体和帮派组织，会馆在商会成立后亦未解体，一直持续到解放前夕才告结束。

第二节　常德市总商会

1905 年秋，常德总商会开始筹备，1906 年秋报商部批准成立。1910 年 5 月组成“常德商务总会”，会长徐亮寅。会址设永安街（现人民中路）。后因袁世凯担心商会权利过大，对己不利，于 1915 年颁布新商会法，将商务总会改组，建立常德总商会，蔡正潜任会长。会董五十名，会员八百六十名。后几经改组，先后有李宇田、蔡子陶、罗紫庵、郑莲荪、曾春轩等人任会长。

1926 年秋，北伐军攻下长沙，全省工农商学各界人士组成反军阀斗争的联合阵线。常德商民在时任中共湘西党务办公厅主任滕代远的领导下建立“常德商民协会”（常德总商会因时局动荡，时任亚细亚洋行经理的会长曾春轩潜逃上海，实际会务工作陷于瘫痪），公推贺洪泰南货店青年店主贺凤章为商民协会委员长。常德商民协会成立后，在打击奸商，保护商贾正当权益，查禁洋货，鼓励经销国货等方面发挥重要作用。同时还配合店员工会宣传国民革命之意义，声援“湖南工农商学大联合”反军阀行动，参与支持“常德雪耻会”组织反帝斗争。1927 年湖南“马日事变”后，驻常国民党何健所属熊震部队，残酷镇压常德革命团体，6 月 27 日包围常德商民协会，贺凤章被逮捕，经历了严刑拷打，并于 1927 年 6 月 30 日被国民党杀害，时年 36 岁，解放后贺凤章被追认为革命烈士。

1930 年国民党政府下令撤销常德商民协会，同年 8 月 15 日，常德总商会改组为“常德县商会”，选杨少云为主席。1932 年，再次改组，选举王新民（丰记绸布店经理，江西人）为县商会主席，罗浴培、余辅臣、黄兰甫、殷伯平等人为常务委员，下辖同业公会 59 个，区商会 5 个，会员总数 1707 人。1938 年 6 月，日机轰炸常德，商会会址遭毁，王新民逃回江西后病逝，由谭祯祥代理县商会主席。1940 年，县商会奉命改组，选举郑宗元（江西人）为主席。1943 年，日机不断轰炸常德市区，市民纷纷疏散，常德商会活动陷于瘫痪。1945 年抗战胜利，10 月奉命筹备改选常德县商会，次年 3 月召开会员代表大会，选举姚吉阶（鼎强花行经理，常德人）为商会理事长，常务理事童上珍、孙少焜、张新元，常务监事王义之。历届常德商会改组或改选，均呈请县政府并核转湖南省建设厅报国民党政府经济部备案。

1949 年 4 月，解放军百万大军渡过长江，国民党机构仓皇逃离，常德商会负责人也远走湘西等地，商会组织瘫痪瓦解。

第三节　常德市(县级)工商业联合会

1949年7月29日常德解放，常德工商业者在常德军管会和政府临时办事处的领导下，建立了“常德商会临时办事处”，推选华法西药房经理何志明担任筹委会主任。1950年1月，商会临时办事处在常德市政治协商委员会的指导下召开了常德市工商联筹备代表大会。1951年8月25日——28日召开首届代表大会，选举产生常德市工商业联合会第一届委员会，熊炳立、燕春舫、何志明等28人当选为执行委员，谈宗华、周孜纯等7人当选为监察委员，常德市工商业联合会宣告成立。同年9月23日，召开第一次执监委员联席会议，推选熊炳立当选为主任委员。张志诚、燕春舫、何志雄、吕介人为副主任委员，何志明为秘书长，谈宗华为监委主任，郝慎吾为监委副主任。委员会下设“一室四课”和“十个专门委员会”，即：秘书室、组织课、宣教课、辅导课、总务课、建账委员会、学习委员会、劳资协调委员会、税收联评委员会、物质交流委员会、公私关系调整委员会、人民商场管理委员会、推销公债委员会、抗美援朝工作委员会、工商债务调解委员会。

1953年1月，依据国务院颁布《工商联合会组织通则》之规定，常德市召开第二届会员代表大会，熊炳立当选为主任委员。此后于1954年、1956年、1957年1962年召开三、四、五、六届会员代表大会，选举熊炳立为主任委员。

“文化大革命”期间，受“左”倾错误思潮影响，举国上下陷于动乱之中。常德市工商联遭受严重冲击，机关被迫停止活动，市工商联与民建市委(中国民主建国会常德市委员会)负责人下放农村，常德市工商联工作处于瘫痪状态。

1976年，“文革”结束，国家进入新的历史时期。1977年初，民建中常委、全国工商联开始恢复组织活动。1979年3月，中共常德市委统战部组成落实原工商业者政策的领导班子，并抽调原市工商联、民建的负责人谢海泉、胡建武、聂庆钧、张俊涛等四人参加这一工作。从1979年3月到1980年5月，他们进行大量艰苦细致的工作。对“反右”到“文革”期间受迫害打击的原工商业者进行纠正和补偿：下放农村的返回城市；取消干籍的恢复公职；占用查抄房屋或财物的退回或赔偿；扣减的工资和定息的予以补发；错划的“右派分子”全部改正。纠正一大批冤假错案，很好地落实党对民族资产阶级和广大工商业者的政策。

1979年5月，原市工商联领导成员和民建临时领导小组，在常德饭店首次召开“两会”成员为四化(工业现代化、农业现代化、科学技术现代化和国防现代化)服务的经验交流会,同年 10 月,原市工商联负责人谢海泉、陈述伟出席了民建中常委、全国工商联在北京召开的会员代表大会。

根据湖南省工商联关于“恢复我省十市一县工商业联合会的通知”和中共常德市委“关于恢复常德市工商业联合会”的指示,1982 年 4 月 27 日至 29 日,常德市工商业联合会第七届会员代表大会召开,出席大会代表共 131 人(原工商业者代表 75 人,工商界妇女 10 人,特邀代表 29 人)。会议期间,上届委员会副主任委员谢海泉作了第六届委员会工作报告,副主任委员胡建武传达了民建湖南省委员会、省工商联第二次委员联席扩大会议精神。中共常德市委副书记张让伯、市总工会副主席裴先秋出席了会议并讲话。会议选举产生了常德市工商业联合会第七届委员会,选出执行委员 17 人,谢海泉当选主任委员,熊志飞、胡建武、陈述伟、张俊涛为副主任委员,蒋运华为秘书长。

此后,常德地区各县、市相继恢复工商联组织。

1986 年 4 月,中共常德市委批转市工商联《关于工商联发展组织吸收新会员的请示报告》,在市属各部、办、局、公司的大力支持配合下,常德市工商联先后三批共吸收新会员 98 个,其中团体会员 1 个,个人会员 17 个,企业会员 80 个,新会员的增加,反映了社会主义初级阶段多种经济成分并存的特点,使市工商联组织结构发生了很大变化。常德市工商联和常德市民建系统自属企业和单位有:工商贸易公司,百花商场,中兴打印服务部,爱建农副土产经营部,育才会计学校,新蕾幼儿园。

1987 年 11 月 27 日至 28 日,常德市工商业联合会第八届会员代表大会与民建常德市第三次代表大会同时召开。工商联会员代表 85 人出席,选举产生由 23 人组成的第八届委员会(计正副主任 4 人,常委 9 人,执委 10 人),谢海泉当选为主任委员。张俊涛、黄建中、曹同生为副主任委员,黄建中兼任秘书长。共有会员 358 个。1987 年 12 月 31 日,常德市工商联成立工会委员会,由蒋运华任主席,张启生任副主席,聂克让、何孝仙、陈猷任委员。

第四节　常德市工商业联合会

1988 年,为适应新形势下工商联工作的需要,1988 年 5 月 20 日,中共常德地委下发《关于建立常德市工商联筹委的批复》〔常通字(1980)9 号〕。成立以谢海泉为主任,张俊涛、鄢家敏为副主任,李世存、徐世清、吴明忠、黄健中、曹同生、何国泰、伍学萍、刘承菊等为成员共11人组成的常德市工商业联合会筹委。

经过半年多的筹备工作，1988年11月22日至23日，常德市工商联第一次会员代表大会正式召开。选举产生由38人组成的第一届执行委员会，其中常委15人，名誉主委谢海泉，主委张前和，副主任委员张俊涛、黄兆辉、黄建中、鄢家敏(女)，秘书长曹同生。

从此，原常德市(后为武陵区)工商联改组为省辖常德市工商联(总商会)，机构定为正处级单位，并指导鼎城区、石门县、澧县、津市、临澧县、安乡县、桃源县、汉寿县、后加武陵区(1993年6月恢复成立工商联)等9个区县(市)工商联工作。市工商联下设办公室、组织宣传科、社会服务科三个科室。

随着各区县(市)工商联组织的恢复，各地在广泛宣传，深入发动，提高认识的基础上，根据全国工商联关于新时期会员结构要反映我国社会主义初级阶段公有制为主体多种经济成分并存的特点，按照自愿原则，有计划、有步骤地发展新会员。原有老会员1984人，到1989年发展新会员1648人。包括企业会员、个人会员和海外工商经济界人士，特别注意发展了一定数量的大中型国营企业，如湘北工贸总公司、常德棉纺厂、常德塑料一厂等，考虑此后建立同业公会的需要，集中在纺织、塑料行业发展26家新会员。本着巩固提高，适当发展的原则，安排专门力量对会员进行清理登记，澄清了会员底子。初步改变工商联以原工商业者为主体的组织机构。同时，在换届选举中改组充实领导班子，大胆引进一些年富力强的新人，正、副主委年龄由原来65岁左右调整到50岁左右。班子成员知识化、年轻化程度有明显改善。

1989年6月28日，经中共常德市委同意，成立常德市工商联党组，党组由李世成、鄢家敏、黄建中三位同志组成，李世成任党组书记。

针对各区县(市)工商联基础薄弱，工作条件比较差的现实情况，市工商联1990年提出了要求，县级工商联努力争取在几年内逐步实现拥有“三房一车”(办公用房、经营场所、干部宿舍、工作用车)的目标。经过二年奋斗，武陵、鼎城、石门、澧县、津市、临澧、桃源、汉寿工商联有了办公用房，鼎城、津市、临澧、桃源工商联经营场地有了一定规模，澧县、临澧、鼎城、桃源工商联购置了交通用车。对改善各区县(市)工商联工作条件起到一定推动作用。

根据工商联、民建工作对象及任务的变化和发展的新情况，急需解决原来两会合署办公、共同创办和分管企事业单位等历史遗留问题。1991年1月26日，由中共常德市委统战部部长李明安主持，召开市工商联和市民建两会负责人协商会，市工商联党组副书记李继训、名誉主委谢海泉、副主委张俊涛、黄健中、鄢家敏和民建主委聂庆钧、副主委何英国参加会议。经研究协商，决定从1991年起两会正式分开工作。依照上级有关精神和实际情况，原两会共同创办的经济实体、学校和幼儿园划分，其中四个企业(工商贸易公司、爱建农副产品经营部、百花商场、兴中打印服务部)属工商联所有并由其主管,育才会计学校和新蕾幼儿园属民建所有并由其主管。

1991年7月,中共中央批转中央统战部《关于工商联若干问题的请示》(即中央15号文件)下发,全市各级工商联抓紧新会员发展工作,当年共发展个体户及私营业主643人,1992年底正值各区县(市)人大、政协换届,在党委统战部门的重视下,工商联推荐一批非公有制经济代表人士为人大代表和政协委员候选人,共有79人担任市县政协委员,其中市县政协副主席4人,市县政协常委18人,28人被选为市县人大代表。通过举荐代表参政议政,增强了工商联的吸引力和凝聚力。1993年,市委统战部、市工商联联合批转石门县工商联建立夏家巷工商联分会的经验材料,在全市推广,促进工商联基层分会的建设。

为发挥工商联民间商会的作用,根据市委意见,经市委统战部批准〔常统复(1993)3号〕,1993年5月8日常德市总商会正式成立。总商会和工商联是二块牌子一套班子,名誉会长为彭孟芝、刘士六。1993年5月6日——8日,常德市工商联(总商会)第二届会员代表大会召开,出席大会的正式代表101人,选举产生由41人组成的常德市工商联(总商会)第二届执委会,其中常委19名,副主委8名,名誉主委谢海泉,主委张前河。

1993年上半年,市工商联和武陵区、石门县、澧县、津市、临澧县、桃源县、汉寿县相继召开代表大会换届,未换届的鼎城区、安乡县也调整了领导班子成员。根据中央15号文件的精神和工商联工作的新形势,各级工商联注重领导班子的充实和完善,全市共增补50多名非公有制经济人士到市区县工商联常委、执委班子中来。全市工商联执委成员259人,其中非公有制经济代表人士130人,占总数50%。每个区县(市)工商联都有一名非公有制经济代表人士担任兼职主委或副主委。市工商联41名执委中有14名是非公有制经济人士,占34.1%,17名常委中非公有制经济人士有6名,占35.2%。并安排一名在全市有一定实力和影响的私营企业家担任兼职副主委。积极稳妥发展新会员,按省工商联私营企业放手发展,三资企业重点发展,个体工商户稳步发展,乡镇企业适度发展的要求,加快会员结构的调整,吸收1730名个体工商户、私营企业主为会员,累计全市有新老会员7935人,其中非公有制经济人士4500多人。还加强基层工商联组织的建设,大力推广石门县建立乡镇分会和汉寿县建立联络小组的成功经验。在全市29个经济比较活跃的建制镇、区、乡所在地,建立工商联分会17个,工商联小组3个,工商联会员联络组9个。市工商联和各区、县、市工商联换届时,都一并成立总商会,为发挥民间商会作用提供有利条件。

1994年,市工商联把发展会员队伍的重点放在筹建乡镇、街道分会上,先后在津市市的保河堤镇、渡口镇、石门县的官渡桥镇、桃源县的漆河镇、桃花源镇成立工商联分会。发展会员600多名。同时,还在部分分会和私营企业中作建立中共党组织的尝试。如石门县夏家巷镇分会和石门澧东建筑公司成立中共党支部，加强在分会和私营企业中党员的教育管理工作。

1995 年 6 月 9 日，在吸收 84 名会员的基础上，成立市工商联（总商会）直属会员委员会，以此作为市工商联的基层组织。1995 年，在津市召开乡镇工商联分会工作现场会。总结推广津市工商联保河堤分会、武陵区工商联岩桥分会、鼎城区工商联石门桥分会、澧县工商联甘溪分会等先进基层分会的经验。

1996 年 12 月至 1997 年 11 月，市工商联和各区县（市）工商联先后召开会员代表大会，换届选举产生新的领导班子。一大批个体户代表、私营企业主等非公有制经济人士进入工商联班子中来。1996 年全市工商联组织发展会员 1500 名，会员总数达 6400 个。新建乡镇分会 8 个，各类工商联基层组织 38 个。

市工商联在发展会员、建立乡镇分会、同业公会等基层组织方面的成功经验，得到省工商联的肯定，1997 年 3 月，全省工商联组织工作现场会在鼎城区召开。市工商联以此为动力，继续大力开展基层组织建设，当年发展会员 773 名，建立乡镇分会 19 个，累计建立工商联乡镇分会 61 个。达到省工商联提出乡镇分会应占本地乡镇总数 30％的要求。同年 6 月，市工商联又在鼎城区召开全市工商联组织工作会议，鼎城区工商联重点介绍争取党委支持，选好基层分会会长，开展经常性活动，特别是搞好会员服务等方面的经验。9 个区县（市）工商联分别交流组织工作情况和经验，并参观鼎城区武陵镇工商联分会和部分会员企业。

1997 年 5 月 6 日——7 日，常德市工商联（总商会）第三届会员代表大会在市君蓓宾馆召开。出席大会的正式代表 112 人，选举产生由 51 人组成的常德市工商联（总商会）第三届执委会，其中常委 29 名，副会长 7 名，会长张前河。

按照省、市工商联换届工作会议精神，此次代表大会代表人选贯彻以非公有制经济人士为主的特色，私营企业主、个体工商户代表 78 名，占代表总数的 69.7％。在市工商联 51 名当选的执委中，非公有制经济人士 26 名，占 51％，29 名常委中，非公有制经济人士 14 名，占 48.2％。全市工商联会员发展到 7160 名。

1997 年 8 月 12 日，中共常德市委办公室下文，同意成立常德市光彩事业推动委员会。由市政协副主席李明安任主任，市工商联党组书记刘存根、会长张前和、副会长曹同生等 10 人任副主任，曹同生兼秘书长。

1997 年 12 月 19 日，常德市工商联妇女工作委员会成立。由 24 名委员、4 名正副主任、2 名正副秘书长组成，胡淑云任主任。下设组织联络部、宣传教育部、妇女活动基金会三个工作机构。

1997 年 12 月 7 日，组建市工商联会员俱乐部，首批会员 80 多人，定期邀请有关领导或专家进行理论辅导,交流生产经营情况,开展文娱联谊活动。由会员轮流做东主持,充分体现工商联自我管理、自我服务、自我教育的民间性特点。

1999年,市工商联加大组织建设力度,把发展会员,建立基层组织的任务量化后下达到各区县(市)。当年发展会员321名,组建一批以农村集贸墟场为依托的乡镇分会和以同行业人员为主体的同业公会、行业协会,新建基层组织14个,(累计69个),培训会员488名,建立联系户338户。同时进一步加强会员管理工作,各区县(市)工商联组织力量对新老会员摸底调查,清理登记,澄清队伍底子。

2002年3月16——18日,市工商联(总商会)第四届会员代表大会在市桃林宾馆召开,选举产生执委106人、常委37人、副会长11人,李明三当选主席。2002年底,全市9个区县(市)工商联全部完成换届工作。

2003年5月13日,市工商联成立民营经济法律服务办公室,主任为辛道云律师,为全市民营企业提供法律咨询服务。2004年,市工商联探索会员联络工作新机制,除保留两个直属商会和行业协会外,将所有市直会员按行业划分建立8个会员活动小组。

2005市工商联年调整会员发展方向,着力发展企业会员。新发展的650名会员全部是企业会员。下发《关于加强和规范异地商会和行业协会工作的意见》的文件,对异地商会和行业协会的人、财、物的管理提出具体要求。

2006年8月10日,市工商联在新天地大酒店召开全市组织工作现场经验交流会,全面贯彻省工商联组织工作会议精神,努力推进全市工商联组织建设工作迈上新台阶。全市各区县(市)工商联会长、党组书记,行业商(协)会、街道分会、乡镇分会的代表及市工商联全体机关干部参加会议。与会人员参观武陵区工商联城北街道分会、南坪乡镇分会和汽配贸易商会。武陵区工商联和石门柑橘协会等单位在大会上作典型发言,其它各区县(市)工商联进行经验材料交流,市工商联领导对全市组织建设工作进行了总结。市政协副主席、市委统战部部长文承保,市政协副主席、市工商联会长李明三参加会议并作重要讲话。7月底,全市会员总数达到8091个,其中企业会员达到2581个,行业商(协)会63家,涉及家居、美容美发、电子电脑等50多个行业,全市乡镇、街道基层分会达到154家,占乡镇、街道总数的61%。

2007年4月8日至9日,市工商联第五次会员代表大会召开,本次代表大会正式代表222名,特邀代表30名,选举产生了新一届领导班子。执行委员会设执委138名,其中常委73人,副主席23人,陈伟俊当选主席。此次大会分设工商联、总商会领导班子,为工商联发挥商会功能创造条件。总商会名誉会长罗祖亮,会长陈伟俊,副会长9名。在推荐执委候选人过程中,充分考虑工商联与民间商会是两块牌子,两套人选一个工作机构和非公有制经济发展这两个重要因素,注意把私营企业、三资企业等非公有制经济人士中有层次、有影响、有代表性的人选结合起来，以便完整地体现工商联商会形象和主要做非公有制经济代表人士工作的主要职能。市工商联（总商会）第五届执委候选人具有广泛性、代表性和先进性，体现组织结构发展的方向，增强民间商会的生机与活力。

市工商联五次代表大会以后，围绕“强基固本”工程，市工商联以组织建设为重点，不断加强自身建设。在注重质量的前提下，把全市有社会影响、行业影响、热心工商联事业的非公有制企业，特别农业产业化龙头企业、生产性、服务型企业和个人吸收为会员，不断增强工商联组织的生机活力和凝聚力。会员队伍整体素质较之以前有提高，会员结构得到改善。对行业商会本着“坚持标准、稳步发展、发挥作用、加强监管”的原则，在巩固完善已有商会的基础上，做到成熟一个组建一个，2011 年全市新组建行业商（协）会 10 个。按照《常德市工商业联合会商协会管理暂行办法》，加强对已建立商会组织的指导和帮助，从组建班子加以协助，从建章立制加以规范，从开展业务活动加以引导。

为认真贯彻中办发 17 号文件、湘办发 25 号文件和省换届工作会议精神，稳步推进市区县工商联换届工作。市委组织部、统战部、市工商联层层召开会议，建立换届工作领导班子和工作班子，制定周密的换届工作方案，使工商联换届工作列入市委重要议事日程。受到市委领导的高度重视。市 9 个区县（市）的换届筹备工作进展顺利。从 2011 年 11 月至 2012 年 2 月，澧县、安乡、石门、津市、桃源、鼎城、临澧、武陵、汉寿等 9 个区县市工商联（总商会）圆满完成换届工作。

2012 年 3 月 26 日—27 日，常德市工商业联合会（总商会）第六次会员代表大会在芷园会堂召开。此次大会共有与 320 名会员代表和 30 名特邀代表参加。会议审议第五届执行委员会工作报告，研究部署今后五年的工作任务，选举产生新一届领导班子。执行委员会设执委 201 名，常委 105 名，市工商联副主席 25 名，市总商会副会长 13 名，陈伟俊当选为市工商联主席和总商会会长。

至 2012 年底，常德市工商联已形成横到行业竖到乡镇（街道）的组织网络体系。全市有 9 个区县（市）工商联组织，149 个乡镇（街道）工商联分会，86 个行业商（协）会，14 个市场商会和开发区商会。发展会员 9716 人（其中个人会员 5266 人，企业会员 4299 人，团体会员 139 个）。

常德市工商联内设组织机构：办公室、会员经济联络科、宣教科。

表 8-1-4-1 常德市工商联历届领导人任职情况

届次	任期	主席	副主席	备 注
第一届	1988.11—1993.05	张前河	张俊涛(已故)、黄兆辉、黄建中、鄢家敏(女)	党组书记:李世存
第二届	1993.05—1997.5	张前河	李继训、鄢家敏(女)、黄建中、罗祖亮、刘锦章、文稼如、陈长新、黄兆辉	党组书记:李继训
第三届	1997.5—2002.03	张前河	刘存根(女)、鄢家敏(女)、黄建中、曹同生、刘锦章、陈长新、张为臣	党组书记:刘存根(女)
第四届	2002.03—2007.04	李明三	钟春枝(女)、鄢家敏(女)、陈长新、聂西安、满 意、黄立军、陈代祥、张友富、李少夫、周向前、陈亮	党组书记:钟春枝
第五届	2007.04—2012.03	陈伟俊	钟春枝(女)、蒋颖群(女)、谈远灯、杜鹏、聂西安、李少夫、陈亮、张友富、黄立军、肖汉族、张永平、高毅、傅子刚、李建春、李发银、凌星、丁碧燕、刘立基、张民主、高绪秀(女)、陈章金	党组书记:钟春枝(女)、蒋颖群(女)
第六届	2012 年 3 月——	陈伟俊	鲁晓凤(女)、谈远灯、赵晓波、文政国、丁碧燕、王国云、石朝勋、刘立基、李少夫、李发银、李志兵、李建春、宋燚、张友富、张照耀、陈亮、罗订坤、凌星、高波、高毅、丁杰、龚永福、彭长秀(女)、傅子刚、舒德春	党组书记:鲁晓凤(女)

第五节 专门委员会(商会)

一、常德女企业家工作委员会(商会)

常德市工商联女企业家工作委员会(又称女企业家商会)于 1997 年 12 月成立。

1991 年市工商联和民建常德市委分署办公,原两会妇女工作委员会停止活动。根据全国工商联文件精神,1997 年省工商联要求常德市等四个地市成立工商联妇女工作委员会。为了展示我市女企业家的巾帼风采和精神面貌,更好地引导广大女企业家立足本职、奋发进取,提高女企业家队伍素质,同时也为女企业家成长、女性创业发展搭建展示才华的平台,1997 年 6 月,经市工商联召开会长会议研究,开始筹建常德市工商联妇女工作委员会。12 月 15 日,成立了以胡淑云为组长的筹备小组,在女会员中物色和推荐一批素质较高、有一定活动能力、热心妇女工作的人选进入妇女工作委员会。1997 年 12 月 19 日，经市工商联批准，常德市工商联妇女工作委员会（女企业家商会）正式成立。首批委员 29 人，选举胡淑云任主任。李元珍、彭培菊、罗丽君为副主任，秘书长陈春美。下设组织联络部、宣传教育部、妇女活动基金会三个工作机构。

随着非公有制经济迅速发展，工商联会员结构发生变化，女老板、女企业家不断涌现，女会员随之增加，为了适应新形势工商联妇女工作的需要，更好地发挥女会员积极作用，市工商联党组经过研究决定，对市工商联女工委进行换届。2003 年 6 月 18 日，市工商联女企业家工作委员第二次会员代表大会召开，回顾总结了前五年的工作，安排部署了下段任务和目标，选举产生了新一届领导班子。胡淑云当选为主任，曾腊梅、齐淑兰、李赛英、甘宗华、姚静、马兰为副主任，秘书长周萍。市委副书记周用金、市人大副主任蒋祖建、市政府副市长龚建民、市政协副主席、统战部长文承保、市政协副主席、工商联会长李明三出席了会议，周用金代表四大家领导向大会致贺，到会的 80 多名女企业家倍受鼓舞。

2008 年 11 月 7 日，常德市工商联女企业家工作委员会在华天大酒店四楼多功能会议室召开第三次会员代表会议，选举产生了第三届女工委领导班子。张中英当选会长，齐淑兰、高绪秀、胡淑云、曾腊梅、熊振爱、阙思静、龚美华、彭骊娅、蒋珊华、龙春桂为副会长，秘书长周红。副市长万承贞、市委统战部副部长鲁晓凤、市委统战部原副部长、调研员、市工商联原党组书记钟春枝、市总工会副主席戴正玉、市妇联副主席刘珍等莅临会议。

到 2012 年底，女工委发展到拥有会员 78 名，包含有纺织服装、机电、新材料开发、商贸流通、金融保险、农产品种养加、家政服务等行业。在这支高素质的女企业家队伍中，涌现出了全国“三八红旗手”、全国巾帼建功标兵齐淑兰、高绪秀，全国优秀中国特色社会主义建设者、全国光彩之星阙思静，湖南省再就业明星、巾帼建功之星、创业之星胡淑云等一批优秀女企业家。常德女企业家商会成立后，积极引导和组织广大女企业家开展活动，在促进非公有制经济发展、参与社会公益事业和参政议政方面发挥着独特而不可替代的作用。

二、常德青年企业家商会

常德市青年企业家商会于 2010 年 8 月成立，是市工商联最年轻的直属商会之一。

改革开放以来，随着常德经济的日益发展，全市涌现出了一大批优秀的青年企业家们，他们遍布公益事业、房产、建筑、建材、家居、服务等众多行业。这些青年企业家在发展企业的同时，迫切希望党委、政府能为他们搭建一个交流、交友、学习的平台和展示自身才华的舞台。为了更好地服务青年企业家、青年经营管理者的成长成才，促进家族式企业向现代企业转型发展，进一步引导和激励他们投身于经济建设中来。市工商联直属会员单位党委在广泛调研的基础上，向市委提出了加强工商界青年人才培训培养的建议，得到市委高度重视。2010 年 7 月，市财政拨出专款举办青年企业家培训班，2010 年 7 月，在市工商联在指导下，由唐丁杰、张涛、李军、闫澧、周晓、胡文斌、王淼、刘帅、周传家、唐艺纾、张俪蓝、陈瑶、刘银 13 位年轻企业经营者的共同倡导，正式提出成立常德市工商联青年企业家商会的构想。成立大会筹备委员会，下设综合协调组、组织组、宣传组、会务组。

2010 年 8 月 25 日，工商联青年企业家商会党员会议经过选举。产生由唐艺纾、肖文杰、宁凯等 3 人组成常德市工商联青年企业家商会支部委员会，唐艺纾担任支部书记，肖文杰担任支部副书记，宁凯担任支部委员。2010 年 8 月 27 日上午，在华天大酒店四楼多功能会议室召开常德市青年企业家商会成立大会。唐丁杰当选为青年企业家商会会长，周传家、罗订坤、胡文斌、刘 银（女）、李军、王淼、闫澧为常务副会长，向寅军、曾荣（女）、周晓（女）陈 瑶（女 ）唐艺纾（女） 刘帅、张俪蓝（女）为副会长，秘书长周红（女）。成立大会由市政协副主席、市工商联主席陈伟俊主持，副市长沈习淼为常德市工商联青年企业家商会授牌，市委常委、统战部长李爱国发表重要讲话。

新成立的常德市工商联青年企业家商会是由常德市青年企业家、青年经营管理者以及工商界中具有代表性的青年人士自愿组成的联谊性、非营利性社会组织。到 2012 年底，市青年企业家协会共有会员 82 名。会员企业基本涵盖工业、农业、商贸、城建等各行业，会员平均年龄 29 周岁。所属企业资产在 500 万元以上的 41 家，占会员总数的 66%。常德市工商联青年企业家商会的成立，标志着市新一代企业家已经倔起，也形成经济社会建设主战场的生力军。市工商联青年企业家商会成立后，成为市青年企业界交流协作的平台、青年企业家创业的乐园、与外地企业界互相学习的桥梁与纽带。广大会员在青年企业家商会常委会的领导下，深入贯彻落实科学发展观，进一步振奋精神，加强学习，勇于创新，携手共进，扎实工作，为常德现代化建设中作出自己的贡献。

第六节　区县(市)工商联组织

一、武陵区工商联

1949 年 8 月 5 日常德市解放后，成立“常德市商会临时办事处”。1950 年 1 月成立“常德市工商联合会筹备委员会”。1951 年 8 月 25 日至 28 日，召开“常德市首届工商界代表大会”，选举产生“常德市工商业者联合会第一届委员会”。从这届起至1966年之间，共召开六届工商届代表会议。“文化大革命”期间，市工商联组织停止活动。

1982年恢复机构和活动。1986年4月，中共常德市委批转市工商联《关于工商联发展组织吸收新会员的请示报告》后，先后共吸收新会员98个，团体会员1个（个体劳动者协会），个人会员17个，企业会员80个。

1988年7月，原常德地区撤区建市，原常德市改为武陵区，工商联职能上收，武陵区只设分会和会员活动小组。

1993年6月，武陵区恢复成立工商联。1995年，有会员小组8个。

第九次代表大会于1993年6月28日举行，选举邓德胜任主委。1996年1月何逢辉任会长。

第十次代表大会于1997年1月召开，选举何逢辉任会长，1998年12月顾群慧任会长。2001年2月，刘世俊任会长。

第十一次代表大会于2002年4月11日召开，选举刘世俊任会长。

第十二次代表大会2006年12月28日召开，选举彭次君任区工商联（总商会）会长。

第十三次代表大会2012年2月16日召开，选举彭次君任区工商联（总商会）会长。

1995年5月武陵区工商联设立党组，先后有何逢辉、宋善金、龚国政、顾群慧、刘秋兰、向天明、刘世俊、杨元珍任党组书记。

1993年起十多次被市工商联评为“优胜单位”、“服务会员先进单位”、“对外联络先进单位”、“工商联工作先进单位”等，1996年、1997年被中共常德市委、市政府授予“支持个体私营经济发展先进单位”，1998年评为全省工商联“先进集体”，2002、2003、2005年被省评为“湖南省工商联宣教工作先进单位”、2004年荣获“湖南省工商联工作先进单位”。会员张凤梅被国务院授予“全国劳动模范”和“全国先进工作者”。会员严若君被国家工商总局、共青团中央联合授予“全国个体先进青年”荣誉称号。

到2012年年底，武陵区工商联下设基层组织18个，其中乡（镇）街道分会12个，市场分会2个，行业分会3个，直属分会1个。共有会员718名，其中企业会员648名，团体会员6名，个人会员64名。

二、鼎城区工商联

1986年7月，常德县工商联成立，加挂“常德县总商会”牌子。

1988年撤县建区后，更名为鼎城区工商联（总商会），两块牌子，一套人马。设主委（后改称会长、主席）、副主委（后改称副会长、副主席）、秘书长等职务，均由会员代表大会选举产生，党组书记由统战部副部长兼任。按照章程规定，每年召开一次常执委会，大约每五年召开一次会员代表大会。第一届（1986—1989 年）主委胡湘泉，第二届（1989—1994 年）主委黄兆喜，第三、四、五届（1994—1997、1997—2002、2002—2006 年）会长尹茂林，第六届（2006—2011 年），其中，2006 年 10 月至 2007 年 10 月，会长刘友善，2007 年 10 月改选钟泽英为会长。历任主席尹茂林兼任区人大副主任、刘友善兼任区政府副区长、钟泽英兼任政协副主席。

2011 年 12 月 29 日，鼎城区工商联（总商会）召开第六次代表大会，选举出新一届领导班子，钟泽英当选为主席（会长）。

历届党组书记蒋玲玲（兼）、陈大坤（兼）、朱首舵。

1986 年至 2007 年是区工商联队伍快速发展期，共发展会员 1298 名，组建乡镇分会 33 个，行业协会 2 个。自 2008 年开始，区工商联着手清理整顿乡镇分会和会员队伍，重新发证授牌。

至 2012 年底，区工商联（总商会）共有会员 287 名((其中个人会员 278 名，企业会员 7 名，团体会员 2 个），乡镇分会 7 个，行业协会 2 个。会员中共有省人大代表 4 人，市人大代表 19 人，区人大代表 49 人，市政协委员 4 人，区政协委员 66 人，行风评议员 29 人。

区工商联多次获湖南省宣教工作先进单位、常德市工商联全面工作先进单位、鼎城区目标管理先进单位等荣誉称号。

三、汉寿县工商联

1915 年（民国四年）汉寿县成立商会，1926 年，中共汉寿县委领导的汉寿县商民协会成立，大德堂中药店老板张善甫任委员长，1927 年（民国十六年）马日事变后，县商民协会被撤消。1930 年（民国十九年）汉寿县成立同业公会，隶属于县商会。同年，成立沧港（现沧港镇）市商会。1931 年，汉寿县商会与常德、湘潭等 24 个县商会发起筹备全省商联会。1940 年，中共县工委领导群众开展“闹盐斗争”，省政府被迫将县商会主席彭连生等革职查办。

解放前，历任会长、主席为刘进德、张玉清、张善甫、聂又川、吴兆璜、徐锦秋、彭连生、肖子开、张敦均、李子伟、彭合林、张介元，每届会长（主席）任职无定期，但理事监事任期为 2 年。

1949 年 8 月 4 日，县商会派代表赴沧港迎接解放军入城。1949 年 9 月，县城关镇工商业联合会成立，罗永生任主任。1953 年 9 月 12 日，县工商业联合会成立，陈奖球任主任。1956 年 6 月 1 日，县工商业联合会换届选举，邱永信任主任。“文化大革命”期间，县工商联组织停止活动。

1987年4月28日，县工商联召开第三届会员代表大会，选举何元甫为主任。以后每五年召开一次换届大会。1993年5月，县工商联加挂“汉寿县总商会”牌子。2011年6月更名为“汉寿县民间商会”。第四届至第七届会长（主席）先后为蒯林国、王兆全、周国华、马志列、孙汉生。（副主席廖翠安兼任县政协副主席，会长马志列后任副县长）。

2012年2月27日，汉寿县工商业联合会（总商会）第八次会员代表大会召开。“汉寿县民间商会”再次恢复为“汉寿县总商会”。孙汉生当选为县工商联主席、总商会会长。2012年12月，因工作需要，孙汉生调出县工商联，由余淑娴接任县工商联主席（会长）。

1997年3月9日起设中共汉寿县工商联党组，历任书记有胥曦、刘平化、周国华、潘敏华、郭建湘、谭建波。

至2012年底，县工商联已形成横到行业、竖到乡镇（街道）的组织网络体系。全县共有12个乡镇（街道）工商联分会、2个异地商会、12个行业商（协）会，发展会员485人。其中县国税局、地税局、质监局、工商局、公安局、工信局、政务中心、总工会等单位为常（执）委会员单位。副主席廖翠安兼任县政协副主席，会长马志列后任副县长，余淑娴兼任县政协副主席。会员中有历任省、市、县人大代表、政协委员68名。

汉寿县工商联2007年、2009年被常德市工商联评为招商引资先进单位，2008年至2010年连续三年被常德市工商联评为全面工作先进单位。

四、桃源县工商联

桃源县工商业联合会（简称工商联）成立于1953年8月，纪明初为主任委员。此后召开二至四届会员代表大会，选举蓝爱三担任主任委员。“文化大革命”期间，县工商联活动被迫中断。

1985年7月召开第五次会员代表大会，选举产生桃源县工商业联合会第五届执行委员会，何国太任主席。1988年11月、1993年6月、1997年3月、2002年8月、2007年1月、2011年12月分别召开了第六、七、八、九、十、十一次会员代表大会，历届任职主席分别为何国太、谢锦坤、汪洋、黄德新（其中王冬初任职一年）、杜文军、王先柏。其中第十一届执行委员会共有执委104人，常委49名，驻会主席1名、副主席3名、秘书长1名，兼职副主席10名、兼职副会长17名。

1993年6月，县工商联第七次会员代表大会暨桃源县总商会第一次会员代表大会同时召开，并选举产生县总商会第一届理事会。自此，两个机构两块牌子、一套班子合署办公。

2011 年 12 月 26 日，县工商业联合会（总商会）第十一次会员代表大会在桃源花源大酒店召开，大会选举产生第了第十一届执行委员会委员 104 名，常务委员会委员 49 名，其中主席 1 名，副主席 13 名，秘书长 1 名。王先柏（县政协副主席）当选主席（会长）。

2002 年初设桃源县工商联党组，县委统战部副部长阙道明、黄德新先后兼任党组书记。

先后共推荐工商界人士 156 人（次）担任湖南省、常德市、桃源县政协委员，18 人（次）担任县政协常务委员。何国太、谢锦昆、汪洋、杜文军、王先柏分别当选为县政协六至七届、五至七届、八至九届、十至十一届、十至十一届副主席；11 名工商界人士当选为县人大代表、2 人当选为市人大代表、1 人当选为省人大代表。

2011 年 12 日，县工商联成立县非公企业党工委，县内非公有制企业党组织发展到 77 家，从业党员 887 人。

1989－1990 年，县工商联被评为省工商联系统先进单位，此外多次获得上级表彰奖励。；1991 年 5 月湖南省工商联第六届执委扩大会议，何国太主席作了工商联扶持个体私营经济发展的典型发言。

至 2012 年底，全县工商联会员总数 623 名，其中个人会员 542 个、企业会员 77 个、团体会员 4 个。39 个乡镇均完成了分会组建，同时新增了富硒产业、土特产、商业、林果等四个产业协会。

五、临澧县工商联

1953 年 8 月临澧县工商业联合会召开第一次代表大会，于乾喜当选为主任委员。此后，分别于 1959 年 5 月、1962 年 4 月、召 1964 年 3 月开第二至四次次代表大会，宋锐当选为主任委员。

文化大革命期间，临澧县工商联被迫停止活动。党的十一届三中全会之后，1984 年 8 月，中共临澧县委决定恢复县工商联组织。

1984 年 9 月召开第五次代表大会，邓兆丰（县政协副主席）当选为主任委员。

1988 年 9 月召开第六次代表大会，刘如祥当选为主任委员；1990 年 4 月刘如祥辞职，补选钦世容为主任委员。

1993 年 4 月召开第七次代表大会，黄杰（县政协副主席）当选为主任委员。1993 年 11 月加挂临澧县总商会。

1997 年 12 月召开第八次代表大会，王梅洲当选为会长。2002 年 3 月召开第九次代表大会，在九届一次执委会上陈玉平当选为会长。

2003 年 1 月陈玉平辞职，补选陈宏元为会长；2005 年 1 月陈宏元辞职，由王辉明（党组书记)主持工作。

2007年1月召开第十次代表大会,在十届一次执委会上杨莉(县政协副主席)当选为主席。

2011年12月29日召开临澧县工商业联合会(总商会)第十一次会员代表大会,杨莉(县政协副主席)当选为主席(会长)。

1994年1月设立中共临澧县工商联党组,苏哲友、杨精爽、王梅洲、陈玉平、周晓然、王辉明先后任党组书记。

至2012年底,临澧县工商联有11个乡镇(区)工商联分会,3个行业协会。发展会员606个(其中个人会员282人,企业会员218个,团体会员6个)。1988年以来,推荐安排省政协委员2人次,市政协委员15人次,县政协委员162人次。

2007年被省工商联授予宣教调研工作先进单位;2007年、2009年、2010年被市工商联授予先进单位,2008年被市工商联授予宣传教育工作先进单位。

六、石门县工商联

1945年,石门县有了商会组织,商会会长、常委多属县参议员兼任,如李博九、汤玉成、易玉安等。1949年,县城商业发展到391户28个行业。

1949年7月25日,石门县解放,8月5日正式成立石门县人民政府,随后即组建石门县人民工商联,指定申庆川、王召南二人临时负责,配备三个工作人员。同年10月,成立"石门县城关镇工商业联合会"。1955年7月10日,石门县工商业联合会第一届会员代表大会召开。大会选出正副主委和执委共23人。1957年—1962年,召开石门县工商联第二届、第三届会员代表大会。1966年文化大革命开始,县工商联资产流失,机构解散,人员调离,被迫停止活动。

1984年8月,恢复县工商联组织。1984—2011年,先后召开第四次至第十次会员代表大会。历任主席(主任委员、会长)林永赖、伍本资、游同舟、易先泽、彭建武、孟涛、覃惠敏。林永赖、孟涛、覃惠敏先后担任县政协副主席,彭建武担任过副县长。1990年2月28日,中共石门县工商业联合会党组成立,历任党组书记游同舟、易先泽、周和平、伍益、康新云。

1993年5月14日,县工商联加挂"石门县商会"的牌子,两块牌子,一套人马。1993年10月28日,石门县商会第一届理事会领导班子选举产生,名誉会长黄家军、郑先振,会长易先泽,副会长、秘书长共5人。此后历任商会会长孟涛、覃惠敏。

2010年7月15日,县委统战部加挂县非公有制企业工作委员会,2011年8月5日,设立县非公有制经济服务中心。

2011年12月14日—15日在石门兰园会议中心召开了石门县工商业联合会(总商会)第十次会员代表大会,选举产生了新一届工商联(总商会)领导班子。覃惠敏(县政协副主席)当选县工商联主席(县总商会会长),康新云(县委统战部副部长)任县工商联党组书记、县非公党工委书记。

至2012年12月,石门县工商联已发展乡镇分会12个,行业商(协)会1个,石门异地商会1个。发展会员735人,其中个人会员675人,企业会员60家。县工商联推荐安排历届市政协委员5人,县政协委员210人(其中县政协副主席3人,副县长1人)。历届省市人大代表14人,县人大代表68人。

2001年、2004年,县工商联二次被评为湖南省工商联"宣教工作先进单位",1997至2012年,先后多次获得常德市工商联"工作优胜单位""工作先进单位""光彩事业工作先进单位"等荣誉称号。

七、澧县工商联

1953年5月29日,"澧县工商业联合会筹备处"成立。1954年12月24日,召开全县工商业者代表大会,选举澧县首届工商业联合会执行委员21人,主任黄道韫。设分会9个,办事处8个,工商小组21个,编制72人。1957年4月27日,选举产生第二届执行委员21人,并在集镇设办事处。1958年11月25日,选举产生第三届执行委员17人。1960年选举产生第四届执行委员17人,主任均为黄道韫。1965年5月工商联组织解散,活动停止。

1984年10月5日,召开县工商联第五届会员代表大会,选举产生第五届执行委员13人,恢复了组织机构。主任暂缺,期间由副会长王选初、胡宜光代理工作,1987年11月由郭恕仁任县工商联主任。

1988年9月28日,选举产生第六届执行委员21人,主任郭恕仁。

1993年3月,选举产生第七届执行委员27人,主任朱远智。

1997年11月,选举产生第八届执行委员27人,会长戴作银。

2003年1月9日,选举产生第九届执行委员33人,常务委员11人,会长戴作银。

2006年12月28日,选举产生十届执行委员47人,常务委员17人,会长邓连琼。

2011年11月2日,召开澧县工商联(总商会)第十一届会员代表大会,选举产生了执行委员55人,常务委员27人,邓连琼(县政协副主席)当选主席(会长)。

1991年4月中共澧县工商联党组建立,历届党组书记为郭恕仁(兼)、赵本坤(兼)、杨孚春、曹祚波(兼)、丁家军(兼)、徐泽荣(兼),现任党组书记由统战部副部长杨孚春兼任。

至2012年12月，全县32个乡镇全部成立乡镇分会，有市场商会4个(其中异地商会1个)，行业商(协)会4个，社区商会4个。有会员1346个，其中团体会员44个，企业会员290个，个人会员1012个。推荐安排全国人大代表1名，省人大代表1名，市人大代表14名，市政协委员4名，县人大代表57名，县政协委员75名，21名常执委担任各部门、各单位的特约监督员、行风评议员。朱远智、戴作银、邓连琼先后任县政协副主席。

2007、2008、2009、2010年连续四年被市工商联评为先进单位。2007年被省工商联评为宣教工作先进单位，2010年被省人社厅和省工商联评为全省工商联系统先进单位。

八、安乡县工商联

1954年5月安乡县工商联合会成立，至文化大革命前，先后召开第一至第五次会员代表大会。第一届工商联主任曾炳成，第二至第五届主任张斌。文革中，县工商联活动停止。

1986年6月，安乡县工商联恢复组织活动，召开第六届会员代表大会。

1990年4月，召开第七届会员代表大会。会长杨名远。朱方贵任党组书记。

1995年9月，召开第八届会员代表大会，会长杨名远。金则建、朱方贵、韩大章任党组书记。

2002年4月，2002年4月，县工商联第九届会员代表大会召开，同时召开安乡县总商会会员代表大会，并选举产生县总商会理事会。选举主席、会长王红霞。曾春涛、丁时忠、颜进武任党组书记。自此，县工商联、县总商会会员代表大会同时召开，并实行两个机构，两块牌子一套班子合署办公。

2006年11月，召开第十届会员代表大会，会长王红霞。颜进武任党组书记。

2011年12月9日，第十一届会员代表大会召开，大会选举产生了安乡县工商联(总商会)新一届领导班子，执委45名(其中常委23名)，王红霞(女)当选主席(会长)。

至2012年底，全县有工商联会员770名:行业协会6个，乡镇与街道分会2个。县工商联成立以来，先后推荐工商界人士任县政协委员83人次，其中32人次当选为县政协常委，县人大代表13名。市政协委员26人次，市人大代表11人次，省政协委员3人次。省人大代表3人次。会长王红霞(女)当选为县政协第六、七届副主席，工商联党组书丁时忠、颜进武当选为县政协第六、七届常委。1995年至2010年，先后有79名非公有制经济代表人士被县政府聘为治理经济环境监督员。

2006年安乡县工商联被评为省工商联先进单位，王红霞会长被评为先进个人，2002年至2006年安乡县工商联被评为市工商联红旗单位，2007年2011年被评为市工商联参政议政先进单位。

九、津市市工商联

1913年，津市商会成立，会长康靖吾。后由唐泉生、熊良成、向瑞泽继任。1926年成立商会武装“商团”。1926年末成立商民协会，孟体仁任会长，配合工会、农会开展革命活动。1927年长沙“马日事变”后商民协会解体，商会恢复。孟体仁、伍保元、陈建勋、刘松鹤先后任会长、理事长。1936年商会改选，孟体仁任理事长。此后历任理事长曹友钦、喻兰生、张一胤、龚道广。直至1949年津市和平解放。

1950年8月，津市市政府成立工商筹备委员会。负责筹备市工商联成立工作和协助政府开展工商界活动。1952年底，津市改镇，津市工商联筹委会与澧县工商联筹委会合并。1954年8月，恢复津市工商联筹委会。

1954年8月15日，津市工商联第一届委员会选举成立，王明富任主委。此后于1957年3月、1958年8月、1961年5月召开第二、三、四届委员会，王明富任主委。

1979年4月，津市政协恢复工作，下设工商组，代替工商联职能开展工作。

1982年1月16日，恢复工商联机构，选举成立津市工商联第五届委员会。朱永濂任主委。1982年津市民建支部成立，津市工商联与民建，由于会员有所交叉，任务基本相同，实行领导机构联合办公，合称两会。1989年后，由于两会各自明确任务和会员结构的变化，正式分开办公。

1989年1月，选举成立津市工商联第六届委员会。伍学平任主委。

1992年1月，选举成立津市工商联第七届委员会。孟祥云任主委。

1997年1月，选举成立津市工商联第八届委员会。孟祥云任主委。

2001年1月，选举成立津市工商联第九届委员会。董新满任主委。

2006年1月，选举成立津市工商联第十届委员会。主席董新满(兼任常德市工商联常委、津市市政协副主席)。

2011年12月，选举成立津市工商联第十一届委员会。主席董新满(兼任津市市政协副主席)，党组书记张继明。

津市工商联会员分为企业会员、团体会员、个人会员，主体是非公有制经济企业。津市工商联会员分为企业会员、团体会员、个人会员，主体是非公有制经济企业。截至2012年，全市共有会员394个，其中，非公经济企业131户，8个乡镇街道分会，10个行业(同业)协会。

2000年被评为常德市工商联工作优胜单位，2001、2002、2003年被评为常德市工商联工作红旗单位，2004至2010连续七年被评为常德市工商联工作先进单位。

第七节　行业商(协)会与异地商会

随着社会主义市场经济体制的进一步建立和完善，全市行业商(协)会与异地商会进入了一个快速发展期。市工商联在省工商联、市委统战部、市民间组织管理局的具体指导下，遵循“积极引导、稳妥发展、坚持标准、确保质量、优化结构、突出重点、动态管理、加强服务”的工作原则，认真履行职能，加强具体指导，搞好维权服务，狠抓组织建设，有力地促进全市非公有制经济领域中此类商会的健康发展。

市工商联在建立健全行业商(协)会与同业公会制度，包括组织建设、修改章程、内外交往、财务管理、扶贫帮困等重大公益活动作了具体明确规定。涌现出温州地区商(协)会、常德邵阳商会、市农资协会、市装饰建材行业协会、市包装饮用水行业协会等一批制度规范，管理完善的先进行业商(协)会。发挥商(协)会桥梁纽带作用，努力为会员搞好服务。及时向会员宣传党的方针政策和法律法规知识，拓展会员的新理念。传递反映会员心声，争取党委政府帮助解决实际问题。如市家属行业协会调查，反映本市家俱产业知名企业不多，产品开发滞后，外地产品占有较大市场份额，对常德家俱产业发展不利。经过市工商联专题汇报后引起高度重视，市委政府分管领导主持召开全市 30 个相关部门参加的座谈会，制定支持本地家俱行业发展优惠政策。为商(协)会搞好维权服务，全市非公有制经济领域商会、行业协会，先后为会员解决各种矛盾纠纷 100 多件，挽回经济损失 300 多万元。发挥商(协)会优势，加强对外联络和抓好招商引资工作。积极组织会员参加广交会、深交会、华商会等经贸活动，建立招商引资项目库，先后邀请日本八日市三公会所、温州商会、深圳商会、香港商会及省内商会来常考察，引进工业项目 4 个，商业项目 5 个，房地产开发和旅游项目 2 个，引进资金 3.8 亿元。常德台州商会采取上门走访实地考察，促进对外合作交流，帮助引导会员企业做大做强措施，收到了明显效果。

正确引导商(协)会会员开展“致富思源、富而思进”教育活动，广泛动员会员参与投身到光彩事业和社会主义新农村建设。全市 86 个商(协)会为贫困地区和灾区捐款捐物达 5000 多万元，安排就业人员 1 万多名，资助失学儿童和贫困学生 200 多名，组织 3000 多名企业参与社会主义新农村建设，与 100 个村实行了村企结对共建，实施建设项目 30 多个，投入资金 1.2 亿元，转移农村富余劳动力 3000 多人。2008 年四川汶川地震发生后，迅速组织行业商(协)会会员为灾区捐款捐物达 2000 多万元，市装饰建材行业协会在短短三天时间募捐 8 万元。常德温州商会向对口联系的四川理县灾区学生捐赠价值 20 万元的

1500床棉絮和1500床筒被，常德市邵阳商会自商会成立至今，积极开展扶贫帮困、助残资学、赈灾募捐、参与新农村建设等活动，累计捐款捐物达700多万元。充分彰显了“一方有难，八方支援”的中华传统美德。

市工商联主动与市民间组织管理局联系，积极争取市民间组织管理部门的大力支持，共同到各区县(市)调查了解情况，安排部署落实各项工作任务。2009年7月，在全省工商联行业商(协)会上做了《加强与民间组织管理局的联动，促进非公有制经济领域商(协)会建设》的典型发言，常德的作法得到省民政厅、省工商联领导的充分肯定。2011年正式成立市工商联直属会员单位党委，邵阳商会、装饰建材行业协会等5家商(协)会成立党支部，为党员发挥先锋模范作用提供平台。发挥人大代表、政协委员作用。其中行业商(协)会69名全国、省、市、县人大代表和政协委员，参政议政，共撰写提案议案。市政协常委、温州商会会长王国云撰写的《关于建立政企恳谈机制的建议》，在市政协五届二次全会专题发言，受到市长陈文浩的高度赞扬。

部分行业商(协)会、同业公会和异地商会简介

常德市温州商会

常德市温州商会2002年7月20日成立，首批会员200多人，大会选举产生理事会成员37人。2005年4月18日，商会在温州籍人士比较集中的澧县和津市成立了津澧分会。

温州商会充分发挥自身优势，为温州和常德两市经济发展牵线搭桥，促成大批温州商家来常德投资兴业，到2012年，温州籍人士在常投资总额约60亿元，涉及工业、房地产、矿产开发、化工、商业物流、服务也加工业等十多个领域。商会成立以来，先后为商会会员及温州籍人士解决各类纠纷、维护合法权益500余件，挽回经济损失300多万元；组织会员进行法律知识和企业管理知识培训达200多人次；帮助会员企业解决融资困难，进行资金相互拆借8000多万元；帮助会员企业解决所需管理人才和劳动用工2100多名。组织会员参加各种爱心公益活动30余次，累计向社会捐款捐物达150多万元。同时，积极组织会员参与社会主义新农村建设，新建新农村建设项目12个，总投资5000多万元。

常德市电子电脑行业协会

常德市电子电脑行业协会成立于2002年11月，2012年有会员企业60多家，会长应利成。

协会会员主要分布的常德市德高电脑城，德高电脑城于上世纪90年代建成，当时填补了湘西北门户——常德市没有大型IT市场的空白。德高电脑城重诚信，讲实效，注重IT卖场建设，逐步完成了由粗放型向敞开式具有文化理念的精致化卖场转化，赢得了市

场份额和消费者的信任，2007 年被评为湖南省 IT 行业十大优秀卖场之一。

常德市邵阳商会

常德市邵阳商会于 2004 年 2 月成立（原名宝庆商会，2007 年改名为邵阳商会），2010 年第一届会长刘义祥，第二届、第三届会长刘代礼连任。理事会 46 人，其中常委 7 人（会长 1 人、常务副会长 5 人、秘书长 1 人），副会长 13 人，理事 26 人。会员 300 多人。商会设五部一室：财物部、宣传部、招商部、会务部、维权部和商务办公室。

现任会长舒新飞，名誉会长刘义祥、刘代礼，常务副会长黄建国、肖社初、彭德顺、肖杰成、邓永恒、李爱胜。

常德现有邵商 3000 多家，20000 多人。邵阳商会注重树立常德邵商良好形象，先后为社会公益和慈善事业募捐资助达 700 多万元，会员中有 13 人在市、区政协、工商联、优化办担任社会职务。

常德市包装饮用水行业协会

常德市包装饮用水行业协会于 2004 年 4 月成立，会长王三义。

协会现有会员单位：湖南海德矿泉水有限公司、湖南文理学院纯净水厂、常德市绿如蓝实业有限公司、常德市旺达工贸有限公司、常德市常电物业有限公司水厂、浦沅集团公司浦沅纯净水厂、常德盛益满纯净水厂、常德开富纯净水厂、湖南洞庭药业有限公司纯净水厂、常德市金芙蓉精细化工责任有限公司水厂、常德市仙源富氧纯净水厂、常德市金长城纯净水厂、常德市犀牛山泉有限公司、常德市鼎城新纪元食品酒业有限公司等 14 家企业。

协会引导各会员企业，严格按照卫生技术规范组织生产。自护协助政府有关部门，规范包装饮用水企业生产与经营行为，维护企业与消费者的合法权益。

常德市家居行业协会

常德市家居行业协会成立于 2004 年 8 月，现有理事会员 53 人，其中常务理事 8 人，理事 35 人，会长陈代祥。

协会设财物部、维权部、宣教部、发展部和秘书处。协会有 5 人在市区政协、工商联和总商会担任各种社会职务，行使参政议政、民主监督的职责。协会成立以来，对扶贫帮困、助残助学、抢险救灾、新农村建设等社会公益事业给予了大力支持，捐助善款近 50 万元。

昆明市常德商会

昆明市常德商会组建于 2006 年，会长瞿鑫。商会有云南日鑫纸业有限公司、云南绿洲装饰材料有限公司、昆明老来寿生物技术有限公司、昆明科奥特实验设备有限公司等会员企业 100 多家，经营范围涉及造纸业、房地产、汽车、矿业、种植业、餐饮业、木材加工业、保健品研发等行业。

在商会指导下，会员自愿入股投资1000万注册成立“云南德商科技有限公司”，在老挝投资300万美元成立“波乔德商农业开发有限公司”，从事橡胶种植、研发、加工及销售。另组建了“云南高源美化妆品有限公司”、“昆明洞庭香餐饮有限公司”和“旺和连锁超市”，推动了商会内部资源整合，加速了商会发展速度。商会在促进滇、湘两地经济发展，维护常德籍企业家合法权益等方面发挥了重要作用。

深圳市湖南常德商会

深圳市湖南常德商会成立于2007年6月1日，是在中共常德市委、市政府推动下，由在深圳市的常德籍企业家发起成立的。会长罗祖明，执行会长陈作耕。会员大会为商会最高权利机构，下设理事会。理事会由会长、执行会长、常务副会长、副会长、常务理事、理事组成；理事会设秘书处为日常办公机构。

商会是由常德在深圳投资从事生产、经营活动的企业；在深圳创业的常德籍企业家和从事企业管理的常德籍工作人员，在深圳各行各业工作的常德籍专业人才、各界知名人士等组成。本会以加强联系、优势互补、信息互通、促进共同发展和维护会员合法权益为主要目的，同时为加强深圳和常德两地经济联系，推动企业、人才、技术之间的密切交流，开展经贸合作、招商引资牵线搭桥，促进深圳常德两地的社会经济发展作贡献。

东莞(常德)企业协会

东莞(常德)企业协会成立于2007年6月1日，会长张士刚，佘协红。

在东莞的常德籍工商业者，有近10万人，经营范围涉及机械制造、信息、房地产、高薪科技、餐饮、装饰、教育、进出口、能源等行业。商会的以“互通信息、交流情感、优势互补、共同发展”为宗旨，在维护常德籍企业家合法权益，促进东莞、常德两地经济合作交流方面做了大量工作。

常德市装饰建材行业协会

常德市装饰建材行业协会2007年6月成立，现有会员单位近200家。会长郑延英。

协会业务范围涉及陶瓷、油漆、五金、洁具、石材、门窗、家具、吊顶天花、塑钢、装饰设计等行业。协会遵循“诚信经营、和谐发展、行业自律”的理念，自觉维护商家与消费者双方的合法权益。协会办有常德市装饰建材门户网站。

常德市农资行业协会

常德市农资行业协会成立于2007年6月，会长姚维德。

协会是以常德市武陵农资交易大市场100多户农资经销商为主体，有条件地吸收其他区县市农资经销商和相关农资生产企业组成的。协会确定了“自律、维权、服务、协调”的宗旨。发动会员向社会发出打假护农稳定物价的倡议书。累计销毁伪劣过期及禁用农资产品5000多件。向汶川地震捐款10万多元。

上海市湖南常德商会

上海市湖南常德商会成立于2008年6月，会长陈星。是由上海市文峰国际集团、上海市长鹰印刷厂、上海湘财祈年期货有限公司、上海鸿鑫置业有限公司、上海福地集团公司、上海东君食品有限公司、益丰大药房有限公司、长城信息产业公司等在沪常德籍企业家发起，经上海市湖南商会批准，在常德市委、市政府的支持下成立的具有独立法人资格的社会团体。商会下设维法律权部，为商会企业提供免费咨询、维权等服务，建立了商会网站，编辑出版会刊和简报。

商会以"共同发展、回报家乡、造福社会"为服务宗旨，致力于打造促进了解、凝聚乡情的平台，信息沟通、资源共享的平台，加强交流、促进合作的平台，共同发展、扩大影响的平台；致力于促进上海市与湖南省、常德市之间，常德商会与各地商会、国内国际大型企业之间，常德商会内部企业之间的交流与合作。

常德市台州商会

常德市台州商会2008年9月9日成立，有会员42多人，大会选举产生第一届商会领导班子，现有正副会长9人，理事11人，叶锦文任会长。商会注重加强台州、常德经济交流，在促进两地经济发展上发挥重要作用，自办有《常德台州商会》刊物。

衡阳市常德商会

衡阳市常德商会于2008年12月，是由在衡阳投资经营、开发办厂的常德籍企业家，在自愿互利基础上组织的具有法人资格的综合性商会。会长李泽振。

商会拥有中核集团湖南核工业建设有限公司衡阳公司、衡阳市华丰水电安装有限公司、衡阳市红湖房地产开发有限公司、衡阳市大地传媒广告有限公司、耒阳市三恒物资贸易有限公司、衡阳市帝王建材商行、衡阳市建筑防水工程公司等会员企业60多家。商会在搭建衡阳、常德经贸交流平台，促进协作双赢、维护会员合法权益等方面开展了大量工作。

常德市河南商会

常德市河南商会成立于2010年7月，是由在常德市的河南籍企业家等自愿联合发起成立的非营利性社会组织。会长王志江，执行会长赵喜民。2012年李国学任执行会长。

商会下设7部：综合部、财务部、组织部、宣传部、维权部、后勤部、经济联络部。

常德市保温防水材料行业协会

常德市保温防水材料行业协会成立于2009年5月，拥有会员单位80家，个人会员500多人，选举欧阳仁伯任会长。

现任会长柯云坤，党支部书记赵富春，常务副会长李延新，副会长潘登，周书元，秘书长邱望德。

协会由从事保温、防水专业科研、设计、施工、管理以及保温、防水材料生产等事业、企业单位组成，工作重点是宣传贯彻国家关于建筑保温、防水工程的政策和法规，引导和推动相关企业面向市场，开展国内外技术咨询与合作，组织人员培训，推广应用新产品，提高企业竞争力，维护会员单位合法权益。

常德市益阳商会

常德益阳商会成立于2010年1月28日，现任会长李志兵，有会员212人，会员单位38个，其中，会长1人，执行会长1人，常务副会长7人。常德市委常委、统战部长李爱国，市政协副主席、工商联主席陈伟俊等人被聘请为名誉会长。商会下设：益阳办事处、南县办事处、沅江办事处、桃江办事处、安化办事处。设置了维权部、信息部、工程部、招商部、行政部。成立了党支部，有党员20人。商会设在常德大道正达厢车厂办公大楼三楼。

厦门常德商会

厦门市常德商会成立于2010年6月25日，厦门翔鹭国际大酒店商会第一次会员大会暨第一届理事会理事就职庆典隆重举行，厦门市丰邑投资有限公司总经理袁万喜当选为商会首任理事长。厦门是中国最早设立的五个经济特区之一。近年来，很多常德人在厦门创业经商，已形成一支很有实力的德商队伍，厦门常德商会的成立，让在厦门的常德人有了一个自己的新家，商会在努力促使会员们不断发展壮大的同时，也会积极努力，寻找机会回乡投资和为家乡招商引资，为家乡建设尽自己的力量。

常德市河南商会

常德市河南商会成立于2010年11月7日。为河南在常德企业服务，密切企业与政府的联系、加强沟通、整合资源、搭建河南企业信息交流、资源共享、共谋发展的平台。起到豫湘经济技术合作的桥梁和纽带作用。在常德市河南商会成立大会暨授牌仪式上，河南省政协副主席、河南省豫商联合会会长、河南省开封市委常委、市委统战部部长等领导和常德市四大家相关领导出席会议。会长王志江，执行会长赵喜民。

第二章 思想建设与宣传工作

第一节 思想建设

为了加强对会员的思想教育，市工商联通过召开常执委会、座谈会、举办培训班、开展会员俱乐部活动等多种形式，宣传党和政府的方针政策，引导广大会员明确方向，坚定信念，促进非公有制经济健康快速发展。

1989 年政治风波波及常德，在民主党派和工商联中引起很大反响。针对这一情况，市工商联在市委统战部指导下，加强动乱时期的学习和稳定工作，及时把注意力放在制止动乱，稳定安定团结大局上。先后十多次组织机关学习，传达贯彻中央文件精神，对各区县(市)工商联学习提出具体要求，教育干部职工和广大会员坚守岗位，对部分人上街游行、阻塞交通的行为，规定工商联会员不准围观，不准参与，不准声援，不准信谣传谣的政治纪律。在近 60 天的时间里，全市 40 个工商联干部和 300 多名直属企业员工无一人参与示威游行等活动。在市委、市政协、市委统战部召开的学习会上，一批德高望重的老同志代表市工商界表明态度，坚决拥护党中央的正确决策和市委的正确指示，并接受电视台记者采访发表立场坚定，旗帜鲜明的讲话，在全市工商联会员中起到了很好的引导作用。

1989 年 12 月，我国多党合作的纲领性文件——《中共中央关于坚持和完善中国共产党领导的多党合作和政治协商制度的意见》(14 号文件)正式颁布。市委统战部和市工商联迅速召集区县(市)工商联负责人会议，层层传达贯彻，组织广大会员认真学习这一重要文件精神，贯彻全国工商联六大提出的“改革、团结、民主、奋进”的方针，提高会员对党的统战政策认识，教育会员结合自身的优势和特点为经济建设多做贡献。

1991 年 7 月，中共中央批转统战部《关于工商联若干问题的请示》(15 号文件)颁发，提出党对非公有制经济统战工作的方针、政策，明确新时期工商联的性质、职能，并赋予工商联做好非公有制经济代表人士工作的重要任务。为贯彻落实中央 15 号文件和省委有关文件精神，中共常德市委集体听取市委统战部和工商联的汇报，并于 1992 年 9 月批转市委统战部《关于加强我市工商联工作的若干意见》。对各级党委、政府进一步做好工商联职能调整工作，加强对非公有制经济人士的思想工作做具体部署安排。市工商联和各区县(市)工商联多次组织有工商局、税务局、乡镇企业局、体改委、外经委、党委办、政府办等部门负责人参加的协调会议，请党委和政府分管领导参加，充分开展讨论，支持工商联搞好职能调整。此外，还利用报刊、广播、电视等媒体大力开展宣传，市工商联和津市、临澧、石门、桃源、澧县、安乡、鼎城等区县市先后召开非公有制经济代表人士座谈会。宣传贯彻中央及省市文件精神。

1994 年，市工商联组织会员参加省工商联举办的非公有制经济人士思想政治工作研讨会，选送 3 篇论文，其中 1 篇在大会发言交流。同年年底，与市委统战部联合举办常德市非公有制经济人士思想政治工作研讨会，组织工商联负责人和部分非公有制经济人士代表参加。学习邓小平关于建设有中国特色的社会主义理论和市场经济理论。市工商联和各区县(市)工商联坚持与一批重要大户的联系制度，1996 年，分别重点联系了 380 多名政治思想较好，经济有一定实力，社会上有一定影响的大户，定期上门走访，主动帮助解决困难，摸清思想动态，有针对性地做思想工作等方法，密切与骨干会员之间的联系。为扩大市工商联工作及先进典型在全省的影响，组织专门班子采访编写市工商联、津市工商联、鼎城工商联、临澧工商经济开发公司的经验材料，陈长新、张为臣、蔡大云、刘先春、廖新春、郭远志、张进宝等私营企业和罗绍情、罗正国等 12 个工商大户的先进事迹材料，编成省工商联《工商大观》1996 年第三期专版，在全省发行，收到良好的社会反响。

1997 年，市工商联围绕香港回归祖国和学习党中央十五大精神两大主题，组织了一系列学习与培训活动。9 月 15 日，市工商联组织市区 30 多名非公有制经济人士学习座谈十五大盛况和江泽民总书记的政治报告。9 月 29 日，召开了 120 多名会员参加的联谊会，宣讲十五大精神。10 月 29 日，请市体改委负责人为 90 名会员作关于经济体制改革中股份制问题的辅导报告，动员广大会员积极参加国营企业的改革。12 月 17 日至 19 日，在市党校举办 50 多人参加的读书班，请专家作《民营经济是社会主义市场经济的必然选择》学术报告。市工商联还选派了 8 名会员参加省社会主义学院的学习，人数为全省第一。为庆祝香港回归祖国，全市各级工商联举办专题报告会 9 场，召开座谈会 70 多次，举办文艺庆祝活动 30 多场次，参加会员 5300 多人次。还组织会员参加全市迎香港回归长跑赛和卡拉 OK 大奖赛。1997 年底组建市工商联会员俱乐部后，通过会员俱乐部定期邀请有关领导或专家进行理论辅导，学习全国工商联八大精神、举办“谈水说灾捐赠献爱心”、以及会员联谊等活动，达到了宣传政策、传达精神、了解时事、增强团结、正面引导的效果。1997 年建立市工商联通讯员队伍，每个区县(市)工商联发展通讯员 5 名，把全市知名民营企业的文秘人员吸收进队伍，年内发展到 75 名，还举办通讯员培训班，交流心得体会，提高业务素质。1998 年，受国际金融风暴和国内经济环境的影响，全市的部分民营企业出现停工、停产、倒闭等现象。市工商联为提高会员企业抗风险能力，举办一系列的企业经营管理讲座、培训活动。1998 年年初，在市社会主义学院举办了会员中人大代表、政协委员培训班，请专家讲《发展个体私营经济是社会主义市场经济的必然选择》，使企业老板深刻理解党的十五大关于鼓励、引导非公有制经济发展的精神。

1999 年开始，市工商联组织学习江泽民"讲学习、讲政治、讲正气"的重要讲话，开展了"三讲"教育。狠抓领导班子建设，通过抓政治学习，组织班子成员学习了一系列政治理论读本，在广泛征求机关干部和会员意见和基础上，认真开展批评和自我批评，找出领导班子及其成员存在的主要问题，分析问题产生原因，制定了整改措施。"三讲"教育使市工商联领导班子成员接受一次深刻的思想教育洗礼。

2000 年，按照江泽民总书记指示精神和中央要求，市工商联与市委统战部联合下发贯彻中央统战部、全国工商联关于开展"两思"活动意见的通知。在会员中开展"致富思源、富而思进"教育，提出"两思"活动具体要求，同时召开会员骨干座谈会，学习领会江泽民在广东高州的讲话精神，引导大家联系自身经历开展深入讨论，激发广大会员"致富思源，富而思进"的政治热情，用真情和关爱来服务社会、回报社会。6 月 9 日安排 12 名会员参加省工商联举办的中国加入 WTO 经济形势报告会，8 月 23 日，组织 60 多名会员观看北京大学教授王俊宜主讲的中国加入 WTO 的机遇和挑战电教片。

2001 年后，市工商联每年召开执委会全会、会员骨干座谈会和会员大会，集中学习江泽民"三个代表"思想的重要论述，贯彻中央、省市下发关于加强工商联工作的精神。2005 年 2 月 19 日，国务院发布《关于鼓励支持和引导个体私营等非公有制经济发展的若干意见》，提出了 7 个方面 36 条意见(简称"非公 36 条")。市工商联通过召开执委会、常委会、座谈会、专题讲座等形式，组织广大会员认真学习。按照市委保持共产党员先进性教育活动的统一部署，从 2 月 18 日开始，历时 6 个月，市工商联开展保持共产党员先进性教育活动，党组成员及全体党员积极投入这项活动，经过认真学习有关文件精神、广泛征求群众意见、分析反思自身存在的问题、制定切实可行的整改措施，全体党员接受了一次深刻的思想教育，圆满完成了"学习动员""分析评议""整改提高"三个阶段的各项任务。通过这次先进性教育活动，市工商联机关出现了新气象：工商联干部学习理论的自觉性提高，为会员服务的宗旨意识增强，干好本职工作的热情高涨，党组织的生活活跃，党组织的凝聚力和创造力增强，党群、干群关系融洽。同年 3 月 31 日，常德市工商联开展创建学习型机关活动，成立市工商联创建学习型机关领导小组，由钟春枝任组长，鄢家敏任副组长。办公室负责整个活动的组织、督导、情况综合和考勤考评工作。工商联机关人员积极投入活动中，学习政治理论知识、电脑、英语等文化知识、推广普通话，加强机关工作人员世界观、人生观、价值观的教育，不断提高思想政治素质。开展争先创优，年终评选先进科室和个人，在全市工商联机关营造学习工作化、工作学习化的浓厚氛围。

为了用现代企业管理知识和先进的经营理念武装广大会员，2009年市工商联策划举办一系列强化教育培训活动，年初与会员企业双百文体活动策划有限公司合作开办常德企业培训大讲堂暨政企交流高峰论坛活动，在常德企业界反响良好。3月，在华天宾馆举办了经济形势报告会，邀请全国人大代表、市工商联名誉会长、洞庭水殖股份有限公司董事长罗祖亮作经济形势专题报告。12月，联合北京大学民营经济研究人力资本研究所、长沙汉硕管理专修学院共同举办"2009年常德企业家竞争力高峰论坛"。年内组织8名会员前往上海参加行动成功国际教育访华团主办的《赢利模式》总裁研修班，组织20多名会员到长沙参加"宏观经济形势分析和民营企业发展论坛"，通过接受新观念、新信息，增强会员企业家们应对竞争、驾驭市场、谋求发展的能力。为开阔企业家视野，拓宽思路，市工商联组织企业家到发展较好的会员单位进行观摩与学习，组织企业家赴温州、台州、株洲等非公经济比较发达的地区学习考察，有效提升企业家们管理水平和整体素质。

2010年9月16日，《中共中央、国务院关于加强和改进新形势下工商联工作的意见》(16号文件)颁发，随后《中共湖南省委省人民政府关于加强和改进新形势下工商联工作的实施意见》(湘发23号)文件下发。市工商联先后组织召开机关干部、兼职主席(会长)以及区县(市)工商联主席、党组书记学习座谈会，对中央16号、省委23号文件精神详细解读，并就如何贯彻落实好两个文件精神讨论交流，强化政治引导。充分利用工作会、学习会、座谈会和交流会，大力开展中国特色社会主义主题学习教育活动，引导广大会员和非公有制经济人士从思想上、政治上和行动上同党中央保持高度一致。认清新时期、新时代所赋予的责任和使命，坚定发展信心，引导广大会员致富思源、富而思进，增强社会责任意识。引导广大会员主动发扬自我教育的优良传统，自觉维护市场经济秩序，建立和谐劳动关系，争当中国特色社会主义事业的优秀建设者。

2011年3月17日，为深入贯彻中央16号、省委23号文件精神，市委市政府在芷园会堂召开常德市加强和改进工商联工作会议。市长陈文浩主持会议，市人大主任曹儒国宣讲常德实施意见稿，市委书记卿渐伟出席会议并做重要讲话。市工商联组织干部分组深入到区县(市)工商联、会员企业进行调研，认真查找和梳理影响工商联发挥作用的突出问题，广泛征求各个方面的意见和建议，形成常德市《关于进一步加强和改进新形势下工商联工作的实施意见》(讨论稿)。2011年5月9日，正式出台《中共常德市委常德市人民政府关于进一步加强和改进新形势下工商联工作的实施意见》(常发〔2011〕5号)。各区县

(市)也相继召开大会,出台了相应的实施意见。除充分利用会刊和《德商》网站外,市工商联还借助主流媒体,大力宣传文件精神。常德日报、常德电视台、常德电台、常德网等对工商联贯彻文件精神座谈会、全市加强和改进工商联工作会议进行跟踪报道,对各地贯彻落实情况及时进行了宣传报道,在全市上下营造良好的贯彻落实氛围。

市委、政府将非公有制经济人上的培训纳入全市干部教育整体培训计划,划拨专用经费,并明确由市委统战部、市工商联、市社会主义学院联合组织实施。2011 年 5 月 22 日至 5 月 25 日,在市委党校举办常德市首届非公有制经济组织党建工作培训班,全市非公有制经济组织的 60 多名企业主、党组织负责人及优秀党员代表参加培训。这次培训学习内容丰富,形式多样,使全体学员更加深刻领会新时期、新形势下加强非公党建工作的重要性和必要性。市工商联联合会员企业先后组织“新经济形势下的企业应对策略高峰论坛”“企业家教导力管理”“新经济形势下的企业应对策略高峰论坛”等多次培训,共有 200 多名企业家接受培训。还组织会员参加省委组织部、省委统战部举办的“全省非公有制经济代表人士参加读书班”、省工商联举办的“非公有制经济企业上市暨私募股权融资”以及市委统战部举办的“全市统一战线服务建设现代常德、幸福家园”专题研究班、常德市首届新社会阶层代表人士清华大学公共管理研修班等的学习和培训。

2012 年 6 月 12 日至 17 日,市工商联配合市委统战部、市社院组织举办市、县两级工商联主席(会长)培训班培训班,此次培训班是市社院首次委托省社院举办,是市工商联系统在省社会院组织的培训人数最多、培训层次最高的一次培训。省社院专门聘请国内顶尖专家解读相关文件、研讨宏观经济形势,省工商联领导也在培训班授课。7 月 25 日,市工商联、大湖水殖股份有限公司联合邀请中国浦东干部学院副院长王金定,为常德民营企业家进行“贯彻中央精神,破解发展难题”专题讲座。市直工商联会员和大湖水殖股份有限公司员工近 150 名代表参加。王金定从稳增长、调结构、惠民生、抓改革四个方面阐述我国目前改革发展的工作方针。并就如何推动经济增长、刺激消费、调整需求和供给结构、改善民生、深化经济体制改革、加强党内民主和推进基层民主等方面进行了深入的讲解。市政协副主席、市工商联主席陈伟俊主持并参加了专题讲座。

至 2012 年底,市工商联和各区县(市)共举办各类培训班 256 期,利用会员俱乐部等形式举办专题研讨会、报告会、知识讲座等 759 次,累计参加教育培训达 80000 多人次。

第二节　主题活动

结合党和政府各项中心工作和重大事件，组织开展各类丰富多彩的主题活动，是市工商联对会员开展思想教育的一项重要内容。

1997年7月，为庆祝香港回归祖国，市委统战部和市工商联进行报告会9场，座谈会70多场，庆祝活动30多次，参加活动的会员达5300多人次。表达广大工商联会员对祖国收回香港，恢复行使主权，洗雪百年耻辱的自豪和喜悦之情。在1997年市人大政协换届之际，市工商联把“积极参政议政，当好党的助手，做好国家主人”作为宣传主题，展开了大规模宣传教育活动，走访民营企业400多家，开辟电视专栏宣传20多位民营企业家。扩大非公有制经济人士代表的政治影响。

1998年3月，邀请市政协主席刘昌进、副市长龚建民、市政协副主席罗富国等领导到市工商联视察工作，听取市工商联1997年工作汇报和1998年工作安排意见。5月26日起，在市工人文化宫举行为期半月的“常德市民营企业宣传一条街”活动，共有常德市杰新纺织印染厂、市君臣实业有限公司、市利成工贸公司、市阳光儿童福利院等27家企业制作30多幅宣传牌参加此次活动。重点宣传工商联的性质、地位、职能，宣传了一批民营企业艰苦创业的历程，令人瞩目的丰硕成果和回报社会的高尚情怀。在群众中引起强烈反响。5月，市委办公室转发市委统战部和市工商联党组关于在全市非公有制经济人士中开展评选“十佳民营企业家”“十佳光彩事业明星”“十佳工商联会员”的意见。成立以市委副书记莫道宏任组长、市人大副主任肖有志、市政协副主席蒯定勋、罗富国、张前河任副组长的领导小组，并在市工商联设立评选工作办公室，由工商联党组书记刘存根任主任。通过广泛宣传、精心推选、认真考核等工作，共评选出陈长新等十佳民营企业家，杨绍军等十佳光彩事业明星，满意等十佳工商联会员。9月至10月，市工商联与《常德日报》联合举办“工商联会员之窗”专栏，刊登稿件13篇，宣传中央15号文件精神，重点介绍非公有制经济人士生产经营的经验，宣传他们勤劳致富、爱国敬业、遵纪守法的先进事迹。与常德电视台《经济纵横》栏目组联系，陆续宣传报道张为臣、满意、郭远志、胡淑荣、江明、刘先春等民营企业家的创业佳绩，在社会和会员中引起强烈反响。为扩大市工商联工作及先进典型在全省的影响，组织专门班子采访编写市工商联、津市工商联、鼎城工商联、临澧工商联的经验材料，陈长新、张为臣、蔡大云、刘先春、廖新春、郭远志、张进宝等私营企业和罗绍情、罗正国等12个工商大户的先进事迹材料，编成《工商大观》第三期常德专版，在全省发行。

12 月 26 日,市委副书记莫道宏、市人大副主任肖有志、市政协副主席蒯定勋、罗富国等领导来市工商联,听取三个“十佳”评选工作进展情况汇报,为市委市政府的表彰打好基础。年内派出市工商联党组成员、纪检组长刘开望参加市创建文明城市工作队,通过一年多工作,完成市委市政府交给的各项任务。

1999 年,省工商联开展“建一个团结协作、思想过硬的领导班子,创一流为会员服务水平,为当地经济办一件实事”的“三个一”活动,先后召开党组会、会长办公会、常委执委会和会员骨干会议,学习贯彻省工商联“三个一”文件精神,统一认识,市工商联成立由会长、党组书记、副会长、办公室负责人等组成的“三个一”活动领导小组。各区县(市)工商联也成立一把手挂帅的领导班子。下发《关于在全市工商联系统开展“三个一”活动的实施意见》文件,制定包括组织领导、工作指标、定期检查、推广典型、奖励办法等内容的工作方案。市工商联领导下到个区县市检查督促,指导活动开展。3 月和 6 月二次召开全市“三个一”活动经验交流会,对考核评比的先进单位进行表彰。在“三个一”活动期间,全市各级工商联举办学习班 11 期,培训学员 500 人,召开座谈会 20 多次,参加会员 600 多人,还派出 20 多名骨干参加省社会主义学院的学习。11 月初,在市党校举办省市县政协委员、人大代表、工商联常执委、乡镇分会负责人参加的学习班,请党校教授讲学习十五届四中全会精神的辅导报告,请市技术监督局专家讲技术监督法规和专利法,请市法院法官讲司法公正和运用法律武器保护自身合法权益,使会员开阔眼界,学习知识,收效很大。1999 年春节期间,市工商联举办 80 多名会员参加的“99 迎新春联欢会”,市委副书记莫道宏、市人大副主任喻斌龙、副市长龚建民,市政协副主席蒯定勋、罗富国等领导与会员联欢,表彰先进,交流经验,增进感情。5 月,以美国为首的北约轰炸我国驻南联盟大使馆,市工商联组织 50 多名会员座谈,强烈谴责和声讨北约的野蛮暴行,表达广大工商联会员的爱国之心。7 月,党中央发出取缔“法轮功”邪教的通知,市工商联立即组织会员学习中央文件,澄清思想,加强教育,全市没有会员参加“法轮功”的修炼与活动。9 月 23 日,组织 100 多名会员举行大型“庆祝国庆 50 周年联谊会”,大家欢聚一堂,畅谈新中国 50 年来巨大成就,展望对未来的美好憧憬。12 月,举办喜迎澳门回归的卡拉 OK 大奖赛,20 多名工商联会员歌手一展歌喉,表达对祖国日益强盛的喜悦之情。

为进一步把“致富思源、富而思进”教育引向深入,巩固和发展“两思”教育成果,2001 年 6 月 28 日,市工商联举办大型“两思”教育成果展,经过由下而上的推荐,层层筛选,共挑选出 46 位非公有制经济人士模范代表,用 300 多幅图文并茂的画面,生动展现像永争第一的陈长新、抚孤育才奉献社会的杨绍军、省级劳模高云安、不断开拓创新的曾腊梅、振兴华宇的聂西安等一批民营企业家的感人事迹。这次展览历时七天,观展人员一千多人,其宣传声势大、宣传典型多、宣传效果好,在社会产生极大的影响。通过这次展览,“两思”

教育大广大非公有制经济人士形成高潮，非公经济人士受到深刻的教育，增强信心，振奋精神。12月26日，市工商联联合市委统战举办“民营之声”——2002年非公有制经济人士元旦文艺晚会，在常德电视台《开心你我他》栏目的演播大厅，用群众喜闻乐见的形式，宣传16家私营企业明星，省工商联副会长林钮、市委副书记莫道宏、市政协主席刘昌进、市人大副主任周鸿祥、市政府副市长龚建民观看演出，这种宣传教育形式开全省工商联此类活动之先河。

2002年初，在市工商联第四次代表大会召开前夕，为大力宣传工商联工作的性质、地位和作用，宣传非公有制经济对全市经济建设和社会进步的贡献，市工商联策划系列大型宣传活动，《常德日报》、常德电视台等媒体对大会开幕式、闭幕式、大会答记者问等作宣传报道，大会期间，在市桃林宾馆、桥南大市场、武陵广场、宏达圆盘等交通要道搭建了大型彩门，悬挂60多个彩色广告气球，展出46块“两思”教育宣传牌。大会闭幕后，又在《常德日报》新闻版刊登大型宣传版面，达到良好的宣传效果。2002年9月，召开全市非公有制企业诚信教育大会，会长李明三作动员报告，市委副书记曹儒国到会并作重要讲话，20名民营企业家在大会上向全市非公有制企业发出诚信建设倡议，到会的市直会员当场举办诚信建设签字仪式，市新闻单位进行专题报道。

为贯彻党的十六大精神，宣传非公有制经济在全市国民经济发展中的地位和作用，2003年1月，市工商联与市委宣传部、市文化局、市直工委、市广电局联合举办“万人歌咏会”，市直单位80多个单位参加。9月16日至23日，市工商联与市委宣传部、市文化局、市广电局、常德日报社联手举办首届中国常德诗人节大型“名人国画展”，在芙蓉大酒家展出名人国画500多幅，观摩画展观众近万人。9月16日至18日，在常德卷烟厂鼎力支持下，协助省工商联在常德召开全省工商联宣传教育工作现场会，市委书记程海波、市长陈君文、市委副书记周用金、市委宣传部长覃清香等领导到会看望代表，市工商联、澧县工商联在大会上介绍经验。受到省工商联领导和180名与会代表的高度评价。

2004年年初，市工商联在调查分析会员的思想动态的基础上，制定针对性较强的宣教工作计划、方案。出台《非公有制经济代表人士培养管理重点对象的实施办法》，制定培养措施7条。有计划地选送会员到省市社会主义学院及其它大专院校，纳入重点培养计划的代表人士150多人。利用工商联系统的报刊和网站为阵地进行宣传。向《湖南工商联》《工商大观》《湘声报》《常德日报》等杂志、报纸投稿60多篇。协办《工商大观》一期，8月，与《湘声报》合作，宣传一批会员的先进事迹。以市电台、电视台、《常德日报》《常德晚报》等大众传媒为主要渠道，宣传报道工商联组织开展的捐资助学、扶贫帮困、政企恳谈活动10多次。先后在市电视台、《常德日报》开辟“工商联会员之窗”“民营企业之声”“商海星辰”等栏目，与市委办、党史办合作组稿30多篇，主办《常德通讯》专刊“民营之光”一期。

9 月 24 日举行“民营之光”大型文艺汇演，演出节目近 20 个，市委、市人大、市政府和市政协四大家一把手与省工商联领导观看演出。石门、安乡等区、县(市)工商联与本地电视台合作，开办宣传民营经济电视专栏节目，鼎城、安乡的会刊影响也越来越大。市工商联组织会员订阅党报党刊、《中华工商时报》《工商大观》4000 多份。举办“三个代表”重要思想，十六大和十六届四中全会精神为主要内容的学习座谈会 5 场次，举办各类学习班 6 次，专业知识报告会 2 场次。广泛开展争先创优竞赛活动。在会员中，坚持开展争当优秀会员、争创优秀企业的竞赛活动。评选表彰工商联优秀会员 200 多人次。先后推荐 20 多名会员接受省委、省政府的全省劳模和百强企业、百优会员表彰。会员之间开展在思想上互相帮助，生产经营上互相协作，生活上互相关心的活动，收到很好效果。如会员谭建华增加客运线路，资金周转不畅，业务受阻，急得团团转。会员齐淑兰、曾腊梅分别给她筹借 20 多万元，解了企业的燃眉之急。充分利用四次会员俱乐部和八个小组活动形式，将思想教育、政治引导寓各种文娱活动之中。举办不同规模、档次的书画、卡拉 OK、才艺比赛 6 场，会员们在活动中锤炼情操，增进感情。组织近百多名会员参加统战部举行的“诚信、企业文化、企业发展”报告会。随后组织 80 多名会员参加市委副书记周用金主讲的国际形势报告会。5 月 25 日，市工商联举办一期以经济法规为主要内容的培训班，市直 100 多名会员参加培训。活动由工商联兼职副会长主持。市地税局、市质量技术监督局和稽查支队、市工商局监督科的领导分别讲述相关法规的最新变化与要求，市联会长李明三讲述新形势下企业的经营与策划。良好的培训效果深受会员欢迎。

2005 年，市工商联多次与国家、省、市新闻媒体联合举办各类宣传活动，运用报刊、电视、广播电台等宣传报道工商联组织开展的诸如捐资助学、扶贫帮困、政企恳谈活动 10 多次。会员在生动活泼、丰富多彩的活动中感受到工商联的亲和力和向心力。在会员中广泛开展争先创优竞赛活动。市工商联组织开展争当优秀会员、争创优秀企业、争做优秀社会主义建设者的竞赛活动。先后推荐 20 多名会员接受省委、省政府的全省劳模和百强企业、优秀民营企业家的表彰。为教育民营企业老板牢记国耻，缅怀先烈的丰功伟绩，发扬伟大的民族精神，为实现中华民族的伟大复兴团结奋斗，8 月中下旬，市委宣传部、市工商联联合组织为期 6 天的“民企风采”战役报道，《常德日报》、常德电视台、广播电台、常德晚报、市政府网站、市农经网站等媒体全程参与。9 月 16 日晚，市委统战部、市工商联联合在诗墙公园激情广场主办纪念“九.一八”事变 74 周年“勿忘国耻、奋发图强”演唱会，市长陈君文、市委副书记周用金、常务副市长陈文浩等 10 多位市级领导和重庆市工商联副会长薛方全观看演出。12 月 8 日，与宣传部、商务局、经贸委合作，举办常德企业文化论坛的电视直播。

市工商联根据不同阶段的形势、任务、要求，结合会员思想实际，2006 年分别开展社会主义荣辱观教育、建设社会主义新农村教育、党性教育、构建和谐社会等主题教育。一年在市以上报刊上稿40多篇,电台、电视、《常德日报》《常德晚报》等宣传报道工商联工作20多次。针对全体会员举办大型俱乐部活动、大型知识讲座和政策报告会。4月,200多位会员参加市联请市讲师团的专家学习贯彻十六届五中全会精神、解读“十一五”规划的专题报告,为深入学习贯彻胡锦涛总书记关于社会主义荣辱观的重要讲话精神,市工商联向各会员企业发出通知,动员他们通过各种形式,扎实开展社会主义荣辱观的道德实践活动。同德职业学院、云锦纺织等一些会员企业,通过辅导报告、演讲赛、讨论会、评比竞赛等多种形式广泛开展教育宣传,使“八荣八耻”深入人心。为庆祝建党八十五周年,市工商联按上级通知精神,在已成立党组织的会员企业开展“党旗在我心中”的征文活动,所收集征文的数量、质量居全省前列。

2007年,市工商联与《常德日报》等媒体合作,在会员中开展“德商文化现象大讨论”,开辟了“德商文化现象大讨论”专栏。在《湘声报》《湖南统一战线》《湖南省工商联》《工商大观》《常德日报》《常德晚报》等省、市报刊上稿30多篇。专访统战部领导、工商联会长、部分兼职副会长和会员,推出“畅想德商品牌,促进常德发展”、“无德不成商”、“凝聚德商合力,创新常德经济”等文章。此外还通过常德广播电台、常德电视台、常德晚报社等新闻单位,对市工商联举办的“常德市首届慈善年夜饭”等工作活动,进行20多次跟踪报道。

2008年,宣传报道工商联组织开展的政企恳谈、知识讲座、学术报告、扶贫帮困活动10多次。在抗击特大冰灾的活动中。全市会员踊跃参加参与抗冰救灾,涌现出一大批先进典型,如会员企业湖南环通科技有限公司派技术人员支援抢修衡阳、郴州等地的通信铁塔,许多会员企业和个人积极捐款捐物。市工商联对这些感人的先进事迹组织了重点报道。深入开展主题教育活动。根据省委统战部和省工商联的部署,在全市工商联会员和非公经济人士中广泛深入开展了“走中国特色社会主义道路,做优秀中国特色社会主义事业建设者”主题教育活动,引导他们“爱国、敬业、诚信、守法、贡献”,在中国特色社会主义的经济建设、政治建设、文化建设和社会建设中作出新贡献。市工商联与市委宣传部、市国资委、市社科联联合开展了以“以拼搏创业,促进崛起”为主题的常德市科学普及宣传月活动。邀请省内知名专家围绕自主创业作专题报告,并组织开展“企业创新”和“创业之路”征文,“继续解放思想,推动科学发展”“民营经济与改革开放三十年”大讨论活动。此次活动影响大、效果好,一批优秀企业家的创业形象深入人心。

2009年,协办省工商联《工商大观》一期,较好地宣传常德非公有制经济和非公有制经济人士。与会员企业本地易购网络有限公司合作,在市、县两级会员企业中开展“本地易购”网络平台建设,宣传推介一大批会员企业和产品,扩大了会员企业的影响力。此外,市工商联积极组织《天下湘商》的征订发行工作,通过《天下湘商》的发行,在会员企业中大力宣传我省非公经济代表人士、湘商文化和湘商精神，积极营造民营经济发展氛围，使优秀企业的成功做法和先进经验得到及时的宣传和推广，促进企业间的交流。发行数量与工作成绩名列全省前茅，得到省工商联领导的赞扬。

2010 年，市工商联利用“一网（德商网）、一刊（《德商杂志》）、两报（常德日报、民生报）、一台（常德市电台）”等媒体，对中发 16 号文件、湘发 23 号文件进行全方位、大篇幅的报道。及时宣传报道全市民营经济领域的重大事件、市工商联的重要活动和民营企业在转型升级过程中的先进典型，收到很好的效果。同时，组织电视台、日报社、市门户网站等主流媒体对全市“两新”组织学习实践科学发展观活动开展情况及取得的成效进行了系列宣传报道，常德日报在头版刊登《乘借东风展翅腾飞》的综述文章，各大网站相继转载报道，常德新闻联播报道“两新”组织学习实践活动的开展情况，对“两新”组织学习实践活动领导小组组长蒋颖群以及典型人物代表进行专访。市工商联还专门组织新闻媒体对女企业家创业、青年企业家创业、特别是民营企业第二代接班人创业进行系列报道，推介先进典型，宣传优秀事迹，扩大他们的知名度和影响力。

2011 年 1 月 9 日，常德市委、市政府在华天大酒店隆重举行非公有制经济人士迎春团拜会。非公有制经济人士欢聚一堂，市委书记卿渐伟致辞。市委副书记曹儒国，市政协主席刘春林，市委秘书长刘明，市纪委书记刘剑英，市委统战部部长李爱国等出席座谈会。团拜会由市工商联主席陈伟俊主持。市政协办、市委组织部、市委统战部、市台办、市民宗局、各民主党派市委负责人，各有关职能部门的工商联常委，区县（市）工商联主席、党组书记，全市非公有制经济人士代表近 300 人参加了团拜会。市工商联党组书记蒋颖群在团拜会上作 2011 年工作报告。市工商联副主席谈远灯宣读《关于表彰 2010 年度区县（市）工商联工作先进单位的通报》和《关于表彰全市非公有制经济组织创先争优活动先进单位和优秀共产党员的通报》。市工商联副主席杜鹏宣读《关于表彰 2010 年度市工商联直属先进基层组织和优秀会员的通报》。市领导为获奖单位和个人现场颁奖。会上还宣读《致全市非公有制经济人士的一封信》，号召积极推进自主创新，自觉履行社会责任，努力构建和谐劳动关系，为建设“工业强市、文化名城、和谐常德”作出新的更大的贡献，以骄人的业绩向党的九十华诞献礼。6 月 22 日，组织“永远跟党走”常德市非公有制经济组织庆祝中国共产党成立九十周年红歌赛，全市近千名非公有制经济人士积极参与，并有 65 名同志在鲜红的党旗下庄严宣誓入党。市委副书记宋冬春为红歌大赛致辞。市委、市政府以及相关职能部门的领导观看红歌大赛。

2012 年春，常德市委、市政府决定在全市开展“争当雷锋精神传人、弘扬社会文明新风”活动，市工商联 3 月 30 向全市非公经济人士发出开展学雷锋活动倡议书。号召大家学习学习雷锋同志爱国、敬业、诚信、守法、贡献的崇高精神和品德。继承和发扬中华民族传统美德，致富不忘国家、致富不忘人民，扶危济困、回报社会，积极参与社会公益事业和光彩事业，为构建社会主义和谐社会作出应有的贡献。6月28日，常德市非公有制经济组织“我为党旗添光彩”先进事迹报告会在芷园宾馆举行，湖南德成建设工程有限公司董事长沈冬生、常德阳光孤儿院院长杨绍军、湖南云锦纺织集团有限公司纺织女工苏玲、常德市恒箭建材有限公司法人代表余少平、万福生科（湖南）农业开发股份有限公司董事长龚永福、大湖水殖股份有限公司员工彭友双、湖南安福气门有限公司党委书记刘力斌等来自全市非公经济领域的7位优秀代表分别作先进事迹报告。从不同角度、不同侧面为大家讲述他们对党忠诚、爱岗敬业、奋发有为、无私奉献的感人事迹，生动诠释优秀中国特色社会主义建设者的时代精神。市领导宋冬春、赵应云、刘进能、张启祥、徐超文、陈伟俊以及部分非公经济代表人士，非公经济组织新党员、入党积极分子等共400多人聆听先进事迹报告。报告会由市政协副主席李爱国主持。市政府副市长徐超文作致辞。45名新党员在市委统战部副部长鲁晓凤的领誓下宣誓入党。8月14日，由市非公有制经济工作领导小组、市工商联主办，市温州商会承办的常德市2012年非公有制经济代表人士“创业夜话、转型升级”沙龙活动在共和酒店举行。市领导刘小明，赵应云，杨先平，李爱国，陈伟俊出席沙龙活动。与220名非公有制经济代表人士共聚一堂，畅谈转型升级话题，共谋企业发展大计。湖南丰康生物科技股份有限公司董事长张友富、大湖水殖股份有限公司董事长罗订坤、益丰大药房连锁股份有限公司董事长高毅等7位企业家先进典型代表围绕各自企业转型升级现场接受访谈，向与会非公有制经济代表人士介绍成功经验。为进一步提高工商联机关干部职工政治素养，建设团结、高效、务实、和谐的干部队伍，以优异成绩迎接党的十八大胜利召开。按照市委统战部要求，市工商联于2012年4至9月开展忠诚教育主题活动，为推进市工商联工作跃上新台阶提供坚强的思想和作风保证。

第三节　宣传平台

市工商联积极拓展宣传渠道，除充分利用各级报刊、电视台、网站等主流媒体力量进行宣传外，还自办了《工商信息》、《德商》杂志和德商网站作为宣传平台，宣传党的路线、方针、政策，宣传非公有制企业、非公有制经济人士的典型事迹，以及工商联重要会务、访谈活动。

一、《工商信息》

1987 年上半年原常德市工商联创办《工商经济讯息》(后改名《工商信息》)，向企业和会员宣传党和政府的有关方针政策，分析市场行情，推介会员企业生产与经营情况，介绍地方名优特产品，为广大会员提供信息咨询等服务。1988 年省辖常德市工商联成立后，《工商信息》进一步加大对全市广大工商联会员的服务力度。为市直会员企业和各区县(市)工商联会员提供党和国家有关非公有制经济发展的方针政策，从会员企业的生产和经营个各个环节开展全方位的服务。自开办以来，《工商信息》先后与全国 27 个省、172 个县市两会组织进行讯息交流反馈。印刷发行 82 期，总量达 4500 册。

二、《德商》杂志

《德商》杂志是由常德市工商联主管和主办的内刊(双月刊)，2010 年刊号获批，设有“经济访谈”、“德商传奇”、“德商人物”、“谈德论商”、“德商视野”、“商海时空”等栏目，旨在宣传推介常德著名民营企业和企业家，扩大德商在国内外的影响力。《德商》杂志社总策划陈伟俊、社长杜鹏、总编周光曙。2012 年 6 月 1 日，市工商联调整《德商》杂志社人员，杜鹏任《德商》杂志总策划，周光曙任总编辑，文政国任《德商》杂志社社长，胡友铎任副社长。2012 年，《德商》杂志被评为全省工商联系统优秀刊物。

三、德商网站

2004年挂牌成立信息中心，2003年5月率先在全省工商联系统创办独立门户网站——常德商务信息门户网站，网站连接市政府信息网和省联、全联商会信息网。网站作为市联的工作平台、信息平台、服务平台，全方位为区县（市）工商联和会员企业服务，开通后为九个区县（市）工商联和近20家会员企业建站或制作网页，当年发布经济信息和产品供求信息600多条。

2010年常德商务信息门户网站更名《德商网》，德商网是由常德市工商联、常德总商会主管，常德善德文化发展有限公司主办的大型综合门户性网站，是常德市唯一一家集工商联，商会为一体的生活信息类网，主要包括政策法规、宣传教育、经济联络、组织建设、企业党建、青年工作、妇女工作、光彩事业、德商品牌、德商巡礼、德商论坛、企业在线、创业典型等栏目。

第四节　评比表彰

常德市广大非公有制经济人士，在中国共产党的方针政策指引下，坚持科学发展观理念，积极投身于社会主义建设事业，在发展壮大企业，推动全市经济发展的同时，热心各类社会公益事业，为促进社会和谐进步作出重要贡献，涌现出许多成绩突出的先进集体和先进个人。市工商联通过开展“优秀中国特色社会主义事业建设者”“双爱双评”等评选表彰活动，积极引导非公企业加强企业文化建设，确立企业精神，树立良好形象，引导非公有制经济人士“爱国、敬业、守法、奉献”，争做“优秀建设者”。让一大批优秀会员企业与个人受到各级党委和政府的表彰奖励，激励全市广大非公有制经济人士奋力拼搏，建功立业。

1989年开始，市工商联每年坚持对全市各区县（市）工商联、企业和个人会员开展评比表彰活动。1993年3月，在市政协、市委统战部带领下，市工商联会同市乡经委考察、推荐10名遵纪守法、勤劳致富，自有资产100万元以上的私营企业家，5月，市委、市政府召开“常德市十佳非公有制经济大户表彰大会”。各区县（市）委副书记、副县长、各部委办负责人及一部分个体工商户、私营企业家代表共300人参加，市几大家领导亲自为“十佳大户”披红戴花，颁发荣誉证书。市工商联还把他们的先进事迹编印成册进行广泛宣传，在社会上引起强烈反响。随后，津市、石门、汉寿、武陵工商联也分别召开优秀个体私营企业表彰大会。

1994年，市工商联推荐18个优秀企业会员和先进个人会员到省工商联进行表彰。武陵区工商联协助区委、政府召开表彰大会，个体私营经济中的8个先进单位，36个先进个人，178个先进文明经营户受到通报表彰，武陵区工商联执委，私营企业家严若军被共青团中央授予“全国先进青年个人”荣誉称号。津市市工商联与宣传部、团委、工商局等联合举办评选“十佳”个体经营者的活动，在报刊登载其先进事迹，扩大非公有制经济人士的积极影响。安乡县工商联与工商局、城关镇、大鲸港镇一道，拍摄3部反映优秀私营企业典型的电视片在全县播放，受到社会好评。1994年至1995年，全市工商联系统有314人被评为先进个人，467人被评为文明经商户，71人被评为纳税大户，333人获得其他各类荣誉称号。1995年1月，召开全市工商联先进会员表彰大会，34名会员受到表彰。1995年，市工商联推荐21名优秀个人会员和企业会员，受到省工商联表彰。

为使工商联工作落到实处，1996年4月16日，市工商联下发《关于开展全市工商联工作百分赛的通知》。把工商联的工作分为七大项若干小项，以百分制评分竞赛。当年津市、鼎城、临澧三个区县(市)工商联被评为工作先进单位。1997年，市工商联宣传表彰民营企业家陈长新遵纪守法、文明经营，照章纳税76万元的先进事迹，同时还表彰48名敬业守法的先进会员。促进全市广大会员自觉守法、文明经营。

1998年5月，市委统战部、市工商联决定在全市非公有制经济人士中开展“十佳民营企业家”、“十佳光彩事业明星”、“十佳工商联会员”评选活动。1999年5至8月，通过层层选拔，向省推荐陈长新、周德江、胡兴业、陈长金、蔡大云等7家企业会员为全省百强民营企业，推荐应利成、满意、李正东等8名老板为全省百名优秀民营企业家，受到省委、省政府的表彰。开展三个“十佳”的评选表彰活动。经过精心推选，严格考核，评选出陈长新、应利成、周德江、王长庆、向晓阳、陈长金、蔡大云、杨祖圣、李正东、王志毅等“十佳民营企业家”、杨绍军、唐敦礼、游从平、万霞、杨祥光、杨耀忠、李明龙、熊正喜、成汉余、江伟民等“十佳光彩事业明星”、满意、邓建政、刘先春、彭培菊、陈长庆、曾宪达、李武、杨生发、方平定、周强国等“十佳工商联会员”，9月，召开表彰大会。市四大家领导为“三个十佳”披红戴花，颁发荣誉证书。蔡大云、杨绍军、杨生发等企业家在大会发言介绍经验，极大地鼓舞广大会员建功立业的热情。

2006年3月，按照省委省政府相关文件精神，由市委市政府统一部署，在全市非公有制经济人士中开展第一届“常德市优秀中国特色社会主义事业建设者”评选表彰活动。湖南杰新纺织集团总经理陈长新、湖南云锦集团有限公司董事长陈亮、桃源县三尖农牧有限公司总经理陈其军等26人获此殊荣。由市委、市政府召开表彰大会隆重表彰，市委市政府主要领导出席讲话并授奖，极大地调动广大工商联会员的积极性。

2007年，抓好表彰评比活动，树立先进典型。配合省工商联开展“全省招工扶贫先进企业、先进个人”和“双爱双评”“湖南省第二届优秀社会主义事业建设者”等表彰活动，配合开展“市十大纳税民营企业”“市十佳民营企业”等评比表彰活动。通过树立典型，激励会员中的争先创优的意识。与工商局、商务局等部门联合开展“常德私营企业 100 强”暨“影响常德 · 十大魅力德商”的评选活动，积级组织有影响、有势力、形象好的会员企业参评。与质量技术监督局配合，做好云锦集团、杰新纺织集团申报中国驰名商标的考察工作 。

2008 年，按照市委、市政府坚持每二年举办一届“常德市优秀中国特色社会主义事业建设者”评选表彰的要求，为纪念改革开放 30 年，市工商联积极组织开展在全市非公有制经济人士中开展第二届“常德市优秀中国特色社会主义事业建设者”暨“改革开放 30 年常德市十大杰出民营企业家”评选表彰活动。从 4 月开始，在经过提名推荐、组织考察、群众投票、综合评定等程序，湖南金龙电机有限公司董事长兼总经理叶锦武、湖南德成建设工程有限公司董事长沈冬生、湖南广安建设有限责任公司董事长兼总经理李和东等 30 名非公有制经济人士获得第二届“常德市优秀中国特色社会主义事业建设者”称号，还评选出“常德市十佳民营企业家”10 名。评选结果公布以后，在常德电视台举行颁奖晚会。《常德日报》、常德电视台开辟专栏对获奖个人或相关企业进行宣传，并对其事迹结集出版。同时，还配合省工商联在会员企业开展“关爱员工优秀企业家”和“热爱企业优秀员工”的评选活动。

2010 年 10 月—12 月，市委统战部、市工商联牵头组织开展第三届“常德市优秀中国特色社会主义事业建设者”评选活动。10 月 28 日，市委、市政府在芷园宾馆举行第三届“优秀中国特色社会主义事业建设者”评选表彰活动启动仪式。启动仪式由市工商联主席陈伟俊主持。第三届常德市“优秀中国特色社会主义事业建设者”评选委员会委员，第三届常德市“优秀中国特色社会主义事业建设者”推荐单位负责人，常德市非公有制代表人士综合评价领导小组成员，各区、县(市)工商联主席、党组书记，常德经济技术开发区、柳叶湖旅游度假区、西湖、西洞庭管理区负责人参加启动仪式。经过民主推荐、组织考察、层层筛选，评选出大湖水殖股份有限公司董事长罗祖亮、湖南同德职业学院董事长齐淑兰、湖南云锦纺织集团有限公司董事长陈亮等 32 名优秀建设者。市委、市政府于 12 月 24 日晚在市电视台演播大厅举办颁奖晚会，市委书记卿渐伟，市委副书记曹儒国，市人大常委会主任刘本之，市政协主席刘春林以及刘明、刘小明、李爱国、陈伟俊等市领导为受表彰的优秀企业家颁奖。卿建伟书记亲自致辞，高度肯定我市非公人士艰苦奋斗、迎难而上的创业精神，锲而不舍、勇于开拓的进取精神，富而思源、回馈社会的奉献精神。

为纪念建党 90 周年，2011 年对全市涌现出来的先进基层党组织、优秀共产党员和优秀党务工作者进行推荐表彰，并在全市非公有制经济人士和非公有制企业中广泛开展“非公有制经济领域推进社会主义核心价值体系建设” 典型评选活动；推荐湖南安福气门有限公司党委等7家基层党组织、吴明星、程芃等5名非公企业一线生产线上的党员、周德权、秦宏伟等2名党务工作者参加全省非公有制经济组织庆祝建党九十周年的表彰的活动，受到全省表彰。开展“常德市优秀专家”“常德市十百千人才工程”人选的推荐、评选工作，2011年湖南云锦集团股份有限公司董事长陈亮成功入选“十百千人才工程”第二层次人选，常德市三次方广告有限公司总经理雷文峰等获得常德市“第三届十佳创业优秀人物”，翟笃智荣获市“优秀专家”称号，受到市委、市政府的表彰。

2012年10月19日，市委市政府发文决定在全市非公有制经济人士中开展第四届“常德市优秀中国特色社会主义事业建设者”评选表彰活动，市委统战部、市工商联等单位迅速组织开展了评选的各项工作，市评选表彰委员会通过举行新闻发布会，市直相关单位和各区县(市)报名推荐，召开座谈会听取群众意见、征求当地党委政府意见，无记名投票方式等方式，经综合考评，决定授予益丰大药房连锁股份有限公司董事长高毅、湖南武陵酒有限公司总经理宋冠毅、常德市华星电器有限公司董事长石朝勋等30名非公有制经济人士和新的社会阶层人士第四届“常德市优秀中国特色社会主义事业建设者”称号。12月18日，第四届“常德市优秀中国特色社会主义事业建设者”颁奖典礼在市广播电视台演播大厅隆重举行。市领导卿渐伟、陈文浩、曹儒国、石谋军、张启祥、沈习森、陈伟俊等为获奖者颁奖。卿渐伟书记发表重要讲话，全市各级各部门要以促进非公有制经济发展为己任，进一步强化服务意识，兑现服务承诺，为非公有制企业排忧解难；在全社会掀起自主创业、艰苦创业、全民创业的热潮。要按照“团结、帮助、教育、引导”的方针，培育发展更多的优秀中国特色社会主义事业建设者。

第一至四届“常德市优秀中国特色社会主义事业建设者”获奖表彰名单

第一届　“常德市优秀中国特色社会主义事业建设者”

(2006年)

陈长新　湖南杰新纺织集团总经理
陈　亮　湖南云锦集团有限公司董事长
陈其军　桃源县三尖农牧有限公司总经理
高启典　常德兴广龙建材有限公司董事长
高　毅　湖南益丰大药房连锁有限公司董事长
胡兴业　湖南省兴业肉类机械有限公司董事长
李少夫　湖南同德职业学院院长。
李文化　石门县亚太电器有限责任公司总经理

罗绍情　常德市欣海鬃刷有限公司董事长
罗祖亮　湖南洞庭水殖股份有限公司董事长兼总经理
毛祖新　湖南万家工贸实业有限公司董事长兼总经理
聂西安　常德七一机械有限责任公司董事长
施小罗　湖南嘉业达电子有限公司董事长
吴世文　湖南天泽农业发展有限公司董事长
伍　瑾　安乡日银纸业有限公司董事长兼总经理
向远德　汉寿县向八佬珍珠有限公司董事长兼总经理
杨　峰　安乡福民电子有限责任公司总经理。
喻自文　湖南双佳农牧科技有限公司董事长
曾　荣　湖南金健置业投资有限公司副董事长兼总经理
张家跃　常德市国力变压器有限公司董事长兼总经理
张丕明　临澧县龙凤山伟厦水泥有限责任公司董事长兼总经理
章祖贵　临澧恒璋瓷业有限责任公司董事长
周德江　湖南省桃源县德江棉纺厂厂长
朱帮华　湖南津市市洞庭机械制造有限责任公司董事长
朱能国　湖南国珍木业有限公司总经理
左　彪　湖南津市市益林麻棉纺织印染有限公司董事长

第二届“常德市优秀中国特色社会主义事业建设者”暨“改革开放30年常德市十大杰出民营企业家”

（2008年）

叶锦武　湖南金龙电机有限公司董事长兼总经理
沈冬生　湖南德成建设工程有限公司董事长
李和东　湖南广安建设有限责任公司董事长兼总经理
陈永强　常德市强劲房地产开发有限公司董事长兼总经理
张桂华　安乡县桂华纸业有限公司董事长
杨品红　湖南洞庭水殖股份有限公司总经理
陈　军　湖南泰尔顺投资有限公司董事长
张维新　湖南天鹰建设有限公司董事长
张友富　常德市金盛实业有限公司总经理

毛新云　常德兴达纺织有限公司董事长
王国云　常德市温州商会会长
齐淑兰　湖南同德职业学院董事长
刘建茂　湖南环通科技有限公司董事长
敖治平　热市水泥有限公司董事长、常德市科辉墙材有限责任公司总经理
吉光腾　桃源县腾琼野茶王茶业有限公司董事长
傅子刚　湖南万昌交通实业有限公司董事长兼总经理
高　波　湖南中泰特种装备有限责任公司总经理
周泽猛　常德市繁荣实业有限公司董事长兼总经理
刘立基　湖南大力建设机械工程股份有限公司董事长兼总经理
熊永红　常德鸿基科技公司总经理
顾庆平　常德市南坪房地产开发有限公司总经理
袁付华　常德长岭烟草机械配件有限公司董事长
刘佑林　湖南宝龙专用汽车有限公司董事长兼总经理
彭世凤　澧县银丰水泥有限公司总经理
姚维德　常德市农资协会会长
唐生元　临澧县双龙山特种水泥有限公司董事长
蔡胜黎　湖南省双豹粮食机械有限公司董事长
杨业建　三金集团湖南三金制药有限责任公司总经理
周章平　安乡县恒生商贸有限责任公司董事长
邢修平　湖南石门强盛水泥有限公司总经理

同时获“改革开放30年常德市十大杰出民营企业家”荣誉称号者(10名)

叶锦武　湖南金龙电机有限公司董事长兼总经理
沈冬生　湖南德成建设工程有限公司董事长
李和东　湖南广安建设有限责任公司董事长兼总经理
陈永强　常德市强劲房地产开发有限公司董事长兼总经理
张桂华　安乡县桂华纸业有限公司董事长
杨品红　湖南洞庭水殖股份有限公司总经理
陈　军　湖南泰尔顺投资有限公司董事长
张维新　湖南天鹰建设有限公司董事长

张友富　常德市金盛实业有限公司总经理
毛新云　常德兴达纺织有限公司董事长

第三届　“常德市优秀中国特色社会主义事业建设者”

（2010 年）

罗祖亮　大湖水殖股份有限公司董事长
齐淑兰　湖南同德职业学院董事长
陈　亮　湖南云锦纺织集团有限公司董事长
蔡　得　常德金鹏凹版印务有限公司副董事长
黄明辉　湖南恒安纸业有限公司总经理
高　峰　湖南益丰大药房医药连锁有限公司副董事长
任振文　汉风集团有限公司副董事长
陈　颢　德山酒业营销有限公司董事长、总经理
高绪秀　常德市东风纺织服装有限公司董事长
刘　雷　常德市中亿实业有限公司董事长
刘湘平　常德达门船舶有限公司总经理
王国云　常德市温州商会会长
舒德春　湖南金帛化纤有限公司董事长
陈湘益　湖南广益粮油棉有限公司总经理
陈文教　常德市安装公司董事长
李发明　常德市壹德壹食品有限公司董事长
胡春喜　常德年丰粮油饲料有限公司董事长
王建忠　常德市联嘉机械有限公司董事长
韩建生　湖南汉寿煤矿机械有限公司董事长
欧阳凯　常德市凯宏实业有限公司总经理
陈其军　湖南三尖农牧科技有限公司总经理
龚永福　万福生科有限公司董事长
高　波　湖南中泰特种装备有限责任公司总经理
李家喜　湖南安福气门有限公司总经理
龚佑洪　湖南石门佳林矿业有限公司董事长
马　杰　湖南合磷化工有限公司董事长

郑大田 湖南平安医疗器械有限公司董事长兼总经理
杨桔瑛 澧县六合电器有限责任公司总经理
李洪兵 宏鹰祥生物科技有限公司董事长
刘湘松 常德市雪丽造纸有限公司董事长
刘朝晖 药圣堂湖南制药有限公司总经理
辛长庚 湖南德成建设工程公司总经理

第四届 “常德市优秀中国特色社会主义事业建设者”

（2012 年）

高 毅 益丰大药房连锁股份有限公司董事长
宋冠毅 湖南武陵酒有限公司总经理
石朝勋 常德市华星电器有限公司董事长
张维民 湖南天鹰建设有限公司副总经理
李志兵 常德东方旭机电设备有限公司董事长
王桥立 湖南三升光电有限公司董事长
何 灿 大汉汽车集团有限公司总经理
叶华荣 常德兴隆市场开发有限责任公司总经理
李建春 湖南重啤一品营销有限公司董事长
王焕震 常德市焕震广告有限责任公司董事长
文凡初 湖南金固力油墨涂料有限公司总经理
严 达 湖南湘源建设工程有限公司董事长
张文彪 常德创美装饰工程有限责任公司董事长
肖立安 常德汇美食品有限公司董事长
李跃进 常德市跃进米业有限责任公司总经理
李 军 湖南新宇宙建设有限公司总经理
赵金秋 湖南湘北水泥有限公司董事长
胡仕刚 湖南省天和建材有限公司总裁
何文斌 湖南锦达建筑工程有限公司董事长
杨江波 绿博农业开发有限公司总经理
余泽革 桃源县大华机械厂董事长
陈兆生 湖南兆生棉业有限公司董事长

罗　平　湖南东方新世纪建筑公司董事长
邹应琼　石门壶瓶山茶业有限公司总经理
赵志群　湖南丰彩实业发展有限公司总经理
姚明铎　湖南天源纺织有限公司董事长
丁玉海　湖南省欣厦建设工程有限公司董事长
赵丽玫　安乡兴源亚麻有限公司副董事长
谭绍新　津市市中意糖果有限公司董事长
杨付明　津市市津都酒业总经理

第三章 参政议政

工商联是党领导的统一战线组织和人民政协的重要界别，政治协商、民主监督、参政议政是工商联的重要职能。常德市工商联密切联系全市广大非公有制经济人士，深入了解非公有制经济人士的意愿和要求，积极组织会员开展调查研究，向人大、政协提出提案议案，向党和政府提出相关意见和建议，参与有关方针政策的研究制定和贯彻执行，促进了非公有制经济市场环境、政策环境、法治环境、社会环境的改善，为推进常德市民主政治建设发挥了积极作用。

第一节 调查研究

从1988年开始，市工商联组织会员围绕社会经济发展的重点问题和群众关注的热点难点问题，广泛深入地开展专题调查研究活动，几年中先后写出《消除潜在危机，为争新的发展》《个体纳税流失严重，亟待治理整顿》《在治理整顿中注意发挥大中型企业的骨干作用》《城市卫生持之以恒关键在于加强综合治理》《关于重视开发桥北市场》等一批调查报告。其中《消除潜在危机，为争新的发展》剖析全市食品工业潜在的危机及其原因，提出科技开发新产品，改变产品结构和加强行业管理的建议，得到市委的肯定，并被市委《常德工作》刊载，《城市卫生持之以恒关键在于加强综合治理》被市政府《内部参考》转发到市各部门。

1991年2月，市工商联对全市个体私营经济发展现状开展为期一个月的专题调查，通过走访、座谈等方式，详细掌握第一手资料，形成《关于当前我市个体私营经济发展现状和几点建议》的调查报告，在市政协全会上作专题协商发言。市工商联常委、澧县工商联会长朱远志邀集部分市政协委员和有关人士，专题调查农民负担情况，写出了《要切实抓好减轻农民负担》的调查报告，在市政协全会上发言，受到与会委员的赞同。

1993年后，市工商联组织参与市人大开展的社会治安问题调查，市法院、市检察院执法情况调查，参与市政协开展的关于发展个体私营经济和改善外商投资环境的调查，参与市委组织的民主党派、工商联成员视察防洪工程的修建等活动。为纠正行业不正之风，1994年起，市委组织了由民主党派和工商联成员为主的行风评议活动，市工商联积极分别参与对工商、税务、国土、公安、银行等部门进行行风评议。对市国土局的评议工作组由市工商联副主委曹同生任组长，他带领全组成员深入群众，进行调查，写出8000多字的评议材料，帮助找准国土管理混乱，土地资源流失严重等突出问题，提出6条整改建议。受到市委领导和有关部门的高度评价，曹同生也被评为"优秀评议员"。1995年四季度，市委又指派曹同生带领工商联5名会员及其他工作人员，对去年已评议的市工商银行、电力局进行复查，促进这两个单位的工作。1995年2月，工商联专门对私营经济发展情况组织三次调查，撰写《关于当前我市个体私营经济发展现状结合亟待解决的问题》、《关于协调管理，发挥市场效益的建议》和《关于我市个体私营经济发展的几点意见》三篇调查报告。其中《关于当前我市个体私营经济发展现状结合亟待解决的问题》被《常德人大工作》刊载。鼎城区、武陵区、津市市、临澧县、桃源县等区县(市)工商联也组织会员开展专题调查，写出调查报告送交党委和政府参考。1996年，市工商联撰写的《关于当前我市个体私营经济发展现状和几点建议》调研报告在市政协二届四次会议作专题发言。

1997年，根据市委市政府的安排，市工商联研究制定"民营经济在社会主义市场经济中的地位和作用探讨""如何引导民营企业参与国营中小型企业改革"等20个重点课题，组织人员写出24篇调查报告送交党委和政府。在全省民营经济研讨会上，市工商联撰写7篇关于发展个体私营经济的调研文章，其中2篇获得三等奖。1998年5月，市工商联对如何在促进、引导非公有制经济发展中发挥积极作用进行专题调研，提出工商联要在政治上团结教育、政策上指导帮助、法律上维权保护、信息上提供服务的新路子。使工商联工作目标更加明确，方法更切合实际。同年8月，围绕非公有制企业参与再就业工程问题进行调查研究，写出《非公有制企业参与再就业工程探讨》的理论文章，并在《常德通讯》1998年第8期发表。12月，市工商联与市政协财贸工作组联合，对全市个体私营经济发展的外部环境和有关政策落实作广泛深入的调研。还专门组织会员到祁东等地参观访问，形成《放宽政策，优化环境，加快我市个体私营经济发展的步伐》的调研报告。文章内容详实、建议中肯，被定为市政协三届三次全会的发言材料。得到市委书记吴定宪等领导的高度肯定。在1998年市委、市政府组织的行风评议工作中，工商联副会长曹同生担任市物价局行风评议小组副组长，通过调查摸底，帮助该局找出存在的主要问题。制定整改措施，工作进展顺利，受到市纪委、监察部门的肯定。

1999 年 11 月，市工商联在作广泛深入的调查研究基础上，写出《历史性机遇与现实对策选择》等一批理论文章，市工商联党组书记刘存根撰写的《非公有制经济处于再就业探讨》在《常德通讯》刊登，并在 99 年海南省公有制经济理论研讨会交流。副会长鄢家敏撰写的《从一点一滴做起，做好非公有制经济人士的思想政治工作》《强化服务功能，不断增强工商联凝聚力》参加全省理论研讨获二等奖，《关于服务会员，增强凝聚力》和《常德市工商联工作实践与启示》参与全省工商联研讨会的学术交流。武陵区工商联撰写的《满目证照都是费，孔雀将要东南飞》的调查报告，真实准确地反映城区存在的“五多一涨”的乱收费问题，引起区委和有关部门的高度重视，并在该区《领导参考》1999 年第 5 期刊登。

为深入了解全市私营经济的发展环境与政策等问题，2000 年初，市工商联组织专门班子走访 30 多家会员和私营企业，写出《加强引导，优化服务，促进发展》的调查报告，其中关于在城区建立民营工业小区的建议得到市、区两级政府的采纳，并付诸实践。8 月，市工商联党组对全市工商联党组织工作状况进行调查，撰写《按照“三个代表”的要求，做好对非公有制经济的引导工作》的调研文章，得到有关部门的肯定，并在《常德通讯》第 9 期刊登。

2001 年至 2002 年，为深入了解经济环境对民营经济发展的影响，市工商联针对非公有制经济的热点难点问题开展调查研究，就全市民营经济发展现状、存在的重要问题提出七点建议，引起市委市政府领导的高度重视。2002 年 2 月，在市政协全会上作《优化经济环境，促进民营经济发展》的大会协商发言，得到与会委员的认同。3 月 25 日，市工商联在市人民银行召开的银企座谈会上作《更新观念，调整政策，倾斜民营，银企双赢》的发言，获得在会企业家的好评。6 月 20 日，根据市委下达的调研任务，撰写并向市委上报《对我市中小企业技术创新的调查与思考》一文。10 月上旬，完成《温州经济现象对我市民营经济发展的几点启示》的调查报告，上报市委市政府，并在《常德通讯》发表。11 月，钟春枝、宋祖军同志撰写的《加强诚信建设，引导非公有制经济健康发展》一文，参与市委贯彻十六大精神理论研讨会，并在《湘声报》《常德日报》刊载。

2003 年上半年，针对全市工业企业发展较慢的现实情况，展开历时 2 个多月的专题调查，走访市直和区县市 50 多个私营企业，形成《对我市工业企业存在问题的调查》，上报市委市政府。在 5 月上旬市工商局征求意见座谈会上，市工商联秘书长文政国提出要规范个私协、消协等社团组织的管理意见。副市长龚建民当场表态，要求市工商局迅速整改，并将整改结果通报与会代表。6 月 23 日，受市政府委托，市工商联召开《关于加快民营经济发展的若干意见》征求意见座谈会，根据与会民营企业家代表发言归纳整理成 5 条建设性意见，上报市委市政府，大部分意见被采纳。2003 年下半年，市工商联参与市委组织的常德市党政人才、企业管理人才、专业技术人才的调查研究工作，调查报告上报市委市政府。11月上旬，组织力量对市直社会团体的管理情况进行调查，写出《规范经济领域社团管理，发挥中介组织三大作用，促进我市经济快速发展》一文，对全市民营经济社团管理提出建议与意见。

2004年初，市工商联分成3个小组，由会领导带队，深入会员中间，召开座谈会，发放调查问卷表格，把脉问症会员的思想动态，分别形成专门分析会员思想动态的调研文章《常德市非公有制经济人士当前思想状况分析及工作思路》和《非公有制经济代表人士思想工人现状分析与对策》。3月，根据全国工商联党组文件要求，开展为期两周的专题调研，形成《关于加强新时期工商联工作的几点思考》调研报告，就如何修改制定新时期工商联工作纲领性文件，提出6条建议。5月，针对全市行业商(协)会管理中存在政企不分、管理无序、财务混乱等问题作专题调研，深入全市的行业协会进行调查，形成《浅谈行业协会建设》等调研文章，先后被《人民日报》、《湘声报》采用。并以《规范行业商(协)会管理，推动市场经济体系不断完善，促进非公有制经济健康发展》为题在市政协全会上作协商发言。6月，对全市中小企业的技术现状进行调查，形成《对我市中小企业技术创新的调查与思考》的调研报告，真实地反映全市中小企业的技术现状及问题，提出构筑市中小企业技术创新体系的方法与思路，引起市政府的高度关注。武陵区工商联的调研文章《沿海城市优先发展配套工业的成功经验值得借鉴》，区委书记作批示，鼎城工商联《努力开拓资本市场，促进非公有制经济快速发展》调研文章引起区委、政府的重视。

2005年2月，国务院《关于鼓励支持和引导个体私营等非公有制经济发展的若干意见》(简称“非公36条”)出台后，市工商联组织力量围绕国务院文件、省政府12号文件精神，对市委、政府《关于加快民营经济发展的若干意见》的贯彻落实情况进行调研，形成《消除体制性障碍，支持非公有制经济发展》等6篇调研报告，就如何进一步促进常德市民营经济的发展提出多条建议。与党校合作，完成《规范行业协会建设，促进市场经济体制不断完善》的课题调研，获得省委党校和省行政学院的社会科学研究项目结项证书。市工商联会长李明三撰写的《工商联在构建和谐社会中如何发挥作用》理论文章，在湖南《湘声报》等多家媒体上发表。

围绕非公有制经济人士参与新农村建设这一主题，2006年，市工商联开展专题调研，形成五篇调研文章，其中会长李明三的《组织、引导、支持非公有制经济人士参与新农村建设——工商联如何应对新农村建设》获得市委宣传部、市委党校、市委讲师团、市社科联联合举办的“建设社会主义新农村”征文奖励、省委统战部调研成果奖，调研工作得到省工商联主要领导的肯定。同年与市统计局、工商局合作完成《常德市2005年非公有制经济发展报告》，被湖南省工商联汇编成册。鼎城区工商联的调研工作扎实有效，写出《勇于承担社会责任，积极参与新农村建设》一文，其中很多建议被区委和有关部门采纳。

2007年，市工商联组织了“全市非公有制经济发展情况”“常德工业产业情况”“民营企业参与新农村建设的对策与思考”“新的社会阶层人士健康成长”等专题的调研，撰写《关于对非公有制经济人士健康成长的调查与思考》、《着力引导产业集群，加快区域经济发展》等6篇调研文章。在此基础上，市工商联组织《非公有制经济发展与工商联工作研究》的经验总结、调研文章征集评选活动，并将质量较高的22篇文章编辑成书，作为全市工商联调查研究、参政议政的成果。

2008年，围绕贯彻落实十七大和十七届三中全会精神、推进新型工业化、非公人士健康成长、构建和谐劳动关系、非公党建等热点问题，组织广大机关干部和广大会员深入基层调研，形成《构建和谐关系——常德探路》《强化教育引导，促进两个健康》《关于发挥政协委员主体作用的思考》《以创新精神引领政协参政议政工作》《学习实践科学发展观 促进“两个健康” 推动工商联工作创新发展》等调研理论文章，其中《关于发挥政协委员主体作用的思考》获得政协理论研讨会二等奖，《构建和谐关系——常德探路》被《中华工商时报》采用，《强化教育引导、促进两个健康》被《当代商报》《湖南工商联》采用。市政协副主席、市工商联主席陈伟俊带队深入津市纺织企业进行调研，形成了调研报告并上报市产业集群办公室。各区县（市）工商联也形成一批高质量的调研文章，如津市市工商联《关于全市非公经济专有人才库建设》、鼎城区工商联《关于新农村建设关键是解决农民增收难的问题》、澧县工商联《关于澧县规模以下工业企业发展情况的调查与建议》等调研报告，都得到当地党委政府的重视与采纳。

结合全市“万名干部下基层、排忧解难促发展”作风建设活动月活动和深入学习科学发展观活动，2009年，市工商联围绕“中小企业如何应对国际金融危机”“常德市非公有制经济现状”“民营企业参与新农村建设”“非公有制企业党建情况”“行业协会如何健康发展”等五个主题，开展“遍访会员企业，携手共迎挑战”的专题调研活动，形成调研报告5篇，其中《关于我市行业协会发展现状与建议》被市学习活动办采用，刊登到全市学习科学发展观活动的专题网站上。积极组织会员参加市政协优秀理论文章评比活动，上报《人民政协“人本理念”探析》《人民政协实现政治和谐的思考》等6篇理论文章，受到市政协的高度肯定。政协五届三次全会大会前夕，市工商联深入全市30多家农贸市场调研，并多次登门拜访建委、规划、工商等政府职能部门了解情况，写出《关于进一步规范我市农贸市场建设和管理的建议》。在省工商联部署的上规模民营企业的调研中，分市直会员、区县（市）会员两组，为期一个月，完成35家产值5000万元以上企业的调查上报工作。10月，全国工商联主席黄孟复到常德调研，对市工商联围绕发展大局谋划工商联工作的成绩给予肯定。

2010年，市工商联围绕如何助推全市非公经济发展，促进非公人士健康成长两大主题，开展非公有制经济发展环境调研工作。走访80多家会员企业，召开了3次座谈会，听取会员对经济发展环境的反映和要求，下发调查问卷200份，回收163份。通过走访、座谈以及对回收调查问卷的分析整理，为市委、市政府研究非公经济发展、制定对策提供参考。形成《常德市非公有制经济发展环境》《常德市民营经济发展报告》《延伸产业链，加快我市纺织服装产业发展》《进一步优化我市非公有制经济发展环境的建议》等调研报告。市工商联牵头并会同市委政研室、市经信委、市纺织产业办、德山开发区进行为期4个月的专题调研，形成《建好染整三集中工业园，加快发展纺织服装产业集群》调研报告，在市《政研内参》12期发表。调研成果采纳进常德市纺织产业"十二五"发展规划，并在市政协五届四次全会上作协商发言，引起市委市政府的高度重视，市长陈文浩等作批示，将德山"三集中"纺织工业园纳入市重点建设项目。据此整理的提案也被市政协列入主席重点督办A类提案。组织民营企业继承与发展调研。先后在市直、武陵区、临澧县举行"民营企业继承与发展"调研座谈会，掌握民营企业接班人目前的思想、个人创业及企业发展情况，并形成《关于民营企业继承与发展的思考》调研报告。组织开展民营企业信贷需求的调研。通过走访、电话等方式，向全市会员企业收集信贷需求信息，共收集上报项目47个，总投资额17.6元，融资需求8.1亿元。完成全国上规模民营企业调研表和行业商(会)调查表110份。由主要领导带队，分赴各县(市)区及会员企业开展调研活动。调研内容涉及民营经济发展的现状、存在问题及对策、民营企业自主创新、工业园区、产业集群和创业基地发展、中小企业信用担保体系建设等五个方面的内容，形成《2010年常德市非公有制经济发展报告》。开展2010年度上规模民营企业调研工作。根据省工商联工作安排和要求，对全市2010年营业收入超过5000万元的会员企业进行统计上报。

为推动全市民营经济健康快速发展，2011年市工商联围绕破解民营企业"用工荒""招工难"问题，开展民营企业用工及专业技术人才队伍建设调研活动。为解决民营经济发展的融资瓶颈等难题，开展常德市民营经济发展情况及中小企业融资方面的调研活动，相继形成《关于我市民营企业用工及专业技术人才队伍建设情况调查与思考》《2010年常德市非公有制经济发展报告》《常德市中小企业金融形势调研报告》等调研报告。6月15日，市委统战部长李爱国率市工商联、市财政局、市国土局、市民政局、市金融办、农业银行、德山开发区、柳叶湖旅游度假区等单位负责人，深入三升光电、和生源、大汉集团等非公有制企业及常德市温州商会实地走访调研。对于企业反映的困难和问题，李爱国部长要求相关职能部门要认真研究，加以解决。会后，市委统战部、市工商联对各职能部门的落实情况进行督导，为企业切实解决具体困难。

2012年，市工商联围绕"建言汇智"工程，深入开展"联系一家企业、服务一个商会、为企业解决一个难题”为主要内容的“三个一”活动，积极开展以“进民企、促发展”为主要内容走访调研活动。年初根据卿建伟书记指示，对市中小企业融资情况进行深入调研，形成《关于我市中小企业融资情况的调查报告》，被市委政研内参2012年第一期刊发。针对中小微型企业“保生存、谋发展”，采取问卷调查、集中座谈、实地调研的方式，发放调查问卷1200份，走访调研20余家中小微企业，召开座谈会4次，与60多家企业座谈，就税收、行政事业性收费等情况广泛听取企业意见。5月，市工商联开展“求意见、改作风”的主题活动，起草下发《关于向全体执委征求意见建议的通知》，要求对市工商联工作积极建言献策。征求到包括加强企业培训；建立企业融资平台；提供信息服务；帮助企业招聘技术人才；协助沟通企业与政府部门之间的关系；引导企业开展光彩事业等近1000条的好建议。5月，市工商联派员随同市委督查组对九个区县（市）中小微企业的税收环境及非税负担情况进行专题调研，形成《常德市中小微企业负担调研报告》。针对民营经济发展的现状、企业自主创新、工业园区、产业集群和创业基地发展、中小企业信用担保体系建设等内容广泛开展调研，深入了解和掌握全市民营经济的总体发展和企业基本情况，为政府《2011年常德市非公有制经济发展报告》提供重要参考依据，按照全国工商联《关于进一步做好原工商业者老会员工作的通知》精神，5月，市工商联开展为期一周的走访调研活动。认真向原工商业者老会员宣传中央16号文件精神，介绍工商联工作新阶段的发展情况，了解摸清原工商业者老会员的生活困难、医疗保障等问题，积极向当地党委政府反映情况，推动相关政策的完善和落实，切实解决他们的实际困难。

2003年至2012年，市工商联根据全市非公有制经济运行情况每年形成一篇《常德市民营经济发展报告》，全部编入《湖南省民营经济发展报告》（年度版），为省、市制定非公有制经济发展规划、政策提供决策依据。

第二节　提案议案

提案议案是工商界政协委员、人大代表参政议政最直接有效的方式。全市500余名工商联会员被推荐为全国、省、市、县人大代表、政协委员。市工商联充分发挥工商联界别的特点和优势，每年都精心选题，组织政协委员和人大代表深入社会，深入企业开展调研，在人大、政协“两会”期间撰写有理有据、操作性强的提案和议案，提出有针对性、可操作性的意见和建议。

1989年至1991年，组织会员参加由市委、市政府召开的民主协商会24次，工商界人大代表和政协委员向“两会”提出议案、提案80多件。其中《关于加强社会治安必须提高公民素质》《工商企业也需开展社会主义教育》《注意发挥工商联作用》等建议引起有关部门重视并采纳。市工商联主委张前河提出的科技兴工的建议，得到市委、市政府领导的高度重视。

1993年至1995年，组织27名市人大代表和市政协委员向两会提出议案、提案56份。其中《关于组织社会力量监督物价的建议》《关于发展个体私营经济存在的隐患及对策》《关于抗日常德会战阵亡将士公墓维修的建议》等提案、议案受到市委、市政府重视并采纳。1995年3月，在市政协二届三次全会上，市工商联会长张前河代表工商界对发展个体私营经济提出五条建议，受到市委市政府领导的赞扬肯定，得到会员普遍拥护。各区县(市)工商联的107份议案、提案同样受到当地党委和政府的重视。

1996年，市工商联会长、省政协委员张前河在省政协全会上递交《关于重视非公有制经济代表人士中党员积极分子培养的建议》，得到省委组织部的肯定。石门县工商联副会长、省人大代表刘定楚在省人大四次会议上的第265号议案《建议政府要为个体私营经济发展创造宽松环境》，由省工商局案字(1996)1号文件给予回复。市政协委员陈长新、周强国、李能等在市政协全会上递交的《我市207国道蔡家岗、石板滩路段交通管理亟待加强》《在全市全面开展禁赌工作》的提案，均得到市委、市政府及有关部门的重视，并逐一予以办理。

1997年至1999年，工商界人大代表、政协委员共向两会提交议案、提案218件，大部分被采纳。1998年，市政协常委、市工商联党组书记刘存根、市政协常委周国强在市政协三届一次全会上提出的《关于重视下岗职工再就业工程并制定鼓励民营企业安置下岗职工优惠政策的建议》，受到政府有关部门的肯定，市劳动局回函提出落实措施，还被省政协评为优秀提案，编入《全省优秀提案》一书。

2000年全市“两会”召开之前，市工商联组织政协委员和人大代表深入社会走访调查，专门举行工商联政协委员、人大代表座谈会，在“两会”期间撰写有关突出经济建设中心、加强私营企业党组织建设、完善城市建设与管理以及其他热点问题的议案、提案80多份。2001年，“两会”期间撰写议案提案45件，均得到有关部门回复。市工商联副会长、市政协常委陈长新提出的《要象抓城市创建一样抓工业生产》的建议，被列为市政协一号提案。

2004年，市工商联组织会员代表深入开展调研，形成情况反映(不含区县市)108条，提案41份，议案52份。会员周富新撰写的《美丽常德城，尚有龙须沟》提案，市委书记程海波亲自批示，责成相关部门处理。会员孙胜、龚美华就搞活步行街、金钻广场经营问题撰写的提案，市长陈君文高度重视，召开五次市政府常务会专题研究解决。

2005年，组织工商界人大代表、政协委员、工商联的常执委、受聘于政府职能部门的行风评议员、优化监督员深入调研，剖析，形成提案50份，议案40份。其中省政协委员、市工商联会长李明三撰写的《恳请省政府出台湖南省行业协会（商会）管理办法》提案，引起省委、省政府高度重视，责成省民政厅给予回复，相关部门认真调研，年底出台《湖南省行业协会管理暂行办法》。市政协委员、市工商联党组书记钟春枝《建立和完善支持民营企业发展目标管理责任的建议》提案受到市政协的高度重视，被列为主席督办提案。鼎城工商联《关于在非公有制企业加强党建工作的建议》、石门工商联《关于规范社区物业管理的建议》等议案，都得到当地党委与政府高度关注，相关部门也给予认真回复。

2006年，市工商联组织本会会员中的人大代表、政协委员撰写提案议案100多份，其中市工商联会长李明三的《强化执法监督，确保政令畅通》提案受到省监察厅领导的高度重视，省监察厅将部分建议分解到各职能处室，要求结合工作狠抓落实。市工商联集体提案《加强执法力度，规范医疗、医药市场》被评为市政协A类提案，市卫生局专门制定整治方案，规范医疗服务秩序。石门县工商联《狠抓国家关注的“三农”问题，着力发展石门农贸产业》提案引起县委、县政府重视。

2007年，工商界的人大代表、政协委员撰写提（议）案60多份。市工商联《关于努力推进建立常德异地商会》《关于大力开展创市级品牌》《关于大力扶持我市家具产业集群》等提案被评为市政协重点提案，市政府及相关职能部门就这些提案进行了大量的调研工作，并相继出台了《关于大力培育产业集群的意见》《常德市名牌管理办法》等相关政策性文件。全国人大代表、市工商联常委杨绍军深入底层开展调查，在收集掌握大量城乡贫困弱势群众困难情况的基础上，向十届全国人大五次会议提出了《构建和谐社会要关注城乡弱势群体》《农村低保要像城市低保一样，纳入财政转移支付，地方政府按比例相应地配备》两个议案，其中所反映的情况真实准确，提出的建议切实可行，得到大会代表的肯定和胡锦涛总书记的赞赏。

2008年，组织工商界的人大代表、政协委员围绕营造民营经济良好发展环境入手，紧抓民营企业发展难点和热点问题开展调研，在常德市人大五届一次会议、政协五届一次会议上提交议案、提案共63件，市工商联团体提案10件。其中《关于建立蒋家嘴千吨级货运码头的建议》被人大采纳，列入全市重点项目之一。《关于常岳高速公路建议采用K方案》被省交通厅采纳。《关于解决我市民营企业融资难问题的提案》《关于延伸产业链，发展区域循环经济的提案》等提案被列为重点督办提案。对非公有制经济人士健康成长的思考》的大会发言得到市长卿渐伟的亲自批示。汉寿县工商联《工商银行应承担起中小企业融资责任》的提案受到市委、市政府的重视，市人民银行安排专人到汉寿县走访调研。桃源、临澧、石门、安乡等地工商联的参政议政工作也很有成效。

2009年，在市人大、政协“两会”期间，市直工商联会员共提交提案、建议60件，内容涉及经济、“三农”、社会保障等各个方面。市工商联副主席凌星代表工商联在政协大会上作题为《关于民营企业参与新农村建设的思考与建议》的发言，获得与会人员的好评。市政协副主席、市工商联主席陈伟俊撰写的《关于加强农村环境保护工作的几点建议》提案受到省农业厅的重视，并针对所提建议逐条回复，承诺将进一步争取各级政府和财政部门的支持，加大对农业环保的投入。市工商联副主席杜鹏撰写的《住房公积金覆盖离退休职工》、《增加农村公路建设计划》等建议案被市人大受理。

2010年，组织工商联界别的人大代表、政协委员撰写提案、议案60余件，其中《关于进一步规范和整顿我市农贸市场的建议》提案，纳入市政府的整改规划，着手整顿已出成效。《整治诗墙公园环境，拆除湘航大楼》的建议，市政府常务会专题讨论并予以采纳，实现还景于民。还就土地、环保、招商引资、融资等热点问题提出合理建议67条，得到党委、政府及有关部门的重视。

2011年，围绕促进民营经济发展这一主线，市工商联在市政协五届四次会议上，提交《解决中小企业融资难瓶颈支持中小企业发展》《关于筹建德山染整“三集中”工业园，加快发展我市纺织服装产业集群》《建设公共服务平台，促进中小企业发展》等五个集体提案，其中《关于筹建德山染整“三集中”工业园，加快发展我市纺织服装产业集群》被选为大会发言，市长陈文浩作出了专门批示，市政协作为重点提案办理。

2012年，在市政协第六届全会上，市工商联提交《建设公共服务平台促进中小企业发展》的大会发言，同时提交《关于缓解民营企业“招工难”问题的建议》《建设公共服务平台促进中小企业发展》《关于化解中小企业“融资难”问题》等8件团体提案。其中《建设公共服务平台促进中小企业发展》得到市长陈文浩、市委副书记宋冬春的签批，《关于缓解民营企业“招工难”问题的建议》被列为市政协重点督办提案。

市工商联认真做好提案办理工作，政协大会后召开会议进行专题研究，在规定时间内按照有关规定和要求，对应由市工商联办理的提案进行认真答复。

至2012年底，市工商联共提交团体提案72个，委员提案548个，议案326个。这些提案议案对促进全市非公有制经济发展和和谐常德建设起到重要的推动作用。

第三节　大会协商

市工商联高度重视非公有制经济人士参与重大政治协商的工作，加大对非公有制经济人士的政治安排力度，推荐工商界人士担任政协委员、人大代表和在政府有关部门任职，为优秀会员代表提供参政议政的平台。特别是人大、政协“两会”期间，工商联专门把会员中的人大代表和政协委员召集在一起征求他们的意见和建议，鼓励他们积极建言献策，努力为党委政府决策当好参谋，促进常德经济社会健康发展。

1993至1995年，市工商联参加市委市政府或委托市委统战部召开的民主协商会16次，各区县(市)工商联参加各级民主协商会93次，市工商联与市委组织部、市委统战部密切配合，积极推荐人才参与市委、市政府和有关部门的领导工作，先后推荐一名同志任市交通局副局长，一名同志任市政协兼职副秘书长，一名同志任市光彩事业领导小组副组长，还推荐一批会员任市私营经济领导小组成员，市经济仲裁筹备小组成员，市工商银行、市国土局监督员，警纪警风监督员，行风评议员。全市139名会员担任县以上政协委员，20名会员担任县以上人大代表，189人担任市县两级工商联执委和常委，82人在其他团体协会中任职。为推进民主政治建设起到了积极作用。

1997年，市工商联和各区县(市)工商联完成换届工作。市政协为工商界安排政协委员20名，包括其他界别安排的非公有制经济人士共计28名。市工商联会长张前河当选为市三届政协副主席，党组书记刘存根、副会长陈长新、常委杨绍军、李立志、周国强当选为市政协常委，副会长曹同生继续当选为市人大常委。此外，9个区县市共安排186名工商联会员担任市县政协委员，206名会员担任市县两级工商联常委、执委。一批非公有制经济人士在政治上得到适当安排，提高工商联会员的社会地位和知名度。1999年，向市法院、检察院分别推荐8名司法监督员和检查执行督员。参与两院的法律监督工作。

2003年，市工商联向市委统战部举荐一批政治上比较成熟、经济上有实力、社会上有影响的非公有制经济人士，通过法定的选举程序，市直1人 当选为全国人大代表，14人当选省人大代表，46人当选市人大代表，4人当选省政协委员，14人当选市政协常委，75人当选市政协委员。全市9个区县市179人当选人大代表，6人当选人大常委，526人当选政协委员，43人当选县政协常委。

2007年，市工商联积极与市人大、市政协联系，提名推荐160多名非公人士担任人大代表或政协委员，同时配合市委统战部开展新一届人大代表、政协委员的推荐考察工作。此外，还以换届为契机，多次向市委常委、市政府领导汇报工商联工作，争取领导的重视与支持。

2008年，全市520名会员被推荐为全国、省、市、县人大代表、政协委员。推荐180多名会员为市县两级优化环境监督员和行风评议员，300多名会员在人民团体和社会团体担任职务。2011年，全市有620多名会员被推荐为全国、省、市、县人大代表、政协委员，有210多名会员被推荐为市县两级优化环境监督员和行风评议员，有400多名会员在人民团体和社会团体担任职务。2012 年，全市非公人士担任全国人大代表 2 人，省人大代表 10 人，市人大代表 79 人，担任省政协委员 1 人，市政协委员 114 人。

第四节　政企恳谈

市工商联多次组织会员参加市委、政府召开的政企恳谈会，引导他们以高度的政治热情，对全市民营经济发展以及社会生活中的重大问题提出意见和建议，向党委、政府反映非公有制经济人士的心声和诉求。

1998 年，围绕发展全市个体私营经济的主题，市工商联 3 月组织 30 多名会员老板与市委、市人大、市政府、市政协等领导进行面对面的恳谈，大家对进一步改善对个体私营经济发展的舆论、政策、治安环境，提高政府部门服务意识等问题提出十分中肯的意见与建议。为市委市政府制定《关于鼓励发展我市个体私营经济的规定》提供了参考依据。

1999 年 4 月 14 日，市长程海波带领市政府有关部门负责人与 30 多名企业家会员面对面恳谈，会员大胆向市领导进言，反映企业要求，市长向会员宣传全市政治经济形势与政策，鼓励企业大胆创业，为全市经济发展多作贡献。融洽的气氛架起企业与政府之间的桥梁。

2001 年 5 月 10 日，副市长龚建民、市政协副主席李明安等几家银行负责人与 30 多名民营企业家恳谈，就解决企业融资难问题达成谅解，并签订合作协议与意向。

2002 年 4 月 1 至 2 日，市工商联配合市政府办、市政协办接待省政协私营经济发展环境考察组，金友文化、民主实业、湘北运输、金盛实业等 12 家民营企业的座谈发言，引起省考察组长肖大雍等省市领导的重视。

2003 年后，市工商联受市委市政府委托，深入调查，梳理问题，每年组织 1 至 2 次政企恳谈会。每季度末的市长办公会议，都有工商联负责人和和会员参加。7 月 4 日，市工联组织召开政企恳谈会议，市长陈君文、副市长龚建民、秘书长沈习森和工商、经委、国土、规划、银行等职能部门领导与 13 家民营企业家对话，听取企业家们的意见建议，现场办公，为常德水表厂等一批企业解决实际问题和困难 18 件。

2004 年 11 月 12 日，市委书记程海波、市委秘书长刘明、市委常委李平、副市长龚建民等邀请十多名会员代表和工商联干部谈心，就全市中小企业改善融资环境发表意见，建议根据民营企业的管理水平，经营规模、利润等情况对企业进行信用评价，建立企业信用卡。这一建议得到市委书记程海波的高度重视，要求市委副书记周用金负责，组织相关部门，成立专门机构，进行企业信用等级评估。

2006 年，市工商联组织 80 多名会员参加恳谈会，以口头或书面形式向党委政府提出建设性意见 30 多条，督促政务工作改进。多被采纳。组织 100 多名会员参与行风评议，提建议 100 多条，组织会员企业向省市党代会献计献策 70 多条。

2007 年，工商联先后组织 100 多名会员参与行风评议，提建议 100 多条。市长、市委书记两次参加政企座谈会，对工商联组织的恳谈活动给予高度评价。与政府职能部门座谈。还多次召开与职能部门座谈会，协调、解决国土、融资、质量监督、税务等问题

2008 年 12 月，市工商联组织兼职副主席、部分常执委共 30 余名企业家与市直 18 家部门负责人，围绕常德民营企业如何发展的问题进行政企恳谈，市委副书记曹儒国、副市长李爱国到会，大家提出的一些建设性意见得到市委、政府的肯定和重视，部分观点被写入了两会的政府工作报告。

2009 年，市工商联参与市委市政府组织的职能部门“行风”和检察院、法院“两院工作”评议活动，组织上百名企业家对部门行风和两院工作集中评议，提出建设性意见 40 多条，促进部门作风的进一步改善。

2010 年，市委书记卿渐伟、市委副书记曹儒国、市长陈文浩、市委常委李爱国、副市长沈习森等先后两次参加政企恳谈会，3 月 4 日，市委书记卿渐伟在“女企业家创业负责”专题座谈会上就支持女性创业等问题作重要讲话。7 月 1 日，举办了“庆七一、感党恩”常德市非公有制经济青年企业家激情创业座谈会，市领导、各职能部门的负责人与青年企业家们与面对面地座谈，倾听他们的呼声，取得了很好的效果，社会反响也很大。

2011 年，为更好地发挥党委政府联系非公经济的纽带作用，建立市委常委、党员副市长与非公有制经济代表人士交朋友的制度。国务院“新 36 条”出台后，市工商联迅速组织召开政企座谈会，对“新 36 条”进行详细的分析解读，并组织会员与市领导和政府职能部门负责人就政策面对面沟通交流，有力地促进文件的贯彻落实。2011 年市政府起草《常德市人民政府贯彻〈国务院关于鼓励和引导民间投资健康发展的若干意见〉的实施意见》专门发函征求意见，市工商联组织有代表性的民营企业家学习讨论，提出建议 13 条，为市委、市政府制定《实施意见》提供重要参考。

第四章 服务经济

第一节 信息咨询

1988 年常德市工商联成立后，将 1987 年创办《工商经济讯息》改名《工商信息》，为市直和各区县（市）工商联会员宣传党和政府的有关方针政策，分析市场行情，推介会员企业生产与经营情况，介绍地方名优特产品，提供咨询信息。为会员企业生产和经营各个环节开展全方位的服务。津市市工商联通过《工商信息》把津市蚊香、味精等宣传推销到全国各地，为本市轻化建材公司等三家企业组织纯碱 1200 吨、元明粉 900 吨，临澧县、石门县工商联通过《工商信息》，为当地农民推销柑橘 200 多万公斤。桃源、鼎城、安乡等也通过《工商信息》为会员企业推介当地名优特产品，受到会员欢迎。

1990 年，市工商联成立“经济咨询部”和“技术服务社”，按照有偿服务和无偿服务相结合、硬件服务和软件服务相结合、经济咨询和技术咨询相结合的原则，对会员开展多种服务。津市、澧县、临澧、汉寿、鼎城等区县（市）工商联也建立服务咨询机构，开展信息咨询服务。向全国 27 个省（市）80 多个市县印发《工商信息》20 余期共 3000 多份，发布各类经济信息 300 多条，一些企业会员直接受益。1992 年市工商联组织专门人员开展调查，澄清底子。分别下到 8 个区县（市）工商联，走访 20 多名有代表性的私营企业主和个体工商户，了解具体情况，并建立相关资料卡片与档案。1993 年津市工商联利用《工商信息》，为本地农民销售 1600 吨油菜籽，180 吨柑橘，85 吨棉籽，既解决农民销售难的问题，又为工商联创造收益。1997 年 12 月，市工商联会员俱乐部成立，每个季度举行一次大型联谊活动，为会员开展信息服务提供新的平台。

2000 年 7 月举办常德市私营企业会员流动现场会后，为更好地对会员开展信息服务，市工商联建立 300 多个会员的联系信息卡，并登记造册，为建立完善的会员人才信息库打下基础。2002 年，自编 7 期《常德工商信息》，向其他市州工商联交流，并对广大会员发布经济信息和产品供求信息 200 多条。

2003 年 5 月率先在全省工商联系统创办独立门户网站——常德商务信息门户网站，网站链接全国工商联、湖南省工商联联商会信息网和常德市政府信息网。常德商务信息网作为市工商联的工作平台、信息平台、服务平台，开通后为九个区县(市)工商联和近 20 家会员企业建站或制作网页。2004 年，挂牌成立信息中心。

2006 年，市工商联在会员中开展大规模的服务纳谏活动，会员反馈问题 210 个，提建议 320 条。其中最集中的问题是信息不灵，信息渠道不多不畅，会员权益不时受到侵害，资金周转不灵，企业人才短缺，企业管理跟不上。针对这些问题，召开全市工商联会长会议，研究确定加强领导，明确信息服务工作的方向和重点。充分利用俱乐部活动、会员小组活动以及常德商务信息网、《工商信息》，进一步强化为区县(市)工商联和会员企业的信息服务工作，通过常德商务网联接会员企业，对会员中的省人大代表、政协委员、省联执委、市联常执委 100 人的信息进行采集。2008 年，市工商联与档案局配合，积极开展非公有制经济代表人士档案的收集、建立和管理工作，新建立 500 多名会员联系信息卡，巩固和完善会员信息数据库。

2010 年，加强信息平台建设。德商网站完成全面改版升级，栏目丰富，内容充实。由市工商联主管和主办的《德商》内刊(双月刊)刊号获批，设有“经济访谈”“德商传奇”“德商人物”、“谈德论商”“德商视野”“商海时空”等栏目，旨在宣传推介常德著名民营企业和企业家，扩大德商在国内外的影响力。通过一网一刊，全方位为市直会员企业和区县(市)工商联会员企业服务。

2012 年，市工商联开展“民营企业优质服务年”活动，加大为非公有制经济服务力度。为会员企业提供税务咨询、税务协调、商务咨询、法律咨询，及时为小微民营企业发布国家的相关政策信息，市工商联积极探索德商网的建设和完善，在网站上及时发布基层工商联和行业商协会的工作动态信息。开辟专项栏目，及时、准确地公布国家最新经济政策动向及优秀企业家、经济学者的政策解读，以供管理者参考。积极组织会员企业参加“湖南省工商联系统第三届优秀报刊”评选活动，鼓励会员企业加强文化信息建设。

第二节　拓展市场

市工商联充分发挥自身联系广泛协调能力强等优势，积极帮助会员企业拓展市场。

1989年7月，组织21家街道企业负责人参加武汉经济协作区工商联联谊会举办的技术市场交易会，使一些小企业与大专院校等科研单位直接挂钩，建立了业务协作联系，签订技术协作协议10多项。

1989年至1990年先后为8家会员企业组织了180多万元的原辅材料，解决企业难题。如常德市建民织布厂的热定型机因缺导燃油不能开机，市工商联帮助协商调剂了300吨，缓解了企业的燃眉之急。

1990年5月，组织57家企业会员参加武汉、上海、南宁、福州等地的展销会、交易会和技术市场交易会，签订购销合同50多份，成效额上千万元。市化工厂需要批量纯碱，通过《工商信息》与武汉市工商联取得联系，为该厂组织了200吨纯碱。还为市塑料一厂和七厂组织了500吨高压乙烯，为市明胶厂组织了6吨双氧水，市工商联通过爱建农副产品经营部、百花商场等自办经济实体为会员企业开展批发与销售业务。1990年汉寿县毛家滩回维乡办一个制冰厂，因缺乏技术力量困难很大，市工商联派送技术专家四次下到该厂，帮助安装机械，解决技术难题，不到半年制冰厂就建成并盈利。

市工商联注重发挥会员企业各自优势，开展业务合作，开拓市场，互利互惠。湘北工贸总公司拥有进出口权，市工商联为其联系市制鞋厂、毛巾厂、制帽厂，在沿海和香港设立销售窗口代销产品。市物资经营开发公司经营纺织、塑料染化料有供销渠道，市工商联组织市内几家中小型纺织、塑料生产厂家联合洽谈，制定计划，由市物资经营开发公司统一组织货源，供货上门，货到付款，既扩大了经营公司的业务，又给生产厂家带来了方便。

1993年11月，市工商联组织15家私营企业主和个体工商户参加全国工商联在北京举办的经贸洽谈会，成交金额128万元。1994年，汉寿县工商联积极为本县私营企业大户车辆改装厂寻找合作伙伴，促成该厂与湖南神龙汽车维修有限公司联营，在湘鄂川黔四省交界的龙山县设立分厂，扩大了生产规模。

民营企业家陈长新创办的杰新纺织印染厂是年产值达6000万元的大型企业，1995年投产后，由于部分原材料从河南等地购进，供应不及时且运费高，影响了企业经营。1997年市工商联主动牵线搭桥，与汉寿县政府有关部门联系，租赁停产多年的县二棉纺厂，既解决该厂100多名下岗职工就业难题，为当地付租金和纳税110多万元，也为杰新纺织印染厂节约运费50多万元。

1998年，市工商联派出一名副会长参与武陵阁商务拓展公司筹建，并于10月9日正式开业。1999年，常德佳恒电器厂研制出新产品“防窃电箱频柜”，为了帮助该厂打开新产品销路，市工商联副会长曹同生带领老板去岳阳找到市委书记张昌平，联系岳阳电业局签订了30多万元的合同，使产品在外地打开了销路。5月，市工商联组织16名会员到香港、澳门、泰国进行商务考察，还组织10多名会员参加海口市商贸洽谈周和西南五省六市工商联协作年会。使会员学习外地商会和企业经验，获取经营信息。

2000年7月，市工商联举办60多位私营企业会员参加的流动现场会，组织参观全市规模较大，管理规范，效益较好，贡献突出的常德杰新纺织印染厂、澧县运达包装厂、桃源德江棉纺厂、鼎城肉类机械厂等私营企业。现场会邀请8位企业家介绍先进经验，市政协副主席蒯定勋到会并讲话。使与会企业家深受启发，激起进一步加强管理，开拓市场，把企业做大做强的热情。

2003年9月上旬，受市政府委托和企业邀请，市工商联秘书长文政国专程前往温州、杭州、上海等地，为金钻广场发布10月1日开街信息。与温州商会、企业建立联系，组织有180家企业参加的招商洽谈会，引进品牌商家25个，为金钻广场开街打下良好基础。

2005年，加强与相关职能部门和质监部门联系，培植数家民营企业的名牌产品。市工商联与商务局合作，组织家居行业协会成员单位与新搬迁的报社、物价局等定点采购单位见面会，促成采购相关物资，受到政府采购单位与会员企业的一致好评。

2008年，市工商联举办14家职能部门与20多名兼职副会长面对面的恳谈会，为会员提供与职能部门沟通的平台。此外，市工商联建立公安与企业直接联系制度，与劳动和社会保障局、总工会建立非公有制企业劳资关系协调合作框架协议。在广大会员中大力开展“亲和力工程”活动，切实做到想会员之所想、解会员之所忧，使工商联真正成为广大非公有制经济人士的娘家。2011年3月25日至29日，由上海市闸北区委统战部副部长、区工商联党组书记王全昌率领的上海旅游投资考察团，来常参加“第二届中国·常德桃花源旅游节开幕式暨旅游项目推介招商会”，考察桃花桃花源旅游综合开发、柳叶湖景区及旅游开发、西洞庭湖湿地旅游开发等项目。市工商联联合常德驻上海办事处举办“常德·上海闸北投资项目洽谈会”，向上海企业家推介常德发展环境和投资项目，吸引他们来常投资。

2012年紧紧围绕市政府“重大项目建设年”活动，在市工商联执委中开展以兴办或引进一个项目、提供一条招商引资信息、帮扶一个贫困村、提一条合理化建议为内容的“四个一”活动。市工商联坚持”走出去“与”引进来“相结合，为民营企业开拓国内外市场提供有利条件，引导企业参加广交会、缅甸机械产品展销会、世界华商大会、香港国际贸易展览会、澳门国际贸易展览会等重大经贸活动。还组织企业到国外、境外考察交流。6月，市工商联副主席李建春带队，组织19名企业会员到美国洛杉矶、旧金山、华盛顿等地进行为期12天的市场考察，与当地企业和商会进行了广泛交流。

至2012年，市工商联先后与美国华侨进出口商会、美国湖南商会、德国波茨坦市商会、巴基斯坦拉合尔市商会、中意商务文化交流协会、国际工商联合会、荷中友好交流协会、加拿大湖南同乡会、香港工业商会和深圳市、贵阳市、重庆市、杭州萧山区商会等20多个国内外商会建立友好关系，扩大经济交往的范围，拓展与境内外市场联络的平台。

第三节 企业融资

为解决企业融资难问题，90年代初期市工商联开始为部分小型集体企业、乡镇企业调剂和融通资金。如1990年为5家小企业调剂融资32万元，1997年，市工商联就通过与银行部门联系为企业融资350万元。

2000年后，市工商联每年参与组织非公有制经济和金融部门的银企洽谈会，使银企加强联系，沟通信息，共谋发展，促成银行给企业逐步加大资金扶持力度。2000年3月16日和4月13日，先后两次召开银行与企业座谈会，促成20家会员企业与银行建立正常业务联系。

2001年3月30日，由市工商联牵线，中国人民银行常德市中心支行主持召开支持高新技术产业发展和主持民营经济发展的银企恳谈会，杰新纺织印染厂、德江棉纺厂、满意实业公司等十多家企业汇报企业经营情况，市工行、农行、中行、建行等商业银行则介绍银行对民营企业的倾斜政策，银企双方达成许多共识。签订近3亿元融资协议和意向。5月10日，市工商联又单独主持召开银企恳谈会，副市长龚建民、市政协副主席李明安和几家银行负责人面对面与30多家民营企业家恳谈。签订合作协议和意向。

2003年7月9日，市工商联参与组织银企恳谈会，20多家会员企业与工行建立信贷关系。4家企业与银行签订1.58亿元贷款协议。其中市工商联领导还二次主动为企业与银行牵线搭桥，融资200多万元。

2004年，市县两级工商联与财政局财源办一道，联合考察有发展前景的民营企业及农产品加工企业100多家，确定扶持项目50多个，无偿贷款贴息3267万元，其中争取省财政部门支持1000万元，市本级贷款贴息占上年预算收入总额的1.18%，有力支持民营企业的发展。市工商联还与政府办联合组织召开银企恳谈会3次，有20多家会员企业与工行、农行建立信贷关系，有5家企业与银行签订1.72亿元的贷款协议。为了进一步解决民企融资困难，在市工商联多方奔走协调下，4月份，政府注资200万，扶持成立常德首家金融担保机构——湖南圣安投资担保股份有限公司。5月份，在市工商联的大力支持下，会员薛永春融资成立华夏金山投资担保公司。

2005年3月，市工商联组织圣安担保投资有限公司牵头，联合50多家民营企业，成立互助担保协会，为缓解中小企业融资难的问题提供有利条件。同时，为引进长沙中融担保公司来常落户做大量前期准备工作。8 月初，市工商联与外经委、商务局、证券办等部门合作召开了融资合作洽谈会，200 多家私营企业参加，融资额上亿元。

2006 年 4 月，市工商联组织会员企业参加银企座谈会，促成 10 多家企业融资近 3 亿元。

2007 年，市工商联组织 20 多家会员企业参加常德市第三届银企融资洽谈会、协调会，主动向银行推介一批有发展前景、诚实守信的企业，促成企业与银行建立信贷关系、签订贷款合同资金 2.3 亿元，意向贷款 5.86 亿元。

2008 年，组织 20 多家会员企业参加常德市第四届银企融资洽谈会，积极促成 24 家企业与银行达成贷款意向 2 亿多元。

2009 年，为应对全球金融危机，围绕企业服务年活动开展工作，市工商联负责牵头，市金融证券办参与协办，6 月 12 日召开常德市工商联系统银企合作融资洽谈会。18 家企业与银行签订 2.5 亿元贷款协议。市工商联还在会员中进行广泛地宣传和发动筹建小额贷款公司，以邵阳、温州两家商会会员为主的小额贷款公司在省里获批并挂牌营业。就企业联保机制与市财鑫公司磋商。

2010 年 4 月 30 日，市工商联与市委统战部等单位联合举办了“2010 年全民创业、非公有制经济暨工业企业银企洽谈会”。共发布项目 277 个，融资项目 255 个，现场签约项目 166 个，通过银行融资总额达 105 亿元，其中非公有制经济项目占 95%，工商联直接收集上报项目 67 个，融资额达 27.6 亿元。洽谈会后，市领导牵头积极督导，签约项目履约率达 82%。市工商联积极组织 10 家会员企业申报全民创业资金。

2011 年 5 月 11 日，由市人民政府主办，市委统战部、市金融办、市经信委、市工商联、市人民银行、市银监局共同承办，在共和大酒店召开全市全民创业、非公有制经济暨工业企业银企洽谈会，会议由市委统战部部长李爱国主持。147 家企业与 11 家金融机构现场签定合作、授信、意向项目 147 个，总投资额 278 亿元，签约融资总额 80 多亿元。市委市政府相关部门负责人，各县、市、区，管理区管委会分管领导和相关单位负责人，银行业金融机构和签约企业的法人代表等参加了银企洽谈会。

2012 年，市工商联加强与各职能部门的联动，通过政企、银企合作，为优势企业贷款贴息 1000 多万元，协助开展银企洽谈会，促成融资或意向融资 70 多亿元，为解决中小微企业融资瓶颈作出努力。

第四节　企业管理培训

加强全市工商联会员企业经营管理人才队伍建设，提升企业的经营管理水平是市工商联服务经济建设的重要内容。长期以来，市工商联有计划、有系统地开展对非公有制经济企业管理人才的培训工作。

1999 年 6 月，全省“非公有制企业技术监督工作会议”后，市工商联召开各区县（市）工商联会议，传达省里的文件精神，与市技术监督局开三次联席会，研究有关工作事项。成立常德市非公有制企业技术监督工作领导小组，市工商联一名副会长任小组成员。7 月 6 日，市工商联与技术监督局向市政府递交《关于加强非公有制企业技术监督工作有关问题的请示》，9 月 29 日，市政府办公室下发《关于加强非公有制企业技术监督工作的通知》。11 月 1 日至 3 日，举办全市非公有制经济代表人士培训班。市直和各区县市非公有制经济代表人士 100 多人参加培训。11 月 4 日，邀请市技术监督局领导在非公有制经济代表人士班上讲专业知识辅导课。使全市非公有制企业技术监督工作有良好的开端。

2001 年 4 月 27 日，市工商联邀请北京大学客座教授、湖南卫视台经济栏目特邀嘉宾、首席顾问王林来常德为 200 多位会员作《中国加入 WTO，民营经济面临的机遇与挑战》的学术报告。使会员大开眼界，一些企业家积极调整经营策略，做大做强自己的企业。常德杰新纺织印染厂厂长、市工商联副会长陈长新花 2000 多万元，接连买下市皮件二厂、八一服装厂、东方红服装厂，使企业规模上一个台阶，筹划运作用 5000 万元买下桃源纺织厂，组建常德市第一家民营纺织集团公司。

2002 年上半年，市工商联分别选送陈章金等一批私营企业家和区县（市）工商联会长，进省社会主义学院进行社会主义市场经济理论和企业管理知识的培训。5 月 28 日，特邀杨顺友、辛志勇两名高级策划师来市，在芙蓉国际会议中心作市场营销策划报告，把 WBSA 世界商会策划这一崭新的理念引进常德。下半年，根据中央在非公有制企业开展诚信教育的精神，全市工商联系统组织开展以企业信用文化建设为主题的系列教育活动。9 月中旬，市工商联召开诚信教育动员大会，会长李明三作动员报告，市委副书记曹儒国到会并讲话，20 名民营企业家在大会上向全市公有制企业发出诚信教育建设倡议，到会的市直会员当场举行了诚信建设签字仪式。11 月 26 日，市工商联与民主实业公司联合举办了“常德市‘民主实业杯’非公有制企业诚信建设理论研讨会”，收到论文 38 篇，11 篇评为一等奖。市政协秘书长张新民等 8 名作者在会上宣读了论文。

2005年，市工商联多次组织现代企业知识讲座和培训，提高会员素质，为会员企业培养人才。与金钥匙企管策划中心合作，相继举办《赢在执行》《商道》等大型报告会，5月14日至15日，市工商联与金钥匙企业管理策划中心联合举办“中国职业经理人(CCMC)研修班”，正式启动“中国职业经理人(CCMC)”在常德的培训认证工作。市直100多名企业高层管理人员参加学习培训。12月5日—9日，市工商联与市委组织部、市经委联合开办全市优秀民营厂长经理培训班。分三批选送12名会员代表到省委党校学习培训，常德学员在省委党校的突出表现，赢得兄弟地州市的认同和省委党校的肯定，在全省工商联系统产生很大的影响。

2006年5月起，市工商联先后多次组织80多名骨干会员参与新农村建设的各类座谈会。石门县工商联认真组织《税法知识与合理纳税》专业讲座。对会员骨干进行专门培训。市工商联选派部分骨干会员参加中国民营企业自主创新高峰论坛，澧县工商联组织50多名会员参加普通话及业务知识培训，津市工商联举办3期企业管理短训班。

2007年，市工商联立足引导会员企业更新观念、增加企业自我保护意识和经营能力，与会员企业常德金友文化有限公司联合举办《加强团队建设，增加执行力》培训班，与企业管理咨询中介组织合作，先后举办《孙子兵法——谋略与创新》《杠杆管理》《慧眼识鹰》等知识讲座，参加会员共500多人次。针对新进工商联领导班子的非公人士，市工商联与市委组织部联合举办第二届优秀民营企业厂长经理培训班。为帮助会员深入理解党中央十七大精神，11月份举办《全市非公人士学习党的十七大精神报告会》。

2008年，市工商联组织市直100多名会员参加学习《物权法》大型报告会，安排30多名会员参加中央、省委社院、省工商联举办的各类培训班和报告会，组织30多名会员赴青岛海尔学习培训，邀请青岛市政府经济课题研究小组专家周牟洮教授讲授“全球战略格局下世界政治经济形势的战略思考”、海尔集团事业部部长王维宝讲授了海尔企业文化及海尔OEC管理模式，培训班成员实地到青岛啤酒、海尔集团参观学习。

2009年4月26日，在市华天宾馆举办经济形势报告会，邀请全国人大代表、市工商联名誉会长、洞庭水殖股份有限公司董事长罗祖亮作当前经济形势专题报告。4月下旬，市工商联组织20多名会员到长沙参加“宏观经济形势分析和民营企业发展论坛”。选派8名会员前往上海参加行动成功国际教育访华团主办的《赢利模式》总裁研修班。通过接受新观念、新信息，开阔广大民营企业家的视野，增强他们应对竞争、驾驭市场、谋求发展的能力。

2010年4月，组织十多名民营企业家参加由省工商联的企业家高峰论坛。5月，组织15名兼职副主席、副会长参加市委统战系统社会主义核心价值体系培训班；6月30日—7月3日，举办常德市非公有制经济青年企业家培训班，来自全市的70名非公有制经济青年企业家参加此次培训。市工商联联合市经委、湖南大学经贸学院举办常德市高级管理研修班，组织近20名会员报名参加了学习。委托会员企业常德双百文化发展有限公司为企业开展内训，为企业培训中、高层及技术骨干近800人次。

2011年，市工商联先后委托省社院、市社院组织举办“新经济形势下的企业应对策略高峰论坛”“企业家教导力管理”等培训、讲座活动。组织中小微民营企业管理者到国有大型企业和大型民办企业考察参观，组织企业家参加由北京大学主办的“关于中小微企业生存与发展的高峰论坛”、北京大学（湖南）EMBA研修班，吸取先进管理经验，促进企业转型升级。

为贯彻市委、市政府“人才强市”战略，扎实推进企业管理人才培训工程的要求，培养和造就一支具有开拓精神、创新能力和适应国际竞争需要的高素质企业家队伍。2012年6月19日在常德共和大酒店，市工商联会员企业上海行动成功管理技术股份有限公司长沙分公司举办“教导型企业家人才战略”专题讲座。主讲导师为上海行动成功教育信息咨询有限公司专家蓝中导师。

第五节　技术职称评审

为进一步调动非公有制企业专业技术人员的积极性，推动公有制经济的发展，根据省人事厅、省工商联联合下发的湘人发（1996）18号文件，从1996年至2004年，省工商联与市人事局等单位一起在非公有制企业专业技术人员、管理人员和工商联会员中开展专业技术职称评审工作。

1996年，为30名会员评定中级专业技术职务任职资格，其中工程师3名、经济师27名。

1997年6月3日，市工商联下发《关于在我市非公有制企业专业技术人员中开展专业技术资格（职称）评审工作的通知》。同年，为70名会员评定经济、会计、工程等三个系列的中高级职称。其中高级专业技术职务任职资格4人（高级工程师1名、高级经济师3名）。中级专业技术职务任职资格66名（工程师7名、会计师27名、经济师32名）。

1998年，为96名会员评定职称，其中8人评定高级专业技术职务任职资格（高级工程师5人、高级经济师2人、高级会计师1人）。

1999年，市工商联成立非公有制经济职称评定领导小组，明确一名副会长负责，并安排专人做具体工作。在人事部门的支持下，按规范化要求，通过宣传发动、组织申报、英语培训考试、报送材料，并经过初审、预审、评审等程序，共为128名非公有制经济人士评定了初级、中级、高级专业技术职称。其中高级专业技术职务任职资格21名(高级工程师6名 高级经济师10名 高级会计师5名)。

2000年,为96名非公有制经济人士评定经济师、会计师、工程师三个系列的技术职称,其中高级专业技术职务任职资格12名(高级工程师3名、高级经济师3名、高级会计师6名)。

2001年,为19名非公有制企业专业技术人员评定高级职称(高级经济师8名、常德市高级会计师9名、高级工程师2名),96名会员评定中级职称(工程师19名、会计师53名、经济师24名),评定初级专业技术职务任职资格人员5名(助理工程师2名、助理会计师3名)。

2002年,为46名会员评定高级专业技术职务任职资格(高级工程师29名、高级经济师14名、高级会计师13名)。评定95名同志具备中、初级专业技术职务任职资格(工程师22名、经济师34名、会计师37名、助理会计师2名)。

2003年,评定高级专业技术职务任职资格95名(高级会计师15名、高级工程师70名、高级经济师10名),评定中级专业技术职务任职资格人员共96名(工程师35名、经济师21名、会计师40名),评定初级专业技术职务任职资格人员8名(助理经济师1名、助理会计师7名)。

2004年,评定中级专业技术职称任职资格169名(工程师78人、经济师25人、会计师66人)。

市工商联1996年至2004年与市人事局配合,通过宣传发动、组织申报、英语培训和考试,组织初审、预审、评审等程序,为一大批公有制经济人士评定高级、中级、初级专业技术职称,涉及工程、经济、会计三大类行业。评定高级工程师185名,高级经济师72名,高级会计师77名,工程师221名,会计师350名,经济师256名,助理工程师29名,助理会计师24名,助理经济师10名,共计评定职称1224名。通过为广大公有制经济人士评定专业技术职称,肯定一大批民营企业专业技术人员的学术水平和专业能力。调动他们的积极性。促进一批民营企业上档次、上资质等级,为企业发展提供有利条件,受到广大会员的普遍欢迎。

第六节　人才交流

90年代初,针对常德市富余劳动力较多的情况,市工商联与市劳动部门联系,开展劳务输出信息服务，组织专门班子，把本地城乡富余劳动力，送往深圳、珠海等沿海地区的三资企业与外资企业。每年输出劳工近千名，为缓解城市就业难，乡村多余劳动力无出路矛盾起一定作用，受到政府和社会的欢迎。

市工商联非常重视组织引导会员企业参与再就业工程等活动。1998 年 6 月 23 日在武陵阁举办下岗职工再就业招聘会，组织武陵阁商务拓展公司、君臣实业公司、东方养殖场等 6 家民营企业现场招聘，一次招聘下岗职工 80 多人。2003 年 5 月 16 日，市工商联在常德日报头版发出“全市非公有制企业积极参与再就业工程倡议书”，全市广大非公有制经济人士积极响应，安排劳动就业 5800 人，有力地支持地方政府的再就业工程。

2005 年 9 月 28 日，市工商联与市委组织部、市人事局联合举办的常德市首届民营企业人才交流会。共有 80 家民营企业参会，提供就业岗位 3200 多个，来自本市及周边省市的近 4000 名高校毕业生和 100 多名国有企业改制后富余的中高级管理人员、专业技术人员参加了交流，当天就有 1200 多人达成就业意向，占应聘总数的 36%。随后与市委组织部、市人事局召开市民营企业人才工作座谈会，并联合下文，重点为 20 家民营企业提供人才服务。与湖南文理学院组织人才供需座谈会，为 30 家企业牵线，招聘人才 80 多人。市工商联还与与市劳动局等多家单位联合举办民营企业招聘周活动，有 80 多家民营企业参加招聘，提供就业岗位 2000 多个，应聘人数达 3000 多人。组织 7 家单位参加省民营企业万名员工招聘大会，会上共招聘各类管理人员、技术人员 200 多名。

2006 年 3 月，市工商联与湖南文理学院联合举办人才供需见面会，为会员企业招聘大学生 100 多名；4 月 10 日—16 日，市工商联与市劳动局、市总工会联合举办联合开展民营企业招聘周活动。招聘对象以下岗失业人员为重点，兼顾大中专院校毕业生、技能人才和其他劳动者。组织 46 家会员企业参加，提供空岗信息 2000 多个，签订就业意向人数 872 人，发放就业跟踪卡 2200 多张。全市 150 多家民营企业进场招聘，提供就业岗位 5000 多个，达成用工意向 1000 多个。另外，市工商联与组织部、人事局合作，重点为 20 家骨干会员企业选派外协副厂长。市工商联与人事局联合举办第二届民营企业人才交流会，61 家民营企业提供就业岗位 3147 个，1700 多人签订就业意向。市工商联与审计局、审计事务所合作，派送审计专业人员进驻大型会员企业 12 家，帮助企业加强内部审计，提高企业内部管理水平。

2007 年，围绕民营企业的用工需求，做好各类人才的引进工作。3 月，市工商联与市委组织部、市人事局联合举办第三届人才交流会，全市 80 家民营企业进场参加招聘，提供各类就业岗位 4170 余个，1500 多人达成就业意向协议。5 月，与市劳动局、市总工会联合举办“民企招聘周活动”，动员 24 家会员企业参加，共招聘 436 人，其中下岗职工、农民工占半数以上。

2008年，市工商联与市委组织部、市人事局联合举办了第四届人才交流会，81家知名企事业单位进场招聘，共推出4500多个岗位，涉及120多个专业。近5000名大中专毕业生、各类专业技术人才、经营管理人才与企业直接洽谈，1500余名求职者与用人单位达成就业意向。与市劳动局、市总工会、市教育局联合举办以"为民营企业招聘用人服务，为大中专毕业生就业搭桥"为主题的民营企业专场招聘会，共有42家招聘单位进入招聘会场，提供就业岗位2075个，达成用工意向1184人。

2009年，市工商联与市委组织部、市人事局联合举办常德市第五届民营企业人才暨项目建设年人才交流会。近8000名高校毕业生、专业技术技能人才、经营管理人才与企业进行双向选择，共有1500多名求职者现场与用人单位达成就业意向。与市劳动局、市总工会联合举办民营企业专场招聘会，共有60家招聘单位进入招聘会场，提供就业岗位2410个，达成用工意向1415人。

2010年4月，市工商联联合市委组织部、市人力资源和社会保障局合主办第六届民营企业人才交流会。来自市直及各区县100多家企业进场参加招聘，提供各类就业岗位4800余个，涉及110多个专业。近万名求职者进场应聘，4000名求职者现场与用人单位达成意向性就业协议；6月，与市人力资源和社会保障局、市教育局、市总工会联合举办"民营企业招聘会"活动，组织招聘单位108家，提供空岗信息5616个，进场应聘6000多人，达成意向协议1885人，发放就业政策宣传资料5280份。

2011年4月，与市委组织部、市人事局联合举办常德市第七届民营企业人才暨项目建设年人才交流会，近8000名高校毕业生、专业技术技能人才、机构管理人才与企业进行双向选择，交流会上2500余名求职者现场与用人单位达成意向性就业协议。

2012年4月，常德市工商联联合市创业办、常德职业技术学院对我市民营企业用工及专业技术人才队伍建设、企业职工教育培训等情况调研。常德职业技术学院在办学方向上加强与企业的联合，有针对性地为企业培养实用性技术人才。5月，联合市委组织部、市人社局举办第八届"民营企业人才交流会""民营企业招聘周"等活动。近7000求职者与企业进行双向选择，其中2000多人与用人单位达成意向性就业协议。

自2005年至2012年，市工商联每年都坚持与市委组织部、市人事局联合举办人才交流会，与市总工会、市劳动局举办"民企专场招聘会"等活动。先后100多家企业参加招聘，提供就业机会50000多个。充分发挥民营企业吸纳就业主渠道作用的重要举措，解决民营企业招工难题，实现科技人才与民营企业实现双向对接，为解决民营企业发展的人才瓶颈作出了努力。认真开展"常德市优秀专家""常德市十百千人才工程"人选的推荐、评选工作，一批优秀会员成功入选"十百千人才工程"和常德市"优秀专家"称号，市工商联人才服务工作多次受到市委、市政府的赞扬和肯定。

第七节　维护企业合法权益

市工商联积极争取市委市政府领导和各职能部门的支持，大力优化非公有制经济发展环境。充分发挥民营经济投诉中心、法律维权服务中心、税务事务咨询中心、信息服务中心等“四个中心”的作用，开展法律咨询、受理投诉、协调矛盾、化解纠纷、纠正错案，依法维护广大会员企业合法权益。

1995 年，各级工商联为会员调解矛盾，协调关系 158 次，常德市君臣油品实业公司 1994 年经鼎城区政府及有关部门批准扩建油库，由于市规划局 1995 年调整扩大规划，认定该公司扩建工程违规，罚款 50000 元，市工商联得知情况后，会同有关人大代表与规划局协商，最后达成协议免于罚款。

1997 年 9 月，市工商联与市协平法律事务所联合成立法律办公室，对会员开展经常性的法律知识培训，并对企业提供法律援助。市某执法单位对市直几家会员企业超标准收取所谓“规费”，市工商联闻讯后及时提供法律依据，为会员减负 5 万元。

1999 年 6 月，金丹橡胶厂无故被以产品系假冒伪劣为名查处，罚款 5 万元。通过调查，市工商联发现这是一起错案，经过多次与公安、技术监督部门交涉协调，终于纠正错案，免于处罚。

2000 年 3 月 15 日，与市技术监督局联合开展“3.15”大型宣传活动，广泛宣传质量、标准、维护消费者权益等方面的政策法规。5 月 8 至 9 日，举办 80 多人参加的技术质量方面法律法规培训班。同时在非公有制企业中开展“质量信得过”评选活动，与市技术监督局一道深入到 30 多家私营企业现场指导，帮助整改。推荐 15 家(全省 100 家)私营企业为全省“质量信得过单位”。

2001 年，市工商联开展为会员企业排忧解难做十件实事活动。如德高电脑城开业之初，市技术监督局检查以不能卖兼容机为由，在电脑城部分经营户中收走一批电脑。市工商联多次找该局领导协调，举出长沙、益阳等城市均可销售的例子，说服市技术监督局退回了收缴的电脑。部分刚开业的商户反映，工商部门一些单位上门检查并罚款，致使无法正常经营。市工商联迅速将这一情况汇报市政府领导，在分管市长的关心协调下，圆满地解决了难题。

2002 年 3 月 19 日，市工商联与市优化办联合召开工商界行风监督员座谈会，反映民营企业发展环境中存在的一些问题，得到市委市政府重视，妥善解决了湘北汽车运输公司等交通行业不能享受同等政策待遇、市工商局强行吸纳超汉猪鬃厂等企业为个私协会员滥收会费等问题。5月13日，市工商联正式成立民营经济法律服务办公室，以主任律师辛道云为办公室主任的7名律师，为全市民营企业提供法律咨询服务。6月6日，市优化办(2002)3号文件对市工商联反映的七大问题一一作出处理意见。7月，对税务部门改变少数企业税种问题作大量协调工作，改善企业经营困境。

2003年，报请市政府批准，为杰新纺织集团等一批民营企业挂牌进行重点保护。为常德温州商会、浙江大好大食品有限公司、杭州巨无霸有限公司、上海罗来公司等外来企业与团体协调关系，维护权益，挽回经济损失数十万元。11月20日，市工商联与市国税局一道召开税企恳谈会，互通情况，增进理解，对参会企业代表提出的意见与建议，国税部门当场承诺认真研究解决。

2004年，常德市工商联挂牌成立信息中心，与凌星律师事务所合作成立民营经济维权中心，与纪委联动，受其委托成立民营经济投诉中心，与税务局合作，成立税务事务咨询中心，较好地维护会员企业的合法权益。石门县工商联为会员卜百海伸张正义，督促司法机关逮捕砸店伤人的凶手。市工商联还开展4次市长接待日活动，现场为民营企业解决疑难问题20个，就有关政策问题，对民营企业家做出满意的解释和答复。开展4次部门联动现场为民企办公活动，为12家会员企业协调与政府职能部门的关系。

2005年开展3次部门联动现场为民企办公活动，为9家会员企业协调与政府职能部门的关系，解决12个久拖不决的难题。如会员谭建华的湘北汽运公司，因恶性竞争，再加上地痞流氓的捣乱，使公司营运陷入瓶颈，市工商联党组书记钟春枝同志知道后，积极和有关部门协商，妥善处理此事。会员刘建茂的环通实业有限公司，在进行技改扩建项目时遇到困难，市工商联请副市长龚建明主持召开规划、国土等相关部门协调会，较好地解决该公司技改扩建的很多难题。津市市工商联为市建材城的房产纠纷先后多次召开银行、房管、业主协调会，先后与市公安局、市技术监督局协调，为会员挽回经济损失上万元。

2006年，多次与相关领导与部门联系，依法为会员维权。如会员企业惠生肉类食品公司反映，武陵区主要领导听信某些部门意见，召开常委会研究决定收回公司经营权，市工商联知道情况后，及时向市委、政府领导汇报，反复地与武陵区四大家领导协商，终于使武陵区收回决定，公司法人代表丁碧燕感慨万分："工商联真是我们民营企业娘家"。

2007年，市工商联努力为会员解决生产、生活中的实际问题。如会员企业惠生肉类食品有限公司在生产经营中，由于本地屠宰外地销售所交的屠宰费过高，增加销售成本，对企业发展影响很大，市工商联了解情况后，积极与武陵区政府联系，并向市委、政府主要领导汇报，市委书记亲自批示支持农业龙头企业发展，经与武陵区屠宰办协商，同意减免相关费用，大大降低了该公司的销售成本。

2008年，由于物价上涨，农资协会会员采购成本提高，但物价部门要求价格不能上调，农资协会会员的利益受损，工商联听说后，积极向市政府有关领导汇报，李爱国副市长召开专题办公会议，对部分农资价格进行适当调整，确保市场的平稳运行。

2012年10月，市工商联邀请省知名法律专家在芷园会堂对300多名民营企业家开展了企业法律风险防控知识讲座，邀请湖南通程律师集团事务所主任潘志勇、省质量技术监督局质量处副处长郑长征，讲述“企业法律风险管理”“企业产品质量管控与质量安全管理”知识，帮助民营企业开展风险管理及危机处置工作，提高风险控制能力，维护企业合法权益。

至2012年，市工商联经济维权服务中心等共受理投诉案件230件，已办理180多件。件件有记录，有专人负责，有处置结果回复。使民营企业、个体工商户有法律维权的娘家，较好地维护会员企业的合法权益。还推荐非公有制经济人士担任常德市优化经济环境监督员，直接参加经济环境的优化监督工作。

第八节　会办企业改制

一、会办企业

1980年开始，市工商联与市民建一道先后创办6个小型经济实体，包括“百花服装厂”“工业品贸易公司”“兴中打字服务社”“爱建土产经营部”等四家集体所有制企业和“育才会计学校”“新蕾幼儿园”。其中“百花服装厂”“工业品贸易公司”“兴中打字服务社”“爱建土产经营部”是原常德市工商联利用落实给工商联机关房产政策的15万元资金创办，安置回城知青和待业青年，安置员工近50人。在市政协副主席、市工商联会长谢海泉、民建常德市委负责人聂庆钧等老领导指导下，这些企业克服基础薄弱、条件艰苦等困难，努力搞活生产与经营，至80年代末，完成营业额1200万元，利润45万元，上交税金30多万元，积累资金38万元。成为市工商联促进经济发展和为会员服务的有效途径，曾经受到全国工商联的肯定和赞扬。

1989年，因国家紧缩银根，资金紧缺，市工商联自办企业的生产和经营受到很大影响。市工商联和市委统战部在临澧县召开全市工商经济统战工作会议，各区县市统战部长、工商联主任和工商联自办企业负责人参加了会议。大会认为，工商联办企业是党中央国务院给予的特殊政策，它既是工商联工作的窗口，又是促进经济发展为会员服务的途径。通过分析形势，交流经验，大家增强办好工商联企业的信心，明确任务。市工商联的4个自办企业通过整顿，启用和调整企业负责人，收回往来账目11万元，处理积压商品38万元，收回呆账和个人欠款13600元，减少库存28万元，使企业重新获得生机。

1991年起两会正式分开工作后。依照上级有关精神和实际情况，原两会共同创办的经济实体、学校和幼儿园划分，其中四个企业（工商贸易公司、爱建农副产品经营部、百花商场、兴中打印服务部）属工商联所有并由其主管，育才会计学校和新蕾幼儿园属民建所有并由其主管。

1992年5月10日，市工商联决定成立自办企业董事会，由李继训、黄建中、鄢家敏、雷延平、何长虹等五人组成，李继训为董事长，黄建中为副董事长。

二、企业改制

90年代初期，由于外在经济体制的变革，加之企业自身缺乏资金、经营场地和良好的管理，造成企业严重亏损，资不抵债。1996年前先后关门停业。职工自谋生路，除少数职工调离外，还有32名职工生活贫困，没有得到妥善安置。

根据市委、市政府及市国营企业产权制度改革办公室有关文件精神，按照市领导指示“老有所养、老有所依、量力而行、稳妥安置”的原则，市工商联多次向市政府报告请示，要求对这四家企业职工按相关政策规定进入“两保”，比照国企集体工予以安置。

2003年3月31日，市政府副市长张元英召集市工商联、民政局、国土局、社保处、产权办、平建办和武陵区委（政府）负责人，接待常德市工商联原下属企业职工，议定将这四家企业职工移交社区管理，并对其符合低保条件的享受最低生活保障及相关待遇的处理意见。

2004年10月20日，经过与市产权办多次协商研究，市工商联向市政府、市国营企业产权制度改革办公室递交《关于请求政府解决市工商联下属企业职工安置问题的请示》，拿出将企业职工纳入社保、分类予以安置的初步方案，并请市政府授权市工商联参与原下属企业职工的置换工作。同年11月2日，市国营企业产权制度改革办公室组织人员对市工商联企业情况进行调查，向市政府递交《关于工商联下属企业职工安置问题的建议》，建议比照国企企业职工安置政策予以安置。

2005年6月28日，副市长宋东春在市信访局会议室接待上访群众，对市工商联下属企业职工的养老保险和医疗保险问题给予答复。确定部门负责，政府支持，逐步解决，市产权办给予政策指导的原则，要求主管单位拿出切实可行的方案。同年7月5日，市工商联再次向市政府递交《关于请求解决原下属企业职工置换身份问题的请示》，并结合实际情况提出具体明确的建议方案。

根据常国企改报〔2005〕26号、常国企改发〔2005〕8号文件精神，市工商联下属四家企业职工安置工作组于2005年10月15日正式组建并开展工作。工作组依据26号、8号和劳资社保、医保政策，对32名职工的安置经费反复认真地测算，总计需安置费用1944058.10元（不含个人应交部分），其中参保补保、置换身份补偿，符合提前退休职工的社保、医保、停产期间的16个月生活补贴等支出项1844058.10元；杨先艳等3名职工个人全额投保现已办理退休手续的在此次安置过程中，应清偿给本人的单位应缴部分5.2万元；工作组必要的工作经费4.8万元。

三、做好职工安置

2005年8月4日，市工商联成立企业清产核资领导小组，文政国任组长，李能、丁德胜、李晓明为成员。8月9日，领导小组召集市百花商场、兴中打字部、爱建农副土产经营部、工商贸易公司企业负责人和会计出纳，专门召开座谈会，了解核实企业的资产负债情况。据当事人回忆证实，除工商贸易公司欠上海、常熟几家供货商的十几万货款（已多年没有追讨）外，其余几家企业无固定资产和商品库存，在发不出工资的情况下，被迫停产。财务帐本均因停产后无人管理而遗失，无法从事财务审计。领导小组将此情况的座谈会笔录一同上报市产权改革办公室备查。

2005年8月12日，领导小组向市产权改革办报告关于工商联下属企业资产清查情况。8月23日，市国营企业产权制度改革办公室向市政府递交《关于市工商联所属四家企业改制中职工安置问题的请示》。对置换身份职工的安置、参保补保和退休安置政策等问题提出建议。

2005年9月12日，市工商联召开下属企业改制职工大会。由党组书记钟春枝主持，企业清产核资领导小组组长文政国和四家企业全体职工参加。大会在广泛征求意见的基础上，通过企业职工安置方案方案。10月10日，市国营企业产权制度改革办公室下发《关于市工商联所属四家企业改制中职工安置方案的批复》。同意市工商联所属四家企业作为一个整体实施职工身份置换，按照常国企改报（2005）26号文件的职工安置意见执行。鉴于四家企业因停业多年已无资产，职工安置资金由市财政兜底或挂账支付。根据市产权办关于市工商联所属四家企业职工安置方案的批复精神，职工工龄截止日期为2005年10月31日。

2005年10月18日，市工商联成立企业职工安置工作组，由党组书记钟春枝任组长，助理调研员文政国任副组长，下设综合小组（李能任小组长）、劳资小组（周明星任小组长，王学英为组员)、财务小组(李晓明任小组长,周萍为组员),负责企业职工的安置工作。工作组依据“两个置换”有关政策,到2005年底,完成对原企业劳资档案、劳动用工、人员分类、劳资管理等情况进行了认真清理、清查、整理、认定和测算工作。确定市工商联下属四家企业职工总数32人,职工安置费用总额199万元。2006年6月初,在市委市政府关心和市国企产权办等部门指导下,市工商联自办企业职工安置工作基本完成。

表 8－4－8－1　市工商联自办企业改制安置前基本情况表

企业名称	法人代表	职工人数	资产情况	经营场所	负债情况	停业时间
百花服装厂	曾命仁	15人	无	租借	无	1990年
工业品贸易公司	胡持平	10人	无	租借	十几万元	1996年
兴中打字服务社	聂克让	15人	无	租借	无	1994年
爱建土产经营部	明德华	26人	无	租借	无	1992年

表 8－4－8－2　常德市工商联下属企业集体职工参保、补保一览表

姓名	性别	出生年月	参加工作时间	参保补保起止时间	从参加工作之月起至破产之月或退休之月止						
					补保月数	补保本金	利息	存期利息	合计金额	其中	
										单位补保	人个补保
胡持平	男	1957.5	1971.2	1971.2—2005.10	417	20277.20	38777.10		59054.00	47243.00	11811.00
魏　兰	女	1957.8	1979.4	1982.11—2005.10	276	16752.20	21229.60		37982.00	30385.60	7596.40
聂克让	男	1957.7	1975.2	1979.6—2005.10	317	17777.20	25863.20		43640.00	34912.00	8728.00
温立新	女	1967.2	1984.12	1984.12—2005.10	251	16127.20	18593.00		34720.00	27776.00	6944.00
梁文利	女	1966.12	1984.11	1984.11—2005.10	252	16152.20	18695.80		34848.00	27879.00	6969.00
黄维志	男	1961.12	1979.11	1986.1—2005.10	238	15802.20	17278.50		33081.00	26465.00	6616.00
吴希娟	女	1965.1	1987.1	1987.1—2005.10	226	15502.20	16099.40		31602.00	25282.00	6320.00
黄双梅	女	1965.1	1982.11	1982.11—2005.10	276	16752.20	21229.60		37982.00	30385.60	7596.40
易小琴	女	1959.6	1977.9	1979.10—2005.10	313	17677.20	25394.20		43071.00	34457.00	8614.00
丁晓兰	女	1960.3	1984.10	1984.10—2005.10	253	16177.20	18798.70		34976.00	27981.00	6995.00
合计	10人				2819	168997.00	221959.10		390956.00	312766.20	78189.80

表 8－4－8－3

姓名	性别	出生年月	参加工作时间	参保补保起止时间	从参加工作之月起至破产之月或退休之月止						
					补保月数	补保本金（元）	利息（元）	存期利息（元）	合计金额（元）	其中 单位补保	其中 人个补保
储德君	女	1962.8	1979.10	1979.10—2005.10	313	17677.20	25394.20		43071.00	34457.00	8614.00
曾令仁	男	1957.8	1973.8	1976.12—2005.10	347	18527.20	29497.20		48024.00	38419.20	9604.80
肖永丰	男	1928.2	1962.10	1962.10—1988.4	307	7675.00	10814.80	35528.20	54018.00	43214.40	10803.60
张秀云	女	1943.7	1977.1	1977.1—1993.7	199	4975.00	4552.10	12814.40	22342.00	17874.00	4468.00
姜丽俊	女	1964.6	1982.11	1982.11—2005.10	276	16752.20	21229.60		37982.00	30385.60	7596.40
申佩玲	女	1962.1	1982.11	1982.11—2005.10	276	16752.20	21229.60		37982.00	30385.60	7596.40
杨喜英	女	1958.4	1982.11	1982.11—2005.10	276	16752.20	21229.60		37982.00	30385.60	7596.40
梁桂香	女	1963.9	1982.10	1982.10—2005.10	277	16777.20	21338.10		38115.00	30492.00	7623.00
杨红卫	女	1966.10	1982.11	1982.11—2005.10	276	16752.20	21229.60		37982.00	30385.60	7596.40
唐红霞	女	1965.11	1982.11	1982.11—2005.10	276	16752.20	21229.60		37982.00	30385.60	7596.40
合 计	10人				2823	149392.6	197744.40	48342.60	395480.00	316384.60	79095.40

表 8－4－8－4

姓名	性别	出生年月	参加工作时间	参保补保起止时间	从参加工作之月起至破产之月或退休之月止						
					补保月数	补保本金（元）	利息（元）	存期利息（元）	合计金额（元）	其中 单位补保	其中 人个补保
向业元	女	1966.5	1982.10	1982.10—2005.10	277	16777.20	21338.10		38115.00	30492.00	7623.00
明德华	男	1964.6	1980.11	1980.11—2005.10	300	17352.20	23895.30		41248.00	32998.50	8249.50
谢春兰	女	1964.2	1982.11	1982.11—2005.10	276	16752.20	21229.60		37982.00	30385.60	7596.40
张德群	女	1950.1	1966.1	1966.1—2000.1	409	12784.40	23980.30	23211.40	59976.00	47981.00	11995.00
张建华	女	1966.9	1982.11	1982.11—2005.10	276	16752.0	21229.60		37982.00	30385.60	7596.40
官 斌	男	1955.2	1975.11	1975.11—2005.10	360	18852.20	31135.80		49988.00	39990.40	9997.60
郑明珍	女	1960.3	1979.11	1979.11—2005.10	312	17652.20	25277.50		42930.00	34344.00	8586.00
黄祖康	男	1959.1	1978.1	1978.1—2005.10	334	18202.20	27897.10		46099.00	36879.00	9220.00
小 计	8				2544	135124.60	195983.30	23211.40	354320.00	283456.10	70863.90
总 计	28				8186	453514.20	615686.80	71554.00	1140756.00	912606.90	228149.10
人 平						16196.90	21988.80	23851.30	40741.30	32593.10	8148.20

第九节　招商引资

市工商联发挥民间商会联系广泛的优势，以商会招商为主要方式，招商引资成绩显著。2000 年起，市工商联发动各区县(市)工商联、各行业协会、异地商会和市联机关招商小分队招商引资，并对此进行量化目标予以考核。

2002 年 5 月 24 日，市工商联党组书记钟春枝一行带着市政府对外发布的几十个项目前往浙江温州招商引资。受到温州商会及工商界朋友的热情接待，并达成温州商会率团来常德考察项目的协议。市工商联主动与常熟金刚石股份有限公司联系，为其收购七一机械厂牵线搭桥，最终以 2068 万元收购成功，5 月，经多方联系，促成常德粮油机械厂整体收购破产企业——常德二纺机。超额完成市政府当年下达的引进扶持一个 1000 万元以上工业项目的任务。8 月 31 日至 9 月 8 日，市工商联再次组团前往温州、厦门等地招商考察。参观了中国正泰集团、中国神力集团等 11 家特大型民营企业，召开 30 个民营企业和 10 名华侨客商参加的"常德市投资环境说明会"，与温州江南公司签订来常德火车站投资 1 个亿建设家具产业园的意向协议。

2003 年，市、县两级工商联引进项目 21 个(工业项目 7 个，商业项目 14 个)，到位资金 3.42 亿元，其中，市工商联引进七一机械有限公司新增资产投资 4000 万元的金刚石生产线，引进常德云锦纺织有限公司投资 1200 万元的无梭布生产线，引进投资 3000 万元的常德"火头军"食品生产企业，引进投资 8000 万元的火车站家具园开发项目，引进投资 2000 万元的华夏金山融资担保公司，引进深圳新亚洲集团投资 5000 万元的花岩溪开发经营项目。

2004 年，通过近九个月的努力，促成德国波茨坦市与常德市结成友好城市关系。市工商联组团近 20 人前往台湾，与台湾商会广泛接触。10 月份，市工商联受政府委托，组织协调温州乐清市 65 人经济文化考察团来常考察交流活动。成功举办"温州－常德经济文化交流座谈会""温州乐清市人民政府慰问演出"和"温州、常德两地地方剧种交流演出"等大型文化交流活动，还专门建立常德市工商联(总商会)招商引资项目库，选择项目向国内外商会发布招商引资信息，共向境内外 38 家商会发布此类信息 108 条，发出邀请函 50 多件，先后邀请波茨坦市商会、温州商会到常考察。共引进项目 15 个(工业项目 7 个、商业项目 8 个)，到位资金 2.23 亿元。促成德国 Edag 商务投资公司牵线宝马集团来常洽谈汽车生产项目，6 月 13 日，与合作方中联重科签署合作谅解备忘录，常德汽车项目项目首期引资规模 17 亿元，对拉动常德经济发展作用巨大。汉寿县工商联于 5 月初引进湖南宝龙汽车公司，与汉汪公司合作开发专用汽车，合资5000万元，首期投资3000万元，在太子庙工业园区征地130亩已破土动工。澧县工商联引进山西老板，投资新建澧县铸造厂。

2005年，市工商联党组书记、副会长记钟春枝，纪检组长宋祖军分别赴东北、江浙等地进行商务考察学习。市工商联组织12名企业会员参加日本世博会，组织20多名会员参加香港中小企业推介日活动。市工商联成立以会长李明三为组长的招商引资工作领导小组，在资金、人员配置上保证招商引资，并采取以商招商、以情招商、网上招商、中介招商等多种方式招商。各区、县(市)工商联招商引资成效显著，临澧县工商联和美国翰尼尔国际投资公司就临澧县第二自来水厂项目达成融资2480万元意向协议，津市工商联引进深圳天发集团投资近300万元，兴办牲猪屠宰冷冻项目，5月份正式投产；武陵区工商联在谈项目2个，引资总额达1250万元。

2006年，组织招商团赴深圳进行商务考察，并邀请张家界、广州花都区等工商联来常参观考察。加强与境外商会的联络，9月，市工商联与外侨办联合举办“湖南省第二届海外华商潇湘行——常德之旅”活动，邀请了美国、加拿大、荷兰、印尼、阿根廷、南非等八个国家以及港澳台地区150名华商代表参加。组织近10名会员到越南参加商品展示会、到巴基斯坦参加商贸洽谈会。与中华国际慈善总会加强联系，多次邀请文茵主席到常德进行扶贫投资考察，帮助35名常德孤儿免费就读职业学院，为九龙孤儿院、中医院、康复医院等捐赠一批现金、衣物和设备。市工商联和温州商会共同引进香港朗峰集团在常德投资3亿元开发“朗峰·城市优品”高档商住楼；引进温州红蜻蜓集团子公司惠利玛鞋城在常德步行街开办连锁店，总投资1300万元。联络温州13家工业企业来常对鼎城区温州工业园区建设规划进行论证考察，达成意向投资1.65亿元，计划征地690亩。香港盈信集团来常德市考察，形成兴建电子工业园的意向，并达成投资合作框架协议，项目计划投资2亿美元，占地300至500亩。9月的华商会上有7个项目现场签约，总投资6.98亿元。11月，盈信集团邀请市长陈君文、副市长李爱国去深圳考察，进一步落实意向协议。

2007年，与昆明市工商联(总商会)、深圳市工商联(总商会)积极联系，促成昆明常德商会、深圳常德商会的成立。市县两级工商联还组织30多家会员企业参加深洽会和第四届“珠洽会”，共签订合同项目15个，引进投资16.3亿元，签订外贸出口合同4.6亿元。积极组织会员企业参加缅甸机械产品展销会、世界华商大会、澳门国际贸易展览会，还安排会员到美国、加拿大、广州、温州等国内外参观考察。经会员刘代礼引荐，市工商联积极与广东威和电器有限公司接洽，并邀请该公司负责人来常考察，在德山经济开发区签订总投资1亿元电器生产项目合作意向书。邀请中华慈善国际联合会来常考察，组织20多名会员洽谈合作项目，邀请温州市欧海区工商界投资考察团参观德山、武陵区工业园，组织常德籍外地客商参加“湖南首届湘商大会”。

2008年4月，市工商联副主席李建春一行14人到欧洲十国进行为期15天的学习考察。5月，市工商联主席陈伟俊、党组书记钟春枝、副主席谈远灯赴上海、杭州、苏州等地参观考察，与当地商会进行广泛接触。积极配合市商务局，成功举办杭州萧山市情推介会。在"沪洽周"上邀请客商20余人，达成投资德山工业园生活设施建设的意向。市工商联还多次组织企业家到深圳、长沙、张家界等地参观考察。4月，市工商联邀请岳阳市工商联来常考察协会工作；5月，邀请香港光彩事业促进会庄会长一行来常德，重点考察石门、汉寿、德山开发区等地。

2009年上半年，市工商联主席陈伟俊带队赴广州、深圳、台州、温州等地进行商务考察。市总商会副会长陈代祥带队组织15名会员赴新西兰、澳大利亚考察，并与当地商会进行广泛接触。与衡阳市工商联积极联系，促成衡阳常德商会的成立。5月份，邀请10名客商参加深洽会，在会上就冷链物流项目达成合作意向。3月份，市工商联邀请广东云浮市工商联一行30多人来常考察，结成友好商会关系。11月初，邀请杭州经贸代表团来市进行投资考察，其中浙江欧文控股集团与市政府达成意向，拟征地2000至3000亩进行大型物流项目建设、房地产开发、主题公园建设，11月底，再次邀请浙江欧文控股集团董事长吴峰等5名客商参加上海常德市情推介会。

2010年，市工商联牵头负责第四届湘商大会代表座谈会和财富论坛的会务工作，协助调度签约项目，4月27日，市工商联联合常德驻上海办事处举办"常德·上海闸北投资项目洽谈会"，向上海常德籍企业家和各界知名人士作市情推介。5月30日至6月7日，市工商联主席陈伟俊带队前往深圳、东莞、厦门等地，与当地常德商会会员、知名企业家进行广泛地接触和座谈，东莞常德商会会长张仕刚等三位企业家拟在临澧征地194亩，投资1.5亿元办三个制鞋厂。在汉寿工业园投资5千万办一个制鞋厂。深圳市茂雄实业有限公司拟在常德租地2000亩，种植蔬菜，在西洞庭或津市工业园投资办一个食品加工厂。与深国投商用置业有限公司就常德新商业中心的建设进行意向性洽谈，该公司是国企华润集团的控股公司，旗下开发和管理多家大型商业城。广东常德商会(筹)拟以商会名义在德山开发区征地2000亩，建一个服饰产业园。6月25日，厦门市常德商会成立。市工商联在湘商大会工作中的出色成绩受到市委市政府的表扬。

2011年市工商联借助湘商大会、桃花节、华商大会等省、市重大活动，积极邀请外地商会、工商界人士来湘、来常考察，初步达成了机器人制造、服装服饰产业园、笔记本电脑变压器生产、大功率LED芯片制造、猪血加工等五个总投资超过50亿元人民币的工业意向性项目。工商联招商小分队引进总投资2亿元的厦门贝特莱尔光电有限公司成功落户常德经济技术开发区，2011年4月已开工生投产，生产的LED节能路灯，其技术位居国内一流，投产后当年销售预计超过5000万元。11月29日，牵头组织10多名世界及国内

500强企业代表及海内外知名华商参加2011中国（湖南）民营经济投资洽谈会暨海外华商湖南行活动，签约两个重大项目，引进资金45亿元。

2012年，邀请奥地利华人商会、深圳市节能环保协会、上海卓鹏科贸有限公司、东莞达宏电子有限公司等来常考察纺织行业、机械制造业等项目。发挥招商小分队的作用，联系北京、广东、广西、浙江等地10批次客商来常投资考察。从武汉引进注册常德常兴仪表制造有限公司（资金5000万元）落户常德经开区，从武汉引进的沥青搅拌站部件生产项目已经在鼎城灌溪工业园落户并试生产。还有机械制造、染整、食品加工等7个投资在10亿元以上的在谈意向项目。8月9日，在常德共和酒店国际会议中心召开市工商联系统招商引资调度工作会议。市工商联（总商会）、各区县（市）工商联、市工商联直属行业商协会负责人参加。通报全市工商联系统招商引资工作情况。

2000年以来，市工商联组织发动区县（市）工商联、各行业协会、常德异地商会、异地常德商会和机关招商小分队招商引资。至2012年，共引进项目320多个，引进资金150多亿元。

第五章 光彩事业

第一节　成立光彩事业推动委员会

党中央、国务院决定从1994年开始实施《国家八七扶贫攻坚计划》，为响应党和国家的号召，1994年7月，时任全国工商联副主席刘永好等10位民营企业家联名倡议“让我们投身到扶贫的光彩事业中来”，中央统战部、全国工商联发起以广大民营企业家为主体参与的开发式扶贫工作——光彩事业。常德市工商联（总商会）发动、组织、引导会员积极投身这一惠及当代、功在千秋的事业，通过扶贫帮困、捐资助学、开发投资、参与新农村建设等活动，践行邓小平“先富帮困，实现共同富裕”的思想，回报社会，奉献人民，取得明显成果。

为更好地推进光彩事业发展，市工商联层层宣传发动，组织落实有关光彩事业的各项工作。1995年市光彩事业领导小组成立，市工商联党组书记李继训任副组长。1997年初，在各区县（市）统战部长和工商联负责人会议上，布置光彩事业的工作任务。要求每个区县（市）完成1—2个项目。同年3月，在市工商联召开的市区部分民营企业家座谈会上，对光彩事业进行深入宣传，并提出具体要求。

1997年5月，在常德市工商联（总商会）第三届会员代表大会召开期间。出席大会的张为臣、陈长新两位民营企业家提议，向全市8000多名工商联会员发出倡议，积极投身到光彩事业中，得到代表们的一致响应，5月7日，大会代表发出《关于开展光彩事业的倡议书》。号召广大会员携起手来，积极投入到光彩事业中去。8月4日，市委统战部、市工商联党组请示中共常德市委，建议设立常德市光彩事业推动委员会。8月12日，市委办公室下发57号文件，同意成立常德市光彩事业推动委员会。由市政府副市长洪明祥任顾问，市政协副主席李明安任主任，市工商联党组书记刘存根、会长张前和、副会长曹同生等任副主任。杨绍军、陈永东、成余汉、应利成、姚三放、周国强、满意、郭远志、谢云政、蔡大云、罗绍情等十多名民营企业家在其中任委员。委员会下设办公室，由张祥生任主任。

常德市光彩事业推动委员会明确以非公有制经济人士为主体，欢迎有志于投身光彩事业的其他各界人士参与的基本方针，规定参加光彩事业活动自觉自愿、互利互惠、因地制宜的三条原则。光彩事业推动委员会每年召开一次例会，通报国家和省光彩事业推动委员会的指示精神，传达市委、市政府有关工作部署，研究全市开展光彩事业的工作方案。

市光彩事业推动委员会成立后，主动争取各级党委、政府的支持，积极与扶贫开发部门协商，把光彩事业与政府的扶贫开发计划相结合，还与计划、工商、税务、金融、贸易等部门和团体联系，为参与光彩事业活动的非公有制经济人士协调关系，排忧解难。如 1997 年推动委员会主动到市外经委、科委、乡镇企业局等单位，收集一批适合的开发项目，整理成册后向部分有条件的民营企业家重点推介，又将项目册寄往区县市在广大工商联会员中发布。推动委员会还经常组织民营企业家到扶贫点考察，了解当地资源、项目、经济现状等情况，以便有针对性地开展扶贫工作。

在市光彩事业推动委员会的精心发动组织下，全市非公有制经济人士积极参与、共同努力，通过投资、合资、引资、捐助等多种形式，在老少边穷地区创办企业、开发荒山、科学种养、助学办校、抗洪救灾、扶贫济困。全市光彩事业逐步由小到大，由少到多，取得显著成绩。

第二节　扶贫帮困、支援灾区

扶贫帮困、乐善好施是中华民族的传统美德，市工商联组织广大会员根据自身优势和特点，奉献爱心，回馈社会，在抗洪救灾、扶老帮幼、捐资助学等社会公益事业方面发挥重要作用。1990 年，市工商联派一名副主委参加市委驻鼎城区石板滩乡农村社教工作队，并为该乡修建公路支援资金 1600 元。市工商联和市委统战部在汉寿县办支农联系点，农忙季节抽派干部参加劳动，为农民送化肥和衣物。同年，石门县遭受干旱和洪涝双重灾害，市工商联捐款 800 多元支援灾区。

1994 年，市工商联和市委统战部在鼎城区许家桥乡办支农联系点，组织干部为农民送去 100 多本科技书籍、200 多元现金和 50 多件衣物。95 年 11 月，市工商联抽调一名党组成员参加市委驻武陵区丹洲乡丹砂村支帮促工作队，促成该村扩建了鱼塘，修了村级公路。年底，津市市工商联组织 55 名会员到社会福利院看望孤寡老人，为他们送去肉类、蛋糕、毛巾、肥皂等生活用品，还为他们洗头、理发、打扫院落，会员们的一片爱心使老人们感动得热泪盈眶。石门县工商联每年春节组织数十名会员前往海军基地慰问子弟兵，充分体现了军民鱼水情。澧县工商联执委刘先春，积极响应工商联号召，自愿捐赠 10 万元帮助乡村修建公路。

1995 年 7 月，桃源、汉寿两地遭受严重洪涝灾害，十几个市直属会员损失严重，特别是桃源县城被淹，一些会员处境非常艰难。经市工商联提议，常德市区的直属会员主动组织起来，筹集资金买了粮食、蔬菜等生活物质，由市直属委员会秘书长周国强带队送到受灾的会员家中。市工商联机关干部和企业职工为湘南和常德等地遭受洪灾袭击的灾区群众捐款 2800 多元。全市广大会员响应工商联号召，自愿捐款 220 万元。

1996 年 7 月，位于洞庭湖区域的常德市遭受洪涝袭击，市工商联积极组织会员有钱出钱，有物出物，开展抗洪赈灾活动。全市工商联会员共捐款 150 多万元，捐衣物 8000 多件(套)。鼎城区工商联会长尹茂林率先捐款 5000 元，副会长蔡大云、会员龚浩东、李基东各捐款 2000 元，带动其他会员踊跃捐款，仅一周时间，鼎城区工商联会员就捐款达 10 万元。澧县工商联执委罗正国在本县捐款 1000 元后，响应市直属委员会的号召，专程开车到市工商联送来 500 元救灾款。

1997 年，市工商联副会长、民营企业家陈长新投资 1500 万元在临澧县合口创办杰新纺织印染厂，安排就业人员 800 人。鼎城区工商联副会长、民营企业家罗绍情投资 100 多万元在所在的维吾尔乡办起制刷厂，用农民工 100 多人。市工商联常委、家友厨具有限公司总经理江伟民，投资 120 万在武林区芦山乡金狮堤村办起占地 50 亩的“家友农庄”，带动当地的科学种养业。汉寿县军山铺个体大户王春梅投资 10 多万元，在一贫困村种植药材 50 亩，为种植户提供技术指导，并负责药材的加工和销售，为当村民脱贫致富找到了新路子。桃源县工商联执委唐敦礼资助学子 100 多名，其中 21 人考上大学。津市市会员傅绍荣，捐资 5 万元，接济孤寡老人近 100 人。武陵区何洑砖厂老板杨泽云，投资 600 万元在桥南市场办起私立“泽云小学”。解决桥南市场部分儿童就学的困难。同年，市工商联组织部分民营企业家到市工商联常委杨绍军的阳光儿童福利院参观学习。杨绍军长期坚持扶贫帮困，1982 年，他看到村里的一些孤寡老人生活十分艰难，就主动承担起赡养全村 7 名孤寡老人的重任，几十年如一日，为这些老人供衣供食，看病买药，直至操办后事。1996 年，他投资 40 万元，在武陵区丹洲乡建了一所“阳光儿童福利院”收养孤儿 33 名，以后每年耗资 30 多万元，用于孩子的吃、住、学习等，并请 6 名专职人员服侍孩子们的生活，辅导孩子们的学习，十多年先后收养全省 20 多个县、市的 100 多名孤儿。2007 年 3 月，胡锦涛总书记接见当选十届全国人大代表的杨绍军，并对他的事迹给予高度评价。

1998 年 7 月，常德市再次遭受特大洪涝灾害，市工商联响应市委“自力更生，依靠群众，生产自救，互济互助”的号召，组织会员参加抗洪抢险与救灾，回报社会，为国分忧，积极帮助灾区群众开展生产自救。许多工商联会员直接战斗在抗洪抢险第一线，7月23日，澧县、安乡县告急，市工商联副会长黄建中参加抢险突击队，前往安乡县抢险。7月24日，市工商联领导带领10多位会员老板，带着矿泉水、干粮等物资，冒着倾盆大雨赶到澧县澧阳镇防汛指挥部，慰问参加抢险的干群和子弟兵。7月31日和8月28日，二次召开全市企业家和区县(市)工商联负责人会议，号召广大会员积极募捐救灾，做到无灾帮有灾，小灾支大灾，共同营造人间真情。市工商联副会长陈长新捐赠价值15万元的棉布套被和25000元现金。还救助贫困学生308名，抚养孤儿168名。常委杨绍军捐赠10吨大米送往安乡县，常委应利成捐赠10万元的电器。全市7000多名会员共向灾区捐款捐物达220多万元。1998年8月4日，省工商联在武陵阁举行救助安乡县灾区学生募捐活动，市区30多名会员共捐款22300元，新衣物500套。8月25日，省工商联举行向灾区学生献爱心活动，各区县(市)工商联负责人、会员代表和被救助学生代表40多人参加活动，共向灾区学生募捐53800元，衣物、课桌、校服等折款22000元，资助学生108人。市工商联向上级部门和近百个兄弟工商联发出救灾信函，得到他们热情援助，省工商联送来15000元慰问金，广东华帝燃气具公司捐赠价值53000多元的衣物，花垣县工商联为安县县捐赠60吨大米和其他物资，长沙市一家私营企业老板为澧县捐赠水泥30吨，省政协委员许先知捐款10000元现金。除组织会员参加抗洪抢险、赈灾济贫外，1998年光彩事业活动把抓项目落实作为工作重点，当年完成自主创业、扶贫帮困等项目6个。如津市市下岗女工万霞，大胆承租津市粮贸公司养猪场，经过艰苦创业，使一个濒临倒闭的养猪场获得生机，成为当地最大的综合养殖场，养母猪89头、肉猪1500头。还改造100多亩低洼地为鱼塘，养鱼15000多尾，产值达150多万元，交税125000元，安排下岗职工12人，为当地经济建设发挥了积极作用。石门壶瓶山工商联办事处组织会员向农业企业投入，建起45家私营茶场，引导农民种茶致富。

1999年，市工商联发出通知，倡导广大会员为政府排忧解难，积极参与再就业工程，会员企业用工时优先照顾下岗职工，得到会员企业的积极响应。杰新纺织印染厂租赁汉寿县二棉纺厂，为350人提供再就业岗位，其他企业也认真落实，解决一大批下岗职工再就业。市工商联在津市市白衣乡荷花村办扶贫点，为帮助该村解决小学校舍破，课桌烂，条件差等困难，组织80多名会员参加捐赠，募捐资金6000多元送到学校，感动村民。妇工委主任、东方养殖畜牧中心经理胡淑云投资250多万元，在市郊办起良种猪养殖场，为当地农民科学养殖拓宽致富门路。市人大代表，会员黄朝信投资300万元，在鼎城区石公桥办起占水面10000多亩的“常德龙腾鳜鱼养殖中心”，带动当地100多名农民养鱼致富。

2000年春节期间，在会员中开展资助残疾人和孤寡老人的公益活动，捐资3000多元上门慰问，把温暖送到残疾人会员家中。市工商联常委、鼎城粮食机械厂厂长蔡大云，主动捐款 10000 元，救助常德金江公司、巨星光源等 5 家特困企业下岗职工。市工商联还派专人到汉寿县开展专项扶贫工作，从合资企业荣琪食品有限公司引进资金 30 万元，在龙潭桥乡的三个贫困村利用丘陵区低产田种藠头 500 亩，亩产 1000 公斤，净增纯收入 800 元，可增加农民收入 40 万元。为扶贫点筹措资金 80000 元建一个电排站。为五里塘小学筹措资金 10 万元维修学校教室，改善农家孩子们的学习环境。

2001 年 3 月，市工商联配合市委组织在农村开展的"一调四送"活动，组织 20 名会员骨干，到汉寿县太子庙五里冲村帮贫扶困，筹集资金 6000 多元，为特困农民送化肥、农药、种子、衣物等，还义务为他们修理电器、农具等。会员们的义举，收到当地群众的称赞。

2002 年 4 月 9 日，市工商联组织胡淑云等十多名私营企业家，出资购买几卡车农药化肥等物质，送往汉寿县太子庙五里冲村支援春耕生产。还冒雨走访慰问特困户，送出衣物、棉被和慰问金。6 月 1 日，会长李明三率班子成员前往阳光福儿童利院，为孤儿送出 5000 元的钢笔、字典和科普读物，与孩子们度过一个欢乐的儿童节。2002 年 7 月，常德市教育局提请市委、市政府并经市人大通过，在全国率先设立"9·8 助教日"，确定每年 9 月 8 日为常德市全民助教日。以此动员机关部门、社会各界和公民个人捐钱捐物帮困助学。市工商联部分班子成员向失学儿童捐款 5 万元，受到市委、市政府领导和教育部门的肯定。

在 2003 年抗击"非典"战役中，市、县就、两级工商联组织广大会员慰问一线干警，捐献药品、资金等。桃源县工商联会员捐资 5000 元，支援县内预防"非典"工作。安乡县会员企业康源大药房捐资 30000 元给县聋哑学校、敬老院预防"非典"。鼎城区工商联机关干部送 2000 元到白鹤山乡马巷子村，帮助村民解决饮水卫生问题。2003 年 7 月，洪魔袭击澧水流域各县(市)，石门、津市、临澧、澧县、安乡工商联全力投入到抗洪救灾中，津市市工商联组织 100 多名会员奋战在防洪抢险第一线，会员金兴斌宰 3 头大肥猪，买 50 件矿泉水慰问参加抢险的解放军官兵。澧县工商联组织会员开展赈灾募捐活动，6 天时间捐款 52 万元，迅速送到受灾群众手中。安乡县工商联主席王红霞象男同志一样在防汛堤上连续奋战几昼夜，带领机关干部和部分会员坚守在抗洪一线。临澧、石门工商联在本县遭遇洪灾后，一面积极投入抗洪救灾，一面向省市求援争取救灾物质，支援灾区群众。市工商联副会长、杰新集团总裁陈长新慷慨解囊，买 10 吨大米送到临澧县灾民手中。

2004 年 3 月 1 日，市工商联积极参与万名干部"四送下乡"活动，机关干部冒雨到点村汉寿县沧港镇软纳桥村，为该村送去了春耕物资，还为 6 个特困家庭和学生捐款 6000 元，与这些特困学生结成常年帮学对子。3 月 20 日，市工商联党组书记钟春枝率领 8 名民营老板前往点村，为特困家庭和学生捐款 5000 元，并与 5 个特困学生结成常年帮学对子。3 月 26 日，市工商联党组书记钟春枝、宝庆商会会长刘义祥带领 10 多位老板，前往因癌症而贫病交加的专业军人游红林家，为其捐款 7000 元，还走访慰问“双联点”“扶贫村”和老志愿工商业者。11 月份组织会员积极参与“十万招工扶贫光彩大行动”，组织援助湘西卫生院 5 万套药具，价值 20 万元。澧县工商联组织会员捐款 10 万元，向社会各界人士发布“心系城头山，捐修古城址”倡仪书，支持城头山古文化遗址建设。

2005 年春节前后，市工商联走访慰问老工商业者，为他们带去近 5000 元的慰问金和物品。9 月，市工商联为了切实帮助“双联点”群众解决实际困难，动员广大会员开展“爱心超市”捐助行动，募集衣物等生活用品 600 多套，价值 40000 多元。10 月，市委统战部、市工商联组织温州商会部分会员赴汉寿软纳桥村，为该村 5 个特困学生、5 个特困家庭捐款 5000 元。各区县（市）工商联在开展扶贫帮困中也涌现出一批先进典型，如安乡县工商联组织会员为特困户捐款捐物达 1 多万元，组织会员企业参与再就业工程，吸纳下岗职和待业青年 300 多人。桃源县工商联深入当地贫困村，共送去化肥 15 吨、医药 3000 多元、科技书籍 1000 册等。

2008 年全国许多省市遭遇特大冰雪灾害，市工商联组织深圳常德商会举办抗冰救灾赈灾义演活动，组织机关干部冒着冰雪下到联系点村西湖管理区新桥村进行慰问，为村里送去灾后重建急需的化肥 5 吨，实用种植知识书籍 80 册，购买柑橘树苗 10000 株，聘请苗木专家为村民讲授栽培技术。5 月汶川大地震发生以后，市县两级工商联积极组织会员和商（协）会开展募捐活动。5 月 19 日下午，市工商联（总商会）举办全市非公经济人士为四川地震灾区赈灾募捐大会，现场募集善款 937973.7 元；5 月 22 日，组织会员参加“沅澧有爱”赈灾义演晚会，晚会募集善款 20 多万元。组织 20 多名会员赴四川灾区慰问。全市工商联会员向四川地震灾区捐款捐物折合人民 1200 多万元。

2009 年 4 月，为帮助部分因贫困失学的儿童上学，在市工商联女工委三届二次全会上，女工委副主任齐淑兰宣读爱心捐款倡议书，现场募得捐款 6 万元，4 月 29 日，女工委主任张中英一行前往石门皂市水库移民区新集镇为新建敬老院捐款 2 万元。5 月，市工商联副主席高毅带队，组织 20 多名会员赴四川慰问灾区群众。2009 年会员企业累计捐款 200 多万元，救助贫困家庭 100 多户，帮助 100 多名贫困生完成学业。各区县（市）工商联积极开展“献爱心，送温暖”活动，发动会员参与扶贫帮困活动，取得很大的成绩。其中石门县工商联组织捐款捐物 10 万多元，安乡县工商联 4 万多元。

2010 年 4 月，青海省玉树县发生两次地震，5 月 1 日，市工商联、总商会、市红十字会联合举办的“守望玉树、祈福中国”大型抗震救灾募捐活动，在场的非公经济人士、商协会代表和市民纷纷踊跃捐款，现场共筹集善款 48 万元。全市非公有制经济人士通过各种途径累计为玉树捐款捐物达 1100 余万元。

2011年市工商联积极组织非公经济人士开展“感恩行动”等活动。引导广大非公经济人士与老革命、老党员、老模范结对帮扶，采取一帮一、一帮多、一次帮扶或持续帮扶等多种形式，帮助“三老”人员及其家庭发展生产、增加收入，切实解决生活中的实际困难。会员及会员企业为抗灾救灾、扶贫帮困、捐资助学等社会公益事业捐款捐物2000多万元，救助贫困家庭500多户，帮助近千名贫困学子完成了学业。有403家市、县民营企业参与新农村建设，实施帮扶项目近100个，项目投入资金约30多亿元，帮扶资金及物资折款5.8亿元，无偿投入公益、福利事业资金1500万元，安置37000名农村富余劳动力实现就业。

2012年7月，领导直属第五分会20多名会员开展爱心救助活动。在市委统战部副部长、市工商联党组书记鲁晓凤，市工商联副主席、温州商会会长王国云的带领下，带着3万多元善款来到市武警医院，看望因煤气罐泄露造成重度烧伤的武陵区丹洲乡村民胡齐山、胡齐美父子。

第三节　开展“万企联村”参与新农村建设

市工商联积极组织广大民营企业和非公有制经济人士参与社会主义新农村建设。根据自身的优势和特点，结合所帮扶地区的具体情况，因地制宜、因企制宜，创造出许多行之有效的模式，通过“结对扶贫”活动，“四送下乡”“爱心超市”等送温暖活动，组织会员捐款捐物折合人民币2580多万元。发动会员企业参与全省“十万招工扶贫光彩大行动”。得到各级党和政府的充分肯定，也受到广大农民的热烈欢迎。

2006年3月15日，市工商联、市企业家协会联合在《常德日报》头版向全市企业家发出“为建设社会主义新农村贡献力量”的倡议。3月16日、17日分别召开市直兼职副会长和区县(市)会长会议，研究布署新农村建设工作，并下发《关于组织会员企业投身社会主义新农村建设的通知》。市直会员和会员企业中涌现一批投身社会主义新农村建设的先进典型，如市工商联副会长陈长新、聂西安、陈亮分别捐资30万元、25万元、13万元帮助家乡所在村修水泥路。会员丁碧燕在武陵区东江乡投资2800万元筹建常德惠生肉类食品有限公司，年加工牲猪能力10万头，吸收农村劳动力500多人，带动6000多家农户致富。会员邓新民捐资30万元，在石门县白云乡新建一所幼儿园。温州商会捐赠17万元帮助安乡黄山头镇首安村修建敬老院。会员蔡忠明为临澧合口镇敬老院85位孤寡老人每人捐献一套外衣。市联女工委为联系点村桃源县陬市镇土地坡村组织捐款数万元。

各区县(市)工商联纷纷引导会员积极参与新农村建设，汉寿、津市工商联制定民营企业参与新农村建设的工作方案。武陵采取“三自三帮”原则，积极引导会员投身社会主义新农村建设。临澧重点抓“一点两面三村”试点工作，引导非公有制经济人士以适当的方式参与新农村建设。全市共有1700余家会员企业参与新农村建设，占企业会员总数的73%，与65个村实行结对共建，实施建设的项目195个，投入资金7500万元，转移农村富余劳动力5000余人。常德市工商联参与社会主义新农村建设的经验得到省联的肯定，并在省工商联常委会上作典型发言。

2007年，市工商联会员通过项目建设带动帮扶村发展，引进浙江老板在中河口镇投资办榨菜加工厂，引进湖南信息科技职业学院出资72.37万元支持小渡口镇修敬老院，帮助黄丝村硬化通村公路，修建村部，拉通广播，维修改造水利设施。温州商会联合宝庆商会出资数万元，帮助西湖区新桥村整修沟渠，并发动会内农产品加工企业在新桥村建立原料种植基地。11月9日，市委统战部、市工商联联合组织主办常德市“万企联村、共同发展”活动现场经验交流会。全市各区、县(市)委统战部长，工商联会长、党组书记以及非公经济人士代表共100余人参加交流会。市委常委、统战部长吴友云，市政协副主席彭明建出席会议并讲话。与会人员参观裕佳食品有限公司、汇美食品有限公司等四个新农村建设典型企业和新农村示范点西洞庭管理区白芷湖村，市工商联会长陈伟俊代表市委统战部、市工商联作“万企联村”工作报告，总结回顾了前一阶段新农村建设工作，对后阶段“万企联村”工作进行部署。鼎城区工商联、石门县工商联、双佳农牧科技有限公司、澧县长庆房地产有限公司、汇美食品有限公司以及鼎城区中河口镇东北村等单位分别在大会上作了交流发言。

2008年市工商联调整市工商联新农村建设领导小组，充实工作力量。主席陈伟俊任组长、副主席杜鹏、纪检组长张祥生任副组长。出台《关于进一步组织开展“百企联百村”活动的决定》，组织开展“百企联百村”项目的对接和实施，把100个企业与100个自然村结对共建，5个村企对接的典型被全国工商联列为典型示范。这些成功经验得到省工商联领导的重视。召开新农村建设总结表彰大会，对全市工商联系统前段参与新农村建设工作情况总结，表彰全市工商联会员参与新农村建设工作先进个人68个。对全市涉农企业和农业产业化龙头企业进行摸底并上报省工商联。配合省农行、省农发行、市农行、市农发行对涉及企业信贷情况进行调查摸底，争取银行部门对涉农企业加强信贷支持。

2009年市工商联继续开展“百企联百村”活动，鼓励更多的企业参与新农村建设。300多家市、县民营企业与300多个村结成帮扶对子，实施帮扶项目近100个，投入帮扶资金及物资折款4个多亿，无偿投入公益、福利事业资金近千万元，培训农民2万余名，安置近4万名农村富余劳动力就业。

2010年9月21日，市工商联组织会员开展“资助新农村建设暨中秋送温暖”活动，为扶贫点肖伍铺村的特困群众赠送 30000 多元的农用物资，132 家市、县非公有制企业参与新农村建设。与 100 个村结成帮扶对子，实施帮扶项目 93 个，帮扶资金及物资折款 1100 万元。无偿投入公益、福利事业资金 145 万元，培训农民 2 万余名，安置 12000 多名农村富余劳动力实现就业，带动农村经济较快发展和农民收入稳定增长，初步达到帮扶村得到更多实惠，企业自身不断发展的双赢效果。

2011 年，市工商联与市委统战部、市各民主党派等一起开展“美丽山谷”示范项目建设。多次召开村企见面会、座谈会，组织企业老板到帮扶村考察，组织村民代表到企业观摩，促进项目对接。根据村企双方的实际情况和共同发展的需求，一方面引导资金、技术、人才实力雄厚的企业走“一企一村单项或多项对接”“一企多村单项或多项对接”的路子。另一方面，引导规模不大、实力不强，但是公司发展有需要的企业走“多企一村单项或多项对接”的路子，促进村企共同发展。加强与乡镇党委、政府的联动，提高农民参与新农村建设的主动性、积极性，协调联村企业与原料供应村民的关系。发挥工商联与民主党派优势，开展送医送药、送科技送文化的“四送”活动。把开展“万企联村”活动纳入到非公企业党组织、党员中开展创先争优活动中去，选拔优秀的非公有制经济业主到村任第一支部书记或第一村主任等方法，促进村企党组织加强合作。引导非公有制经济人士致富思源、履行社会责任、帮助农民富裕，从而促进非公有制经济人士健康成长。

至 2012 年底，全市近万名工商联会员参与光彩事业活动，为新农村建设、抗震救灾、扶贫帮困、捐资助学等社会公益事业捐款捐物 10.5 亿元。实施项目 183 个，投入资金 60 多亿元。

第六章 非公企业党建工作

第一节　党组织建设和党员发展工作

1994 年开始，市工商联在分会和私营企业中作建立中共党组织的尝试，如石门县夏家巷分会和石门澧东建筑公司成立中共党支部。加强对非公有制企业中党员的教育和管理工作。澧县、汉寿等区县(市)工商联开始选送非公有制经济人士的积极分子到党校学习或举办的入党积极分子学习班。为探索民营企业党建工作的新路子，1997 年，市工商联针对全市个体私营企业、个体工商户党员流动性大、底数不清，私营企业党组织隶属关系多样、归口不清等问题，深入会员企业和个体工商户走访，对民营企业党建工作进行摸底调查工作。1998 年开始在科美事业有限公司办民营企业党建工作试点。

为深入了解全市非公有制企业基层党组织状况，加强非公有制企业党员发展和党组织建设工作，2000 年 11 月，市工商联配合市委组织部进行非公有制经济党建工作调查，对全市私营企业、股份制企业、三资企业和个体户中党员发展、教育、管理等进行走访、座谈，形成了调查报告。提出个体、私营企业中党建工作实行属地管理和市场、行业及党建工作归口工商联管理，“三资企业”党建工作归口外经委管理的建议。得到有关领导和部门的肯定。

2001 年，原市工商联党组书记，市政协常委刘存根递交的《非公有制经济党建工作应当引起高度重视》提案，市委组织部以长达 2000 多字篇幅的文章予以回复。对工商联开展非公有制企业党建工作给予指导。

2008 去 10 月，市委常委会议专题研究非公有制企业党建工作，出台《关于加强非公有制企业党建工作的试行意见》文件，召开全市非公有制企业党建工作会议。按照中央提出的“有群众的地方就有党的工作，有党员的地方就有党的组织，有组织的地方就要开展党的活动”的要求，着力加强非公有制企业党建工作，提出工作目标，规范组建党组织的方式方法、党组织开展活动的模式、解决保障条件的途径等。市委成立非公有制企业党建工作领导小组及其办公室，与市委基层党建工作领导小组及其办公室一套人马，合署办公。县、乡党委也成立相应机构。明确非公有制企业党建工作由市委基层党建工作领导小组宏观领导和指导，进一步完善非公有制企业党建工作联席会议制度，建立由组织部门牵头，宣传、统战、经委、财政、工商、税务、环保、工会、共青团等部门和单位参与的联系会议，共同研究解决非公有制企业党建工作的具体问题。地方党委按照“成熟一个、建立一个、组建一个、巩固一个”的原则，指导非公有制企业灵活组建党组织。对有 3 名以上正式党员的规模以上企业，指导它们单独建立党的组织；对正式党员不足 3 名的规模以上企业，指导它们就地就近建立联合支部；对仅有个别党员且比较分散的企业，则把党员的组织关系挂靠在街道社区或行业协会进行管理；对未建立党组织或无党员的企业，指导它们先组建工会、共青团、妇联等群众组织，待条件成熟后再组建党组织。坚持边启动边组建，先后在 11 家规模以上非公有制企业单独建立党组织，在规模以下企业建立党组织 55 个。市工商联直属的 13 家行业商(协)会，符合条件的 9 家都建立了党支部。每年 8 月份开展“非公有制企业党建宣传月”活动，通过在广播、电视、报纸、网站等媒体上开辟非公党建工作专栏，表彰宣传一批非公有制企业先进党组织、优秀党务工作者和优秀党员代表。扩大非公有制企业党建工作的影响。

2009 年 10 月 27 日，中共常德市工商联直属委员会召开第一次代表大会，选举蒋颖群任党委书记，张祥生任党委副书记，朱清期、张龙飞、周德权、郑廷英、秦宏伟等为党委委员。10 月 30 日，市工商业联合会直属会员单位委员会举行成立大会。省工商联直属会员单位党委书记陈宏忠、市委副书记曹儒国出席成立大会。会议由市工商联党组书记蒋颖群主持。曹儒国为市工商业联合会直属会员单位党委授牌，并发表重要讲话。市工商业联合会直属会员单位党委主要负责领导和管理直属行业商(协)会和跨地区直属会员单位的党建工作，指导其他直属会员单位抓好党组织组建。

2010 年，市委把成立工商联直属会员单位党委列入对各区县(市)的年度目标考核。市工商联通过采取单独组建、联合组建、挂靠组建等方式，新组建湖南武陵酒业有限公司党委、澧县金龙玉凤酒店有限公司党支部等 31 家非公企业党组织，全市 369 家规模以上企业均建立党组织，符合组建条件的非公企业 100％建立党组织，同时带动建立工会组织 29 个，团组织 22 个。

为充实非公有制企业党建工作力量，市工商联在非公有制企业党建工作领导小组指导下，采取兼任、内选、外派等方式配备会员企业党组织书记。对党建工作任务较大的企业，选派 183 名专职副书记。又从党政机关干部和离退休老同志中选派企业党建工作指导员和联系员。全市共向规模以上企业选派指导员、联系员1236名。建立指导员、联系员档案，加强对他们工作的指导和督查。建立向非公有制企业选派外协副厂长(经理)制度。每年从市直机关选拔30名左右优秀年轻干部到非公有制企业担任副职，帮助企业搞好协调服务。积极培养优秀企业主和员工入党。2006年以来，全市共在非公有制企业发展党员626名，其中企业主132名，企业决策人员187人，中层骨干212名，一线员工95名。

市工商联非常注重做好会员企业业主的思想工作，举办多期非公有制企业主和党组织负责人培训班，部分企业主对企业党建工作由刚开始不了解甚至抵触，到逐步了解接受和理解支持。在尊重企业意愿的前提下，探索非公有制企业党建工作机制。按照“属地为主、属业为辅、条块结合、分层分类”的原则，灵活确定企业党组织的隶属关系。全市有41家企业实行行业管理，271家企业实行属地管理。建立列席会议制度，企业党组织书记列席企业董事会和经理办公会，了解企业生产经营情况、参与企业重大决策。建立交叉任职制度，通过党组织与企业董事会、经理层及群团组织交叉任职，加强党对企业群团组织的领导，党组织班子成员与企业经理层的协调，企业主和企业一线员工的沟通和交流。根据非公有制企业的特点，党组织活动采取小型、业余、分散、多样的形式，并与工会的活动广泛结合，使党的活动为“企业需要、业主支持、党员欢迎、职工拥护”，切实增强非公有制企业党组织的活力。

为贯彻落实湘组电〔2011〕32号文件精神，2011年3月市工商联启动“四四”组建法推动非公经济组织党组织集中组建项目，围绕实现非公有制经济党组织和党的工作“全覆盖”，不断探索组建形式，以“四联四创”活动为载体，实行“四个机制”，推行“四建”工作法，成立常德市非公经济党工委，办公室设工商联。积极探索在行业商协会、会员活动小组、直属会员企业中建立党的组织，切实做到在市工商联直属系统党组织和工作的全覆盖。常德日报于2011年3月4日在头版头条以《基层党建与民企发展相得益彰》为题报道非公党建开展情况。

2011年5月22日至25日，常德市非公有制经济组织党建工作创新与实践论坛在市委党校举办。省市工商联领导和市非公有制经济组织企业家共180多人参加，省工商联副主席陈宏忠作《进一步加强新形势下非公党建工作》的报告，观看听取了中共湖南省委副书记梅克保《湖南新型工业化形势报告》(录像)。大家还听取了省社会主义学院副院长周述杰《新世纪新阶段统一战线理论与政策》、市委统战部长李爱国《服务建设“现代常德、幸福家园》、湖南师大教授、博导朱翔《建设“四化两型”社会理论与实践》、市工商联党组书记蒋颖群《非公有制经济组织党建工作创新与实践论坛》等发言与讲座。

2011年7月11日，中共常德市非公有制经济组织工作委员会成立，设委员15名，市工商联党组书记蒋颖群任书记。市非公经济组织党工委成立后，建立“三个纳入考核”机制。将是否组建成立市工商联直属会员单位党委纳入对区县(市)委年度工作考核、将非公企业党建工作纳入市委对区县(市)委书记抓基层党建工作和创先争优活动情况年度述职测评点评、将非公经济组织党组织集中组建工作纳入全市统战工作考核。建立“两个外派”机制。即选派政治素质过硬、熟悉党务工作的党员兼任部分党建工作基础薄弱的企业党组织负责人、从党政机关干部和离退休老同志中选派一批“红领”党建指导员,对新成立的党组织共选派党建指导员和联络员 9241 名,指导会员企业开展党建工作。建立“一票否决”机制。即将非公企业业主是否支持企业建立党组织、开展党的活动,作为业主评先评优、推荐“两代表一委员”时一票否决的内容。建立工作领导机制。形成党委统一领导,有关部门齐抓共管的非公有制经济组织党建工作新格局。市县两级均成立非公党工委,落实办公场所和工作经费,市委建立分级联点制度,要求每个企业都有乡(科)级及以上党员领导联系非公企业发展和非公党建工作。把每年 9 月份定位非公党建工作宣传月,紧密结合实际,对规模较小、相对集中但经营性质不一的企业推行企企联建、村企联建、村社联建的模式。对经营性质相同、相对分散的企业,充分发挥主管部门的优势,实行分行业分区域牵头组建。通过在企业建立党员示范岗、党员责任区、党员技术攻关小组等形式开展党建活动。

2011 年 10 月 26 日上午,湖南省非公有制经济组织党组织集中组建工作调度会暨常德市非公经济织党组织集中授牌大会在华天大酒店隆重举行。为新成立的 191 家非公经济党组织进行了集中授牌。市工商联直属会员企业、行业商协会、区县市代表作典型发言。市非公有制经济组织党工委书记蒋颖群在会上讲话,总结全市非公有制经济组织集中组建工作的特点和成绩。省委组织部副部长郭树人充分肯定常德市集中组建工作。常德市的“四四组建法”“1＋1＋1＋N 工作法”受到省委组织部、省非公党工委的肯定,并在全省进行推介。

2012 年,全市共建立 100 家非公党建工作示范点,其中市非公党委工委负责建设 10 个高标准的示范点。市非公党工委在市委党校连续举办 2 期非公企业党组织负责人培训班,培训人数 120 名。5 月,召开非公党建集中组建工作推进会,传达中央和省委有关会议精神。6 月上旬,在省社会主义学院举办工商联兼职副主席(副会长)培训班,组织 40 名市县两级工商联兼职副主席(副会长)参加培训,其中非公党建工作作为专题纳入培训内容。

至 2012 年,全市共有非公经济组织 13000 多家,其中规模以上企业 769 家。在非公经济组织建立党组织 1356 个,其中党委 13 个,党总支 59 个,党支部 1284 个,管理党员 13677 名。超额完成省、市下达的组建任务,新建党组织数量位居全省前列。2012 年常德市非公党工委被评为全省非公经济党组织集中组建工作先进单位。

第二节　党建活动

一、先进性教育活动

2005年2月至6月底，遵照市委的统一部署，市工商联开展保持共产党员先进性教育活动，在市委第一督导组和市委统战部的具体指导下，通过精心组织，周密安排，统筹兼顾，圆满完成了"学习动员""分析评议""整改提高"三个阶段的各项任务。2月18日至3月17日为学习动员阶段，统战部分别召开先教活动动员大会，成立市工商联先进性教育活动领导小组，由党组书记钟春枝任组长，副会长鄢家敏、纪检组长宋祖军任副组长，下设办公室，由丁德胜同志任办公室主任，向寅军、周红为办公室成员。2月21日至25日实行5天封闭式集中学习培训，认真学习《保持共产党员先进性教育读本》和党章，学习了胡锦涛、江泽民以及其他中央、省委、市委领导同志有关先进性教育的重要讲话。组织党员对照党章的规定和胡锦涛同志提出的新时期保持共产党员先进性的六条基本要求，结合工商联工作实际，明确工商联党员领导干部、普通党员和退休老党员保持共产党员先进性的具体要求。

3月18日至5月15日为分析评议阶段，组织党员对照检查自己和所在党组织在思想、工作和作风方面存在的问题，认真开展民主评议，首先通过召开座谈会、发放问卷调查、进行个别访谈、设立热线电话和意见箱等方式，广泛征求到对工商联党组、领导班子、班子成员和党员的意见60多条。对征求到领导班子和党组的意见进行集体研究，对党员的意见向本人反馈。根据征求到的意见、领导班子考察和《干部任用条例》检查反馈的情况，重点检查存在的问题，从世界观、人生观、价值观上剖析思想根源。领导干部还从权力观、地位观、利益观方面进行剖析，撰写3000字以上的党性分析材料。4月19日，工商联领导班子召开专题民主生活会。严肃开展批评与自我批评。5月14日，党组书记钟春枝对班子参加专题民主生活会的情况进行通报。5月21日，党支部召开专题组织生活会，开展对照检查，相互评议、批评。党支部分别组织对党员的测评，向群众通报民主评议党员的情况。

5月16日至6月30日是整改提高阶段，首先是制定整改方案。领导班子、党组成员个人、党支部和党员根据查摆出来的突出问题，对照党性分析材料，结合党组织评议意见，分别制定整改方案，明确整改重点问题，对整改方案实行审阅并公示。然后是落实整改措施。领导干部带头整改，并督促、指导普通党员搞好整改。最后是向群众公布整改情况，实行了整改问题向群众公开“销号”制度。在整改过程中进一步加强党组织建设，积极探索党组织发挥作用的有效途径。

通过这次党员先进性教育活动，市工商联的党员队伍建设、党风廉政建设和行业作风建设有显著改善，党员的素质有明显提高。普遍受到一次深刻的马克思主义理论教育，尤其是“三个代表”重要思想的教育，政治意识、大局意识、责任意识有明显增强，更加牢固地树立全心全意为人民服务的根本宗旨意识，更加明确全面建设小康社会和构建和谐统战工作局面的伟大目标。通过党员先进性教育活动，不仅活跃党组织的生活，激发党员的活力和党支部的战斗力和创造力，还尊重群众的意见和建议，注意发挥党外人士的监督作用，聘请 3 名党外人士担任先进性教育活动特约监督员，对先进性教育活动实行全程监督。

二、科学发展观教育活动

按照中央和省委、市委统一部署，2009 年 3 月至 8 月，市工商联在市委第十二检查指导组的具体帮助指导下，扎实深入开展科学发展观教育活动。完成学习调研阶段、分析评议阶段、整改落实阶段的各项工作。3 月初市工商联学习实践活动领导小组成立，市工商联党组副书记鄢家敏任组长，副主席谈远灯、纪检组长张祥生任副组长。领导小组下设办公室，张祥生兼任办公室主任，丁德胜、周红为成员。领导小组根据市委要求和单位情况，制定《常德市工商联关于开展第一批深入学习实践科学发展观活动的实施方案》。确定由非公经济人士、机关干部、退休人员等 8 名成员组成的群众代表咨询评议团。在学习实践科学发展观活动重点学习党的十七大报告、《毛泽东邓小平江泽民论科学发展》和《科学发展观重要论述摘编》，学习中央和省委的有关文件、胡锦涛总书记等中央领导一系列重要讲话精神。3 月 27 日，组织参加市直统战部和工商联系统深入学习实践科学发展观活动动员大会，通报《常德市工商联关于开展深入学习实践科学发展观活动实施方案》。市工商联主席陈伟俊要求广大干部，特别是党员领导干部要高度重视、认真对待这次活动，全身心投入到学习活动中来。

为使科学发展观教育活动促进工商联工作，围绕“常德市非公有制经济现状”“民营企业参与新农村建设”“非公有制企业党建情况”“行业协会如何健康发展”等主题，市工商联开展“遍访会员企业，携手共迎挑战”的专题调研活动。4 月中下旬，各调研组在 5 位会领导的带领下，按照业务分工，相继深入到会员企业和区县（市）工商联、行业商协会进行调研。4 月 15 日—18 日，市工商联主席陈伟俊、市工商联副主席杜鹏带队深入到常德市室内装饰建材行业、家居行业协会、农资协会等市直6家行业协会进行调研，对行业协会与市场的关系进行深入探讨。4月16日，市工商联党组副书记鄢家敏带队到富玺登集团、湖南云锦集团、湖南三金制药公司等会员企业进行非公党建工作调研。4月22日，市工商联党组成员、副主席谈远灯主持召开常德市工商联深入学习科学发展观座谈会，围绕民营企业参与新农村建设存在的问题进行交流。4月23日，市工商联纪检组长张祥生带队，积极与统计局、工商局主要负责人座谈，并深入到部分会员企业了解发展现状。4月27日，4个调研组在调查走访的基础上，整理并形成《关于我市行业协会发展现状的调查与建议》《关于我市非公有制企业党建工作的调研报告》《对民营企业参与新农村建设的思考》《常德市非公有制经济情况调查与建议》等4篇调研报告。4月28日，学习实践活动领导小组对调研报告进行交流和集体评审，同时推荐《关于我市行业协会发展现状的调查与建议》参加市级调研成果评奖。

市工商联采取发放征求意见函、召开座谈会和电话和网络交流等方式，广泛征求到各界人士对当前全市工商联工作意见和建议100多条。按照职能分工分解到机关各科室，逐条研究整改落实措施。抽调机关党员干部组成3个工作组，由会领导带队分赴区县(市)工商联、行业商协会、会员企业，了解和督导百企联村、招商引资、基层工商联工作体制机制等重点整改项目实施情况。

在分析评议阶段和落实整改阶段，经过广泛征求意见，认真反思，6月10日，市工商联召开学习实践科学发展观活动领导班子专题民主生活。陈伟俊、鄢家敏、谈远灯、杜鹏、张祥生等对照征求到的群众意见，实事求是地分析存在的主要问题及其原因，明确提出深入贯彻落实科学发展观的思路和措施。同时，将学习实践科学发展观分析检查报告中提出的问题和解决办法进一步目标化、具体化、责任化。市委统战部副部长李学明，市学习实践活动第十二指导组副组长肖吉平到会指导。在现场评议时，市工商联副主席、省人大代表李建春等提出一批有价值的意见和建议。

8月24日上午，市工商联学习实践科学发展观活动领导小组召开总结测评会，市政协副主席、市工商联主席陈伟俊、市委检查组组长罗先樵、会员代表、退休干部代表、全体在职干部参加会议，会议由市工商联党组书记蒋颖群持。市工商联主席陈伟俊汇报市工商联开展学习实践科学发展观活动的情况，现场对市工商联学习实践科学发展观活动进行总结测评工作，满意率达100％。通过学习实践科学发展观活动，市工商联领导班子与广大干部的宗旨意识和服务观念得到明显的增强，思想认识得到提高，精神面貌有明显改变，工作作风得到改进，各项制度不断完善和健全。

2009年9月至2010年3月，市工商联指导全市“两新”组织深入开展学习实践科学发展观活动。成立由市工商联党组书记蒋颖群任组长的“中共常德市委‘两新’组织深入学习实践科学发展观活动领导小组”。制定下发《关于印发＜常德市关于非公有制经济组织和新社会组织开展深入学习实践科学发展观活动实施方案＞的通知》，从参学对象、基本要求、需要着力解决的突出问题、方法步骤、组织领导等5个方面对全市“两新”组织开展学习实践活动进行了具体明确的指导。得到中央“两新”组织学习实践活动督导组的充分肯定。其经验作法在全省推介。

三、争先创优活动

为巩固和拓展学习实践科学发展观活动成果，进一步抓好非公有制经济组织党建工作，根据中共常德市委关于在全市党的基层组织和党员中深入开展创先争优活动的指示。2010年5月开始，全市非公有制经济组织围绕推动科学发展、促进社会和谐、服务人民群众、加强基层组织的总体要求，紧扣“推动经济发展方式转变，促进企业实现科学发展”的主题，结合全市非公有制经济组织的实际情况，精心组织，扎实有序地开展和推进创先争优活动。

为强化创先争优活动组织领导，市委统战部、市工商联、市工商局召开联席会议，专题研究部署非公有制经济组织创先争优工作，2010年5月21日，市委统战部下发《关于成立常德市非公有制经济组织创先争优好的领导小组的通知》，由市委统战部副部长、市工商联党组书记蒋颖群任组长，市工商局副局长曾遥、市工商联副主席谈远灯、副处级纪检员张祥生任副组长。在市委创先争优活动领导小组的统一领导下开展工作。办公室设在市工商联，从统战部、工商联和工商局抽调10名干部组成专门的工作班子，张祥生兼任办公室主任，办公室内设综合组、材料组、宣传组。各区县(市)工商联也组建相应的领导班子及办公室，全市非公有制经济组织明确专人负责此项活动。

市非公有制经济组织创先争优好的领导小组成立后，制定《常德市非公有制经济组织党组织和党员深入开展创先争优活动实施意见》，拟用两年半的时间，分别开展非公有制经济组织党建年、非公有制经济代表人士到村挂职或任职、第三届“常德优秀中国特色社会主义建设者”评比表彰、“我为企业献一计”等十大主题活动。并建立联系工作制度，要求联点领导每月深入到联系点2次和联系区县(市)1次，对联点单位的活动开展进行具体指导。5月29日，召开了全市非公有制经济创先争优活动动员会，全市近600家非公有制经济组织启动创先争优活动。

6月，市委专门召开全市“七一”企业党建工作座谈会，市委书记卿渐伟参加并讲话，9名非公有制企业党组织负责人就如何抓好创先争优活动进行发言。在市县电视、报纸、网络、电台等媒体上开辟非公有制企业创先争优活动专栏，给全市每名非公有制经济党员下发《牢记宗旨作表率 创先争优当先锋》的公开信，组织开展非公有制经济优秀党员评选活动，营造创先争优的浓厚氛围。

6月13日召开全市非公有制经济组织创先争优活动公开承诺阶段工作会议，各区县（市）工商联非公有制经济组织创先争优活动领导小组组长、工商联党组书记、市工商联直属委员会下属的七个党支部书记参加会议。根据联系制度和分工，联点领导和干部深入到联点单位。领导小组组长蒋颖群多次深入联点单位温州商会，与会长王国云、党支部书记朱清期及商会骨干、党员交谈，实行商会商会党支部与社会行政班子、社会骨干与党员双重承诺，推动社会科学发展。石门县非公有制经济创先争优办公室指导湖南特种水泥有限公司党委制定了“技能技术一流、遵纪守章一流，效益效率一流”的党员示范岗标准。到2010年8月，全市近600个非公有制经济党组织和8000多名党员签署公开承诺书。按照“分类指导、严格标准、创建示范、典型引路”的要求，全市选定一批非公有制经济组织典型党支部和党员的公开承诺书，编印成书。各非公有制经济党组织和党员根据公开承诺内容，积极采取各项措施，将公开承诺落到实处。云锦集团公司根据基层反映关怀员工不够的问题，提高了食堂伙食补贴标准，添置3台节能电饮水机，对88台公寓空调全面检修，给员工宿舍新装纱门纱窗，为特困职工送去大米和食用油，受到广大员工的称赞。

市非公有制经济创先争优领导小组要求各级党组织实行“三考评”制度，采取每月公示、逐季点评、综合评议等方式，把公开承诺落实情况作为党员民主评议的重要依据和评选优秀党员的重要标准，严格考评党员兑现公开承诺，确保承诺取得实效。

在全市非公有制经济创先争优活动中，根据各非公有制经济党组织情况差异大，党员行业分布广泛和职业构成多样等实际状况，大力开展“亮身份、比作为，亮岗位、比贡献”活动，要求党员员工亮明党员身份，比工作干劲和成绩，促进党组织战斗堡垒作用和党员先锋模范作用的发挥。着力开展“四个培养”活动，即把优秀员工培养成党员、把优秀党员培养成企业骨干、把优秀骨干党员培养成企业管理人员、把政治素质好与管理能力强的优秀党员培养成企业中层领导。扎实开展“党员先锋岗、党员责任区、党员示范岗”活动，要求每个党员掌握一门过硬的操作技术、创造一项有影响的工作业绩、帮助一名后进职工、提出一条合理建议，培养一名入党积极分子、争做一名优秀党员。

紧密联系实际，注重把创先争优活动与企业发展紧密结合，通过发挥党组织和党员作用，帮助企业解决难题，争取业主支持，推进非公有制企业党建工作蓬勃开展。2010年5月，由市非公有制企业创先争优活动领导小组牵头，组织非公有制经济暨工业企业银企洽谈会，发布项目277个，签约总额105亿元，履约率达82%，有效缓解非公有制企业融资难的问题。使企业主对党建工作认识大大提高，他们不仅大力支持企业党组织开展创先争优活动，而且积极要求入党，常德保温防水协会会长欧阳仁佰、鼎城久光国际商厦董事长尤作尧等 45 名企业主在活动期间递交入党申请。

在争先创优活动中，非公企业充分发挥党组织战斗堡垒和党员先锋模范作用，党员为企业提出合理化建议 4003 条，开展技术革新 273 个，产生经济效益 1.2 亿元，组织非公经济人士为群众办好事 700 多件，向青海玉树、甘肃舟曲等灾区捐款捐物 1000 多万元。2010 年，共有 427 家企业与 425 个村结对，联村企业帮建村级活动场所 44 个，建立联合支部 8 个，支持村党组织活动经费 30 万元。创先争优活动在促进非公有制企业生产经营、提高经济效益、维护员工合法权益等方面发挥了积极作用。2010 年 11 月，在中组部来湘调研非公党建工作座谈会上，常德市非公争先创优活动成绩得到肯定和赞扬。

2011 年市工商联围绕夯实非公有制经济组织基础、服务企业发展、建党 90 周年深入开展创先争优活动，结合非公有制经济组织实际，切实抓好公开承诺、领导点评、群众评议等工作。常德市非公经济党组织学习实践科学发展观活动、创先争优活动被省工商联作为十大创新工作予以推荐，先后作为市州典型在全省工商联大会上发言，"二个纳入"经验被省委创先办在全省推介，"四联四创"工作法、党员干部"到户"工作法等被市创先办在全市推介。省委常委黄建国部长、李微微部长对常德非公有制经济组织把开展党建活动与企业发展紧密结合的作法给予高度赞扬。市四大家主要领导多次听取市工商联非公党建、创先争优活动汇报，全市形成创先争优活动与非公企业党建同步推进、党建工作与企业发展互动促进的良好局面。人民网・中国共产党新闻网《七一社区》以《学习实践因企施策，非公企业"百花争艳"》为题报道常德非公党建开展情况，常德非公有经济组织创先争优活动蓬勃开展》被甘肃等省非公有制经济组织党建网相继转载报道。

2012 年认真抓好创先争优先进基层党组织和优秀共产党员评选表彰工作，采取自下而上的方式推荐 91 家非公企业党组织和 102 名优秀共产党员，4 月，结合学习实践活动、创先争优等活动，进行大张旗鼓的宣传表彰。2012 年全市非公人士春节团拜会上，对十佳基层党组织、十佳优秀党务工作者和十佳优秀共产党员进行集中表彰，由市委主要领导亲自颁奖。

第七章　重要会议

第一节　代表大会

一、常德市工商联第一次代表大会

1988 年 5 月 20 日，中共常德地委下发《关于建立常德市工商联筹委的批复》〔常通字(1980)9 号〕。成立以谢海泉为主任，张俊涛、鄢家敏为副主任，共 11 人组成的常德市工商业联合会筹委会。经过半年多的筹备工作，1988 年 11 月 22 日至 23 日，常德市工商联第一次会员代表大会正式召开。经过筹委会多次考察协商并报市委统战部研究批准，出席大会代表 126 人，其中工商业 45 名，占代表总数的 35.9%，街道与乡镇企业 21 名，占代表总数的 16.8%，工商联机关 12 名，占代表总数的 9.3%，自办企业 11 名，占代表总数的 8.7%，原工商界老会员 18 名，占代表总数的 14.2%，团体和个人 13 名，占代表总数的 10.3%，有关部门及其他 6 名，占代表总数的 4.7%，中共党员 69 名，占代表总数的54.8%，民建会员 16 名，占代表总数的 12.8%，无党派 41 名，占代表总数的 32.4%，妇女 26 名，占代表总数的 20.7%，

大会听取并审议张俊涛主委《认清形势，勇于探索，努力开创我市工商联工作新局面》的工作报告。从更新观念，不断强化工商联商会意识；切实抓好自身建设；积极开展为会员服务的工作；积极参加政治、经济生活的协商监督；提高企业的经济效益和社会效益；提高工商联的社会地位；加强三胞的联络工作，为祖国和平统一贡献力量等方面提出对今后工作的思路和意见。大会选举产生由 38 人组成的第一届执行委员会，其中常务委员 15 人，执委会中中共党员 25 人，占总数的 65.8%，民建会员 7 人，占总数的 18.4%，无党派 6 人，占总数的 15.8%，新会员 18 人，占总数的 47.4%，原工商界老会员 4 人，占总数的

10.5%，大专文化以上12人，占总数的23.9%，妇女8人，占总数的21%，最高年龄69岁，最小年龄32岁，平均年龄43.9岁。第一届执委会具有广泛的代表性，体现了新老合作交替，增强了民间商会的生机与活力。

从此，原常德市（今武陵区）工商联改组为省辖常德市工商联（总商会），机构定为正处级单位，并指导鼎城区、石门县、澧县、津市、临澧县、安乡县、桃源县、汉寿县，后加武陵区（1993年6月恢复成立工商联）等9个区县（市）工商联工作。

常德市工商联(总商会)第一届领导班子名录

市工商联（总商会）第一届执行委员会（1988年11月—1993年5月）

名誉主委　谢海泉

顾　　问　朱永濂　陈述伟　孙桂中　王振湘

主任委员　张前河

党组书记　李世成（任职时间1989年5月—1990年3月）

副主任委员　张俊涛　黄兆辉　黄建中　鄢家敏（女）

秘 书 长　曹同生

常务委员（以姓氏笔画为序）

朱远志　伍学萍（女）　何国泰　李世成　李忠祥　张重九　吴明忠　郑庭发　徐世清

执行委员（以姓氏笔画为序）

叶礼伟　刘承菊（女）　刘如祥　李　能　陈焕生　邱馥兰（女）　张启生　张志红（女）　张恩美（女）　张　斌　吴昌杰　吴文堂　庞长志　孟祥云　胡照茂　胡敏华（女）　蒋运华　秦宏伟　龚世娥（女）　谢必良　覃自述　廖翠安　翦建政

二、常德市工商联(总商会)第二次代表大会

1993年5月6日——8日，常德市工商联（总商会）第二届会员代表大会在市桃林宾馆召开，出席大会的正式代表111人，其中工商联主要负责人16人，占代表总数14.4%，私营企业主、个体工商户、部分乡镇企业代表562人。占代表总数50.5%，企业会员、自办企业代表14人，占代表总数12.6%、原工商业者等方面代表8人，占代表总数7.3%。其他有关部门和国营企业代表16人，占代表总数14.4%。特邀代表4人。

市工商联主任委员张前河代表第一届执委会向大会代表做工作报告，从认真学习中

央15号文件，调整工商联工作职能；围绕全市中心工作，积极参政议政；开展咨询服务，为会员办实事；办好会员企业，争创双重效益；加强自身建设，增强承受能力五个方面，全面回顾了五年来市工商联的工作。对在全方位改革开放、社会主义市场经济体系初步确立的新形势下，市工商联如何转换职能，发挥自身优势，为地方经济发展多作贡献做科学规划与安排。

大会选举产生由46人组成的常德市工商联（总商会）第二届执委会，其中非公有制经济代表16人，占总数34.8%，国营企业和部门负责人11人，占总数23.9%，工商联机关16人，占总数34.8%，大专文化以上的32人，占总数69.6%。在推荐执委会人选过程中，充分考虑到工商联和总商会二块牌子一套班子这一因素，注意把国营企业、集体企业、私营企业、个体工商户中有影响，有代表性的人选结合进来，比较完整地体现工商联的商会形象。

常德市工商联（总商会）第二届领导班子名录

市工商联（总商会）第二届执行委员会（1993年5月—1997年5月）

名誉主委 谢海泉

主任委员 张前河

副主任委员 李继训　鄢家敏（女）　黄建中　罗祖亮　刘锦章　文稼如　陈长新　黄兆辉

秘书长 曹同生

常务委员（以姓氏笔画为序）

朱远志　刘青云　李立志　李正东　何长虹　张新民　吴明忠　周国强　徐世清　裴先贵

执行委员（以姓氏笔画为序）

万克明　马　君（女）　邓德胜　伍孝珍　余清云　邹　建　张家顺　张重九　张恩美（女）　李　能　何岱荣　易先泽　周德仪　周家风　罗绍情　孟祥云　黄　杰　游从炎　龚清风　彭世风　彭培菊（女）　谢必良　蔡大云　雷延平　翦育才　翦林国

三、常德市工商联（总商会）第三次代表大会

1997年5月6日——7日，常德市工商联（总商会）第三届会员代表大会在市君蓓宾馆召开。出席大会的正式代表112人，其中非公有制经济成分代表78人，占代表总数的69.7%，工商联机关代表16人，占代表总数的14.3%，有关部门团体代表、老会员代表、自

办企业代表和国营企业代表共 18 人，占代表总数的 16%。

大会听取和审议市工商联主任委员张前河代表第二届执委会所作的工作报告，对过去五年市工商联在认真履行统战功能、积极参加社会活动；狠抓组织建设；努力做好会员思想工作；加强联系服务会员；培养会员骨干队伍；努力办好会办企业等工作成绩进行了全面回顾。并从积极参政议政、加强民间商会组织建设、培养会员积极分子队伍、开辟为会员服务新途径、大力推动光彩事业五个方面提出今后的工作思路和目标。

常德市工商联(总商会)第三次代表大会合影

大会选举产生由 51 人组成的常德市工商联(总商会)第三届执委会，其中非公有制经济代表 26 人，占总数 51%，工商联机关 16 人，占总数 31.4%，有关部门负责人和国营企业及其他方面代表 9 人，占总数 17.6%。大专以上文化的 23 人，占总数的 45%，有中级以上职称的 30 人，占总数的 58.8%，平均年龄 44.9 岁。为完整地体现工商联商会形象，在执委会中充分考虑了把私营企业、个体工商户中有影响和代表性的人选结合进来，使执委会具有广泛性与代表性，增强工商联领导班子的生机与活力。

常德市工商联(总商会)第三届领导班子名录

市工商联(总商会)第三届执行委员会(1997 年 5 月 —2002 年 3 月)

会　　长　张前河

党组书记　刘存根(女)(任职时间：1997 年 4 月—2001 年 7 月)

副 会 长　刘存根(女)　鄢家敏(女)　黄建中　曹同生　刘锦章　陈长新　张为臣

秘 书 长　曹同生(兼)

常务委员(以姓氏笔画为序)

王观亨　尹茂林　江伟民　成汉余　李正东　李立志　刘开望　张　宾

张恩美　陈永东　应利成　杨绍军　宋淑尧　江　阳　周安民　周国强

黄　杰　彭建武　戴作银　熊永钧　魏呈湘

执行委员(以姓氏笔画为序)

王　力　王兆全　刘先春　李　能　何逢辉　杨生发　杨名远　杨祥光
吴东海　罗正国　罗绍情　孟祥云　涂传明　姚三放　龚清风　龚浩东
谢云政　蔡大云　黎开亮　满　意　熊曙娅　翦育才

四、常德市工商联(总商会)第四次代表大会

2002年3月17至18日,常德市工商联(总商会)在市桃林宾馆召开第四次会员代表大会,参加大会代表157人,其中非公有制经济代表133人,占代表总数的84.7%,工商联机关代表16人,占代表总数的10.2%,有关部门、团体及其他方面代表8人,占代表总数的5.1%。

市工商联副会长鄢家敏代表第三届执委会向大会作《继往开来,全面开创工商联工作新局面》的工作报告。从工商联积极向党和政府进言献策、参政议政;加强非公有制经济人士思想工作,建立积极分子队伍;履行履行商会职能、提高服务水平;强化组织建设,壮大会员队伍;提高工作效率,塑造工商联良好形象等方面总结前几年工商联的工作。对中国加入WTO后,非公有制经济进一步发展前提下,对工商联工作从进一步引导非公有制经济健康发展;服务经济工作,创新思想观念;充分发挥工商联参政议政作用;健全商会职能,拓宽服务领域;健全自身建设,不断开拓创新等内容提出新的规划与思路。

大会选举产生由73人组成的常德市工商联第四届执委会,其中非公有制经济人士50人,占总数的68.5%,工商联机关15人,占20.5%,有关部门儿其他方面代表8人,占10.9%,大专以上文化的39人,占总数的53.4%,有中级以上职称的38人,占总数的52%,执委平均年龄43.2岁,女会员比例有所增加。为充分体现工商联在商会形象,反映全市非公有制经济发展迅猛的特点,此次大会代表注重吸收私营企业、三资企业和个体工商户中有层次、有影响、有代表性的人选,在代表的广泛性、代表性和先进性等方面展现出工商联组织结构的发展方向。

3月18日,在市工商联第四届代表大会上,全体代表发出《致全市非公有制经济人士的倡议书》。从加强理论学习,提高自身素质;创新企业机制,做大做强企业;加强文化建设,树立企业形象;弘扬传统美德,积极回报社会等方面向全市非公有制经济人士发出倡议,在广大工商联会员中引起强烈反响。

常德市工商联(总商会)第四届领导班子名录

市工商联(总商会)第四届常务委员会(2002年3月—2007年4月)

会　　长　李明三

党组书记　钟春枝(女)(任职时间:2001年8月—2008年9月)

副 会 长　钟春枝(女)　鄢家敏(女)　陈长新　聂西安　满　意　黄立军　陈代祥　张友富　李少夫　周向前　陈　亮

秘 书 长　文政国

常务委员(以姓氏笔画为序)

马志列　王东初　王应事　尹茂林　成汉余　刘世俊　刘建茂　宋祖军　应利成　孟　涛　陈玉平　陈章金　杨绍军　金则建　胡淑云(女)　郭志勇　傅子刚　曾腊梅(女)　董新满　熊永钧　熊　健　黎星兵　戴作银　魏向学

五、常德市工商联(总商会)第五次代表大会

按照《中国工商业联合会章程规定》和中办发〔2006〕14号、湘办发〔2006〕14号文件要求,根据市委意见和全省工商联换届工作会议精神,市工商联于2006年10月就开始着手筹备第五次会员代表大会。在中共常德市委的关怀和市委统战部的指导帮助下,经过五个多月的工作,常德市工商业联合会(总商会)第五次会员代表大会于2007年4月8日至9日在芷园宾馆隆重召开。省委统战部、省工商联、市委、市人大、市政府、市政协主要领导和222名会员代表以及30名特邀代表参加会议。本次代表大会正式代表和特邀代表中,非公有制经济代表人士的代表159名,占代表总数的71.5%,行业商(协)会负责人15名,占代表总数的6.8%,工商联机关代表33名,占代表总数的14.9%,有关部门、团体及其他方面的代表15名,占代表总数的6.8%。

中共湖南省委统战部副部长、省工商联党组书记郭树人、中共常德市委书记武吉海、市人大常委会主任莫道宏、市政协主席刘春林、市政府副市长李爱国。会议由市委常委、统战部长吴友云主持。市各民主党派、人民团体、有关部门负责人、各区县(市)委统战部部长到会祝贺。大会代表代表听取并审议第四届市工商联会长李明三作题为《坚持科学发展观,努力开创我市工商联工作新局面》的工作报告,报告总结回顾过去5年中,市工商联(总商会)积极围绕中共常德市委、市人民政府的工作部署和我市社会、经济发展的重大问题,认真履行各项职能,充分发挥工商联在非公有制经济人士参与政治和社会事务中的主渠道作用,在非公有制经济人士思想政治工作中的重要作用和在政府管理非公有制经

济中的助手作用，有效促进非公有制经济的健康发展，非公有制经济人士健康成长。工作务实且富有成效。报告提出今后五年工作思路，要求新一届执委会要坚持以邓小平理论、“三个代表”重要思想和科学发展观为指导，紧紧围绕推进我市工业强市、文化名城进程这个主题，以促进我市非公有制经济快速、健康发展和引导非公有制经济人士健康成长为着力点，积极探索开拓进取，为实现我市“十一五”规划的宏伟目标作出新的更大的贡献。选举陈伟俊为常德市工商业联合会(总商会)第五届执行委员会会长。

市委书记武吉海参加开幕式并讲话。他指出，改革开放以来，我市非公有制经济快速发展，已经成为全市经济增长的重要推动力量。他要求市工商联工作要紧紧围绕市委、市政府工作中心，着力做好4个方面的工作：要引导非公有制企业提高自主创新能力，在推进新型工业化中有所作为；要围绕农业发展，农村繁荣和农民富裕，在新农村建设中有所作为；要引导非公有制企业建立现代企业制度，在完善社会主义市场经济体制中有所作为；要引导非公有制企业坚持以人为本，在构建社会主义和谐社会中有所作为。

省委统战部副部长、省工商联党组书记郭树人到会祝贺并讲话。他对常德市工商联自第四次会员代表大会以来，所取得的成绩给予充分肯定和高度评价。他希望选举产生的常德市工商联新一届领导班子，要以这次代表大会为新的起点，继承和发扬工商联的优良传统，以思想建设为核心、以组织建设为基础、以班子建设为重点、以制度建设为保障，进一步加强自身建设，在原有的工作基础上迈出新的步伐，为常德市非公有制经济的发展和社会进步作出新的贡献。

新当选的第五届常德市工商业联合会主席陈伟俊致闭幕词。他代表新一届执委会明确提出今后五年的工作目标和主要任务，一定要坚持以邓小平理论和“三个代表”重要思想为指导，认真贯彻落实科学发展观，紧紧围绕“两个健康”，切实履行各项职能，积极探索新形势下工商联工作的新机制、新方法。用五年左右的时间，在努力培养一支政治素质较高、社会贡献较大、参政议政能力较强、在非公有制经济人士中有较大影响的代表人士队伍的同时，培养一支团结务实、廉洁高效、业务精湛、作风优良的工商联(总商会)干部队伍。把工商联和总商会办成非公有制经济人士和非公有制企业温馨、和谐的“娘家”，团结带领全市广大非公有制经济人士，共同推动市工商联和总商会各项事业迈上一个新的台阶。

4月9日，大会全体代表向全市非公有制经济人士发出《为建设和谐常德作贡献》的倡议书，倡议全市广大非公有制经济人士积极行动起来，全力推进和谐常德建设。坚持以人为本，建设和谐的企业文化，尊重员工合法权益，追求企业与员工的共同发展，做和谐企业的创建者；坚持以城带乡，共同富裕，充分发挥自身优势，积极投身社会义新农村建设，与受扶农民共谋发展、共创效益、共享文明安乐，做城市农村和谐发展的促进者；坚持诚信经营，依法办事，在扩大就业、完善社会保障制度、合理调节收入分配、重视环境保护和安全生产，以及积极推动光彩事业、参与社会公益活动和救助弱势群体等方面，表现出更多的积极主动精神，创造更多的经济社会效益，做经济社会和谐进步的实践者。

常德市工商联(总商会)第五届领导班子名录

市工商联第五届常务委员会(2007 年 4 月至 2012 年 3 月)

主　　席　陈伟俊

党组书记　钟春枝(女)　蒋颖群(女)(任职时间:2009 年 6 月至 2012 年 2 月)

副 主 席　钟春枝(女)　蒋颖群(女)　谈远灯　杜　鹏　聂西安　李少夫　陈　亮　张友富　黄立军　肖汉族　张永平　高　毅　傅子刚　李建春　李发银　凌　星　丁碧燕　刘立基　张民主　高绪秀(女)　陈章金　宋　燚

秘 书 长　丁德胜

市总商会第五届常务理事会(2007 年 4 月至 2012 年 3 月)

名誉会长　罗祖亮

会　　长　陈伟俊

副 会 长　钟春枝(女)　蒋颖群(女)　谈远灯　杜　鹏　陈长新　陈代祥　王国云　刘代礼　顾庆平　彭长秀(女)

秘 书 长　丁德胜

市工商联(总商会)常务委员(常务理事)

(以姓氏笔画为序)

王应事　王立林　王红霞(女)　王克文　邓新民　邓连琼(女)
云经亚　冯泽强　孙汉生　刘建茂　刘义祥　刘连财
刘友善　成汉余　陈宗政　陈永强　陈克春　应利成
肖　鹏　杜文军　沈　跃　沈冬生　杨业健　杨　莉(女)
杨绍军　张仕华　张家跃　张长顺　郭远志　郭建辉
涂贤春(女)　胡淑云(女)　胡兴业　唐丽华(女)　高启典　徐兆平
龚美华(女)　黄明军　曾腊梅(女)　董新满　覃惠敏(女)　彭德强
彭次君　熊振爱(女)　潘汉清

六、常德市工商联(总商会)第六次代表大会

按照《中国工商业联合会章程》规定和《中共中央办公厅转发〈中央统战部关于工商联(民间商会)2012年换届工作的意见〉的通知》(中办发〔2011〕17号)和《中共湖南省委办公厅转发〈省委统战部关于工商联(总商会)换届工作的意见〉的通知》(湘办发〔2011〕25号)要求,经市委常委会议研究,并于2011年10月14日下发《中共常德市委办公室转发市委统战部＜关于工商联(民间商会)换届工作的意见＞的通知》(常办〔2011〕63号)。市委统战部、市工商联分别成立了换届工作领导小组。2011年10月,市委统战部、市工商联召开全市工商联换届工作会议,对各级工商联换届工作进行动员部署;在市委、市政府的正确领导和亲切关怀下,在省工商联和市委统战部的指导帮助下,在各区县(市)工商联和市直各行业商(协)会的积极配合下,经过半年多筹备工作,常德市工商业联合会(总商会)第六次会员代表大会与2012年3月26日至27日在芷园宾馆召开。省委统战部、省工商联、市委、市人大、市政府、市政协主要领导和320名会员代表以及26名特邀代表参加会议。

本次大会320名正式代表,按照市工商联(总商会)五届六次常委会议精神,根据民主集中制的原则,市县工商联通过充分酝酿,反复协商推出。比上届代表增加98名,增幅为30.6%,其中区县(市)代表76名,市直代表244名。非公有制经济人士代表272名,占代表总数的85%,工商联机关代表31名,占代表总数的9.7%,有关部门及其他方面的代表17名,占代表总数的5.3%。代表中50岁以下232人,占代表总数72.5%;非中共人士212人,占代表总数65.7%;大专以上文化228人,占代表总数71.2%;女性代表70人,占代表总数21.9%。省工商联、市委、市人大、市政府、市政协相关领导陈宏忠、陈文浩、曹儒国、石谋军、张启祥、肖燕芳、沈习森、李爱国、张新民、杨新辉、陈伟俊等出席,会议由市委常委、组织部部长、统战部部长石谋军主持,市各民主党派、人民团体、有关部门负责人到会祝贺。省工商联副主席、省非公经济组织党工委副书记陈宏忠,市委副书记、市长陈文浩在大会上讲话。

大会代表代表听取并审议第五届市工商联会长陈伟俊作《抓住机遇 科学发展 努力开创工商联工作新局面》的工作报告,报告回顾市工商联第五次会员代表大会以来的五年来,市工商联高举中国特色社会主义理论的伟大旗帜,深入贯彻落实科学发展观,切实履行自身职责,从围绕中心,服务大局,参政议政成效显著;围绕引导,多措并举,助推非公有制经济人士健康快速成长;围绕发展,积极作为,“助手”作用有效发挥;围绕服务,创新方式,服务手段不断拓展;围绕活力,创新机制,工商联自身建设全面提升等五个方面所开展的工作和取得的成绩。并对提出了未来五年市工商联工作要努力做到“四个坚持”的工作

思路：坚持与时俱进，充分发挥工商联的职能作用；坚持正确的政治方向，促进非公有制经济人士健康成长；坚持"服务立会"宗旨，促进非公有制经济健康发展；坚持改革创新精神，切实加强自身建设。

大会选举产生陈伟俊为常德市工商业联合会（总商会）第六届执行委员会会长。市总商会第六届执行委员会决定聘请大湖水殖股份有限公司党委书记、董事局主席罗祖亮、湖南金健米业股份有限公司总裁、副董事长肖汉族、湖南杰新纺织集团总裁、董事长陈长新、常德市华祥化工科技有限公司董事长陈代祥为市总商会顾问。

市委副书记、市长陈文浩参加大会并讲话。他代表市委市政府对市工商联五年来围绕中心、服务大局，履职尽责、扎实工作，团结带领非公经济人士，为全市经济社会发展作出了积极的贡献的成绩给予高度肯定，他要求市工商联按照市第六次党代会建设现代常德、幸福家园的战略部署，"一个翻番、两个同步"的宏伟目标，在积极引导和支持非公经济健康发展；不断丰富和拓展非公经济服务手段；切实维护和保障非公经济领域和谐；努力凝聚和形成非公经济工作合力等方面做好新形势下的工商联工作，为全市经济社会又好又快发展作出新的贡献。

省工商联副主席、省非公经济组织党工委副书记陈宏忠代表省工商联、省总商会、省非公经济组织党工委到会祝贺并作讲话。他指出：常德市工商联（总商会）自第五次会员代表大会以来，积极探索新时期工商联工作的新机制、新路径、新方法，为常德的经济社会发展做出了突出贡献，也为全省工商联工作创造了鲜活宝贵的经验。他希望市工商联在新的五年中，紧紧围绕中央 16 号文件促进"两个健康"这个根本任务，进一步明确工商联工作的出发点和落脚点；、紧紧围绕"提高两支队伍素质"这个工作要求，努力推动工商联事业持续健康科学发展；紧紧围绕"夯实党的执政基础"这个政治责任，大力推进非公企业党的建设工作。

在 3 月 27 日的闭幕式上，常德市工商业联合会（总商会）副会长罗订坤代表第六次代表大会宣读给离任老同志的致敬信。大会全体代表向全市非公有制经济人士发出《为建设"现代常德、幸福家园"贡献力量》的倡议书，倡议全市广大非公有制经济人士承担起时代赋予的责任，大力弘扬爱国精神，在实现中华民族的伟大复兴中体现价值，自觉维护国家形象和民族长远利益。做爱党爱国，做民族振兴的推动者；遵纪守法、诚实守信、合法生产、依法经营、公平竞争、依法纳税，弘扬传统美德，自觉抵制不健康思想的侵袭，做重德重义，做"德商"文化的传播者；树立全新的价值观和经营理念，强化市场意识、竞争意识、创新意识，增强在市场经济大潮中搏击风浪的胆识与气魄。努力把企业做大做强，做创业创新，做全民创业的先行者；坚持以人为本，注重人文关怀，切实维护员工的合法权益，进一步构建和谐劳动关系，建立健全企业党团和工会组织，积极培育富有特色的企业文化，关爱员工，做“和谐企业”的倡导者；发扬中华民族扶危济困、和衷共济的传统美德，义利兼顾、德行并重、扶危济困、回报社会，积极参与“百企联百村”活动，踊跃投身到光彩事业和社会公益事业中去，回报社会，做优秀社会主义事业建设者。

市委常委、组织部部长、统战部部长石谋军在在闭幕式上代表中共常德市委、市委组织部、市委统战部，对市工商联（总商会）新一届领导班子提出继承发扬优良传统，更加富有成效地发挥桥梁、纽带和助手作用；引导民营企业健康发展，为建设现代常德、幸福家园作出新贡献；切实加强自身建设，为开创工商联工作新局面打下坚实基础等三点希望。

新当选的第五届常德市工商业联合会（总商会）会长陈伟俊致闭幕词。他代表新一届执委会明确提出未来五年的工作目标和主要任务，要始终坚持以邓小平理论和“三个代表”重要思想为指导，深入贯彻落实科学发展观，按照党中央和国务院对工商联工作提出的新要求，围绕实现“两个健康”的总目标，积极探索如何做好新时期工商联工作的新思路，在加强非公有制经济人士思想政治工作方面主动作为，在引导非公有制经济人士参与国家政治和社会事务方面主动作为，在协助政府管理和服务非公有制经济方面主动作为，在促进行业商会改革发展方面主动作为，在做好群众工作、积极构建和谐劳动关系、维护社会和谐稳定方面主动作为，切实加强自身建设，锐意进取，开拓创新，将工商联各项工作推上新的台阶。为建设“现代常德、幸福家园”作出新的、更大的贡献！

常德市工商联(总商会)第六届领导班子名录

一、市工商联第六届常务委员会（2012 年 4 月至——）

主　席　陈伟俊

副主席　鲁晓凤（女）　谈远灯　赵晓波　文政国　丁碧燕　王国云　石朝勋　刘立基　李少夫　李发银　李志兵　李建春　宋　燚　张友富　张照耀　陈　亮　罗订坤　凌　星　高　波　高　毅　唐丁杰　龚永福　彭长秀（女）　傅子刚　舒德春

秘书长　周　萍（女）

二、市总商会第六届常务理事会（2012 年 4 月至——）

顾　问　罗祖亮　肖汉族　陈长新　陈代祥

会　长　陈伟俊

副会长　鲁晓凤（女）　谈远灯　杜　鹏　赵晓波　刘代礼　沈冬生　张中英（女）　张国民　周传家　姚维德　聂西安　顾庆平　高启典

秘书长　周　萍（女）

三、市工商联（总商会）常务委员（常务理事）

（以姓氏笔画为序）

王先柏	王成英（女）	王红霞（女）	王孝明	王志江	王应事
王建忠	邓连琼（女）	邓保平	邓新民	龙　勇	申群斌
冯泽强	成汉余	朱首舵	孙汉生	向君承	刘　雷
刘义祥	刘朝晖（女）	杨　青（女）	杨　莉（女）	杨元珍（女）	杨业健
杨孚春	杨贤华（女）	李　刚	李阳斌	李和东	张　琳（女）
张长顺	张仕华	张家跃	张祥生	陈永强	陈宗政
范国军	周振秒	周晓然	郑　晴（女）	郑廷英	胡友铎
胡淑云（女）	赵安才	钟泽英（女）	姜全贵	晏丰儒	徐晓明
郭远志	高克松	唐　英（女）	唐春仙（女）	陶　红（女）	黄志平
黄明军	黄德新	龚美华（女）	康新云	彭　杰	彭次君
彭骊娅（女）	彭德强	董新满	覃惠敏（女）	舒新飞	曾　荣（女）
谭建波	熊振爱（女）	颜进武			

第二节　执行委员会会议

一、第一届执行委员会

一届一次执委会议

1988 年 11 月 23 日在市工商联会员代表大会上，按照《中国工商业联合会章程》的有关规定，用无记名投票方式选举产生常德市工商联第一届执委会。张前和任主任委员，张俊涛等 4 人为副主任委员，曹同生为秘书长，朱远志等 9 人为常务委员，叶礼伟等 23 人为执行委员。第一届执委会全体会议推举谢海泉为名誉主委，推举朱永濂、陈述伟、孙桂中、王振湘为顾问。

一届二次执委会议

1991 年 6 月 13 日，市工商联第一届二次执委（扩大）会议在市桃林宾馆举行。会议学习江泽民视察湖南时的重要讲话和常德市十年规划、“八五”计划基本思路（草案）。主任委员张前河传达湖南省工商联六届二次执委（扩大）会议精神。副主任委员黄建中作关于 1989、1990 年工作情况和今后工作意见的报告。会议经过充分酝酿，通过选举增补钦时容、黄兆喜、李希翔三人为执委。

二、第二届执行委员会

二届一次执委会议

1993 年 5 月 7 日，在常德市工商联第二次会员代表大会上，选举产生市工商联第二届执委会，张前和任主任委员，李继训等 8 人为副主任委员，曹同生为秘书长，朱远志等 10 人为常务委员，万克明等 26 人为执行委员。第一届执委会全体会议推举谢海泉为名誉主委。

二届二次执委(扩大)会议

1995 年 1 月 16 日，市工商联二届二次执委(扩大)会议召开，会议传达贯彻省工商联七届二次执委会议精神，主任委员张前河作工作报告，通报 1994 年市工商联工作情况，研究讨论 1995 年工作思路。会议经过酝酿提名和选举，同意增补曹同生为市工商联副主任委员，增补尹茂林为市工商联常务委员，增补宋善金、张为臣为市工商联执行委员。

二届四次执委会议

1997 年 1 月 27 日，市工商联二届四次执委会议召开，鄢家敏副主任委员作了工作报告，传达贯彻省工商联七届四次执委会议精神，回顾总结 1994 年市工商联工作情况，提出了 1995 年工作设想。

三、第三届执行委员会

三届一次执委会议

1997 年 5 月 7 日，在常德市工商联第三次会员代表大会上，选举产生市工商联第三届执委会，张前和任会长，刘存根等 7 人为副会长，曹同生兼任秘书长，王观亨等 21 人为常务委员，王力等 22 人为执行委员。第一届执委会全体会议推举谢海泉为名誉主委。

三届二次执委会议

1998 年 1 月 8 日，市工商联三届二次执委会议召开，会议传达全国工商联“八大”精神，学习讨论田纪云同志在全国工商联八大会议上的讲话。会长张前河作工作报告，通报 1997 年市工商联工作情况和经验，研究讨论 1998 年工作意见。会议经过酝酿协商和选举，增补满意、孟涛、王兆全为市工商联第三届执委会常委，增补江明、王梅洲、郭远志、郭建辉、陈志、胡淑云、方平定为市工商联第三届执委会执委。

三届三次执委会议

1999 年 2 月 2 日，市工商联三届次执委会议召开，会议传达省工商联八届三次执委会议精神，张前河会长作工作报告，回顾 1998 年市工商联工作，提出 1999 年工作思路。会议经过酝酿协商和选举，增补郭远志、胡淑云市工商联第三届执委会常委，增补顾群惠、王志毅、林友清、蔡艳玲、龚美华、刘峰、郭志勇、唐敦礼为市工商联第三届执委会执委。会议讨论通过《常德市工商联会员交纳会费实施细则》。

三届四次执委会议

2001 年 1 月 16 日，市工商联第三届四次执委全会召开，市工商联党组书记刘存根传达省工商联八届五次执委会会议精神，会长张前河作《振奋精神，积极进取，开创全市工商联工作新局面》的讲话，回顾 2000 年市工商联工作，并 2001 年工作进行了规划。全会通过《常德市工商联关于收取会员会费实施办法》。

三届五次执委会议

2002 年 2 月 1 日，市工商联第三届五次执委全会召开。学习传达市委经济工作会议和省工商联八届六次执委会会议精神，表彰区县市工商联工作先进单位，并根据全国工商联章程有关规定和常办通字〔2001〕51 号文件精神，决定于 2002 年 3 月召开市工商联第四次会员代表大会。

四、第四届执行委员会

四届一次执委会议

2002 年 3 月 17 日，在常德市工商联第四次会员代表大会上，选举产生市工商联第四届执委会，李明三任会长，钟春枝等 11 人为副会长，文政国任秘书长，马志列等 24 人为常务委员，王东新等 33 人为执行委员。

四届二次执委会议

2003 年 1 月 18 日，市工商联第四届二次执委全会召开，市工商联党组书记钟春枝传达全国工商联第九次代表大会和省工商联九届二次执委会议精神。会长李明三作《与时俱进，务实创新，努力开创工商联工作新局面》的报告。表彰区县市工商联工作先进单位，增补市工商联四届执委会委员。

四届三次执委会议

2004 年 1 月 7 日，市工商联第四届三次执委全会召开。会议学习贯彻落实党的十六届三中全会精神，李明三会长作工作报告，回顾总结 2003 年工商联工作并对 2004 年工作进行部署。通报表彰武陵区、澧县、安乡县工商联等市工商联工商联工作先进单位，并对温州商会等 5 个先进会员单位，张友富等 5 名先进会员小组长和陈长新等 66 名先进会员予以通报表彰。会议还增补陈宗政、凌星、王洪明、陈康、郭远志、王国云、周树清、涂传勇、李建伟、王立林等为第四届市工商联常委，增补曾宪达、熊振爱、张中英、蒋兆富、黄建国、袁建秋、陈永强、刘连财、杜永安、蒋珊华、鲍华、彭丽娅、李佳英、沈冬生、彭德强、薛永春、尹焕楣等为第四届市工商联执委。

四届四次执委会议

2005 年 1 月 16 日，召开市工商联第四届四次执委全会，会议由副会长鄢家敏主持，会议学习市委、市政府《关于加快民营经济发展的若干意见》，李明三会长作工作报告，总结 2004 年市工商联工作。评出武陵区、石门县、澧县工商联为全面工作先进单位。安乡县工商联为宣教工作先进单位；鼎城区工商联为组织工作先进单位；汉寿县工商联为招商引资工作先进单位。会议增补刘义祥、张民主、胡兴业、杨业建、徐兆平、沈冬生、熊振爱、张帆等为市工商联第四届常委。增补翟笃智、邓新民、黄艳华、李中飞、陈克春、黄建国等为市工商联第四届执委。

四届五次执委会议

2005 年 12 月 31 日，召开市工商联第四届五次执委全会。会议学习贯彻国务院《关于鼓励支持和引导个体私营等非公有制经济发展的若干意见》。李明三会长作工作报告报告，总结 2005 年的工作情况，提出了 2006 年的工作思路。会议根据民主推荐和市委提名，一致同意增补陈亮同志为常德市工商联副会长。

五、第五届执行委员会

五届一次执委会议

2007 年 4 月 8 日至 9 日，在常德市工商业联合会(总商会)第五次会员代表大会上，选举产生市工商联(总商会)第五届执委会，陈伟俊任主席(会长)，钟春枝等 26 人为副主席(副会长)，丁德胜任秘书长，王应事等 45 人为常务委员，丁银菊等 71 人等为执行委员。

五届二次执委会议

2008 年 4 月 14 日，市工商联第五届二次执委全会召开。会议进一步贯彻落实党的十七大精神，安排布署“走中国特色社会主义道路，做优秀中国特色社会主义事业建设者”主题教育活动和第二届“常德市优秀中国特色社会主义事业建设者”评选表彰活动。总结全市工商联 2007 年工作情况，布署 2008 年工作任务。会议表彰新农村建设工作先进个人，通过《关于进一步组织开展“百企联百村”活动的决定》。会议还增补王成英、胡晓明等为市工商联(总商会)第五届常委。

五届三次执委会议

2008 年 12 月 4 日，市工商联第五届三次执委全会召开。会议听取副会长谈远灯题为《解放思想、乘势而上、努力开创我市工商联工作新局面》的工作报告。市委常委、市纪委书记刘剑英作全民创业，促进非公有制经济健康发展动员报告。会议增补姚维德、郑廷英、姜全贵、李和东等同志为市工商联(总商会)常委。

五届四次执委会议

2009 年 8 月 27 日，市工商联第五届四次执委全会召开。会议听取市委统战部副部长、市台办主任雷斌全作台海形势讲座。市工商联主席陈伟俊作《强化服务、创新载体、促进我市工商联工作迈上新台阶》的工作报告，会议通报"百企联百村"工作情况，传达省工商联组织工作会议精神，通报《常德市工商联庆祝新中国成立 60 周年"歌唱祖国"大型歌咏比赛方案》，会议讨论、通过《常德市工商联会员管理办法》。市委副书记曹儒国、市政府副市长李爱国并讲话。

五届五次执委会议

2010 年 5 月 13 日，市工商联(总商会)五届五次执委会召开。市委统战部副部长、市工商联党组书记蒋颖作工作报告。会议表决通过有关人事任免。同意增补蒋颖群为第五届常德市工商联副主席，蒋颖群、宋冠毅、彭长秀等为第五届常德市总商会副会长。增补申群斌、张中英、黄志平、曾荣、曾遥、向君承、龙勇等为常德市工商联(总商会)第五届执行委员会常务委员。增补阙思静、胡友铎等为常德市工商联(总商会)第五届执行委员会委员。会议根据有关同志的工作变动情况，同意免去钟春枝、陈章金的市工商联副主席职务，熊永钧的市总商会副会长职务。免去沈跃、王立林的市工商联(总商会)第五届执行委员会常务委员职务。免去李佳英、聂荣飞、蒋瑞初、丁银菊的市工商联(总商会)第五届执行委员会委员职务。市委副书记曹儒国、市委常委、统战部长李爱国、市人民政府副市长沈习森等领导出席会议，曹儒国讲话。

六、第六届执行委员会

六届一次执委会议

2012 年 3 月 26 日至 27 日，在市工商业联合会(总商会)第六次会员代表大会上，选举产生常德市工商联第六届执委会。陈伟俊任主席(会长)，鲁晓风等 34 人为副主席(副会长)，周萍任秘书长，王先柏等 69 人为常务委员，丁少明等 96 人为执行委员。

人 物

人物传略

熊炳立（不详—1965） 男，汉族。第二、三、四、五、六届常德市（县级）工商联主任委员。1950 年 1 月任常德市工商联副主任、私营大孚绸布号经理。1951 年 9 月任常德市工商联主任。1956 年任常德市副市长（兼）。

胡祥麟（1905.11—1987.5） 男，汉族，湖南省常德县（今鼎城区）人。1923 年投考常澧镇守使署学兵队，1925 年考入黄埔军校学习，1932 年任国民党独立三十六旅司令部少校参谋，随部在上海参加淞沪战役。1949 年 2 月任国民党七十九军少将参谋长，同年 12 月在四川什邡率部起义，参加中国人民解放军。1954 年 10 月转业到地方后，长期担任常德地区农科所副所长；1980 年后历任政协常德市第四、五、六届委员会副主席；常德市第七、八、九届人民代表；湖南省人民政府参事。1987 年 1 月 21 日，当选为民革常德市筹备委员会主任委员。

改革开放后，胡祥麟积极主动参政议政，不断向当年的老战友、向在台湾、香港、澳门的老朋友宣传家乡的变化，为促进祖国统一、推动家乡发展做贡献。

1982 年，胡祥麟受民革省委会的委托在常德市吸收成员，建立民革常德市小组。在一无帮手，二缺经费的情况下，他不顾严寒酷暑，路程远近，总是亲自登门拜访，宣传政策，联系和考察民革发展对象。在他的努力下，民革成员不断增加，组织发展较快，为民革常德市委的建立打下基础。

丁为戊（1920.10—1993.5） 男，汉族，湖南省常德县（今鼎城区）人，大学本科学历。

常德市一中知名数学教师。1980 年 3 月至 1988 年 6 月，任民盟常德市（县级）第六、七届副主委。常德市（县级）第四、五、六届政协委员。

邓克明（1924—1995.5） 男，汉族，湖南省临澧县人，大学本科学历。1980 年 3 月至 1984 年 6 月，任民盟常德市（县级）第六届委员会副主委，后改任盟市委（县级）顾问。

刘文炳（1909—1996.12） 男，汉族，湖南省邵阳县人。1927 年 8 月加入青年团。同年 12 月加入中国共产党。大革命时期一度与中共失去联系。1937 年再度入党。长期从事地下斗争。1948 年加入中国民主同盟。1949 年 5 月至 1951 年 2 月，在长沙大麓中学任教，并担任民盟长沙市分部组织委员会负责人，为长沙市的“迎解”“支前”工作作出贡献。1956 年 8 月至 11 月在湖南师范学院行干班学习，之后来常德工作。1957 年 2 月至 1959 年 2 月任民盟常德市（县级）第二届委员会主委。在反右斗争及其后的历次政治运动中，屡遭迫害和打击。1979 年平反昭雪。

谢海泉（1917.5—1999.5） 男，汉族，江西清江县人，高中学历。1954 年 2 月加入中国民主建国会。历任民建常德市（县级）第一、二、三届主任委员。1946 年任常德市信义福记药号经理。1955 年 8 月任公私合营常德饭店副经理。1957 年在常德市福利公司工作。1959 年 1 月任民建常德市委、常德市工商联副主任。1969 年 1 月起下放劳动，任商店营业员、常德百纺公司副经理。1980 年 7 月任常德市人大副主任（兼）、民建常德市委主委。1988 年 6 月任市政协第一届委员会副主席。1993 年 2 月退休。

丁国泉（1918—1999.10） 男，汉族，湖南省常德县（今鼎城区）人，1949 年 9 月参加革命工作。1950 年至 1954 年在常德市（县级）人民法院工作，被选为市第三届人大代表。1951 年 9 月至 1957 年 2 月连任湖南省民盟直属常德区分部、民盟常德市（县级）分部筹委会和民盟常德市（县级）第一届委员会主委。1957 年 2 月至 1968 年 6 月，先后在民盟长沙市委和盟省委工作。1969 年下放农村劳动。历次政治运动受到迫害和冲击。1982 年落实政策，享受副处级离休待遇。

熊俊华（1925—2002） 男，汉族，湖南省常德县（今武陵区）人，大学学历，副主任医师，1982 年 4 月加入中国农工民主党。1949 年 9 月入常德专署政治学校学习。1950 年 2 月任澧县三区民政股股长。1951 年 1 月入湖南医学院外科专修科学习。1953 年 11 月任衡阳专署人民医院外科医师。1956 年 4 月任常德专署血防中心医院医师、负责人。1956

年12月任常德地区人民医院外科病室主任。其中：1985年6月任农工党常德市委主委（兼），1988年6月任常德市政协第一届副主席（兼，1993年1月免），1988年11月任农工党常德市委第一届主委（兼，1992年2月免）。1992年2月退休。湖南省政协第五、六届委员。农工党湖南省委第二届常委、中华医学会常德地区外科学会名誉主席。1960年起对“一侧肾结核并发小膀胱”数例，成功开展了肾切除、肠输尿管、膀胱成型术，结肠代膀胱术、膀胱癌根治术、乳癌超根治术等。1975年，任湖南省血防手术队队长，该手术队荣获全省模范先进手术队，个人获评湖南省和常德地区甲等先进工作者。先后在《中华外科杂志》《中华泌尿外科杂志》等国家级刊物上发表论文18篇，如《尿道膀胱内异物所致的结石》《巨大广泛粘连脓肾切除术的体会》等。

易孝昭（1925.8—2002.9） 男，汉族，湖南省常德县（今武陵区）人，大学学历。1956年1月加入中国民主同盟。1988年11月至1992年1月，任民盟常德市第一届委委员会专职副主委；1988年6月至1992年12月，任第一届常德市政协委员。

伍龙章（1921.6—2004） 男，汉族，湖南省津市市人，大学学历。1981年4月加入中国民主同盟，1985年4月加入中国共产党，原常德农校（后扩并升格为常德职业技术学院）校长。1988年11月至1992年1月，任第一届盟市委副主委。1988年11月至1997年12月，任第一、二届市政协常委。曾任第九届常德市（县级）人大代表，第七届省政协委员。

1942年至1948年，伍龙章就读于浙江大学农学院农艺系。从1948年秋受聘于津市高级农业学校（即常德农业学校前身，后扩并升格为常德职业技术学院）任教起，从事农业专业技术教育长达五十余年，是位德高望重的农业专家、老学者。

伍龙章早年就靠拢共产党，受到中共党组织的信任和栽培。1949年6月，受地下党组织之托，他设法将共产党员陈汉营救出狱。

1965年，有关部门告诉伍龙章他的二哥逃到台湾当了台军中将军长，他义不容辞地配合组织开展统战工作，他召集全家人穿上当时家中最好的衣服，在其妻子工作的常师附小校园内照了一副“全家福”照片，通过组织寄往台湾，为祖国的统一尽自己的一份心意。

伍龙章教学、科研成绩显著，社会声望高。他应国家有关部门邀请参加过编著许多种农业学校教材，应邀到外地讲授课程有12门之多。1956年9月，他应邀到北京参加农业部主持编写的《农业专业教学大纲》、《作物栽培学》教科书，并任副主编。他多次任南方十三省或湖南省中等农校教科书、实验实习指导书的审编、参审、主审。他本人独自撰写的著作有《水稻》、《水稻的一生》、《油菜、小麦》、《绿肥》，还发表了许多较高学术价值的农业科技论文。从教数十年,在全国农业系统和常德地区享有较高声誉。

罗崇煜(1936.2 — 2005)　男,汉族,湖南省常德县(今鼎城区)人。1960 年北京农机学院毕业,1988 年加入民革。1960 年任山东渤海农垦局技术员,1966 年任山东省垦利县农机局技术员,1979 年任常德县农机局工程师,1986 年任常德县人民政府副县长,1988 年——1996 年担任常德县农机局副局长兼民革常德市委主委、常德市侨联副主席、常德市政协副主席。

罗崇煜自觉维护中国共产党的领导,在"六四"政治风波期间坚决拥护党中央的各项决定,对前来民革串联的学生进行说服、教育、和批评,立场坚定的宣传了民革的政治主张,与共产党肝胆相照,荣辱与共。

工作中能摆正专职与兼职的关系,较好的完成本职工作的同时积极参加其它各种社会活动,为常德社会经济发展建言献策。罗崇煜经常深入基层调查研究,为常德市工农业生产,扶贫支边,救灾募捐做了大量实事,在常德市政协任分管祖统联谊工作的副主席期间,利用自己的海外关系为两岸交往做了不少工作,协助台北常德同乡会经常组织台胞回乡探亲。

李文健(1928.8—2005.12)　男,汉族,湖南省桃源县人。大学学历,高级讲师职称。常德师范学校教师,语文教研组长,《中师报》总编。曾任全国中师语文教研会副理事长,湖南省中师语文教研会理事长。民进常德师范学校支部会员,中国共产党党员。1983 年 11 月加入中国民主促进会。民进第七次全国代表大会代表,民进湖南省第二、第三、第四次代表大会代表。民进湖南省第二届委员会委员,第三届委员会常委。民进常德市支部委员会主任,民进常德市委筹备委员会主任委员,民进常德市委第一、第二届委员会主任委员,第三、第四届委员会名誉主任委员。政协常德市第一、第二届委员会副主席。

李文健主编的《中师报》发行全国,在省内外有较大的影响,其本人获中国艺术研究院文化艺术人才库入网资格认定证书,在国内享有一定的声誉。

担任民进常德市委主委、常德市政协副主席期间,在历次政协全会上,李文健同志就基础教育、职业技术教育、教师地位待遇、《教师法》的贯彻以及交通、社会秩序等方面作过专题发言,反响较大,效果较好。曾被评为出席民进湖南省先代会的先进个人。

赖汉屏(1922—2006)　男,汉族,福建人。1957 年被错划右派,脱离教育工作岗位长达 21 年之久,1978 年被平反并恢复工作,1985 年 6 月至 1992 年 2 月历任农工党常德市(县级市)、农工党常德市委第一届副主委,常德教师进修学院(现湖南文理学院)副教授。

常德市政协第一届委员、第二届常委。几十年笔耕不辍，在海内外著名文学刊物《文史知识》、《名作欣赏》和《国文天地》等发表了上百万字的作品。台湾报纸为他开辟专栏，并汇辑为《共赏集》、《史记评赏》两书出版。晚年他将自己的部分作品续集为《知了斋诗文赏论辑存》出版。先后担任《先秦汉魏六朝诗鉴赏辞典》、《唐诗鉴赏辞典》、《宋诗鉴赏辞典》、《元明清诗鉴赏辞典》和《唐宋词鉴赏辞典》撰稿人，其中《唐诗欣赏辞典》被评为全国优秀著作。退休后他被湖南文史馆聘为终身馆员，成为常德地区在湖南省唯一的文史馆员，是武陵诗社的发起人之一。20世纪九十年代初期，以七十高龄参加中国常德诗墙的建设，负责诗墙丛书的总校审，十年一贯，不计报酬，也是诗墙创意人之一，2010年被追授"诗墙建设功臣"称号。1985年被评为省级高校优秀教师。1986年被评为湖南省各民主党派、工商联为四化服务先进个人。1987年获从事教育工作三十年荣誉证书，被评为湖南省政协委员为社会主义两个文明建设服务先进个人。

聂庆钧(1923.2—2006.12)　男，汉族，江西丰城县人，高中学历，1956年4月加入中国民主建国会。民建常德市委第一届主任委员。1944年9月—1945年8月在江西剑声中学读高中。1945年9月—1949年3月在江西私立渊源小学、江西丰城东港乡中心小学任校长。1948年6月—1956年1月任常德市聂振茂药号副经理，兼任省青联委员、常德市工商联监委、执委。1956年2月—1956年6月任常德市工商联常委兼学习委员会副主任、常德市国药业全行业公私合营筹委会主任、常德市青联副主席。1956年7月任常德市民建组织科长、委员、副主任委员、常务副主任。1981年任民建常德市委副主任。民建省委委员。

黄松屏(1932.1—2007.11)　男，汉族，湖南省安乡县人。中师学历，中学高级教师职称，常德市第三职业中学教师。民进常德市第三职业中学支部会员。民进湖南省第二、第四次代表大会代表。民进常德市支部委员会副主任，民进常德市委筹备委员会副主任委员，民进常德市第一、第二届委员会副主任委员，民进常德市第三、第四、第五届委员会顾问。政协常德市第一届委员会兼职副秘书长，第一、第二届委员会常委。

黄松屏1995年2月写信给代市长张昌平，反映城市基础设施和城市管理存在的一些影响群众日常生活的问题。张昌平代市长非常重视，责成有关部门、单位立即解决。《常德日报》头版原文刊登了黄松屏的信和张昌平的回信，产生了较大的社会影响。

汤音宏(1936.4—2008)　男，土家族，大学学历，高级工程师。1987年10月加入中国民主建国会。1957年9月入西安冶金学院建筑系学习。1961年起先后在冶金云南会泽矿务局、冶金部第十四冶金建设公司任职。1975 年 7 月任云南昆明钢铁公司第二工程处技术科副科长。1980 年 3 月任冶金部江西铜基地建筑总指挥部设计处、基建处副科长。1985 年 3 月任常德市一建公司技术负责人，市质监站副站长、站长、技术负责人。其中：1989 年 2 月任民建常德市委副主委(兼)，1992 年 2 月任民建常德市委主委(兼，1997 年 2 月免)，1992 年 4 月任常德市建委副主任。1992 年 12 月任市政协第二届委员会副主席(兼)。1998 年 2 月退休，2008 年 4 月去世。

李达道(1929.11—2008)　男，汉族，上海市人，1949 年前一直在上海市从小学读至大学，1949 年 6 月参加中国人民解放军，1953 年转业为上海市人民政府科员，后因工作异动于 1979 年调入常德市纺织工业公司任技术员工作，1985 年任常德市(今武陵区)侨办副主任，任常德市武陵区第六届、第七届专职政协副主席，常德市政协常委、兼职副秘书长、第七届省政协委员。

李达道于 1985 年 12 月加入民革，历任民革常德市筹委副主任委员，常德市民革第一届、第二届市委副主任委员，第三届、第四届荣誉主任委员。

陈锡祥(1923.2—2009.11)　男，汉族，河南省太康县人。1949 年 7 月毕业于国立政治大学，1979 年 12 月加入中国民主同盟，2003 年加入中国共产党。

1949 年 8 月至 1980 年 4 月，陈锡祥先后在益阳商业职业学校、益阳县中学、资江贸易学校、安化县第一中学、常德市第一中学、常德市第二中学任教，从事教育工作逾 30 年，呕心沥血为国家培养人才，是一位为众多青少年学生所尊敬的师长。

1980 年 5 月至 1988 年 11 月，陈锡祥任第六、七届盟市委(县级)专职主委；1988 年 11 月至 1996 年 12 月，任第一、二届盟市委名誉主委。湖南省第二、三、四、五、六届人民代表大会代表和常德市(县级)第三、四、五、六、七、八、九届人民代表大会代表。1980 年 12 月至 1990 年 2 月，任第四、五、六届常德市(县级)政协副主席，1988 年 11 月当选为政协常德市第一届委员会副主席。第六、七、八届盟省委委员；1988 年 10 月，当选民盟第六次全国代表大会代表。

陈锡祥长期担任民盟常德市地方组织的主要领导职务，带领盟员积极参政议政，努力加强民盟的思想、组织和制度建设，做了许多艰苦、扎实、富有成效的工作，是常德市盟员中的杰出代表，是民盟常德地方组织中具有重要影响力的领导人之一，深受盟员的拥护和爱戴。

他积极推动创办电大朗州班，并亲自担任办班负责人，为解决教育拥堵问题贡献力量。他参与市政协组织开展的扶贫、救灾、发展食品工业等多项调研视察活动，提出意见与建议。1993 年 2 月退休。

燕春舫（1905—不详） 男，汉族，湖南省桃源县人。第一、二、三、四、五届常德市（县级）工商联主任委员。燕春舫十五岁时（1920 年），在南洋西药房学徒。1924－1930 年，先后在裕顺昌、张恒昌白货号当店员。1934 年以后，多次与人合伙开设百货店。1940 年独资经营“燕春记”、“春记福”百货号。解放后，1951 年 9 月任常德市工商联副主任，先后担任过湖南省人民代表，曾出席过北京召开的全国工商联筹备会议。

胡建武（1916—不详） 常德人，高中学历。常德市工商业联合会（1951——1987）第五、六、七届副主任委员。1953 年 1 月任原常德市（县级）工商业联合会常务委员、私营太咸生酱园经理。1956 年任国营常德市食杂果品公司零管处副经理。1957 年 9 月任常德市工商联副主任、国营常德市食杂总店副经理。1962 年任常德市商业局副局长（兼）。1980 年——1987 年 11 月，任民建常德市（县级）第一届、第二届副主任委员。

陈述伟（1916—不详） 汉族，江西人，初中学历。常德市工商业联合会（1951——1987）第六、七届副主任委员。1954 年 6 月任常德市工商联常务委员、私营吉春堂药号经理。1962 年 2 月任常德市第六届工商联副主任委员、国营吉春堂总店副经理。1987 年 11 月任市工商联顾问。

廖鹏飞（1920—不详） 男，汉族，湖南省澧县人。常德市一中知名语文教师，担任语文教研组长多年。1958 年调常德师范专科学校任教，先后任中文系主任、教导处副主任。1959 年 2 月至 1969 年 2 月，连任常德市第三、四、五届盟市委（县级）主委。常德市（县级）第四届人大代表、第四届人民委员会委员。期间经历多次生活曲折与政治运动考验，仍始终与中共保持密切联系，心心相印。其任内，为常德师专的中文教学和常德民盟的盟务工作恪尽职守，奉献毕生精力。

封志鹏（1923.7—不详） 男，汉族，湖南省常德市人，高中学历。1954 年 3 月加入民建。解放前，经营绸布行业，任力华绸布店会计、采购员等职。解放后，任常德市绸布行业副主任。1956 年任绸布业管处副主任、工商联常委。1983 年 11 月任日杂废旧公司副经理。

曾怡亭（生卒不详） 男，汉族，湖南省常德市人，毕业于蓝田师范学院教育系，民盟盟员、中共地下党员。1950 年 7 月至 1951 年 9 月任民盟常德市委主委。1951 年 11 月至 1953 年 2 月任常德市立中学(今常德市二中)校长。

人物简介

(以姓氏笔画为序)

丁时祺(1945.12—)　男,汉族,湖南省常德县人(今鼎城区),大学学历。1985 年 11 月加入中国民主同盟。1963 年入北京师范大学物理系学习,1984 年 5 月任常德市六中副校长。1986 年 3 月至 1997 年 5 月任武陵区政府副区长、常德市政府副市长,1988 年 11 月至 2006 年 6 月,任第一、二、三、四届民盟市委主委,1990 年 3 月至 2007 年 12 月,任市政协第一、二、三、四届副主席(兼)。1997 年 5 月任武陵区政府调研员,2008 年 2 月退休。政协湖南省第六、七、八、九届委员会委员。1987 年 4 月至 1988 年 3 月任民盟省委委员,1988 年 3 月至 2007 年 6 月任民盟省委常委。民盟第六、七次全国代表大会代表。常德诗词学会第五任会长。现任中华吟诵学会常务理事,中华诗词学会诗词音乐委员会副主任。创作发表作品数十万字,科普文章《回声》入选中学语文全国统编教材,作品《声现象》被选入全国中小学教师继续教育专业必修课教材。

万成贞(1956.1—)　女,湖南省澧县人。大专学历。1996 年 7 月加入中国民主促进会。曾任安乡县官陵湖中学副校长、校长,安乡县教委副主任,安乡县人大常委会委员,安乡县政协副主席,安乡县人民政府副县长,常德市技校副校长,常德市审计局副局长,常德市教育局副局长,常德市政协副主席,常德市人民政府副市长。民进第八、第十次全国代表大会代表,民进湖南省第四、第五、第六次代表大会代表。民进湖南省第四、第五、第六届委员会常委。民进常德市第二届委员会秘书长,民进常德市第三、第四、第五届委员会主任委员。第十一届湖南省人大代表,政协湖南省第八、第九届委员会委员。

邓正春(1957.2—)　男,汉族,汉寿县毛家滩乡人,大学文化,农学学士,1997 年加入九三学社。农业技术推广研究员,常德市农业局总农艺师、常德市科协副主席、九三学社常德市委第二、三届主委、常德市政协副主席、湖南省政协委员。1981 年在湖南农业大学毕业后参加工作,历任常德地区水稻原种场技术干部、市蔬菜研究所所长、武陵区农村办副主任、武陵区政协副主席、武陵区蔬菜办主任、洞庭湖高新农业科技园副主任、市农业局总农艺师等职。主持或参与了40多项科研与推广项目，获48项科技成果奖，其中省(部)级成果8项。撰写学术论文38篇，在省级以上刊物发表15篇。引进推广以蔬菜为主的农作物新品种100多个，使蔬菜良种覆盖率达95%。长期深入基层开展技术讲课、咨询服务，帮助农民解决了许多技术难题。多次被授予优秀科技工作者称号，被中共常德市委、市政府授予“常德科技之星”。

刘存根(1951.2—)　女，汉族，湖南省常德县(今鼎城区)人。中共党员，1986年3月毕业于常德电大干部专修班(专科)，1970年参加工作，先后任原常德市机床厂、市二轻局职工，1972年8月任原常德市妇联干部，1975年12月任原常德市妇联副主任，1979年8月任原常德市针织厂党支部书记，1982年8月任原常德市妇联主任，1986年2月任原常德市委宣传部副部长，1989年1月任常德市直机关工作委员会宣传部部长，1990年6月任常德市政协统一联谊委副主任，1993年2月任常德市委统战部副部长，1997年4月任常德市工商联党组书记、副会长，2001年8月任常德市直机关工委副书记，2006年6月任常德市直机关工委调研员。

杨成英(1970.3—)　女，汉族，常德临澧人，中央党校函授本科。2009年加入中国致公党。1988年6月——1990年4月，临澧县文家中学任教；1990年4月——1998年1月，临澧县教委教育电视台工作，曾任副台长；1998年1月——2001年8月，先后任共青团临澧县委副书记、书记；2001年8月，任临澧县修梅镇政府镇长；2002年5月——2008年12月任澧县人民政府副县长；其中2005年1月——2006年1月任湖南省教育厅基教处副处长(挂职)；2008年12月——2012年11月任常德市交通局副局长；2009年10月任致公党常德市筹委主委；2010年10月任致公党常德市委主委；2012年11月——2015年4月任市政协港澳台侨外事委员会主任；2015年4月任市环保局局长，为湖南省政协常委、致公党湖南省委常委、常德市委主委。

杨新辉(1962.7—)　男，汉族，湖南常德市人，研究生学历。1996年7月加入中国民主建国会。1979年6月任常德市建民织布厂财务科干部。1984年3月任常德市审计局业务科干部。1986年9月入湖南省财经专科学校审计专业学习。1988年7月任武陵区审计局干部，1989年12月任副局长，1995年1月任局长。1995年4月任武陵区政协副主席、区计划物价局局长，1996年6月任民建常德市委副主委(兼)。1997年5月任武陵区政府副区长(2007年8月免)，2006年6月起任民建常德市委主委(兼)，其中：1996年9月—1998年7月参加北京大学硕士研究生课程班学习，2007年9月任常德市发改委副主任，2007 年 12 月起任市政协第五、六届委员会副主席（兼）。政协湖南省第九、十届委员会委员。

李世成（1943.8—）　男，汉族，湖南省常德县（今鼎城区）人。1968 年毕业于湖南农学院兽医专业（本科），中共党员。1989 年 5 月至 1990 年 3 月任常德市工商联党组书记。

李明三（1952.2—）　男，汉族，湖南省双峰县人。无党派，自考专科（湖南师大中文系）毕业。1968 年 3 月参加工作，先后为常德烟厂工人、业务员等，1984 年 3 月任常德烟厂烟叶科副科长、科长，1991 年 4 月任常德卷烟厂原料分厂厂长，1993 年 2 月任常德卷烟厂副厂长，2002 年 3 月任常德市政协副主席（兼）、市工商联会长（兼）、常德卷烟厂副厂长，2007 年 4 月任常德市政协副主席（兼）、常德卷烟厂副厂长，免去市工商联会长，2008 年 1 月任湖南中烟工业公司常德卷烟厂副厂长。

邹克忠（1944.7—）男　汉族，湖南常德市人，大专文化。1986 年加入民革。1960 年 0 月至 1962 年 5 月常德市工业技术学校电机专业学习。1962 年 5 月至 1988 年 6 月在常德市电机总厂工作。1988 年 6 月至 2006 年先后任民革常德市委秘书长，副主委、主任委员，任民革湖南省委员。其中，1997 年 11 月起连选连任常德市第三届和第四届人大常委会副主任，湖南省民革常委，湖南省政协委员。积极投入各种社会活动，在救灾，扶贫、助学、参政议政方面有显著成绩。曾组织和推动常德市抗日战争受害者对日索赔。

张力（1963.7—）　男，汉族，湖南省华容县人。大学学历，高级讲师。1990 年 7 月参加中国民主促进会。先后任常德师范学校教师、教务科科长、办公室主任，常德工业学校副校长，常德汽车机电学校校长。民进湖南省第六届委员会委员，第七届常委。民进常德市第三、第四届委员会委员，第五届委员会副主任委员，第六届委员会主任委员。政协常德市第三、第四届委员会委员，第五届委员会常委。

张前河（1944.1—）　男，汉族，湖南省常德县（今鼎城区）人。无党派，1968 年毕业于中南矿冶学院机电系。1968 年 8 月任麻阳铜矿厂技术员，1978 年 8 月任常德地区有线电厂技术股技术员、副股长，1983 年 12 月任常德地区有线电厂办公室主任，1984 年 9 月任常德地区有线电厂副厂长，1989 年 2 月兼任市工商联主委，1990 年 2 月任常德市经委副主任、市工商联主委（兼），1993 年 9 月任常德市交通局副局长、市工商联会长（兼），1998 年 1 月至任常德市政协副主席（兼）、市交通局副局长、市工商联会长（兼），2001 年 8 月任常德市政协副主席(兼),市工商联会长(兼),2002 年 3 月免除市工商联会长(兼),2004 年 1 月退休,2005 年 1 月享受副市级待遇。

陈伟俊(1958.8—)　男,汉族,湖南省岳阳市人。中国民主建国会会员,1980 年 7 月毕业于湖南化工学校无机化工专业(中专)。1980 年 8 月在湖南氮肥厂参加工作,1986 年 2 月任津市酶制剂厂技术干部,1986 年 6 月任津市造漆厂副厂长,1989 年 3 月任津市造漆厂厂长,1990 年 3 月任津市轻化工业公司副经理,1992 年 3 月任民建津市市委主委,1992 年 6 月津市市市政府市长助理,副市长,1999 年 8 月中央党校函授学院法律专业毕业(本科),2001 年 8 月任常德市交通局副局长,2007 年 4 月任常德市工商联会长,2007 年 4 月任常德市政协副主席(兼),市工商联会长(2008 年职务更名为主席),市总商会会长。2012 年 3 月任常德市政协副主席(兼),市工商联主席,市总商会会长。

陈位明(1965.4—)　男,汉族,湖南省澧县人,在职研究生学历,获得国际注册内部审计师(CIA)、会计师的双重职称。1997 年加入民革。1984 年 7 月至 1998 年 4 任月常德市财政局商业科任办事员、副科长、科长。1998 年 4 月至 2001 年 11 月常德市收费局副局长。2006 年 6 月起,任常德市审计局副局长,常德市政协副主席,民革湖南省委常委,民革常德市主委。陈位明领导民革常德市委开展有特色的品牌活动,扩大民革影响。曾于 2010 年 12 月率民革骨干党员一行 10 余人赴台开展交流考察活动,并与台北市国民党部副主委(中将)陈筑潘达成相关约定,取得一定成果。

徐国清(1945.8—)女　汉族,湖南省津市市人,大学学历。1988 年 12 月加入中国民主建国会。1964 年 9 月入湖南师范学院英语系学习。1968 年 12 月在湖南沅江军垦农场劳动锻炼。1970 年 4 月任永顺县颗沙中学教员。1974 年 8 月任津市市二中教师,1984 年 7 月任校长。1985 年 7 月任津市市政府副市长,其中:1986 年 1 月一1989 年 8 月兼教委主任。1989 年 8 月任常德市教委副主任(2001 年 8 月免),1992 年 1 月任民建常德市委副主委(兼),1993 年 12 月任市妇联副主席(兼,1997 年 12 月免),1997 年 2 月任民建常德市委主委(兼,2006 年 6 月免),1997 年 6 月任民建湖南省委副主委(兼,2007 年 12 月免),1998 年 1 月起任市政协第三、四届委员会副主席(兼),2001 年 8 月任市教育局调研员。2008 年 2 月退休。政协湖南省第六、七、八届委员会委员。

郭罗(1937.11—)　男,汉族,湖南省桂东县人,大专学历,主任医师,1986 年 9 月加入中国农工民主党。1956 年 5 月毕业于衡阳医士学校医士班,被分配到沅江县血防队工作。1957年8月任沅江县义南乡血防队副队长。1958年9月入常德医学专科学校外科班学习。1960年10月任常德地区人民医院外科医师，被评为医院模范共青团员、优秀团委书记。1969年3月任德山防治院（现常德市第二人民医院）医师，1972年12月任外科副主任，1987年6月任外科主任，1989年3月任德山防治院院长，其中：1988年11月任农工党常德市委第一届副主委（兼）、常德市第一届政协委员，1992年2月至2001年6月任第二、三届主委（兼，2001年7月免）、2001年7月任第四届名誉主委，1992年12月任常德市政协第二、三届副主席（兼2003年1月免）。2003年2月退休。湖南省政协第七、八届委员。中华医学会常德外科学会副理事长、名誉主任委员，常德市医学会普腹外科专业委员会顾问、常德市医卫老科协副会长。在中央、省、市级以上刊物发表学术论文15篇，被评为省市和医院先进工作者15次，1989年任院长以来扭转了医院长期亏损的局面，1988年、1989年先后被评为常德地区、常德市政协先进个人，1990年被载入《湖南省政协先进人物集锦》。

钟春枝（1953.3—）　女，汉族，湖南省常德县（今鼎城区）人。中共党员，1976年8月常德师专化学专业毕业（大专）。1968年12月原常德市石公桥公社五星大队下放，1971年2月原常德市石公桥公社五星大队教书，1976年9月任原常德市六中教师1982年2月任校教导处副主任，1984年1月任原常德市妇联副主任，1985年9月任原常德市武陵中学教师，1986年5月任校党支部副书记，1990年3月至1993年11月任常德市鼎城区妇联主任、党组书记，1993年11月任桥南市场管委会副主任、开发公司副总经理，1994年2月任常德市鼎城区政府办副主任，1994年7月兼任纪检组长，1995年1月任鼎城区区委办副主任、纪检组长，1995年9月任常德市艺术学校党委副书记，2000年1月任常德市艺术学校党委书记、副校长，2001年8月任常德市工商联党组书记、副会长，2002年2月兼任中共常德市委统战部副部长，2008年9月任中共常德市委统战部调研员。

肖燕芳（1958.12—）　女，回族，湖南省桃江县人，大学学历，医学学士，主任医师，1989年6月加入中国农工民主党，1996年7月加入中国共产党。1976年8月至1978年2月赴零陵地区宁远县保合公社知青点锻炼。1978年2月至1982年12月入湖南中医大学医疗系中医医疗专业学习。1982年12月至2011年7月在常德市第一中医院工作，其中：1993年在湖南湘雅医学院进修，1994年在天津中心医院跟班学习，1994年8月任内科副主任，1996年4月任主任，2003年4月任门诊部主任，2004年2月任业务副院长。常德市医学会常务理事、中医学会副会长。1996年12月至2006年6月任农工民主党常德市委第三、四届副主委（兼），2006年6月至今任农工党市委第五、六届主委（兼）。农工党湖南省委第六、七届常委。常德市第二届政协委员、湖南省第十届政协委员。常德市第三、四届人大常委，2008 年 1 月任常德市人大第五届副主任(兼)，2012 年 12 月任第六届副主任，2013 年 1 月任湖南省第十二届人大代表。长期从事医疗一线和医学教育与研究工作，擅长中西医结合治疗内科疾病，尤其是肾病及心血管疾病，对中医中药保健与调养很有见地。在国家及省级刊物上发表论文 20 余篇，参与编写《疑难杂症良方大全》等书。

龚建明(1956.12—)　男，汉族，湖南省澧县人，大学学历，2001 年 6 月加入中国农工民主党。1974 年 12 月参加工作，澧县道河茶场下放知青。1982 年毕业于大连铁道学院。1982 年至 1988 年 4 月年在铁道部武汉武昌车辆厂工作，发明了车页板 CO_2 单面焊双面成型技术，被评为湖北省新长征突击手。1988 年 6 月至 1991 年 12 月在澧县国土局工作，其中：1991 年 1 月任副局长。1992 年 1 月至 1994 年 12 月任澧县经委副主任。1994 年 12 月任澧县人民政府副县长。1996 年 10 月至 1998 年 1 月任常德市人民政府市长助理。1998 年 1 月至 2005 年 12 月任常德市人民政府副市长，其中：2000 年 1 月任湖南省第八届政协委员、2003 年 3 月－2013 年 3 月任第十、十一届全国政协委员，2001 年 7 月任农工党常德市委第四届主委(兼)、2002 年 6 月任农工党湖南省委第五届常委、2004 年 12 月补选为农工党第十三届中央委员、2005 年 10 月任农工党湖南省委第五届副主委。2005 年 12 月至 2008 年 11 月任湖南省劳动和社会保障厅副厅长，其中：2007 年 6 月任农工党湖南省委第六届主委，2007 年 12 月任农工党中央第十四届委员、常委。2008 年 1 月至 2013 年 1 月任湖南省第十届政协副主席，其中：2012 年 5 月任农工党湖南省委第七届主委，2012 年 12 月任农工党第十五届中央委员会副主席。2013 年 3 月任第十二届全国人大环境与资源保护委员会副主任委员。任农工党湖南省委第六届主委期间，在《人民论坛》、《前进论坛》等杂志上先后就两型社会发展、新能源建设、水运物流、经济发展环境等内容发表文章。他主持提交的有关传统节日的建议被写进《国务院关于修改＜ 全国年节及纪念日放假办法＞的决定草案》。2009 年向全国政协全会提交《重视和发展太阳能发电的建议》，被国务院的政府工作报告采纳，并应邀作客人民网强国论坛，就我国如何利用新能源问题与网友进行在线交流，反响强烈。2011 年提交的《关于进一步加强和创新网络虚拟社会管理的建议》，被全国政协办公厅作为重要提案。

梁金顺(1939.1—)　女，汉族，广东省中山市人。1988 年加入九三学社。1962 年毕业于湖南大学物理系。历任常德师专物理系讲师、教研组长、副教授。她领导的教研组多次被学校评为先进教研组，并多次被评为先进个人。从事教学之余，注重学术研究，曾参编全省师专用《电磁学》教材、中南五省师专用《电磁学》教材、全省师专《电磁学试题库》。

撰写的《浅谈导体中的电场》一文，获 1991 年全国师专电磁学研究会年会论文一等奖。1993 年任九三学社常德市委第一届委员会主委。1992 年任常德市政协常委。1990 年为省物理学会会员、1991 年受聘为中国物理学会师专电磁学研究会副理事长。

蒋颖群(1972.11—)　女，汉族，湖南省湘乡市人。中共党员，1992 年常德师专地理专业毕业(大专)。1992 年 7 月任汉寿县岩嘴乡政府干部，1994 年 11 月任共青团汉寿县委书记，1995 年 12 月中央党校函授学院经济管理专业本科毕业，1999 年 3 月任汉寿县东岳庙乡党委副书记、乡长，2000 年 6 月任共青团常德市委副书记、党组成员，2005 年 8 月任常德市武陵区委常委、组织部长，2009 年 6 月任中共常德市委统战部副部长、市工商联党组书记、副主席(市总商会副会长)，2012 年 2 月任临澧县委副书记。

傅绍平(1962.1—)　女，汉族，湖南省常德市(今武陵区)人，大学学历，理学学士，质量监督工程师。1993 年 2 月加入中国民主同盟。1978 年 9 月入湖南大学化工系学习，1986 年 8 月任常德地区标准处产检所副所长，1991 年 8 月任常德市标准局质监科副科长，1995 年 9 月至 2010 年 10 月任常德市司法局副局长。1997 年 3 月至 2006 年 6 月任第三、四届民盟市委副主委(兼)，2006 年 6 月至今任第五、六届民盟市委主委，2007 年 12 月至今任第五、六届市政协副主席，2010 年 10 月转任驻会副主席。第九、十、十一届湖南省政协委员；第十二届盟省委委员，第十三届民盟省委常委；第二届常德市政协委员，第三、四届常德市政协常委，民盟第八、十、十一次全国代表大会代表。

鲁晓凤(1971.11—)　女，汉族，湖南省常德县(今鼎城区)人。中共党员，1992 年 7 月毕业于常德师专英语专业(大专)。1992 年 7 月任鼎城区蒿子港镇办事处妇联主任，1994 年 4 月调共青团鼎城区委工作，1996 年 6 月任团区委副书记，1998 年 10 月任团区委书记，2001 年 4 月任鼎城区大龙站镇党委书记，2003 年 3 月任鼎城区妇联主席、党组副书记，2004 年 9 月任中共常德市委统战部副处级纪检员，2008 年 3 月任中共市委统战部副部长，2010 年 3 月任常德市委统战部副部长、常德市委党校副校长(兼)、市社会主义学院副院长，2012 年 2 月任常德市委统战部副部长、市工商联党组书记、副主席(市总商会副会长)。

人物名录

表 1　1988——2012 年获省部级以上表彰的先进个人

获奖者	获奖时间	所属党派（团体）	获得荣誉	授奖单位
韩隆福	1993	九三学社	先进社务工作者	九三学社湖南省委
傅绍平	1995	民盟	全国质量监督管理先进个人	国家质量技术监督局
朱传宏	1995	九三学社	优秀岗位工作者	九三学社湖南省委
蔡　昱	1998	民盟	省盟第四次统战理论研讨会二等奖	民盟湖南省委
易孝昭	1998	民盟	省盟第四次统战理论研讨会二等奖	民盟湖南省委
冯再力	1998	民盟	省盟第四次统战理论研讨会二等奖	民盟湖南省委
罗云樵	1998	民盟	省盟第四次统战理论研讨会二等奖	民盟湖南省委
罗沅杰	1998	九三学社	优秀社员	九三学社湖南省委
周建华	1998	九三学社	优秀社员	九三学社湖南省委
杨迪勋	1998	九三学社	优秀社员	九三学社湖南省委
坎　勒	1999	民革	第九届全国美术作品展览银奖	国家文化部 中国文学艺术界联合会 中国美术家协会
孙定国	2000	民盟	金马奖	中国老科协
孙定国	2000	民盟	全省老科技先进工作者	湖南省老科协
陈一凡	2000	民盟	全省老科技先进工作者	湖南省老科协
王海平	2001	农工党	智力支边扶贫先进个人	农工党中央
郭宜中	2002	民进	民进全国优秀会员	民进中央
邹建龙	2003	农工党	抗击“非典”先进个人	农工党省委

续表

获奖者	获奖时间	所属党派（团体）	获得荣誉	授奖单位
沈建兵	2003	农工党	抗击“非典”先进个人	农工党省委
皇甫舜	2005	民革	为四化服务先进个人	民革湖南省委
丁时祺 邓　红	2005	民盟	省盟统战理论研究优秀论文三等奖	民盟湖南省委
杨新辉	2005	民建	全国民建会员先进个人	民建中央
杨新辉	2005	民建	一等功	民建湖南省委
曾　盈	2005	民建	二等功	民建湖南省委
王　华	2005	民建	三等功	民建湖南省委
朱碧文	2005	民建	三等功	民建湖南省委
黄永金	2005	农工党	全国优秀党务工作者	农工党中央
张全丰	2005	九三学社	全国优秀社员	九三学社中央
黄金娥	2005	九三学社	全国优秀社员	九三学社中央
龙　艳	2005	九三学社	优秀社务工作者	九三学社湖南省委
朱传宏	2005	九三学社	参政议政先进个人	九三学社湖南省委
邓正春	2005	九三学社	优秀社员	九三学社湖南省委
刘朝晖	2005	九三学社	优秀社员	九三学社湖南省委
杨庆甫	2005	九三学社	优秀社员	九三学社湖南省委
肖小勇	2005	九三学社	优秀社员	九三学社湖南省委
肖宏琛	2005	九三学社	优秀社员	九三学社湖南省委
龚德贵	2005	九三学社	优秀社员	九三学社湖南省委
吴昌云 杨丽慧 （系盟员夫妻）	2006	民盟	第六届全国科技教育创新作品展评一等奖	中国科协
吴昌云 杨丽慧 （系盟员夫妻）	2006	民盟	全国科技创新奖	中国科协
胡诗词	2006	民盟	湖南省“五四”青年奖章	共青团湖南省委

续表

获奖者	获奖时间	所属党派（团体）	获得荣誉	授奖单位
胡诗词	2007	民盟	湖南省自强模范	湖南省人民政府残疾人工作委员会
文会军	2008	民盟	湖南省“我为富民强省做贡献”活动先进个人三等功	中共湖南省委统战部 湖南省人事厅 民盟湖南省委
陈位明	2008	民革	省政协理论研讨三等奖	湖南省政协
陈位明	2008	民革	纪念中共中央“五一口号”发布六十周年征文一等奖	民革湖南省委
王双全	2008	农工党	先进个人	湖南省人事厅 农工党省委
陈　钰	2008	农工党	先进个人	湖南省人事厅 农工党省委
郑维民	2008	农工党	先进个人	湖南省人事厅 农工党省委
章光明	2008	农工党	先进个人	湖南省人事厅 农工党省委
尤先哲	2009	民盟	全国优秀教师	国家教育部
徐元清	2009	民盟	全国优秀教师	国家教育部
彭治权	2009	民盟	纪念湖南民盟省级组织建立60周年先进个人	民盟湖南省委
杨　芳	2009	民盟	纪念湖南民盟省级组织建立60周年先进个人	民盟湖南省委
邓　红	2009	民盟	纪念湖南民盟省级组织建立60周年先进个人	民盟湖南省委
贵体健	2009	民盟	纪念湖南民盟省级组织建立60周年先进个人	民盟湖南省委
胡诗词	2009	民盟	纪念湖南民盟省级组织建立60周年先进个人	民盟湖南省委
周金满	2009	民盟	纪念湖南民盟省级组织建立60周年先进个人	民盟湖南省委
傅绍平	2009	民盟	湖南民盟抗震救灾先进个人	民盟湖南省委
胡国锋	2009	民盟	湖南民盟抗震救灾先进个人	民盟湖南省委
唐绍华	2009	民盟	湖南民盟抗震救灾先进个人	民盟湖南省委
邓新民	2009	民盟	湖南民盟抗震救灾先进个人	民盟湖南省委
解黎晴	2009	民盟	第七届“中华颂”全国老少文学艺术大赛一等奖	中国散文学会
赵　竞	2010	民革	“母亲节“征文活动一等奖	民革湖南省委
萧燕芳	2010	农工党	2010年理论调研优秀论文三等奖	农工党中央
杨健全	2010	农工党	参政议政工作先进个人	农工党省委

续表

获奖者	获奖时间	所属党派（团体）	获得荣誉	授奖单位
成燕平	2010	农工党	参政议政工作先进个人	农工党省委
彭仕龙	2010	农工党	参政议政工作先进个人	农工党省委
陈　钰	2010	农工党	省级优秀党员	农工党省委
张健国	2010	农工党	2007 至 2009 年全国社会服务工作先进个人	农工党中央
呙滨辰	2010	九三学社	全国优秀社员	九三学社中央
龙　艳	2010	九三学社	全国优秀社员	九三学社中央
王军杰	2011	民盟	民盟中央纪念中国民主同盟成立 70 周年先进个人	民盟中央
贵体健	2011	民盟	民盟中央纪念中国民主同盟成立 70 周年先进个人	民盟中央
彭其芳	2011	民盟	湖南省老有所为先进个人	湖南省老科协
傅绍平	2011	民盟	2007—2009 年度湖南民盟统战理论研究成果二等奖	民盟湖南省委
吴昌云 杨丽慧 （系盟员夫妻）	2012	民盟	第 27 届全国青少年科技创新大赛辅导员创新项目二等奖	国家教育部 中国科协 国家科学技术部 共青团中央 国家自然科学基金委
李昌雄	2012	民盟	2011 年度全省统战理论研究优秀成果二等奖	中共湖南省委统战部
潘道波	2012	致公党	全省先进个人	致公党湖南省委
呙滨辰	2012	九三学社	全国参政议政先进个人	九三学社中央

附　录

一、地方文件

中共常德市委贯彻《中共中央关于坚持和完善中国共产党领导的多党合作和政治协商制度的意见》的实施办法

常发〔1990〕21号

1990年4月27日

《中共中央关于坚持和完善中国共产党领导的多党合作和政治协商制度的意见》，是一个加强建设有中国特色的社会主义民主政治的纲领性文件，它标志着我党领导的多党合作和政治协商制度，经过长期革命和建设实践，已逐步走向规范化、制度化。坚定不移地贯彻这个文件，对于推进社会主义民主政治建设，巩固和扩大爱国统一战线，实现国家的长治久安，促进改革开放和现代化建设事业的发展具有十分重要的意义。为此，现结合我市实际情况，提出以下实施办法：

一、进一步加强中共常德市委与各民主党派之间的合作与协商

（一）中共常德市委主要领导人邀请各民主党派领导人和无党派代表人士举行民主协商会，就贯彻中共中央、中共湖南省委提出的大政方针和全市性的重要工作进行协商。这种会议一般每年举行两次；由中共常德市委召开民主党派、无党派人士座谈会，通报或交流重要情况，传达重要文件，听取建议，这种座谈会一般每季度举行一次，有的座谈会则委托中共常德市政协党组举行；中共常德市委主要领导人根据工作需要，不定期地邀请民主党派负责人、无党派代表人士举行谈心活动，沟通思想，征求意见，中共常德市委统战部每两月邀请民主党派负责人、秘书长举行一次座谈会，传达上级指示精神，征求对党派工作的意见。

协商座谈的主要内容及有关材料应提前通知与会者。与会者对协商座谈的内容和讨论的专题要做好调查研究，以提高协商质量。

民主党派组织和无党派人士较多的基层单位，中共党组织应就本单位的重要事项和群众普遍关心的问题经常召开座谈会，认真听取他们的意见，发挥他们的作用。

（二）中共常德市委常委和各级党委（支部）负责人，要同民主党派负责人和无党派代表人士保持联系，每人交一至两名知心朋友，并做到在政治上、思想上相互了解和帮助。中共各级党组织同民主党派在团结合作中出现矛盾时，应当在坚持四项基本原则的基础上，进行民主协商，按照“团结——批评——团结”的公式，求得正确解决。

（三）中共常德市委和区、县（市）委统战部是党委主管统战工作的职能部门，负责对统一战线工作实行归口指导和综合协调。要协助党委同各民主党派、无党派代表人士保持密切联系，经常了解情况，协调关系，贯彻党的方针政策，并帮助民主党派解决工作中实际问题。

二、充分发挥民主党派成员、无党派成员、无党派人士在人民代表大会中的作用

（一）依照《选举法》和有关规定，市和区、县（市）人大代表和人大常委会委员中，非共产党人士的比例分别为百分之三十五和百分之三十。在有民主党派组织的地方，应保证民主党派成员在人大代表和人大常委会委员中占适当比例。在市和区、县（市）人大常委会副主任中，要有非共产党人士。

（二）市和区、县（市）人大常委会专门委员会（工作委员会）中，应保证有一定数量的民主党派成员和无党派人士。各专门委员会（工作委员会）可聘请一至两名有相应专长的民主党派成员和无党派人士担任顾问。

（三）中共人大党组成员应定期与担任人大常委会委员以上领导职务的民主党派成员和无党派人士交流情况、交换意见。一般每两月一次。

（四）人大常委会在组织有关特定问题的调查和进行专题调查时，可吸收人大代表中的民主党派成员和无党派人士参加。

三、切实做好举荐民主党派成员、无党派人士担任各级政府及司法机关领导职务的工作

（一）选配民主党派成员和无党派人士担任政府领导职务，是实现共产党领导的多党合作的一项重要内容。中共各级党委要切实加强对这项工作的领导。选配民主党派成员和无党派人士担任政府领导职务，要坚持德才兼备原则和干部“四化”方针。考虑到目前的情况，对民主党派成员、无党派人士的年龄要求和任职资历可适当放宽。中共常德市委和区、县（市）委统战部门、组织部门对民主党派推荐的适合任职条件的人选，要认真做好考察和培养工作。

（二）市和区、县（市）政府领导班子中，要注意选配基本符合条件的民主党派和无党派干部担任副区、县（市）长，一时找不到合适人选的，要留名额，积极培养选拔，争取早日配齐。根据中共中央组织部、统战部（1989）1号文件精神和中共中央（1989）14号文件的要求，县以上人民政府应有计划有步骤地先在教育、科技、文化、卫生、体育、农林、轻纺、司法部门和检察、审判机关的领导班子中配备民主党派成员和无党派人士担任领导职务。

（三）市和区、县（市）的监察局、检察院、审计局、教委可聘请一批符合条件和有专门知识的民主党派成员、无党派人士担任特约监察员、检察员、审计员和教育督导员。

（四）政府在召开全体会议及有关会议讨论工作时，应视情况邀请民主党派和无党派知名人士列席。政府及有关部门在作出某些重大决策前，可组织有关民主党派和无党派人士座谈，广泛征求意见。审计、工商等部门组织对重大案件的调查，以及财政、税收、物价等检查，可吸收民主党派成员、无党派人士参加。

（五）民主党派开展经济、科技、教育、法律、医卫、文化等咨询和社会服务工作以及“三胞”联谊工作，要遵守国家的法律和政策规定，以服务为宗旨，注重社会效益。政府及有关部门要为他们创造必要的条件，给予积极支持和指导。

四、发挥民主党派、无党派人士在政协中的作用

（一）政协要根据其章程的规定，组织和推动政协委员学习马列主义、毛泽东思想，学习党和国家的方针政策，以利于统一思想认识，不断增强在共同政治基础上的团结合作。

（二）在政协的各种会议上，要切实保证政协委员在坚持四项基本原则的基础上提出批评的自由和发表不同意见的自由，允许民主党派以本党派的名义发言，提出提案。

（三）按有关规定，在政协委员中，要保证非共产党人士不少于百分之六十，常委中，非共产党人士不少于百分之六十五，正副主席中，非共产党人士多于共产党员人数。

政协各专门委员会要有民主党派和无党派人士参加。要安排一定数量的民主党派和无党派人士在政协机关中担任专职领导干部。

市和区、县（市）政协领导班子中，应注意选拔条件适合的民主党派成员和无党派人士担任专职副主席。

五、支持和帮助民主党派加强自身建设

（一）为了坚持和完善共产党领导的多党合作和政治协商制度，各民主党派要切实加强思想建设和组织建设，特别是领导班子的建设。中共各级党组织和有关部门，要协助各民主党派做好后备干部选拔、培养工作，帮助他们培养一批拥护四项基本原则，拥护改革开放，有一定群众基础和组织领导能力的中青年，逐步充实到领导班子。尤其注意选配好民主党派的主要领导人和专职工作人员。

（二）各民主党派发展组织和吸收成员要严格按湘统发（87）46号文件精神，坚持各自的工作范围和发展对象。今后两三年内，各民主党派要把主要精力放在巩固组织。提高成员素质的工作上。在没有民主党派组织和成员的地方，一般不要去发展成员；除条件已成熟，筹备工作已经就绪等情况外，一般不再新建民主党派地方组织。吸收成员要注意政治质量，德才并重，并征求所在单位中共党组织的意见。各民主党派之间在发展成员方面出现矛盾时，应本着“遵守协议、照顾历史、尊重自愿”的原则协商解决。

（三）各级民主党派组织要充分发扬自我教育的优良传统，切实加强对成员的思想政治工作，采取多种形式，深入进行坚持四项基本原则和反对资产阶级自由化的教育，爱国主义和社会主义的教育，国情教育以及民主党派同中共长期合作的优良传统的教育。

各级民主党派组织要充分发挥自己的特点和优势、组织广大成员紧紧围绕“一个中心、两个基本点”，为本单位的两个文明建设献计献策，多作贡献。

（四）认真办好常德市社会主义学院，作为我市民主党派和无党派人士的联合党校，有计划地对民主党派成员和无党派人士进行培训，提高他们的马列主义、毛泽东思想理论水平和政治思想觉悟，坚定其和共产党长期合作的思想。政府有关部门对社会主义学院要给予必要的支持。

（五）各民主党派要采取有效措施加强机关建设，建立健全各项制度，特别要加强对机关干部的教育管理，不断提高他们的政治素质和业务水平，使机关工作制度化、规范化。

民主党派机关的编制系上级核定的专项编制，纳入各级编制部门的管理范围。其机构的设置应按照有关规定，由统战部与各民主党派协商后报编委备案。

六、加强中共各级组织对统一战线、多党合作和政治协商的领导

（一）中共各级组织要切实加强对统一战线、多党合作和政治协商的领导。要把这项工作列入中共各级党委的重要议事日程，有研究、有布置、有检查。要经常听取各方面的意见、认真总结经验，不断巩固壮大爱国统一战线，完善、发展多党合作和政治协商制度。

（二）中共各级组织与同级民主党派组织是政治上的领导与被领导关系。中共各级组织要维护民主党派在宪法规定的权利和义务范围内的政治自由、组织独立和法律地位平等，支持他们独立自主地处理自己内部事务，维护本组织成员及所联系群众的合法权益和合理要求，保证他们按规定开展活动所必需的时间和经费。民主党派组织及其成员要主动接受中共党组织的领导，支持中共党组织的工作。

（三）要帮助各民主党派改善工作和生活条件，要按照与国家机关“一视同仁、适当照顾”的原则，为他们解决办公用房、活动经费、职工宿舍等具体问题。

各级党委、政府和有关部门要按照有关规定，发给民主党派必要的文件、资料，邀请他们参加有关的会议和活动，便于他们知情出力，履行参政议政和民主监督的职责。

（四）为使中国共产党领导的统一战线工作、多党合作和政治协商制度更好地从组织上落实，各级党委要分工一名领导同志具体负责此项工作。市直机关工委和各战线工委、大中专学校、大型厂矿、企事业单位和统战工作任务比较大的基层单位党组织要有专（兼）职人员负责统战工作。

以上实施办法适用于工商联。

中共常德市委统战部关于加强我市工商联工作的若干意见

常发〔1992〕24 号

1992 年 9 月 16 日

市委：

《中共中央批转中央统战部〈关于工商联若干问题的请示〉的通知》(中发[1991]15 号文件)和《中共湖南省委批转省委统战部〈关于做好我省工商联工作的若干意见〉的通知》(湘发[1992]12 号文件)下发后，我市各级党委和政府，各有关部门要在进一步学习贯彻这两个文件的基础上狠抓文件精神的落实，切实做好我市工商联工作。为此特提出如下意见：

一、抓紧工商联会员结构调整，逐步建立工商联基层组织网络。

中央要求工商联在继续做好原工商业者工作的同时，承担起配合党和政府做非公有制经济代表人士思想政治工作的任务，根据这个情况，工商联会员结构的调整，要坚决按照中央 15 号文件确定的原则和省委 12 号文件提出的五个方面的内容，积极稳妥地做好工作。要积极慎重做好会员发展工作，按照会员条件注意将各级人大、政协和人民团体中已作政治安排的非公有制经济代表人士、私营企业主、个体工商户代表、“三胞”投资企业以及乡镇企业中非集体性质的联办企业的负责人吸收为个人会员；将个体劳动者协会、私营企业协会、乡镇企业协会、外商投资企业协会以及民间企业商会(公会)、联谊会等吸收为团体成员。国营大中型企业不再参加工商联，已参加工商联的企业主要负责人因工作需要可改为以个人名义入会。为了使工商联工作落实到基层，各区、县(市)工商联要抓好私营企业协会的组建。武陵区应尽快建立工商联组织。县以下的建制镇和经济活跃的区、乡所在地(含街道办事处)要在今明两年内建立工商联分会。分会主任原则上由当地分管统战工作的负责同志兼任。同时，在分会下面设立同业公会或小组，以形成工作网络。

二、工商联要积极开展各项工作，在改革开放与经济建设中发挥应有的作用。

要努力做好非公有制经济代表人士的思想政治工作。要随时掌握非公有制经济代表人士的政治态度、经济实力、以及他们对党的方针政策的认识、要求和建议等情况，全面准确地向他们介绍党的方针政策，使他们坚信党的政策，放心大胆地发展非公有制经济。要有计划地开展爱国、敬业、守法的教育，提高他们的爱国主义觉悟和遵纪守法观念，自觉地诚实劳动，合法经营，并帮助他们解决生产经营过程中的实际困难，维护他们的合法权益。积极推荐非公有制经济的代表人士和积极分子在各级人大、政协和人民团体中任职。人大、政协应适当增加工商界人士的比例。

围绕经济建设这个中心，积极促进非公有制经济的发展。要做好为会员咨询、培训、商品展销等服务工作。要在政府及有关部门的委托和指导下，对非公有制企业会员的生产、经营管理等进行督促检查、帮助指导。要加强与海外、国外工商社团及工商界人士的友好往来，积极协助政府和有关部门为企业牵线搭桥，做好开放、引进工作。

要进一步发挥工商联的统战职能和民间商会作用。要积极参政议政，围绕当地重大事务和经济建设开展专题调查研究，提出合理建议，努力为两个文明建设出谋献策。各级党委、人大、政府、政协及有关部门应为工商联开展工作提供必要的条件和机会，如召集民主党派参政议政，应吸收工商联参加；研究制定有关非公有制经济的政策法规要听取工商联的意见；召开相关会议，可邀请工商联出席或列席。工商联要加强与个体劳动者协会、私营企业协会、乡镇企业协会等民间组织的联系，会同政府及有关部门办好这些协会，并为之做好各项服务工作。

三、切实加强对工商联工作的领导。

各级党委和政府要加强和改善对工商联的领导，切实把工商联工作列入议事日程，并明确一名负责同志分管工商联工作，适时听取汇报，及时研究和解决工作中遇到的问题和实际困难，协调有关部门、工商社团和工商联的关系，主动委托和批准工商联做一些政府部门对非公有制经济管理不过来或不宜出面管的工作。工商联可聘请或特邀政府有关部门的负责人担任领导或顾问；工商联负责人亦可在非公有制成分为主组成的有关协会兼任领导职务。

根据中央和省委文件精神，区、县（市）工商联均应建立党组。党组书记应选派政治素质强、懂统战政策和经济工作的同志担任，不搞照顾性安排。工商联党组归口同级统战部领导。非公有制经济中党组织的建立、发展和管理，归口工商联党组负责，并注意发挥非公有制经济中中共党员的先锋模范作用。

要加强工商联领导班子建设和干部队伍建设。要选派政治素质好、领导能力强、懂经济工作并热爱工商联工作的同志进入领导班子，党外干部在工商联领导成员中应占一定比例。工商联主委一般应安排符合条件的党外同志担任。鉴于目前我市工商联干部人员少，不适应工作需要的情况，根据省委12号文件要求，要适当增加工商联机关工作人员编制，所需编制在当地总编制中调剂解决。要加强工商联干部队伍的思想教育和业务培训，不断提高干部的政治、思想和业务素质，以适应新形势、新任务对工商联的要求。

为了便于工商联与工商局加强合作，共同担负起做好个协工作的任务，可在双方安排一名领导交叉任职。工商联的任务将日趋繁重，而目前又面临较多的困难，各级党委和政府应帮助工商联解决一些实际问题。

以上意见，如无不妥，请批转各地参照执行。

常德市 2003——2007 年党外干部培养选拔工作规划

常组通〔2003〕50 号

2003 年 12 月 18 日

为了认真落实中央、省委关于大力培养选拔党外干部的指示精神，进一步促进我市党外干部的培养选拔工作，根据新形势、新任务的要求，结合我市目前党外干部培养使用的现状，特制定我市 2003 － 2007 年党外干部培养选拔工作规划。

一、指导思想

以邓小平理论和“三个代表”重要思想为指导，深入贯彻党的十六大精神和中央、省委有关人才队伍建设的指示精神，解放思想，实事求是，与时俱进，坚持标准，任人唯贤，努力培养和造就一支拥护中国共产党的领导，坚定不移走中国特色社会主义道路，具有广泛代表性和较强参政议政能力、与党真诚合作的党外干部队伍，为巩固和发展新时期爱国统一战线提供可靠的人才保障，为推进我市“三化”进程、全面建设小康社会服好务。

二、工作目标

总的目标是：市、县两级人大、政府、政协领导班子中都要按有关规定配齐党外干部；市、县两级政府职能部门和司法机关以及各乡(镇)，都要有计划、有步骤地配备党外干部。同时，要建立一支代表性广泛、数量充足、结构合理、德才兼备的年轻党外后备干部队伍。通过多种途径充分发挥党外干部的积极作用，推动我市“三化”建设加速发展。具体目标任务是：

1.党外人士的实职安排。到 2007 年，市县两级政府部门及检法机关党外干部选配数要分别达到 15 人以上，其中检法机关要配齐，配备的重点是监察、审计、卫生、司法、交通、教育、国土、水利、文化、广播电视等部门。区县(市)要加大党外副乡镇长的配备力度，到 2007 年，党外副乡镇长的配备要达到 80%以上。要注意选配素质好、能力强、有发展潜力的党外干部担任正职，市级要逐步选配 1 至 2 名党外干部在正处级实职岗位上工作，每个区县(市)要选配 2 至 3 名党外干部在正科级实职岗位上工作，市直单位(党委机关除外)党外科级干部安排不低于单位科级职数总额的 10%。

2.党外人士的政治安排。要保证党外人士在市、县两级人大代表、人大常委会委员和人大各专门委员会中占有适当比例，在人大领导班子中占有一定的名额。非中共党员在市、县两级人大代表中不少于 35%，党外人士在人大常委会委员中不少于 30%，市、区县(市)分别要有 1 名党外人大常委会副主任。要确保党外人士在各级政协中占有较大比例，其中政协委员不少于60%,政协常委不少于65%,政协副主席占多数,政协各专门委员会中的党外人士要占有适当比例,政协机关应有一定数量的党外人士担任专职领导干部。

3.进一步加强民主党派及工商联领导班子的建设。要在提高现有领导班子成员素质的同时,抓紧培养选拔优秀年轻干部,逐步充实领导班子。到2006年换届时,新班子成员的平均年龄应比2001年换届时的新班子成员的平均年龄下降2岁左右,在专职正副主委和秘书长中,40岁左右的应有1名。通过换届,领导班子成员(含兼职)年龄要形成60岁左右、50岁左右、40岁左右,以50岁左右为主体的菱形梯次结构。民主党派领导班子成员和工商联领导班子中的党外成员,必须拥护中国共产党的基本路线,接受共产党的领导,与党的各级组织亲密合作,具有大专以上文化程度,具有较强的组织领导能力和参政议政能力。选拔党外领导干部要按照《党政领导干部选拔任用工作条例》和各民主党派、工商联的《章程》进行。

4.要加强县处级党外后备干部和优秀党外骨干队伍建设。县处级后备干部队伍中要保持一定数量的党外干部。同时,建立一支以年龄在40岁左右、大专以上文化为主体的优秀党外骨干队伍,市里直接掌握50名左右。尤其要注意从高等院校、科研院所和国有大中型企业等党外知识分子比较集中的地方选拔党外干部,做好具体工作。

三、培养选拔措施

(一)建立党外后备干部名单,实施动态管理。为了解决好党外领导干部的来源问题,可以通过公开选拔、定向培养、基层推优等形式发现人才,培养人才。市委组织部和市委统战部要掌握县处级党外后备干部50人左右,区县(市)委组织部和统战部要掌握科级党外后备干部30人左右。其中,用作政治安排的,年龄一般在45岁左右,用作实职安排的,年龄一般在40岁左右。对党外后备干部要定期进行考察,实行动态管理,做到优胜劣汰,随缺随补,始终保持一定的常数。

(二)加强培养、提高素质,促进党外干部健康成长。

对党外领导干部的培养要注意从基础抓起,把县处级后备干部和优秀党外骨干作为重点。要按照缺什么补什么的原则,有针对性地对他们进行培养,主要采取以下两条培养途径:

一方面要加强理论业务培训。要把党外干部培训纳入干部教育的整体规划,由组织部、统战部共同制定下达党外干部调训计划。要充分发挥党校、行政学院、社会主义学院(校)等有关院校的作用,拓宽培训渠道,进一步提高党外干部的政治理论、科学文化素质和领导管理水平。5年内对全市党外科级以上领导骨干普遍进行一次培训。今后,提拔任用的党外干部,提拔前必须经过党校或社会主义学院(校)的培训。

另一方面多途径多方式加强实践锻炼。一是根据需要定期或不定期地挑选党外县处级后备干部和非党青年干部上派、外派、下派挂职锻炼。有计划地从民主党派市委和市工商联机关以及市直有关单位选派一定数量缺乏基层领导工作经验的党外科级优秀年轻干部到区县或企业挂职锻炼。对缺乏机关工作经历的优秀基层党外干部，要放到机关任职锻炼。二是为党外年轻干部搭台阶。对基本素质较好，有发展潜力的优秀党外年轻干部，按照培养目标，搭好台阶，让他们从较低层次，逐个台阶进行锻炼。可根据需要设置少量的领导职务助理，早压担子让其锻炼。市委组织部、统战部与各区县（市）和市直机关单位，共同跟踪培养 50 名左右 40 岁以下的党外年轻干部，市委统战部与各民主党派市委、市工商联共同跟踪培养 20 名左右 40 岁以下的党外年轻干部，促进他们尽快健康成长。三是有计划地对拟担任较高层次重要领导职务的党外干部，进行交流或换岗锻炼。对在县以上人大、政府、政协班子中担任领导职务的党外干部，适合到民主党派和工商联工作的，以专兼职形式选配进民主党派、工商联班子任职；对在职的民主党派和无党派人士以及部门负责人，适合到人大、政府、政协工作的，以专兼职形式选配进人大、政府、政协班子和政府职能部门、司法机关任职。与此同时，对已担任县处级领导职务的党外干部，可进行上下交流和异地交流。

（三）积极选拔，大胆使用，为党外领导人才脱颖而出创造条件。要解放思想，更新选人用人观念。一要破除求全责备的思想观念，不能简单地用党员干部同党外干部比，而要多看党外干部的优势和长处。要多为党外干部的成长和提高创造条件。二要破除狭隘单一的思想观念，无论是政府部门还是司法机关，都要有一定数量的党外干部，确保党外干部安排使用政策的落实。三要破除求稳怕乱的思想观念，不能怕班子里有了党外干部会难于共事不愿安排。要进一步发挥民主党派、工商联和人民团体，以及高等院校、科研院所、大中型国有企业等各方面推荐党外领导干部人选的作用。要注重从民主党派领导成员和工作骨干、优秀党外知识分子中选拔党外领导干部。要认真执行《党政领导干部选拔任用工作条例》，坚持走群众路线，注重社会公论，充分听取群众意见。要结合干部人事制度改革，改进工作方法。在各级人大、政府、政协换届选举中，通盘考虑领导班子的整体结构；上报的领导班子配备方案，要有党外干部人选，当地一时没有合适人选的，可由上级党委推荐、选派；现有领导班子中没有党外干部的，只要有合适人选，可以随时补充；如领导班子职数已满，可以先进后出。为了使选上的党外干部胜任新的工作，可以把他们提前放到适当的领导岗位上使他们经受锻炼，创造业绩，提高威信。同时，对那些经过基层锻炼、表现突出、在群众中威信较高的科级以上党外干部，应尽早提拔到县（处）级以上的岗位工作，并为他们施展才华创造条件。

（四）妥善处理党外代表人士要求加入中国共产党的问题，保持党外干部队伍的相对稳定。要继续执行中央组织部、统战部《关于继续坚持劝说党外上层代表人士留在党外的通知》(组通字[1993]17号)的规定,对科级以上党外干部和党外后备干部,本人坚持要求加入中国共产党的,所在单位或上级主管部门主要领导同志要出面做说服解释工作;凡属于民主党派成员的,原则上不吸收加入中国共产党;属于担任领导职务的无党派人士,应劝其在任职期间不要加入中国共产党,以便发挥他们的特殊作用。对于确实已具备共产党员条件的党外干部,党组织可在其申请入党的材料上,注明暂留在党外工作的意见,存入本人档案,以备查考。要合理解决优秀年轻干部向党内、党外分流的问题,包括有意识地输送优秀年轻的无党派干部加入民主党派组织,使党外干部队伍充满生机和活力。

中共常德市委办公室
关于建立常德市新的社会阶层人士统战工作联席会议制度的通知

常办〔2007〕39号

2007年8月13日

各区县(市)委,德山开发区、柳叶湖旅游度假区和西湖、西洞庭管理区党委(工委),市委各部委办,市直机关各单位、各人民团体党组织:

为贯彻落实第20次全国统战工作会议和《中共中央关于巩固和壮大新世纪新阶段统一战线的意见》(中发〔2006〕15号)精神,把新的社会阶层人士作为统一战线工作新的着力点,最大限度地把他们团结在党的周围,充分发挥他们在社会主义现代化建设中的重要作用,形成开展新的社会阶层人士统战工作的合力,不断为建设"工业强市、文化名城、和谐常德"凝聚新力量,经市委同意,建立常德市新的社会阶层人士统战工作联席会议制度。现将有关事项通知如下:

一、联席会议组成

在市委统一领导下,建立由市委统战部牵头、市直有关部门参加、有关社会团体参与的联席会议制度。联席会议的成员单位包括:市委组织部、市委宣传部、市委统战部、市委政法委、市委政研室、市发改委、市经委、市财政局、市民政局、市教育局、市人事局、市司法局、市科技局、市劳动和社会保障局、市商务局、市工商局、市国税局、市地税局、市总工会、团市委、市妇联、市工商联、人民银行常德市中心支行。各成员单位明确一名分管领导,并明确一名相关科室负责人为联络员,负责日常联络工作。联席会议成员单位可以根据工作需要进行调整。

二、联席会议职能

认真贯彻"充分尊重、广泛联系、加强团结、热情帮助、积极引导"的工作方针,通报情况、沟通信息、反映意见、分析动态、协调工作,讨论和提出加强新的社会阶层人士统战工作的意见和建议,形成长效机制。各成员单位要积极为做好新的社会阶层人士统战工作提供相关支持,共同推进我市新的社会阶层人士统战工作。

1.及时传达学习中央关于新的社会阶层人士统战工作的方针、政策和要求,研究提出贯彻落实的意见和措施。

2.研究制定工作计划,沟通重要情况,交流工作经验,共享有关信息。

3.建立和完善的社会阶层代表人士评价体系,做好新的社会阶层代表的培养和选拔工作。

4.分析新的社会阶层人士统战工作的新形势、新问题，研究提出对策、意见和建议。

5.开展对各方面新的社会阶层人士情况的调研，研究解决新的社会阶层人士统战工作中遇到的重大问题。

6.加强对新的社会阶层人士的教育引导，组织评比、表彰、培训等有关活动，充分发挥新的社会阶层人士的优势和作用。

三、联席会议工作规则

1.联席会议由市委统战部负责召集。各成员单位分管领导和联络员参加会议，可视情况邀请有关社会团体负责人列席会议。

2.联席会议原则上每半年召开一次。根据工作需要，可临时召开全体会议或部分成员单位分管领导和联络员会议。

3.各成员单位要主动研究涉及新的社会阶层人士统战工作的问题，积极参加联席会议，相互配合，相互支持，形成合力，充分发挥好联席会议的作用。

4.联席会议议定事项，各成员单位应按照各自职能，分别抓好落实。重大事项，应形成会议纪要，并报市委。

5.市委统战部要根据工作需要，加强与其他成员单位联络员的联系。联络员负责通报有关情况，向联席会议提出相关工作建议，完成联席会议交办事项。

新的社会阶层人士统战工作试点实施意见(试行)

常统通〔2008〕14 号

2008 年 6 月 1 日

一、指导思想和总体要求

以邓小平理论和“三个代表”重要思想为指导，认真落实科学发展观，深入贯彻党的十七大精神，按照“充分尊重、广泛联系、加强团结、热情帮助、积极引导”的方针，着眼于巩固和发展新世纪新阶段统一战线，着眼于最广泛最充分地团结一切可以团结的力量、调动一切可以调动的积极因素，坚持以社团为纽带、社区为依托、网络为媒介、活动为抓手，密切与新的社会阶层人士的联系，引导他们自觉接受党的领导，自觉承担社会责任，做合格的中国特色社会主义事业的建设者。通过试点工作，进一步掌握新的社会阶层人士的思想动态，健全工作网络，创新工作机制，探索工作方法，加强新的社会阶层代表人士队伍建设，把新的社会阶层人士紧密团结在党和政府周围，为建设“工业强市、文化名城、和谐常德”凝聚新力量，为全面开展新的社会阶层人士统战工作积累经验。

二、试点时间、试点单位及工作步骤

1.时间：2008 年 6 月至 12 月

2.试点单位

(1)市委统战部试点单位：武陵区城南办事处四眼井社区、桃源县漳江镇纺城路社区。

(2)各区县(市)及德山开发区试点单位：

武陵区：城南办事处四眼井社区

鼎城区：武陵镇鼎城社区

桃源县：漳江镇纺城路社区

澧　县：澧阳镇洗墨池社区

石门县：楚江镇老西门社区

汉寿县：龙阳镇环城社区

临澧县：安福镇文化街社区

安乡县：安乡县工业园及城关镇长岭洲社区

津市市：三洲驿街道柏枝林社区和汪家桥街道新村社区

德山开发区：德山镇演武堆社区

3.工作步骤

(1)宣传发动阶段(6 月份)。研究确定实施方案,多途径宣传新的社会阶层人士统战工作方针政策,多层面召开新的社会阶层人士统战工作动员会议,努力营造浓厚的工作氛围。

(2)调查摸底及整章建制阶段(7 月份)。对试点社区新经济组织、新社会组织和新的社会阶层人士总体情况进行调查,摸清新的社会阶层人士的底数和基本情况,在此基础上重点掌握代表人士,建立新的社会阶层代表人士动态信息库。

(3)开展活动阶段(8—11 月份)。积极开展新的社会阶层人士统战工作的各项活动,与各有关方面密切合作,有序推进,努力探索新的社会阶层人士统战工作方法。

(4)总结提高阶段(12 月份)。对试点工作进行回顾总结,研究新情况,提炼新经验,发现新典型,创新新举措,拓展活动空间,丰富活动内容,完善工作方法,展现工作成效。

三、试点工作的基本原则

1.加强领导,形成合力。试点工作在市委统战部的统一领导下进行,各地以统战部为主体成立本级试点工作领导小组及其办公室,具体负责试点工作的组织实施。要加强与试点社区所在街道和社区党组织及有关部门及团体的联系沟通,形成开展新的社会阶层人士统战工作的合力。

2.突出重点,分类指导。试点工作内容,要重点探索新的社会阶层人士统战工作机制,探索加强新的社会阶层代表人士队伍建设;试点工作对象,要重点探索开展六类新的阶层人士统战工作的方式方法。要根据新的社会阶层人士的不同特点和实际,采取不同措施,分类指导,有针对性地开展工作,充分调动其积极性。

3.求真务实,开拓创新。开展新的社会阶层人士统战试点工作要坚持求真务实,更新思想观念,在工作机制、工作手段和工作方法等方面出新招,着力在长效、实效上下功夫。

4.循序渐进,稳步推进。试点工作是一项复杂的系统工程,在实施中要有计划、按步骤、积极稳妥推进;在工作的各个环节,要加强沟通协调,注意对问题的分析研究,探求解决方法,扎实有效地推进试点工作顺利开展。

5.搞好结合,促进发展。开展试点工作,要与深入宣传贯彻新时期党的统战方针政策相结合;与推动全市统战工作相结合;与培养、选拔、使用新的社会阶层代表人士相结合;与促进企业、社区发展相结合。要着力强化运作机制、强化活动效果、强化服务创新、强化人物培养,有效保证新的社会阶层人士统战试点工作的扎实开展。

四、试点工作的主要内容

1.建立新的社会阶层人士统战工作机制

(1)建立联席会议制度。按照常办〔2007〕39 号文件要求,建立由党委统一领导、统战部牵头、党政有关部门参加、社会有关团体参与的新的社会阶层人士统战工作联席会议制度,适时召开联席会议,研究有关重大问题。

(2)建立利益表达机制。建立社区经济社会发展情况通报会、座谈会等制度,加强与新的社会阶层代表人士的联系沟通,畅通利益表达渠道,扩大新的社会阶层人士有序的政治参与。

(3)建立综合评价机制。积极探索并逐步完善以思想政治素质、事业发展状况、履行社会职责、个人修养及公众形象为主要内容的新的社会阶层代表人士综合评价体系,做好新的社会阶层代表人士综合评价工作,推进新的社会阶层代表人士队伍建设的科学化、规范化和制度化。

(4)建立思想政治工作机制。发挥新经济组织、新社会组织中党、团、工会等组织的作用,积极开展新的社会阶层人士思想政治工作;把新的社会阶层人士纳入优秀中国特色社会主义事业建设者评选表彰范围,切实加强对新的社会阶层人士的引导和激励。

(5)建立联系交友机制。建立街道党政领导班子成员、社区主要负责人与社区新的社会阶层代表人士联系交友制度,畅通信息沟通渠道,密切联系,增进友谊,掌握他们的总体情况,不断发现优秀人才,加强培养和引导。

2.完善新的社会阶层人士统战工作载体

(1)发挥社区"两新"组织中的党群组织作用。引导新的社会阶层人士在社区新经济组织、新社会组织中建立党、团、工会组织,积极为党群组织开展活动提供必要条件。充分发挥新经济组织、新社会组织中党、团、工会组织的作用,通过它们贯彻落实党的方针政策,把握新经济组织、新社会组织的发展方向,掌握、反映、评价新的社会阶层人士的状况和发展动态。

(2)发挥民主党派工商联组织的作用。要依托各民主党派和社团组织,发挥其联系广泛、人才荟萃的优势,加强与新的社会阶层人士的交往和联系,争取人心、凝聚力量。要充分发挥工商联的工作职能,做好新的社会阶层人士的思想政治工作,引导他们爱国、敬业、诚信、守法、奉献,致富思源、富而思进,自觉接受党的领导,自觉履行义利兼顾、扶贫济困的社会责任;充分发挥工商联作为联系非公有制经济人士的桥梁和纽带的作用,加强与新的社会阶层人士的联系,掌握他们的思想动态,关心他们的工作和生活,倾听他们的意见和建议,尽力帮助他们解决困难和问题,以增进感情、凝聚人心;充分发挥工商联在非公有制经济人士政治生活中的主导作用,引导新的社会阶层人士关心地方经济社会发展,积极参政议政、建言献策,为经济社会发展作出更大贡献。

(3)发挥社团及中介组织的作用。要以社区及各类中介组织为纽带,充分发挥社团及中介组织的联系作用,团结和凝聚新社会阶层人士。成立社区新的社会阶层代表人士联谊会,在新的社会阶层人士与党和政府之间、新的社会阶层人士之间搭建有效沟通交流的平台,充分发挥联谊会的团结互助功能、桥梁纽带功能、积极引导功能、有序政治参与功能，使联谊会成为新的社会阶层人士的重要学习园地、建言献策和发挥作用的重要组织依托、新的社会阶层人才培养的重要基地、广大新的社会阶层人士的心灵家园。

(4)发挥社区党政及民间组织的作用。要以社区为依托，把新的社会阶层人士统战工作纳入街道、社区党组织工作范围，认真贯彻落实统一战线方针政策。要建立健全社区统战工作网络，不断完善社区统战工作机制，并充分发挥社区居委会等有关单位和民间组织的积极作用。

(5)发挥互联网等媒体的作用。要注意运用互联网等现代科技手段，掌握情况、宣传政策、开展工作。通过网络有针对性地掌握和了解新的社会阶层人士的政治态度、利益诉求和思想动向，积极宣传正面声音、引导中间声音、化解负面声音，及时反映新的社会阶层人士的意见建议，为新的社会阶层人士提供多种维权、服务咨询的方便。

3.加强新的社会阶层代表人士队伍建设

(1)掌握基本情况。通过调查摸底，了解掌握社区新的社会阶层人士的总体情况、思想状况，建立新的社会阶层代表人士信息库。

(2)加强教育培训。动员、组织社区新的社会阶层代表人士参加上级统战部、社院主办的有关专题培训班，努力提高新的社会阶层代表人士素质。

(3)积极举荐安排。按照有较高政治素质、有较大社会贡献、有较强参政议政能力、在所联系阶层中有较大影响的标准，有重点地培养选拔一批新的社会阶层代表人士，建设一支自觉接受中国共产党领导、坚定不移走中国特色社会主义道路的高素质的新的社会阶层代表人士队伍。适当安排或推荐一批代表人士担任人大代表、政协委员以及有关人民团体、行业组织的领导职务，积极引导和组织他们参加各种社会活动，为他们提供社会活动平台，提高并发挥其在社会政治生活和专门行业领域中参政议政的能力。

4.开展形式多样的活动

(1)开展宣传教育活动：利用报刊、电视、互联网等媒体宣传党的统战方针政策，宣传新的社会阶层人士统战工作，宣传新的社会阶层代表人士的典型事迹等。

(2 开展建言献策活动：通过多种途径组织新的社会阶层人士为本地区、本社区的发展建言献策，促进当地经济、政治、文化、社会建设。

(3)开展“双向服务”活动：动员组织新的社会阶层代表人士为社区经济、社会、文化事业发展服务，为弱势群体服务，为“百企联百村”活动服务等；同时开展社区为新的社会阶层人士服务活动，鼓励和支持新的社会阶层人士创业发展，积极为新的社会阶层人士创业发展排忧解难。

(4)开展联谊交流活动：利用新的社会阶层代表人士联谊会等载体，指导和组织开展各种联谊交流活动，以活动为载体，增进理解，凝聚人心。

五、试点工作的方式方法

1.要加强思想宣传。要掌握新的社会阶层人士的思想动态，切实做好思想宣传工作，营造良好的工作氛围，激发新的社会阶层人士的参与热情。

2.要注重调查研究。要注重调查研究，积极探索工作方法，要加强对外交流，开阔工作视野，注重学习借鉴外地及兄弟单位的工作经验。

3.要把握工作特点。要认真研究和把握新的社会阶层人士中不同类型、层次、群体的特点和发展规律，全方位考察、多角度了解他们的政治思想、业务素质、综合实力、自身形象等方面的情况，做到工作思路、工作措施切合实际、有的放矢。妥善协调好新的社会阶层人士与其他社会阶层人士之间的关系，拓宽和畅通社会沟通交流渠道，增进各阶层之间的理解、交往、团结与合作。

4.要分步实施完善。要严格按照宣传发动、调查摸底、活动开展、总结提高各个阶段的工作内容和要求，抓好每个步骤、每个环节的工作落实，并注意及时总结，不断完善。

5.要加强工作交流。对试点工作中遇到的困难和问题、取得的成绩和经验，要及时向市委统战部反映，以利于工作指导和交流。为了加强沟通、相互促进，市委统战部将主办《新的社会阶层人士统战试点工作简报》，对各单位试点工作中的好做法、好经验及工作动态及时进行通报。

中共常德市委
关于市委常委、党员副市长与党外代表人士
和非公有制经济代表人士交朋友的通知

常委〔2011〕11号

2011年4月27日

各区县(市)委,常德经济技术开发区、柳叶湖旅游度假区和西湖、西洞庭管理区党委(工委),市委各部委办,市直机关各单位、各人民团体党组织,中央、省驻常有关单位党组织:

为了贯彻落实《中共湖南省委关于加强党同党外人士合作共事的意见》(湘发〔2010〕21号)及《中共湖南省委湖南省人民政府关于加强和改进新形势下工商联工作的实施意见》(湘发〔2010〕23号)精神,进一步增进党内领导同志与党外代表人士、非公有制经济代表人士的相互了解,加强党同党外人士合作共事,经市委研究,决定开展市委常委、党员副市长与党外代表人士和非公有制经济代表人士交朋友活动。现将活动有关事项通知如下:

一、参加交朋友的人员

领导同志:市委常委(不含常德军分区司令员)、党员副市长。

党外代表人士:各民主党派常德市委主委、副主委,市工商联主席、党外专职副主席,副处级以上党外领导干部,无党派代表人士。

非公有制经济代表人士:市工商联(总商会)兼职副主席(副会长),各级人大代表、政协委员中的非公有制经济代表人士,台资、侨资企业主代表。

二、交朋友的内容

1.了解党外代表人士、非公有制经济代表人士的思想动态,加强政治引导,增进政治共识,进一步增强他们接受党的领导、走中国特色社会主义道路的自觉性和坚定性。

2.向党外代表人士、非公有制经济代表人士介绍我市重大战略部署、重大决定事项和重要工作情况,听取他们对我市经济社会发展问题的意见和建议,凝聚他们的智慧和力量,共同建设“现代常德、幸福家园”。

3.为党外代表人士、非公有制经济代表人士提供宽松的学习、工作和生活环境,帮助他们解决实际困难,增进感情。

4.为非公有制经济代表人士提供信息、法律、融资、技术、人才等方面的服务,帮助非公有制企业更好地推进结构调整和自主创新,增强市场竞争能力、抵御风险能力和可持续发展能力,促进非公有制经济发展。

三、交朋友的方式

1.结合各自实际，通过定期谈心、登门走访、来电来函以及召开小型座谈会等形式，加强联系交往。

2.党员领导干部要主动约请所联系的党外代表人士、非公有制经济代表人士，每半年联系一次，通过与他们沟通和交流，了解他们的工作和生活情况，及时为他们解决实际困难和问题。

3.对党外代表人士、非公有制经济代表人士提出的合理化意见和建议，要认真研究，积极采纳，及时反馈；对因政策、条件局限一时难以采纳落实的问题，要做好解释工作，并责成有关部门制定计划，创造条件，逐步落实。

4.市委统战部为结对交友安排联络员，帮助加强联系，收集联系交友情况，并协助抓好采纳意见和建议的督促落实，负责做好情况反馈。

中共常德市委办公室
关于做好聘请民主党派成员无党派人上
担任特约人员工作的通知

常办〔2011〕39号

2011年5月8日

各区县(市)委,常德经济技术开发区、柳叶湖旅游度假区和西湖、西洞庭管理区党委(工委),市委各部委办,市直机关各单位、各人民团体党组织,中央、省驻常各单位党组织:

根据《中共中央关于进一步加强中国共产党领导的多党合作和政治协商制度建设的意见》(中发〔2005〕5号)和《中共湖南省委办公厅关于进一步做好聘请民主党派成员无党派人士担任特约人员工作的意见》(湘办发〔2005〕16号)文件精神,结合我市实际,现就做好聘请民主党派成员、无党派人士担任特约人员工作作如下通知:

一、特约人员的聘用范围

特约人员是指由政府部门和司法机关聘请、民主党派成员和无党派人士担任的特约监察员、检察员、审计员、教育督导员。特约人员通过参与聘任单位的有关活动发挥监督、咨询、检查、联络作用。

根据中央和省委关于特约人员工作的相关规定和要求,当前,重点在法院、检察院、监察局、公安局、教育局、司法局、人力资源和社会保障局、国土资源局、卫生局、审计局、环保局、物价局、公用事业局、安监局、工商局、税务局、质量技术监督局、食品药品监督管理局等部门聘请特约人员。以后,将进一步拓宽聘请特约人员的范围。

二、特约人员的聘用条件及其职责和权利

1.特约人员的基本条件:(1)坚持中国共产党领导的多党合作和政治协商制度,拥护党的路线、方针和政策,遵守国家法律、法规,作风正派,有较高的科学文化知识和有关法律知识水平,有一定的参政议政能力和政策理论水平。(2)在民主党派和无党派人士中有一定的代表性和社会影响,热爱特约人员工作,认真履行特约人员工作职责。(3)身体健康。(4)一般应具有中、高级专业技术职称或担任正科级以上领导职务。(5)符合聘任单位提出的其他有关条件。

2.特约人员的职责。特约人员通过参与聘任单位的有关活动发挥监督、咨询、检查、联络作用。具体负责协助聘任单位宣传贯彻党的路线、方针、政策和国家的法律、法规以及上级领导机关的工作部署和决定;沟通、增进党和政府同人民群众的联系;为聘任单位的重要决策和重大问题、重要工作提供咨询、进行民主监督、提出意见和建议；协助聘任单位加强勤政廉政建设。

3.特约人员的权利。特约人员阅读聘任单位的有关文件和资料，参加有关会议；参加聘任单位组织委派的执法、监督工作和有关检查、巡视、调研等活动；了解聘任单位的有关工作、计划的执行情况，参加聘任单位有关决策和理论政策问题的研讨，提出意见和建议；按照聘任单位的有关规定，受理人民群众来信、来访、举报、申诉和控告；对所传递、提供的举报线索和控告、申诉的办理结果可提出查询要求；向各级党委及其统战部反映工作情况和问题。

三、特约人员的聘用程序和管理

特约人员的聘用、管理、考核等工作由同级党委统战部统一归口管理，严格按照以下程序组织实施：

1.申报。聘任单位根据本单位工作需要，向同级党委统战部提出聘请特约人员的协商意见，明确受聘对象的条件、人数。

2.推荐。同级党委统战部商各民主党派和有关部门，推荐符合条件的人选；推荐人选是人大代表、政协委员的，应分别与同级人大、政协的相关部门协商。特约人员一般只受聘于一个单位。

3.考察。同级党委统战部会同聘任单位对拟聘人选进行考察，共同确定人选。

4.聘任。受聘人员确定后，由聘请单位召开聘请会议并颁发聘书，同级党委统战部派人参加。特约人员任期一般为三年，届满可以续聘，续聘一般不超过两届。

5.考核。对特约人员实行定期考核。考核工作由同级党委统战部牵头负责，聘任单位和民主党派负责同志参加。经考核，对工作成绩突出的特约人员，给予表彰奖励。对不履行特约人员工作职责，或其他原因不宜继续担任特约人员的，经同级党委统战部审定后按照有关程序提前解聘。考核结果通报特约人员所在单位及民主党派。

四、工作要求

1.市、县党委统战部门要了解和掌握特约人员工作的总体情况，听取工作意见和建议，与各有关方面加强联系、协调和沟通，研究有关理论、政策问题，及时向党委汇报特约人员工作的情况。

2.各聘任单位要把特约人员工作纳入本单位年度工作计划和目标考核管理体系，指定专门机构会同同级党委统战部搞好特约人员的聘任、组织管理、培训和考核。建立健全特约人员工作规章制度，组织特约人员阅读有关文件，参加有关会议和活动，安排特约人员参加重大事项的讨论和决策。

3.各民主党派要认真做好举荐工作，推荐政治素质好，专业、年龄和身体条件符合要求，具有较高社会工作热情，有一定代表性和参政议政能力的成员担任特约人员。同时，加强与聘任单位的联系，定期了解特约人员的工作情况。

4.特约人员所在单位要从坚持和完善中国共产党领导的多党合作和政治协商制度的大局出发，大力支持特约人员工作，加强与聘任单位的联系，及时沟通和掌握情况，促进有关部门、单位共同做好这项工作。

中共常德市委　常德市人民政府
关于进一步加强和改进新形势下工商联工作的实施意见

常发〔2011〕5 号

2011 年 5 月 9 日

为贯彻落实《中共中央国务院关于加强和改进新形势下工商联工作的意见》（中发〔2010〕16 号，以下简称《意见》）以及《中共湖南省委湖南省人民政府关于加强和改进新形势下工商联工作的实施意见》（湘发〔2010〕23 号，以下简称《实施意见》），进一步加强和改进新形势下工商联工作，切实发挥工商联的优势和作用，结合我市实际，提出如下意见。

一、充分认识加强和改进新形势下工商联工作的重大意义

工商联工作是党的统一战线工作和经济工作的重要内容。在全面建设小康社会、加快推进社会主义现代化的新形势下，做好工商联工作，对于坚持和完善公有制为主体、多种所有制经济共同发展的基本经济制度，促进非公有制经济健康发展和非公有制经济人士健康成长，为坚持改革开放、推动科学发展，促进社会和谐凝聚最广泛力量，具有重要意义。全市各级各部门要把思想统一到中央、省委精神上来，充分认识加强和改进新形势下工商联工作，是坚持和完善我国基本经济制度、促进非公有制经济科学发展的需要；是适应政府职能转变、完善社会主义市场经济体制的需要；是坚持对外开放基本国策、不断提高我国开放型经济水平的需要；是巩固发展壮大爱国统一战线、加强党在非公有制经济领域领导的需要。贯彻落实《意见》和《实施意见》精神将会在新的历史起点上推进工商联事业，对进一步促进非公有制经济健康发展和非公有制经济人士健康成长，对加快现代常德、幸福家园建设步伐产生积极而深远的影响。

二、工商联工作的指导思想、基本任务、性质、基本特征和工作对象

1.工商联工作的指导思想。高举中国特色社会主义伟大旗帜，以邓小平理论和“三个代表”重要思想为指导，深入贯彻落实科学发展观，坚持中国共产党领导，坚持我国社会主义初级阶段基本经济制度，坚持团结、服务、引导、教育的方针，全面加强思想、组织、作风、制度建设，不断增强凝聚力、影响力、执行力，把工商联建设成政治坚定、特色鲜明、机制健全、服务高效、作风优良的人民团体和商会组织，促进非公有制经济健康发展和非公有制经济人士健康成长，为全面建设小康社会、坚持和发展中国特色社会主义、实现中华民族伟大复兴贡献力量。

2.工商联的基本任务。加强思想政治工作，引导非公有制经济人士学习贯彻党的路线方针政策，遵守国家法律法规，培养拥护党的领导、走中国特色社会主义道路的非公有制经济人士队伍；参加政治协商，发挥民主监督作用，积极参政议政；推动经贸交流和协作，促进经济社会发展；加强行业协会商会建设，服务非公有制企业发展；参与协调劳动关系，促进社会和谐稳定；反映非公有制企业和非公有制经济人士利益诉求，维护其合法权益。

3.工商联的性质。工商联是中国共产党领导的以非公有制企业和非公有制人士为主体的人民团体和商会组织，是党和政府联系非公有制经济人士的桥梁纽带，是政府管理和服务非公有制经济的助手，在我国经济、政治、文化、社会生活中有着重要影响，在促进非公有制经济健康发展、引导非公有制经济人士健康成长中具有不可替代的作用。

4.工商联的基本特征。统战性、经济性、民间性有机统一，是工商联的基本特征。统战性主要体现在工商联是党领导的统一战线组织，决定了工商联的政治方向、政治地位和政治功能。经济性主要体现在工商联由工商界及其人士组成，直接服务于经济建设。民间性主要体现在工商联具有商会性质和职能，其组织方式和工作机制不同于政府机构。工商联工作要牢牢把握统战性，充分发挥经济性，切实体现民间性。

5.工商联工作的对象。工商联工作的主要对象包括私营企业、非公有制经济成份控股的有限责任公司和股份有限公司、港澳投资企业等，私营企业出资人、个体工商户、在内地投资的港澳工商界人士、原工商业者等。

三、充分发挥工商联的职能作用

6.充分发挥工商联在非公有制经济人士思想政治工作中的引导作用，促进非公有制经济人士健康成长。建立健全党委统一领导、政府大力支持、统战部组织协调、工商联具体实施、有关方面参与的非公有制经济人士思想政治工作格局。引导非公有制经济人士爱国、敬业、诚信、守法、贡献，做合格的中国特色社会主义事业建设者，是工商联的重要职责。坚持寓教于服务、寓教于乐，深入开展中国特色社会主义理论体系学习教育，引导非公有制经济人士树立中国特色社会主义共同理想，在党的领导下坚定走中国特色社会主义道路。引导非公有制经济人士践行社会主义核心价值体系，树立义利兼顾、以义为先理念，加强企业文化建设，积极参与光彩事业、招工扶贫、感恩行动等各种社会慈善事业和“万企联村、共同发展”活动，自觉履行社会责任，致富思源、回报社会，为推动科学发展、促进社会和谐作贡献。坚持每两年开展一次“常德市优秀中国特色社会主义事业建设者”评选表彰活动。评选表彰“劳动模范”、“三八红旗手”、“优秀共产党员”等，要充分考虑非公有制经济人士。大力宣传先进典型事迹，协助党和政府加强舆论引导，营造有利于非公有制经济健康发展和非公有制经济人士健康成长的良好社会环境。在组织开展各类非公有制经济人士参加的评选表彰时，应充分征求工商联的意见并经过非公有制经济人士综合评价体系评价。将非公有制经济代表人士的培训纳入干部培训总体规划。引导非公有制经济人士支持所在企业建立党组织，为党组织开展活动、发挥作用提供条件。发挥工商联直属会员单位党组织作用，推动非公有制经济组织党建工作健康发展。

7.充分发挥工商联在非公有制经济人士参与经济社会发展重大决策中的重要作用，促进常德民主政治建设。工商联作为党领导的统一战线组织和人民政协的重要界别，要认真履行政治协商、民主监督、参政议政的职能。要密切同非公有制经济人士的联系，深入了解非公有制经济人士的意愿和要求，向党和政府提出相关意见和建议，参与有关方针政策的制定和贯彻执行，促进非公有制经济市场环境、政策环境、法治环境、社会环境的改善。成立“常德市民营经济研究会”，加强对关系非公有制经济、非公有制经济人士和现代商会等方面全局性、基础性和前瞻性问题的研究，引导非公有制经济人士不断提高调查研究能力和参政议政水平，积极反映社情民意，有序参与政治生活和社会事务。有步骤、有计划地拓宽非公有制经济代表人士政治安排的渠道和规模，可聘请非公有制经济代表人士中的专家担任政府经济顾问，推荐符合条件的企业家担任村党支部书记（村主任）。对非公有制经济代表人士的政治安排和社会安排，要充分听取和尊重工商联意见。

8.充分发挥工商联在政府管理和服务非公有制经济中的助手作用，促进非公有制经济健康发展。各级政府要注重发挥工商联参政议政、民主监督的优势，建立相关重要经济决策委托工商联征询非公有制经济人士意见的制度。吸收工商联为非公有制经济领导小组、全民创业领导小组、招商引资领导小组和优化经济环境领导小组等机构的成员单位。建立由统战部、政法委和工商联等部门参与的维护非公有制企业、非公有制经济人士合法权益联席会议制度，办公室设在工商联。支持工商联大力开展以商招商活动。工商联要加大联系协调力度，参与完善中小企业服务体系建设和信用体系建设。积极开展民间外交，推进“走出去”战略，加强同境外工商界的交流合作，更好地为非公有制企业开展国际合作提供服务。重大商贸活动，要有工商联参与。工商联针对非公有制企业的需要，开展“一户一策”定向服务，积极探索建立适应社会主义市场经济要求的服务载体和机制，为非公有制企业提供信息、法律、融资、技术、人才等方面的服务，帮助非公有制企业更好推进结构调整和自主创新，不断增强市场竞争能力、抵御风险能力、可持续发展能力。

9.充分发挥工商联在行业协会商会改革中的积极作用，促进行业组织规范发展。工商联要认真履行作为非公有制经济领域内行业协会商会的主管单位职责，指导和推动行业协会商会组织完善法人治理结构、规范内部管理、依照法律和章程开展活动，充分发挥宣传政策、提供服务、加强自律的作用。进一步清理整顿行业协会商会与政府职能部门政会不分和重复组建行业协会商会的问题。明确驻常异地商会归口工商联主管。

10.充分发挥工商联在构建和谐劳动关系中的积极作用，促进和谐常德建设。工商联、人力资源和社会保障部门、工会为协调劳动关系三方会议成员单位，共同推动劳动关系政策出台、劳动关系协调机制建设，共同定期研究解决劳动关系中的重大问题和调处劳动争议。要引导非公有制企业依法与工会就职工工资、生活福利等涉及职工切身利益问题进行平等协商，签订集体合同。要正确协调处理投资者利益和劳动者权益的关系，引导非公有制企业积极创造就业岗位，严格遵守国家相关法律法规和政策措施，尊重和维护员工合法权益，依法建立工会组织，开展工会活动。

四、以改革创新精神加强工商联自身建设

11.加强工商联会员队伍建设。按照面向工商界、以非公有制企业和非公有制经济人士为主体、广泛性和代表性相结合的原则，做好工商联会员发展工作。依照工商联《章程》的规定，建立会籍管理制度，制定入会标准，规范发展程序，建立不合格会员的淘汰机制。扩大工商联会员的履盖面，优化会员结构，增强组织代表性。提升企业会员和团体会员比重，注重将行业商会、行业协会、异地商会等经济类社团吸收为工商联团体会员。

12.加强非公有制经济代表人士队伍建设。按照思想品质优、社会贡献大、公众形象好、参政议政能力强的要求，努力建设一支数量充足、素质优良、结构合理的非公有制经济代表人士队伍，设立人才库，建好人才档案，实行动态管理。着眼于非公有制经济的长远发展，加强代表人士后备人才队伍建设，实行分层级、分类、定向培养。加强和完善非公有制经济代表人士综合评价工作，注重评价结果的综合运用，健全科学有效的培养使用机制，不断提高非公有制经济人士的政治把握能力、参政议政能力、合作共事能力和依法经营能力。配合党和政府实施人才发展战略，加强非公有制经济组织中经营管理人才、专业技术人才、高技能人才队伍建设。

13.加强工商联领导班子建设。选好配强各级工商联领导班子，适当增加工商联领导班子职数。搞好新老班子的政治交接。按照一职多备的原则，抓好领导班子后备人才储备。优化领导班子中党内外、专兼职人员结构，认真贯彻民主集中制原则，加强思想政治建设和履职能力建设。把综合素质好、各方面表现优秀的非公有制经济代表人士选拔到各级工商联领导班子，积极发挥领导班子中非公有制经济人士作用，实行工商联领导班子向执委全会述职制度。大力加强工商联执委会、常委会建设，认真落实执委、常委、主席（会长）会议制度，建立健全管理监督机制，完善议事程序和规则，切实发挥执委、常委参与会务工作的积极性、创造性。工商联主席一般由党外人士担任。统筹考虑工商联领导班子成员在人大、政协的政治安排。市工商联要加强对区县（市）工商联工作的指导。

14.加强县级工商联组织和基层商会组织建设。县级工商联和基层组织是工商联工作的组织基础和重要依托，要充分发挥其在发展和管理会员、联系和服务企业方面的组织作用，在推动县域经济发展、建设社会主义新农村等方面的积极作用。县级财政预算要保障工商联办公经费、专项经费，并建立经费的正常增长机制。完善县级工商联机关的内设机构，健全党组班子，着力解决办公用房紧张和设施简陋的问题。落实好县级工商联主席享受县级领导的政治和经济待遇。县级工商联和市城区工商联要做好乡镇、街道、社区、市场等基层商会建设，推动商会进楼宇、进社区，加强对基层商会工作的指导。乡镇、街道、社区负责人中应安排专人联系工商联，建立县级工商联班子成员联系乡镇分会制度。

15.加强工商联机关建设。工商联机关的执行力从根本上决定着工商联组织的凝聚力和影响力。以坚定正确的政治方向提高执行力，以大兴求真务实、深入会员调查研究之风改进执行力，以加强对党的理论和路线方针政策以及现代市场经济、现代科技、现代管理、法律等方面知识的学习提升执行力，以实实在在的工作成效见证执行力。要善于找抓手、搭平台、建载体，切实提高为会员服务的能力和水平，更好服务科学发展和实现自身科学发展。在工商联机关增设"非公有制经济服务中心"，研究促进非公有制经济发展的政策举措，维护非公有制经济组织的合法权益，组织开展政企恳谈、银企合作等活动，协调非公有制经济组织劳资关系，为非公有制经济组织提供市场营销、产业导向、政策咨询等信息服务和法律援助等。建立健全法律维权体系，引导和促进非公有制经济健康发展。建立机关干部联系会员制度。严格机关管理，建立健全符合工商联自身特点的工作制度，促进工商联机关工作科学化、制度化和规范化。着眼统一战线和工商联事业长远发展，高度重视并切实加强工商联机关干部队伍建设，选派想干事、会干事、干成事、热心工商联工作的同志到工商联机关工作，建立健全干部培养、交流、考核、激励机制，全面提高干部综合素质，努力造就一支政治强、业务精、作风正的干部队伍。

五、加强和改善对工商联工作的领导

16.全面加强党委对工商联工作的统一领导。建立党委统一领导、政府大力支持、统战部门加强指导、工商联党组具体负责的领导格局。党委对工商联工作的领导包括思想领导、政治领导、组织领导。各级党委要把加强和改进新形势下工商联工作摆上重要议事日程，落实党委领导班子抓工商联工作责任。党委常委会、政府常务会议每年听取一次非公有制经济发展情况和工商联工作汇报，研究和解决工商联工作中的重大问题。每两年召开一次全市工商联工作大会，总结工作，表彰先进。建立党委常委与非公有制经济代表人士交朋友制度，推动党委、政府主要领导与非公有制经济代表人士召开座谈会、协商会、谈心会的制度化。调整充实市非公有制经济领导小组及其办公室。成立非公有制经济组织党工委，加强对非公有制经济组织党建工作的领导和指导。工商联党组主要负责人不是同级党委委员的，列席同级党委全委会。党委召开经济、纪检、政法、组织、宣传、统战等重要会议，应安排工商联党组负责人参加。加大工商联机关干部教育培训、轮岗交流、选拔使用等工作力度。

17.切实加强政府对工商联工作的指导和支持。各级政府要按照党和国家关于工商联工作的方针政策，加强对工商联工作的指导和支持，为工商联充分发挥作用创造条件。建立政府联系工商联的工作制度，政府领导班子中要有专人负责联系工商联。与非公有制经济发展有关的政府部门要加强同工商联的联系和业务协作，及时向工商联通报有关重要信息，切实落实与工商联对口联系制度。安排工商联负责人列席政府全会和常务会，召开经济方面的重要会议安排工商联负责人参加。保障和增加工商联办公经费和考察调研、会员活动、教育培训、维权服务、光彩事业、非公党建、对外联络、三方协调机制、行业协会商会组建、组织出国出境参展等专项经费，并列入同级财政预算，确保经费的增长幅度与财政收入增长幅度协调。不断改善工商联机关办公条件，保障工商联履行工作职能所需要的人员编制。工商联根据自身的特点，发展会产经济。支持商会大厦建设。

18.认真落实党委统战部领导工商联党组和指导工商联工作的职责。统战部作为党委主管统战工作的职能部门，受同级党委委托领导工商联党组。要经常研究经济领域统战工作和工商联工作，协助党委制定并贯彻落实有关工商联工作的各项方针政策，加强工商联领导班子建设。在党委统一领导下，加强对非公有制经济人士工作和工商联工作的指导和协调。工商联党组书记由党委统战部分管经济领域统战工作的副部长担任。完善各级统战部领导工商联党组和指导工商联工作的机制。支持工商联创造性开展工作。

19.充分发挥工商联党组领导核心作用。按照《中国共产党章程》的有关规定，工商联党组要切实履行职责，在议大事、把方向、定原则、用干部上发挥决定性作用，保证党的理论和路线方针政策、党委决策部署的贯彻落实，把握工商联工作正确方向。健全工商联党组议事规则和决策程序，提高党组科学决策、民主决策、依法决策水平。按照干部管理权限，做好工商联干部人事工作。加强对工商联会员代表大会、执委会、常委会工作的指导，支持其按照工商联《章程》行使职权、开展工作。加强对本级工商联直属会员单位党组织工作的指导，推动非公有制经济组织党建工作健康发展。正确处理党员干部与党外干部的工作关系，支持工商联主席工作，发挥党外干部作用，搞好合作共事。加强对会员及机关干部的思想政治工作。

各地各部门要根据《意见》和《实施意见》以及本文件精神，结合实际，制定贯彻落实的具体措施。

附件：进一步加强和改进新形势下工商联工作市直有关单位责任分工

附件

进一步加强和改进新形势下工商联工作市直有关单位责任分工

1.建立健全党委统一领导、政府大力支持、统战部组织协调、工商联具体实施、有关方面参与的非公有制经济人士思想政治工作格局(责任单位:市委统战部、市委办、市政府办、市委组织部、市委宣传部、市委党校、市委讲师团、市社会主义学院、市工商联)。

2.坚持每两年召开一次全市工商联工作会议,每两年开展一次"常德市优秀中国特色社会主义事业建设者"评选表彰活动,引导非公有制经济人士爱国、敬业、诚信、守法、贡献,做合格的中国特色社会主义事业建设者(责任单位:市委统战部、市委办、市政府办、市发改委、市经信委、市财政局、市人力资源和社会保障局、市工商局、市工商联)。

3.评选表彰"劳动模范"、"优秀共产党员"等,要充分考虑非公有制经济人士。在组织开展各类非公有制经济人士参加的评选表彰时,应充分征求工商联的意见并经过非公有制经济人士综合评价体系评价(责任单位:市委组织部、市总工会、市委统战部、市人力资源和社会保障局、市工商联)。

4.大力宣传先进典型事迹,协助党和政府加强舆论引导,营造有利于非公有制经济健康发展和非公有制经济人士健康成长的良好社会环境(责任单位:市委宣传部、市委统战部、市经信委、市工商联)

5.引导非公有制经济人士支持所有企业建立党的组织,为党组织开展活动、发挥作用提供必要的条件,全面开展非公有制经济党建工作(责任单位:市委宣传部、市委统战部、市经信委、市工商联)。

6.有步骤、有计划地拓宽非公有制经济代表人士政治安排的渠道和规模。对非公有制经济代表人士的政治安排和社会安排,须经综合评价体系评价,并充分听取和尊重工商联意见(责任单位:市委统战部、市委组织部、市人大办、市政协办、市工商联、市统计局)。

7.注重发挥工商联参政议政、民主监督的优势,建立相关重要经济决策委托工商联征询非公有制经济人士意见的制度(责任单位:市政府办、市政府法制办、市发改委、市经信委、市商务局、市工商联)。

8.建立由统战部、政法委和工商联等部门参与的维护非公有制企业合法权益联席会议制度(责任单位:市委统战部、市纪委、市委政法委、市中级人民法院、市人民检察院、市公安局、市工商联、市经信委)。

9.完善中小企业服务体系建设和信用体系建设(责任单位:市经信委、市工商联、市政府办、市发改委、市商务局、市工商局、市质量技术监督局、市国税局、市地税局、市乡镇企业局、人民银行常德市中心支行)。

10.积极开展民间外交,推进"走出去"战略,加强同境外工商界的交流合作,更好地为非公有制企业开展国际合作提供服务(责任单位:市商务局、市委统战部、市经信委、市科技局、市外侨办、市贸促会、市经协办、市工商联)。

11.工商联参与协调劳动关系三方会议,同人力资源和社会保障部门、工会组织和其他有关企业方代表一道,共同推动劳动关系法规和政策的出台、劳动关系协调机制的建设,共同研究解决劳动关系中的重大问题和调处劳动争议(责任单位:市人力资源和社会保障局、市总工会、市工商联)。

12.按照面向工商界、以非公有制企业和非公有制经济人士为主体、广泛性和代表性相结合的原则,做好工商联会员发展工作。提升企业会员和团体会员比重,注重将行业商会、行业协会、异地商会吸收为工商联团体会员,并加强管理和指导,扩大工商联会员的覆盖面,优化会员结构,增强组织代表性(责任单位:市工商联、市民政局、市经协办)。

13.按照思想品质优、社会贡献大、公众形象好、参政议政能力强的要求,努力建设一支数量充足、素质优良、结构合理的非公有制经济代表人士队伍(责任单位:市委统战部、市工商联)。

14.加强和完善非公有制经济代表人士综合评价工作,实施人才发展战略,加强非公有制经济组织人才队伍建设(责任单位:市委统战部、市委组织部、市人大办、市政协办、市发改委、市经信委、市科技局、市中级人民法院、市人口计生委、市公安局、市环保局、市人力资源和社会保障局、市工商局、市国税局、市地税局、市安全生产监督管理局、市质量技术监督局、市统计局、市总工会、市工商联、人民银行常德市中心支行)。

15.把工商联领导班子建设纳入干部队伍建设和人才工作的总体规划。选好配强各级工商联领导班子,优化领导班子中党内外、专兼职人员结构,把综合素质好、各方面表现优秀的非公有制经济代表人士选拔到各级工商联领导班子,积极发挥领导班子中非公有制经济人士作用(责任单位:市委组织部、市委统战部)。

16.大力加强工商联执委会、常委会建设,认真落实执委会议制度,建立健全管理监督机制,完善议事程序和规则,切实发挥执委、常委作用(责任单位:市委统战部、市工商联)。

17.工商联主席一般由党外人士担任(责任单位:市委组织部、市委统战部)。

18.建立健全法律维权体系,切实维护非公有制企业合法权益(责任单位:市委统战部、市中级人民法院、市人民检察院、市委政法委、市公安局、市司法局、市委编委办、市工商联、市经信委)。

19.着眼统一战线和工商联事业长远发展,高度重视并切实加强工商联机关干部队伍建设,建立健全干部培养、交流、考核、激励机制,全面提高干部综合素质,努力造就一支政治强、业务精、作风正的干部队伍（责任单位：市委组织部、市人力资源和社会保障局、市委统战部、市工商联）。

20.党委常委会、政府常务会议每年听取一次非公有制经济发展情况和工商联工作汇报，研究和解决工商联工作中的重大问题（责任单位：市委办、市政府办、市委统战部、市工商联）。

21.建立党委常委与非公有制经济代表人士交朋友制度，推动党委、政府主要领导与非公有制经济代表人士召开座谈会、协商会、谈心会的制度化（责任单位：市委办、市政府办、市委统战部、市工商联）。

22.成立非公有制经济组织党工委，加强对非公有制经济组织党建工作的领导和指导（责任单位：市委组织部、市委统战部、市直机关工委、市工商局、市工商联）。

23.工商联党组主要负责人不是同级党委委员的，列席同级党委全委会；党委召开经济、纪检、政法、组织、宣传、统战等重要会议，应安排工商联党组负责人参加（责任单位：市委办、市委统战部）。

24.建立政府联系工商联的工作制度，政府领导班子中要有专人负责联系工商联（责任单位：市政府办）。

25.与非公有制经济发展有关的政府部门要加强同工商联的联系和业务协作，及时向工商联通报有关重要信息（责任单位：市政府办、市发改委、市经信委、市商务局、市工商局、市统计局、市贸促会、市经协办）。

26.政府全会和常务会议可根据会议内容需要安排工商联负责人列席，召开经济方面的重要会议要安排工商联负责人参加（责任单位：市政府办、市发改委、市经信委、市商务局）。

27.保障并适当增加工商联办公经费和考察调研、会员活动、教育培训、维权服务、光彩事业、非公党建、对外联络、三方协调机制、行业协会商会组建等专项经费，列入财政预算（责任单位：市财政局）。

28.工商联党组书记由党委统战部分管经济领域统战工作的副部长担任（责任单位：市委组织部、市委统战部）。

29.完善各级统战部领导工商联党组和指导工商联工作的机制，支持工商联创造性开展工作（责任单位：市委统战部）。

30.加强对本级工商联直属会员单位党组织工作的指导，推动非公有制经济组织党建工作健康发展（责任单位：市委组织部、市委统战部、市直机关工委、市工商局、市工商联）。

二、荣誉表

表1　1988——2012年获省部级以上表彰的先进集体

获奖单位	获奖时间	荣誉称号	授奖单位
市工商联	1989	全面工作“先进单位”	湖南省工商联
市工商联	1995	先进单位	湖南省工商联 湖南省总商会
九三学社常德师专支社	1995	先进支社	九三学社湖南省委
市工商联	1996	工作先进单位	湖南省工商联
九三学社常德市机电支社	1998	先进集体	九三学社湖南省委
市工商联	1999	先进单位、“三个一”活动优胜单位	湖南省工商联
民建常德市委	2000	先进市委会	民建湖南省委
民建常德市民营一支部	2000	先进支部	民建湖南省委
民建常德市工商联合支部	2000	先进支部	民建湖南省委
农工党鼎城区支部	2000	先进基层组织	农工党湖南省委
农工党桃源县支部	2000	先进基层组织	农工党湖南省委
九三学社常德市委	2000	先进集体	九三学社湖南省委
市工商联	2003	宣传教育工作单位	湖南省工商联
民革常德市委	2004	祖统联谊工作优秀工作单位	民革湖南省委
民建常德市委	2004	宣传(信息)工作先进单位	民建湖南省委
民进桃源县支部	2004	全国先进基层组织	民进中央
农工党桃源县支部	2004	先进基层组织	农工党省委
市工商联	2004	先进单位	湖南省工商联
市工商联	2004	宣传教育工作先进单位	湖南省工商联
民建常德市鼎城区支部	2005	先进支部	民建湖南省委
民建常德市行政支部	2005	先进支部	民建湖南省委
九三学社常德市湖南文理学院委员会	2005	全国先进基层组织	九三学社中央
九三学社常德市委	2005	社会服务工作先进集体	九三学社湖南省委
九三学社常德市工业支社	2005	优秀基层组织	九三学社湖南省委

续表

获奖单位	获奖时间	荣誉称号	授奖单位
民进常德市委	2005	参政议政工作先进市委	民进湖南省委
市工商联	2005	宣传教育工作先进单位	湖南省工商联
市工商联	2005	先进民间组织	湖南省民政厅
民建常德市委	2006	宣传(信息)工作先进单位 反映社情民意工作先进单位	民建湖南省委
农工党常德市委	2006	全国社会服务工作先进地市级组织、为全面建设小康社会作贡献先进集体	农工党中央
市工商联	2006	先进单位	全国工商联
市工商联	2006	先进单位	湖南省工商联、湖南省总商会
市工商联	2006	各民主党派人士为全面建设小康社会作贡献先进单位	中央统战部、全国工商联等十部门
市工商联	2006	全省招工扶贫工作单位	湖南省工商联、湖南省劳动和社会保障厅、湖南省扶贫办、湖南省光彩事业促进会
市工商联	2006	宣传调研工作先进单位	湖南省工商联
市工商联	2007	宣传教育工作先进单位	湖南省工商联
民建常德市委	2008	参政议政工作先进单位	民建湖南省委
农工党常德市委	2008	组织建设先进地方组织	湖南省人事厅 农工党省委
农工党安乡县支部	2008	先进基层组织	湖南省人事厅 农工党省委
农工党武陵区总支	2008	先进基层组织	湖南省人事厅 农工党省委
市工商联	2008	万企联村,共同发展先进单位	中共湖南省委统战部、湖南省工商联、湖南省光彩事业促进会
民盟(常德市)武陵区基层委员会	2009	盟务工作先进集体	民盟中央
民盟常德市委直属支部 民盟常德市第一中学支部 民盟湖南文理学院委员会	2009	纪念湖南民盟省级组织建立 60 周年先进基层组织	民盟湖南省委

续表

获奖单位	获奖时间	荣誉称号	授奖单位
民建常德市委	2009	反映社情民意工作先进单位、宣传(信息)工作先进单位、“双联”工作先进单位	民建湖南省委
民建常德市委	2009	宣传(信息)工作先进单位	民建湖南省委
民建常德市鼎城区工委	2009	先进基层组织	民建湖南省委
民建常德市民营二支部	2009	先进基层组织	民建湖南省委
九三学社常德市委	2009	政治交接学习教育活动先进集体	九三学社湖南省委
民革常德市委工交商支部	2010	全国先进基层组织	民革中央
民革常德市委德山支部	2010	先进基层组织	民革湖南省委
民革常德市委武陵支部	2010	先进基层组织	民革湖南省委
民进常德市委	2010	机关建设、参政议政、组织建设先进单位	民进湖南省委
农工党市委	2010	参政议政工作先进单位	农工党省委
市工商联	2010	“湘商大会”会务工作先进单位	湖南省工商联
民盟(常德市)鼎城区基层委员会	2011	纪念中国民主同盟成立 70 周年先进集体	民盟中央
民盟常德市武陵区基层委员会	2011	湖南民盟活力支部	民盟湖南省委
民盟湖南文理学院委员会			
民盟常德市德山(莲池)总支部			
民盟常德市委桃源支部			
民盟常德师范学校支部			
民盟常德市第三中学支部			
民盟常德市联合支部			
民盟常德市机关支部			
民盟常德市文艺支部			
民革常德市职业中专支部	2011	全国先进党支部	民革中央
民革常德市工交商支部	2011	先进支部	民革湖南省委
民革常德市委	2011	全国机关建设先进集体	民革中央
民革常德市委	2011	全国社会服务工作先进集体	民革中央

续表

获奖单位	获奖时间	荣誉称号	授奖单位
民革常德市委	2011	先进市委	民革湖南省委
民进常德市委	2011	宣传信息、参政议政、社会服务先进单位	民进湖南省委
九三学社常德市委	2011	先进集体	九三学社湖南省委
民盟常德市委	2012	思想宣传工作先进集体	民盟中央
民革常德市委	2012	全国宣传工作先进集体	民革中央
民革常德市委	2012	全国社会服务工作先进集体	民革中央
民革常德市委	2012	全国祖统工作先进集体	民革中央
民革常德市委	2012	全国机关建设先进集体	民革中央
民建常德市委	2012	新闻宣传工作先进单位、反映社情民意工作先进单位	民建湖南省委
民进常德市委	2012	机关建设、社会服务、宣传信息先进单位	民进湖南省委
致公党常德市直二支部	2012	全省先进集体	致公党湖南省委
九三学社常德市委	2012	参政议政先进集体	九三学社湖南省委
九三学社常德市委	2012	机关建设先进集体	九三学社湖南省委
市工商联	2012	宣传教育工作先进单位	湖南省工商联
市工商联	2012	非公经济党组织集中组建工作先进单位	省非公经济党工委

表2　1988——2012年获市级综合表彰的先进集体

获奖单位	获奖时间	荣誉称号	授奖单位
市工商联	1991	目标管理先进单位	中共常德市委 常德市人民政府
市工商联	1992	目标管理先进单位	中共常德市委 常德市人民政府
市工商联	1993	目标管理先进单位	中共常德市委 常德市人民政府
市工商联	1995	目标管理先进单位	中共常德市委 常德市人民政府
市工商联	1997	目标管理先进单位	中共常德市委 常德市人民政府
农工党市委	1999	目标管理先进单位	中共常德市委 常德市人民政府
市工商联	1999	目标管理红旗单位	中共常德市委 常德市人民政府
民盟常德市委	2000	量化目标管理先进单位	中共常德市委统战部
民盟常德市委	2001	量化目标管理先进单位	中共常德市委统战部
市工商联	2001	目标管理先进单位	中共常德市委 常德市政府
民盟常德市委	2002	民主党派机关工作第一名	中共常德市委统战部
民盟常德市委	2003	民主党派机关工作第二名	中共常德市委统战部
农工党市委	2004	目标管理先进单位	中共常德市委 常德市人民政府
民建常德市委	2006	全市目标管理先进单位	中共常德市委 常德市人民政府
民革常德市委	2007	目标管理先进单位	中共常德市委 常德市人民政府
民建常德市委	2007	统战工作先进单位	中共常德市委统战部
民建常德市委	2007	民主党派机关工作先进单位	中共常德市委统战部
市工商联	2007	目标管理红旗单位	中共常德市委 常德市人民政府
民建常德市委	2008	民主党派机关工作先进单位	中共常德市委统战部
农工党市委	2008	民主党派机关工作先进单位	中共常德市委统战部
市工商联	2008	全市新农村建设先进单位	中共常德市委、常德市人民政府
民建常德市委	2009	目标管理先进单位	中共常德市委 常德市人民政府
农工党市委	2009	民主党派机关工作先进单位	中共常德市委统战部
民建常德市委	2010	目标管理先进单位	中共常德市委 常德市人民政府
民盟常德市委	2010	目标管理先进单位	中共常德市委 常德市人民政府

续表

获奖单位	获奖时间	荣誉称号	授奖单位
农工党市委	2010	民主党派机关工作先进单位	中共常德市委统战部
民建常德市委	2011	2010 年度市直单位目标管理先进单位	中共常德市委 常德市人民政府
民建常德市委	2011	2010 年度全市统战工作、民主党派机关工作红旗单位	中共常德市委统战部
农工党市委	2011	2010 年度全市民主党派机关工作先进单位	中共常德市委统战部
致公党市委	2011	2010 年度全市民主党派机关工作先进单位	中共常德市委统战部
民盟常德市委	2012	2011 年度全市民主党派机关工作先进单位	中共常德市委统战部
九三学社常德市委	2011	2010 年度全市民主党派机关工作先进单位	中共常德市委统战部
农工党市委	2012	2011 年度全市民主党派机关工作先进单位	中共常德市委统战部
市工商联	2012	宣传教育工作先进单位	湖南省工商联
民盟常德市委	2013	2012 年度市直单位目标管理绩效考核先进单位	中共常德市委 常德市人民政府

编后记

《常德市民主党派和工商联志》由中共常德市委统战部牵头，组织民革常德市委、民盟常德市委、民建常德市委、民进常德市委、农工民主党常德市委、致公党常德市委、九三学社常德市委、常德市工商联共同编写。

志书编写工作从2010年9月开始酝酿，2012年5月，按相关要求成立了以时任中共市委统战部部长为主要负责人，7个民主党派市委、常德市工商联领导人组成的编纂委员会，领导并组织编纂工作。同时召集各民主党派市委、市工商联召开动员会，安排布置修志工作，并建立志书编辑部，负责贯彻落实志书的编纂任务。各民主党派、市工商联分别成立编纂分会，配备编写人员。由此，编写工作全面启动。

《常德市民主党派和工商联志》编辑部、各党派、市工商联志书编写人员经过考察学习，议定编目，收集资料，编写志稿几个阶段，采取采编结合，由各党派分别编写各自篇章，共收集资料700余万字，形成志稿初稿92万字，各党派编写的志稿都经过各党派自身评审，广泛听取各方意见，反复修改，数易其稿。各篇汇总后，由编辑部进行总纂编修，再经过编纂委员会组织内部评审，反复修改。历经4年，于2016年7月形成送审稿，9月报市地方志办、市国家保密局，组织专家公开评审。2016年10月26日上午，《常德市民主党派和工商联志(1988—2012)》稿专家评审会在中共常德市委统战部会议室召开。志书编纂委员会在会后梳理专家提出的意见，召开专题讨论会，继续认真负责的修改、补充相关资料，同时与方志出版社联系公开出版相关事宜。2017年3月，形成终审送审稿，报市地方志办终审验收。

《常德市民主党派和工商联志》根据“横排竖写，述而不论”的编志原则设概述、大事记、人物3个综合篇和7个民主党派、市工商联的分篇，合则是一部志，分则各民主党派可独立成志。既反映了各民主党派、工商联在中国共产党领导下，同心同德，为实现共同目标而通力合作的实际行动；又体现了各民主党派、工商联根据自身特点独立开展工作的组织作用。各党派工商联分篇一般设组织机构、组织建设、思想建设、重要会议、参政议政、服务社会6个部分，从组织概况、政治纲领和具体活动三个方面概括了各民主党派工商联的历史与现状。

志书编写过程中得到了中共常德市委统战部领导同志的关怀和鼓励，历任部长石谋军、华学健、雷绍业、陈华多次过问志书编修工作，召开部务会专题商讨编纂过程中的重点难点问题。在具体编写方面，得到了常德市地方志办公室和市地方志评审委员会的指导和帮助。参加编写的人员，包括各民主党派、市工商联同志，特别部分离退休老同志不辞辛劳，到处奔波，搜集资料，核对史实，反复修改，一丝不苟。在编修过程中，一些年轻的同志也边写边学，认真负责，完成任务。尽管存在历史跨度大，资料不全等问题，在全体编写人员的精诚团结、刻苦努力下，《常德市民主党派和工商联志》终得以出版面世。

限于编纂经验和水平，疏漏和舛误在所难免，恳请读者批评指正。

《常德市民主党派和工商联志》编辑部

2019年1月